국어사 연구 2

문법·어휘

국어사 연구 2

문법 · 어휘

초판 1쇄 발행 │ 2019년 7월 22일

지은이 │ 국어사대계간행위원회
펴낸이 │ 지현구
펴낸곳 │ 태학사
등 록 │ 제406-2006-00008호
주 소 │ 경기도 파주시 광인사길 223
전 화 │ 마케팅부 (031)955-7580
전 송 │ (031)955-0910
전자우편 │ thaehaksa@naver.com
홈페이지 │ www.thaehaksa.com

값은 뒤표지에 있습니다.

ISBN 979-11-6395-112-4 94710
ISBN 979-11-6395-110-0 (세트)

이 도서의 국립중앙도서관 출판예정도서목록(CIP)은
서지정보유통지원시스템 홈페이지(http://seoji.nl.go.kr)와
국가자료종합목록 구축시스템(http://kolis-net.nl.go.kr)에서 이용하실 수 있습니다.
(CIP제어번호 : CIP2019025722)

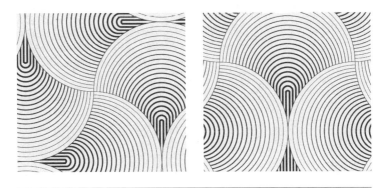

국어사대계 2

국어사
연구
문법·어휘

2

국어사대계간행위원회

태학사

머리말

　근대적인 학문으로서의 국어학이 시작된 지 100년이 훨씬 넘었다. 초기의 국어 연구는 대다수가 역사적인 문제를 다루었으므로 국어사 연구가 자연히 국어 연구의 중심 분야로 자리 잡고 있었다. 물론 1960년대 이후 현대국어를 중심으로 한 공시적인 연구가 부상하면서 현재는 국어사가 예전만큼 큰 위상을 지니지는 못하지만 여전히 국어학 연구의 중요한 분야임에는 틀림이 없다. 100년이 넘는 동안 국어사에 관한 수많은 논문이 쓰여졌고, 이 연구들을 통해 이루어진 성과는 너무도 방대하다. 이에 역사에 관심을 가지지 않은 다수의 국어학 연구자들이 국어사의 성과들을 잘 이해하지 못할 뿐 아니라 국어사 연구자라도 자신의 세부 전공이나 관심 영역 밖에 있는 주제에 대해서는 알지 못하는 상황이 되었다.

　이미 간행되어 연구자들에게 활용되고 있었어야 마땅한 〈국어사대계〉가 존재하지 않아 늘 안타깝게 생각해 오던 차에, 몇 사람(박창원, 한재영, 김성규, 신중진)의 발의에 의해 2017년 3월 18일 〈국어사대계 준비위원회〉(박창원, 한재영, 김성규, 장윤희, 정인호, 황선엽, 이진호, 이상신, 신중진)가 조직되어 〈국어사대계〉 편찬을 위한 사전 논의를 진행하였다. 이후 이러저러한 현실적인 어려움과 난처함을 겪었지만 〈국어사대계〉 전체 목차의 윤곽이 나오고 집필진이 꾸려졌으며, 2017년 8월 24일에는 집필진들이 모여서 〈국어사대계〉 집필을 위한 발대식을 거행하였다.

〈국어사대계〉가 처음 거론된 것은 대략 20년쯤 전이다. 전광현 선생님과 송민 선생님의 회갑을 기념하여 〈국어사 연구〉를 저술하고, 그 필자들을 중심으로 국어사 대계를 준비하다가, 무슨 연유인지 기억이 나지 않지만, 그만둔 것이 대략 20년쯤 전이다. 당시 필자들에게 보낼 안내 메일까지 만들었던 것을 보면 상당히 구체적으로 논의가 되었던 모양이다.

이제 20년이 지난 지금에서야 비로소 〈국어사대계〉를 간행할 수 있게 되었다. 〈국어사대계〉에서는 20년 전 40대 50대가 주축이 되어 집필하였던 〈국어사 연구〉를 대부분 수정 보완하였고, 그 이전 세대 원로들의 글들은 〈국어사 논문선〉으로 보강하였다. 그리고 지금의 40대 50대 연구자를 중심으로 필진을 새로이 구성하여 개별 주제에 대한 집필을 의뢰하였다. 이제 이러한 국어사 학계의 노력 모두를 아우르는 이름으로 〈국어사 대계〉를 간행한다.

인간은 왜 언어의 역사를 공부해야 하는가?

언어는 인간을 인간답게 만드는 가장 중요한 요소이기 때문이다. 인류가 문화와 문명을 발달시킨 요인은 '서서 걷기에 두 팔을 사용하여 도구를 만들고, 불을 가공하여 사용하여 무한한 에너지를 만들고 그것의 전환을 꾀하고, 언어(문자를 포함)를 사용하여 인간끼리 서로 소통하면서 지식을 교환하여 그것을 기반으로 새로운 지식을 재창조하기 때문이라고 할 수 있다. 이러한 지식의 축적과 공유, 전승에서 가장 중요한 역할을 한 것이 언어이다.

역사는 인간의 집단적 삶과 경험에 대한 기록이고, 이 기록을 통해 우리는 과거를 기억할 수 있기 때문이다. 과거에 대한 기억이 잊혀지거나 무시된다면 현재 당면한 문제의 성격을 정확히 이해할 수 없을 뿐만 아니라 그 해결을 통한 발전도 기대할 수 없다. 우리는 어떻게 하여 존재하고 있고, 어떻게 변화해 왔으며, 통시적 변화의 누진체로서의 현재는 그 이전과 어떤 관계를 맺고 있는가 하는 문제를 전혀 알 수 없게 되기 때문이다. 우리는 현재를 정확히 알고 보다 나은 내일을 만들기 위해 과거를 공부해야 하는 것이다.

언어의 역사는 인류가 변화하는 유형을 가장 간단하고 명확하게 잘 보여주기 때문이다. 하나의 개체가 다른 개체와 서로 인접하여 영향을 주고받으면서 변화하는 유형을 가장 간단명료하게 보여 주는 것이 언어의 변화이다. 또한 한 개체와 다른 개체와 맺고 있는 관계가 역사의 흐름과 더불어 변화하는 유형을, 다시 말해 관계의 변화를 이해할 수 있게 해 주는 것이다. 그뿐만 아니라 언어 속에 내재되어 있는 규칙이라는 실체가 다양한 변수의 적용을 받아 발생하여 때로는 점진적으로 때로는 일시적으로 확상되는 과정은 인간 사회 변화의 이해에 그대로 응용될 수 있고, 때로는 지속적으로 생존하기도 하고, 때로는 흔적 없이 사라지기도 하고, 때로는 흔적만 남기기도 하는 과정 역시 개개 인간 혹은 사회나 제도의 이해에 도움이 되는 것이다.

그리하여 언어의 변화에 대한 이해는 인류가 쌓아온 문화와 문명이 어떻게 변화하였는가를 이해하기 위한 기본적인 지식을 제공하고, 더 나아가 인류가 쌓아온 문화와 문명 그 자체가 어떻게 변화하였는가를 이해하기 위한 도구가 되기 때문에, 언어의 역사적 변화에 대한 연구와 이해가 필요한 것이다.

이번에 간행되는 〈국어사 대계〉는 우리 국어사의 연구에서 대단히 중요한 의미를 부여할 수 있다. 20년 전 40대 50대가 주축이었던 〈국어사 연구〉를 대부분 수정 보완하고, 그 이전 세대 원로들의 글들은 〈국어사 논문선)으로 보강하고, 새로이 40대 50대 중심으로 필진을 구성하여 해방 이후 국어사 전공자가 거의 대부분 필진으로 참여하여 명실상부한 국어사에 관한 큰 획을 정리한다는 의미를 담고 있는 것이다. 이 책이 국어사의 발전에 도움이 될 수 있기를 기대하고, 이 책의 간행에 많은 도움을 준 태학사 지현구 대표님과 편집위원들께 무한한 감사의 마음을 전한다.

2019년 6월   일
국어사간행위원회 일동
(박창원, 한재영, 김성규, 장윤희, 정인호,
황선엽, 이진호, 이상신, 신중진)

차 례

문법의 변화

문법 변화 개관

권재일*

1. 문법 변화의 개념

1.1. 언어 변화와 문법 변화

세상 만물은 시간의 흐름에 따라 끊임없이 변화한다. 언어 역시 역사의 흐름에 따라 변화한다. 언어는 의사전달의 도구이기 때문에 아무나 약속된 체계를 바꿀 수 없다. 그러나 실제로 언어는 정체되어 있지 않고 끊임없이 변화를 겪어, 오랜 세월이 쌓이면 상당히 변화한 모습을 드러낸다.

그러면 왜 언어는 변화하는 것일까? 이 문제에 대한 대답은 쉽지 않지만, 언어의 '본질'과 '기능'의 관점에서 대답을 찾아볼 수 있다. 먼저 언어의 본질이라는 관점에서 살펴보자. 언어의 본질은 자의적인 기호 체계이다. 언어 기호의 두 요소인 말소리와 뜻이 맺어진 관계는 필연적인 관계가 아니라, 자의적인 관계이다. 말소리와 뜻이 자의적인 관계로

* 서울대학교 명예교수

맺어져 있기 때문에, 어떤 조건만 주어지면 그 관계는 바뀔 수 있다. 그 조건이란 시간과 공간이다. 따라서 시간의 흐름에 따라 말소리와 뜻이 맺어진 관계는 바뀔 수 있어 언어는 변화하는 것이다. 만약 필연적인 관계로 맺어져 있다면, 아무리 시간이 흘러도 결코 언어는 변화하지 않을 것이다.

이번에는 언어의 기능이라는 관점에서 살펴보자. 언어의 기능은 의사전달의 도구이다. 무엇보다도 도구는 사용하기에 편리해야 한다. 사용하기에 불편하면 새롭게 도구를 다듬어 사용하게 마련이다. 언어라는 의사전달의 도구도 마찬가지이다. 따라서 표현하기에 편리하고, 이해하기에 편리한 방향으로 언어는 변화한다. 표현하기에 편리하기 위해서는 조음 작용을 간결하게, 이해하기에 편리하기 위해서는 청취 작용을 분명하게 하는 방향으로 나간다. 그런데 이 두 방향은 서로 상충될 수 있어, 두 방향이 조화를 이루면서 언어는 변화한다. 그래서 언어의 음운, 어휘, 문법이 간결한 체계로 변화하기도 하고, 반대로 더욱 복잡한 체계로 변화하기도 한다.

음운이나 어휘가 변화하는 것처럼 문법도 시간의 흐름에 따라 변화한다. 다음 예를 살펴보면, 문법도 변화하고 있음을 쉽게 알 수 있다. 국어의 사동법은 주로 사동 접미사에 의한 파생적 방법과 통사적 구성 '-게 하-'에 의한 통사적 방법으로 실현된다. 그런데 중세 국어에서는 파생적 방법으로 실현되던 것이 현대 국어에 와서는 통사적 방법으로만 실현되는 경우가 많다. 문장 (1a)의 15세기 국어에서는 사동 접미사 '-오-, -이-'로 사동을 표현하였으나, (1b)의 현대 국어에서는 통사적 구성 '-게 하-'로 사동을 표현하고 있다. 이것은 문법범주의 실현방법이 파생적 방법에서 통사적 방법으로 변화한 것이라 할 수 있는데, 이는 문법 현상이 역사적으로 변화한 사실을 보여 주는 예이다.

(1) a. 녈-오-시고 쏘 깊-이-시니 (용비어천가 20)

b. 얕-게 하-시고 또 깊-게 하-시니

의문문이 의문어의 존재 여부에 따라 '-ㄴ-가, -ㄹ-가'와 같은 'ㅏ' 형 어미와 '-ㄴ-가, -ㄹ-고'와 같은 'ㅗ' 형 어미로 달리 표현되었음은 15세기 국어 문법의 한 특징이다. 문장 (2a)처럼 'ㅏ' 형은 의문어가 없는 의문 문에 사용되고, 문장 (2b)처럼 'ㅗ' 형은 의문어가 있는 의문문에 사용되 었다. 그리고 주어가 2인칭인 의문문에는 문장 (2c)처럼 '-ㄴ-다'가 사용 되었다.

(2) a. 西京은 편안ᄒᆞᆫ가[편안ᄒᆞ-ㄴ-가] 몯ᄒᆞᆫ가[몯ᄒᆞ-ㄴ-가] (두시언해-초간 18:5)

b. 故園은 이제 엇더ᄒᆞᆫ고[엇더ᄒᆞ-ㄴ-고] (두시언해-초간 25:24)

c. 네 엇뎨 안다[알-ㄴ-다] (월인석보 23:74)

그러나 현대 국어에서는 의문문에 의문어가 있든 없든, 주어의 인칭 이 어떠하든 의문어미를 구분하지 않게 되었다. 이것 역시 문법 현상이 역사적으로 변화한 사실을 보여 주는 예이다.

1.2. 문법 변화의 대상

이러한 문법 변화는 문법의 모든 부문에서 일어난다. 첫째, 문법범주 와 관련해서 변화한다. 둘째, 문장 구성과 관련해서 변화한다.

먼저 문법범주와 관련해서는 문법범주를 실현하는 방법이 변화하기 도 하고, 문법범주를 실현하는 어미와 조사의 형태나 기능이 변화하기도 하며, 또한 소멸하거나 생성되기도 한다. 일반적으로 문법범주는 형태적 방법으로 실현되기도 하고 통사적 방법으로 실현되기도 하는데, 이러한 문법범주의 실현방법이 변화한다. 형태적 방법(파생적 방법을 포함하여)으로 실현되던 문법범주가 통사적 방법으로 실현되기도 하는데, 다음에 살펴볼 사동법과 피동법 변화가 그 예이다. 그 반대로 통사적 방법으로 실현되던 것이 형태적 방법으로 실현되기도 하는데, 시제법 변화가 그 예이다. 또한 인칭법처럼 문법범주 자체가 역사적으로 소멸하기도 한다.

다음으로 문장 구성과 관련해서는 접속문과 내포문의 구성 방식이 변화하기도 하며, 문장을 구성하는 논항이 바뀌기도 한다. 접속문과 내포문의 변화는 주로 접속어미와 내포어미의 형태 변화와 통사 기능 변화이다. 문장 (3a)와 같이 15세기 국어에서 '-음' 명사절로 실현되던 구문이 (3′a)처럼 현대 국어에서 '-기' 명사절 또는 관형절을 안은 의존명사 구문으로 실현되는 변화가 그 예이다. 그리고 (3b)와 (3′b)의 인용문 구성을 보면, 15세기 국어와 현대 국어는, 인용문 구성 형식 자체가 다르며, 현대 국어에 나타나는 인용 표지 '-고'가 15세기 국어에는 없다.

(3) a. 이 諸佛ㅅ 甚히 기픈 힝뎌기라 信ᄒ야 아로미[알-오-ㅁ-이] 어렵거늘
　　　(석보상절 9:28)

　　b. 이 比丘ㅣ 순지 高聲으로 닐오듸, "내 너희를 업시오ᄃᆞᆯ 아니ᄒᆞ노니, 너희들히 다 당다이 부톄 ᄃᆞ외리라" ᄒᆞ더라 (석보상절 19:31)

(3)′a. 이 여러 부처가 매우 깊은 행적이라고 믿어서 알기-가/아는 것이 어려우니

　　b. 이 比丘가 오히려 큰 소리로 "내가 너희들을 업신여기지 않으니, 너희들이 다 반드시 부처님이 되겠다."-고 말하더라.

1.3. 문법 변화의 원인

문법 변화는 근본적으로 표현을 간결하게 하려는 노력과 표현을 분명하게 하려는 노력에 의해서 일어난다. 이러한 작용을 불러일으키는 것이 바로 문법 변화의 원인이다. 문법 변화의 원인에는 구체적으로 문법 체계 자체에 따르는 내적 요인과 사회적·심리적 요인에 따르는 외적 요인이 있을 수 있다. 이를 허웅(1983: 460-1)에서는 다음과 같이 제시한 바 있다.

첫째, 말하기에 들이는 노력을 덜기 위한 것이다. 예를 들어 15세기 국어에서 '-오/우-'로 실현되던 인칭법이 역사적으로 소멸한 것은 복잡한 문법 체계를 간결하게 하거나, 개념의 범위가 모호해져서 일어난 현상일 것이다. 그리고 문장 (2)에서 살펴본 의문법의 여러 유형이 역사적으로 합류된 변화도 역시 그러하다.

둘째, 문법 형태를 통일하기 위한 유추 작용이다. 15세기 국어의 형태 '먹ᄂ다' 형태가 'ᄒ다' 형태에 이끌려 '먹는다' 형태로 바뀐 것은 어미 형태를 통일해 보려는 노력에서 이루어진 현상이다.

셋째, 문법범주의 관념을 분명히 나타내려는 심리 작용이다. 15세기 국어의 미정법 시제어미 '-으리-'는 그 형태가 허물어지자 이를 분명하게 하기 위하여 새롭게 시제어미 '-겠-'이 발달한 것이 이러한 현상이다.

넷째, 말이 이루어지는 상황에 따르는 화자의 심리적인 태도에 의한 것이다. '-습-'은 본디 15세기 국어에서 객체높임법을 실현한 형태인데, 그보다 더 긴요한 청자높임법의 실현방법이 흐려지자 이것을 보완하기 위하여 객체높임법을 희생시킨 현상이다.

다섯째, 문법 체계의 압력이다. 15세기 국어의 '-으니-'에 기대고 있었던 확정법이 없어진 것은, 힘차게 발달되어 내려온 완결법의 압력 때문이라고 할 수 있다. 곧 완결법은 확정법의 관념을 침범할 수 있는 여지를 가지고 있었다.

여섯째, 음운 변화 결과의 영향이다. 모음조화의 허물어짐, /ㆍ/ 음소 소멸에 의해 문법 형태가 단순화된 것이 이러한 변화이다. 하나의 음운이 소멸될 때 그 음운으로 이루어져 있는 문법 형태 또한 변화를 피할 수 없는 것은 당연하다.

2. 문법 변화의 연구 방법

2.1. 역사문법론

역사언어학에서 문법 변화를 연구 대상으로 하는 분야를 역사문법론 또는 문법사라 한다. 물론 역사문법론은 형태 변화를 연구하는 역사형 태론(=형태사)과 통사 변화를 연구하는 역사통사론(=통사사)으로 나눌 수 있다. 19세기 이후 역사비교언어학이 발달하면서 연구 대상은 주로 음운 변화와 형태 변화에 집중되어 통사 변화에 대한 연구는 이들의 연구 수준에 이르지 못하였다. 그러나 1950년대 이후 통사론이 언어학의 중심적 위치를 차지하게 되면서 역사언어학에서도 통사 변화에 관심을 집중하게 되었다. 그래서 최근에는 역사언어학에서 역사통사론은 중요한 연구 분야로 인식되었다.

역사문법론의 목표는 문법 변화가 어떻게 전개되었는가를 기술하고, 또한 왜 그러한 변화가 일어났는가를 설명하는 것이다. 구체적으로 문법 변화가 왜 일어났는가를 설명하는 데에는 서로 다른 세 가지 관점이 있다.

첫째, 변형생성문법 이론의 관점이다. 어린이는 어른의 언어를 듣고 그들의 문법을 발전시켜 그들과 같은 언어 능력에 도달한다. 그러나 어린이의 언어 능력은 어른의 문법뿐만 아니라 어른의 문법에서 일어난 변화까지 반영하게 되는데, 이 과정에서 문법 변화가 일어난다고 본다. 어린이의 언어습득이 문법 변화의 주된 동기가 된다고 보고 있다. 변형 생성문법 이론은 문법 변화를 언어 능력의 변화로 보는 것이다. 둘째, 사회언어학 이론의 관점이다. 문법 변화의 주체가 개별적이라는 변형 생성문법의 견해에 반대하고, 변화를 일으키는 문법은 집단의 문법이라고 한다. 언어의 개신이 사회 어느 한 집단에서 먼저 일어나서 그것이 일정한 사회적 조건에서 이웃 집단으로 전파되어 문법이 변화한다고 본다. 셋째, 담화-화용론 이론의 관점이다. 의사소통에서 나타나는 화자와 청자 사이의 관계가 문법 변화의 동기가 된다고 본다.

이렇게 보면, 가장 먼저 변화를 이끌어 내는 것은 개인이고, 이것이 사회 집단에 의해 수용되었을 때 문법 변화가 일어난다고 할 수 있다. 이때 개인에게 변화가 일어나는 것은 화자와 청자를 전제로 한 의사소통의 상황이고, 변화를 일으키는 동기는 경제성과 단순성을 극대화하고, 효율성과 정보성을 최대화하려는 화용적 욕구 때문이라고 할 수 있다.

2.2. 역사문법론의 전개

2.2.1. 문법사 연구

역사비교언어학이 발달하면서 연구 대상은 주로 음운 변화와 형태 변화에 집중되었다. 그래서 통사 변화의 연구는 이들의 연구 수준에 이르지 못하였다. 19세기 초엽 역사비교언어학의 발달과 더불어 라틴어와 그리스어의 통사 변화에 대한 관심이 나타나기는 했지만, 그것은 자료 수집의 단계에 지나지 않았다. 이 시기에 게르만언어 통사론의 자료를 수집하고, 그리스어 및 산스크리트의 통사 변화의 원리를 추구하려는 연구가 활발해졌으나, 이들 연구는 어순, 격, 문법범주 등에 제한되었다. 아울러 이러한 관심은 그 후 오래 계속되지도 못하였다. 그래서 통사 변화의 연구는 역사언어학에서 오랫동안 거의 논의되지 않게 되었다. 비교언어학에서도 통사 재구는 거의 무시되었다. 인도유럽어 비교언어학에서는 공통조어의 문장 구조를 단순히 산스크리트의 문장 구조와 같은 것으로 보았다. 산스크리트가 공통조어와 거의 같은 특징을 유지하고 있는 것으로 믿어 왔기 때문이다. 아무튼 통사 변화와 통사 재구는 역사비교언어학에서 오랫동안 연구 대상에서 벗어나 있었다.

그러나 1950년대 이후 통사론이 언어학의 중심적 위치를 차지하게 되면서 이것은 역사언어학에도 영향을 미쳤다. 특히 언어보편성과 유형론에 관심을 가진 학자들은 통사 변화에 관심을 돌렸다. 그래서 역사언어학에서 역사통사론은 중요한 연구 분야로 인식되기 시작하여 연구가 활발해졌다. 그러나 음운 변화나 형태 변화의 연구 수준에는 아직 이르지 못하고 있는 실정이다(김방한 1988).

이와 같이 역사언어학에서 역사통사론의 연구가 부진했는데, 그 근거를 대체로 다음과 같이 연구 대상과 연구 방법의 관점에서 생각해 볼 수 있다. 먼저 연구 대상의 관점에서 보자. 역사통사론의 연구 부진의 근거로 연구 대상의 불확실성을 들 수 있다. 역사통사론에서 곡용이나 활용이 주로 연구되었다는 사실은 역사통사론의 연구 대상을 충분히 이해하지 못하였다는 것을 뜻한다. 즉 역사통사론과 역사형태론을 동일시한 결과이다. 또한 통사 변화를 연구하기 위해서는 최소한 서로 다른 두 시기의 공시태가 기술되어 있어야 하는데, 그러기 위해서는 문헌 자료에 적극적으로 의존하는 수밖에 없다. 그러나 문헌 자료에 의지하는 연구는 직관 자료를 이용하는 연구에 비하여 훨씬 많은 제약을 받는다.

다음으로 연구 방법의 관점에서 보자. 역사통사론 연구가 부진했던 데는 여러 가지 이유가 있으나, 그 중에서 가장 중요한 것은 통사론을 기술하는 적절한 연구 방법의 기반이 없었다는 것이다. 이론이 없으면 연구는 자료의 수집과 분류에 그치고 만다. 과거의 전통적 연구는 실제로 그러한 수준을 넘지 못하였다. 결국 역사통사론의 전통적인 연구는 문장 유형의 목록을 작성하거나, 어순 유형을 분류하는 등, 관찰의 수준을 넘지 못하였다. 통사 변화가 '왜' 그리고 '어떻게' 일어나는가를 규명할 연구 방법을 정립하지 못하였던 것이 사실이다. 최근의 역사통사론 연구에서, 서로 무관한 듯 보이는 여러 통사 변화를 대상으로 이들 변화가 동일한 기저 동기에서 발생한 것으로 설명하려는 시도는 바로 이러한 한계를 극복하려는 방법론이라고 본다.

국어 문법사 연구 역시 각 시대별 공시적인 연구가 철저하게 이루어지지 못한 탓으로, 다른 분야에 비하여 연구가 부진한 편이다. 더욱이 같은 국어사 영역 중에서도 음운사는 상당히 정밀한 연구까지 이루어진 반면, 문법사의 경우 15세기 국어나 근대 국어에 대한 공시적 연구에 머무르는 것이었지 이를 바탕으로 한 통시적 연구로 이어진 연구는 드물었다. 문법 변화에 대한 연구 중에서도 형태 변화의 연구는 어느 정도 있었지만, 통사 변화의 연구는 많지 않았다. 앞으로 국어 문법사는 통사 변화에 더 많은 관심과 연구를 기울여야 할 것이다. 국어 문법사에 대한 구체적인 현황에 대해서는 이현희(1989), 홍종선(1992) 등 참조.

2.2.2. 문법화 연구

문법 변화에서 통사적 방법에서 형태적 방법으로의 변화는 문법화와 밀접한 관련을 가진다. 전통적으로 문법화는 '한 형태가 어휘적인 것에서 문법적인 것으로, 그리고 덜 문법적인 것에서 더 문법적인 것으로 발전하는 변화'를 말한다. 다시 말해서 어휘 의미를 가진 표현이 문법 기능을 수행하게 되거나, 지금까지 가지고 있던 것보다 더 문법적인 기능을 얻게 되는 것을 말한다. 이러한 문법화는 역사언어학에서 문법 변화 연구와 관련하여 오랫동안 주요 과제였으며, 최근에 이르러 더욱 관심이 높아지면서 연구되고 있다. 문법화에 대한 언급은 '현재의 허사는 과거에는 모두 실사'라고 주장한 원나라 때 주백기(周伯琦, 1271-1368)로 거슬러 올라가는데, 19세기의 역사언어학 시기에서도 논의의 주된 대상이었으며, 20세기에 들어오면서 문법화에 대한 연구는 본격화되었다. 특히 A. Meillet는 현대적인 문법화 연구의 창시자이다. 그는 어휘를 주요어와 부차어로 분류하고, 주요어에서 부차어로의 전이를 문법화라 정의하였다. 그는 새로운 문법 형태는 유추와 문법화라는 두 가지에 의해서 생겨난다고 하였다. 이와 같이 문법화는 역사적인 시각에서 연구되었다. 그러나 1970년대 들어와서 공시적 언어 현상을 이해하기 위해서도 문법화가 중요한 개념으로 인식되었다. 이러한 인식의 전환을 불러일으킨 학자가 T. Givón이다. 그는 통시적 통사론과 공시적 형태론을 다루면서 '오늘의 형태론이 어제의 통사론'이라는 것을 입증하였는데, 더 나아가서는 '오늘의 통사는 어제의 담화'라는 생각을 펼치고 있다. 이는 언어의 공시적인 불균형 체계나 언어의 보편성을 추구하는 문제와도 관련을 맺는다.

국어에 관한 문법화 연구는 국어 문법사 연구가 시작된 이래로 꾸준히 연구된 바 있는데, 지금까지의 연구는 주로 명사나 동사 같은 어휘, 또는 이를 포함한 통사 구조에서 문법 형태로 변화한 과정에 대한 연구가 중심이었다.

2.3. 역사문법론의 자료

문법 변화를 연구하기 위해서는 최소한 서로 다른 두 시기의 공시태가 기술되어 있어야 하는데, 그러기 위해서는 문헌 자료에 의존할 수밖에 없다. 실제 문법 변화뿐만 아니라 언어 변화의 연구는 문헌 자료에 의지해서 이루어지기 때문에 직관 자료를 이용하는 현대 국어 연구에 비하여 훨씬 많은 제약을 받는다. 따라서 문헌에 대한 철저한 검토는 언어 변화 연구에서 중요한 의의를 가진다. 그래서 우선 문헌 자체의 검토가 선행되어야 한다. 문헌의 편찬 연대나 방언 사용의 확인, 그리고 문헌 자체의 잘못에 대한 정정 등이 주의깊게 이루어져야 한다. 그뿐만 아니라, 외래 요소의 차용이나 간섭의 가능성, 입말과 글말의 차이, 부정적 자료의 결여 등도 검토의 대상이 된다. 실제 국어의 참모습을 최초로 생생하게 보여 주는 15세기 국어 문헌들이 순수 우리 문장이 아닌 한문 번역체로 쓰여진 것은 당시의 언어를 기술하는 데에 큰 어려움이 된다.

그리고 문헌은 단지 한 언어에서 가능한 문장 가운데 일부만을 보여 주기 때문에 그 언어에서 불가능한 문장이 어떠한 것인가를 적극적으로 말해 주지 않는다. 그러기 때문에 문법성에 대한 직관적 판단이 불가능하다는, 극복하기 어려운 근본적 문제를 안고 있다.

국어는 신라시대부터 기록을 가지고 있다. 그러나 이 시기의 문헌은 모두 한자를 빌려서 기록되었으며, 문헌의 양도 충분하지 못하다. 그러므로 이러한 문헌을 바탕으로 당시의 언어를 되돌려 살피기란 여간 어려운 일이 아니다. 언어 변화의 일반적인 경향과 역사비교언어학의 방법으로 당시 문법의 모습을 어느 정도 추리해 볼 수는 있지만, 타당성을 확보하기는 매우 어렵다. 문헌 자료들의 대부분이 차자표기로 되어 있을 뿐만 아니라 그 해독 자체가 쉽지 않기 때문에 문법 현상의 정확한 공시태의 파악은 사실상 불가능하다. 따라서 연구의 출발 시점을 신라시대 언어로 올리기 위해서는 무리한 추정과 가정이 필요하게 된다. 그러므로 국어 문법사 연구의 출발 시점은 훈민정음이 창제되어 문헌 자료가 충분하게 확보된 15세기 국어로 삼아, 그 때로부터 현대 국어에 이르는 동안의 문법 변화를 서술하는 것이 현실적으로 가장 분명한 방법이라고 생각한다. 그렇다고 그 이전의 문법사는 포기해도 좋다는 뜻은 아니다. 일단 15세기 이후의 문법사를 밝혀 두고, 그 이전의 역사는 다음 단계에 서술하는 것이 바람직한 방법일 것이다.

3. 문법범주의 변화

3.1. 문장종결법의 변화

문장종결법(=의향법)은 언어내용을 전달하면서 화자가 청자에 대하여 가지는 의향을 실현하는 문법범주로서, 평서법, 의문법, 명령법, 청유법 등의 하위범주로 나뉜다. 이 가운데 의문법이 역사적으로 가장 큰 변화를 거쳤다.

3.1.1. 의문법의 변화

앞서 문장 (2)에서 살펴본 바와 같이, 의문어의 존재 여부에 따라 '-ㄴ-고, -ㄹ-고'와 같은 'ㅗ'형 어미와 '-ㄴ-가, -ㄹ-가'와 같은 'ㅏ'형 어미로, 또 주어가 2인칭인 경우는 '-ㄴ-다, -ㄹ-다'와 같은 어미로 의문법이 달리 표현되었음은 15세기 국어의 큰 특징이다. 즉 [의문어 여부] 및 [인칭]이라는 조건에 따라 의문법이 분화되어 있었다. 그러나 현대 국어에서는 의문문에 의문어가 있든 없든, 주어의 인칭이 어떠하든 의문어미를 구분하지 않게 되었다. 이러한 사실은 의문법이 역사적으로 변화했음을 보여 준다.

인칭에 따른 의문어미의 구분은 근대 국어에까지 어느 정도 이어지지만 점차 '-은/을-다' 형태의 세력은 축소된다. 문장 (4)와 같이 16세기 국어에서 주어가 청자(2인칭)인 경우 '-은/을-다' 형태가 그대로 쓰이는 경우도 있지만, (5)와 같이 주어가 청자임에도 '-은/을-가, -은/을-고' 형태로 바뀌어 쓰이기도 한다.

    (4) a. 네 언제 王京의셔 뻐난다[뻐나-ㄴ-다] (번역노걸대 상 1)

        b. 네 삭슬 언메나 줄다[주-ㄹ-다] (번역박통사 상 11)

    (5) a. 샹공하 이제 다 됴ᄒᆞ야 겨신가[겨시-ㄴ-가] 몯ᄒᆞ야 겨신가[겨시-ㄴ

          -가] (번역박통사 상 38)

        b. 형님네 언제 길 나실고[나-시-ㄹ-고] (번역박통사 상 8)

이러한 변화는 17세기, 18세기 국어로 이어지는데, 의문어미 '-은/을-다'의 소멸은 결과적으로 [인칭]이 관여하여 분화되었던 의문법 체계를 단순화시켰다. 그러면 '-다' 형태 의문어미의 소멸은 어디에서 근거한 것일까? 그것은 문법 내적인 요인에서 찾을 수 있다. 결정적인 원인은, 다음에 살피게 될, 서술어미 '-ㄴ-다'의 발달에 있다. 16세기에 이르면 다음과 같이 서술어미 '-ㄴ-다' 형태가 확대된다.

    (6) a. 可히 빈호기를 즐긴대[즐가-ㄴ-대] 닐올디니라 (번역소학 3:7)

        b. 君子는 黨티 아니ᄒᆞᆫ대[아니ᄒᆞ-ㄴ-대] ᄒᆞ니 (논어언해 2:24)

        c. 義를 아디 몯ᄒᆞᆫ대[몯ᄒᆞ-ㄴ-대] ᄒᆞ노니 (맹자언해 3:15)

결국 서술어미와 의문어미의 형태가 같아지면서, 동음충돌을 피하려는 작용이 일어난 것이다. 그 결과 '-다' 형태 의문어미가 다른 형태의 의문어미로 흡수되어, 그 결과 [인칭]에 의한 의문법 체계가 근대 국어 시기에 소멸된다.

그리고 의문어가 있고 없음에 의한 '-고, -가'의 대립도 근대 국어 시기에 동요된다. 17세기 국어 (7)에는 '엇디, 언마'라는 의문어가 있음에도 'ㅏ' 형태인 '-가, -냐'가 나타나 있다. 비록 (8a)처럼 17세기에 유지되어 있었더라도, 18세기 자료에서는 (8b)처럼 변화하였다. 이러한 동요는 더욱 확산되어 19세기에 이르러 [의문어 여부]에 의한 의문법 체계도 소멸하였다.

    (7) a. 이 나라 臣下ㅣ 되엿ᄉ오니 므릇 일을 엇디 얼현이 ᄒ리잇가 (첩해
        신어 13:5)

      b. 언마 모다 우은 거시라 녀기셔-냐 (첩해신어 9:4)

    (8) a. 振舞를 ᄒ고져 ᄒ오니 엇더ᄒ올-고 (첩해신어 9:1)

      b. 振舞ᄒ여 놀고쟈 ᄒ오니 엇더ᄒ오리잇-가 (개수첩해신어 9:1)

3.1.2. 문장종결어미의 생성·소멸

문장종결법은 청자높임법과 대단히 밀접한 관련을 맺고 있다. 형태적으로는, 용언의 형태적 구성에서 놓이는 위치가 서로 이웃하고 있어, 15세기 국어의 청자높임어미는 문장종결어미 바로 앞에 놓인다. 그리고 기능적으로는, 이 두 범주가 모두 화자가 청자에 대해 가지는 태도, 의향을 실현한다. 이와 같은 형태와 의미 기능의 관련성은 이 두 범주가 하나의 범주로 융합되는 계기를 마련하였다. 따라서 문장종결법은 역사적으로 청자높임법을 함께 실현하는 범주로 변화하였다. 15세기

국어의 문장종결어미는 현대 국어에 이르는 동안 그대로 유지되는 것도 있지만, 소멸되거나, 새롭게 생성되기도 하였다.

15세기의 '-ᄂᆞ-다'(현실법어미+서술어미)는 형태 변화를 겪어 현대 국어에 이른다. 먼저 어간이 모음으로 끝나는 동사(예: ᄒᆞ다)의 '-ᄂᆞ-다'는 16세기에 인용절에서 '-ㄴ-다' 형태로 바뀌기 시작하여 17세기에 들어와 변화가 완성된다. 17세기의 인용절에 '-ᄂᆞ-다'는 더 이상 보이지 않는다. 다음 문장 (9)는 16세기의 예로, 인용절에서는 '-ㄴ-다' 형식이, 상위문에서는 '-ᄂᆞ-다'가 나타난다.

> (9) a. 君을 셤교매 禮를 다함을 사름이 뻐 諂ᄒᆞ다 ᄒᆞᄂᆞ다 (논어언해 1:25)
>   b. 녯 사ᄅᆞ미 닐오듸 즈젹 나하샤 ᄀᆞ 부모의 은혜를 안다 ᄒᆞᄂᆞ니라 (번역박통사 상 58)

17세기에는 인용절뿐만 아니라 상위문에서도 '-ᄂᆞ-다'가 '-ㄴ-다'로 변화하기 시작한다. (10),(11)은 각각 17세기, 18세기의 예로 인용절과 상위문에 모두 '-ㄴ-다' 형식이 나타나 있다.

> (10) a. 常言에 닐오듸 사름이 ··· 빗지면 거즛말 니ᄅᆞ기 잘ᄒᆞ다 ᄒᆞᄂᆞ니라 (박통사언해 상 32)
>   b. 이 믈은 믈 잘 먹고 이 믈은 믈 먹기 쟉게 혼다 (노걸대언해 상 31)
> (11) a. 두 分에 혼 斤 羊肉을 준다 ᄒᆞ두라 (몽어노걸대 1:12)
>   b. 네 아지 못혼다 (몽어노걸대 3:17)

이와 같은 동사 어간이 모음으로 끝나는 'ᄒᆞᄂᆞ다' 경우와는 달리, 동사 어간이 자음으로 끝나는 동사(예: 먹다)의 '-ᄂᆞ-다'는 17세기에 이르

러 '-ᄂᆞ-ㄴ-다' 형태가 나타난다. 이것은 다음과 같은 유추 작용의 결과
이다. 15세기의 'ᄒᆞᄂᆞ다' : '먹ᄂᆞ다'의 형태는 잘 통일되어 있었으나, 16
세기 이후에 'ᄒᆞᆫ다' : '먹ᄂᆞ다'의 형태는 통일되지 않게 되자, 'ᄒᆞᆫ다'에 유
추하여 '먹ᄂᆞ다'가 '먹ᄂᆞᆫ다'로 변화하였다.

[15세기]	[16세기]	[17세기]
ᄒᆞᄂᆞ다	ᄒᆞᆫ다	ᄒᆞᆫ다
먹ᄂᆞ다	먹ᄂᆞ다	먹ᄂᆞᆫ다

문장 (12)는 동사 어간이 자음으로 끝나는 17세기 예이다.

(12) a. 常言에 닐오ᄃᆡ · · · 믈을 ᄀᆞ옴알면 믈엣거슬 <u>먹ᄂᆞᆫ다</u> ᄒᆞ니라 (박통
　　　사언해 하 37)
　　 b. 이 믈이 쉬 거름 ᄀᆞᆺ티 즈늑즈늑 <u>것ᄂᆞᆫ다</u> (노걸대언해 하 8)

이렇게 하여 '-ᄂᆞ-다' 형태는 현대 국어에 이르러 '-ㄴ-다, -ᄂᆞᆫ다' 형태
로 나타나게 되었다.

3.2. 높임법의 변화

화자가 청자나 문장에 등장하는 주어, 객어에 대하여 높임의 의향을
표현하는 문법범주가 높임법이다. 따라서 높임법은 높임의 의향이 어
떤 대상에 있는가에 따라 청자높임법, 주체높임법, 객체높임법으로 체
계화된다. 15세기 국어 문장 (13)의 밑줄 친 선어말어미가 각각 높임법
을 실현한다.

(13) 世尊하 摩耶夫人이 엇던 功德을 닷 시며 엇던 因緣으로 如來를 나
 시니잇고낳-스 -으시-나-잇-고 (석보상절 11:24)

문장 (13)에서, '-으시-'는 주체높임법을, '-습-'은 객체높임법을, '-으이-'
는 청자높임법을 실현하고 있다. 청자인 '世尊'에 대한 높임의 의향을
실현하기 위하여 '-잇-'[-으이-]이 나타나 있고, 주어인 '摩耶夫人'에 대한
높임의 의향을 실현하기 위하여 '-으시-'[-으시-]가 나타나 있고, 목적어
인 '如來'에 대한 높임의 의향을 실현하기 위하여 '-스 -'[-습-]이 나타나
있다. 이와 같이 15세기 국어에서는 화자가 어떤 대상에 대하여 높임의
의향을 실현하기 위하여 각각 선어말어미가 서술어에 결합되어 있다.
그런데 이러한 선어말어미 가운데 주체높임법의 '-으시-'만 현대 국어로
이어지고, 나머지 선어말어미는 모두 소멸하였다. 이러한 사실은 높임
법의 실현방법이 역사적으로 변화했음을 보여 준다. 그 결과 현대 국어
에서는 청자높임법은 의향어미에 의해 높임의 등급이 분화되었으며,
객체높임법은 객체높임동사 '드리다, 모시다, 여쭈다' 등에 의해 실현되
고 있다.

3.2.1. 객체높임법의 소멸

음운 조건에 따라 객체높임어미 '-습-'은 그 형태가 다양하게 변이하
여 한 범주를 실현하기에 적당하지 않은 데다가, 또 객체의 영역도 넓
어 목적어, 부사어 등에 걸쳐 있어 객체라는 개념을 정의하기가 매우
어렵게 되었다. 이런 까닭으로 17세기 이후에는 점차 '-습-'의 기능이 불
분명하게 되어, 주체높임법을 실현하는 데에도 나타나고, 청자높임법
을 실현하는 데에도 나타나게 되었다. 즉 객체의 개념이 모호해지면서
'-습-'은 본래 기능을 잃고, 그 흔적을 다른 높임법으로 넘겨 주게 되었다.

17세기 국어를 반영하는 "인조대왕행장"에서 '-숩-'이 다음과 같은 세 가지 기능을 하고 있음을 볼 수 있다. (다음 문장에서 '-ᄌ오-, -ᄉ오-, -오-'로 나타난) '-숩-'이 문장 (14a)에서는 객체높임법을, (14b)에서는 주체높임법을, (14c)에서는 청자높임법을 실현한다.

(14) a. 내 일즉 엄친을 일-숩-고 편모만 밋ᄌ와더니[밋-ᄌ와-더-니] (인조대왕행장 8)

b. 혼궁의 가오셔 곡님ᄒ려 ᄒ오시거늘[ᄒ-오-시-거-늘] (인조대왕행장 9)

c. 대비 명ᄒ야 드-오-쇼셔 ᄒ고 (인조대왕행장 5)

이러한 변화는 이미 16세기 말엽부터 나타난다. 다음 (15a)의 '-숩-'은 청자높임법을 실현하고 있다. 오히려 객체높임의 대상임에도 불구하고 (15b)에는 '-숩-'이 나타나 있지 않았다.

(15) a. 문안ᄒᆞᆸ고 요ᄉᆞ이는 엇디ᄒ신고 온 후의ᄂᆞᆫ 긔별 몰라ᄒ-ᄋᆞᆸ-뇌이다 ··· 약갑슨 술와건마ᄂᆞᆫ 보내신디 몰라 ᄒ-ᄋᆞᆸ-쇠 (청주간찰 191)

b. 효도홈으로써 님금을 셤기면 튱셩이오 (소학언해 2:31)

17세기 자료 "첩해신어"에서도, (16)과 같이 청자높임법을 실현하고 있다.

(16) a. 東萊 니르심은 ··· 다 無事히 渡海ᄒ시니 아름답다 니ᄅᆞ사-ᄋᆞᆸ-ᄂᆡ (첩해신어 2:1)

b. 먹기를 과히 ᄒ엿-ᄉ오-니 그만ᄒ야 마ᄅᆞ쇼셔 (첩해신어 2:6)

이렇게 하여 '-습-'과 다양한 변이형들(-ㅅ오-, -ㅈ오-, -ㅇ오-, -오오-, -오-)은 점차 청자높임법을 실현하는 기능으로 바뀌었으며, 현대 국어에 이르면서 객체높임어미 '-습-'은 소멸하였다. '-습-'과 다양한 변이형들이 주로 청자높임을 실현하는 기능으로 변화한 것은, 높임의 대상 가운데 가장 현실성이 강한 청자높임법을 보강하려는 의식에서 일어난 것으로 보인다(허웅 1983, 서정목 1993). 특히 청자와 객체가 같은 사람인 문맥에서부터 이러한 변화가 일어났을 것이다.

이상과 같은 변화의 결과, 현대 국어의 객체높임법은 일정한 문법형태소에 의해 실현되지 않고, 높임의 격조사 '-께'와, 객체높임동사 '드리다, 모시다, 여쭈다' 등에 의해 실현된다.

3.2.2. 청자높임법의 강화

청자높임어미 '-으이-'(-으잇-)는 문장 (17)처럼 16세기 문헌에서부터 '-으이-'(-으잇-)로 나타나기 시작하여 두 형태가 공존하지만, (18)처럼 17세기에 이르러서는 '-ㅇ이-'(-ㅇ잇-)를 거쳐 '-으이-'(-으잇-)로 굳어진다.

(17) a. 고렷 짜흐로 가노-이-다 (번역박통사 상 8)

   b. 왕오 왓ᄂ-이-다 (번역박통사 상 59)

(18) a. 御 慇懃ᄒ신 말쏨 겻티 도로혀 붓그럽ᄉ왕이다 (첩해신어 6:10)

   b. 自由히 너기옵신다 민망ᄒ여이다 (첩해신어 3:9)

이렇게 보면 '-으이-' 형태는 이미 16세기부터 불안정하기 시작하였다. 17세기에 이르러서는 '-으이-'가 자주 생략되면서 그 기능도 약화되게 되었다. 이것은 청자높임법 실현의 변화를 예고하는 것이다. 청자는 항상 화자의 눈 앞에 있기 때문에 청자높임법은 높임법의 다른 어떤 것보다 현실성이 강하다. 따라서 형태가 불안정해 지고 기능이 약화되는 것을 그대로 둘 수 없게 된다. 여기서 청자높임법의 실현 방법을 강화할 필요가 있게 되었는데, 그 결과 청자높임법의 실현은 다른 데에 의지하려는 경향이 일어나게 되었다. 바로 여기에 관여하게 된 것이 객체높임어미 '-습-'이다(허웅 1983: 450-). 이 때 '-습-'이 주체높임을 더 높이는 데에도 나타나기는 했지만, 주체높임법의 '-으시-'는 확고한 형태를 유지하고 있었기 때문에 더 강화할 필요가 절실치 않았다. 그래서 '-습-'은 주로 청자높임법 강화에 관여한 것으로 보인다.

이러한 결과, 17세기 국어에는 청자높임법을 실현하는 형태가 [1] '-으이-', [2] '-습-', [3] '-습-~-으이-'와 같은 세 가지 유형으로 공존하게 되었다. 다음은 "첩해신어"에 나타난 각각의 예이다.

(19) a. 自由히 너기옵신다 민망ᄒ여-이-다 (첩해신어 3:9)

b. 므슴 빅 어이ᄒ야 떠뎓-습-ᄂᆞ-고 (첩해신어 1:11)

c. 病이 더 重홀까 너기옵닝이다 (첩해신어 2:7)

이렇게 하여 '-습-'과 그 다양한 변이형들은 점차 청자높임법을 실현하는 기능으로 바뀌었다. 청자와 객체가 같은 사람일 경우에 이러한 변화가 시작되었을 것으로 본다. 그런데 위의 [3] 유형은 [1]이나 [2] 유형보다는 청자높임의 정도를 더해 준다. 이러한 형태는 근대 국어 말엽에 '-습니다' 형태로 발전하게 된다.

3.3. 시제법의 변화

시제법은 언어내용 전달에서 시간과 관련을 맺는 문법범주이다. 언어내용은 동작이나 상태를 나타내는데, 이는 시간 표시의 대상이 된다. 15세기 국어 문장 (20)의 밑줄 친 부분이 시제법을 실현한다.

(20) a. 이 두 사르미 福德이 어늬사 하-라-잇고 (석보상절 23:4)
　　 b. 大愛道ㅣ 드르시고 흔 말도 몯흐-야 잇-더시니 (석보상절 6:7)

문장 (20)의 자연스러운 현대 국어 표현은 다음과 같다. 이것은 시제법의 실현방법이 역사적으로 변화했음을 보여 준다.

(20)′ a. 이 두 사람 가운데 복덕이 어느 쪽이 더 많-겠-습니까?
　　　 b. 大愛道가 들으시고 한 말씀도 못하셨더니[못하-시-었-더-니]

15세기 국어의 선어말어미 '-ᄂ-'는 어떤 동작이나 상태가 방금 눈 앞에 나타나 있는 것을 기술하거나, 또는 그런 것으로 생각되는 사실을 실현하며, '-더-'(-더-, -다-, -러-, -라-)는 지난 어느 때에 기준을 두고, 그 때에 되어 가던 일, 따라서 현실과는 이미 관련을 끊게 된 일, 또는 그 때에 경험한 일을 실현하며, '-으니-'는 이미 확정된 일로 화자에게 파악되어 이를 확언하는 것을 실현하며, '-으리-'는 장차 일어날 일을 나타내거나, 또는 추측적인 일을 실현한다. 이러한 네 가지 관념은 대립되는 두 관념의 짝으로 풀이할 수 있다. 곧 '-ᄂ-'와 '-더-'는 현실적인 것과 그렇지 않은 것, '-으니-'와 '-으리-'는 확정적인 것과 그렇지 않은 것의 대립으로 풀이할 수 있다. 이를 [현실성]과 [확정성]이라는 관념으로 기준을 설정해 보면, 15세기 국어는 [현실성]의 대립으로 현실법과 회상법, [확정성]의 대립으로 확정법과 미정법으로 시제법 체계를 세울 수 있다 (허웅 1975: 877- 참조). 이들은 모두 시간과 관련을 가진다. 현실법은 시간의 현재와, 회상법과 확정법은 시간의 과거와, 미정법은 시간의 미래와 관련된다. 이제 이러한 15세기 국어로부터 시제법이 역사적으로 변화해 온 과정을 살펴보기로 하자.

3.3.1. 회상법 '-더-'의 형태 단순화

15세기 국어의 회상법은 주어의 인칭에 따라 달리 실현된다. 즉 주어가 화자 자신, 즉 1인칭일 경우에는 '-다'로 실현되며(문장 (21) 참조), 그렇지 않은 경우에는 '-더-'로 실현된다(문장 (22) 참조). 그리고 '이다, '아니다'와 시제어미 '-으리-' 다음에는, '-더-'는 '-러-'로, '-다'는 '-라'로 변이된다.

(21) a. 내 지븨 이싫 저긔 受苦ㅣ 만타래[많-다-래] (월인석보 10:23)

　　 b. 몬 보아 슬웃 우니다니[울-니-다-니], 님하 오늜나래 넉시라 마로리어다 (월인석보 8:102)

　　 c. 내 ··· 舍衛國 사룸미라니[사룸-이-라-니], 父母ㅣ 나룰 北方 싸룸 몰 얼이시니 (월인석보 10:23)

(22) a. 病흔 사룸미 잇거든 夫人이 머리룰 문지시면 病이 다 됴터라[둏-더-래 (월인석보 2:30)

　　 b. 子息둘히 ··· 가슴 닶겨 짜해 그우더니[그우-더-니], 이 쁴 그 아비 지븨 도라오니 (월인석보 17:16)

　　 c. 長者ㅣ 닐굽 아드리러니[아둘-이-러-니], 여슷 아둘란 ᄒᆞ마 갓 얼이고 (석보상절 6:13)

그러나 17세기에 이르러 국어 문법 체계에서 인칭법이 소멸하면서, 회상법의 인칭 대립도 소멸하여 '-더-' 형태로 단순화되어 현대 국어에 이르렀다. 다음 (23a,b)는 각각 17세기 국어의 1인칭과 3인칭 문장인데, '-다-'와 '-더-'의 대립이 소멸하였음을 보여 준다.

(23) a. 이러톳ᄒᆞ면 내 前年에 셔울 잇더니 갑시 다 ᄒᆞᆫ가지로다 (노걸대언
해 상 8)

b. 이 ᄒᆞᆫ 등엣 믈은 열 량 우ᄒᆞ로 폴리라 ᄒᆞ더라 (노걸대언해 상 8)

3.3.2. 확정법의 소멸과 완결법 '-었-'의 생성

15세기 국어에서 확정법을 실현하던 '-으니-'는 분포, 형태, 의미로 보아 불안정한 편이었다. 분포상 상당히 제한적이었으며, 형태상 '-으니-여, -으니-오'는 각각 '-으녀, -으뇨'와 같은 줄인 형태로 나타나기도 하였다. '-으니-'는 이러한 형태상의 동요뿐만 아니라, 의미상으로도 동요되었다. 그런데 15세기 후기부터 싹트기 시작한 완결법의 발달은 이러한 '-으니-'의 의미 영역을 침범하여, 확정법 '-으니-'는 시제법 기능을 잃고, 18세기에 이르러서 완결법에 흡수되고 말았다.

현대 국어에서 '-었-'으로 실현되는 완결법은 15세기 국어에서는 통사적 구성 '-어 잇/이시-'에서 문법화되어 생성되었다. 문장 (24)와 같이 15세기 국어에서 '-어 잇/이시-' 구성은 원래 상태지속상으로, 어떤 동작이나 상태가 완결되어 그것의 모습이 지속됨을 실현하였다[제1형].

(24) a. 네 이제 사ᄅᆞ미 모ᄆᆞᆯ 得ᄒᆞ고 부텨를 맛나아 잇ᄂᆞ니 (석보상절 6:11)

b. 善慧 니베[닙-에] 잇더신 鹿皮 오ᄉᆞᆯ 바사 (월인석보 1:16)

그런데 15세기에는 '-어 잇/이시-' 구성에서 모음이 축약하여 중모음 형태가 된 '-엣/에시-'가 나타났다[제2형].

(25) a. 돌기 소리 서르 들여 흔 ᄀ새 닛-옛-고 (월인석보 1:46)

　　 b. 須達이 病ᄒ-얫-거늘 (석보상절 6:44)

또한 15세기에는 '-옛/에시-'의 중모음이 단모음으로 바뀌어 '-엇/어시-'가 나타났다[제3형].

(26) a. 빈는 고기 낛는 그르시 ᄃ외-얏-고 (금강경삼가해 3:60)

　　 b. 비록 ᄊᆞ홀 어더시내얻-어시-내 (두시언해-초간 18:12)

이리하여 새로운 문법 형태소 '-엇/어시-'가 발달하기에 이르렀으니, 이것이 새로운 완결법이 생성되는 싹이 된 것이다. 16세기에 이 세 형태가 공존한 것은 15세기와 같은데, 15세기에 비해 제2형이 현저히 줄어들어 제3형으로 대치되었으며, 제1형도 제3형으로 대치되었다. "번역소학"(1518년)과 "소학언해"(1588년)를 대비해 보면 그러함을 알 수 있다.

(27) a. 됴히 비수믈 비화[비호-애] 잇-거늘 (번역소학 9:59)

　　　 아름다온 단장을 니겨시니[니기-어시-니] (소학언해 6:54)

　　 b. 뫼셔[뫼시-에] 잇는 사름ᄃ려 ᄀᆞ마니 무러 (번역소학 9:85)

　　　 뫼션는[뫼시-엇-는] 이 들여 ᄀ만이 무러 (소학언해 6:79)

17세기에서는 제1형은 여전히 쓰이고 있으나, 제2형은 보이지 않고, 그 대신 제3형이 우세함을 볼 수 있다. 그런데 제1형은 상태지속의 의미가, 제3형은 완결의 의미가 두드러지는 것을 볼 수 있다. 따라서 제1형은 비록 분포가 축소되었지만 상태지속상을 유지하여 현대 국어로 이어졌고, 제3형은 분포가 확대되면서 완결법이라는 새로운 시제법을 생성하여 현대 국어로 이어지게 되었다. 이와 같이 통사적 방법으로 실현되던 상태지속상이 굴곡적으로 실현되게 되면서 완결법을 생성하고, 18세기에 이르러 완결법은 확정법을 흡수하여, 현대 국어에 이르러 '-었-'으로 자리잡게 되었다.

(28) 시제어미 '-었-'의 생성 과정

-어/아 잇/이시- 〉 -엣/에시/앳/애시- 〉 -엇/어시/앗/아시- 〉 -었/았-

3.3.3. 미정법 '-으리-'와 '-겠-'의 교체

15세기 국어에서 미정법을 실현하는 '-으리-'는 현대 국어보다 훨씬 넓은 분포를 보였다. 그러나 16세기부터 미정법 '-으리-'는 형태에 있어서 큰 변화가 일어난다. 즉 '-으리-'가 '-을-'로 줄어드는 현상이 나타나고, 17세기에서는 한걸음 더 나아가 '-ㄹ-'로 변화한다. 또한 15세기 국어에서 다양한 분포를 보였던 '-으리-'는 점차 사용이 제한되는 변화를 겪을 뿐만 아니라, 의미도 축소된다. 15세기 국어와 16세기 국어에서 '-으리-'는 주로 추측과 의지를 의미하였다. 그러나 17세기에 이르면서 점차 의지의 의미는 줄어들고 추측의 의미만 남게 된다. 16세기 문헌 "번역박통사"와 17세기 문헌 "박통사언해"를 대조하면, 추측은 그대로 실현하고 있지만, 의지는 16세기 문헌에서 '-으리-'로 실현했으나, 17세기 문헌에서는 '-쟈' 또는 '-으려 ㅎ노라'로 실현하고 있다(이기갑 1987 참조).

(29) a. 추측

　　[16세기] 쉰 히라도 믈어디디 아니ㅎ-리-라 (번역박통사 상 10)

　　[17세기] 五十年이라도 믄혀디디 아니ㅎ-리-라 (박통사언해 상 11)

b. 의지

　[16세기] 아니가면 다루니 블로-리-라 (번역박통사 상 12)

　[17세기] 가디 아니면 다루니를 브르-쟈 (박통사언해 상 12)

　[16세기] 스므량 은에 볼모 드료-리-라 (번역박통사 상 20)

　[17세기] 二十兩銀에 典當ᄒ-려 ᄒ노라 (박통사언해 상 19)

이와 같이 미정법 '-으리-'는 형태, 분포, 의미에 있어서 점차 약화, 쇠퇴해 갔다. 미정법 '-으리-'의 쇠퇴는 새로운 미정법 '-겠-'을 생성하게 한다. 현대 국어의 '-겠-'은 사동을 나타내는 통사적 구성 '-게 ᄒ-'의 완결법인 '-게 ᄒ엿-'에서 문법화하였다(나진석 1971 참조). 다음 (30)에서 '-게 ᄒ엿-' 구성은 사동의 의미보다는 추측의 의미가 두드러져 미정법을 실현하기에 이른다.

(30) a. 친히 무슨 글을 써 나리오셔 보장ᄒ야 집의 길니 뎐ᄒ면 미ᄉ가 되게 ᄒ-엿-다 ᄒ니 (한듕록 2)

　　b. 아마도 고이ᄒ니 ᄌ녀는 됴히 살게 ᄒ-엿-니 (한듕록 260)

　　c. 그 듸신의 뉴강이를 보녀고 국영이를 아니 가-게 ᄒ-야시-니 (한듕록 424)

이렇게 미정법을 실현하게 된 '-게 ᄒ엿-' 구성은 형태 축약이 일어나 18세기에 '-게엿-'의 형태로 나타났다. '-엿-' 앞에서 'ᄒ-'의 탈락이 일어난 것이다.

(31) a. 내일이야 가게엿-습마ᄂ (편지글 193)

　　b. 써나도 잇지 못ᄒ-게엿-습 (편지글 193)

이 구성은 다시 축약하여, (32a, b)와 같이 드디어 18세기 말엽에 '-겟-' 형태가 완성되어, (32c, d)와 같이 19세기에는 일반화되었다.

(32) a. 저러ᄒ고 이시니 ᄀᆺ득ᄒᄂᆡ 울긔 ᄒ-겟-다 ᄒ시고 (한듕록 172)

　　 b. 요란ᄒ니 못ᄒ-겟-다 ᄒ시고 (한듕록 400)

　　 c. 남은 업셔 다 흰 거시라 ᄒ오니 여긔셔 남을 드리면 죠흘 듯ᄒ옵ᄆᆞ ᄂᆞ 뉘 고뎌러 드리라 ᄒ개슙[ᄒ-갯-읍] (편지글-보 3)

　　 d. 엇더케 ᄒ여야 관찰ᄉ와 원 노릇슬 잘ᄒ-겟-ᄂᆞ냐고 ᄒ기에 (독닙신 문 1896.4.16.)

이와 같이 생성된 '-겟-'은 형태, 분포, 의미에 있어서 약화된 '-으리-' 와 교체하여 미정법의 시제어미로 자리를 굳히게 되었다.

(33) 시제어미 '-겠-'의 생성 과정
　　 -게 ᄒ엿- 〉 -게엿- 〉 -겟- 〉 -겠-

3.4. 사동법의 변화

사동법은 원인과 결과라는 두 개의 상황을 하나의 복합 상황으로 표현하는 문법범주이다. 사동법의 주된 실현방법은 파생적 방법과 통사적 방법인데, 15세기 국어의 사동법 실현방법도 이와 같다. 문장 (34a)는 파생적 방법으로, (34b)는 통사적 방법으로 '앉다' 동사의 사동법이 실현된 경우이다.

(34) a. 제 座룰 ᄂᆞ호아 안치면[앉-히-면] (석보상절 19:6)

b. 座룰 노호아 앉긔 ᄒ-면 (월인석보 17:51)

그런데 문장 (35)의 15세기 국어에서 실현된 사동법의 자연스러운 현
대 국어의 표현은 (35)′와 같다.

(35) a. ᄒᆞᆫ 菩薩이 王 ᄃᆞ외야 겨샤 나라ᄒᆞᆯ 아ᅀᆞ 맛디시고[맜-이-시-고] (월인
석보 1:5)

b. 녀토시고[녙-오-시-고] ᄯᅩ 기피시니[깊-이-시-니] (용비어천가 20)

(35)′ a. 한 菩薩이 王이 되어 계시어 나라를 아우에게 맡기시고[맡-기-시-고]

b. 얕게 하시고 또 깊게 하시니

(35a)의 '맛디시고[맜-이-시-고]'는 파생 접미사 '-이-'로 사동법을 실현
하고 있으나, 현대 국어에서는 (35′a)처럼 '-이-' 대신 '-기-'로 실현하고
있어 실현방법이 변화했음을 알 수 있다. (35b)의 '녀토시고[녙-오-시-
고], 기피시니[깊-이-시-니]'는 파생 접미사 '-오-, -이-'로 사동법을 실현하
고 있으나, 현대 국어에서는 파생 접미사에 의하지 않고 (35′b)와 같이
통사적 구성 '-게 하-'로써 사동법을 실현하고 있다. 이처럼 15세기 국어
에서 파생 접미사로 실현되던 사동법이 현대 국어에서는 통사적 구성
으로 실현되는 예가 많은데, 이는 사동법의 실현방법이 역사적으로 변
화했음을 보여 준다. 이와 같이 15세기 국어에서 현대 국어에 이르는
동안 사동법의 큰 변화는 다음과 같다. 첫째는 파생적 사동법에서 사동
접미사가 다른 사동 접미사로 교체된 것이고, 둘째는 파생적 사동법의
쇠퇴하고 통사적 사동법이 확대된 것이다.

3.4.1. 사동 접미사의 교체

15세기 국어의 사동 접미사는 현대 국어에 이르는 동안 대체로 유지된다. 그러나 동사나 형용사에 따라 변화없이 같은 접미사가 관여하는 경우도 있고, 다른 접미사로 교체되어 나타나는 경우도 있다. 예를 들어 '먹-다'의 사동 표현 '먹-이-다'의 시대별 예를 보면 다음 (36)과 같이 변화가 없다.

(36) a. [16세기] 흔번 버므린 딥 머거든 기들워 믈 머기래[먹-이-래] (번역노걸대 상 24)

b. [17세기] 괴롭고 브즈러니 졋 머기시며[먹-이-시-며] 갓가스로 길러 내시니 (경민편언해-중간 1)

c. [개화기] 여관으로 드러가셔 급히 약을 먹인대[먹-이-ㄴ-대] 우유를 먹인대[먹-이-ㄴ-대] ᄒᆞ야 (츄월식 60)

그러나 다음 예는 역사적으로 다른 사동 접미사로 교체된 경우이다. 예를 들어, '울-이-다〉울-리-다'와 '닉-이-다〉익-히-다'의 변화를 시대별로 보면 다음과 같다.

(37) a. [16세기] 방울 소리를 듣고 ᄃᆞ니면 찬ᄂᆞᆫ 표ᄅᆞᆯ 울-이-ᄂᆞ-니 (소학언해 3:18)

b. [17세기] 긔를 두르고 붑을 울례[울-리-에] 날 사라실 적ᄀᆞ티 ᄒᆞ라 ᄒᆞ야ᄂᆞᆯ (동국신속삼강행실도-충신 1:90)

c. [18세기] 슈천빅 말슴이 가히 ᄌᆞᄌᆞ히 귀신을 울닐지래[울-리-ㄹ 자-래] (명의록언해 수 하 44)

(38) a. [16세기] 미양 긴 밤의 빈혼 것 니길[닉-이-ㄹ] 제 머굼어 뼈 브즈런

코 고로옴을 돕게 ᄒᆞ더라 (소학언해 6:99)

b. [17세기] 아므려나 ᄆᆞ옴을 다ᄒᆞ여 니기읍ᄉᆞ닉-이-읍-ᄉᆡ (첩해신어 9:17)

c. [18세기] 돈 싱기면 사 모와서 손으로 만드러셔 눈의 익고 손의도 이키랴괴익-히-랴괴 (고소설자료-춘향전)

3.4.2. 파생적 사동법의 쇠퇴와 통사적 사동법의 확대

이미 위에서 살펴본 바와 같이 15세기 국어에서나 현대 국어에서나 사동법은 주로 파생적, 통사적 방법으로 실현된다. 그런데 파생적 사동법의 실현은 15세기 국어와 현대 국어 사이에 큰 차이가 있다. 즉 다음과 같이 15세기 국어에서는 사동 접미사의 결합이 가능하여 사동법을 실현하였던 동사·형용사들이 현대 국어에서는 사동 접미사의 결합이 불가능하여 파생적 사동법을 실현하지 못한다.

(39) 긷다　　　[15세기]　길-이-다　　[현대]　*길-이-다

　　닛다　　　　　　　닛-우-다　　　　　*이-우-다

　　밍글다　　　　　　밍글-이-다　　　　*만들-이-다

　　살다　　　　　　　살-이-다　　　　　*살-이-다

　　옅다　　　　　　　녈-오-다　　　　　*얕-이-다

　　ᄒᆞ다　　　　　　　ᄒᆞ-이-다　　　　　*하-이-다

몇 가지 예를 들어 보았으나, 실제 상당수의 동사·형용사들이 15세기 국어와 현대 국어에서 다른 양상을 보인다. 그런데 위에 예를 든 경우, 현대 국어에서 파생적 사동법이 실현되지 않지만, 다음과 같이 통사적 사동법으로는 실현된다.

(39)′ a. 林淨寺애 가샤 聖人 뵈ᅀᆞᄫᆞ시ᄂᆞᆯ ᄀᆞ장 깃거 믈을 길-이-시니 (월인석보 8:84) 〉 긷-게 하-시니

b. 燈 혀아 닛-위-여 ᄇᆞᆰ게 ᄒᆞ며 (석보상절 9:35) 〉 잇-게 하-여

c. 집 아래 어루 받이렴 ᄆᆡᆼᄀᆞ릴ᄉᆡ[ᄆᆡᆼᄀᆞᆯ-이-ㄹᄉᆡ] (두시언해-초간 16:66) 〉 만들-게 하-니

d. 城 밧긔 닐굽 뎔 일어 즁 살-이-시고 (월인석보 2:77) 〉 살-게 하-시고

e. 바ᄅᆞ래 ᄇᆡ 업거늘 녀토시고 ᄯᅩ 기피시니 (용비어천가 20) 〉 얕-게 하-시고, 깊-게 하-시니

f. 太子 羅睺羅ㅣ 나히 ᄒᆞ마 아호빌ᄊᆡ 出家ᄒᆡ여[出家ᄒᆞ-이-여] 聖人ㅅ 道理 ᄇᆡ화ᅀᅡ ᄒᆞ리니 (석보상절 6:3) 〉 出家하-게 하-여

3.4.3. 사동법 변화의 원인

이와 같이 사동법의 실현방법은, 다음에 살펴볼 피동법과 함께 현대 국어로 오면서 파생적 방법은 제약되고, 통사적 방법이 확대되었다. 그런데 국어의 문법범주 실현방법 변화의 일반적인 경향은 통사적 방법에서 형태적 방법으로의 변화이다. 시제법의 '-었-, -겠-'의 생성이 그 대표적인 예가 될 것이다.

그러면 이러한 일반적인 변화와 달리 사동법과 피동법은 그 변화의 방향이 오히려 반대 방향인 것이 해명되어야 할 것이다. 역사적으로 파생적 사동법과 피동법이 제한되고 통사적 사동법과 피동법이 확대된 것은 다음과 같은 설명이 가능하다. 동일한 파생 접미사가 어느 단계에서 사동 접미사와 피동 접미사로 기능하게 되면서, 사동 접미사와 피동 접미사의 동음 충돌로 인한 의미를 변별하고자 하는 동기가 생겼을 것이다. 만일 피동 접미사와의 충돌이 없었다면 구태여 통사적 사동법을 사용할 이유가 없었을 것이다. 이렇게 되자 결국 파생 접미사로 실현되

던 사동법과 피동법이 제약되고 결과적으로 다른 실현방법인 통사적 사동법과 피동법이 확대되었다고 할 수 있다. 따라서 이러한 근거로 사동법과 피동법의 실현방법이 변화했다고 볼 수 있다.

3.5. 피동법의 변화

피동법은 주어로 나타난 사람이나 사물이 제 힘으로 행하는 것이 아니라, 남에 의해서 되는 동작을 표현하는, 즉 피동작주를 주어로 삼는 문법범주이다. 피동법의 주된 실현방법은 파생적 방법과 통사적 방법이다. 15세기 국어의 피동법 실현방법도 이와 같은 유형을 보인다. 문장 (40a)는 파생적 방법으로, (40b)는 통사적 방법으로 '싣다' 동사의 피동법이 실현된 경우이다.

(40) a. 金剛摩尼花ㅣ 一切예 ᄀᄃ기 싣-이-ᄂ-니 (월인석보 8:36)

   b. ᄇ라미 ᄮ라 데[싣-아 다-에 부ᄂ니 (두시언해-초간 23:29)

그런데 문장 (41)의 15세기 국어에서 실현된 피동법의 자연스러운 현대 국어의 표현은 (41)′와 같다.

(41) a. 그 남기 虛空애 들이니[들-이-니] 難陁ㅣ 숨디 몯ᄒ니라 (월인석보 7:10)

   b. 이 네 罪를 犯ᄒ면 중의게 ᄇ리일[ᄇ리-아-ㄹ] 씬니라 (능엄경언해 6:85)

(41)′a. 그 나무가 허공에 들-리-니 難陁가 숨지 못하였다.

   b. 이 네가 죄를 범하면 중에게 버리어 질[버리-어 지-ㄹ] 것이다.

(41a)의 들이니[들-이-니]는 파생 접미사 '-이-'로 피동법을 실현하고 있으나, 현대 국어에서는 '-이-' 대신 '-리-'로 실현하고 있음이 다르다. (41b)의 'ᄇ리일[ᄇ리-이-ㄹ]'은 파생 접미사 '-이-'로 피동법을 실현하고 있으나, 현대 국어에서는 파생 접미사에 의하지 않고 통사적 구성 '-어지-'에 의해 피동법을 실현하고 있다. 'ᄇ리다'의 경우, 15세기 국어에서 파생 접미사에 의해 실현되던 피동법이 현대 국어에서는 통사적 구성에 의해 실현되어, 역사적으로 변화했음을 보여 준다.

3.5.1. 피동 접미사의 교체

파생 접미사 '-이-'의 분포가 줄어 들어, '-리-, -히-, -기-'로 교체됨을 볼 수 있다.

(42) a. 들-이-다 〉 들-리-다

　　　 多聞은 만히 들일[들-이-ㄹ] 씨니 (월인석보 1:30)

　　　 그듸 한어버이로브터 튱셩으로써 시겨릐 들-리-다가 (동국신속삼

　　　 강행실도-충신 1:5)

　　 b. 걸-이-다 〉 걸-리-다

　　　 화예 나아 걸-이-며 (월인석보 2:33)

　　　 낙시예 걸-리-여 보내니 (태평광기언해 1:2)

　　 c. 볼-이-다 〉 밟-히-다

　　　 ᄆᆞᆯ 바래 드러 볼-이-ᄂᆞ니라 (두시언해-초간 17:10)

　　　 어듸 흔 지차리 불펴[붊-히-어] 죽엇ᄂᆞ뇨 (박통사언해 하 2)

3.5.2. 파생적 피동법의 쇠퇴와 통사적 피동법의 확대

파생적 피동법은 현대 국어로 올수록 쓰임이 제한되며, 통사적 피동

법은 쓰임이 확대된다. 다음은 각각 근대 국어인 17세기, 18세기, 그리고 개화기 국어의 통사적 피동문이다.

(43) a. 後世애 宗法이 임의 廢홈애 흐터 뎨[흩-어 디-에] 統혼 배 업서 (가례언해 도 20)

　　b. 눈이 브어 알파 독혼 긔운이 흐테[흩-에] 아니 디거든[디-거-든] (마경초집언해 상 69)

(44) a. 빗줄이 슨-어 지-니 (일동장유가 3:114)

　　b. 싱각홈애 네 肝腸이 슨-쳐[슨-치-어] 다-리니 (오륜전비언해 2:29)

　　c. 브람애 네이 쑤레[쑬-에] 디-고 (오륜전비언해 2:29)

(45) a. 버들가지는 느러 젓대[늘-어 자-엇-대] (국어독본 1:23)

　　b. 拍手喝采ᄒᆞ는 소리가 山岳이 문혀 자-는 듯ᄒᆞ더라 (국어독본 4:7)

　　c. 물이 밋그러져서 水中에 너머지니 그 소금이 다 물에 풀-어 젓더라[자-엇-더-래 (국어독본 2:12)

위에서 살펴본 바와 같이 15세기 국어에서나 현대 국어에서나 피동법은 주로 파생적, 통사적 방법으로 실현된다. 그런데 파생적 피동법의 실현은 15세기 국어와 현대 국어 사이에 큰 차이가 있다. 즉 15세기 국어에서는 피동 접미사의 결합이 가능하여 피동법을 실현하였던 동사들이 현대 국어에서는 피동 접미사의 결합이 불가능하여 피동법을 실현하지 못한다. 그러므로 피동법은 현대 국어로 올수록 파생적 방법에 의한 실현은 제약되고, 통사적 방법에 의한 실현은 보편화되었다고 할 수 있을 것이다. 현대 국어에까지 이어지는 어휘를 대상으로 이를 제시해 보면 다음과 같다.

(46) ᄀᆞ리다   [15세기]   ᄀᆞ리ᄢᅵ다   [현대]   *가리-이-다

꺼리다   꺼리이다   *꺼리-이-다

닛다   닝위다   *잇-이-다

보내다   보내이다   *보내-이-다

ᄇᆞ리다   ᄇᆞ리이다   *버리-이-다

얻다   얻티이다   *얻-히-다

몇몇 동사의 예를 들어 보았으나, 실제 상당수의 동사들이 15세기 국어와 현대 국어에서 다른 양상을 보인다. 그런데 위에 예를 든 경우, 현대 국어에서 피동 접미사에 의해서는 피동법이 실현되지 않지만, 통사적으로는 피동법이 실현된다.

(46)′ 가리다   가리-어 지-다

꺼리다   꺼리-어 지-다

잇다   잇-어 지-다(→ 이어 지다)

보내다   보내-어 지-다

버리다   버리-어 지-다

얻다   얻-어 지-다

이러한 특징으로 보면 피동법은 파생적 방법에서 통사적 방법으로 실현방법이 변화했다고 할 수 있다. 이에 대한 원인은 3.4.에서 살펴본 사동법의 역사적 변화와 설명을 같이 한다.

3.6. 부정법의 변화

부정법은 주어진 언어내용을 의미적으로 부정하는 문법적 방법이다. 대체로 부정법의 실현방법은 역사적으로 변화하지 않았다. 문장 (47)은 15세기 국어의 예이고, (47)′는 현대 국어의 예이다. 15세기 국어이든 현대 국어이든, '아니 + 용언' 유형([1]-유형)과 '용언-디/지 + 아니하다' 유형([2]-유형)이 모두 나타남을 볼 수 있다.

(47) a. 그듸ᄂᆞᆫ 아니 듣ᄌᆞᆸ뗴더시닛가 (석보상절 6:17)

b. 耶輪ㅣ 순직 듣디 아니ᄒᆞ-시고 (석보상절 6:7)

(47)′ a. 그대는 안 들으셨나요?

b. 耶輪가 끝내 듣지 아니하-시고

그런데 역사적으로 보면 [1]-유형이 축소되고 [2]-유형이 더욱 확대되는 변화를 보인다. 다음 예는 중세 국어의 "내훈"과 근대 국어의 "어제내훈"의 차이이다(김문웅 1991 참조). 즉 "내훈"에서 [1]-유형으로 실현되었던 부정법이 "어제내훈"에서는 [2]-유형으로 실현되어 있다.

(48) a. 아니 ᄀᆞᄅ쳐도 善호미 聖人 아니라 엇더니며 (내훈 1:21)

ᄀᆞᄅ치-디 아니ᄒᆞ-야셔 어디롬이 聖인 아니오 므서시며 (어제내훈 1:19)

b. 몃 사ᄅᆞ미 能히 婦人의 마리 惑홀 배 아니 ᄃᆞ외ᄂᆞ뇨 (내훈 3:40)

몃 사름이 能히 婦人의 말의 惑ᄒᆞᆫ 배 되-디 아니ᄒᆞ-료 (어제내훈 3:37)

이러한 현상은 16세기의 "번역노걸대"와 17세기의 "노걸대언해"의 대비에서도 확인된다(김완진 1976: 166-172).

(49) a. 우리 이 믈들히 믈 아니 머것더니 (번역노걸대 상 31)

    우리 이 믈들흘 일즙 믈 머기-디 아녓더니[아니ᄒ-엇-더-니] (노걸대언해 상 28)

  b. 아랫 번당은 독벼리 아니 머그려 (번역노걸대 하 39)

    아랫 번당은 독별이 먹-디 아니-랴 (노걸대언해 하 35)

'아니' 부정뿐만 아니라, '몯' 부정에 있어서도 [1]-유형이 축소되고 [2]-유형이 더욱 확대되는 변화를 보인다. 다음 예를 보면, "내훈"에서 [1]-유형으로 실현되었던 부정법이 "어제내훈"에서는 [2]-유형으로 실현되어 있다.

(50) a. 주고매 皇皇ᄒ야 어두ᄃᆡ 몯 얻는 듯ᄒ며 (내훈 1:64)

    죽음애 皇皇ᄒ야 求홈이 이쇼ᄃᆡ 엇-디 못ᄒ-는 듯ᄒ며 (어제내훈 1:58)

  b. 그 도라오믈 몯 밋는 듯ᄒ며 기드리더라 (내훈 1:64)

    그 도라옴을 밋-디 못ᄒ-여 기들이는 듯ᄒ더라 (어제내훈 1:58)

부정법에서 다음과 같은 변화도 주목된다. '-옴이 몯ᄒ-리-' 구성이 점차 '-디 몯ᄒ-리-' 구성으로 변화한다.

(51) a. 고기 머그며 술 머고미[먹-오-ㅁ-이] 몯ᄒ-리-니 (내훈 1:63)

    술 먹으며 고기 먹-디 못ᄒ-리-니 (어제내훈 1:56)

b. 지븨 어루 히여 일 맛됴미[맛다-_오_-_ㅁ_-_이_] 몯ᄒ-리-니 (내훈 2:15)

　 집의 可히 ᄒ여곰 일을 맛다-_디_ 몯ᄒ-리-니 (어제내훈 2:14)

한편 18세기에 들어와서 음운 변화의 결과로 부정의 내포어미 '-디'는 '-지'로 쓰이게 된다. 17세기 자료인 "노걸대언해"와 18세기 자료인 "중간노걸대언해"의 대비를 통해 이를 확인해 볼 수 있다.

(52) a. 네 이런 갑시 ᄑᆞ-디 아니ᄒ고 (노걸대언해 하 11)

　　 너를 이런 갑슬 주되 ᄑᆞ-지 아니ᄒ고 (중간노걸대언해 하 12)

　 b. 다만 두 냥만 니ᄅ-디 말고 (노걸대언해 하 20)

　　 네 그저 두 냥을 니ᄅ-지 말고 (중간노걸대언해 하 21)

3.7. 인칭법의 변화

인칭법은 주어의 인칭에 따르는 대립을 실현하는 문법범주이다. 15세기 국어에서 서술어미 '-다' 및 접속어미 '-으니'가 쓰인 문장에서, 주어가 1인칭일 경우에는 '-오/우-'가 나타났으며, 2-3인칭일 경우에는 '-오/우-'가 나타나지 않았다.

(53) a. 나는 ᄂᆞᆫ 後로 ᄂᆞᆷ 더브러 ᄃᆞ토들 아니ᄒ노이다[아니ᄒ-ᄂᆞ-_오_-이-다] (석보상절 11:34)

　 b. 이 모든 大衆이 · · · ᄠᅳ들 아디 몯ᄒᄂᆞ이다[몯ᄒ-ᄂᆞ-ø-이-다] (능엄경언해 2:55)

문장 (53a)의 주어는 '나'로서 서술어에 '-오-'가 결합되어 있으며,

(53b)의 주어는 '大衆'으로서 서술어에 '-오-'가 결합되어 있지 않다. 그러나 문장 (53)의 자연스러운 현대 국어 표현은 다음 (53')와 같은데, 현대 국어에서는 문장의 주어가 1인칭이든, 아니든, 상관없이 서술어에 '-오/우-'가 결합되어 있지 않다. 즉 인칭에 의한 대립은 존재하지 않는다. 이것은 인칭법이 역사적으로 소멸했음을 보여 준다.

(53)' a. 나는 태어난 후로 남과 더불어 다투지 아니합니다.
b. 이 모든 대중이 · · · 뜻을 알지 못합니다.

16세기에서도 15세기 국어와 마찬가지로 인칭법이 실현되었다. 주어가 1인칭인 문장에 각각 '-오/우-'가 나타나 있다. 문장 (54a, b)는 1인칭 문장이고, (54c)는 3인칭 문장이다.

(54) a. 내 어제 츤 수울 만히 머고래먹-오-래 (번역노걸대 하 40)
b. 나는 그저 이리 닐오리래니ᄅ-오-리-래 (번역노걸대 상 18)
c. 우리 스숭이 셩이 온화하야 즐겨 ᄀᆞᄅ치-ᄂᆞ-ø-다 (번역노걸대 상 6)

그러나 (54a, b)의 1인칭 문장의 17세기 문헌을 보면, 주어가 1인칭이더라도 더 이상 '-오/우-'가 나타나 있지 않는다. 결국 15세기 국어에서 1인칭과 2, 3인칭의 대립을 보였던 인칭법은 16세기에 이르러 약화되고, 17세기에 이르러 소멸하였다.

(55) a. 내 어제 츤 술을 만히 먹-으라 (노걸대언해 하 36)
b. 나는 그저 이리 니ᄅ-라-라 (노걸대언해 상 17)

4. 문장 구성의 변화

4.1. 격조사의 변화

문장은 문장성분이라는 단위로 통합되어 있다. 문장성분은 여러 가지 방법으로 실현되는데, 그 대표적인 방법은 체언에 격조사를 결합한 구성이다. 따라서 문장성분과 관련하여 격조사는 대단히 중요한 구실을 한다. 15세기 국어 문장 (56), (57)의 밑줄 친 부분이 격조사이다.

(56) a. 식미[심-의] 기픈 믈은 ᄀᄆᆞ래 아니 그츨ᄊᆡ (용비어천가 2)

　　 b. 우리 始祖-ㅣ 慶興에 사ᄅᆞ셔 (용비어천가 3)

(57) a. 我后-를 기드리ᅀᄫᅡ (용비어천가 10)

　　 b. 天下-ᄅᆞᆯ 맛ᄃᆞ시릴ᄊᆡ (용비어천가 6)

문장 (56)의 '-이, -ㅣ'는 주격조사로서, '심, 始祖'가 문장의 주어 구실을 하게 한다. (57)의 '-를, -ᄅᆞᆯ'은 목적격조사로서 '我后, 天下'가 문장의 목적어 구실을 하게 한다. 주격조사는 15세기 국어에서는 명사가 자음으로 끝나든 모음으로 끝나든 모두 '-이' 형태였으나, (56′)와 같이 현대 국어에서는 자음으로 끝나면 '-이', 모음으로 끝나면 '-가'로 나타난다. 목적격조사는 15세기 국어에서는 모음조화에 의해 '-을/를 : -ᄋᆞᆯ/ᄅᆞᆯ'로 나타났으나, (57′)와 같이 현대 국어에서는 모두 '-을/를'로 나타난다. 이것은 격조사가 역사적으로 변화했음을 보여 준다.

(56)′ a. 샘-이 깊은 물은

　　 b. 우리 始祖-가 慶興에 사시어

(57)′ a. 我后-를 기다려

　　 b. 天下-를 맡으시니

격조사 변화에는 격조사의 생성, 격조사의 소멸을 비롯하여, 격조사
의 형태 단순화 등을 들 수 있다. 격조사 생성의 대표적인 예는 주격조
사 '-가'이다. 15세기 국어에서 주격조사는 '-이' 형태였다. 그런데 역사
적으로 주격조사는 '-가'가 새로이 등장하여 체언의 음운 조건에 의해
두 형태로 분화되어 현대 국어에 이르렀다. 즉 명사가 자음으로 끝나면
'-이'가 결합되고, 모음으로 끝나면 '-가'가 결합되었다. '-가'가 문헌에 처
음 등장한 것은 정송강 자당 안씨가 송강형제에게 보낸 편지(1572년)
이다.

(58) 츤 구두리 자니 비-가 셰 니러셔 즈로 둔니니 내 가디 말라

초기에 나타난 '-가'는 예외없이 체언이 i-모음과 y-반모음인 경우였
다. 위의 예를 비롯하여 다음 17세기 국어의 예도 역시 그러하다.

(59) a. 내-가 병 긔운을 헤티느니 (벽온신방 15)

　　 b. 多分 비-가 올 거시니 (첩해신어 1:8)

　　 c. 東來-가 요스이 편티 아냐 ㅎ시더니 (첩해신어 1:26)

18세기에 이르러서 주격조사 '-가'는 더욱 활발하게 나타나는데, 17세
기와는 달리 i-모음과 y-반모음뿐만 아니라 모든 모음으로 확산되었다.
이러한 변화는 17세기 문헌 "첩해신어"와 18세기 문헌 "개수첩해신어"
의 대비를 통해 확인할 수 있다.

(60) a. ᄌᆞ못 各官으로셔 東萊-ㅣ 時分도 혜아리디 아니코 (첩해신어 4:12)

　　　b. ᄌᆞ믄 各官으로셔 東萊-가 時分도 혜아리디 아니코 (개수첩해신어
　　　　　4:17)

4.2. 논항 구조의 변화

　용언은 각각의 특성에 따라 요구하는 논항 구조가 결정된다. 예를 들
어 형용사 '같다'는 현대 국어에서 '무엇-이 무엇-과 같다'와 같은 구조를
가진다. 그러나 15세기 국어에서는 주로 '무엇-이 무엇-이 ᄀᆞᆮᄒᆞ다'와 같
은 구조를 가진다. 문장 (61a)는 15세기 국어의 예이고 (61b)는 이를 현
대 국어로 옮긴 것이다. '쇼ᅙ-이 ᄀᆞᆮ디 아니ᄒᆞ니'가 '속인-과 같지 아니
하니'로 변화했음을 보여 준다.

　(61) a. 出家ᄒᆞᆫ 사ᄅᆞ믄 쇼히[쇼ᅙ-ㅣ] ᄀᆞᆮ디 아니ᄒᆞ니 (석보상절 6:22)

　　　b. 出家한 사람은 속인과 같지 아니하니

　문장 (62)에서 보면, '다르다, 주다, 삼다'의 논항 구조도 역사적으로
변화하였다. 중세 국어의 '무엇-에 다르다'는 현대 국어에서는 '무엇-과
다르다'로, '누구-를 주다'는 '누구-에게 주다'로, '무엇-을 삼다'는 '무엇-
으로 삼다'로 변화하였다.

　(62) a. 나랏 말ᄊᆞ미 中國-에 달아 (훈민정음-언해 1)

　　　b. 四海를 년글[년ᄀ-을] 주리여 (용비어천가 20)

　　　c. 后를 尊ᄒᆞᅀᆞ와 皇太后-를 삼ᅀᆞᆸ고 (내훈-초간 2하:17)

이와 같이 역사적으로 분명한 변화를 보인 논항 구조는 [1] 논항 'NP-을'이 (1) 'NP-에게', (Ba) 'NP-으로'로 변화한 경우와, [2] 논항 'NP-이ㅣ에ㅣ과'가 (1) 'NP-과', (2) 'NP-을'로 변화한 경우로 나타나는데, 그 예를 들면 다음과 같다.

'NP-을 V' 구문이 'NP-에게 V' 구문으로 변화한 경우를 동사 '주다'를 통해 확인해 보자. 15세기 국어에서 '주다'의 논항 구조는, 다음 문장에서 보는 바와 같이, 'NP-이 NP-을 NP-을 주다'로 나타난다.

(63) a. 四海를 년글[년ㄱ-을] 주리여 (용비어천가 20)

    b. 부톄 오나시놀 · · · 나를 죠고맛 거슬 주어시든 (석보상절 6:44)

    c. 奇異혼 터리를 시혹 매를 주시놋다 (두시언해-초간 8:8)

그런데 현대 국어에서 '주다'의 논항 구조는 'NP-이 NP-을 NP-에게 주다'로 나타난다. 그래서 위 문장의 자연스러운 현대 국어 표현은 다음과 같다.

(63)′ a. 四海를 누구-에게 주겠느냐.

    b. 부처님이 오셔서, 저-에게 조그마한 것이라도 주신다면

    c. 기이한 털을 간혹 매-에게 주시도다.

16세기 이후 자료를 통해 이를 더 확인해 보기로 하자. 다음은 각각 16세기와 17세기 문장인데, 모두 'NP-이 NP-을 NP-을 주다' 구문으로 나타난다.

(64) a. 勘合 써 즉재 인 텨 냘[나-ㄹ] 주더라 (번역박통사 상 3)

b. 일빅 낫 돈애 너를 언메나 주워여 홀고 (번역노걸대 상 53)

c. 네 나를 흔 가짓 됴흔 은을 다고려 (번역노걸대 하 61)

(64)′ a. 勘合을 써 이믜셔 인 텨 나를 주드라 (박통사언해 상 3)

b. 一百 낫 돈에 너를 얼머나 주어야 올흘고 (노걸대언해 상 48)

c. 네 나를 흔 가지 됴흔 은을 주고려 (노걸대언해 하 55)

그런데 위 문장들의 자연스러운 현대 국어 표현은, 다음 문장에서 보듯이, 'NP-이 NP-을 NP-에게 주다' 구문이다.

(64)″ a. 勘合을 써서 이미 도장 찍어 나-에게 주더라.

b. 일백 냥에 너-에게 얼마나 주어야 할까.

c. 당신이 나에게 한 가지 좋은 은을 다오.

다음은 'NP-을 V' 구문이 'NP-으로 V' 구문으로 변화한 경우이다. 동사 '삼다'를 통해 확인해 보자. 현대 국어에서 '삼다' 동사의 논항 구조는 'NP-이 NP-을 NP-으로l을 삼다'로 나타난다. 15세기 국어의 경우, 다음 문장에서 보는 바와 같이 주로 '-을'을 취하는 것이 특징이다. '根本-을 삼곡, 自然-을 삼ᄂᆞ다, 維那-를 삼ᅀᆞᄫᅩ리라'와 같이 모두 '-을'을 취하고 있다. 그러나 이들의 자연스러운 현대 국어 표현은 '根本-으로 삼고, 자연-으로 삼는다, 維那-로 삼으리라'와 같이 모두 '-으로'를 취한다.

(65) a. 나라흔 百姓으로 根本-을 삼곡 (두시언해-초간 16:19)

b. 네 ··· 아디 몯ᄒᆞ야 迷惑ᄒᆞ야 自然-을 삼ᄂᆞ다 (능엄경언해 2:66)

c. 維那-를 삼ᅀᆞᄫᅩ리라 王을 請ᄒᆞᅀᆞᆸ노이다 (월인석보 8:79)

다음은 'NP-이|에|과 〉 NP-과' 변화이다. '같다'의 논항 구조는 현대 국어와 15세기 국어는 서로 다르다. 다음 문장은 'ㄷㅎ다'가 쓰인 15세기 국어 문장인데, 이를 살펴보면, 'ㄷㅎ다'의 구조는 'NP-이 NP-이 ㄷㅎ 다'로 설정된다.

(66) a. 손과 발왜 븕고 희샤미 蓮ㅅ고지[蓮ㅅ곶-이] ㄱᄐ시며 (월인석보 2:57)

b. 法이 펴디여 가미 믈 흘러 녀미[념-이] ㄱᄐᆯ씨 (석보상절 9:21)

c. 蓮ㅅ고지 고ᄌ로셔 여름 여루미[여룸-이] ㄷᄒᆯ씨 (석보상절 13:33)

그런데 이들 문장의 자연스러운 현대 국어 표현은 다음과 같아, '같 다'의 논항 구조는 'NP-이 NP-과 같다'로 설정된다.

(66)′ a. 손과 발이 븕고 희심이 연꽃-과 같으시며

b. 법이 펴져 가는 것이 물 흘러가는 것과 같으므로

c. 연꽃이 꽃으로부터 열매 맺음과 같으므로

16세기 국어와 17세기 국어에서도 문장 (67), (68)과 같이 'NP-이 NP-이 ㄷㅎ다' 구조로 나타난다.

(67) a. 臣下ㅣ 님금 셤교미 ᄌ식의 부모 셤교미[셤굠-이] ㄷㅎ니 (삼강행실 도-충신 24)

b. 仁者ᄂᆞᆫ 射홈이 ㄱᄐ니 (맹자언해 3:35)

c. 房舍ㅅ 가온대 안자 四面이 다 담이며 ᄇᆞ름-이 ㄷᄐ니 (소학언해 5:11)

(68) a. 이운 남기 엇쁴시 어믜 얼굴이 근거늘 (동국신속삼강행실도-효자
    1:6)

   b. 무옴이 물근 둘의 구린 것 업스미[업슴-이] 구튼디라 (여훈언해 하
    23)

   c. 무옴이 불근 거울의 드틀 업스미[업슴-이] 구투며 (여훈언해 하 23)

그러나 17세기 국어에서는 문장 (69)와 같이 'NP-이 NP-과 V' 구조로
나타난다. 이처럼 '같다'의 구문 구조는 15세기 이래 'NP-이 NP-이 근후
다'로 실현되다가 17세기 이후 'NP-이 NP-과 같다'로 변화하여 현대 국
어에 이르렀음을 볼 수 있다.

(69) a. 힝역이 굿도둘 제 뜨리과 씀도 약가과 근ᄂ니 (언해두창집요 상 15)

   b. 만일 宗子ㅣ 제 喪主ㅣ 되면 祝版이 前-과 근고 (가례언해 9:16)

   c. 네 닐오미 맛치 내 뜯-과 굿다 (노걸대언해 상 10)

'같다'뿐만 아니라, '다르다'도 역시 같은 변화를 겪었다. 다음 문장은
각각 15세기, 16세기, 17세기 국어에서 '다르다'가 쓰인 문장인데, 구문
구조는 'NP-이 NP-에|에셔|의게셔 다르다'로 나타나는데, 이 구조 역시
현대 국어로 오면서 'NP-이 NP-과 다르다'로 변화하였다. '中國-에 달아,
사룸-에셔 다르니라, 즘싱-의게셔 다르기는'의 자연스러운 현대 국어 표
현은 '중국-과 달라, 사람-과 다른 것이다, 짐승-과 다르기는'이다.

(70) a. 나랏 말쓰미 中國-에 달아 (훈민정음-언해 1)

   b. 公이 德과 그르시 이러키 모든 사룸-에셔 다르니라 (소학언해 6:5)

   c. 사룸의 사룸 되오미 즘싱-의게셔 다르기는 (경민편언해 21)

이와 같이 용언은 그 특성에 따라 요구하는 논항 구조가 다른데, 논항 구조는 한 언어의 문장 구조를 결정짓는 핵심 구실을 한다. 그러므로 논항 구조가 변화했다는 것은 문장 구성 방식이 변화했다는 것을 의미한다.

4.3. 접속문 구성의 변화

문장 (71)은 밑줄 친 접속어미에 의해 구성된 15세기 국어의 접속문 구성이다.

> (71) a. 利樂은 됴쾌[둏-고] 즐거볼 씨라 (월인석보 9:8)
>
> b. 네 아드리 孝道ᄒ고 허믈 업스니[없-으니], 어드리 내티료 (월인석보 2:6)
>
> c. 이 하늘들히 놉디웟[높-디웟] 목수미 오라ᄂ니 (월인석보 1:37)
>
> d. 이 菩薩이 엇던 三昧예 住ᄒ시관딕[住ᄒ-시-관딕], 能히 ··· 衆生을 度脫ᄒ시ᄂ니잇고 (법화경언해 7:32)

문장 (71)에서 접속어미 '-고, -으니'는 현대 국어에도 나타나는 것이지만, '-디옷, -관딕'는 현대 국어에서는 소멸되었다. 이것은 접속어미가 역사적으로 변화했음을 보여 준다. 현대 국어의 접속어미는 대체로 15세기 이전에 형성되었으며, 그 이후에 일부 새로 생겨나기도 했으며 사라지기도 하였다. 그러한 변화는 15세기 말엽과 16세기 초엽에 상당히 이루어졌으며, 19세기 말엽에 이르러 현대 국어와 같은 모습을 형성하였다. 그리고 접속어미의 형태는, 많은 수의 변이형태 또는 변이 표기에서 단일 형태로 고정되었다.

다음 문장에서 보는 바와 같이 접속어미가 역사적으로 교체하여 접속문 구성이 변화하기도 한다(이기갑 1981, 구현정 1999 참조).

(72) a. 世尊이 ··· 니베[닙-에] 겨신 僧伽梨衣룰 아수시고 (석보상절 23:8)

　　　 b. 남즈는 이싱의 이실 제 한삼 닙-고 ··· 이실시 (부모은중경 2 ; 1563년)

(73) a. 네 물 풀라 가거니, 우리 벋지서 가미 마치 됴토다 (번역노걸대 상 8)

　　　 b. 네 물 풀라 가거든, 우리 벗지어 가미 마치 됴토다 (노걸대언해 상 7)

(74) a. 이둜 초ᄒᆞ룻날 王京의셔 써나-거니, 이제 반두리로딕 (번역노걸대 상 1)

　　　 b. 이들 초ᄒᆞ른날 王京의셔 떠나시-면, 이제 반들에 다ᄃᆞ라 써든 (노걸대언해 상 1)

(75) a. 갑곳 잇-거든, 풀오 ᄒᆞ다가 ᄀᆞ장 다-거든, 안직 머추워 두어든 (번역노걸대 상 70)

　　　 b. 갑시 이시-면, 풀고 ᄒᆞ다가 ᄀᆞ장 쳔ᄒᆞ-면, 아직 잠깐 머믈워 두리라 (노걸대언해 상 63)

4.4. 명사절 구성의 변화

문장 (76)은 각각 15세기 국어, 개화기 국어의 명사절 구성이다.

(76) a. 이 諸佛ㅅ 甚히 기픈 힝뎌기라 信ᄒᆞ야 아로미[알-오-ㅁ-이] 어렵거늘 (석보상절 9:26)

b. 種油의 燈火는 携帶홈에 甚히 不便ᄒ도다 (국어독본 6:4)

문장 (76a)는 명사절이 명사형 어미 '-ㅁ'을 통해 '어렵거늘'이라는 서술어에 안겨 있다. (76b) 역시 명사절이 명사형 어미 '-ㅁ'을 통해 '不便ᄒ도다'라는 서술어에 안겨 있다. 이 두 문장의 현대 국어의 자연스러운 표현은 다음과 같다.

(76)′a. 이 여러 부처가 매우 깊은 행적이라고 <u>믿어서 알기가</u> 어려우니
　　　b. 씨앗기름 등불은 <u>휴대하기에</u> / <u>휴대하는 데에</u> 매우 불편하다.

15세기 국어나 개화기 국어에서 명사형 어미 '-ㅁ'에 의해 구성되었던 명사절이 현대 국어에서는 '-기'에 의해서 구성되거나 혹은 관형절을 이끄는 의존명사 구문으로 실현되고 있다. 그리고 (76a)에서 보면 명사형 어미 '-ㅁ' 앞에, 현대 국어와는 달리, '-오-'가 결합되어 있다. 이러한 사실들은 모두 명사절 구성이 역사적으로 변화했음을 보여 준다.

15세기 국어에서 전형적인 명사형 어미는 '-음'과 '-기'이다. 여기에 '-디'가 더 있었다. '-ㅁ'은 반드시 '-오/우-'를 앞세워 결합하였다. 이러한 명사형 어미의 역사적인 변화는 세 가지로 요약된다. 첫째, '-ㅁ' 앞에 결합해 있던 '-오/우-'가 소멸되었다. 둘째, '-기'가 명사형 어미로서 확고한 자리를 잡았다. 셋째, '-디'가 '-기'에 합류하였다. 그런데 앞에서 본 예문과 같이 명사절 구성이 역사적으로 교체해 온 양상은 다음 두 가지이다. 첫째, '-음' 명사절 구성이 '-기' 명사절 구성으로 교체되는 변화와 둘째, 명사절 구성이 관형절을 가진 의존명사 구성으로 교체되는 변화이다.

먼저 15세기 국어의 절대 다수를 차지하던 '-음' 명사절 구성이 축소

되고, 역사적으로 이 자리가 '-기' 명사절 구성으로 교체되는 변화이다. 문장 (77)은 15세기 국어의 예인데, 서술어 '싱각ᄒ다, 勸ᄒ다, 쉽다' 등이 '-음' 명사화 구성을 안고 있다.

(77) a. 샹녜 스슝의 ᄀᄅ쵸믈[ᄀᄅ치-오-ㅁ-올] 싱각ᄒ야 (월인석보 7:45)

b. 相올 여희여 發心호믈[發心ᄒ-오-ㅁ-올] 勸ᄒ샨 이치니라 (금강경삼가해 3:36)

c. 어즈러운 ᄆᄉᄆ로 부텨 일클ᄌ오미[일클-ᄌ오-오-ㅁ-이] 쉬오디 (법화경언해 1:223)

이에 대하여 16세기 이후 문장 (78)는 각각 '-기' 명사절 구성을 안고 있다. 이는 '-음' 명사절 구성이 '-기' 명사절 구성으로 교체되고 있음을 보여 준다.

(78) a. 그 허ᄒ-기-를 가히 싱각홀디라 (두창경험방언해 43)

b. 사룸이 ᄆ룰 보내여 ᄃ라나-가-를 권ᄒ대 듣디 아니ᄒ고 (동국신속 삼강행실도-충신 1:72)

c. 샤치ᄒ 딕 들-기-ᄂ 쉽고 (소학언해 6:129)

이러한 교체는 다음 문헌을 통하여 더욱 분명히 확인할 수 있다. 먼저 16세기 문헌인 "번역노걸대"와 17세기 문헌 "노걸대언해"를 통하여 살펴보자.

(79) a. 법다이 밍ᄀ로믈[밍굴-오-ㅁ-을] 됴히 하엿ᄂ니라 (번역노걸대 상 24)

법다이 밍글-기를 됴히 ㅎ엿ᄂ니라 (노걸대언해 상 23)

　b. 믈읫 우리 짐들흘 설어 주믈[주우-ㅁ-을] 지그기ㅎ고 (번역노걸대
　　상 59)

　믈읫 우리 짐들흘 收拾ㅎ-기를 극진히 ㅎ고 (노걸대언해 상 53)

다음은 명사절 구성이 관형절을 가진 의존명사 구성으로 교체되는 변화이다. 현대 국어에 이르면서 '-음' 명사절이나 '-기' 명사절 구성은 그대로 '-음' 명사절이나 '-기' 명사절 구성으로 실현되기도 하지만, 관형절을 이끄는 의존명사 구문으로 실현되기도 한다. 그리고 이 경우, 관형절을 이끄는 의존명사 구문이 더 자연스러운 실현 방법이다. 이는 명사절 구성이 관형절을 이끄는 의존명사 구문으로 변화해 오고 있다고 할 수 있다. 문장 (80)에서 이를 확인할 수 있다. 각각 16세기, 17세기, 18세기의 예이다. (80a)의 '닐옴'[니ᄅ-오-ㅁ]이 (80b)에서 '니름'[니ᄅ-ㅁ]으로, (80c)에서 '니ᄅ-ᄂ 말'로 교체되었다.

(80) a. [16세기] 네 닐옴되[니ᄅ-오-ㅁ-되] 올타커니와 (번역노걸대 상 5)
　　b. [17세기] 네 니룸되[니ᄅ-ㅁ-되] 올커니와 (노걸대언해 상 4)
　　c. [18세기] 네 니ᄅ-ᄂ 말이 올커니와 (몽어노걸대 1:6)

다음은 개화기 국어의 '-음' 및 '-기' 명사화 구성이다. (80)는 (80′)로도 실현되지만, 관형절을 이끄는 의존명사 구문인 (80″)가 더 자연스러운 표현이다.

(81) a. 여섯 가지의 근본을 아지 못ㅎ면 <u>의ᄂ 김생과 달홈</u> 업심이오 (노동
　　야학독본 1:1)

b. 정훈 시간을 직힘이 극히 필요ᄒ니 (초등소학 5:24)

(81)′ a. 여섯 가지의 근본을 알지 못하면 <u>이는 짐승과 다름</u> 없다.

b. <u>정한 시간을 지킴이</u> 극히 필요하니

(81)″ a. 여섯 가지의 근본을 알지 못하면 <u>이는 짐승과 다를 바가</u> 없다.

b. <u>정한 시간을 지키는 것이</u> 극히 필요하니

이와 같이 '-음' 명사절이나 '-기' 명사절 구성은 현대 국어에서는 점차 관형절을 이끄는 의존명사 구문으로 자연스럽게 실현되는 것은 명사절 구성이 관형절을 이끄는 의존명사 구성으로 변화해 가고 있다고 예측하게 한다.

4.5. 관형절 구성의 변화

15세기 국어에서 관형절이 명사절의 기능을 수행하는 경우가 있었다. 문장 (82)의 밑줄 친 관형절 구성은 각각 '다할 것 없어, 다할 것 없으니, 슬플 것 없이' 등의 의미로 해석된다.

(82) a. 너펴 돕ᄉ오미 <u>다ᇙ</u> 업서 (법화경언해 서 18)

b. 내 쳔량앳 거시 <u>다ᇙ</u> 업스니 (법화경언해 2:75)

c. 놀애를 ᄂ외야 <u>슬픐</u> <u>업시</u> 브르ᄂ니 (두시언해-초간 25:53)

위 예는 '-을'의 경우인데, '-은'의 경우도 마찬가지이다. 다음 문장 (83a)의 '겨시ᄂᆫ'은 관형형 '겨시-ㄴ'에 보조조사 '-ᄋᆫ'이 결합한 것으로, '계시는 사람은'의 의미로 해석되며, (83b)의 '그뒷 혼'은 '그대가 한 대로'로의 뜻이다. 이러한 관형절의 명사절 기능은 16세기 국어에서도 그

흔적이 보이나, 바로 소멸한 문법 현상이다.

(83) a. 西方애 겨시ᄂ[겨사-ㄴ-은] 阿彌陀如來와 度一切世間苦惱如來시니
       (월인석보 14:5)

    b. 그딋 혼ᄒ-오-니 조초ᄒ야 뉘읏븐 ᄆᄉᄆᆯ 아니호리라 ᄒ더니 (석
       보상절 6:8)

다음에는 관형절 구성의 주어-객어 대립애 대하여 살펴보자. 관형절
이 구성될 때, 수식받는 명사가 주어인 경우와 객어인 경우에 따라 보
이는 대립이다. 수식받는 명사가 객어(구체적으로, 목적어와 부사어)인
경우에는 문법형태소 '-오-'가 나타나지만, 수식받는 명사가 주어인 경
우에는 나타나지 않는다. 문장 (84)가 그러한 예이다.

(84) 겨집돌히 子息을 낳다.
    a. 주어인 경우 : 子息 나흰[낳-ø-은] 겨집돌
    b. 객어인 경우 : 겨집돌히 나흰[낳-오-은] 子息

이와 같이 15세기 국어에서 관형절 구성이 이루어질 때, 수식받는 명
사가 주어인 경우와 객어인 경우에 따라 선어말어미의 대립이 실현된
다. 즉 수식받는 명사가 객어인 경우에는 선어말어미 '-오/우-'가 관형사
형 어미에 결합하고, 주어인 경우에는 그렇지 않다. 이러한 15세기 국
어 관형절 구성의 특징은 16세기 이후 소멸하기 시작하여 17세기에 들
어와 거의 소멸하여 현대 국어에 이르렀다.

문장 (85)는 16세기 자료인데, 같은 문장 안에서 주어-객어 대립이 실
현되기도 하고, 실현되지 않기도 한다. 이는 관형절 구성의 주어-객어

대립이 16세기에 허물어지기 시작했음을 보여 준다.

(85) a. 비록 주논[주-ᄂᆞ-오-니] 배 곧디 아니ᄒᆞ나 주ᄂᆞᆫ[주-ᄂᆞ-ø-니] 배 업다
　　　 몯홀 거시라 ᄒᆞᆫ대 (번역소학 9:91)

　　 b. 하ᄂᆞᆯ히 내샨[내-시-오-니] 바와 ᄯᅡ히 치시ᄂᆞᆫ[치-시-ᄂᆞ-ø-니] 바애 오
　　　 직 사ᄅᆞᆷ이 크니 (소학언해 4:18)

"번역소학"(1518년)과 "소학언해"(1588년)를 대비해 보면 관형절 구성
의 주어-객어 대립의 소멸이 분명하게 드러난다. "번역소학"에는 '-오/
우-'가 결합되어 있으나, "소학언해"에는 그렇지 않다.

(86) a. 내 자바 ᄒᆞ논[ᄒᆞ-ᄂᆞ-오-니] 이리 (번역소학 7:2)
　　　 비록 자반ᄂᆞᆫ[잡-앗-ᄂᆞ-ø-니] 배 다 올홀디라도 (소학언해 5:36)

　　 b. 진실로 太子의 니르논[니르-ᄂᆞ-오-니] 말와 곧ᄒᆞ냐 (번역소학 9:46)
　　　 진실로 東宮의 닐으ᄂᆞᆫ[니르-ᄂᆞ-ø-니] 바 곧ᄐᆞ냐 (소학언해 6:42)

다음 16세기의 "번역노걸대"와 17세기의 "노걸대언해"예에서도 관형
절 구성의 주어-객어 대립이 소멸되었음을 보여 준다. 같은 문헌이지만
(87a)의 "번역노걸대"에서는 주어-객어 대립이 실현되어 있으나, (87b)
의 "번역노걸대"에서는 소멸되었다. 물론 "노걸대언해"에서는 모두 소
멸되었다.

(87) a. 밤마다 먹논[먹-ᄂᆞ-오-니] 딥과 콩이 흔미 아니니 (번역노걸대 상 12)
　　　 每夜의 먹ᄂᆞᆫ[먹-ᄂᆞ-니] 딥과 콩이 ᄒᆞᆫ 가지 아니라 (노걸대언해 상
　　　 11)

b. 이 오늘 주긴 됴훈[동-ø-은] 도틱 고기라 (번역노걸대 상 20)

이 오늘 주긴 됴훈[동-ø-은] 豬肉이라 (노걸대언해 상 18)

4.6. 인용문의 변화

현대 국어의 인용문 구성은 인용동사가 인용절을 안고 있는 구조로서, 여기에 '-고' 또는 '-라고'와 같은 인용표지가 결합되어 있다. 그런데 15세기 국어의 인용문 구성은 다음과 같은 구조로 실현된다. 이러한 구성은 한문 문체의 영향일 가능성이 높다고 본다.

(88) 이 比丘ㅣ 손지 高聲으로 닐오딕, "내 너희를 업시오딜 아니ᄒ노니, 너희들히 다 당다이 부톄 ᄃ외리라" ᄒ더라 (석보상절 19:31)

문장 (89)의 자연스러운 현대 국어 표현은 다음과 같다. 이것은 인용문 구성의 실현방법이 역사적으로 변화했음을 보여 준다.

(88)′ 이 比丘가 오히려 큰 소리로 "내가 너희들을 업신여기지 않으니, 너희들이 다 반드시 부처님이 되겠다."-고 말하더라.

위의 문장 (88′)를 (88)과 대비해 보면, 세 가지의 변화를 확인할 수 있다. 첫째, 인용문 구성의 형식이 바뀌었다. 15세기 국어의 경우, '이 比丘ㅣ 닐오딕'와 같은 도입절을 앞세우고 있으나, 현대 국어에서는 그렇지 않다. 둘째, 15세기 국어의 경우, '-고'와 같은 인용표지가 결합되어 있지 않으나, 현대 국어에서는 '-고'가 결합되어 있다. 셋째, 15세기 국어의 경우, 도입절에는 '니르다', 인용동사 자리에는 'ᄒ다'가 나타나 있으나, 현대 국어에서는 인용동사 자리에 '말하다'가 나타나 있다.

중세 국어, 근대 국어에 걸쳐 존재하지 않았던 인용표지는 18세기 말엽에 발생하여, 개화기 국어에서부터 활발하게 결합되기 시작하여 현대 국어에 이르렀다. 인용표지는 인용동사로 기능했던 'ᄒ다'의 접속형 'ᄒ고'가 문법화한 것으로 추정된다. 자료를 바탕으로 하면 인용표지의 생성 과정은 다음과 같다. 먼저 'ᄒ다'의 접속형 'ᄒ고'와 인용동사가 겹쳐 'ᄒ고 말ᄒ다' 구성이 실현되었다. 이 구성에서 'ᄒ고'는 인용동사의 기능이 약화되었다. 기능이 약화되면서 형태의 약화도 수반되어, 'ᄒ-'의 / ᄒ /가 줄어들어 '-코' 형태로 나타나고 더 나아가서 'ᄒ-'까지 약화되어 '-고'가 생성된 것이다. 이렇게 생성된 '-고'가 인용표지로 보편화되면서 문법화된 것이다.

참고문헌

고영근(1987/1997), "표준중세국어문법", 탑출판사.

고영근(2006), 시상법의 변천에 대한 연구사적 검토, 임용기·홍윤표 (편), "국어사 연구, 어디까지 와 있는가", 태학사, 215-242.

구현정(1999), Grammaticalization of Conditionals in Korean, "어학연구" 35-4, 서울대학교 어학연구소, 543-558.

권재일(1994), 한국어 문법범주의 변화에 대한 연구, "朝鮮學報" 150, 일본: 朝鮮學會, 1-17.

권재일(1997), 문법 변화 개관, "국어사연구", 태학사, 516-536.

권재일(1998), "한국어 문법사", 도서출판 박이정.

권재일(2001), 한국어 격틀 구조의 역사적 변화, "어학연구" 37-1, 서울대학교

어학연구소, 135-155.

권재일(2004), 국어사 연구 방법과 외래 이론 수용, "국어학" 43, 국어학회, 385-405.

권재일(2016), 북한의 국어 문법사 연구에 대하여, "한글" 311, 한글학회, 55-87.

김문웅(1991), 옛 부정법의 형태에 대하여-「내훈」과 「어제 내훈」을 중심으로, "들메 서재극박사 환갑기념논문집", 계명대학교출판부.

김방한(1988), "역사-비교언어학", 민음사.

김완진(1976), "노걸대의 언해에 대한 비교연구", 한국연구원.

나진석(1971), "우리말의 때매김 연구", 과학사.

서상규(1997), "노걸대언해 어휘색인", "몽어노걸대 어휘색인", "번역노걸대 어휘색인", "중간노걸대언해 어휘색인", "청어노걸대 어휘색인", "평안감영중간노걸대언해 어휘색인", 도서출판 박이정.

서정목(1993), "국어 의문문 연구", 탑출판사.

안병희(1992), "국어사 연구", 문학과지성사.

안병희(1992), "국어사 자료 연구", 문학과지성사.

안병희·이광호(1990), "중세국어문법론", 학연사.

이기갑(1981) 씨끝 '-아'와 '-고'의 역사적 교체, "어학연구" 17-2, 서울대학교 어학연구소, 227-236.

이기갑(1987), 미정의 씨끝 '-으리-'와 '-겠-'의 역사적 교체, "말" 12, 연세대학교 한국어학당.

이숭녕(1981), "개정판 중세국어문법", 을유문화사.

이향천(1990), "피동의 의미와 기원", 서울대 언어학과 박사학위논문.

이현규(1995), "국어 형태 변화의 원리", 영남대학교출판부.

이현희(1989), 국어 문법사 연구 30년(1959-1989), "국어학" 19, 국어학회, 291-

351.

이현희(1994), "중세국어 구문연구", 신구문화사.

임용기·홍윤표 편(2006), "국어사 연구, 어디까지 와 있는가", 태학사.

채 완(1979), 명사화소 '-기'에 대하여, "국어학" 8, 국어학회, 95-107.

한재영(1996), "16세기 국어 구문의 연구", 신구문화사.

허 웅(1975), "우리 옛말본-15세기 형태론-", 샘문화사.

허 웅(1983), "국어학-우리말의 오늘·어제-", 샘문화사.

허 웅(1989), "16세기 우리 옛 말본", 샘문화사.

홍윤표(1994), "근대국어 연구 1", 태학사.

홍종선(2017), "국어문법사", 아카넷.

홍종선 엮음(1998), "근대국어 문법의 이해", 도서출판 박이정.

경어법 선어말 어미의 변화

서정목*

1. 국어의 경어법

국어의 경어법은 통사적 절차에 의한 것과 어휘적 특성에 의존하는 것의 두 부류로 나누어진다.[1] 앞의 것은 용언의 활용, 즉 선문말 형태소의 선택에 의하여 존경, 겸양, 공손을 표현하는 통사적 경어법이고, 뒤의 것은 존대의 단어와 비존대의 단어, 겸양의 단어와 비겸양의 단어가 따로 있는 어휘적 경어법이다. 그리고 존대를 나타내는 조사와 비존대의 조사가 따로 있는 경우도 있고 존대를 나타내는 접사가 따로 있는 경우도 있는데 이는 어휘적인 측면과 통사적인 측면을 겸한 것으로 볼수 있다. 여기서는 선문말 형태소의 선택에 의하여 표시되는 겸양법, 존경법, 공손법을 대상으로 시대에 따른 변화를 기술한다.

겸양법, 존경법, 공손법의 세 범주를 가장 선명하게 보여 주는 시기는 15세기이다.

---

* 서강대학교 명예교수
 1 경어법을 학자에 따라서는 대우법, 존대법, 높임법 등으로 부르기도 한다.

(1) 가. 阿難이 다시 슬ᄫᅩ딕 大愛道ㅣ 善흔 ᄠᅳ디 하시며 부톄 처섬 나거시ᄂᆞᆯ
　　　손소 기르ᅀᆞᄫᆞ시니이다(月釋 十, 19)

　　나. 世尊하 摩耶夫人이 엇던 功德을 닷가시며 엇던 因緣으로 如來를 나ᄊᆞ
　　　ᄫᆞ시니잇고(釋譜 十一, 24)

(1)에서 경어법과 관계되는 선문말 어미는 '-ᅀᆞᆸ-', '-(으)시-', '-(으)이-'
의 셋이다. 이 예문들은 이들 세 형태소가 하나의 문장에 함께 나타날
수도 있음과 그것들이 '-ᅀᆞᆸ-', '-(으)시-', '-(으)이-'의 순서로 통합되었음을
보여 준다. 나아가 각 형태소들의 문법적 기능도 비교적 분명하게 설명
할 수 있게 해 준다.

(1가)의 '-ᅀᆞᆸ-'은 객체인 생략된 목적어 '부텨'가 주체인 '大愛道'와 화
자인 '阿難'보다 상위자이기 때문에 그 객체에 미치는 주체의 동작을 겸
양하여 표현한 것이다. (1나)의 '-ᅀᆞᆸ-'은 객체인 '如來'가 주체인 '摩耶夫
人'과 화자보다 상위자이기 때문에 주체의 동작을 겸양하여 표현한 것
이다.[2]

(1가)의 '-(으)시-'는 주체인 '大愛道'가 화자인 '阿難'보다 상위자로 파
악되어 선택된 것이고 (1나)의 '-(으)시-'는 주체인 '摩耶夫人'과 관련하
여 선택된 것이다.[3]

(1가)의 '-(으)이-'는 화자('阿難')보다 청자('부텨')가 더 상위자일 때 화
자가 자신의 진술을 공손히 표현하기 위하여 선택되는 것이다. (1나)의

---

2 이 형태소의 기능에 대한 그 동안의 논의는 뒤에서 정리된다. 그 기능을 어떻게 설명하
는가에 따라 주체 겸양법, 객체 높임법, 객체 경어 등의 서로 다른 이름으로 불린다. 이 형태
소의 첫 자음은 선행 형태소의 말음이 /ㄱ/, /ㅂ/, /ㅅ/이면 /ㅅ/, /ㄷ/이면 /ㅈ/, 모음이나
/ㄴ/, /ㅁ/, (/ㄹ/)이면 /ᅀ/으로 교체되고, 마지막 자음은 후행하는 형태소의 두음이 자음이
면 /ㅂ/, 모음이면 /ᄫ/으로 교체된다.
3 이 형태소의 기능은 주체 존대, 주체 대우, 주체 경어 등으로도 불린다. 선행 형태소의
말음이 모음이면 '-시-', 자음이면 '-으시-'가 선택된다.

'-(으)잇-'은 화자가 자기보다 상위자인 청자('世尊')에게 공손히 묻기 때문에 선택된 것으로 의문법의 '-가'와 '-고' 앞에 나타나는 교체형이다.[4] 또 다른 공손법 형태소로는 '-ㅇ-ㆍ-ㅅ-'이 있다. 이 형태소는 공손의 정도가 '-(으)이-'와 '-(으)잇-'보다 약하다. 명령법에서는 '-라'에 대비되는 '-쇼셔'가 공손법을 표시하고 청유법에서는 '-져'와 대비되는 '-사이다'에서의 '-이-'가 공손법을 표시하였다.

겸양법과 존경법은 문장에 등장한 인물의 동작이나 상태를 지시하는 용언의 경어적인 특성을 겸양한 말과 높임말로 나타낸 것으로 문장 속의 요소에 의하여 그 선택 여부가 결정된다. 이에 비하여 공손법은 화자와 청자 사이의 높낮이에 따른 진술의 방식을 나타내는 것으로 문장 바깥의 화용론적인 세계에서 선택 여부가 결정된다.[5]

물론 겸양법에도 화자가 객체보다 하위자여야 한다는 조건이 개재되고 존경법에도 화자와의 대비가 관여하므로 경어법 전체가 화용론적인 조건의 지배를 받는 것은 사실이다. 그렇지만 공손법은 순수히 문장 바깥의 요소에 의하여 선택 여부가 결정된다는 측면에서 화용론적인 특성을 더 많이 지닌다. 진술 방식과 관련된 공손법은 문장 종결의 어미 앞에만 나타나고, 용언의 경어적인 특성을 나타내는 존경법과 겸양법은 접속 어미, 전성 어미, 종결 어미 앞에 두루 나타날 수 있는 까닭도

---

4 이 형태소의 기능은 상대 존대, 청자 대우, 상대 경어 등의 이름으로도 불린다. '-(으)이-'와 '-(으)잇-'은 후행 형태소의 종류(통사적 서법)에 따라 교체를 보이는 형태론적으로 조건된 이형태 관계에 있다.

5 안병희(1961)에서는 이 둘을 용언 자체의 경어적인 특성과 진술의 전달 방식이라는 말로 표현하고 이 둘의 차이를 태(voice)와 서법(mood)의 관계에 비유하였다. 겸양법이나 존경법에서는 '주다:드리다, 만나다:뵙다, 묻다:여쭙다'와 같이 보충법에 의한 겸양어가 따로 있는 것과 '자다:주무시다, 먹다:잡수시다, 아프다:편찮으시다'와 같이 보충법에 의한 존경어가 따로 있는 경우가 있다. 그러나 공손법에서는 청자를 대우하기 위한 보충법의 어형이 따로 있는 경우가 없다. 이러한 점도 두 범주의 차이를 어느 정도 보여 준다 할 것이다.

이러한 특성에 연유한다.

이를 고려하면 국어의 경어법은 (2)와 같이 구분되는 체계를 가진다
고 할 수 있다.

(2) 경어법

문장 속의 인물 사이	객체에 대한 주체의 겸양	겸양법
화자와 문장 속의 인물 사이	주체에 대한 화자의 존경	존경법
화자와 청자 사이	청자에 대한 화자의 공손	공손법

이러한 15세기의 경어법은 고대국어의 매우 제한된 자료에서도 어느
정도 그 원모습을 찾아볼 수 있다. 이는 고대국어에서도 중세국어에서
확인되는 경어법 체계가 존재하고 있었음과, 나아가 중세국어 경어법
체계가 고대국어의 그것을 이어받고 있음을 말해 준다.

중세국어의 이러한 경어법 체계는 근대국어에 들어서면서는 상당한
변모를 보인다. 존경법은 별다른 변화를 겪지 않았지만, 겸양법과 공손
법은 큰 변화를 겪은 것으로 알려져 있다.

2. 겸양법 '-슣-'의 기능과 변화

고대국어에서 '-슣-'의 모습은 다음과 같은 자료들에서 찾아볼 수 있
다(이 글에서의 鄕歌 解讀은 金完鎭(1980)을 따른 것이다).

(3)　가.　心未筆留 慕呂白乎隱佛體前衣(禮敬諸佛歌)
　　　　　 모슨미 부드로 <u>그리슣본</u> 부텨 알픽

나. 剎剎每如邀里<u>白</u>乎隱 法界滿賜隱佛體(禮敬諸佛歌)

　　剎剎마다 <u>모리슬본</u> 法界 ᄎ신 부텨

다. 九世盡良禮爲<u>白</u>齊(禮敬諸佛歌)

　　九世 다ᄋ라 <u>절ᄒ솝져</u>

(3가)의 '그리슬본'의 생략된 목적어는 '부텨'이고, (3나)의 '모리슬본'의 목적어도 '부텨'이며, (3다)의 '절ᄒ-'는 대상도 '부텨'로서 이 동사들은 모두 상위자인 '부텨'를 동작의 대상으로 하고 있다. 이 동사들의 주어는 (3가)에서는 '부텨'를 '마음으로 그린 사람', (3나)에서는 '부텨'를 '剎剎마다 모신 사람', (3다)에서는 '절하는 사람' 등으로 모두 '부텨'보다 하위자이다. 작중 화자는 작자인 '均如大師'로서 당연히 '부텨'보다 하위자이다.

이러한 경우, 즉 화자가 객체를 상위자로 파악하고, 그 다음 주체가 객체보다 하위의 인물이어서 객체에 대한 주체의 동작이 겸양한 동작이어야 한다고 판단한 경우에 '-ᅀᆞᆸ-'이 사용된다. 그러므로 '-ᅀᆞᆸ-'의 기능은 객체에 대한 주체의 행동을 겸양하여 표현하는 것으로 이 때 객체는 화자와 주체보다 더 상위의 인물이어야 하는 것이다.

15세기 국어에서 선문말 형태 '-ᅀᆞᆸ-'이 어떠한 기능을 가지는지에 대한 논의는 국어 문법 연구에서 가장 첨예한 대립을 보이면서 전개되어 국어 문법 구조에 대한 인식의 깊이를 더하는 데 이바지하였다. 경어법이 국어의 문법적 특성을 잘 드러내어 주는 범주라는 점과 중세국어의 '-ᅀᆞᆸ-'의 기능이 근대국어와 현대국어에서의 그것과는 차이가 난다는 점에서 관심의 도를 더욱 높였다.

이 형태소의 문법적 기능에 대한 의견은 다음과 같이 네 가지로 나뉘어 있다.

1. 청자에 대한 화자의 겸양(小倉進平(1938), 김형규(1947))

2. 객체에 대한 화자의 높임(허웅(1954))

3. 尊者인 객체와 卑者인 주체의 상하 관계(전재관(1958))＝객체를 주체에 대비시켜 화자가 객체를 존대(이익섭(1974))

4. 객체가 화자와 주체보다 상위자일 때 객체에 관계된 동작의 겸양(안병희(1961, 1982))

현재로서는 이 논의의 핵심은 (A) 화자와 객체만의 관계로 보고 주체는 관계되지 않는다고 할 것인지(객체 높임), (B) 화자는 관계되지 않고 주체보다 객체가 상위자일 때 화자가 객체를 높인다고 할 것인지(객체 경어법) (C) 객체가 화자와 주체 둘 모두보다 상위자일 때 객체에 대한 주체의 동작의 겸양이라고 할 것인지(겸양법)로 압축된다.[6]

겸양법에 대한 설명에서 유의해야 할 사항 가운데 하나는 상하 관계를 파악하는 주체이다. 상위자 여부의 판단은 화자의 주관적인 판단에 의한다. 객어와 주어 사이의 현실적인 상하 관계가 인용된 대화나 앞뒤 문맥으로 보아서 객관적으로 정해져 있더라도 화자에 의하여 무시되거나 거꾸로 파악되는 일도 있다(안병희(1961, 1982)).[7]

(4) 가. 그쁴 仙人이 그 뜬니믈 --- 果實 따머겨 기르슨ᄫ니 나히 열네히어
시ᄂᆞᆯ(釋詳 十一, 25-26)

---

6 의미상으로 주체는 동작이나 상태의 주인공을 뜻하고 객체는 동작의 영향을 입게 되는 인물을 뜻한다. 통사적으로 보아 주체는 주어로 나타나고 객체는 VP에 관할되는 목적어, 여격어 등으로 나타난다. 이하의 설명에서는 주체는 주어로 객체는 객어로 표시한다. 경어법 논의에서 상위자란 대비되는 인물보다 연령, 사회적 지위 등에서 상위에 놓여 대우해 주어야 한다고 화자가 판단한 인물이다.

7 제시 예문에서 괄호 안에 보충된 어구는 인용 원문의 이해를 위한 것이다. 이하에서도 동일하다.

나. (道士 六百아흔사ᄅ미) 茅成子와 許成子와 老子等 三百열다ᄉᆞᆺ卷으
란 가온딧 壇 우희 엱고 됴ᄒᆞᆫ 차반 밍ᄀᆞ라 버려 百神이 바도ᄆᆞ란
東녁壇단 우희 엱고 --- 부텻舍利와 經과 佛像과란 긼西ㅅ녀긔 노ᅀᆞᆸ
고(月釋 二, 73)

다. 長者ㅣ --- 세흘 ᄃᆞ려드러오라 ᄒᆞ야 ᄠᅳᆯ헤 안치ᅀᆞᆸ고 묻ᄌᆞ보ᄃᆡ 이 ᄯᆞ
리 너희 종가 王과 比丘왜 對答ᄒᆞ샤ᄃᆡ 眞實로 우리 종이니이다(月
釋 七, 94)

(4가)의 (南堀)仙人은 'ᄯᆞ님'(鹿母夫人)의 아버지이다. 객어인 'ᄯᆞ님'
을 주어인 '仙人'보다 상위자로 대우한 것은 부녀 관계라는 현실적인
상하 관계와는 어긋난다. (4나)에서 불교의 전래를 저지하려는 중국의
도사들은 '부텻舍利 등'을 상위자로 대우하지는 않는다. '茅成子 등'을
중앙단에 엱고 '부텻舍利 등'은 길 서쪽에 놓고 있는 것이다. (4다)도
對話의 물음과 답을 보면 현실적으로는 '(子賢)長子'가 상위자가 되어
있다.

그러나 화자인 釋譜詳節 편찬자의 관점에서는 모두 반대로 파악되어
있다. 즉 'ᄯᆞ님'(鹿母夫人)', '부텻舍利 등', '王과 比丘'를 상위자로 파악
하여 그들을 객어(목적어)로 하는 동사에 '-ᅀᆞᆸ-'이 선택되어 있는 것이
다. 이것은 겸양법이나 존경법의 사용이 명사구에 대한 화자의 주관적
인 상하 관계 파악에 의존함을 뜻한다. 그러므로 여기서의 객어는 화자
보다도 상위자이고 주어보다도 상위자라고 할 수 있다.

다음 예문들은 주어는 관여하지 않고 화자와 객어만의 관계에서
'-ᅀᆞᆸ-'의 선택이 결정되는지 아니면 주어도 관여하는지의 논의와 관련된
것들이다.

(5) 가. 우리 世尊이 --- 七萬五千佛을 맛나ᅀᄫᆞ시니(月釋 二, 9)

　　나. 諸佛이 --- 釋迦牟尼佛께 묻ᄌᆞ오샤딘(法華 四, 129)

　(5가)에서는 주어가 世尊, 객어가 다른 부처, (5나)에서는 주어가 다른 부처, 객어가 釋迦牟尼佛인데 둘 다 '-ᅀᆞ-'이 선택되었다. '-ᅀᆞ-'이 주어보다 객어가 상위자일 때 선택된다고 할 수 없고, 화자가 객어를 상위자로 대우할 때 선택된다고 함으로써 설명되는 예문이다(허웅(1975)).

　안병희(1982)에서는 釋迦와 다른 부처는 서로 상위자로 대우하는 (수평적) 관계로서 서로 존경법과 공손법을 사용하므로 어느 한 명사구가 주어가 되고 다른 명사구가 객어가 되면 당연히 객어가 상위자가 된다고 하고(이 때 주어가 하위자가 되는 것은 아니다), (5)와 같은 경우도 객어가 주어보다 상위자라고 설명하였다. 그 근거로는 (6)과 같이 주어와 객어가 바뀌었을 때도 동사로 '숩-'이 쓰이고 '니ᄅᆞ-'가 쓰이지 않은 예를 들었다.

(6)　가. 부톄 摩耶ㅅ긔 술ᄫᆞ샤딘 --- 내 이제 ᄂᆞ려가면 아니 오라ᅀᅡ星槃ᄒᆞ리이
　　　　다 摩耶ㅣ 우르시고 偈 지서 술바시ᄂᆞᆯ(釋詳 十一12)

　　나. 中宮이 上(世祖)ㅅ긔 ᄶᅮ믈 술오샤딘 --- 上이 알ᄑᆡᆺ ᄶᅮ믈 술와시ᄂᆞᆯ(金剛
　　　　事實 3-4)

　이처럼 주어와 객어가 수평적일 때는 (6)과 같이 서로 높여 '숩-'을 쓴 경우도 있으나, 현실적인 상하 관계가 개입하여 (7)처럼 '니ᄅᆞ-'를 쓴 경우도 있다.

(7) 가. (波羅㮈大王이) 鹿母夫人의 ᄌᆞ걋 허므를 뉘으쳐 <u>니ᄅᆞ샤ᄃᆡ</u> 내實로
      --- 夫人을 거슬지 호이다 ᄒᆞ시고 --- 夫人이 <u>니ᄅᆞ샤ᄃᆡ</u> 나ᄂᆞᆫ --- ᄃᆞ토
      ᇙ 아니 ᄒᆞ노이다(釋詳 十一, 33-4)

    나. 上(世祖)이 오라샤 (中宮끠) <u>니ᄅᆞ샤ᄃᆡ</u> 내 말 잇ᄂᆞ이다 ᄒᆞ시고(金剛
      事實 4)

(7가, 나)에서 화자가 객어를 상위자로 대우하지 않은 것은 아니지만 객어와 주어가 서로 상위자로 대우하기 때문에 둘 사이의 상하 관계를 현실 세계에서의 그것과 혼동하여 겸양법을 사용하지 않은 것이다.

다음 예는 동일한 객어인데도 주어가 달라짐에 따라 그 상하 관계에서 겸양법이 사용되기도 하고 사용되지 않기도 한 것이다.

(8) 가. 부톄 文殊師利끠 <u>니ᄅᆞ샤ᄃᆡ</u>(釋詳 九, 2) ('ᄉᆞᆯᄫᆞ샤ᄃᆡ'가 아님)

    나. 釋迦牟尼佛이 文殊師利ᄃᆞ려 <u>니ᄅᆞ샤ᄃᆡ</u>(月釋 十七, 74)

    다. 金色女ㅣ 文殊끠 <u>묻ᄌᆞᄫᆞᄃᆡ</u>(月釋 九, 23-4)

    라. 彌勒菩薩이 ᄌᆞ걋 疑心도 決ᄒᆞ고져 ᄒᆞ시며 --- 文殊師利끠 <u>묻ᄌᆞᄫᆞ샤
      ᄃᆡ</u>(釋詳 十三, 16)

(8가, 나)에서는 주어가 객어보다 상위자여서 '-ᄉᆞᆸ-'이 선택되지 않았다. 그러나 (8다, 라)에서는 동일한 文殊師利가 객어라도 주어가 그 객어보다 상위자가 아니기 때문에 '-ᄉᆞᆸ-'이 선택된 것이다. 물론 이 두 예 모두에서 객어는 화자(釋譜詳節 編纂者)보다 상위자이기도 하다. 이는 객어에 통합된 조사 '-끠'를 보아도 알 수 있는 일이다.[8] 이러한 예들은

---

8 (8나)는 화자의 視點이 주어인 釋迦牟尼佛에게 놓여 있어서 文殊師利에 '-끠'가 아닌 '-ᄃᆞ려'가 통합된 것으로 생각된다.

객어가 주어보다 상위자여야 '-슬-'이 선택된다는 것을 증언해 준다.

다음으로는 화자와 객어의 상하 관계는 관여하지 않고 주어와 객어의 상하 관계만으로 설명이 가능한지 그렇지 않은지의 논의 대상이 된 예문들을 살펴보기로 한다.[9]

(9) 가. 第一夫人이 太子를 <u>나쓰</u>ᄫ시니 大臣이 모다라 德을 <u>새오ᅀᄫ바</u> 업스시
긔 쐬를 ᄒᆞ더니(月釋 二十一, 211)

나. 大衆이 ᄒᆞᆫ 소리로 摩耶를 讚歎ᄒᆞᅀᆞᄫᅩᄃᆡ 됴ᄒᆞ실쎠 摩耶ㅣ 如來를 <u>ᄂᆞ
쓰ᄫ실씬</u> 天人世間애 ᄀᆞᆯᄫᆞ리 업스샷다 ᄒᆞ더라(月釋 二十一, 222)

다. 第一夫人이 아ᄃᆞᆯ를 <u>나ᄒᆞ시니</u> 端正ᄒᆞ고 性이 됴하 --- 여슷 大臣이 힝
뎌기 왼들 제 아라 太子를 <u>새와 믜여ᄒᆞ더라</u>(月釋 二十一, 214)

(9)의 예문들에서 객어는 釋迦의 前身인 忍辱太子이고, 주어는 釋迦의 어머니 摩耶의 전신인 波羅捺王夫人과 大臣이다. 그렇지만 (9가, 나)에는 '-슬-'이 선택되었고 (9다)에는 선택되지 않았다. 동일한 주어와 동일한 객어인데도 어떤 때는 '-슬-'이 선택되고 어떤 때는 선택되지 않는지 그 차이를 밝혀야 하는 경우인 것이다.

이익섭(1974)에서는 동일한 주체와 객체 사이라 하더라도 화자에 따라 그 존비 관계 파악이 달라지는 것으로 보고 이 예들을 설명하였다. (9가)에서는 화자인 世宗이 볼 때 어머니가 왕자인 그 아들에게 경어를 써야 하는 관습상 객어 太子와 주어 第一夫人과의 대비에서 太子를 더 상위자인 것으로 파악한 것이고(이 때 太子가 화자인 世宗보다 더

---

9 이익섭(1974)는 현대국어를 중심으로 설명한 것으로 거기서 제시된 예들은 화자의 관련성을 강하게 부인하는 것들이었다. 중세국어와는 상당한 차이가 있을 수 있으나 근본적인 면에서는 통할 수 있으리라고 생각한다. 구체적인 대조는 뒤에서 이루어진다.

상위자인지 아닌지는 문제되지 않는다), (9다)에서는 화자인 釋迦가 아무리 자기가 왕자라 하더라도 자기 어머니(주어)를 자기(객어)에게 비하시킬 수는 없었을 것이므로 '-슣-'이 선택되지 않은 것으로 설명한 것이다. 화자와 객어의 상하 관계보다는 화자의 대우 의향이 중요하고 '-슣-'의 선택 여부 결정에는 주어와 객어의 상하 관계만 관여한다고 보는 것이다.

안병희(1961, 1982)에서는 (9가)는 화자가 世宗이고 (9나)는 화자가 大衆으로 그 화자가 객어 太子를 상위자로 대우하고 있는 것이고(물론 주어보다도 상위자로 대우한다), (9다)는 釋迦 자신이 화자로서 객어인 자신을 상위자로 대우하지 않았다고 보았다. 특히 (9다)의 또 다른 주어인 大臣과 太子의 관계는 (10)과 같은 예에서 보듯이 太子가 大臣을 자기보다 상위자로 대우하지 않는 관계이다. 그러므로 (9다)에 '-슣-'이 선택되지 않은 까닭은, 주어가 객어보다 상위자라고 화자(太子)가 파악했기 때문이 아니고, 객어가 주어보다 상위자라는 것은 화자가 파악하고 있지만 그 객어가 화자 자신이므로 자신인 객어를 상위자로 파악하지 않았기 때문이라고 설명하였다.[10]

(10) 太子ㅣ 닐오딕 얻논 藥이 므스것고 大臣이 닐오딕 나다가며브터 嗔心 아니ᄒᆞᄂᆞ 사ᄅᆞ미 눈ᄌᆞᅀᆞ와 骨髓왜니이다 太子ㅣ 듣고 닐오딕 내 모미 쌔끗ᄒᆞ도다 내 난 후로 嗔心ᄒᆞᆫ 적 업소라 大臣이 닐오딕 太子ㅣ 그런 사ᄅᆞ미

시면 이 이리 쪼 어렵도소이다(月釋 二十一, 215-16)

(11)도 객어가 주어보다 상위자인데도 (11가)에서는 '-슬-'이 선택되지
않았고 (11나)에서는 '-슬-'이 선택되어 있으므로, 화자와의 관계가 개입
하는 것으로 보아야 하는 대표적 예문이다.

(11) 가. 兄이 디여뵈니 衆賊이 좇거늘 재ᄂᆞ려티샤 두 갈히 것그니(龍歌, 36)
　　　나. ᄆᆞ롤 채텨뵈시니 三賊이 좇ᄌᆞ거늘 길버서 쏘샤 세 사래 다 디니(龍
　　　歌, 36)

(11가)에는 존경법의 '-(으)시-'가 선택되지 않았고 (11나)에서는 선택
되었다. 이로 보아 화자는 (11가)의 唐 太宗의 兄은 상위자로 대우하지
않았고, (11나)의 李太祖는 상위자로 대우하였다. 따라서 (11가)에서는
비록 주어 衆賊보다 객어인 생략된 唐 太宗의 兄이 상위자이기는 하지
만 화자보다는 상위자가 아니기 때문에 '-슬-'이 선택되지 않았고 (11나)
에서는 객어인 생략된 李太祖가 주어 三賊과 화자 둘 모두보다 상위자
이기 때문에 '-슬-'이 선택된 것이다. 객어가 주어보다 상위자라 하더라
도 화자보다 상위자가 아니면 '-슬-'이 선택되지 않는 것이다(안병희
(1961, 1982)).

주어와 객어 사이의 관계에 의해서만 설명하려는 견해(이익섭(1974))
에 따르면 (11가)의 화자는 唐 太宗의 兄이 자기보다 존귀치 않은 인물
이라서 '-슬-'을 선택하지 않은 것이 아니라, 그런 정도로 대단한 인물이
아니므로 굳이 衆賊으로 하여금 그에게 卑下되도록 할 필요가 없다는
판단에서 '-슬-'을 선택하지 않은 것으로 이해된다. 객어가 화자보다 상
위자인지 아닌지의 문제는 관여시키지 않고 주어와 객어의 관계로만

파악하면서, 객어가 주어보다 상위자로 될 만큼 충분히 존대될 수 있는 인물이 아니라고 설명하는 것이다.

(12)는 동일한 화자가 객어가 달라짐에 따라 '-ᅀᆞᆸ-'을 선택하기도 하고 선택하지 않기도 한 예문이다. 물론 두 경우에 모두 객어는 화자에 의하여 주어보다 상위자인 것으로 파악되어 있다.

(12) 가. 부톄 阿難이와 韋提希ᄃ려 니ᄅᆞ샤ᄃᆡ 無量壽佛을 分明히 보ᅀᆞᆸ고 버거는 觀世音菩薩ᄋᆞᆯ 볼띠니 이 菩薩ㅅ키 八十萬億那由他由旬이오 모미 紫金色이오(月釋 八, 33)

　　나. 無量壽佛이 虛空애 셔시고(月釋 八, 15-16)

　　다. 부톄 無盡意菩薩ᄃ려 니ᄅᆞ샤ᄃᆡ 善男子아 ᄒᆞ다가 無量百千萬億衆生이 ─── 이 觀世音菩薩 듣고 一心으로 일훔 일ᄏᆞᄅᆞ면(法華 七, 45)

　　라. 오직 首相ᄋᆞᆯ 보면 觀世音인ᄃᆞᆯ 알며 大勢至ㄴᄃᆞᆯ 알리니 이 두 菩薩이 阿彌陀佛을 돕ᅀᆞᄫᅡ 一切를 너비 敎化ᄒᆞ시ᄂᆞ니(法華 七, 45-46)

　　마. 녜 淋法師ㅣ 닐웷 (觀世音菩薩) 일훔 일ᄏᆞᆮ줍고 唐애 難을 免ᄒᆞ며(法華 七, 46)

(12가, 나)는 釋迦가 阿難과 摩竭陀國 王妃인 韋提希에게 설법한 것이고, (12다, 라)는 석가가 無盡意菩薩에게 설법한 것이다. 그러므로 화자는 동일한 석가이다.

(12가, 라)에서 객어 '無量壽佛(＝阿彌陀佛)'은 주어인 '阿難이와 韋提希' 그리고 '두 菩薩'보다 상위자이다. 이 때 無量壽佛을 객어로 한 문장일 때는 '보ᅀᆞᆸ고', '돕ᅀᆞᄫᅡ'처럼 '-ᅀᆞᆸ-'이 선택되었다. 그러나 객어가 觀世音菩薩일 때는 (12가)의 '볼띠니'는 주어가 객어보다 낮은 '阿難이와 韋提希'인데도 '-ᅀᆞᆸ-'이 선택되지 않았고 (12다)에서도 주어가 衆生인데도

'듣고'에 '-숩-'이 선택되지 않았다. 두 경우 모두 객어가 주어보다 상위자인 것은 확실하고 화자도 동일하다. 그런데 왜 이런 차이가 나는가? 이는 객어와 화자의 상위 관계 여부를 관여시키지 않을 수 없게 한다.

無量壽佛은 (12나)에 '-(으)시-'가 선택된 것을 보면 석가(화자)에 의해서도 상위자로 대우받고 있다. 그러나 觀世音菩薩은 (12가, 라)의 동사를 보면 석가에 의하여는 상위자로 대우되지 않고 있다. '-숩-'이 선택된 경우는 객어가 화자인 석가에 의하여 상위자로 대우받고 있을 때이고, '-숩-'이 선택되지 않은 경우는 객어가 화자에 의하여 상위자로 대우받지 않고 있을 때라고 할 수 있다. 觀世音菩薩을 상위자로 대우하는 화자인 法華經 주석자는 觀世音菩薩이 주어보다 상위자이면 그 동사에 (12마)와 같이 '-숩-'을 선택한다(안병희(1961, 1982)).

이익섭(1974)에서는 (12가)의 '볼띠니'나 (12다)의 '듣고'의 경우 부처가 주어(阿難 등)와 객어(觀世音菩薩) 간의 층위를 '-숩-'으로 구분지어야 할 정도의 것이라고 판정하지 않았기 때문인 것으로 해석하였다. 즉 객어와 주어 간의 신분상의 층위가 화자에 의해 '-숩-'을 쓸 정도의 것이라고 판정되지 않은 경우로 보는 것이다.

(13)은 필자(昭惠王后)가 백성을 상대로 말한 것인데 객어 '어버시' 곧 부모가 화자보다 상위자인지 아닌지가 문제되었던 예이다.

(13) 孝道홀 子息의 어버시 섬교딘 居홀 저그란 恭敬을 ᄀᆞ장ᄒᆞ며 養ᄒᆞᅀᅩ오딘
    란 즐거우샤몰 ᄀᆞ장ᄒᆞ며(內訓 一, 46)

이에 대해서 이익섭(1974)는 부모는 백성들의 부모인 보통 사람으로서 화자가 객어보다 상위자인데도 '-숩-'이 선택되었으므로 객어가 주어보다 상위자이기만 하면 '-숩-'이 사용된다고 설명하였다.[11] 안병희(1982)

는 이 때의 부모는 청자의 부모만 가리키는 것이 아니라 화자를 포함하여 효도할 모든 사람의 부모를 가리키므로 화자의 기준에서도 상위자가 되기 때문에 '-숩-'의 선택 조건에 부합한다고 설명하였다.

그런데 겸양법이 사용된 예문 가운데 객어가 화자보다 상위자가 아닌 것으로 보이는 경우가 있다.

  (14) 가. 須達이 깃거 太子ㅅ긔 솔ᄫᅩ딕 --- 太子ㅣ 우스며 닐오딕(釋詳 六, 24)

    나. 須達이 다시곰 請ᄒᆞᆫ대 太子ㅣ --- 닐오딕 --- 須達이 닐오딕(釋詳 六, 24)

(14)에서 太子는 그 동사에 '-(으)시-'가 선택되지 않았으므로 화자에 의하여 상위자로 대우되지 않았다. 그러나 주어 須達보다는 상위자이고 '솔ᄫᅩ딕'로 되어 있으므로 화자에 의하여 상위자로 대우받지 않는 객어라도 주어보다 상위자이면 겸양법이 사용되는 것으로 보이게도 한다. 그러나 (14나)에서는 동일한 주어가 동일한 객어에게 '닐오딕'를 사용하기도 하여 동요를 보이고 있다.

이러한 유형의 예문에서 객어는 王, 王妃, 太子 등으로 화자와의 상하 관계가 동요되는 인물이다. 이들에 대해서는 '-(으)시-'가 쓰인 경우도 있고, 또 동일 화자의 동일 주어, 동일 객어의 문장에서 겸양법이 사용되기도 하고 사용되지 않기도 하는 사실도 있다. 이러한 현상은 화자의 주관적 판단(안병희(1961)), 문체론적 차이(이숭녕(1962)), 존대 의향의 동요와 화자의 주관적 판단(허웅(1963)) 등으로 지적된 것으로, 객어가 화자보다 상위자여야 한다는 원칙에 반증례가 될 수는 없다고 할

---

11 이 예문의 '-(으)시-'는 청자와 대비시켜 부모를 상위자로 대우한 것으로 보았다.

수 있다.

이러한 동요는 '-숩-'의 경우에는 나타나지만, 화자가 주어를 상위자로 대우하는 '-(으)시-'나 화자가 청자를 상위자로 대우하는 '-(으)이-'의 경우에는 거의 나타나지 않는다. '-숩-'의 용법이 화자와 객어의 대비, 주어와 객어의 대비라는 복합 조건의 지배를 받으므로 생기는 현상이다. 화자와 객어의 상하 관계가 분명하지 않은 경우가 있을 수도 있고 주어와 객어의 상하 관계가 분명하지 않은 경우도 있을 수 있기 때문이다.

이제 우리는 전체적으로 화자에 의하여 객어가 주어보다 상위자로 인정되고 또 객어가 화자보다도 상위자로 대우받아야 '-숩-'이 선택된다고 할 수 있다.[12] 이를 다른 말로 표현하면 '화자가 객어를 주어와 대비, 객어를 상위자로 판정하여 주어가 객어에 대하여 겸양하여야 한다고 판단하고, 그 다음 객어가 화자 자신보다도 상위자여서 자신도 객어를 상위자로 대우해야 한다고 판정했을 때 '-숩-'이 선택된다'고 할 수 있다. 말하자면 '-숩-'은 겸양법의 형태소인데 그 겸양은 '화자가 자신과 주어보다 상위자로 판정한 객어에 대한 주어의 동작이 겸손하여야 한다고 보고 그 동작을 표현한 화자, 주어 모두의 겸양이라 할 수 있다.[13]

이러한 '-숩-'의 기능은 일반적으로 16세기 후반과 17세기 초반의 어느 단계에서 그 기능이 바뀐 것으로 추정되고 있다. 이 변화의 연대를

---

12 이익섭(1974)의 논의는 '이 때 객체가 상위자로 인정받으려면 화자 자신에 의해서도 상위자로 인정받아야 한다'는 것을 강조한 것이다. 따라서 '객체가 주체보다 상위자일 때 쓰인다'는 것을 객체 경어법의 규칙으로 하고 '객체가 화자보다 상위자가 아니면 객체 경어법이 사용되지 않는다'는 것을 제약 조건으로 한 것이라 할 수 있다.

13 이현희(1985)는 '-숩-'에 대하여 '화자가 주체의 입장이 된다고 가정해서 그 경우 주체가 객체를 대접해 주어야 한다고 화자가 파악할 때 나타나는 형태소'라는 견해를 제시하였다. 이렇게 해도 객어는 화자, 주어보다 상위자로 되어 결과적으로 같은 설명이 된다. 그러나 근대국어 이후의 '-숩-'의 기능 변화에 대해서는 강력한 설명력을 지닐 것으로 예상된다.

가장 올려 잡은 것은 이현규(1985)로 16세기말에 '-숩-'이 이미 '상대 존대'로 변했다고 하였다. 그 이유는 16세기 전반의 문헌으로 추정되는 『正俗諺解』와 『小學諺解』(1586)에 15세기라면 '-숩-'이 선택되어야 할 자리에 '-숩-'이 없는 (15가-라)의 예들이 나타나고 또 壬辰倭亂 이전의 자료로 보이는 『順天金氏 墓 出土 諺簡』에도 (15마, 바)와 같이 '상대 존대'로서의 '-숩-'이 나타나기 때문이다.

(15) 가. 남진 겨집븨 화동호미 집븨 됴홀 쑨 아니라 진실로 어버싀 ᄆᆞᅀᆞᆯ 깃길 거시로다(正俗 和家室, 6)

나. 오란 사돈늘 듕히 아니 너기면 그 조샹을 공경 아니 ᄒᆞᄂᆞ디라(正俗 睦宗族, 12)

다. 집의이셔ᄂᆞᆫ 아비롤 좃고(小諺 二, 53)

라. 효도홈으로써 님금을 셤기면 튱셩이오(小諺 二, 31)

마. 동ᄉᆡᆼ님넷긔 대되 요ᄉᆞ이 엇디 계신고 긔별 몰라 분별ᄒᆞᆸ뇌 우리ᄂᆞᆫ 대되 무사히 뫼니와(김씨 묘 편지 원문, 53)

바. 문안ᄒᆞᆸ고 요ᄉᆞ이ᄂᆞᆫ 엇디ᄒᆞ신고 온 후의ᄂᆞᆫ 긔별 몰라ᄒᆞᆸ뇌이다 예ᄂᆞᆫ 다 됴히 계시이다 날도 치워가고 몸조심ᄒᆞ야 간ᄉᆞᄒᆞ쇼셔 약갑슨 슬와건마ᄂᆞᆫ 보내신디 몰라ᄒᆞᆸ쇠(김씨 묘 편지 원문, 191)

이러한 견해는 상당한 개연성을 가질 것으로 보인다. 1989년에 발견된 『玄風 郭氏 諺簡』(추정연대 1602-1652)에도 (16)에서 보듯이 이러한 자료를 많이 볼 수 있다.[14] 그러나 이 자료는 동남방언, 특히 경북 남부, 경남 북부 지역의 방언을 반영한 것으로 자료상의 특수성을 지니고 있다.

---

14 이 자료는 백두현(1997)에 의한 것이다. 좋은 자료를 제공한 그 동안의 노고에 고마움을 표한다.

(16) 가. 나ᄂᆞᆫ ᄀᆞ슴을 알파 ᄒᆞᆫ 달나마 누워 잇ᄉᆞᆸ다가 져기 ᄒᆞ리ᄋᆞᆸ거ᄂᆞᆯ 브듸 ᄒᆞᆫ 일로 어제 소례 왓ᄉᆞ와셔 ᄂᆡ일로 도로 가ᄋᆞᆸ노이다(玄風 郭氏 諺簡 1)

나. 수이 ᄃᆞ려 오ᄋᆞᆸ고뎌 ᄒᆞᄋᆞ오ᄃᆡ 그려도 당시ᄂᆞᆫ 의심이 깁디 아니ᄒᆞᄋᆞ오매 이 ᄃᆞ리나 디나ᄋᆞᆸ거든 ᄃᆞ려 오려 ᄒᆞᄋᆞᆸ노이다(玄風 郭氏 諺簡 2)

일반적으로는 이 변화가 『捷解新語』(1676 刊行, 1618 原稿 完成) 시대에 보편화된 것으로 파악하고 있다. (17)의 예문에서 '-ᄉᆞᆸ-'이 원래의 기능과는 다르게 사용되고 있다.

(17) 가. 나ᄂᆞᆫ 所任으로 왓ᄉᆞᆸ거니와 처음이ᄋᆞᆸ고(捷解 一, 3)

나. 므슴 ᄇᆡ 어이ᄒᆞ야 ᄠᅥ뎐ᄉᆞᆸᄂᆞᆫ고(捷解 一, 11)

다. (술) 먹기ᄅᆞᆯ 과히 ᄒᆞ엿ᄉᆞ오니 그만ᄒᆞ야 마ᄅᆞ쇼셔(捷解 二, 6)

라. 東萊 니르심은 --- 다 無事히 渡海ᄒᆞ시니 아ᄅᆞᆷ답다 니ᄅᆞ시ᄋᆞᆸᄂᆡ(捷解 二, 1)

마. ᄒᆡ온 것도 업ᄉᆞ온ᄃᆡ 머므르ᄋᆞᆸ기도 젓ᄉᆞᆸ건마ᄂᆞᆫ 이 구석의 다락 小園을 두엇ᄉᆞᆸ더니 게 가셔 차ᄅᆞᆯ 자ᄋᆞᆸ시고 ᄒᆞᆫ빼 수여 가ᄋᆞᆸ시면 나 ᄃᆞ린 져믄 것ᄃᆞᆯ흘 ᄠᅴ놀려 뵈ᄋᆞᆸ고져 ᄒᆞᄂᆡᆼ이다(捷解 六, 6)

(17가, 나)에는 상위자인 객어가 없고 (17다, 라)에서는 주어가 객어보다 상위자이며, (17마)에서는 '뵈ᄋᆞᆸ고져'만 상위의 객체가 상정될 수 있고 나머지 동사에 통합된 '-ᄉᆞᆸ-'의 기능은 모두 15세기어에서의 기능과는 차이가 난다. 이러한 '-ᄉᆞᆸ-'은 통합 위치가 어간 뒤에서 '-(으)시-'나 '-엇-'의 뒤로 이동한 것도 큰 변화로 주목된다.

그러나 『捷解新語』에도 '-ᄉᆞᆸ-'이 15세기 국어에서 가졌던 원래의 기능을 보이는 예문도 있다.

   (18) 가. 정관은 셤으로셔 올 적브터 동래 극진ᄒ시믈 <u>듣ᄌᆞᆸ고</u> 언제 건너가 말
                           숨ᄒ올고 너기읍더니(捷解 一, 4)
       나. 終日 아ᄅᆞᆷ다온 御離談 <u>듯ᄌᆞᆸ고</u> ᄌᆞ못 거륵ᄒᆫ 술을 ᄒᆞ고(捷解 六, 5)

   (18가, 나)의 '듣ᄌᆞᆸ-'은 상위의 객어를 상정할 수 있고 주어 겸 화자는
그 객어와 관련된 인물을 상위자로 대우하고 있다. 그러나 『捷解新語』에
쓰인 대부분의 '-ᄉᆞᇦ-'은 원래의 기능과는 다른 용법을 보여준다.
   이렇게 『捷解新語』에 전면적으로 '-ᄉᆞᇦ-'의 기능 변화가 나타나는 데는
특별한 사정이 있는 것으로 보인다.[15] 그 사정은 이 책이 대화체로 되
어 있다는 것과 관계된다. 대화체는 자신에 관한 진술일 경우 화자가
주어일 가능성이 높아서 '주어 겸양'은 곧 '화자 겸양'이 될 수 있고, 이
때 청자가 객어로 등장할 경우는 '주어 겸양=화자 겸양이 곧 청자에
대한 공손한 표현과 겹칠 가능성도 있기 때문에 자료상의 특이성을 가
진다.[16] 그리고 근대국어에서 변화가 일어난 '-ᄉᆞᇦ-'은 대체로 이러한 상
황과 관계된다.
   한편 궁중어를 배경으로 하는 『闡義昭鑑諺解』(1756), 『明義錄諺解』
(1776) 등 18세기 국어를 반영하는 문헌들에서도 '-ᄉᆞᇦ-'은 원래의 기능을
유지하고 있는 것과 그렇지 않은 것으로 양분된다(주경미(1990)).

   (19) 가. 父母ㅣ 검책ᄒ시거든 --- 나아가 <u>듣ᄌᆞ와</u>(女四 二, 14)

---

15 일본어 경어법의 간섭을 받았을 가능성도 있으나 구체적으로 검토된 바는 없다.
16 이승욱(1973:135)에서는 중세국어 자료를 통하여 이러한 사실을 논의하였다.
   [예] 須達이 슬ᄫᅩ듸 내 어루 이르ᅀᆞᄫᅩ리이다(釋詳 六, 22)

나. 高皇后ㅣ 모든 子婦룰 ᄀᄅ치샤디 --- 내 --- ᄀᄅ치시ᄂ 말ᄉᆞᆷ을 듯ᄌᆞ와(女四 三, 5)

다. 왕셰뎨 상쇼ᄒᆞ야 ᄀᆞᆯ으샤디 --- 신이 --- 외람히 셩명을 닙ᄉᆞ와 --- 신ᄌᆞ의 ᄎᆞ마 듯ᄌᆞᆸ디 못홀 하교룰 나리오시니(闡義一, 35)

라. 슷히 ᄯᅩ ᄀᆞᆯ으샤디 우러러 져 하ᄂᆞᆯ씌 뭇ᄌᆞᆸᄂᆞ니(明義 下, 44)

(19가)에서 화자는 '부모'를 상위자로 대우하고 있고 그 부모의 말(객어)은 듣는 자식보다 상위자이다. (19나)에서 화자와 주어는 동일인으로서 상위자인 객어의 말을 듣고 있다. (19다)에서 화자와 주어는 '王世子'이고 객어는 상위자인 '英祖의 성명, 하교'이다. (19라)도 임금(영조)의 하늘에 대한 동작을 표현한 것이다(화자 : 편찬자). 그러므로 이들 예문에 사용된 '-ᄉᆞᆸ-'은 모두 원래의 '화자와 주어보다 높은 객어에 대한 겸양의 기능을 유지하고 있는 것이다.

그러나 (20)의 예문들에 쓰인 '-ᄉᆞᆸ-'은 원래의 기능으로는 설명되지 않는다.

(20) 가. 병조판서 송샹긔 샹소ᄒᆞ야 니로디 --- 비록 그 가운디 므슴 곡졀이 잇ᄂᆞᆫ디 아디 못ᄒᆞᆸ거니와 후ᄉᆞ와 금외 현연히 완홀ᄒᆞᆫ 의ᄉᆞᆨ 잇ᄉᆞ오니 신이 그윽이 희연ᄒᆞ야 ᄒᆞᄂᆞ이다(闡義 一, 55)

나. 〈션희〉 공ᄉᆞᄒᆞ되 죠보룰 보앗ᄉᆞᆸ기 아랏ᄉᆞ오되 그 속을 아지 못ᄒᆞ엿ᄉᆞᆸ기로 이 말ᄉᆞᆷ을 ᄒᆞ엿ᄉᆞᆸᄂᆞ이다(明義 二, 1)

다. 젼후 연교와 졍원일긔의 실닌 바로ᄡᅥ 요긴ᄒᆞᆫ 거슬 건뎌 삼가 쓰ᄋᆞᆸ다(闡義 凡例, 1)

(20가)의 '아디 못ᄒᆞᆸ거니와'의 주어와 화자는 동일인인데 객어는

90 국어사 연구 2

목적어인 명사절이 될 것이다. 이 명사절이 왕과 관련되는 일이라면 상위의 객어로 상정될 수는 있을 것이다. 그러나 이 때의 '-ᄋᆞᆸ-'은 오히려 청자에게로 향하는 것으로 보인다. '잇ᄉᆞ오니'도 객어를 상정하기는 어려운 용언이다. (20나)의 동사들에 쓰인 '-ᄉᆞᆸ-'도 '죠보ᄅᆞᆯ'이 상위의 객어로 인정되지 않는 한 원래의 용법과는 다르고, '못ᄒᆞ엿ᄉᆞᆸ기로'의 객어는 '그 속을'이므로 역시 상위자인 객어라 하기는 어려워 원래의 용법과는 차이가 난다. 'ᄒᆞ엿ᄉᆞᆸᄂᆞ이다'도 객어는 자신의 말이므로 상위자라 하기 어렵다. (20다)의 '쓰ᄋᆞᆸ다'는 '-ᄋᆞᆸ-'만 선택된 채 종결 형태소가 바로 통합된 것으로 '凡例'라는 특성과 관련될 것이나 쓰는 내용이 왕실에 관한 것이기 때문에 '-ᄉᆞᆸ-' 자체의 용법은 원래의 기능과 다르다고 하기는 어려울 것이다.[17]

근대국어 이후 변화한 '-ᄉᆞᆸ-'의 기능은 어떻게 설명할 것인가? 이에 대해서는 두 가지 서로 다른 견해가 있다. 안병희(1961), 허웅(1963), 김정수(1984), 이현규(1985), 주경미(1990) 등의 논저들은 '공손법(상대 높임, 청자 대우)'으로 바뀐 것으로 보고 있다. 현대국어를 다룬 성기철(1970), 임홍빈(1976), 서정목(1987, 1988), 서태룡(1987) 등에서는 '화자 겸양'의 기능으로 파악하였다. 이현희(1985)는 근대국어의 '-ᄉᆞᆸ-'에 대해서도 '화자 겸양'으로 설명하고 있다. 서정목(1993)은 이 형태소의 후계형들이 한편으로는 객어에 대한 주어 및 화자 겸양의 원래의 기능을 유지하면서, 다른 한편으로는 화자를 겸양하는 기능이 부각되는 것으로

17 김정수(1984)에는 17세기 자료인 諺簡에도 '-ᄉᆞᆸ다'로 끝난 내포문이 있음을 보고하고 있다.

예 (1) 안신환도 가ᄋᆞᆸᄂᆞ이다. 가례ᄂᆞᆫ 엇ᄌᆞ와 가오ᄃᆡ 언히는 밧긔 업ᄉᆞᆸ다 ᄒᆞᄋᆞᆸ노이다 (諺簡 147)

(2) 믭다 ᄒᆞ오실ᄉᆞ록 이리 사오나이 구오니, ᄯᅩ 더 믜이게 ᄒᆞ여ᄉᆞᆸ다 근심이ᄋᆞᆸ(諺簡 149))

보았다.

먼저 원래의 기능을 유지한다는 것은 18세기까지도 객어에 대한 주어 및 화자의 겸양이 유지되는 예문들을 설명하기 위한 것이다. 특정 동사에서는 '-숩-'이 화석화되어 현대국어에까지 주어는 물론 화자보다 상위자인 객어에 대한 주어의 동작 표현에 쓰이는 것(예 '뵙-', '여쭙' 등)과 또 일부의 겸양 표현 동사들(예 '모시-'(중세 : '뫼숩-'), '드리-' 등)이 있음을 염두에 두었기 때문이다. 그러나 현대국어에서는 다른 동사들에 '-숩-'이 두루 통합되지는 않으므로 이러한 기능으로서의 굴절 형태소 '-숩-'은 사라졌다고 할 수밖에 없다.

다음은 현대국어에서 '-숩-'의 화석형이 들어 있는 동사들의 사용에 관한 조건을 검증해 본 것이다.

		화자	청자	~주어	객어	
(21)	가.	철수	영수	'아버지가	할아버지께	{여쭈어, ˙물어} 보셨다.'
	나.	철수	"	'아버지가	어머니께	{여쭈어 < 물어} 보셨다.'
	다.	철수	"	'어머니가	아버지께	{여쭈어 > 물어} 보셨다.'
	라.	아버지	"	'철수가	나에게	{˙여쭈어, 물어} 보더라.'

(21가)는 객어가 주어와 화자 모두보다 상위자인데 겸양형만이 문법적이다. 중세국어의 '-숩-'이 사용되는 가장 전형적인 경우이다. (21나, 다)는 화자보다 상위자인 주어와 객어가 서로 상위자로 대우해 주는 상황인데, 화자가 아버지 쪽에 좀 더 대우 의향을 가진 경우에는 부등호의 큰 쪽이 조금 더 자연스러운 표현이 될 것이다. (21라)는 화자가 자기 자신이 객어인 경우 주어보다 상위자라도 겸양형을 사용하지 않은 예이다. 이러한 예들은 현대국어에서도 겸양형의 사용이 중세국어적인

질서를 따르고 있는 측면이 있음을 암시한다. 즉 화자와 주어 모두보다 상위자인 객어에 미치는 동작의 겸양을 나타내는 것이 겸양형의 본래적 기능인 것이다.

(22) 가. 할아버지 영수 '영수야, 아버지께　{여쭈어 〉물어} 보아라.'

　　나. 〃　　 〃　 '영수야, 아비 오거든 {여쭈어 〈 물어} 보아라.'

　　다. 〃　　 〃　 '영수야, 할머니께　{여쭈어 〈 물어} 보아라.'

　　라. 〃　　 〃　 '영수야, 네 형한테　{*여쭈어, 물어} 보아라.'

(22)는 화자가 주어와 객어보다 상위자인 경우이다. (22가)는 객어가 주어보다 상위자로서 겸양형이 더 일반적이다. 화자가 객어보다 상위자이어도 겸양형이 사용된다고 해야 할 것이다. 그러나 (22나)는 동일하게 화자가 주어, 객어보다 상위자이고 객어가 주어보다 상위자인 상황인데 '여쭈어'보다는 '물어'가 더 일반적이다. (22가)에서는 객어가 '아버지께'로 표시되었고 (22나)에서는 '아비'로 표시된 것이 특이하다. (22가)와 같은 경우는 아마도 화자가 객어를 주어와 관련지어 특별히 상위자로 대우해 주어야 하겠다는, 즉 할아버지가 화자이더라도 아들에게는 그 아버지를 특별히 상위자로 대우해 주어야 한다고 판단한 특별한 의미가 있다. 그러한 때는 화자가 객어보다 상위자이라도 겸양형이 사용될 수 있다는 조건이 필요하다. 이는 거꾸로 객어가 주어보다 상위자이면 겸양형이 사용되는데 화자가 객어보다 상위자이면 그 사용이 제약된다는 조건으로 처리할 수도 있을 것이다.[18]

---

18 실제로 안병희(1961, 1982)와 이익섭(1974)의 관점 차이는, A가 B를 상위자로 대우하면 A는 자동적으로 하위자가 되는가 아니면 중립적인가 등과 같은 다른 논점을 제외하고, 규칙 자체와 그 제약 조건으로만 본다면 다음과 같이 축소시킬 수 있다. 안병희(1961, 1982)는 규칙 자체에 화자와 주어보다 객어가 상위자이어야 한다는 것을 포함시키는 것이고, 이

(22다)는 '할아버지'가 '할머니'를 어떻게 대우하느냐에 따라 달라질 수 있음을 보이는 것이다. 친근하게 생각하여 말할 때는 '물어'가 더 자연스럽고, 격식을 갖추어 말한다면(예컨대 외할머니라면) '여쭈어'가 더 자연스러운 표현이 될 것이다. (22라)는 주어보다는 상위의 객어라 하더라도 화자가 상위자로 대우한다는 상정을 하기가 좀처럼 어려운 인물일 때는 겸양형이 불가능함을 보인다. 이 경우도 특별히 화자가 장손 정도 되는 '형'을 아주 어린 사촌 동생 '영수'에 대비하여 상위자로 보아 대접해야 한다는 교육상의 필요에 의하여 말한다면 불가능한 표현은 아니다.

요컨대 객어가 상위자라 함은 화자가 자신과 주어보다도 상위자로 판단한 인물이거나, 주어와 관련지어 자신이 주어 위치에 있다면 상위자로 대우해야 한다고 판단한 인물까지 포함하는 것이라 할 수 있다. 이러한 사정은 저 앞에서 살펴본 중세국어의 '-ᅀᆞᆸ-'이 통합된 용언의 객어와 주어, 화자 사이의 관계에서 포착된 것과 그렇게 많이 차이나지 않는다. 아니 어쩌면 동일한 사정이라 할 수 있다. 객어가 주어, 화자보다 상위자이면 겸양형이 사용된다. 그러나 객어가 화자보다 상위자가 아닐 때, 또는 객어와 주어가 서로 비슷한 등급일 때는 특별한 설명이나 조건이 필요한 것이다.

이 문제와 관련하여 청자는 겸양형의 사용에 전혀 영향을 미치지 않는가 하는 문제가 검토될 필요가 있다.[19]

익섭(1974)는 객어가 주어보다 상위자이면 겸양형이 실현되는데 화자가 객어보다 상위자이면 그 실현이 제약된다는 것이다. 이것이 중세국어와 현대국어의 차이인지 아니면 단순히 설명상의 차이인지는 아직 분명하지 않다.

19 '-(으)시-'의 사용에 청자 요인이 관여한다는 것은 이익섭(1974)에서 지적된 후 일반적으로 받아들여진다. 예 '할아버지가 진지 잡수실 땐 일어나 앉는 법이다.', '엄마 어디 가셨어?', '삼촌 오셨다.' 등.

화자	청자	주어	객어
(23) 가. 누나가	할아버지께	'철수가 아버지께	{여쭈어, *물어} 보았습니다.'
나. 학생이	교장선생님께	'철수 형이 선생님께	{여쭈어, *물어} 보았습니다.'
다. 누나가	영수에게	'철수 오빠가 아버지께	{여쭈어, *물어} 보았다.'
라. 영수가	아버지께	'철수 형이 누나에게	{*여쭈어, 물어} 보았습니다.'
마. 영수가	교수님께	'철수가 조교선생님께	{*여쭈어, 물어} 보았습니다.'

(23)에서 (가, 나)는 청자가 최상위자로 (다)는 청자가 최하위자로 상정된 것만 제외하고 나면 다른 요소는 동일하다. 그러나 '여쭈어'의 사용에는 변화가 없다. 이로 보면 화자가 객어를 상위자로 대우하겠다는 존대 의향을 가지고 객어가 주어보다 상위자이면, 청자와는 무관하게 겸양형이 사용된다고 할 수 있을 것 같다. 그러나 (23라, 마)를 보면 그렇게만 설명하기 어려운 측면이 있다. 아마도 화자가 객어를 청자와 대비하여 자신에게 더 가깝다고 판단하고, 상위자인 청자 앞에서는 그 객어에 대한 겸양 표현을 쓰지 않아야 한다고 생각한 경우라 할 것이다. 이러한 면에서는 겸양법의 사용에 청자도 고려 요소가 된다는 것을 인정하여야 할 것이다. 그러나 이 설명 자체는 역시 화용적인 요인에 의지하는 것으로 국어 경어법의 체계가 순수히 문법적인 요소만 고려해서는 수립되기 어려움을 보여 준다.

이상의 검토 결과 현대국어에서도 여전히 이들 화석화된 '-ᄉᆞ-'의 후계형이나 그에 대당하는 어휘적 보충형의 쓰임이 주어 및 화자의 객체에 대한 겸양과 관련된다고 할 수 있다. 화자가 객어보다 상위자인 경우는 특별한 의미를 가진 유표적인 표현이었다. 이 유표적인 경우는 화자 겸양보다는 주체 겸양이 두드러지게 부각된 것이라 할 수 있을 것이다. 이러한 방향으로 변한 기능 때문에 현대국어에서 객체 경어법을 논의할 때 화자가 배제되면서 객체에 대한 주체의 겸양이라는 설명이 대두된 것이다.

다음으로 화자를 겸양하는 기능이 부각된다는 것은, 화자가 주체이고 청자가 객체인 경우의 '-숩-'의 겸양 기능이 확대 해석되어 '-숩-'이나 그 후계 형태가 화자 자신을 겸양하여 말할 때 쓰이는 것으로 받아들여지게 되었다고 보는 것이다. 화자가 주체이면 화자 겸양은 주체 겸양과 같아지고 청자가 객체이면 객체에 대한 겸양은 바로 청자에 대한 겸양이 되어 공손법과의 구분이 어려워지게 될 것이다. (24)에서 '여쭈어'를 겸양 표현이라고 할 때, 이 '여쭈어'가 주어의 겸양인지 화자의 겸양인지, 또 객어에 대한 겸양인지 청자에 대한 겸양인지 일반 언중들은 알기 어려운 일이다. 주체 겸양이 화자 겸양으로 느껴지고, 또 객체에 대한 겸양이 청자에 대한 공손으로 혼동될 수 있는 여지가 생기는 것이다.[20]

       화자   청자   주어=화자   객어=청자
(24) 며느리   시어머니   '제가   어제   어머님께   여쭈어 보지 않았습니까?'

이리하여 근대국어에는 새로운 범주로서 청자에 대비하여 화자 자신을 겸양하는 '화자 겸양'이 생겼다. 이는 현대국어의 '하오니, 하옵고'와 같은 접속 형식 앞의 '-숩-'의 후예, '-오/소'의 교체를 보이는 평서, 의문법의 '오오체' 종결 형식,[21] 평서, 의문법의 '-ㅂ/습니-, -ㅂ/습디-', 명령, 청유법의 '-읍시-' 등 공손법 '-(으)이-'의 후계 형태와 융합되어 종결 형태

---

20 여기서 '여쭈어'에 쓰인 '-숩-'의 화석형은 객어로 향하고, '-습닛가'에 쓰인 '-숩-'의 후계형은 청자로 향하고 있음이 주목된다. 전자가 주체 겸양임에 비하여 후자는 화자 겸양이라 할 수 있는 것이다.

21 청자 대우 등급의 이름은 '오-' 동사의 평서법을 이용하여 '옵니다체', '오오체', '오네체', '온다체'로 부르기로 한다(서정목(1988)).

소 앞에 실현되는 '-ㅂ/습'과 '-읍'을 포괄하는 것으로 설정되어야 한다.[22] 뒤의 두 경우 결과적으로 화자 겸양이 청자를 대우하는 공손법 '-(으)이-'와 겹치게 되지만 문법 범주로서의 '화자 겸양'과 '청자 대우'는 구별되는 것으로 볼 수 있다.

실제로 근대국어의 '-습-'의 변화한 기능은 거의 모든 경우 '화자 겸양'으로 설명할 수 있다. 다음은 17세기 국어를 보여 주는 자료이다. (諺簡은 金一根(1986)의 『諺簡의 研究』에 들어 있는 것으로 이 책은 1603-1699의 17세기 자료를 모은 것이다. 이 책의 원문에 붙인 번호로 제시한다.)

(25) 가. 식음을 ᄌ로 자읍심을 천만 ᄇ라읍ᄂ이다(諺簡 140)

나. 우리 이룰 禮에 <u>삼ᄉ오리잇가</u>(捷解 三, 10)

다. ᄇ딕 거스르디 말고 아래 사름들의게나 주실양으로 <u>ᄒ읍소서</u>(捷解 八, 2)

라. ᄀ장 됴ᄊ오니 그리 <u>ᄒ읍사이다</u>(捷解 三, 10)

---

22 평서, 의문법의 '-습/ㅂ-'의 교체는, '먹습나-'와 같이 자음으로 끝난 형태소 뒤에서는 '-습'이 선택되고 '옵나'와 같이 모음으로 끝난 형태소 뒤에서는 '-ㅂ-'이 선택되는 것으로 설명된다. 그러나 명령, 청유법의 '-읍'은 이와는 전혀 달리 '가십시오, 앉으십시오', '먹읍시다, 갑시다'처럼 자음으로 끝난 형태소 뒤에서는 '-읍', 모음으로 끝난 형태소 뒤에서는 '-ㅂ-'으로 실현된다. 이 '-읍'의 /으/를 소위 매개모음과 같은 성격으로 보아 이 형태소의 기본형을 '-(으)ㅂ-'으로 잡을 것인지, 아니면 '-읍'으로 잡고 모음 뒤에서는 /으/가 탈락한다고 설명할지 어려운 문제가 있다. '웃으며 삽시다, 그만 좀 읍시다'와 같은 /ㄹ/ 탈락 동사들에서는 /ㄹ/이 특정 자음 앞에서 탈락하므로 '-읍'이 자음으로 시작되는 것으로 다루어야 한다. 그러나 '길 좀 물읍시다, 물 좀 길읍시다'처럼 /ㄷ/ 변칙 용언에서는 /ㄷ/이 모음 앞에서 /ㄹ/로 변화하기 때문에 이 /으/를 모음으로 다룰 수밖에 없다. 앞의 경우는 이 '-읍'이 '-습-'의 후계형으로서 /ㅿ/의 후예를 포함하고 있음을 암시하지만 뒤의 경우는 단순히 모음으로 시작하는 어미라 할 수밖에 없게 된다. 후고를 기다린다.

(25)는 '옵니다체'의 각 서법을 고른 것으로 여기서의 어간 뒤 요소들은 여러 선문말 형태소들과 서법 종결 형태로 되어 있다. 다음 절에서 논의하는 '-(으)이-'를 공손법으로 보면 '-슿-'의 후계형들은 화자를 겸양하는 기능을 가진 것으로 설명된다. 이 화자 겸양의 뜻이 가미되면 청자 대우상으로 더 높이는 느낌을 주기는 하나 이 의미는 형태소들의 통합에서 생기는 것으로 해석하여야 할 것이다.

이러한 '-슿- -- -(으)이-'의 구성이 굳어지면서 '-슿-'의 통합 위치도 달라진다. 15세기에는 선문말 어미들 가운데서 가장 앞에 통합되었으나 '-(으)시-'의 뒤로 바뀌고 '-엇-'이 하나의 형태소가 된 뒤에는 그것의 뒤에 통합되는 것으로 변한 것이다. 문장 내 요소와 관련된 의미를 나타내는 선문말 어미가 앞쪽에 나타나고 청자, 화자 등 화용적 요소와 관련된 의미를 나타내는 선문말 어미가 뒤쪽에 나타나는 것이 국어의 선문말 어미의 순서라 할 때, 이렇게 위치가 바뀌는 것은 이 형태소의 의미가 문장 내 요소와 관련된 의미--객어에 대한 겸양으로부터 화용적 의미--화자의 청자에 대한 겸양으로 바뀐 것을 반영한다고 할 수 있다.

근대국어에는 이 '-슿-'의 후계형만으로 끝난 문장들이 나타난다.[23] 이러한 문장은 뒤따르던 시제, 공손법, 서법 등의 형태소들이 절단된 것으로 볼 수 있는데 흔히 '오오체 어미'의 전신으로 간주되어 온 것이다. (26)은 16세기 국어를 반영한다는 자료에 있는 것이고 (27)은 17세기 국어 자료이다.

(26) 가. 大哥 0 큰 형님 先喫一盞 0 몬져 혼잔 <u>자소</u>(飜譯 老乞大 上, 63)

---

23 '-슿-'은 /ㅿ/과 /ㅸ/ 그리고 /ㆍ/의 소실 때문에 여러 개의 이형태로 나타나게 된다. 근대국어에서 '-수오-, -ㅈ오-, -ㅇ오-, -오-' 등이 있고 이들은 /ㆍ/ 소실과 관련하여 또 다른 모습을 띠게 된다.

나. 大哥受禮 ○ 큰 형님 몬져 례 받조(飜譯 老乞大 上, 63)

다. 댱명이 밥 머여 보내소(김씨묘 편지, 1)

라. 벼로에 인는 황모 붇 보내소(김씨묘 편지, 5)

(27) 가. 아므리커나 나 ᄒᆞᄂᆞᆫ 대로 ᄒᆞ소(捷解 七, 7)

나. 代官들도 他國 일이라 싱각말고 곰곰 싱각ᄒᆞ여 보ᅌᅭᆸ소

(捷解 四, 23-4)

다. 됴흠 구즘을 군말 업시 잡ᄉᆞᆸ소(捷解 四, 17)

라. 請菜 ○ 안쥬 자오(譯語類解 上, 60)

마. 請乾 ○ 술 다 자ᅀᅳᆸ(譯語類解 上, 59)

바. 평안이 가신다 ᄒᆞ오니 깃브오며 예는 아직 무스ᄒᆞᆸ(諺簡 139)

사. 또 더 믜이게 ᄒᆞ여ᅀᅳᆸ다 근심이ᅀᅳᆸ(諺簡 149)

(26가-라)와 (27가-마)는 명령문임이 주목된다. (27바, 사)의 '-ᅌᅭᆸ'으로 끝난 문장은 평서문이다. (26가, 나)의 자료가 '-소/조'의 교체를 보이고 있는데 이에 근거하여 흔히 '오오체 어미'가 '-ᅀᆞᆸ-'에 유래하는 것으로 논의해 왔다. (27라, 마) '-오/옵'도 이를 뒷받침한다고 할 수 있다. 그러나 (26다, 라)에서는 동일하게 모음으로 끝난 어간 뒤인데도 '-오'가 아닌 '-소'가 통합되어 이러한 추정이 성립되기 어려움을 암시한다. 나아가 『捷解新語』의 예들은 모음 뒤의 '-소'뿐만 아니라 '-소' 앞에 다시 '-ᅀᆞᆸ-'이 통합된 'ᄒᆞᆸ소'류의 형식을 많이 보이기 때문에 모든 '오오체 어미'가 '-ᅀᆞᆸ-'에 유래한다고 하기가 어렵다.[24]

---

24 '오오체 어미'의 기원에 대해서는 여러 견해가 있다. 최명옥(1976)은 평서, 의문법은 '-ᅀᆞᆸ-', 명령법은 다른 선문말 어미에서 유래한 것으로 보았다. 임홍빈(1985)는 평서, 의문, 명령의 '-오'는 '-ᅀᆞᆸ-'에, 평서, 의문의 '-소'는 '-소/ᄉᆞ'에, 명령의 '-소'는 청유의 '-사'에 유래하는 것으로 보았다. 서정목(1987)은 동남방언에서 평서, 의문법의 '-오/소'와 명령의 '-(으)소'가 이형태 교체 조건이 다름을 지적하고 전자는 '-ᅀᆞᆸ-'에, 후자의 '-(으)소는 '-쇼셔'에 유래하

'-오/소'로 끝난 평서문이나 의문문이 나타나는 것은 『日東壯遊歌』(1764)의 자료로서 명령법에서의 쓰임이 시작된 뒤로 약 1세기의 시간이 경과된다. 이는 좀 이상한 일로 더 상세한 자료 조사가 필요하다.

(28) 가. 션비를 쳔딕ᄒᆞ면 쳥문이 <u>엇더켓소</u>(日東 一, 75)

　　　나. 져마다 효측ᄒᆞ면 그 욕이 <u>오죽ᄒᆞ오</u>(日東 一, 78)

　　　다. 소신 <u>왓소 왓소</u> ᄒᆞ셔도(閑中錄, 166)

이렇게 명령법의 경우를 제외하면 평서, 의문법의 '오오체 어미'는 '-ᄉᆞᆸ-'과 관련을 맺을 가능성이 크다. 이렇게 형성된 '-오/소'는 결국 '-ᄉᆞᆸ-'이 가진 '화자 겸양의 기능을 물려 받은 것이고, 화자를 겸양함으로써 결국 청자를 어느 정도 대우하는 표현의 등급을 형성하는 어미로 굳어지게 되었다.

그리하여 근대국어 시기는 '-ᄉᆞᆸ-'이 객체에 대한 '주체 겸양'의 기능과 함께 '화자 겸양'의 기능을 가지는 것으로 파악되고, '주체 겸양'의 기능이 소멸되고 완전히 화자 겸양의 기능을 갖게 되기까지는 오랜 기간이 소요된 것으로 보인다.

근대국어의 '-ᄉᆞᆸᄂᆞ니이-', '-ᄉᆞᆸ더이-'와 같은 선문말 형태소의 융합체는 현대국어에까지 그대로 이어져서 '-습니-', '-습디-'를 형성한다. '-ᄉᆞ오리이-'의 경우는 '-(으)리-'의 위축으로 말미암아 '-겟습-'의 융합체를 이루게 된다. 변화는 표기법상의 문제이고 형태소 자체는 변화 없이 그 속에서 화자 겸양의 기능을 수행하고 있다(이에 대해서는 서정목(1988)을 참조하기 바란다). 표기상으로 '-습니다, -습네다', '-습디다, -습듸다'와

는 것으로 보았다. 현대국어 '오오체 어미'의 형태론적 특징은 서정목(1996)에 비교적 자세히 논의되었다.

같은 선문말 형태소 융합체가 나타나는 것은 19세기와 20세기의 교체기이다. (29)의 예들이 그러한 사정을 보여 준다.

(29)   가. 어서 따라 오라고 따라 가쟈고

흘러도 넌다라 흐릅듸다려(김소월 '가는 길')

나. 부모가 주식을 두수람의게 허락ㅎ시는 법이 잇슴닛가(신소설, '원

앙도')

다. 뭇구리가 다 무어십닛가(신소설, '홍화도')

3. 존경법 '-(으)시-'

'-(으)시-'는 화자가 주어에 의하여 지시되는 인물이나 주어와 관련된 인물을 상위자로 파악하고 그에 대한 존대 의향을 가질 때 그 상위자의 동작, 상태를 나타내는 서술어에 통합된다. 주어와 관련된 인물이란 표현을 쓴 것은 주어가 사물이더라도 그와 관련된 인물이 상위자이면 '-(으)시-'가 선택되기도 하기 때문이다.[25]

'-(으)시-'의 이러한 기능은 국어사의 전 시대를 통하여 변하지 않은 것으로 보인다.[26] 변한 것은 형태소의 기본형이 '-(으)샤-'인지 '-(으)시-'인지와 관련된 외형의 문제와 후행 형태소와의 통합에서 나타나는 형식

---

25 다음 예에서 '-(으)시-'의 선택 여부가 주격 중출문이 가능한가 가능하지 않은가에 의하여 구분될 수 있다는 논의는 윤용선(1986)을 참조하기 바란다.

［예］ (1) 大王ㅅ말쏘미샤 올커신마론 내 쁘데 몯 마재이다(月釋 八, 97)

(2) 淨飯王ㅅ아ᅀᆞ니믄 白飯王과 斛飯王과 甘露飯王이라(月釋 二, 1)

26 제주도 방언은 '-(으)시-'의 사용이 극히 제한되어 있다. 이 사실이 어느 시기에선가는 국어 문법 체계에 '-(으)시-'가 결여된 때가 있었음을 암시하는지도 모른다. 그러나 현존 향가 자료에서 이 형태소를 표기한 借字를 확인할 수 있기 때문에 이러한 논의가 고대국어 이하로 내려오기는 어려울 것으로 보인다.

과 선문말 형태 상호간의 통합 순서이다.

고대국어의 향찰 자료에서 이 형태소를 표기한 것으로 판단되는 자료는 다음과 같은 것들이다.

(30) 가. 阿冬音乃叱好支賜乎隱　　　(慕竹旨郎歌)
　　　　ᄆ둠곳 ᄇᆞᆯ기시온

　　나. 吾肹不喩慚肹伊賜等　　　　(獻花歌)
　　　　나를 안디 붓그리샤ᄃᆞᆫ

　　다. 臣隱愛賜尸母史也　　　　　(安民歌)
　　　　臣은 ᄃᆞᅀᆞ실 어ᅀᅵ여

　　라. 郎也持以支如賜烏隱　　　　(讚耆婆郎歌)
　　　　郎이여 디니더시온

15세기 국어에서는 후행 형태소가 모음 어미 '-아'(보조적 접속어미), '-오-'(의도의 선문말 어미)이면 '-(으)시-'가 '-(으)샤'로 교체되는데 이때 뒤따르는 형태의 두음인 모음은 합음되거나 탈락한다.

(31) 가. 海東 六龍이 ᄂᆞᄅᆞ샤 일마다 天福이시니(龍歌, 1장)
　　나. 目連이ᄃᆞ려 니ᄅᆞ샤ᄃᆡ(釋詳 六, 1)
　　다. 가샤 겨샤매 오늘 다ᄅᆞ리잇가(龍歌, 26장)

16세기 후반 '-(으)샤'가 '-(으)셔'로 변한 예가 나타난다. 그리고 '-오/우-'의 소멸로 (32마)와 같이 동명사 '-ㅁ' 앞에서도 '-(으)샤'가 아닌 '-(으)시-'가 나타난다.

(32) 가. 님굼이 --- 공예를 블러 <u>보셔</u> 그 아ᄃᆞᆷᄃᆞᆯ와 화동ᄒᆞᄂᆞᆫ 일 <u>무르신대</u>(二倫
行實圖, 2)

나. 父母ㅣ --- <u>깃거ᄒᆞ셔든</u> 다시 諫홀디니라(小諺 二, 21)

다. 信使끠셔도 <u>최촉ᄒᆞ셔</u> 이제 비롤 내ᅌᅥᆸᄂᆡ(捷解 五, 16)

라. 그리 <u>아르셔</u> 죵용히 ᄒᆞ쇼셔(捷解 八, 10)

마. ᄆᆞᄋᆞᆷ <u>브티시믈</u>(捷解 一, 14)

'-(으)시-'의 통합 위치도 15세기에는 '-ᅀᆞᆸ-', '-더-', '-거-'의 뒤이었으나 16세기 이후에는 '-ᅀᆞᆸ-', '-더-', '-거-'보다 앞으로 바뀌게 된다.

특이하게 '-ᅀᆞᆸ시-'와 같은 형식이 중세 문헌에서는 15세기에 하나, 16세기에 하나가 있는 것으로 보고되어 있다. 일반적인 겸양의 '-ᅀᆞᆸ-'과 '-(으)시-'가 통합될 때는 '-ᅀᆞ ᄫᆞ시-'로 /ᄋᆞ/가 개입하지만 이 경우에는 바로 '-ᅀᆞᆸ시-'가 되어 특이하다.

(33) 가. 予는 내 <u>ᄒᆞᅀᆞᆸ시논</u> ᄠᅳ디시니라(訓正諺解, 2)

나. 안해 眞金像이 現ᄒᆞ신ᄃᆞᆺ <u>ᄒᆞᅀᆞᆸ신</u> 世尊(改刊 法華經諺解 一, 34)

이때의 '-ᅀᆞᆸ-'은 중세국어의 겸양법으로는 설명되지 않는다. 겸양법과 존경법의 단순한 통합이 아니라 존경의 뜻이 더 많이 나타난 것으로 해석된다. '-ᅀᆞᆸ-'을 화자 겸양으로 보면 주체에 대해서 화자가 겸양하므로 주체에 대한 지극한 존대를 나타낸다고 할 수 있다. 그러나 이는 '화자 겸양'을 중세국어까지 소급해야 하는 부담을 안게 된다.

'-ᅀᆞᆸ시-' 형식은 근대국어에서 보편화되기 시작하였다. (34)는 모두 '-(으)시-' 앞에 '-ᅀᆞᆸ-'이 온 것으로 존경의 뜻이 한층 더 드러난 것으로 볼 수 있다.

(34) 가. 여가 잇거든 에보와 못 오읍시리잇가(諺簡 127)

　　나. ㅈ겨ᄂ 외오셔 모ᄅ읍시거니와 ㅈ뎐으로겨오셔 엇디 녘녀를 ᄒ오시
　　　 ᄂ가 너기읍시ᄂ닝잇가(諺簡 129)

　　다. 요ᄉ이 긔운이나 무ᄉ히 디내읍시ᄂᄀ 아읍고져 ᄒ오며(諺簡 129)

　　라. 이 므ᄉ 일이읍관ᄃ 이대도록 어렵사리 니ᄅ읍시ᄂ고(捷解 五, 21)

　　마. 自由히 너기읍신가 민망ᄒ여이다(捷解 三, 9)

(35)와 같이 원래의 겸양법과 존경법이 통합된 '-ᅀᆞ오시-'도 있다. 여기서도 존경의 뜻이 한층 강화되는 것 외의 다른 해석은 나오기 어렵다. 그러나 이 형식이 '-읍시-'와 어떤 차이가 있는지는 명백히 밝혀지지 않았다.

(35)　가. 이런 큰 경ᄉ의 엇디 우오시ᄂ닝잇가(선조 행장, 5)

　　나. 아ᄌ마님겨오셔 편티 못ᄒ오신ᄃ 요ᄉ이는 퍽 낫ᄌ오신가 시브오
　　　 니 깃브와 ᄒ읍ᄂ이다(諺簡 141)

　　다. ᄯᅩ 평티 못ᄒ오신가 시브오니 민망 녘녀 ᄀ이 업ᄉ와 ᄒ읍ᄂ이다
　　　 (諺簡 151)

(36)과 같이 '-(으)시읍-'의 배열 순서를 보이는 것은, '-읍-'이 화자 겸양의 기능으로 되면서 화자나 청자와 관련된 화용적 범주를 나타내는 선문말 형태가 문장 내의 요소와 관련된 '-(으)시-'보다 뒤로 간 것으로 볼 수 있다.

(36) 가. ᄯᅩ 회련라 일홈 지허 므ᄉ 일을 ᄒ려 ᄒ시읍ᄂ고(捷解 九, 8)

　　나. 正官은 어ᄃ 겨시온고(捷解 一, 15)

4. 공손법 '-(으)이-'와 청자 대우 등급

중세국어에서 화자가 상위자를 청자로 하여 공손하게 말할 때 나타나는 형태소는 '-(으)이-'이다. 이 형태소는 의문문에서는 '-(으)잇-'으로 나타나고 평서문과 청유문에서는 '-(으)이-'로 나타난다. 통합 위치는 모든 선문말 형태들의 뒤, 문말 형태소의 바로 앞 자리이다.

향찰 표기에 의한 고대국어 자료 가운데 공손법 형태소 '-(으)이-'의 표기와 관련되는 것은 (37)에서 볼 수 있는 몇몇 향가 구절이다.

(37) 가. 花肹折叱可獻乎理音如　　　　　(獻花歌)

　　　　고졸 것거 바도림다

　　나. 爲內尸等隱國惡太平恨音叱如　　(安民歌)

　　　　ᄒᆞᄂᆞᆯᄃᆞᆫ 나락 太平ᄒᆞᄂᆉᆻᅡ

　　다. 法界餘玉只出隱伊音叱如支　　　(懺悔業障歌)

　　　　法界 나목 나님싸

　　라. 今呑藪未去遣省如　　　　　　　(遇賊歌)

　　　　엳ᄃᆞᆫ 수플 가고셩다

　　마. 安支尙宅都乎隱以多　　　　　　(遇賊歌)

　　　　안죽 틱도 업스니다

(37가, 나, 다)에서 '音'을 사이에 두고 후행하는 문말 어미는 '-다'나 '-ㅅ다'인 것으로 해독되고 선행하는 형태는 선문말 어미 '-(으)리-', '-ᄂᆞ-', '-(으)니-'로 해독된다. 그러면 그 사이에 통합될 수 있는 선문말 어미는 공손법의 '-(으)이-'일 가능성이 가장 크다. 과거 이 '音'을 '-(으)이-'로 읽은 해독이 많았던 것은 이 때문이다. 이 '音'이 어떤 음으로 실현되는

형태소일지 현재로서는 분명하지 않지만 그 문법적 기능은 공손법일 가능성이 높다. 그러므로 이 '哥'은 중세국어 '-(으)이-'의 앞 시대의 모습을 보여 준다 할 것이다. (37라)의 '省'에는 선문말 어미 '-(으)이-'나 '-ㅇ-'을 적은 것으로 추정되는 /ㅇ/ 음이 들어 있다. 그리고 (37마)의 '以'도 후행하는 어미가 '-라'가 아니고 '-다(多)'인 것으로 보아 단순히 '-(으)니-'가 아니고 '-(으)이-'를 포함하고 있는 것으로 보인다.

이렇게 보면 영성한 향가 자료가 보여 주는 고대국어의 선문말 어미 체계에서도 공손법 형태소의 존재는 확인된다.

(38)에서는 청자 대우 등급과 관련된 자료들을 볼 수 있다.

(38) 가. 彌勒座主陪立羅良　　　　　　　　　　(獻花歌)

　　　　彌勒座主 모리셔 벌라

　　나. 慕人有如白遣賜立　　　　　　　　　　(願往生歌)

　　　　그리리 잇다 숣고쇼셔

　　다. 奪叱良乙何如爲里古　　　　　　　　　　(處容歌)

　　　　아ᄉᆞ날 엇디 ᄒᆞ리고

　　라. 二肹隱誰支下焉古　　　　　　　　　　(處容歌)

　　　　두브른 누기핸고

　　마. 放冬矣用屋尸慈悲也根古　　　　　　　(禱千手觀音歌)

　　　　어드레 쓰올 慈悲여 큰고

　　바. 毛如云遣去內尼叱古　　　　　　　　　(祭亡妹歌)

　　　　몯다 니르고 가ᄂᆞ닛고

　　사. 此也友物北所音叱彗叱只有叱故　　　　(彗星歌)

　　　　이예 버믈 므슴ㅅ 彗ㅅ 다ᄆᆞ닛고

　　아. 不冬喜好尸置乎里叱過　　　　　　　　(隨喜功德歌)

안둘 깃글 두오릿과

(38가, 나)에서 명령법의 '-라'와 '-쇼셔'의 모습을 볼 수 있다. (38다-아)에서는 의문문의 '-고, -ㄴ고, -ㅅ고, -ㅅ가'의 모습을 볼 수 있다. (38다)의 '-ㅎ는 '-(으)리-' 뒤의 /ㄱ/ 탈락이 일어나지 않은 형태를 보이고 (38아)의 '叱過'는 판정의문의 '-ㅅ가'를 보여주고 있어 주목된다. '-ㅅ가/고'는 표기상으로는 그 앞에 '-(으)이-'를 보여 주지는 않지만 이들이 모두 '오닝다체'라 하기는 어려울 것으로 보인다.

다음은 이 형태소와 관련된 중세국어 자료들이다.

(39) 가. 十方衆生이 너비 다 饒益을 닙습ᄂ니이다(法華 三, 109)

나. 舍利佛을 須達이 조차 가라 ᄒ시다(釋詳 六, 22)

(40) 가. 各各 엇던 願을 發ᄒ시관ᄃᆡ 이제 世尊ㅅ 브즈러니 讚歎ᄒ시믈 닙습ᄂ니잇고(月釋 二十一, 49-50)

나. 다시 묻노라 네 어드러 가ᄂ니오(杜諺 初 八, 6)

(41) 가. 어버ᅀᅵ ᄀ자 이신 저긔 일후믈 一定ᄒ사이다(月釋 八, 96)

나. 妻眷이 ᄃᆞ외져 ᄒ거늘(釋詳 六, 8)

(42) 가. 도라 가 世尊쯰 내 ᄠᅳ들 펴아 술ᄫᆞ쇼셔(釋詳 六, 6)

나. 舍利佛아 반ᄃᆞ기 알라(法華 一, 248)

(39가)에서는 평서법 문말 형태 '-다' 앞의 '-(으)이-'를 볼 수 있는데 이 형태소가 선택되지 않은 (39나)와 대조할 때 청자가 화자보다 상위자임을 알 수 있다. (40가)는 의문법 문말 형태 '-고' 앞에서 이형태 '-(으)잇-'으로 교체된 것인데 (40나)의 '-(으)니-' 뒤에 이 형태소가 선택되지 않은 것과 차이를 보인다. (41)은 청유법으로 (나)의 문말 형태가

'-져'로 되어 있어 사정은 다르나 청유의 '-사' 다음에 '-(으)이-'가 들어 있다. 이 형태소 '-(으)이-'의 기능은 화자의 진술을 공손히 표현하여 청자를 상위자로 대우해 주는 것이다. (42)의 명령법은 특이하여 이 형태소가 나타나지 않고 문말 어미로 '-(으)쇼셔'가 사용되는데 이 '-(으)쇼셔'가 하나의 형태소인지 '-(으)시-'와 다른 형태소의 융합형인지 밝혀져 있지 않다.

'-(으)이-', '-(으)잇-'은 음절 두음에서 /ㅇ/의 소실이라는 음운론적 요인으로 17세기에는 '-ㅇ이-', '-ㅇ잇-'으로 적히기도 하다가 '-(으)이-', '-(으)잇-'으로 굳어진다. '-(으)쇼셔'는 근대국어에도 그대로 나타난다.

(43) 가. 御 慇懃ᄒ신 말ᄉᆞᆷ 겻티 도로혀 붓그럽ᄉ왕이다(捷解 六, 10)

　　나. 이리 御義ᄒ시니 감격히 너기ᅌᅥᆸ니다(捷解 三, 2)

　　다. 싱심이나 어이 남기고 머그리잇가(捷解 三, 11)

　　라. 엇디 어련히 ᄒᆞ링잇가(捷解 五, 25)

　　마. ᄒᆞ마 도라가샹이다(捷解 六, 5)

　　바. 얼현히 마ᄅᆞ시고 ᄂᆡ일 무루 츠ᄌᆞ쇼셔(捷解 一, 14)

(39가) (40가)의 어미 부분은 현대국어의 '-습니다', '-습니까'와 거의 비슷하다. (41가)는 '-읍-'이 통합되기만 하면 '-읍시다'에 그대로 이어질 것으로 짐작할 수 있다. (43)의 근대국어 자료도 현대국어로 넘어오는 중간 모습을 보여 준다. 특히 (43나)의 '너기ᅌᅥᆸ니다'는 중간 개수본에는 '너기ᄂᆞ이다'로 되어 있다. 이렇게 '-읍-'의 선택 여부가 초간본과 중간 개수본에 차이가 나는 것은 방언적 차이를 반영한 것으로 보이지만 이 시기가 중세국어적인 '너기ᄂᆞ이다'로부터 현대국어적인 '여깁니다'로 변해 가는 과도기임을 보여 주기도 한다.[27]

18세기의 자료에도 (44)에서처럼 '-(으)이-'와 '-(으)잇-'이 그대로 나타난다.

(44) 가. 션히 공슌ᄒ되 -- 그 쌔예 그 샹소를 보지 못ᄒ엿습기의 ᄉ상을 아지 못ᄒ고 이 편지를 ᄒ엿습ᄂᆞ이다(明義 二, 1)(화자 : 죄인 이선해, 청자 : 영조)

나. 신의 ᄒᆞᆫ 몸 슈치는 진실로 족히 고흘티 못ᄒᆞ오려니와 그 국가의 엇더 ᄒᆞ오리잇가(闡義 一, 21)

이러한 자료들은 오늘날의 '옵니다체' 어미 속에 이 공손법 형태소의 후계형이 들어 있음을 암시한다. 이 어미의 시대적 차이는, 중세국어에서는 겸양법 '-슬-'을 포함하지 않던 것이 근대국어에서는 포함한 자료도 있고 포함하지 않은 자료도 있으며 현대국어에서는 대부분의 환경에서(선문말 형태 '-(으)리-'가 선택되었을 때는 '하리이까? 다녀 오리이다.'와 같이 현대국어에서도 '-슬-'의 후계형이 선택되지 않는다.) '-슬-'의 후예를 포함한다는 데 있다. 이는 '-슬-'이 화자 겸양으로 바뀐 후 청자를 대우해 주어야 하는 문맥에서는 화자도 겸양하는 것이 따라오게 되었다고 함으로써 설명 가능하다.

그러나 명령법의 '-((으)시)ㅂ시오'는 상당한 차이를 보인다. 근대국어까지 명령법의 최상급 형식은 '-(으)쇼셔'이거나 여기에 '-옵-'이 융합된 '-옵쇼셔'이었다. 그런데 현대국어에서는 '-옵소서'나 '-소서'는 종교의식이나 굿 같은 데서 사용되는 기원문에나 나타날 뿐이고 일상 언어에서는 명령법의 '옵니다체' 어미로 '-((으)시)ㅂ시오'가 사용되는 것이

---

27 실제로 동남방언의 경북 안동 지역어에서는 현대에도 '가니이더, 가니이껴, 가시이더 등'과 같이 '-옵-'을 선택하지 않은 고형이 유지되고 있다.

다. 이 형식은 '-(으)쇼셔'의 후계형이 기원의 의미를 나타내므로 사람에 대한 명령으로 적합하지 않아서 새로운 형식이 필요하였기 때문에 생겨난 것으로 보인다.

이 형식의 형성 과정은 정확히 밝혀지지 않았다. 서정목(1983, 1988)에서는 '오오체' 명령법에서 '어간--오'로 '-(으)오'가 문말 형태로 굳어진 뒤에 어간과 '-(으)오' 사이에 선문말 형태소들을 선택하는 절차가 생겼을 것이고 그 선문말 형태들은 청유법에 나타나는 '-읍시-'일 수밖에 없는데 이 '-읍시-'는 '-읍-'과 청유의 '-(으)사', 그리고 공손법의 '-(으)이-'가 융합된 것이라고 보았다. 그렇다면 현대국어는 명령법도 '-(으)이-'에 의하여 청자에 대한 공손을 나타내게 되었다고 할 수 있다.[28] 이 '-((으)시)ㅂ시오'는 현대국어에 와서 비로소 나타난 것인데 그 최초 출현을 보이는 문헌이 어떤 것인지 아직 보고되어 있지 않다.

이제 우리는 현대국어의 최상급 청자 대우 등급인 '옵니다체'의 선문말 형식 '-습/ㅂ디-', '-습/ㅂ니-', '-읍시-' 속에는 '-슬- -- (으)이-'가 들어 있고, 여기서 '-슬-'은 화자 겸양, '-(으)이-'는 공손법(청자 대우)의 기능을 한다고 기술할 수 있게 되었다. (이들에는 각각 '-더-', '-느-', '-(으)니-', '-(으)사'의 후계형들이 들어 있지만 그것은 양상 요소들의 기술 대상이므로 여기서는 제외한다.)

나아가 우리는 중세, 근대, 현대에 이르면서 이 등급에 나타난 변화를 다음과 같이 기술할 수 있다. 중세에는 '-(으)이-'만으로 공손을 나타내었다. 근대에는 겸양법의 '-슬-'에서 화자 겸양의 기능이 부각되면서 '-슬- -- (으)이-'에 의하여 화자 겸양과 공손을 함께 나타내는 방법(이때

---

28 특이하게 명령법의 '오오체'로 '-(으)오'를 사용하지 않고 '-(으)소'를 선택하는 남부방언에서는 '어간--소'의 사이에 바로 '-(으)이-'를 선택하여 '오이소' 또는 '오시이소'와 같은 어형이 사용된다. 후자의 '-시-'는 물론 존경법의 '-(으)시-'이다.

원래의 겸양법의 기능을 가진 '-솝-'이 들어 있는 것과는 구별해야 한다)과 '-(으)이-'만으로 공손을 나타내는 방법이 공존한다. 현대에는 '-(으)이-'에 의한 공손법이 위축되어 '-(으)리-'가 선택된 경우에만 남아 있고 나머지 경우에는 '-습/ㅂ- -- -(으)이-'에 의하여 화자 겸양과 공손을 함께 나타낸다.

이 변화는 전반적으로 화자의 자기 낮춤의 강화라 할 수 있을 것이다. 주어 뒤에 쓰이는 조사 '-겨오셔'나 어미 '-옵시ᄂᆞ니이다'류의 표현이 주로 왕과 그 관련 인물에 대한 표현에 쓰인다는 근대국어 연구 업적들의 보고(홍윤표, 1991)는 이러한 사정을 보여 주는 것으로 해석된다.

(39-42)의 (나) 예문들은 '온다체'를 보여 주고 있는데 공손법 선문말 형태소가 선택되지 않음으로써 높임의 뜻이 없음을 나타낸다. 이 등급은 서법 종결 형태소 자체의 형태상의 변화(특히 의문문)나 다른 선문말 형태와의 통합상의 변화는 있지만 경어법과 관련해서는 중세, 근대, 현대 국어에서 동일하다고 할 수 있다.

중세국어에는 이 두 등급 밖에도 평서법에서 '-ㅇ-', 의문법에서 '-ㅅ-', 명령법에서 '-어쎠'로 표시되는 또 다른 등급이 있었다. 이 경우도 명령법은 선문말 형태가 아닌 문말 형태에 의하여 표시되는 특이성을 지녔다.

(45) 가. 婆羅門이 보고 깃거 -- 그 (大臣 護彌) 쓸ᄃᆞ려 무로ᄃᆡ 그딋 아바니미 잇ᄂᆞ닛가 對答호ᄃᆡ 잇ᄂᆞ니이다 婆羅門이 닐오ᄃᆡ 내 보아져 ᄒᆞᄂᆞ다 ᅀᆞᆲ바쎠(釋詳 六, 14)

나. 主人이 므슴 차바ᄂᆞᆯ 손소 둗녀 밍ᄀᆞᄂᆞ닛가 太子ᄅᆞᆯ 청ᄒᆞᅀᆞᄫᅡ 이 받ᄌᆞᄫᆞ려 ᄒᆞ노닛가 大臣을 請ᄒᆞ야 이바도려 ᄒᆞ노닛가 護彌 닐오ᄃᆡ 그리 아닝다(釋詳 六, 16)

다. 須達이 -- 다시 묻오ᄃᆡ 엇뎨 부톄라 ᄒᆞᄂᆞ닝가 그 ᄠᅳ들 닐어 對答호
ᄃᆡ 그듸는 아니 듣ᄌᆞᄫᅢ더시닝가 -- 부톄시다 ᄒᆞᄂᆞ닝다(석상 六,
16-18)

이 예문들은 이웃한 두 나라의 大臣끼리의 對話이거나 양가집 처녀
에 대한 婆羅門의 대화에 나타나는 것이고 그 어미는 代名詞 '그듸'와
호응하고 있다. 이러한 선문말 형태를 통합시키거나 '-어쎠'에 의하여
표현되는 중간 등급은 'ᄒᆞ야쎠체'라 불린 것으로 '-(으)이-'가 선택된 문
장과 선택되지 않은 문장의 중간 등급이 되는 것으로 볼 수 있다(안병
희(1965가)). 따라서 중세국어의 청자 대우 등급은 '오ᄂᆞ니이다체', '오
닝다체', '오ᄂᆞ다체'의 세 등급으로 이루어져 있었다.

그런데 여기서 유의할 것은 이들 '오닝다체'의 형태소가 '-(으)이-'와
'-(으)잇-'의 일부인 '-ㅇ-'과 '-ㅅ-'으로 되어 있다는 사실이다('-어쎠'는
'-(으)쇼셔'의 일부라 하기는 어려우나 관련이 없다고 하기도 어렵다).
이들의 특징은 원 형태의 어떤 부분이 절단된 결핍된 요소라는 점이
다. 결핍된 형식은 원래의 형태소가 가졌던 공손의 의미가 줄어 들어
그보다는 낮은 등급으로 내려오는 특징을 보여 주고 있는 것이다.

이와 함께 (46가-다)와 같이 '-(으)니', '-(으)리'로 끝난 문장이 있음도
주목되었다(안병희(1965나)).

(46) 가. 俱夷 묻ᄌᆞᄫᆞ샤ᄃᆡ 므스게 ᄡᅳ시리(月釋 一, 10)

　　나. 俱夷 ᄯᅩ 묻ᄌᆞᄫᆞ샤ᄃᆡ 부텻긔 받ᄌᆞᄫᅡ 므슴 호려 ᄒᆞ시ᄂᆞ니(月釋 一, 10)

　　다. 어마님 爲ᄒᆞᅀᆞᄫᅡ 이 돈을 布施ᄒᆞ요리 어마님ㅅ긔 드러가 이 돈을 供
　　　養ᄒᆞᅀᆞᄫᅩ리(月釋 二十三, 65)

　　라. 祥瑞도 하시며 光明도 하시나 ᄀᆞ업스실ᄊᆡ 오늘 몯 솗뇌 天龍도 해

모두며 人鬼도 하나 수 업슬씨 오늘 몬 숨뇌(月釋 二, 45)

이들에 대한 해석은 '종결 어미 '-(으)이다', '-(으)잇가'의 생략(허웅
(1975)), '반말체'(고영근(1981)), "ㅎ야쎠체'와 같은 등급'(안병희, 이광호
(1990)) 등으로 차이를 보인다. 선문말 형태에 의하여 문장이 끝날 수도
있음을 보여 주는 것인데 종결 형식이 생략되는 데 따르는 서법 구분은
억양이 맡았을 것으로 추측된다. (46라)는 비슷한 과정으로 '-노이다'에
서 '-(으)이-'가 '-노-'와 융합되어 '-뇌'로 된 자료를 보여 준다. 이들도 전
체적으로는 절단된 결핍 형식은 청자 대우 등급이 하강한다는 원리로
설명된다.

그러나 근대국어로 오면서 '-ㅇ-'과 '-ㅅ-', '-어쎠'가 사라지면서 이 청
자 대우 등급상의 중간 등급은 심한 변화를 보이게 된다. 이 형식들의
소멸은 필연적으로 새로운 형식으로 하여금 이 형식들이 맡고 있던 등
급을 차지하게 만들었다. 이 새로운 형식이 겸양법을 다룰 때 논의한
'-오/소'와 다음에 논의할 '-이'로 끝난 형식이다.

'-오/소'는 '-슣-'의 음성 형식 변화와 '화자 겸양'의 기능 부각으로 생
겨난 것이다(자료는 앞에 제시된 것 참조). 이렇게 새로운 형식이 생길
때 명령법의 '-오/소'가 16세기에 먼저 나타나고 평서, 의문법의 그것은
18세기 중반에 나타난다는 것은 앞에서 지적하였다.

평서, 의문법의 '-오/소'는 '-오/소이다', '-오/소잇가', '-ㅅ오니이다', '-ㅅ
오니잇가'와 같은 형식에서 후행 형식들이 절단되어 나간 것으로 볼 수
있는데, 역시 결핍된 형식이 완전한 형식보다 청자에 대한 대우 등급이
하강하는 것과 관련된다. 물론 이 때의 '-오/소'의 기능은 화자 겸양으로
파악할 수 있다.

동남 방언의 경우 명령법의 '-(으)소'와 평서, 의문법의 '-오/소'를 구

분해야 하는데 이때의 '-(으)소'는 '-(으)소서'에서 '-서'가 절단된 것으로 볼 수 있고 그것도 '-(으)소서'보다는 청자 대우 등급이 낮아진 것이다(서정목(1990, 1996) 참조).

근대국어에 와서 나타난 또 하나의 특징적 청자 대우 등급은 (46라)와 관계되는 또 다른 '-이'로 끝난 문장들이다. 이러한 모습의 문장은 16세기말 諺簡 資料들에서 확인되기 시작하여 『捷解新語』에 두루 나타난다.

(47) 가. ᄌᆞ식들게 유무 스디 몯ᄒᆞ여 몯ᄒᆞ뇌(諺簡, 9)

나. 사라셔 서ᄂᆞ 다시 보면 그지ᄂᆞ ᄀᆞ홀가마ᄂᆞᆫ 긔필 몯홀쇠(諺簡, 9: 金誠一의 簡札(1592))

다. 셔울 도ᄌᆞᆨ을 텨야 강남 갈 거시니 티면 이사홀ᄂᆡ 예도 갈쇠(諺簡, 6: 鄭澈의 簡札(1593))

라. ᄂᆡ일 가져 오라 ᄒᆞ뇌(順天 金氏墓 出土 簡札, 104)

마. 귿사니 보내뇌(順天 金氏墓 出土 簡札, 11)

바. 군인 ᄒᆞ나힌ᄃᆞᆯ 어ᄃᆡ 가 어드리(諺簡, 14)

(48) 가. ᄒᆞᆫ 몸으로서ᄂᆞᆫ ᄂᆞᆫ호디 못ᄒᆞ여 민망ᄒᆞ외(捷解 二, 13)

나. 그리 니ᄅᆞ시믈 고디 아니 듯ᄌᆞᆸᄂᆡ(捷解 二, 8)

다. 긔별ᄒᆞᄋᆞᆸ소 ᄒᆞ시ᄂᆞᆫ 일이ᄋᆞᆸ데(捷解 五, 7)

라. 만사의 두로 ᄡᅳ리시믈 미들 ᄯᆞᄅᆞᆷ이ᄋᆞᆸ도쇠(捷解 一, 3)

마. 서계를 내셔ᄃᆞᆫ 보ᄋᆞᆸ새(捷解 一, 16)

바. 하 니르시니 ᄒᆞ나 먹ᄉᆞ오리(捷解 一, 18)

이 형식들은 16세기와 17세기의 교체기에 일반화되는 것으로 추정되는데 선문말 형태소 뒤의 형식들을 절단하는 15세기의 특수한 용법이 확대되어 쓰인 것으로 보인다. 특기할 점은 이들이 평서, 청유법에 집중되어 있다는 점이다. '-늬'는 '-ᄂ이다'에서, '-쇠'는 '-소이다'에서, '-외'는 '-오이다'에서, '-데'는 '-더이다'에서, '-새'는 '-사이다'에서 각각 '-다'가 절단되고 공손법 '-(으)이-'가 선행 선문말 형식과 융합되어 있는 것으로 보인다. 그러니까 이 등급에서 청자를 대우하는 의미는 공손법 '-(으)이-'의 의미가 그대로 담당하고 있는 셈이다.

의문법에서의 이 등급에 해당하는 형식은 내포 의문 문말 형식인 '-(으)ㄴ가/고', '-(으)ㄹ가/고'로 보이는데 이것이 오늘날 '오네체'의 의문법 형식이 평서, 명령, 청유법과 체계상 차이를 보여 '-네(니)', '-데(디)'가 아닌 '-(으)ㄴ가'와 '-나'로 나타난 원인이 되었다. (47바)의 '-(으)리'는 의문법, (48바)의 '-(으)리'는 평서법으로 해석된다. 전자는 '-(으)리잇고'나 '-(으)리오'에서 '-잇고'나 '-오'가 절단된 것이다. 후자는 '-(으)리이다'나 '-(으)리라'의 절단형인데 여기서는 '-이다'가 절단되어 '-리'만 남았거나 아니면 '-다'만 절단되고 '-(으)이-'는 '-(으)리'에 함께 적혀 있는 것으로 해석할 수도 있다. 따라서 '-(으)리'로 끝난 것은 선문말 형태로 끝난 것이고 그 등급도 문맥에 의존하는 수밖에 없다.

명령법의 이 등급은 이미 말한 대로 16세기와 17세기에는 '-오/소' 또는 '-소'가 담당한다. 그리고 18세기 중기에 와서 (49)와 같은 '-게'가 쓰인 예문이 보고되어 있다.

(49) 十年 흔 공부도 너 갈 듸로 니게(대학본 靑丘永言, 144)

명령법이 이렇게 특이한 것은 청자 대우상의 최상급이 중세국어에서 '-(으)쇼셔'로 나타난 것과 관련된다. 절단된 뒤에 청자 대우를 나타낼 '-(으)이'를 포함한 형식이 없기 때문이다.

그러므로 16세기말에서 18세기초까지는 평서법, 청유법은 '-(으)이-'를 포함한 '-늬'('-데', '-외', '-쇠' 등)과 '-새'가 중간 등급을 나타내었고 의문법은 '-(으)ㄴ가/고', 명령법은 '-오/소', '-(으)소'가 그러한 기능을 담당하였다. 18세기 중반 이후부터는 이 중간 등급이 다시 둘로 분화되어 '-오/소', '-(으)소'에 의한 '오오체'와 '-(으)이'를 포함하는 '오네체'로 되었다. 이로써 4등급의 청자 대우 등급 체계가 이루어지게 된 것이고 이 체계는 이후 변화 없이 현대국어에까지 이어지고 있다.

이 밖에 '-아/어', '-지'에 의한 '와체'나 여기에 '-요'가 덧붙은 '와요체'는 19세기에 와서 나타난다. 이들은 접속 어미가 종결 어미처럼 쓰이기 시작한 것으로 선어말 어미와 관련이 없으므로 여기서는 제외한다. 자세한 것은 서정목(1993)을 참조하기 바란다.

5. 결론

이상에서 우리는 경어법에 관여하는 선어말 형태소들의 역사적 변화 과정을 간략하게 살펴보았다. 논의가 겸양법의 '-슬-'에 치중된 면이 있으나 경어법의 주된 변화가 이 형태소와 관련하여 일어난 것이라는 점을 감안하면 기술상의 불균형은 양해될 수 있을 것으로 생각한다. 형태론적 변화나 표기상의 문제들을 좀 더 면밀하게 문증하여 논의하지 못한 것이 아쉽기는 하나, 글의 성격을 통사, 의미적인 변화에 초점을 맞추었기 때문에 그 분야의 기술은 다른 연구들에 미루기로 하였다.

국어의 경어법은 비교적 많은 변화를 겪는 과정에서도 중세국어적 질서를 연면히 이어 오고 있다. 보기에 따라서는 엄청난 변화라 할 수도 있지만 기본적으로는 본질적 체계를 유지하고 있는 것이다. 그러한 점을 염두에 두면서 논의된 사항을 정리하면 다음과 같다.

첫째, '-슿-'은 '화자, 주어의 객어에 대한 겸양'으로부터 '화자 겸양'과 '주체 겸양'(화석형 겸양의 동사에서)으로 양분되어 갔다. 그 결과 현대에 이르면 그 모습과 기능이 매우 달라지고, 통합 위치도 화자와 청자의 관계를 나타내므로 '-ㅂ/습니다', '-ㅂ/습니까'에서 보듯이 선문말 형태 가운데 비교적 뒤쪽으로 옮겨 갔다. 그러나 '겸양'이라는 기능은 유지하고 있다.

둘째, '-(으)시-'는 국어사의 전 시기를 통하여 '존경법'의 기능을 유지하고 있다.

셋째, '-(으)이-'에 의한 '공손법'은 겉으로 보기에는 상당한 변모를 입었다. 그러나 원래 공손한 표현으로 청자를 대우하는 기능은 현대국어의 여러 청자 높임의 문말 종결 형식에서 유지되고 있다. 청자 대우 등급은 3등급에서 4등급으로 변하여 오는 과정에서 형태소 통합상의 여러 특이한 변화를 겪었다. 그 원리는 줄여 표현하면 절단된 결핍 형식은 완전한 형식보다 청자 대우의 등급이 낮아진다는 것이었다.

참고문헌

고영근(1974), 「현대국어의 존비법에 대한 연구」, 『어학연구』 10:2.

_____(1981), 『중세국어의 시상과 서법』, 탑출판사.

김영욱(1989), 「중세국어의 존비법에 대한 연구」, 『국어연구』 89.

金完鎭(1980), 『鄕歌解讀法研究』, 서울大出版部.

金一根(1986), 『諺簡의 研究』, 건국대출판부.

김정수(1984), 『17세기 한국말의 높임법과 그 15세기로부터의 변천』, 정음사.

金正市(1983), 「맺음씨끝의 史的 研究」, 영남대 석사학위논문.

김충회(1990), 「경어법」, 『국어연구 어디까지 왔나』, 동아출판사.

김형규(1947), 「겸양사의 연구(1)(2)」, 『한글』 102호(12권 4호), 103(13권 1호).

_____(1962), 「겸양사 문제의 재론」, 『한글』 129.

박양규(1991), 「국어 경어법의 변천」, 『새국어생활』 1:3, 국립국어연구원.

백두현(1997), 「玄風 郭氏 諺簡 判讀文」, 『어문론총』 31호.

서정목(1983), 「명령법 어미와 공손법의 등급」, 『관악어문연구』 8.

_____(1987), 『국어 의문문 연구』, 탑출판사.

_____(1988), 「한국어 청자 대우 등급의 형태론적 해석(1)」, 『국어학』 17.

_____(1989), 「반말체 형태 '-지'의 형태소 확인」, 『이혜숙교수 정년기념 논문집』.

서정목(1990), 「한국어 청자 대우 등급의 형태론적 해석(2)」, 『강신항선생 회갑기념 논문집』.

_____(1993), 「國語 敬語法의 變遷」, 『한국어문』 2.

_____(1996), 「現代 韓國語 '하오체' 語尾의 形態論的 特徵」, 『朝鮮學報』 百五十九號.

서정수(1972), 「현대국어의 대우법 연구」, 『어학연구』 8:2.

_____(1984), 『존대법 연구』, 한신문화사.

서태룡(1987), 『국어 활용어미의 형태와 의미』, 탑출판사.

성기철(1970), 「국어 대우법 연구」, 『충북대 논문집』 4.

_____(1985), 『현대국어 대우법 연구』, 개문사.

안병한(1984), 「17세기 국어의 활용어미 연구」, 영남대 석사학위논문.

安秉禧(1961), 「主體謙讓法의 接尾辭 |-ᄉᆞᆸ-|에 대하여」, 『震檀學報』 22.

_____(1963), 「ᄌᆞ갸어고」, 『국어국문학』 26.

_____(1965가), 「15세기 국어 공손법의 한 연구」, 『국어국문학』 28.

_____(1965나), 「후기중세국어의 의문법에 대하여」, 『학술지』(건국대) 6.

_____(1967), 韓國語發達史(中):「文法史」, 『韓國文化史大系Ⅴ』(言語, 文學史篇), 高麗大 民族文化研究所.

_____(1982), 「중세국어 겸양법 연구에 대한 반성」, 『국어학』 11.

安秉禧,李珖鎬(1990), 『中世國語文法論』, 학연사.

윤용선(1986), 「중세국어 경어법 연구」, 『국어연구』 71.

이기갑(1978), 「우리말 상대높임 등급 체계의 변천 연구」, 서울대 석사학위논문.

李崇寧(1962), 「謙讓法 硏究」, 『亞細亞研究』 5-2(通卷 10).

_____(1964), 「敬語法 硏究」, 『震檀學報』 25, 26, 27 合倂號.

李承旭(1973), 『國語文法體系의 史的 研究』, 一潮閣.

李翊燮(1974), 「國語 敬語法의 體系化 問題」, 『國語學』 2.

이현규(1985), 「객체존대 '-숩-'의 변화」, 『배달말』10, 배달말학회.

이현희(1985), 「근대국어 경어법의 몇 문제-(서평: 김정수 著, 『17세기 한국말의 높임법과 그 15세기로부터의 변천』, 정음사)」, 『한신어문연구』 1, 한신대 국문과.

任洪彬(1976), 「尊待·謙讓의 統辭 節次에 대하여」, 『문법연구』 3.

_____(1985), 「현대의 {숩}과 예사높임의 '-오-'에 대하여: 형태소 핵의 개념 정립을 위하여」, 『羨烏堂 金炳基 先生 八耋記念 國語學 論叢』.

장경희(1977), 「17세기 국어 종결어미 연구」, 서울대 석사학위논문.

全在寬(1958), 「'숩' 따위 謙讓詞의 散攷」, 『慶北大學校 論文集』 2.

주경미(1990), 「근대국어의 선어말 어미에 대한 연구」, 단국대 석사학위논문.

최기호(1981), 「17세기 국어 {-숩-}의 통사 기능」, 『말』 6.

최명옥(1976), 「현대국어의 의문법 연구」, 『학술원 논문집』(인문사회과학편) 15.

최전승(1991), 「19세기 후기 全羅方言의 敬語法에 대하여」, 『김완진선생 회갑기념논총』.

허　웅(1954), 「尊待法史: 국어문법사의 한 토막」, 『성균관보』 1.

_____(1961), 「서기 15세기 국어의 '존대법'과 그 변천」, 『한글』 128.

_____(1963), 「또 다시 존대법의 문제를 논함: 이숭녕 박사에 대하여」, 『한글』
　　　131.

_____(1975), 『우리 옛말본』, 샘문화사.

홍윤표(1991), 「근대국어 통사론 연구」, 단국대 동양학연구소 발표 요지.

小倉進平(1938), 『朝鮮語에 있어서의 謙讓法・尊敬法의 助動詞』, 東京: 東洋
　　　文庫.

時相의 變化

李南淳*

0.1. 時制와 相

시제(tense)란 어떤 사건(행위나 상태)의 시간적 위치를 지시해서 나타내어 주는 문법범주이다. 다시 말하면 우리는 보통 시간을 선적인 흐름으로 인식하는데 그 시간의 흐름 위에 놓이는 사건의 시간적 위치를 지시하는 문법범주가 시제라는 것이다. 반면에 일반적으로 상(aspect)은 사건의 시간적 위치를 지시하는 것이 아니라 사건의 시간선 상에서의 분포를 나타내어 주는 문법범주로 정의된다.

시제는 기준이 되는 시점(基準時點)을 전제로 하여 성립하는 범주이다. 기준시점과 비교하여 그와 동시적(同時的)이면 현재, 그에 앞서면(前時的이면) 과거, 그 이후이면(後時的이면) 미래라고 부른다. 한편 상은 기준시점을 전제하지 않는다. 한 사건이 시간의 흐름을 따라 전개되는 것으로 인식했을 때, 그 사건은 시간상의 일정 구간에 분포하게 될

---

* 전 홍익대학교

것이다. 사건의 상황이 그 구간의 중간에 있음을 나타낼 때 진행상 또는 미완료상이라고 부르고 그 구간의 끝에 있음을 나타낼 때 완료상이라고 부른다.

그런데 실제로는 국어에서 시제와 상의 문법범주를 구별하지 않고 다루는 경우도 있고 어느 한 범주만을 인정하는 경우도 있다. 특히 현대국어에서는 진행이나 완료를 나타내는 독립된 형식이 없는 것으로 생각되어 상범주를 인정하지 않기도 한다. 또 이와는 반대로 상범주만을 인정하고 시제범주를 인정하지 않기도 한다. 현대국어의 시제와 상의 범주에 대한 논의가 이처럼 크게 엇갈리는 것은 시제와 상을 모두 시간의 흐름 위에서 파악하고 있기 때문인 것 같다.

사실 시상(時相)이란 용어는 시제와 상이 미분화(未分化)된 상태로서의 복합범주를 의미하는 것이다. (그러므로 이 용어는 현대국어에서는 '시제와 상'의 의미로 사용하여야 할 것 같다.) 같은 시간의 흐름 위에서 시제와 상을 이해하면 이 두 범주는 구별되기가 어렵다. 우선 이미 지난 사건 즉 과거 사건은 '끝난' 사건이기 때문에 완료상을 보이는 것이라고 할 수 있을 것이다. 그러나 우리가 진술하는 과거의 사건이 모두 완료상을 보이는 사건은 아닌 것이다. 과거의 어떤 시점에서 진행되고 있었던 사건을 진술할 때 완료상으로 표현하지는 않을 것이다.

시제는 시간의 흐름 위에서의 기준시점에 대한 상대적인 위치 즉 사건이 그 기준시점에 앞서느냐, 일치하느냐, 뒤서느냐에 따라 각각 과거, 현재, 미래로 나타난다. 그러나 상은 기준시점에 의해 나타나는 범주가 아니다. 그 사건이 과거의 사건이건 현재나 미래의 사건이건 그 시제에 관계없이 진행의 국면(局面)을 보이는 사건이면 진행상으로, 완료의 국면을 보이는 사건이면 완료상으로 표현되는 것이다.

(1) 가. 순이는 지금 창 밖을 보고 있다.

　　　나. 순이는 그때 창밖을 보고 있었다.

　　　다. (지금) 달이 하늘에 걸려 있다.

　　　라. (그때) 달이 하늘에 걸려 있었다.

　(1가)와 (1나)의 차이는 '었'의 유무(有無)이다. '었'이 없는 (1가)는 현재사건이고 '었'이 있는 (1나)는 과거사건이다. 따라서 '었'은 과거를 표시하는 형태소일 것이다. (1)의 두 사건은 현재 즉 말하고 있는 시점을 기준시점으로 하고 있다. (1가)는 그 기준시점과 동시적으로 일어나는 사건을, (1나)는 그 기준시점에 앞서서 일어난 사건을 나타낸다. 그 기준시점에 대하여 (1가)는 현재이고 (1나)는 과거이다. 그러나 (1가)와 (1나)는 그 시제에 관계없이 모두 사건의 진행 국면 곧 진행상을 보이는 사건들이다. 시제는 기준시점에 의해서 성립되는 문법범주이지만 상은 기준시점과는 관계가 없는 문법범주인 것이다.

　한편 (1다)는 현재에서의 완료국면에 있는 사건을, (1라)는 과거에서의 완료국면에 있었던 사건을 나타낸다. (1다)와 (1라)의 차이점은 현재와 과거의 차이이고 '었'이 없느냐 있느냐의 차이이다. 한편 '었'의 유무에 따른 차이점을 빼고 나면, 진행상의 국면을 보이는 (1가, 나)와 완료상의 국면을 보이는 (1다, 라)의 차이점은 '고 있'과 '어 있'의 차이이고, 다시 이 차이는 어미 '고'와 '어'의 차이로 귀결된다.

0.2. 時制體系

　우리는 보통 시간의 흐름을 과거, 현재, 미래로 삼분(三分)하여 인식한다. 그래서 지난 일이면 과거, 지금 일어나는 일이면 현재, 앞으로 일어날 일이면 미래라고 한다. 그러나 그러한 시간에 대한 우리의 인식은 언어체계에 그대로 반영되어 나타나지 않는다. 현대국어의 경우, 미래시제를 표시하는 요소는 따로 존재하지 않는다. 미래와 현재는 구별되기는 하지만 체계상으로는 동일한 방식으로 표시된다고 할 수 있다. 시간을 나타내는 요소가 문장에 없으면 미래와 현재는 구별되지 않는다. (2)에서,

(2) 가. 내일은 눈이 내리겠지.

나. 지금은 눈이 내리겠지.

(3) 가. 서울에는 눈이 내리겠지.

나. 서울에는 눈이 내렸겠지.

'내일은', '지금은'과 같은 시간을 알리는 요소가 나타나지 않으면 (2가)와 (2나)가 현재의 사건인지 미래의 사건인지 알 수 없을 것이다. 현재나 미래와는 달리 과거는 '었'에 의해서 표시된다. (3가)는 현재사건으로 해석될 수도 있고 미래사건으로 해석될 수도 있지만, (3나)는 '었'이 쓰임으로 해서 과거사건으로만 해석될 수 있다. 이렇게 보면 현대국어의 시제체계는 '었'의 유무에 따른 과거와 비과거(非過去)의 대립으로 인하여 이분적(二分的)인 체계를 보인다고 할 수 있다.

한편 '겠'을 미래시제를 표시하는 요소로 해석하는 경우도 있다. 그러나 '겠'은 판단이나 추측을 표시하는 요소로 보는 것이 합당할 것이다. '겠' 자체는 사건의 시제 표시 기능과는 관련이 없다. 사건의 시제에 관계없이 판단이나 추측을 나타낸다. 사건이 현재이면 현재사건에 대한 판단을, 과거이면 과거사건에 대한 판단을, 미래이면 미래사건에 대한 판단을 나타낸다. 위 (2가)는 미래에 대한 화자의 판단을, (2나)는 현

재에 대한 화자의 판단을, (3가)는 현재나 미래에 대한 화자의 판단을, (3나)는 과거에 대한 화자의 판단을 나타낸다. 만일 '겠'이 미래를 표시하는 것이라면, (2가)의 시제는 미래시제라고 할 수 있겠지만 (2나)의 시제는 현재이면서 미래, (3나)의 시제는 과거이면서 미래라고 해야 할 것이다. 이런 점에서 '겠'이 미래시제를 표시하는 요소라고 보는 것은 불합리한 해석이라고 생각한다.

0.3. 時相體系의 변화

국어 시상체계의 역사는 '었' 형성의 역사라고도 할 수 있을 것 같다. 앞서 말했듯이 현대국어의 시제체계는 과거:비과거의 이항대립적(二項對立的) 체계이다. 이 체계에서 대립의 성립은 오로지 '었'에 의한 것이다. 왜냐하면 과거:비과거의 대립이 '었'의 유무에 의한 것이기 때문이다. 그래서 결국 시상체계의 역사를 이해하는 일은 곧 '었'의 역사적 형성 과정을 이해하는 일이라고 하여도 과언이 아니다.

잘 알려진 바와 같이, '었'은 중세국어의 부동사형 어미 '어'와 존재사 어간 '잇'의 연결인 '어 잇'이 축약 또는 응축되는 과정을 거쳐 현대에 와서 하나의 형태소로 새롭게 나타난 것이다. '었'이 과거시제 표시의 기능을 지닌 요소로 자리를 잡게 됨에 따라 그 영향으로 여타의 시상 표지들도 변화를 겪을 수밖에 없었을 것이다.

중세국어는 시제와 상이 미분화된 시상체계를 지니고 있었다고 생각되는데 이 체계는 시제보다는 상이나 서법 쪽에 더 가까운 체계라고 할 수 있다. 일반적으로 중세국어 시상의 선어말어미에는 'ᄂ', '어'와 '거' 및 '더', '리' 등이 있었던 것으로 기술되고 있다. 'ᄂ'는 현재-지속(또는 계속)이나 현재-현실법, '어'와 '거'는 과거-완료, '더'는 과거-미완 또는 회상법, '리'는 미래-추측법을 표시하는 요소로 다루어졌다.

　　(4) 가. 하늘히며 사름 사는 싸홀 다 뫼호아 世界라 ᄒᆞᄂᆞ니라(月釋 一, 6)

　　　　　나. 곳 됴코 여름 하ᄂᆞ니(龍歌, 2)

　　(5) 가. 善慧 듣줍고 깃거 ᄒᆞ더시다(月釋 一, 18)

　　　　　나. 環刀ㅣ며 막다히롤 두르고 이셔도 두립더니(月釋 七, 5)

　　(6) 가. 어미도 몯 보아 시르미 더욱 깁거다 ᄒᆞ야ᄂᆞᆯ(月釋 八, 101)

　　　　　나. 靑蓮花ㅣ 一千이 냇거늘(月釋 一, 40)

　　(7) 가. 나라히 威神을 일허다 ᄒᆞ고(月釋 十, 9)

　　　　　나. 소리롤 내야 닐오ᄃᆡ 셜볼셔 世界 뷔어다 ᄒᆞ더라(釋詳 二十三, 20)

　　(8) 가. 부텻긔 받ᄌᆞᄫᆞ리라(月釋 一, 10)

　　　　　나. 天人濟渡호ᄆᆞᆯ 당다이 나 ᄀᆞᆮᄒᆞ리라(月釋 一, 16)

　　그런데 'ᄂᆞ'는 현재-지속이나 현재-현실법을 표시한다고 하기보다는 어떤 진술이 설명임을 표시하는 기능을 지닌 것으로 생각되는 경우가 많다.

　　(9) 가. [菩薩ᄋᆞᆫ 菩提薩埵롤 조려 니르니 菩提ᄂᆞᆫ 부텻 道理오 薩埵ᄂᆞᆫ 衆生을 일울씨니] 부텻 道理로 衆生濟渡ᄒᆞ시ᄂᆞᆫ 사ᄅᆞ믈 菩薩이시다 ᄒᆞᄂᆞ니라 (月釋 一, 5)

　　　　　나. [甘蔗ᄂᆞᆫ 프리니 시믄 두어 힛 자히 나ᄃᆡ 대 ᄀᆞᆮ고 기리 열자 남즉ᄒᆞ니] 그 汁으로 沙糖을 밍ᄀᆞᄂᆞ니라(月釋 一, 6)

　　(9)의 두 예를 살펴 보면 [ ] 속과 밖의 진술이 서로 다른 성격을 지닌 것으로 생각된다. (9가)와 (9나)의 [ ] 속 내용은 각각 菩薩과 甘蔗에 대

한 사실적인 서술인데 비해 (9가)와 (9나)의 [ ] 밖 내용은 [ ] 속 내용에 덧붙여지는 설명적인 서술이다. [ ] 속의 내용은 사실을 그대로 독자에게 전달하는 것이고 [ ] 밖의 내용은 [ ] 안의 사실을 토대로 한 화자의 설명을 전달하는 것이다. 이때 사실을 전달하는 [ ] 안에는 'ᄂ'가 나타나지 않으며 화자의 설명을 전달하는 [ ] 밖에는 'ᄂ'가 나타난다.

이 'ᄂ'는 현대로 오면서 '느'로 변하는데, 현대국어의 '느'에 이르면 시제나 상 표지로서의 독자적인 기능은 거의 잃게 되는 것 같다.

    (10) 가. 지금은 어디로 가(느)냐?
        나. 내일은 어디로 가(느)냐?
        다. 어제는 어디로 갔(느)냐?

(10)의 '느'는 나타나지 않아도 좋을 요소이다. (10가)는 현재 사건을, (10나)는 미래 사건을, (10다)는 과거 사건을 표현하는데 모든 경우에 '느'가 쓰일 수 있다. 이것은 현대국어의 '느'가 특정한 시제를 표시하는 요소가 아니라는 것을 말해 줄 뿐만 아니라 특정한 상을 표시하는 요소도 아니라는 것을 말해 준다. '느'가 시제 표시의 기능을 잃는 것은 '었'의 형성으로 인한 것이다. '었'의 형성으로 인하여 국어의 시제체계가 '었'의 있고 없음(有無)에 의한 과거:비과거의 이항적 대립으로 변화하면서 '느'의 시제적 기능이 약화(또는 소멸)된 것이다.

'었'의 형성은 '느'보다는 '어'나 '거' 그리고 '더'의 기능 변화에 더욱 큰 영향을 주었다고 생각한다. 우선 이 형태소들은 모두 과거 표시와 관련된 것들이기 때문에 새로운 과거 표시 형태소 '었'의 형성은 필연적으로 '어', '거', '더'의 변화를 초래할 수 밖에 없었던 것이다. 먼저 중세국어의 대표적인 과거 표시 선어말어미 '어'는 소멸하고 말았다. 그리고 '거'는 뒤에 오는 어미 또는 조사와 결합하여 가상 조건을 나타내는 '거든', 상황 조건을 나타내는 '거니와'와 '건만', 양보를 나타내는 '거나' 등과 같은 접속 형식의 일부로 남아 명맥을 유지하고 있다.

(11) 가. 집에 <u>가거든</u> 안부 전해라.

　　　나. 줄달음 쳐 <u>왔건만</u> 만나지 못했다.

　　　다. 낯설기도 <u>하거니와</u> 무엇보다도 외로운 것이 문제다.

　　　라. 무엇을 <u>하거나</u> 정직이 제일이다.

　　　마. 아직도 <u>울고 있거든</u> 네가 좀 달래 주어라.

(11)에서 '거든', '건만', '거니와', '거나'의 '거'는 과거 표시나 완료 표시의 기능과는 전혀 관련이 없다. (11)에서 시제를 표시하는 형식은 오로지 (11나)의 '었'이다. (11가, 다, 라, 마)는 비과거(현재 또는 미래)의 사건들을 표현하고 있으며 '었'이 나타나 있지 않다.

'더'는 '어'나 '거'와는 달리 변화를 거의 입지 않은 형태소라고 생각된다. 앞서 말했듯이 중세국어에서 '더'는 과거-미완이나 회상법 표시의 기능을 지녔던 것인데, 현대국어에 와서는 '었'이 과거시제를 나타내게 됨에 따라 '더'는 과거 표시의 기능을 더 이상 담당하지 않게 되었다. 그리고 사실은 중세국어의 'ᄂ'가 지녔던 '지속'의 의미나 '더'가 지녔던 '미완'의 의미는 비과거시제에 묻어서 나타난 의미이지 'ᄂ'나 '더'가 지닌 기본적인 기능은 아닌 것이다.

중세국어에서나 현대국어에서나 '더'가 지닌 기본적인 기능은 상대시제(相對時制)의 기준시점을 제시하는 기능이다. '더'의 회상법 표시 기능은 상대시제의 기준시점이 과거(즉 말하는 시점보다 앞선 과거)일 경우에 나타난다. 다시 말하자면 과거 어느 시점을 기준시점으로 삼아 그 시점과 동시적(현재적)이거나 전시적(과거적)이거나 후시적(미래적)인 사건을 현재에 와서 돌이켜(회상하여) 진술하는 서법을 회상법이라고 할 수 있는데 이와 같은 '더'의 회상법 표시 기능은 '더'가 지시하는 기준시점이 과거일 경우에만 나타난다는 말이다. 그래서 '더'가 회상법 표시 기능을 지닌다고 말하는 것은 '더'의 기본적인 기능을 말하는 것이 아니라 상대시제의 기준시점을 제시하는 '더'의 기능 중 일부만을 떼어내서 말하는 것이다.

(12) 가. 나라해 빌머그라 오시니 다 몰라 <u>보ᅀᆞᆸ더니</u>(月釋 一, 5)

나. 功德이 이러 당다이 부톄 <u>두외리러라</u>(釋詳 九, 24)

(12가)의 '몰라 <u>보ᅀᆞᆸ더니</u>'는 과거 어느 시점이 상대시제의 기준시점이 되어 그 시점과 동시에 일어난 일을 나타낸다. (12나)의 '리러'는 '리'와 '더'의 결합인데, '더'는 '리' 뒤에서 '러'로 나타난다. (12나)의 '부톄 <u>두외리러라</u>'는 과거 어느 시점을 상대시제의 기준시점으로 하여 그 시점 이후에 일어날 일을 나타낸다. '더'에 의해 제시되는 기준시점을 기준으로 삼았을 때 (12가)는 현재 사건이고, (12나)는 미래 사건이다. 그런데 중세국어에는 '리러'는 보이지만 과거표시의 '어'와 '더'가 결합된 '어더'나 '어러'와 같은 형식은 보이지 않는 것 같다. 상대시제의 기준시점을 제시하는 '더'의 기능은 현대국어에 와서 뚜렷이 나타난다. (13)은 현대국어에 '더'가 쓰인 예인데,

(13) 가. 아기는 <u>자고 있더라</u>.

나. 순이가 <u>다쳤더라</u>.

다. 그는 내일쯤 <u>도착하겠더라</u>.

라. 그 친구 열 병은 <u>마셨겠더라</u>.

(14) 가. 내일 파티에서 영이와 <u>마주치더라도</u> 싫은 내색은 하지 말아라.

나. 내일 파티에 영이가 <u>왔더라도</u> 아는 체 하지 말아라.

(13가, 다)는 비과거 형식으로 (13나, 라)는 과거 형식으로 표현되어 있다. (13가)는 화자가 아기의 상태를 본 시점(절대시제로는 과거시점)이 상대시제의 기준시점이 되어 그와 동시에 일어나고 있었던 아기의 동작을 말하고 있는 것이다. (13다)는 화자의 판단이 이루어진 시점(절대시제로는 과거시점) 그 이후(내일)에 그가 도착하겠다는 것을 말하고 있다. (13가, 다)는 모두 '더'가 제시하는 과거의 어떤 시점을 기준시점으로 하여 그와 동시에(즉 현재에) 일어나고 있거나 또는 그 이후에(즉 미래에) 일어날 일을 말한다. 반면 (13나, 라)는 과거 어떤 시점 즉 화자가 그나 그 친구의 상태를 본 과거시점을 기준시점으로 하여 그 이전에 (즉 과거에) 일어난 사건을 말하고 있다. (13나, 라)는 화자가 말하는 시점(절대시제의 기준시점)을 기준으로 하는 과거가 아니라 '더'가 제시하는 시점(상대시제의 기준시점)을 기준으로 하는 과거이다.

그리고 (14)는 미래의 어떤 시점이 기준시점이 되는 경우인데 (14가)는 그 시점과 동시에 일어날 일을(따라서 상대시제로 현재), (14나)는 그 시점 이전에 일어난 일을 (따라서 상대시제로 과거) 말하고 있다. (14가)는 상대시제의 현재사건을 (14나)는 상대시제의 과거사건을 말하는 것으로 전자는 비과거형으로 후자는 과거형으로 나타난다.

0.4. '었'의 형성

앞에서 국어 시상체계의 변화는 '었' 형성의 역사라고 하였다. 과거 표시의 새로운 형태소 '었'의 형성은 현대국어에 와서 과거:비과거의 이항대립적인 시제체계를 이루게 한 가장 핵심적인 요인으로 작용하였다.

'었'은 '어 잇'의 응축형이 발달하여 형성된 것이다. '어 잇'은 단축형 '엣'으로, 이것이 다시 '엇'으로 응축하여 현대국어의 '었'을 형성하였다. 중세국어에는 '어 잇'과 단축형 '엣'의 예가 풍부하게 나타난다. 그러나 단축형 '엣'은 아직 과거 표시 형태소로서의 독립된 기능을 하지 못했고 다만 단축형의 수준에 머물렀다. '어 잇'의 의미는 '…한 상태로 있…'의 의미라고 할 수 있는데 의미상으로 보면 시제적 의미를 가진 것이 아니라 완료상의 상적 의미를 가진 것이었다.

(15) 가. 菩薩이 城 밧 甘蔗園에 精舍 밍ᄀᆞ오 ᄒᆞ오ᅀᅡ <u>안자 잇더시니</u>(月釋 一, 6)

나. 龍宮엣 王女ᄃᆞᆯ히 虛空에 반만 몸 <u>내야 이시며</u>(月釋 二, 31)

다. 셜흔 다ᄉᆞᆺ차힌 숤가라개 文이 莊嚴ᄒᆞ야 <u>겨시며</u>(月釋 二, 57)

앞서 말했듯이 중세국어에서 과거-완료는 선어말어미 '어'나 '거'에 의해 표시되었다. 그러나 이 형태들은 곧 기능을 잃고 소멸의 길을 걷게 되었다. 과거-완료를 표시하던 이 두 형태는 과거 표시의 기능을 점차 단축형 '엣'에 물려주게 되었던 것이다. 그런 한편으로는 '어 잇'이 그대로 살아 남아 완료의 동작상을 표시하는 형식으로 자리를 잡게 됨으로써, 단축형 '엣'의 응축형인 '었'이 과거시제의 형태소로 발달하고 '어 있'은 완료의 동작상을 표시하는 형식으로 발달한 것이다. 결국 선어말어미 '어'나 '거'가 지니고 있었던 과거-완료의 기능을 현대에 와서 과거는 '었'이, 완료의 동작상은 '어 있'이 분할하게 된 것이다.

(16) 가. 힌 죠히 우희 거믄 字를 셋ᄂ니(白紙上邊에 書黑字ᄒ니)(金三 三, 59)

　　　나. 紋 업슨 印字ㅣ 錦 우희 폣도다(無文印字ㅣ 錦上애 舒ᄒ도다)

　　　　(金三 三, 59)

　　　다. 조개 빅예 믈ᄀᆫ 구스리 수머 시며 돌ㅅ가온ᄃᆡ 파란 玉이 갈맷도다

　　　　(蜂腹애 隱明珠ᄒ며 石中에 藏碧玉이로다)(金三 二, 56)

　　(16)에서 '셋ᄂ니'(써 있으니), '폣도다'(펴 있도다), '갈맷도다'(간직되어 있도다, 감추어져 있도다)의 '어 잇' 단축형 '엣', '앳'은 완료상의 의미를 나타내는데 이 의미는 '어 잇'이 지닌 의미와 동일한 것이다. 즉 '엣', '앳'과 (16다)의 '수머 시며(숨어 있으며)'의 '어 잇(시)'는 같은 완료상의 의미를 나타낸다. 그러나 단축형 '엣'이 응축하여 과거표시 형태소 '엇'을 형성하는 한편으로는 '어 잇'이 그대로 '어 있'으로 살아 남아 현대에 와서 완료상을 표시하는 형식이 된 것이다. 현대국어의 예를 보면 (17)에서,

　　(17) 가. 얼음이 녹아 있다.

　　　　나. 얼음이 녹아 있었다.

　　　　다. 얼음이 녹고 있었다.

　　(17가)는 현재 완료를, (17나)는 과거 완료를, (17다)는 과거 진행을 나타낸다. 완료를 표시하는 것은 '어(아) 있'이고, 진행 또는 미완료를 표시하는 것은 '고 있'이다. 현재는 '엇'이 없는 비과거형으로 과거는 '엇'에 의한 과거형으로 나타난다.

　　'엇'의 형성 과정을 간략히 보이면 다음과 같을 것이다.

(18)

'어 잇' ┬ 단축형 '엣' → 응축형 '엇' → 현대형 '었' : 과거시제 표시
        └──────────────────────→ 현대형 '어 있' : 완료상 표시

완료를 표시하던 '어 있'이 '엇'으로 응축되면서 과거시제를 표시하는
'었'이 형성된 것이다. 한편으로는 '어 잇'이 그대로 '어 있'으로 남아 완
료의 동작상을 표시한다.

'어 잇'에 비해 진행 또는 미완료의 '고 잇'의 예는 중세국어 문헌에
훨씬 적게 나타난다.

(19)   가. 環刀ㅣ며 막다히를 <u>두르고 이셔도</u> 두립더니(月釋 七, 5)

      나. 沙門이 됴흔 음담 먹고 됴흔 平床 우희 옷도 ᄆᆞ숨난 조초 ᄀᆞ라 닙고
          됴흔 香 퓌우고 잇거니 貪慾이 언제 업스료 ᄒᆞ더니(釋詳 二四, 26)

      다. 王이 親히 가 무로ᄃᆡ 네 내 옷 입고 내 宮殿에 드러 풍류바지 ᄃᆞ리
          고 됴흔 차반 먹고 이쇼ᄃᆡ(釋詳 二四, 28)

      라. 釋迦菩薩이 샐리 成佛케 호리라 ᄒᆞ샤 雪山寶窟애 드르샤 火禪定에
          드르샤 큰 光明 펴고 겨시거늘(月釋 一, 52)

'고 잇'의 예는 한문 원문(原文)이 제시되어 있지 않은 경우에 많이
나타난다. 한문 원문이 제시되어 있는 대역문(對譯文)에는 거의 대부분
'어 잇'이 나타난다. 대역문 즉 언해문의 '어 잇'은, 원문의 'V 有(在) N'구
성과 대체로 일치하여 나타난다. 동사(V) 뒤에 존재를 나타내는 '有'나
'在'가 오고 다시 그 뒤에 처소를 표시하는 명사(N)가 오는 경우인데 이
구성은 'N에 V어 잇…'으로 언해된다.

(20) 가. 시혹 그러티 몯하면 <u>中途에 걸여 이셔</u>(其惑 未然하면 <u>滯在中途하야</u>
  셔)(金三 宗序, 2)

　　나. 하다가 한갓 지븨 안자 이시면…한갓 긼 가온딕 녀 이시면(若一向坐
  在家舍 ᄒ면…一向行在途中ᄒ면)(金三 一, 26)

　　다. 名句文身엣 差別ᄒᆫ 言詞ㅣ 方策애 펴 이셔 西乾에 넘삐고(名句文身
  差別 言詞ㅣ 布在方策ᄒ야 溢于西乾ᄒ고)(金三 三, 7)

　　라. 니르샨 밧 諸法이 ᄒᆫ 字ㅣ 어루 뻐 눈 알픠 거러 이시리 업스며(所說
  諸法이 無一字ㅣ 可以掛在目前이며)(金三 五, 24)

(20)의 예들은 'N에 V어 잇…' 구성이 쓰인 경우를 보인 것이다. 이때
'어 잇'은 문장 주어의 동작이 완료된 상태를 표현한다. 현대국어의 '어
잇'은 타동사나 형용사에는 연결되지 않으나 중세국어의 '어 잇'은 동
사의 성질에 관계없이 모두 연결될 수 있었다. (20가)의 '걸이-', (20나)
의 '앉-', '녀-'는 자동사이고 (20다)의 '펴-', (20라)의 '걸-'은 타동사이다.
　한편 원문이 'V 有(在) N' 구성으로 나타나지 않으면 단축형 '엣'이 나
타나는 것을 볼 수 있다. (21)에서,

(21) 가. 안해 한 微妙를 머겟고(內含象妙ᄒ고)(金三 涵序, 2)

　　나. 紋 업슨 印字ㅣ 錦 우희 폣도다(無文印字ㅣ 錦上애 舒ᄒ도다)
  (金三 三, 59)

　　다. 經 듣고 信受티 아니호ᄆᆞ면 됴ᄒᆞᆫ 藥이 알픠 나탯거늘 머골뚤 아디 몯ᄒᆞ
  미오(聞經不信受ᄂᆞᆫ 民藥이 現前이어늘 不知服이오)(金三 三, 61)

　　라. 아홉 類ㅣ ᄒᆫ 法界예 한딕 사로미 紫羅帳 소배 眞珠를 흐텟도다(九類
  ㅣ 同居一法界호미 紫羅帳裏예 撒眞珠ㅣ로다)(金三 二, 59)

단축형 '엣'이 쓰인 '머겟-', '폣-', '나탯-', '흐텟-'은 각각 한문 원문의 '含', '舒', '現', '撤'에 대응하고 있음을 볼 수 있다. 한문 원문에 '有'나 '在'는 나타나지 않는다. 앞서 본 '어 잇'의 예들과 단축형이 쓰인 이 예들을 아울러 보면, 중세국어의 '어 잇'이 완료를 나타내는 데 쓰인 한편으로는 단축형을 형성하여 점차 과거를 표시하는 형식으로 발달해 가고 있음을 알 수 있다.

중세국어의 '어 잇'이 동사의 성질에 관계없이 연결될 수 있었다는 점은 단축형 '엣'의 단계를 거쳐 과거를 표시하는 응축형 '엇'의 출현을 촉진하게 하는 데 큰 도움이 되었다. 모든 문장은 시제를 지닌다. 그리고 시제범주는 문장의 필수적 범주이다. 시제는 동사의 성격에 따라 어떤 동사에는 나타나고 어떤 동사에는 나타나지 않는 수의적인 범주가 아니다. 중세국어의 '어 잇'의 분포가 크게 제약된 상태였다면, 응축형 '엇'이 필수적 범주인 시제 표시의 형식 '었'으로 발달하기는 어려웠을 것이다.

0.5. 時相體系의 分化

요점부터 말하자면, 국어는 시상범주의 복합적인 범주체계에서 시제체계와 상체계로의 분화를 경험했다고 할 수 있을 것이다. 중세에는 상쪽에 보다 가까운 시상의 복합적 체계를 지녔던 것인데 그러던 것이 현대에 와서는 '어 (있)' : '고 (있)'(완료상:진행상)의 상체계와 'Φ : 었'(비과거:과거)의 시제체계로 분화된 것이다.

이 체계적 분화는, 앞서 말한 바 있지만, '었'의 형성이 가능하지 않았다면 이루어질 수 없었다. 과거형 '었'의 형성은 중세국어의 '어'와 '거'가 지녔던 과거 표시의 기능을 빼앗아 버렸다. 그 뿐만 아니라 선어말어미 '어'는 소멸하기에 이르고 '거'는 그 뒤에 연결되는 어미와 결합하여 문장 접속 형식의 일부로 남게 되었다. '었'이 과거시제를 표시하게 됨으로써 '더' 역시 과거 표시의 기능을 더 이상은 수행하지 않게 되었으며 상대시제의 기준시점을 제시하는 기능을 지닌 형식으로 남게 되었다. '리' 역시 더 이상 미래를 표시하는 시제적 기능을 잃고 판단을 나타내는 요소로 쓰이게 되었다. 제각기 시제와 상(또는 서법)의 복합적 기능을 지니고 있던 형식들이 'Φ : 었'의 새로운 시제체계를 중심으로 재편된 것이다.

〈보충논의〉

이상으로 '었'의 형성을 중심으로 국어 시상체계의 변화를 살펴 보았다. 그러나 이것은 지금까지 이루어진 국어의 시상체계에 대한 논의의 일부를 제시한 것이라고 해야할 것이다. 경우에 따라서는 여기서 설명한 것과는 전혀 다른 시각에서 시상체계의 변화를 다룬 논의도 있을 수 있다. 시제와 상의 개념 정의에서부터 그와 관련된 형식들의 기능과 의미 파악, 시상체계의 변화 과정 기술에 이르기까지 많은 다양한 논의들이 있어 왔다. 그 세세한 논의들을 여기서 모두 제시할 수는 없을 것 같다. 우선 시상체계에 대한 그 동안의 논의는 고영근(1990)과 이남순(1990)을 참고하고 다음에 제시하는 참고문헌을 통해 더 깊은 연구가 이루어지기를 바란다.

참고문헌

고영근(1965), 「현대국어의 서법체계에 대한 연구」, 『국어연구』 15.

_____(1980), 「국어 진행상 형태의 처소론적 해석」, 『어학연구』 16-1.

_____(1981), 『중세국어의 시상과 서법에 대한 연구』, 탑출판사.

_____(1983), 『국어문법의 연구』, 탑출판사.

_____(1986a), 「국어의 시제와 동작상」, 『국어생활』 1986년 가을호.

_____(1986b), 「서법과 양태의 상관관계」, 『국어학신연구』, 탑출판사.

_____(1990), 「시제」, 『국어연구 어디까지 왔나』, 서울대학교 대학원 국어
　　　　연구회.

김규철(1988), 「모습의 '겠'과 바탕의 'ㄹ 것」, 『관악어문연구』 13.

김성화(1989), 「현대국어의 상 연구」, 경북대 박사학위논문.

김영희(1981), 「회상문의 인칭제약과 책임성」, 『국어학』 10.

김차균(1980), 「국어 시제 형태소의 의미」, 『한글』 169(김차균 1990).

_____(1982), 「'있다'의 의미연구」, 『언어학』 5, 한국언어학회(김차균 1990).

_____(1985), 「{았}과 {었}의 의미와 상」, 『한글』 188(김차균 1990).

_____(1990), 『우리말 시제와 상의 연구』, 태학사.

남기심(1972), 「현대국어의 시제에 관한 연구」, 『국어국문학』 55-57(남기심
　　　　1978).

_____(1976), 「국어의 시제」, 『언어』 1-2(남기심 1978).

_____(1978), 『국어의 시제문제에 관한 연구』, 탑출판사.

서정수(1976), 「국어시상형태의 의미분석 연구」, 『문법연구』 3.

_____(1977), 「'더'는 회상의 기능을 지니는가」, 『언어』 2-1.

_____(1978), 「'ㄹ 것'에 관하여」, 『국어학』 6.

성기철(1974), 「경험의 형태 {-었-}에 대하여」, 『문법연구』 1.

손호민(1975), 'Retrospection in Korean', 『어학연구』 11-1.

안병희 · 이광호(1990), 『중세국어문법론』, 학연사.

이광호(1979), 「중세국어 시제어미에 대하여」, 『조선전기의 언어와 문학』, 형설출판사.

이기갑(1981), 「씨끝 '아'와 '고'의 역사적 교체」, 『어학연구』 17-2.

이기문(1974), 『개정 국어사 개설』(3판), 민중서관.

이기용(1978), 「언어와 추정」, 『국어학』 6.

이남순(1981a), 「현대국어의 시제와 상에 대한 연구」, 『국어연구』 46.

_____(1981b), 「겠'과 'ㄹ 것」, 『관악어문연구』 6.

_____(1983), 「선어말어미 'ㄴ'의 서법적 기능에 대하여」, 『덕성어문학』 1.

_____(1986), 「'에', '에서'와 '-아 있(다)', '-고 있(다)'」, 『국어학』 16.

_____(1990), 「상」, 『국어연구 어디까지 왔나』, 서울대학교 대학원 국어연구회.

_____(1991), 「상의 개념과 형식들」, 『국어학의 새로운 인식과 전개』(김완진선생 회갑기념논총), 민음사.

_____(1994a), 「한국어의 상」, 『동서문화연구』 2(홍익대학교).

_____(1994b), 「었었'고」, 『진단학보』 78.

_____(1995a), 「겠'과 'ㄹ 것'의 판단론」, 『대동문화연구』 30집(성균관대학교).

이남순(1995b), 「국어의 syntagm과 paradigm을 위하여-시제, 상, 서법의 범주를 중심으로」, 『국어학』 25.

이숭녕(1981), 『중세국어문법』, 을유문화사.

이승욱(1973), 『국어문법체계의 사적 연구』, 일조각.

이익섭(1978), 「상대시제에 대하여」, 『관악어문연구』 3.

이익섭 · 임홍빈(1983), 『국어문법론』, 학연사.

이종철(1964), 「현대국어의 시제와 상의 연구」, 『국어연구』 12.

_____(1969), 「바로 때매김(직접시제)의 이제이음(현재 계속)에 대한 Aktionsart 적 해석」, 『국어국문학』 42-43.

이지양(1982), 「현대국어의 시상형태에 관한 연구」, 『국어연구』 51.

임홍빈(1975), 「부정법의 {어}와 상태진술의 {고}」, 『논문집』 8(국민대학교).

_____(1982), 「선어말어미 {-더-}와 단절의 양상」, 『관악어문연구』 7.

_____(1993), 「다시 {-더-}를 찾아서」, 『국어학』 23.

장경희(1985), 『현대국어의 양태 범주 연구』, 탑출판사.

장석진(1973), 「시상의 양상: '계속', '완료'의 생성적 고찰」, 『어학연구』 9-2.

최현배(1977), 『우리말본(여섯번째 펴냄)』, 정음사.

한동완(1984), 「현대국어 시제의 체계적 연구」, 서강대 석사학위논문.

한현종(1990), 「현대국어의 시제체계의 수립 조건과 그 제약조건」, 『국어연구』 99.

허 웅(1978), 『우리 옛말본』, 샘문화사.

Hockett, C. F.(1958), A Course in Modern Linguitics, New York: Macmillan.

Huddleston, R. D.(1969), Some Objections on Tense and Deixis in English, Language 45.

Jespersen, O.(1924), The Philosophy of Grammar, London: George Allen.

'-오-'의 변화

鄭在永*

1.

    '-오-'에 대한 기존의 논의는 대체로 두 가지 방향으로 정리해 볼 수 있다. 하나는 형태·통사적인 면에 중점을 두어 '-오-'의 출현 여부를 통사구조의 차이로 설명한 것으로 허웅의 설명이 대표적이다. 즉 인칭법과 대상법으로 설명하는 것이 그것이다. 다른 하나는 의미론적인 기능에 중점을 둔 설명으로 '-오-'를 화자의 심리적인 태도와 관련하여 서법 형태소로 파악하는 것이다. '-오-'를 서법 형태소로 파악한 것은 이숭녕의 설명이 대표적이다. 이 글에서는 신라나 고려 시대부터 '-오-'가 소멸하는 근대국어까지를 중점적인 대상으로 하여 '-오-'의 역사적인 변화를 살펴보려고 한다. 이런 작업을 통하여 어느 한 일정한 시기에 사용된 '-오-'만을 대상으로 하여 연구하였을 때 간과하기 쉬운 사실들에 대해서도 주목하고자 한다.

---

* 한국기술교육대학교

'-오-'의[1] 변화를 다루면서 먼저 생각해야 할 점은 '-오-'의 대상을 어느 것까지로 할 것이냐 하는 것이다. '-오-'에 대한 연구는 그 동안 後期中世國語 주로 15세기 국어 자료를 중심으로 활발하게 이루어졌고, 최근에 와서는 '-오-'에 대한 연구 범위도 확대되고 있다.[2] 실제로 15세기 국어에서 '-오-'는 다양하게 나타나고 그 분포에 따라 형태·통사적인 기능도 다르다. '오'계 어미류[3] 모두를 다룰 때는 이런 점에서 주의를 요한다. 문장 종결어미 중 평서법과 의문법 그리고 일부의 접속어미 '-니' 등과 통합하는 선어말어미 '-오-'는 통사적으로 화자와 관련된 일치소로 기능한다.[4] '-오-'가 관형사형어미와 통합하는 경우는 허웅(1973, 1975) 이후 이른바 '대상법'으로 설명해 오고 있다. 그런데 관형 구성에 나타나는 '-오-' 중에는 대상법으로 설명할 수 없는 용례도 존재한다. 명사구 보문 구성에 나타나는 '-오-'는 대상법과는 다른 양상을 보인다. 이 외에

---

1 선어말어미 '-오-'의 기본형은 '-오-'로 정하는 것이 바람직하다. '-오-'를 기본형으로 설정해야 할 이유는 다음과 같다. 첫째, 향가나 이두, 고려시대 구결자료에서 '-오-'가 항상 '오'로 읽히는 자형으로만 나타난다는 점이다. 둘째, '-오-'가 가장 생산적으로 쓰이는 15세기 국어에서 '-오-'가 '-우-'에 비해 많이 나타날 뿐만 아니라, 모음조화 현상으로 '-우-'를 설명할 수 있기 때문이다. 현대국어의 의고적인 문어체에서도 '-노라', '-노라니', '-노라면', '내로라' 등에 '-오-'가 화석형으로 남아 있다는 점도 주목할 필요가 있다.

2 최근에 백두현(1996, 1997)에서는 고려시대 석독구결에 나타나는 '-오-'를 다룬 바 있다. 그리고 전정례(1995)는 명사구 구성과 관형 구성에 나타나는 '-오-'를 대상으로 하여 '-오-'를 NP를 구성하는 표지로 설명한 바 있다. 김완진(1995)에서는 老乞大 언해 자료들을 중심으로 '-오-'의 소멸을 구체적으로 다루고 있다.

3 '-오-'계 어미류란 이들 각각이 통사 기능상의 차이는 있지만 형태·음운론적인 특징이 공통된다는 점에서 붙인 이름이다. 고영근(1981, 1989: 15-24)에서는 일정한 의미 기능은 줄 수 없어도 음운론적 顯現 양상이 같으면 독립된 형태소의 자격이 있다고 하여, 음운부의 층위에서도 형태소 설정이 가능하다는 점이 이미 지적된 바 있다.

4 15세기 자료에는 이 경우 선어말어미 '-오-'가 주로 일인칭 주어와 호응하는 것이 많아 이것을 일인칭 또는 인칭어미로 많이 이야기 해 온 것이다. 그러나 화자와 관련된 주어가 일인칭이 아닌 경우도 있기 때문에 본고에서는 이 경우에 사용된 선어말어미 '-오-'를 인칭어미보다는 화자 일치소로 부르고자 한다. 화자 일치소로 기능하는 선어말어미 '-오-'는 존경법의 '-시-'와는 통합할 수 없다.

도 음운론적인 顯現 현상이 선어말어미 '-오-'와 유사한 문법형태들이 존재하는 바, 명사형어미 '-옴'이나, 접속어미 중 '-오딕'나 '-올뗸', '-오려' 등이 그것이다. 명사형어미 '-옴'이나, 접속어미 중 '-오딕', '-올뗸', '-오려' 등은 後期中世國語에서는 공시적으로 더 이상 분석할 수 없는 어미들이다. 그런데 고대국어나 고려시대 국어를 고려해 본다면 다른 생각을 할 수 있다. 역사적으로 보면 '-오딕', '-올뗸', '-온딘', '-오려' 등은 기원적으로 선어말어미 '-오-'와 결합한 통사적인 구성체가 문법형태화한 것이기 때문이다. '오'계 어미류들 중 '-옴'이나 '-오딕' 등이 화자일치소로 기능하는 선어말어미 '-오-'와 관형사형어미 앞에 통합하는 '-오-'와는 형태·통사적 기능은 다르지만 음운론적인 현현 현상이 같다는 점을 주목할 필요가 있다. 따라서 선어말어미 '-오-'의 변화를 설명함에 있어서 비록 그 형태·통사적인 기능은 다르지만 이들 전체를 한 자리에서 같이 다루는 것은 의미 있는 일이다.

2.

2.1. '-오-'는 鄕歌와 신라·고려 시대의 吏讀 그리고 釋讀口訣 자료에도 쓰였다. 고대국어나 고려시대 국어에 나타나는 '오'계 어미류는 『훈민정음』 창제 이후 15세기 국어에서 '-오-'가 생산적으로 사용된 것과는 차이를 보인다. 『華嚴經寫經造成記』(756년)에도 '乎'(-온)이 명사형어미(일명 동명사형어미)로[5] 사용된 것이 보인다.[6] 鄕歌나 고려시대 석독구

---

5 고대국어와 전기중세국어에서 생산적으로 사용된 어미 '-ㄴ'과 '-ㄹ'을 역사 문법에서는 15세기의 '-옴'이나 '-기'와 구별하여 동명사형어미로 많이 불러 왔다. 동명사형어미 '-ㄴ'과 '-ㄹ'은 '-옴'이나 '-기'와는 달리 명사적 용법 외에 관형사형어미로서의 기능도 가지기 때문에 이를 구분하여 불러왔던 것이 사실이다. 15세기 자료에도 '-ㄴ'과 '-ㄹ'이 명사적인 용법을 보이는 용례가 나타나긴 하지만 일반적인 현상은 아니다. 이 글에서 '-ㄴ'과 '-ㄹ'이 명사형어

결 자료에는 일반적으로 명사형어미나 관형사형어미로 쓰이는 '-ㄴ'과 '-ㄹ' 앞에 '-오-'가 결합된 상태로 나타나는 것이 가장 많다. 몇몇 평서형 어미구조체와 의문형 종결어미 앞에 '-오-'가 통합한 용례도 드물지만 보인다.

15세기에 생산적으로 사용되던 '오'계 어미류 중에서 먼저 관형사형 어미 앞에 통합한 '-오-'가 16세기부터 본격적으로 소멸하기 시작한다. 항상 '옴'으로 나타나는 명사형어미 '-옴'에 결합되어 있는 '오'도 16세기 후반부터는 본격적으로 소멸한다. 물론 자료의 성격에 따라 근대국어 시기에 간행된 문헌에도 '오'계 어미류들이 그대로 사용되기도 하지만, 근대어 단계에 와서는 언중들이 '-오-'에 대해서 분명하게 인식하지 못 했다는 사실을 확인할 수 있다. 이런 사실에 대해서는 16세기 이후의 '오'계 어미류의 변화를 다루는 장에서 다시 구체적으로 검토할 것이다.

2.2. '-오-'의 변화를 구체적으로 검토하기에 앞서 '오'계 어미들이 가 장 활발하고 다양하게 사용되었던 15세기 국어부터 먼저 정리하는 것 이 필요하다. '오'계 어미류들에 통합 또는 결합되어 있는 '오'가 기원적 으로는 선어말어미이기 때문에, 이것이 다른 어미들과 어떻게 통합 또 는 결합되어 있는가에 따라 유형별로 정리할 수 있다. 즉 문장 종결어 미와 통합하는 경우와 접속어미와 통합하는 경우, 전성어미와[7] 통합하

미로도 사용되고 관형사형어미로 사용되는 신라시대와 고려시대 국어를 대상으로 하는 기 술에서도 '-ㄴ'과 '-ㄹ'이 명사적인 용법을 보일 때는 명사형어미로 관형적인 용법을 보일 때 는 관형사형어미로 구분해서 부르고자 한다. 그리고 기술의 편의상 명사형어미 '-ㄴ', '-ㄹ'이 라는 용어로도 사용할 것이다. 고대국어나 고려시대 국어에는 명사문의 흔적을 많이 보이므 로 명사형어미 '-ㄴ', '-ㄹ'에 부가적인 용법도 포함시킬 수 있기 때문이다.

6 지금까지 발굴된 신라시대 吏讀 자료에는 명사형어미로 사용된 '-乎'(-온)형만 보인다.

7 전성어미 중에서 '-오-'와 통합할 수 있는 것은 항상 '-옴'으로 실현되는 명사형어미 '-옴' 과 관형사형어미가 있다. '-오-'가 부사형어미와는 통합할 수 없다.

는 경우 등으로 나누어 살펴볼 수 있다. '-오-'가 결합된 분포를 중시하여 '오'계 어미들을 분류해 보면 다음과 같다.[8]

첫째, 문장 종결어미와 통합할 경우에는 화자와 관련된 표지로 통합한다. 평서법이나 의문법의 문장 종결어미와는 통합할 수 있다. 명령법이나 청유법 종결어미와 통합한 것은 보이지 않는다. 화자 일치소인-오-는 이인칭 의문법 어미인 '-ㄴ다'나 '-ㄹ다'와도 통합할 수 없었다. 약속법인 경우는 항상 통합형 '-오마'로 실현된다.

둘째, '-오-'가 접속어미와 통합하는 경우는 다시 세분할 수 있다. 문장 종결어미의 경우와 마찬가지로 접속어미 중 일부는 화자 일치소로 기능하는 선어말어미 '-오-'와 통합하는 것이 있다. '-니', '-거니와', '-건마른' 등이 여기에 해당된다. 접속어미 중에는 선어말어미 '-오-'와 통합할 수 없는 접속어미도 있다. '-ㄹ씨', '-ㄴ들' 등이 이 무리에 속한다. 그리고 항상 '-오-'가 통합된(또는 융합된) 형태로만 존재하는 경우도 있다. '-온딘'이나 '-올뗸', '-오려' 등이 이 무리에 속하는 것인바, 이들 중 '-온딘'이나 '-올뗸' 등은 의존명사 '드'와 관련된 구성소들이 文法形態化하여 접속어미로 굳어진 것이다.[9]

---

8 '-오-'가 선어말어미이기 때문에 '-오-'와 다른 문법 기능을 나타내는 선어말어미와 통합하는 경우도 살펴보아야 한다. 그렇지만 여기서는 '오'계 어미들을 어말어미들과 통합 또는 결합한 분포를 중심으로 유형화하고, '-오-'의 통사적인 기능에 따른 분류와 또, '-오-'가 다른 선어말어미와 통합하는 관계는 뒤에서 다시 검토하겠다.

9 의존명사 '드'의 문법화에 대한 구체적인 내용은 졸고(1996)를 참조할 수 있다. 그리고 항상 '-오-'와 결합한 형태로 나타나는 접속어미 '-오딘'의 경우도 의존명사 '드'의 문법화와 직접적으로 관련이 있다. '-오딘'에 대응되는 것이 高麗時代 釋讀口訣에는 '-ㅎ기ㅅ(-온 딘)'나 '-ㅎ尸ㅅ(-옳 딘)'로 나타난다는 사실을 주목할 필요가 있다. 즉 기원적으로 '-ㅎ기ㅅ(-온 딘)'나 '-ㅎ尸ㅅ(-옳 딘)' 등은 의존명사 '드'와 관련된 구성 '〔ㅐ-ㄴ, ㄹ # 디+ 에〕'이다. 이 구조체가 문법형태화하는 과정을 통하여 중세어의 접속어미 '-오딘'로 이어진다. '-ㅎ기ㅅ(-온 딘) 〉 -오딘'나 '-ㅎ尸ㅅ(-옳 딘) 〉 -오딘'의 문법형태화 과정을 설정해 볼 수 있는데, 이 문법형태화는 '드' 명사구 보문 구성의 통합구성체가 문법화할 때와는 달리 '-ㄴ'이나 '-ㄹ'이 없어지는 것이 특이하다.

셋째, 관형사형어미 '-ㄴ', '-ㄹ'과 통합하는 경우이다. 또, 명사구 보문 구성에 통합하는 '-오-'도 있는바, 이 경우를 모두 대상법으로 설명할 수는 없다. 의존명사 'ᄃᆞ', '바', '줄' 구성 등과는 '-오-'가 생산적으로 통합한다. 그런데 의존명사 'ᄃᆞ'와는 달리 의존명사 'ㅅ' 구성에는 선어말어미 '-오-'가 통합할 수 없다. 의존명사에 따라서는 'ㅅ'처럼 관형 구성이나 명사구 보문 구성에서 선어말어미 '-오-'와 통합할 수 없는 것들이 있기 때문이다.

넷째, 항상 '-오-'와 결합한 형태로 나타나는 명사형어미 '-옴'이 있다. 그런데 15세기부터 보이기 시작하는 명사형어미 '-기'는 '-오-'와 통합할 수 없다.[10]

일반적으로 '오'계 어미의 '-오-'가 '-우-'로 실현되는 것은 모음조화에 따른 것이다. 계사(서술격 조사) '-이-' 뒤에서는 '-오-'가 '-로-'로 실현된다. '-오-'와 통합하는 동사 어간의 말음이 'ᄋᆞ'또는 '으'인 경우는 어간 末 모음 'ᄋᆞ'와 '으'는 탈락한다. 어간 모음이 '아'나 '오' 또는 '어'나 '우'로 끝나는 경우 선어말어미 '-오-'는 음운론적으로 실현되지 않는 경우가 많다. 동사 어간의 성조가 상성으로 실현된 사실을 통하여 선어말어미 '-오-'가 개재되었음을 확인할 수 있다(일반적으로 선어말어미 '-오-'는 거성으로 실현되는 어미류에 속한다). 이밖에 선어말어미 '-오-'의 융합형으로 보이는 '-다-'와 '-가-' 또는 '-과-'가 있다. 전자는 회상법의 '-더-'와 통합한 융합형이며, 후자는 확인법의 '-거-'와 통합한 융합형이다. 이와 같이 '-오-'의 실현 양상을 중세어의 공시적인 관점에서 음운론적으로 설명할 수 없는 경우도 있다. 특히 어간 모음 '아'나 '어' 뒤에서 '-오-'가

---

10 15세기 자료에서 명사형어미 '-기'는 일부의 동작동사와 통합한 용례만 보인다. 16세기 후반부터 그 사용 범위가 넓어져 근대국어 이후부터는 '-옴 〉-음'보다 더 생산적으로 사용되기 시작한다.

왜 실현되지 않는지 그리고 선어말어미 '-오-'의 융합형으로 보이는 '-다-', '-가' 또는 '-과' 등이 왜 이런 모양으로 실현되는지를 음운론적으로 설명할 수는 없다.

'-샤'의 문제도 그리 단순하지만은 않다. '-샤'에 대한 설명에는 대표적으로 두 가지가 있다. 하나는 '-샤'를 존경법 '-시-'와 '-오-'의 통합형으로 보는 경우이고, 다른 하나는 '-시-'의 이형태로 설명하는 것이다.[11] 15세기 공시적인 입장에서는 화자 일치소로 사용되는 '-오-'와 존경법의 '-시-'가 통합할 수 없다는 점 등을 고려하면 '-샤'를 '-시-'의 이형태로 보는 것이 자연스럽다. 그리고 존경법 선어말어미 '-시-'의 경우는, 일반적으로 동사 어간에 있는 '시'가 '어/아', '오/우' 등의 모음 어미와 결합하면 원칙적으로 '셔'나 '쇼/슈'로 바뀌는 현상과도 차이를 보인다.[12] '-샤'를 '-시-'와 '-오-'의 이형태 '-아-'의 복합적인 단위로 보아야 한다는 주장도 있으나 이런 주장은 받아들이기 어렵다. 석독구결 자료에는 '-샤'가

---

11 15세기 국어 공시태에서 '-시-'의 이형태로 '-샤'를 설정한 것은 안병희(1967, 1992: 26)와 허웅 등이다. '-시-'는 자음 어미 앞에서 '-샤'는 모음 어미 중 '-아', '-오딩', '-옴' 앞에서 실현되는 것으로 설명하고 있다. 고영근(1997)에서 이 문제에 대하여 구체적으로 논의한 바 있다. 고영근은 '오'의 변이규칙을 다음과 같이 정리한 바 있다.

    오 - 〉 우 / [음성모음어간] _

         로 / 서술격조사 '-이-' _

         Φ / 샤 _

(단 '오'가 '-더-', '-거-'와 결합되면 서로 화합된다.)

12 일반적으로 중세어에서는 동사 어간에 있는 '시'가 '어/아', '오/우' 등의 모음 어미와 결합하면 원칙적으로 '셔'나 '쇼/슈'로 나타나는 바, 이런 현상은 존경법의 '-시-'와 다른 점이다.

    '이시-'(有) : 이셔, 이쇼라/이슈라, 이쇼니/이슈니, 이슌, 이쇼ᄆᆞᆫ/이슈ᄆᆞᆫ, 이쇼딩

    '뫼시-' : 뫼셔, 뫼셔셔, 뫼셋ᄂᆞᆫ

    15세기 자료에도 어간 말의 '시'가 '-아/어'와 결합하면 '-샤'가 되는 경우가 드물긴 하지만 존재한다.

    흔 머리 ᄀᆞ바 이샤 〈月曲 기135〉, 夫人을 뫼샤 〈月釋 8:94〉, 큰 醫王이샤 〈진언권공 26〉 이 眞實ㅅ 佛子ㅣ샤 〈삼단시식문 38〉, 큰 戒샤 〈삼단시식문 25〉

보이지 않는다. 석독구결에는 선어말어미 '-오-'가 '오'로 읽을 수 있는 口訣字로만 나타난다. 그리고 존경법의 '-시-'와 '-오-'의 통합형이 '-ㅎㅈ-'(-시오-), '-ㄷㅈ-'(-시오-)로 나타난다는 사실을 밝혀 둔다.

15세기 국어에 다양하게 나타나는 '-오-'계 어미류들에 비해 15세기 이전에는 '-오-'계 어미들이 어떻게 나타나는지를 살펴볼 필요가 있다. 고대국어나 전기중세국어의 자료는 借字表記 자료로 음운론적인 실현 양상이 訓民正音으로 표기된 자료보다 정확하지 못하다는 문제점도 있다. 이런 점을 고려하면서 향가와 이두, 석독구결에 나타나는 '-오-'계 어미류들을 검토해 보자.

<h2 style="text-align:center">3.</h2>

3.1. 8·9세기 신라시대의 吏讀 자료에도 '-오-'가 보인다. 『華嚴經寫經造成記』(755년)의 '第二 法界 一切 衆生 皆 成佛 欲 爲賜以 成賜乎'에서 존경법의 '-시-'와 '-오-' 그리고 명사형어미 '-ㄴ'이 결합한 '-賜乎'(-시온)을 확인할 수 있다. 『禪林院鐘銘』(804)에도 '…施賜乎 古鐘…'으로 나타나 '-乎'(-온)을 확인할 수 있다. 신라시대 吏讀 자료에는 명사형어미와 결합한 '-乎'(-온)형만 보인다.

고려시대 이두 자료에는 신라시대보다는 훨씬 더 많은 '-오'계 어미류의 용례가 보인다. 고려시대 이두 자료에서도 '-오-'는 대부분이 명사형어미 앞에 결합한 형태로 나타난다. 그리고 '-乎矣'(-온딕)도[13] 보인다.

---

13 향가나 고려시대 이두나 석독구결에 보이는 '乎'字는 訓假字로 독음은 '-온'이다. 향가나 신라·고려 시대의 이두, 석독구결에서 명사형어미 '-乎'이나 '-乎矣'(-온 딕) 등으로 사용된 경우 '-乎'은 명사형어미 '-ㄴ'을 가지고 있는 것이다. 그런데 조선시대에도 '-乎矣' 등이 사용되는 바, '-온 딕'나 '-올 딕'가 '-오딕'로 문법형태화된 이후에 '-乎矣'가 사용되는 자료에서는 '-오딕' 정도로 읽는 것이 자연스럽다.

다음 예문 (2)에서 '-乎矣'가 사용된 용례를 확인할 수 있다.

    (1) ㄱ. 師矣 啓以 僧矣段 赤牙縣 鷲山中 新處所 元 聞爲 <u>成造爲內臥乎亦</u> 在之

        白賜 〈醴泉 鳴鳳寺 慈寂禪師碑〉(939년)

      ㄴ. 玄風縣北面 觀音房主人 貞甫長老 陪白賜乎 舍利十七口乙 京山府厽 處

        藏寺主 彦承長老亦 今月一日 <u>陪到爲賜乎</u> 事亦 在等以 〈淨兜寺造塔形

        止記〉(1031)

    (2) 寺之段 司倉上 導行 <u>審是內乎矣</u> 〈淨兜寺造塔形止記〉(1031)

12・13세기의 이두 자료에는 '爲白良乎'(ᄒᆞᆲ아온), '-臥乎'(-누온), '-如乎'(-다온) 등과 같이 시상이나 서법 계열의 선어말어미와 통합한 어형도 많이 보인다. '爲如乎', '有如乎', '望白如乎' 등에 보이는 어미구성체 '-如乎'은 고려시대 이두에서는 『尙書都官貼』(1262)부터 보이기 시작한다. 일반적으로 '如'字는 종결어미 '-다'를 표기하는 차자로 신라시대부터 쓰였다. 그런데 이 외에 '-如乎'과 같이 '-乎(-온)' 앞에 결합된 형태로 쓰이기 시작한 것이 보이는 바, 이 '-如-'는 선어말어미임이 분명하다. 吏讀 연구에서는 일반적으로 '-如乎'의 '-如-'를 중세어의 선어말어미 '-더-'와 관련된 것으로 설명한 바 있다. 이 '-如乎'은 균여의 향가에도 한 용례가 보인다. 다음 예문 (3)이 그것이다.

    (3) <u>懺爲如乎仁惡寸業置</u> 〈普皆廻向歌〉

향가에서도 '如'字는 26회 사용되는데, 선어말어미로 사용된 것은 이한 용례뿐이다.

고려시대의 이두 자료에는 15세기 국어에서와 같이 문장 종결어미 앞에 '-오-'가 통합한 용례는 보이지 않는다. 이런 현상은 향가와 석독구결에 나타나는 '-오-'를 고려한다면 이두 자료가 가지는 자료상의 문제일 가능성도 완전히 배제할 수는 없다. 향가와 석독구결에는 같은 시기의 이두 자료에서보다는 더 다양한 '오'계 어미류들이 나타나기 때문이다.

3.2. 鄕歌에는 '-오-'와 관련된 것이 '乎'나 '好', '烏', '屋' 등으로 표기되었다. 일반적으로 명사형어미 '-ㄴ'이나 '-ㄹ'과 관형사형어미 '-ㄴ'이나 '-ㄹ' 앞에 통합된 것이 가장 많이 쓰인다. 이것은, 신라 시대나 고려 시대의 이두 자료에 명사형이나 관형사형으로 사용된 '-ㄴ'이나 '-ㄹ' 앞에 결합한 '-오-'가 가장 많이 쓰인 것과 같다. 다음 예문 (4)는 그 중 일부이다. 물론 향가에도 명사형이나 관형사형어미 '-ㄴ'이나 '-ㄹ' 앞에 '-오-'가 나타나지 않는 것도 있다.

(4) ㄱ. 三花矣岳音見賜烏尸聞古 〈彗星歌 5〉

ㄴ. 拜內乎隱身萬隱 〈禮敬諸佛歌 3〉

ㄷ. 郎地慕理尸心未行乎尸道尸 〈慕竹旨郎歌 7〉

예문 (4ㄱ)과 (4ㄷ)은 각각 명사구 '見賜烏尸'과 관형 구성 '行乎尸 道尸'로 나타나 '-乎'가 아닌 '-賜烏尸'(-시옳)과 '-乎尸'(-옳)로 표기된 것이다. 즉 선어말어미 '-오-'와 '-ㄹ'을 다 표기한 어형으로 나타난다.

향가에는 이 외에도 종결어미 구성체 '-옰다(-욹다)'와 그리고 의문문과 평서문 종결어미 앞에 통합된 용례도 보인다. 다음 예문 (5), (6), (7) 등은 모두 문장 종결어미 구성체에 통합한 '-오-'의 용례들이다.

(5) ㄱ. 逢烏支惡知作乎下是〈慕竹旨郎歌 6〉

ㄴ. 不冬喜好尸置乎理叱過〈隨喜功德歌 8〉

(6) 祈以支白屋尸置內乎多〈禱千手觀音歌 4〉

(7) ㄱ. 花肹折叱可獻乎理音如〈獻花歌 4〉

ㄴ. 爲內尸等焉國惡太平恨音叱如〈安民歌 10〉

예문 (5)는 의문문에 통합한 '-오-'의 용례를 보인 것이고, 예문 (6)은 평서문 종결어미 앞에 선어말어미 '-오-'가 통합한 것이다. 예문 (7)은 당위성 구문인 종결어미 구성체 '-욶다(-읈다)'가 사용된 구문이다. 그리고 다음 예문 (8)은 감탄이나 수사의문으로 사용된 '-(오)ㅅᄃᆞ야'에도 '-오-'가 결합된 채로 나타난다. '-(오)ㅅᄃᆞ야'는 중세어의 '-ᄯᆞ녀'에 이어지는 것이다.[14]

(8) ㄱ. 法雨乙乞白乎叱等耶〈請轉法輪歌 4〉

ㄴ. 佛體爲尸如敬叱好叱等耶〈恒順衆生歌 8〉

향가에는 비슷한 시기의 이두 자료와는 달리 '-오-'계 어미들이 다양하게 쓰였다. 이런 모습은 다음에 검토할 석독구결에 나타나는 용례와 비슷하다.

3.3. 고려시대 釋讀口訣에는 15세기 국어의 선어말어미 '-오-'에 직접적으로 이어지는 선어말어미 '-ろ(오)-'가[15] 주로 '-尸'(-ㅭ), '-ㄱ'(-ㄴ),

14 '-(오)ㅅᄃᆞ야'와 관련된 논의는 졸고(1995)를 참조할 수 있다.

15 선어말어미 '-ろ(오)-'는 문헌에 따라 '-ㆆ(오)-', '-ノ(오)-' 字로도 표기된다. 구결자 'ノ'는 'ᄒᆞ-'와 '-오-'가 통합한 '호-'를 표기할 때도 사용되었다. 그리고 口訣字 'ろ'와 'ノ', 'ㆆ'는 일반적으로 부사의 말음 또는 부사형 어미 '-오'를 표기할 때도 사용되었다. 그리고 석독구

‘令’(리), ‘禾’(리) 앞에 통합하여 나타난다. 즉 ‘-오-’는 명사적 용법이나 관형적인 용법을 보이는 ‘-ㄴ’과 ‘-ㄹ’ 앞에 통합한 용례가 가장 많다. 그리고 가망법의 ‘-(ろ)亠 可七ソ-’(-옴(음) 짓ᄒᆞ-) 구문이나 당위성 어미구조체 ‘-(ノ)亠七ㅣ’(-욠(읎)다)에도 ‘-오-’가 나타난다. 접속어미에 통합하는 화자와 관련된 선어말어미 ‘-오-’는 나타나지 않는다. 석독구결이 사용되는 시기까지는 접속어미 ‘-니’, ‘-거니와’, ‘-건마른’ 등이 생성되기 전이기 때문이다. 선어말어미 ‘-오-’가 문장 종결어미 ‘-다’나 의문형 종결어미와 통합한 용례는 보인다.

석독구결에는 ‘-오-’가 명사형어미나 관형사형어미 ‘-ㄴ’과 ‘-ㄹ’과 결합하여 나타나는 것이 일반적인 현상이다. 물론 이 경우에도 ‘-ろ-, -丆-’(-오-)가 통합하지 않은 예도 석독구결 자료에는 존재한다. 즉 명사형어미나 관형사형어미 ‘-ㄴ’이나 ‘-ㄹ’ 앞에서 항상 ‘-오-’가 통합한 용례만 보이는 것은 아니다. 이 경우는 향가에서도 마찬가지다.

ノㄱ(혼) : ソㄱ(ᄒᆞᆫ)

ノㄱリㅣ(혼이다) : ソㄱリㅣ(ᄒᆞᆫ이다)

ノㄱリㄱ丁(혼인뎌) : ソㄱリㄱ丁(ᄒᆞᆫ인뎌)

ノ禾リㄱ丁(호리인뎌) : ソ禾リㄱ丁(ᄒᆞ리인뎌)

ノㄱ入ㄴ(혼 ᄃᆞᆯ) : ソㄱ入ㄴ(ᄒᆞᆫ ᄃᆞᆯ)

ノㄱㅌ七(혼ᄃᆞᆺ) : ソㄱㅌ七(ᄒᆞᆫᄃᆞᆺ)

결에서는 ‘-丆-’(-오-)로 쓰인 경우도 선어말어미 ‘-오-’가 아닌 것이 있으므로 주의를 요한다. 瑜伽師地論에 보이는 다음 예문은 선어말어미 ‘-오-’로 쓰인 것이 아니다.

何ソㄱㄴ 出世間 一切種 淸淨リㅣノ令ロ 當ハ 知丆ㅣ 略ロㄱ 五種 有ソㄱリㄱ丁 〈금광 20:03-08〉

이와 유사한 구문이 瑜伽師地論에서는 반복적으로 나타나는 바, ‘當ハ 知丆ㅣ’의 ‘-丆-’는 ‘-ロ-’(-고-)의 이형태이다. 이 ‘知丆ㅣ’는 향가에 많이 보이는 ‘知古如’와 같은 표기이다.

ノ尸(홀) : ソ尸(ᄒᆞᆯ)

亠ノ尸, 氵ノ乙(-여 홀) : 亠ソ尸, 氵ソ尸(-여 ᄒᆞᆯ)

ノ令(호리) : ソ令(ᄒᆞ리)

ノ令乙(호릴 또는 호리ᄅᆞᆯ) : ソ令乙(ᄒᆞ릴 또는 ᄒᆞ리ᄅᆞᆯ)

ノ令七(호릿) : ソ令七(ᄒᆞ릿)

ノ尸入乙(홀 ᄃᆞᆯ) : ソ尸入乙(ᄒᆞᆯ ᄃᆞᆯ)

위의 용례들은 '-오-' 개재형과 비개재형의 대립쌍이 석독구결에 공존하는 것이다. 이 외에도 'ノ尸亠(홀여), ノ尸乙(홀ᄋᆞᆯ), ノ尸ラ(홀의), ノ尸ラ十(홀의긔), ノ尸乙灬(홀ᄋᆞ로 또는 홀ᄋᆞᆯ로), ノ尸人(홀과)' 등과 'ノ令ㄱ(호린), ノ令七(호릿), ノ令乙(호릴), ノ令人(호리과), ノ令ラ(호리의), ノ令十(호리긔), ノ令ラ十(호리의긔)' 등에서도 '-오-'를 확인할 수 있다. 이것들은 모두 명사형 '-ㅭ'과 '-오-'가 결합된 용례들이다.

또, 다음 용례들을 통해서는 선어말어미 '-리-'의 생성과, 왜 15세기 이후에도 '-오-'가 선어말어미 '-리-' 앞에 통합하는지를 확인할 수 있다. 석독구결에는 명사형어미 '-ㄹ'과 계사 '-ㅣ-'가 통합한 어형 '리'가 선어말어미 '-리-'와 함께 공존하여 나타나기 때문이다. 바로 이 시기가 선어말어미 '-리-'가 생성되는 시기일 가능성이 높다.

ノ令口(호리고), ノ禾亠(호리여), ノ禾丨(호리다), ノ禾㢱(호리며)

ノ禾二口丨(호리시고다), ノ令ナ丨(호리겨다), ノ禾ナ丨(호리겨다)

ノ禾刂ㄱ丁(호리인뎌), ノ禾刂ナ丨(호리이겨다)

특히 'ノ禾刂ㄱ丁(호리인뎌)'나 'ノ禾二口丨'(호리시고다) 'ノ禾刂ナ丨(호리이겨다)' 등에서 '-禾(리)-' 또는 '-禾刂(리이)-'는 명사형어미 '-ㄹ'과 계사 '-ㅣ-' 또는 관형사형어미 '-ㄹ'과 의존명사 '이' 그리고 계사의 통합형을 표기한 것이다. 'ノ禾刂ナ丨'는 'ノ禾ナ丨'로도 표기될 수 있는바, '刂'가 더 개재된 표기는 일종의 중복표기이다. 그런데 'ノ禾刂ㄱ丁'가 'ノ禾ㄱ丁'로 표기된 용례는 보이지 않는다.

석독구결에는 가망법의 '-(ろ)立 可七ソ-'((-오)ㅁ짓ᄒᆞ-) 구문이나 당위성 어미구조체 '-(ノ)立七丨'((-오)ㅁ ᄯᅡ다)에도 '-오-'가 통합하는 것이 일반적이다. 이 경우에도 '-오-'가 필수적으로 통합되는 것이 아니라 '-오-'가 통합하지 않는 용례도 보인다. 중세어에 보이는 '-암/엄 직ᄒᆞ-'는 일종의 可望法 표현이다. 15세기의 '-암/엄 직ᄒᆞ-'에 대응되는 것이 釋讀口訣에서는 '-(ろ)立 可七ソ-'로 나타나 문법사적인 맥을 잇고 있다. 그리고 당위성 어미구체 '-(ノ)立七丨'도 'ソㅌ立七丨'(ᄒᆞᄂᆞᆷᄯᅡ), 'ソナ立七丨'(ᄒᆞ겸ᄯᅡ), 'ソ二卜ろ立七丨'(ᄒᆞ시누옴ᄯᅡ), 'ソ白ロノ立七丨'(ᄒᆞᄉᆞᆲ고옴ᄯᅡ) 등 다른 선어말어미들과 다양하게 통합된 형태로 나타난다. 그리고 원문의 '應'을 번역할 때 '供養ノ立 應七ソロ丨'와 같이 吐를 다는 경우도 있다. 다음 예문 (9)는 '-(ノ)立 應七ソ-' 구문 중 '-오-'와 통합한 형이고, 예문 (10)은 '-오-'가 통합하지 않은 경우이다.

(9) ㄱ. 此 與七 相違ソㄱ刂ㄱ 其相乚 知ノ立 應七丨 〈瑜伽 20;11:02〉

ㄴ. 是 [如]支ソろハ氵 [乃氵] 他ラ 信施乚 受ノ立 應七ソ分 〈瑜伽 20;17:20〉

ㄷ. 若善男子亠 善女人亠ノ尸ㄱ 當 諸香亠 花繒亠 綵亠 幡亠 蓋亠ノ尸乚 以氵 供養ノ立 應七ソロ丨 〈金光 3;15:11-12〉

(10) ㄱ. 若 灌頂大神通 獲 [於]最勝 諸 三昧 主ソㅌ尸入ㄱ 則 [於]十方七 諸ㄱ 佛矢 所ろ十ソろハ 灌頂乚 受ろ尔 而灬 昇位ソ立 應七ソㅌ禾分

〈화엄 14;14:01-02〉

ㄴ. 彼ㄱ 止 擧 捨七 三種 善巧乙 修習ソʒ尔 此乙 由ʒ 多リㄱ 諸 定樂乙 發生ソ立 應七ソ分〈瑜伽 20;27:12-14〉

그리고 드물긴 하지만 선어말어미 '-오-'가 문장 종결어미 '-다'와 통합한 용례도 보인다. 이 경우 15세기 국어와는 달리 선어말어미 '-오-' 뒤에서 '-다'가 '-라'로 실현되지 않고 그대로 '-다'로 나타나는 점이 15세기와는 다르다. 그리고 의문문에서도 'ノ令口'(호리고)가 보인다. 다음 예문 (11)은 평서법의 종결어미 '-다'와 통합한 용례들이다.

(11)ㄱ. 二十九年ʒ十ソニ下 摩訶般若波羅蜜ミ 金剛般若波羅蜜ミ 天王問般若波羅蜜ミ 光讚般若波羅蜜ミノ乙 說ʒハニろ丨〈舊仁02:21-23〉

[二十九年에 하시어 摩訶般若波羅蜜과 金剛般若波羅蜜과 天王問般若波羅蜜과 光讚般若波羅蜜 등이라고 하는 것들을 말씀하셨다.]

ㄴ. 天尊ㄱ 快ち 十四王ラʒ乙 說口ハニㄱ 是リ 故灬 我ㄱ 今ソㄱ 略ち 佛乙 歎ソ白口トろ丨ソㅌハニ丨〈舊仁11:13〉

[天尊이 쾌히 十四王에게 말씀하시니 이런 까닭으로 나는 이제 간략하게(간략하게나마) 부처를 찬탄하려한다라고 하신다.]

ㄷ. 汝ㄱ 今ソㄱ 聽ノ尸 無七分 我ㄱ 今ソㄱ 說ノ尸 無七白ろ丨〈舊仁14:21〉

[당신은 지금(이제) 들을 것이 없으며, 나는 이제 말할 것이 없습니다.]

ㄹ. 若七 言ニ尸 無七丨ソニろ手尸のㄱ [者]智ㄱ 二リ立 應七ソㄱ 不矢リ口乙分 若七 言ニ尸 有七丨ソニ口手尸のㄱ [者]智ㄱ 一リ立 應七ソㄱ 不矢ろ丨〈舊仁14:18-19〉

[만일 이르시기를, 없다고 하실 것이면 智는 마땅히 둘이 아닐 것이

며, 만일 이르시기를 있다고 하실 것이면 智는 마땅히 하나가 아닐
것이다.]

예문 (11ㄹ)을 제외한 예문 (11ㄱ, ㄴ, ㄷ)에 쓰인 '-오-'는 화자와 관련
된 '-오-'로 파악할 수 있다. 예문 (11ㄹ)은 당위성의 성격이 강한 문장이
다. 예문 (11ㄱ)의 '說 ӡ ㅅ ㅋ ㅣ '에는 선어말어미 '-ӡ(오)-'가 '-시-'와 통
합되어 평서법 종결어미 '-ㅣ'(-다)와 통합한 구성체이다. 이 용례들은
선어말어미 '-ӡ-'가 평서법 종결어미 '-ㅣ'와 통합한 것으로 15세기 국어
와는 다른 양상을 보인다. 후기중세국어에서는 일반적으로 선어말어미
'-오-'와 평서법 종결어미 '-다'가 통합할 경우 '-오-' 뒤에서 '-다'는 '-라'로
실현된다. 그런데 고려시대에는 예문 (11)에서 보는 것처럼 '-ӡ ㅣ '(-오
다)로 나타난다. 즉 선어말어미 '-오-'와 평서법 종결어미 '-다'가 통합해
도 '-오라'로 실현되지 않는다. 이 외에 부분적으로 공개된 석독구결 자
료인 『華嚴經疏』 卷35에도 종결어미 '-다'와 '-오-'가 통합한 용례 '-ㅁ ㄴ ㅓ
ㅣ '(-골오다)가 보인다.16

향가와 석독구결에서는 15세기 국어와는 달리 선어말어미 '-오-' 뒤에
서 '-다'가 '-라'로 변하지 않는 바, 이 현상이 무엇을 의미하는가 하는
문제는 곰곰히 생각해 볼 필요가 있다. 앞에서 검토한 바 있는 예문 (6)
祈以支白屋尸置內乎多 『禱千手觀音歌 4』에서도 '-乎多'로 나타난다. 여
기서는 더 이상의 논의는 유보해 두기로 한다. 다만 15세기 국어와는
달리 고려시대 중엽까지 '-오-'뒤에서 종결어미 '-다'가 '-라'로 바뀌지 않
는 것은 借字 '乎'의 성격, 즉 이 당시의 문법 현상과 관련이 있을 가능
성이 있을 것이라는 것이 필자의 잠정적인 생각이다. 즉 고려 초 · 중엽

---

16 '-ㅁ ㄴ ㅓ ㅣ '(-골오다)가 '不 ㄴ ㅊ ㅁ ㄴ ㅋ ㅣ ', '存活 ㄴ ㅌ ㅓ ㄴ ㅊ ㅁ ㄴ ㅋ ㅣ ', '我 ㄱ 未 ㅣ ㄴ ㅌ ㅁ ㄴ
ㅣ ' 등으로 나타난다.

까지는 15세기 국어의 '-오라'에 대응하는 '-乎多'가 존재했다는 사실만을 지적해 두고자 한다. 그리고 예문 (11ㄱ)에서와 같이 '-시-'와 '-ㅎㅣ'(-오다)가 통합한 경우도 있다. 이 문제에 대해서는 더 많은 검토가 필요하다.

고려시대 국어에는 '-오-'와 '-더-'의 융합형인 '-다'와 '-거-'와 '-오'의 융합형인 '-가-', '-과' 등은 보이지 않는다.[17] '-샤-'도 나타나지 않는다. 계사 '-이-' 뒤에서도 '-오-'는 '-오-'로 표기된다. 그리고 앞에서도 언급한 것처럼 '-오-' 뒤에서 문장 종결어미 '-다'도 '-라'로 표기되지 않고 '-다'로 표기된다. 고려시대나 조선 초의 차자표기 자료에는 일반적으로 '如乎'와 같이 '-다(〉더)＋오-'로, '望白去乎'처럼 '-거＋오-'로 또, '-ㅎㅅ-'나 '賜乎'처럼 '-시＋오-'로 표기된다는 점을 덧붙여 두고 싶다. '-오-'와 '-더-'의 융합형과 '-거-'와 '-오-'의 융합형이 각각 '-다'와 '-가', '-과' 등으로 실현되는 것은 아직도 해결할 수 없는 문제이다.

4.

4.1. 신라시대 吏讀나 고려시대의 吏讀, 鄕歌, 釋讀口訣에 보이는 '오'계 어미들을 정리해 보면 대체로 다음과 같다. 신라시대와 고려시대 자료에는 명사적 용법과 관형사적 용법을 함께 보이는 '-ㄴ'과 '-ㄹ' 어미는 일반적으로 '-오-'와 결합한 형태로 많이 쓰였다. '오'계 어미 중에서 바

---

17 '-더-'와 '-오-'의 융합형이 '-다'로, '-거-'와 '-오-'의 융합형이 '-가' 또는 '-과'로 실현되는 것을 현재로서는 설명할 수 없다. 다만 이 융합형들이 고려시대에는 나타나지 않는다는 점과 아울러 이들이 각각 고려시대나 조선 초의 차자표기 자료에는 일반적으로 '如乎'과 같이 '-다(〉더)＋오-'로, '望白去乎'처럼 '-거＋오-'로 표기된다는 점만은 자료가 분명하게 보여준다. '-샤-'의 경우도 향가나 고려시대 국어에 '-ㅎㅅ-'나 '賜乎'처럼 '-시＋오-'로 표기된다. 또, 이와 아울러 고대국어나 고려시대 국어의 모음 체계나 모음 결합 양상에 대해서도 관심을 가져야 할 것이다.

로 이 유형이 신라시대와 고려시대 국어에 가장 많이 보이는 용례들이다. 그리고 향가나 석독구결에는 명사형이나 관형사형어미 '-ㄴ'과 '-ㄹ' 외에도 문장 종결어미나 문장 종결어미 구성체에 통합된 '-오-'가 있다. 이런 사실을 고려해 본다면 '오'계 어미류에서 '-오-'는 먼저 명사형어미나 관형사형어미로 사용된 '-ㄴ', '-ㄹ'과 결합한 것부터 쓰이기 시작하다가 '-오-'의 사용 범위를 점점 더 넓혀 간 것으로 해석할 수도 있다.

2.2에서는 '-오-'의 분포를 중시하여 후기중세국어에 사용된 '오'계 어미들을 크게 네 가지 유형으로 분류한 바 있다. 그 분류는 '오'의 분포를 중시하여 구분한 것이다. 여기서는 '-오-'의 통사적인 기능을 중심으로 '-오-'를 구분하여 살펴보려고 한다.[18]

첫째, 화자 일치소로 기능하는 선어말어미 '-오-'가 있다. 화자 일치소의 '-오-'는 '-니', '-거니와', '-건마른' 등 일부의 접속어미와 평서법이나 의문법의 문장 종결어미와 통합한 용례만 보인다. 화자 일치소 '-오-'는 존경법의 '-시-'와는 통합할 수 없다. 이 경우 '-오-'가 명령법이나 청유법 문장 종결어미와 통합한 것은 보이지 않는다.

둘째, 관형 구성에 나타나는 '-오-'가 있다. 허웅(1975)에서는 관형 구성에 통합하는 '-오-'를 대상법으로 설명한 바 있다. 관형 구성에 나타나는 선어말어미 '-오-'는 화자 일치소의 '-오-'와는 통사적 기능과 형태 통합 제약에 있어서도 차이를 보인다. 관형 구성에 통합하는 '-오-'를 모두 다 대상법으로 설명할 수는 없다. 15세기 자료에도 예외들은 존재한다. 이 예외들 모두를 '-오-'의 변화와 관련하여 설명할 수 있을지는 의문이다.

---

18 지금까지도 '오'계 어미류에 나타나는 각각의 '-오-'에 대한 정확한 통사적 기능과 의미 기능에 대해서는 학자들 간에 의견이 분분하다. 여기서는 '-오-'의 의미 기능을 밝히는 일은 미루어 두기로 한다.

셋째, 명사구 보문 구성에 통합하는 '-오-'도 있는바, 이 경우는 대상법으로 설명할 수 없다. 의존명사로 이루어지는 명사구 보문 구성에서 '오'의 통합은 의존명사 자체의 성격에 따라 '-오-'를 통합할 수 있는 것도 있고 통합할 수 없는 것도 있다. 'ᄃ', 'ᄇ', 'ᄌ' 등의 의존명사 구성과는 '-오-'가 생산적으로 통합한다. 의존명사 'ᄃ'와는 달리 의존명사 'ᄉ' 구성에는 선어말어미'-오-'가 통합할 수 없다. '-오-'와 통합할 수 없는 의존명사에는 '젹', '제', 'ᄉᆞᆯ', '딘' 등이 더 있다.

그리고 이 외에도 '오'계 어미 중에는 항상 '-오-'와 결합한 형태로 나타나는 어미류들이 있다. 명사형어미 '옴', 접속어미 중에는 '-오ᄃᆡ', '-온딘', '-올뎬', '-오려' 등이 이 무리에 속한다. 약속법을 나타내는 종결어미 '-오마'도 이 유형에 속한다. 이들은 후기중세국어에서는 더 이상 공시적으로 분석할 수 없는 어미들이다. 그러나 역사적인 관점에서 보면, '오'가 항상 결합된 형태로 굳어진 접속어미 '-오ᄃᆡ', '-온딘', '-올뎬'과 '-오려' 등은 통시적으로 문법형태화한 것이다. 명사형어미 '-옴'과 명사구 보문 구성에 통합하는 '-오-'도 국어의 명사구 구성의 발달 과정과 밀접한 관련이 있다.[19]

4.2. 15세기 국어에서 선어말어미 '-오-'가 화자 일치소로 사용된 경우는 대부분이 1인칭 주어와 호응하는 경우가 많다. 그런데 문장의 표

---

19 국어 명사구 구성의 발달은 우리가 주목할 필요가 있다. 명사형어미 '-옴'이 발달하기 전, 즉 신라 시대와 고려 시대에는 명사형어미 '-ㄴ'과 '-ㄹ'이 명사구 구성을 이루었다. 명사형어미 '-ㄴ', '-ㄹ'은 일반적으로 '-오-'와 결합한 형태로 나타난다. 이 당시에는 '-ㄴ'과 '-ㄹ'이 명사적인 용법 외에 관형적인 용법도 가지고 있었다. 고려 시대에는 명사형어미 '-ㄴ', '-ㄹ'과 의존명사 'ᄃ' 명사구 보문 구성이 주로 명사구 구성으로 많이 쓰였다. 명사형어미 '-옴'이 본격적으로 쓰이기 시작하면서부터 '-ㄴ'과 '-ㄹ'이 명사적인 용법으로 사용되는 것은 급격히 줄어들게 되었다. 의존명사 'ᄉ'는 고려시대 말의 음독구결 자료에서부터 나타나기 시작하는 것으로 'ᄉ' 명사구 보문 구성은 처음부터 '-오-'와 통합할 수 없었다.

문 구조에서 1인칭 주어가 아닌 경우에도 '-오-'가 쓰인 경우가 존재한다. 『杜詩諺解』를 대상으로 화자 일치소 '-오-'와 관련된 몇 가지 특징을 검토해 보자. 다음 예문 (12)는 문장의 표면 구조에는 1인칭 주어로 실현되지 않았지만, 내용상 그것이 화자 자신을 나타낼 경우에도 선어말어미 '-오-'가 통합할 수 있음을 보여 준다.

(12) 朋酒도(朋酒로) 날마다 즐겨 會集ᄒ노소니
　　　늘근 노미 이제 비르서(비로서) 알와라 〈杜詩 15:55〉[20]
　　　[두 통의 술로 날마다 즐기면서 모이는데
　　　늙은이가 이제 비로소 알았다.]

예문 (12)의 '알와라'는 '알-'에 확인법의 선어말어미 '-거-'와 화자와 관련된 선어말어미 '-오-', 평서법의 종결어미 '-다(-라)'가 통합된 구성체이다. 문면의 주어 '늘근 노미'는 화자 자신인 두보를 나타내는 말로 이 경우도 역시 화자와 관련된 선어말어미 '-오-'가 통합할 수 있다. 문장의 표면 구조에서는 일인칭 주어로 실현되지 않았지만 내용상 그것이 화자 자신을 나타낼 경우에도 선어말어미 '-오-'가 통합할 수 있음을 보여 준다. 따라서 이 경우의 선어말어미 '-오-'를 일인칭법으로 파악하기보다는 화자 일치소로 파악하는 것이 더 자연스럽다.

　현대국어에는 주어가 화자 자신일 때 선어말어미 '-더-'를 사용하는 것이 매우 어색하지만 중세국어에는 쓰일 수 있었다. 다음 예문 (13)이 그것을 보인다.

---

20 『두시언해』의 용례 중 '비르서(비로서)'와 같이 ( ) 안에 있는 어형은 중간본이 초간본과 차이를 보이는 것이다. 이하 동일.

(13) ㄱ. 藥餌를 더으락 덜락 호믈 믜다니 門庭을 닶겨셔 쓰러리ᄒ노라(쓰어

리ᄒ노라) 〈杜詩 10:39〉

[藥을 더했다가 덜었다가 하기를 싫어했었는데 집안 뜰을 답답해하

여(집안 뜰이 갑갑해서) 청소한다.]

ㄴ. 뛰 뷔오 사롤 ᄃᆡ 占卜호ᄆᆞᆫ 다 이 남글 爲ᄒ얘니 五月에 엇브시 ᄎᆞᆫ

ᄆᆡ야ᄆᆡ 소릴 든논(든ᄂᆞᆫ) 둧ᄒ다라 〈杜詩 6:40〉

[띠를 베고 살 데를 가려 정함은 다 이 나무 때문인데, 五月에 희미

하게 찬 매미의(가을 매미의) 소리를 듣는 듯하더라.]

예문 (13ㄱ) '믜다니'는 동사 '믜-'(憎)에 회상법 선어말어미 '-더-', 화자
주어 표시의 '-오-', 접속어미 '-니'가 결합된 것이다. '-더-'와 '-오-'가 만나
면 항상 '-다-'로 융합된다. '-{ㄴ, ㄹ} 둧ᄒ-' 구성의 '-{ㄴ, ㄹ}'에는 대개
'-오-'가 통합되지 않지만, 예문 (13ㄴ)의 '든논 둧ᄒ다라'에서처럼 '-오-'
가 통합되어 있는 경우도 드물지만 나타난다. 이것은 결국 '둧'이 일종
의 의존명사일 가능성이 높음을 보여준다. 그리고 '-{ㄴ, ㄹ} 둧ᄒ-' 구성
에는 'ᄒ-' 뒤에 그 주어가 화자 자신임을 표시하는 '-오-'가 통합하는 일
이 거의 없는데, (13ㄴ)에서처럼 '-오-'가 통합되어 있다는 사실은 '-오-'
가 주어 외에 경험주와도 관련을 맺을 수 있음을 보여주는 것이다. 사
실상 '-{ㄴ, ㄹ} 둧ᄒ-' 구성에서 'ᄒ-'의 명시적인 주어가 문면에 실현되는
일이 거의 없기 때문이다.

4.3. 접속어미 '-오려'를 허웅(1975)에서는 '-오-'와 '-려'로 분리될 수
있는 것으로 파악하고 '-려'도 '-오-'와 관련하여 인칭에 따라 구별되는
어미로 기술한 바 있으나, 이것은 올바른 기술이 아니다. '-오려'는 항
상 '-오-'를 수반하는 형태로 나타나는 접속어미이다. 다음 예문 (14)는

동국대학교에서 간행한 영인본에서는 '뵈시려'로 나타나는 예문인바, 규장각에 소장되어 있는 〈古 1730-14B〉의 刊經都監 초간본 卷五에는 분명하게 '뵈샤려'로 되어 있다. 이 예문도 바로 '-오려'가 존경법의 '-시-'와 통합한 용례이다.

(14) 쟝ᄎ 펴 **뵈샤려** ᄒ샤 몬져 精進鎧 니브라 ᄒ샴둘흔 警戒ᄒ샤 勇猛히 늘카이 슬펴 듣ᄌᆞ와 ᄠᅳᆮ 기푸ᄆᆞ로 疑心ᄒᆞ야 믈롤 ᄆᆞᄉᆞᆷ 내디 아니케 ᄒ시니라(將欲宣示ᄒ샤 先令被精進鎧等者ᄂ 戒使勇銳諦聽ᄒᆞᆸ와 無以趣深으로 而生疑退也케 ᄒ시니라) 〈法華 5:104-105〉

예문 (14)는 동국대학교에서 간행한 影印本에는 '뵈시려'로 나타난 예문이다. 동국대학교 영인본에서 '뵈시려'로 나타나는 것은 『法華經諺解』이 부분이 복각본을 영인한 것이기 때문이다. '뵈시려'가 과연 복각 당시의 언어 상태를 반영한 것인지 아니면 복각 상태에서 '뵈샤려'의 오각인지는 확실하게 알 수 없다. 이와 같이 문헌 자료를 다룰 때는 원본에 대한 세밀한 검토가 뒷받침되어야 한다.

4.4. '-오-'와 다른 선어말어미와의 통합관계를 살펴보자. 중세어의 '-오-'는 그것이 분포하는 환경에 따라 통사적인 기능도 다르기 때문에 화자 일치소 선어말어미 '-오-'와 관형 구성에 통합하는 '-오-'로 나누어 살펴보는 것이 좋다. 화자 일치소로 기능하는 경우부터 먼저 살펴보기로 하자.

4.4.1. 화자 일치소로 기능하는 선어말어미 '-오-'가 경어법의 선어말어미와 통합하는 경우에는 제약이 있다. 화자 일치소인 '-오-'는 존경법 '-시-'와의 통합에는 제약을 받지만 나머지 경어법, 겸양법의 '-ᄉᆞᆸ-'과 공

손법의 '-이-'과는 자유롭게 통합한다. 화자 일치소 '-오-'가 존경법 '-시-'와의 통합에 제약을 받는 것은 화자 일치소인 '-오-'가 주체를 높이는 '-시-'와는 통합할 수 없기 때문이다. 즉 스스로 화자 자신이나 화자 자신과 관련된 것을 높일 수 없기 때문이다.

　시상이나 서법과 관련된 선어말어미들과의 통합 양상은 다음과 같다. 선어말어미 '-오-'에 선행할 수 있는 선어말어미로는 '-ᄂ-', '-더-', '-거-' 등과 감탄법 선어말어미[21] '-돗', '-옷', '-ㅅ-' 등이 있다. '-ᄂ-'는 '-오-'와 통합하면 '-노-'로 실현된다. 회상법의 '-더-'와 통합한 것은 융합형 '-다-'로 실현된다. 확인법의 '-거-'와 통합한 융합형은 '-가-'나 '-과-'로 나타나 특이한 면을 보인다. 'ᄒ과라'나 'ᄒ과소라'에서는 '-과-'로 실현되고, 접속어미 'ᄒ가니', 'ᄒ가니와', 'ᄒ간마ᄅ' 등과 의문형 'ᄒ가니오', 'ᄒ가뇨' 등에서는 '-가-'로 실현된다.

　감탄법 선어말어미 '-돗', '-ㅅ-' 등이 화자 일치소 '-오-'와 통합할 경우는 각각 '-도소-'나 '-소-'로 나타난다. '-옷'의 경우는 일반적으로 '-샷'과 '-놋'(-ᄂ+옷-), '-닷'(-더+옷-), '-괏'(-거+옷-)의 결합형으로 나타난다. 이 중 '-놋', '-닷', '-괏'은 다시 '-오-'와 통합하면 '-노소-', '-다소-', '-과소-' 등으로 나타난다.[22]

---

21 감탄법 선어말어미라는 용어는 지금까지는 거의 사용되지 않은 용어다. 고영근(1981) 이후 '-돗', '-옷', '-ㅅ-'을 감동법 선어말어미라고 명명한 이후 대체로 이 용어를 그대로 사용하고 있다. 감동법이라는 용어는 감탄문 또는 감탄법 종결어미에서의 뜻과 같은 뜻으로 선어말어미 '-돗', '-옷', '-ㅅ-'의 경우에 한하여 편의상 붙인 이름으로 보인다. 감동법이라는 용어는 그 본래의 말뜻이 다소 모호하고, 국어 문법에서 감탄문이나 감탄법이라는 용어가 존재하므로 선어말어미의 경우도 감탄법 선어말어미라고 하는 것이 자연스럽다. 따라서 이 글에서는 감동법 선어말어미 대신에 감탄법 선어말어미라 쓰고자 한다.

22 중세어에서는 '-노소-', '-다소-', '-과소-' 등으로 실현되는 것에는 두 가지 종류가 있다. 하나는 화자 일치소 선어말어미 '-오-'와 통합한 것이고 다른 하나는 '-오-'가 아닌 '오'가 감탄법 선어말어미인 선행 음절에 있는 '오'에 원순성 동화되어 '-노소-', '-다소-', '-과소-' 등으로 표기된 것이다. 중세어에서는 이 둘을 잘 구분할 수 있어야 한다.

시상과 서법 계열의 선어말어미 중 선어말어미 '-오-'에 후행하는 선어말어미로는 '-리-'가 있다. 선어말어미 '-리-'가 다른 시상이나 서법 계열의 선어말어미와는 달리 '-오-'에 후행하는 것은 '-리-'의 생성과 관련이 있다. '-리-'는 역사적으로 명사형어미 '-ㄹ'과 계사 '-이-'가 통합한 것이 문법형태화한 것이기 때문이다. '리'가 완전히 문법형태화하기 이전인 고대국어나 석독구결 시기까지에도 대개는 '-오-'를 수반하는 형태로 나타나던 기원적인 모습([-오＋리＋ㅣ-])이 문법형태화된 이후에도 '-오-' 뒤에 '-리-'가 통합하는 형식으로 굳어진 것이다.

선어말어미 '-오-'가 '-리-'와 같이 쓰일 경우에는 화자 일치소라는 기능 외에 화자의 의도가 분명하게 드러난다. 그러나 다음 예문 (15)는 주어가 1인칭이지만 주어의 의도가 나타나지 않는 경우이고, 다음 예문 (16)은 주어가 1인칭이 아닌 데도 의도가 강하게 반영되는 문장에 '-오-'가 사용된 것이다.

(15) ㄱ. 내 네 어미로니 오래 어드본 딕 잇다니 너 여희여 간 後로 큰 地獄애
　　　 여러 번 뻐러디여 잇다니 네 福力을 니버 受生ㅎ야 놀아볼 사ㄹ미 드
　　　 외오 또 短命ㅎ야 목수미 열세히면 다시 惡道애 뻐러듀리니
　　　 〈月釋 21:55〉
　　 ㄴ. 나옷 너 나간 後에 너 爲ㅎ야 날마다 五百僧齊 아니ㅎ단 디면 지븨
　　　 도라가 큰 病을 어더 닐웨 몯 디나셔 주거 阿鼻大地獄에 드로리라
　　　 〈月釋 23:75〉

예문 (15)는 주어가 1인칭이지만 주어의 의도가 잘 나타나지 않는 것인데도 '-오리-'가 나타나 인칭법의 '-오-'를 지지할 수 있는 예문으로 많이 다루어진 바 있다. 다음 예문 (16)은 주어가 1인칭이 아닌데도 주어

의 의도가 잘 나타난 문장으로 '-오-'의 인칭법에 대한 반박의 근거로 사용해 온 용례다.

(16) ㄱ. 坚 長者야 이 근흔 罪業衆生이 命終흔 後에 [⋯] 짜해 브리디 말며
녀나몬 飮食에 니르리 佛僧쯰 받줍디 몯흐야셔 몬져 먹디 마로리니
〈月釋 21:110-111〉

ㄴ. 阿難아 네 [⋯] 반두기 몬져 [⋯] 生滅 아니ᄒᆞᄂᆞᆫ 두려운 물곤 性을브터
일오리니(阿難아 汝ㅣ [⋯] 應當先 [⋯] 依不生滅ᄒᆞᄂᆞᆫ 圓잠性ᄒᆞ야 成
호리니 〈楞嚴 4:89-90〉

이와 같이 중세어에서 '-오-'와 '-리-'가 통합한 유형 중에는, 선어말어미 '-오-'의 기능을 일반적으로 설명하는 데 상당한 혼란을 일으킬 수 있는 용례들이 많다.

선어말어미 '-리-'는 '-리-'와 다른 시상이나 서법 계열의 선어말어미 등과 통합하여 나타날 때는 '-오-'와 결합 순서가 문제될 수 있다. 예를 들어 '-리-'가 감탄법 선어말어미와 결합할 경우에는 '-리로-'나 '-리롯-'으로 나타나 그 순서가 '추측법＋감탄법'의 순서로 나타나는 것이 정상적이다. '-리로-'나 '-리롯-'에 다시 '-오-'가 통합한다고 할 때, '-리-'를 기준으로 하면 '-오-'가 '-리-' 앞에 와야 하지만, 감탄법 선어말어미를 기준으로 하면 '-오-'가 감탄법의 선어말어미 뒤에 통합해야 한다. 즉 이 경우에서는 어떤 경우든지 어느 한 쪽의 선어말어미와는 일반적인 통합 순서를 어기게 된다. 그런데 실제로 '-리-'와 감탄법 선어말어미 '-도-', '-돗-'이 함께 결합된 형태로 쓰인 경우에는 주어가 1인칭인 경우에도 '-오-'가 통합한 문장을 찾기는 어렵다. 다음 예문 (17ㄱ, ㄴ, ㄷ)은 그 사실을 잘 보여준다.

(17) ㄱ. 우리둘히 疑心업시 오늘 다 <u>주그리로다</u> 〈月釋 10:29〉

　　　ㄴ. 내 출하리 니블 쑤니언뎡 글 스디 <u>몯호리로다</u> 〈內訓 3:39〉

　　　ㄷ. 내 이제 아니 오라 <u>주그리로소이다</u> 〈月釋 21:22〉

　　예문 (17 ㄷ)에 보이는 '주그리로소이다'의 '로소'에서의 '오'를 1인칭 주어와 호응하는 것으로 파악하는 경우도 있으나 이것은 올바른 해석이 아니다. 통합형 '-리롯-'에 '-오-'가 통합할 때도 '-오-'는 '-리-' 앞에 통합하는 것이 일반적이기 때문이다.23 '주그리로소이다'는 '주그리로스이다'에서 '으'가 선행 음절 '오'의 원순성에 동화된 것이다. 물론 이러한 원순성 동화 현상이 중세어의 일반적인 음운 현상은 아니지만 감탄법 선어말 뒤에서는 이렇게 실현되고 있다. 따라서 선어말어미 '-오-가 통합하지 않은 '-노소-', '-다소-', '-과소'와 '-리로소-' 등에서는 '으'가 아닌 '오'로 실현되는 현상을 현재로서는 원순성 동화 현상으로 설명할 수밖에 없다.

　　시상이나 서법을 나타내는 선어말어미 중에는 '-오-'와 통합할 수 없는 것이 있는바, 그것은 원칙법의 '-니-'이다. 원칙법의 '-니-'는 고영근 (1981)에서 둘째 설명법어미의 일부로 파악한 바 있는 '-니라'의 '니'와는 다르다. 그리고 중세어에서 관형사형어미 '-ㄴ'과 의존명사 '이' 그리고 계사 '-이-'의 통합구성체도 '-니-'로 실현될 수 있다는 점을 고려해야 한다. 다음 예문 (18)은 그동안 '-오-'와 '-니-'의 결합형으로 주목을 받아 온 것이다.

　　(18) ㄱ. 부톄 方便力으로 三乘敎룰 뵈요몬 衆生이 곧고대 着홀씨 혀 나게 호

---

23 이승희(1996: 87)에서는 '-리롯'과 '-오-'가 통합하지 않는 것을 필연적인 빈칸으로 설명하고 있다.

다니라 〈法華 1:158〉

　ㄴ. 내 너희 ゞ보미 至極ㅎ야 中路에 믈러 도라가고져 호믈 볼쎠 方便力
　　으로 權으로 이 城을 밍ㄱ랫다니라 〈法華 3:196-197〉

　ㄷ. 내 毗奈耶애 몬져 願 ㄱㄹ쵸미 이쇼니라 〈楞嚴 7:22-23〉

　ㄹ. 딛더디 너를 외에 아니ㅎ노니라 〈法語 3〉

　중세어에 나타나는 '-니-'를 원칙법과 둘째 설명법어미 '-니라'의 '니'로
구분하는 고영근(1981)에서는 예문 (18ㄷ, ㄹ)의 용례는 둘째 설명법어
미의 일부로 파악하고, 예문 (18ㄱ, ㄴ)의 용례만을 1인칭 주어와 호응
한 선어말어미 '-오-'와 원칙법의 '-니-'가 통합한 것으로 파악한 바 있다.
그리고 허웅(1975)은 '-니-'를 2, 3인칭에 사용되는 확정법 어미라고 하
면서 예문 (18ㄷ)과 (18ㄹ)을 예외적인 용법으로 남겨두고, 예문 (18ㄱ,
ㄴ)에 대해서는 '-니-'가 선어말어미 '-오-'와 결합할 수 없지만 시제와 인
칭을 동시에 나타내는 '-다-'는 '-니-'와 통합할 수 있다고 기술한 바 있
다. 이와 같이 이 문제는 간단해 보이지 않는다. 15세기 국어만을 고려
하더라도 원칙법 선어말어미 '-니-'와 '-니라'의 '니' 그리고 관형사형어미
'-ㄴ'과 의존명사 '이'와 계사 '-ㅣ-'의 통합형 '니' 등을 정확하게 구분하는
문제에서부터 해결의 실마리를 찾아야 한다. 이와 아울러 한 가지 더
생각해야 할 것은 '-니-'가 역사적으로는 명사형어미 '-ㄴ'과 계사 '-ㅣ-'의
통합형이 문법형태화했을 가능성도 완전히 배제할 수 없다는 점이다.

　그런데 중세어에는 실제로 원칙법의 선어말어미 '-니-'가 '-오-'와 통합
한 용례가 거의 보이지 않는다. 다만 예문 (18)과 같은 몇 개 안되는 용
례들도 '-오+ㄴ'에 의존명사 '이'와 계사의 통합구성체로 파악할 수 있
다는 점을 주목하다면 선어말어미 '-니-'와 '-오-'의 통합에는 제약이 있
음을 알 수 있다. 중세어에는 일반적으로 화자 일치소의 '-오-'와 원칙법

선어말어미 '-니-'와는 통합할 수 없기 때문이다.

위에서 살펴본 화자 일치소 '-오-'와 시상이나 서법 계열의 선어말어미들과의 통합 관계를 정리해 보면, 화자 일치소인 선어말어미 '-오-'가 시상이나 서법 계열의 선어말어미보다 후행한다는 사실을 확인할 수 있다. 물론 이 사실에 대한 예외로 '-리-'가 존재하지만 '-리-'가 기원적으로 명사형어미 '-ㄹ'과 계사 '-ㅣ-'의 통합구성체가 문법형태화된 것이라는 사실을 고려한다면 이 문제도 해결할 수 있다.

4.4.2. 앞에서는 화자 일치소로 기능하는 '-오-'와 다른 선어말어들 간의 통합 관계를 살펴보았다. 여기서는 관형 구성에 통합하는 '-오-'와 다른 선어말어미와의 통합 관계를 살펴보자. 경어법 선어말어미 중 공손법의 선어말어미 '-(으)이-'은 관형절에 사용되지 않는다. 따라서 존경법 '-시-'와 겸양법 '-ᅀᆞᆸ-'을 검토 대상으로 한다. 화자 일치소 '-오-'와는 달리 관형 구성에서 '-시-'와 '-오-'의 통합에는 아무런 제약이 없다. 이런 문제 때문에 허웅은 통사적 기능을 중시하여 인칭법과 구분하여 관형 구성에 통합한 '-오-'를 대상법으로 그 기능을 규정한 바 있다.

관형 구성에서는 겸양법 '-ᅀᆞᆸ-'과 '-오-'의 통합에는 제약이 있다. 허원욱(1993: 147-148)에 따르면 목적어가 빠져나간 관형절에서 '-ᅀᆞᆸ-'에 의해 높임을 받는 대상이 관형절의 꾸밈을 받는 명사구일 경우에 '-오-'는 빠지는 것이라고 설명한 바 있다. 이현희(1994: 96)에서는 이것을 '잉여성의 원리'라고 하여, '-ᅀᆞᆸ-'의 쓰임으로 인하여 관형절의 꾸밈을 받는 체언이 목적어임이 잘 드러나므로 '-오-'는 잉여적이 되어 사라지는 것으로 해석한 바 있다. 다음 예문 (19)가 이런 사실을 분명하게 보여준다.

(19) ㄱ. 閻浮提ㅅ 內예 <u>밍ᄀᆞᆺ보ᇙ</u> 부텻 像 〈月釋 21:193〉

ㄴ. 佛影은 그 窟애 사딧 <u>보ᅀᆞᆸᄂᆞᆫ</u> 부텻 그르메라 〈月釋 7:55〉

다음 예문 (20)은 예문 (19)와는 달리 관형절에 의해 꾸밈을 받는 명사구가 높임이 대상이 아닐 경우에는 겸양법과 '-오-'가 통합할 수 있음을 보여주는 것이다.

(20) ㄱ. (부텨끠) <u>받줍논</u> 궁전 〈月釋 14:21〉
　　 ㄴ. (부텨끠) 正히 <u>묻즈오샨</u> 條目을 フ르치니라 〈圓覺 上 2-3:5〉

예문 (20ㄱ, ㄴ)은 관형절의 꾸밈을 받는 '궁전'이나 '條目'이 '-슿-'에 의해 높일 수 있는 대상이 아니기 때문이다. 그런데 관형절 구성에서 '-슿-'과 '-오-'의 통합 제약에 대한 허원욱의 주장에 대해서도 예외는 존재한다.

또, 관형 구성 안에서 '-슿-', '-시-', '-오-'가 모두 다 나타나는 경우도 있는바, 이 경우에도 '-오-'와 '-슿-'의 통합에는 제약이 있다.

(21) ㄱ. (부텨끠) 正히 <u>묻즈오샨</u> 條目을 フ르치니라 〈圓覺 上 2-3:5〉
　　 ㄴ. 우흔 다 宿王ㅅ 옮겨 <u>묻즈오시논</u> 마리시니라 〈法華 7:22〉

(22) ㄱ. 本來 <u>셤기시논</u> 부텨는 證ᄒ샨 果를 表ᄒ시니 〈月釋 18:66〉
　　 ㄴ. 스숭 <u>사ᄆ샨</u> 부텨 또 일후미 觀音이라 ᄒ샤ᄆ 因果이 서르 마즈시며 古今이 혼 道ㅣ 실씨라 〈楞嚴 6:2〉

예문 (21)은 '-슿-', '-시-', '-오-'가 모두 다 쓰인 경우이고, 예문 (22)는 '-슿-'이 쓰여야 하는데도 '-슿-'이 쓰이지 않은 것이다. 그런데 이 경우 '-슿-'이 생략되는 것은 '-오-'가 생략되는 것과 다르다는 점을 주목해야 한다. '-슿-'이 생략되는 것은 잉여성이라고 볼 수가 없기 때문이다. 즉 관형절의 꾸밈을 받는 명사구가 관형절 동사의 목적어라는 사실은 '-슬-'이 생략되어도 '-오-'에 의해 표시되지만, 그것이 높임의 대상이 된다는 사실은 '-슬-'이 생략되면 표시할 수 없기 때문이다. 또, '-시-'와 '-슬-'이 통합할 때 '-시-'가 생략되는 경우도 있는 등 이 문제는 단순한 것이 아니다. 이 문제에 대해서는 앞으로 더 구체적인 검토가 필요하다.

관형 구성에서의 '-오-'는 시상과 서법 관련 선어말어미 중에서 '-ᄂ-', '-더-', '-거-'와 통합할 수 있다. 화자 일치소 '-오-'와 마찬가지로 관형 구성에서의 '-오-'는 '-ᄂ-', '-더-', '-거-'보다 뒤에 위치한다. 즉 '-노-', '-다-', '-가-' 형으로 실현된다. 'ᄒ논'형에서는 허웅의 대상법이 어느 정도 잘 지켜지지만 'ᄒ단'이나 'ᄒ간' 형에서는 소위 대상법으로 설명될 수 있는 용례들이 오히려 드물다.

4.4.3. 명사구 보문 구성에서는 일반적으로 의존명사 자체의 성격에 따라 '-오-'가 개제된다. 의존명사 중에는 명사구 보문 구성에서 '-오-'와 생산적으로 통합할 수 있는 것과 절대로 '-오-'를 개재할 수 없는 것이 있다. 의존명사 '亽'와 관련된 보문 구성과 '적', '제', '즷', '딛' 등과 관련된 의존명사 구성에서는 '-오-'가 통합하지 않는다. 후자의 경우 대개는 때를 나타내는 의존명사들이다.

5.

5.1. 5장에서는 16세기 이후 '오'계 어미류의 변화 과정을 중점점으로 살펴보고자 한다. '오'계 어미류가 중세어에서는 다양하게 사용되었다. 16세기에 간행된 자료를 살펴보면 '-오-'의 붕괴는 먼저 관형사형어미 '-ㄴ', '-ㄹ'과 명사형어미 '-옴'에서부터 본격적으로 일어나기 시작한다.[24] 17세기 초 자료인 『東國新續三綱行實圖』(1615년)에는 관형사형어미와 통

합한 선어말어미 '-오-'는 거의 찾아볼 수 없고 다른 '오'계 어미들도 혼란스럽다.

'오'계 어미류는 16세기 이후부터 먼저 1단계로 소멸하기 시작한다. 1518년에 간행된 『飜譯小學』과 1588년에 간행된 『小學諺解』의 자료를 대비해 보면 '-오-'의 제1단계 소멸과정을 확인할 수 있다. 『번역소학』과 『소학언해』를 비교해 보면, '-오-'계 어미류가 대비되는 경우를 크게 셋으로 나눌 수 있다. 첫째는 '-오-'가 두 문헌에 모두 나타나는 경우이다. 둘째는 '-오-'가 『번역소학』에는 나타나고 『소학언해』에는 나타나지 않는 경우이다. 셋째는 '-오-'가 두 문헌에 모두 나타나지 않는 경우이다. 동일 원문에 대한 異飜譯 자료를 통하여 '-오-'의 변화를 확인할 수 있는 바, 먼저 셋째 유형에서 알 수 있듯이 벌써 1510년대부터 '오'계 어미 중 일부가 소멸의 길로 접어들었음을 확인할 수 있다. 다음 예문 (23)은 『번역소학』에 '훔'으로 나타나 '-옴' 명사형이 아닌 것으로 나타나는 예문이다.

(23) ㄱ. 일 브즈러니 <u>ᄒᆞᄆᆞ로</u> 용쇽흔 무리라 ᄒᆞ면 (以勤事로 爲俗流ㅣ라 ᄒᆞ면)
　　〈번소 6:19〉

　　ㄴ. 일 브즈러니 <u>힘ᄋᆞ로</u> ᄡᅥ 용쇽하나 ᄡᅥ 용쇽흔 뉴를 삼ᄂᆞ니(以勤事로 爲俗流ᄒᆞᄂᆞ니) 〈소학 5:18〉

물론 자료에 따라서는 18·9세기 국어사 자료에도 자료의 성격에 따라 '오'계 어미류가 나타나는 경우도 있다. 그리고 언어의 변화란 어느

---

24 이호권(1987)에 따르면 『법화경언해』와 『월인석보』의 비교 연구에서 이유나 장소 등을 나타나는 구에서 '-오-'가 이미 15세기에도 동요하고 있음을 지적한 바 있다. 이러한 '-오-'의 동요가 15세기 자료에도 보이기 시작하는 것은 사실이지만, 본격적인 동요의 단계를 16세기로 보는 것이 무난하다.

한 순간에 다 완성되는 것이 아니고 상당한 기간 동안은 변화형들이 공존하고 있다는 사실도 기억해야 한다. 따라서 우리는 이런 점에 유의하면서 일반적인 '-오-' 변화의 성격을 파악하려고 한다.

다음 예문 (24)와 (25)는 각각 관형 구성에서 '-오-'가 소멸한 것과 명사형어미 '-옴'에서 '-음'으로의 변화를 보이는 것이다.

(24) ㄱ. 무드며 <u>홍졍ᄒᆞ논</u> 노ᄅᆞ시 (埋鬻之戱ㅣ) 〈번소 6:10〉

　　　문으며 <u>홍졍ᄒᆞᄂᆞ</u> 희롱이 (埋鬻之戱ㅣ) 〈소학 5:9〉

　　ㄴ. 빅셩이 <u>자뱃논</u> 常性이라 (民之秉彝라) 〈번소 6:1〉

　　　빅셩의 <u>자밧ᄂᆞ</u> 덛덛흔 거시라 (民之秉彝라) 〈소학 5:1〉

　　ㄷ. 내 <u>듣본</u> 일조차 브텨 (接見聞ᄒᆞ야) 〈번소 6:2〉

　　　보며 <u>드른</u> 거슬 브텨 (接見聞ᄒᆞ야) 〈소학 5:2〉

　　ㄹ. 아히의 ᄡᆞ리고 ᄡᅳ며 딕답ᄒᆞ며 얼운 <u>셤굘</u> 졀ᄎᆞ ᄀᆞᄅᆞ촐 일 대개로 닐어 (略言敎童子灑掃應對事長之節ᄒᆞ야) 〈번소 6:7〉

　　　아히 믈 ᄡᆞ리고 ᄡᅳ며 應ᄒᆞ며 對ᄒᆞ며 얼운 <u>셤길</u> 졀ᄎᆞ ᄀᆞᄅᆞ칠 일을 닐어 (略言敎童子灑掃應對事長之節ᄒᆞ야) 〈소학 5:7〉

　　ㅁ. 이베 <u>골ᄒᆡ욜</u> 마리 업스며 (口無擇言ᄒᆞ며) 〈번소 6:13〉

　　　입에 <u>골힐</u> 말이 업스며 (口無擇言ᄒᆞ며) 〈소학 5:13〉

(25) ㄱ. ᄆᆞᅀᆞᆷ 다ᄉᆞ리며 몸 <u>닷고미</u> (治心修身을) 〈번소 6:35〉

　　　ᄆᆞ옴 다ᄉᆞ리며 몸 <u>닷금을</u> (治心修身을) 〈소학 5:33〉

　　ㄴ. 사ᄅᆞ미 빅(18a)홈 <u>이쇼몰</u> 아쳐러 홀 시라 (惡人有學이니라)
　　　　〈번소 6:18〉

　　　늠이 빅홈 <u>이심을</u> 아쳐ᄒᆞᄂᆞ니라 (惡人有學이니라) 〈소학 5:17〉

　　ㄷ. <u>주구매</u> 니르러도 흔 가지라 (至死只依舊ㅣ니라) 〈번소 6:3〉

　　　<u>죽음애</u> 니르러도 오직 녜 ᄀᆞᄂᆞ니라 (至死只依舊ㅣ니라) 〈소학 5:3〉

ㄹ. 陸績의 橘 <u>푸뭄과</u> (陸績懷橘와) 〈번소 6:5〉

　　陸績의 橘 <u>품음과</u> (陸績懷橘와) 〈소학 5:5〉

ㅁ. 顔子ᅵ 왼 일 다시 <u>아니호몰</u> (顔子之不貳롤) 〈번소 6:9〉

　　顔子의 허믈 다시 <u>아니홈을</u> (顔子之不貳롤) 〈소학 5:9〉

ㅂ. 셰속이 다 <u>위와툐몰</u> 즐겨 (擧世好承奉ᄒ야) 〈번소 6:25〉

　　온 셰샹이 <u>위와팀을</u> 됴히 너겨 (擧世好承奉ᄒ야) 〈소학 5:23〉

ㅅ. 셰속이 다 호긔로와 롬 <u>쯰류몰</u> 듕히 너겨 (擧世重游俠ᄒ야)

　　〈번소 6:25〉

　　온 셰샹이 ᄃ니며 놈 <u>쯰리믈</u> 重히 너겨 (擧世重游俠ᄒ야)

　　〈소학 5:23〉

　　예문 (24)와 (25)에서 확인할 수 있는 것처럼 '-오-'가 『번역소학』에는 나타나고 『소학언해』에는 나타나지 않는 것이 있는바, 이 예문들을 통하여 '오'계 어미들 중에서 '-온'과 '-올'에서의 '오'의 소멸과 명사형어미 '-옴〉-음' 변화를 확인할 수 있다. 바로 이러한 변화가 '-오-'의 제1단계 소멸 과정을 보여주는 것이다. 『소학언해』에 나타나지 않는 '오'계 어미류 중에는 관형 구성에 통합한 '-오-'와 명사형어미 '-옴〉-음'의 변화가 가장 많이 보인다.

　　다음 예문 (26)은 명사구 보문 구성에서 '-오-'가 소멸한 것이다.

(26) ㄱ. 이 져믄 비홀 사ᄅᆞ미 모로매 몬져 <u>ᄒ욜</u> 배라 (此ᅵ 幼學所當先也ᅵ

　　　니라) 〈번소6:8〉

　　　이 졈어셔 비홀 이 맛당히 몬져 <u>홀</u> 배니라 (此ᅵ 幼學所當先也ᅵ 니

　　　라) 〈소학 5:8〉

ㄴ. 몬져 모로매 안졍ᄒᆞ고 샹심ᄒᆞ며 공경케 홀 디니 (先要安詳恭敬이니)

〈번소 6:2-3〉

몬져 모롬이 안졍ᄒᆞ고 샹심ᄒᆞ며 공순ᄒᆞ고 조심케 홀 디니

(先要安詳恭敬이니) 〈소학 5:2〉

예문 (26ㄱ)은 '바' 의존명사 구성으로 『소학언해』에서는 '-오-'가 소멸한 '홀 배니라'로 나타나는 것이다. 예문 (26ㄴ)에 보이는 '홀 디니'나 '홀 디니라' 등은 근대국어 문헌에서도 많이 나타나는 것인데 16세기 후반 자료인 『소학언해』에는 이 구성에서도 '-오-'가 소멸된 용례가 보인다. 이와 같이 '-오-'의 제1단계 소멸이 16세기 후반에 상당히 진전되었음을 알 수 있다.

이들에 비해 접속어미에서 '-오ᄃᆡ'가 '-ᄋᆞᄃᆡ'로 변하여 나타나는 것도 아주 드물지만 보인다.[25] 다음 예문 (28)은 접속어미 '-오ᄃᆡ'의 변화를 보여준다.

(28) 혀근 아ᄒᆡ를 ᄀᆞᄅᆞ쵸ᄃᆡ (敎小兒호ᄃᆡ) 〈번소 6:2〉

적은 아ᄒᆡ를 ᄀᆞᄅᆞ치ᄃᆡ (敎小兒호ᄃᆡ) 〈소학 5:2〉

위의 대비 자료들에서 확인할 수 있듯이 '-오-'계 어미류 중에서 '-오-'의 변화 즉 '-오-'의 1단계 소멸을 경험한 것은 '-오-'계 어미류 중에서 공시적으로 '-오-' 자체가 아무런 기능을 할 수 없는 것들이다. 이것은 '-오-'의 생성에서도 명사형이나 관형사형어미에 통합된 '-오-'가 가장 먼저 우리 국어에 생산적으로 쓰이기 시작했다는 사실과도 관련이 있다. 『소

---

25 '-오ᄃᆡ'의 경우는 '-으되'로 나타나는 경우가 근대국어 자료에서도 문헌의 성격에 따라서는 아주 드물게 나타나는 경우가 많다.

학언해』의 단계, 즉 16세기 후반에는 이미 '-오-'가 제1단계의 消滅 과정을 밟고 있음을 단적으로 증명한다. '-오-'가 소멸하는 단계를 통하여 우리는 흥미있는 현상을 발견할 수 있다. '-오-'가 소멸하는 데는 단계가 있다. 즉 '-오-'의 제1단계 소멸은 15세기를 기준으로 해서 보면 관형사형어미 '-ㄴ'과 '-ㄹ' 앞에 통합되어 있는 '-오-'와 명사형어미 '-옴'에 결합되어 있는 '-오-'에서부터 먼저 소멸하기 시작하는바, '-오-'가 먼저 생성되어 생산적으로 많이 사용되었던 것부터 소멸하기 시작하는 변화의 모습을 보인다. 명사형어미 '-ㄴ'이나 '-ㄹ' 앞에 결합한 '-오-'보다 후대에 사용되기 시작한 평서법이나 의문법 종결어미와 통합한 선어말어미 '-오-'는 '-오-'의 변화에서는 제2단계 소멸에 해당하는바, 화자 일치소로 기능하는 선어말어미 '-오-'가 '-오-'의 제1단계 소멸이 일어난 후 제2단계로 소멸하는 현상도 우리가 주목해야 할 필요가 있다. 『번역소학』과 『소학언해』에는 화자 일치소를 나타내는 선어말어미 '-오-'의 경우는 대체로 그대로 사용되고 있다. 다음 예문 (28)이 그것을 보여준다.

(28) 주손이 이런 힝뎍 이슈믈 듣고져 <u>아니ᄒ노라</u>

　　(不願聞子孫의 有此行也ᄒ노라) 〈번소 6:13〉

　　子孫이 이런 힝실이 이심 드르믈 願티 <u>아니ᄒ노라</u>

　　(不願聞子孫의 有此行也ᄒ노라) 〈소학 5:12〉

　그런데 17세기 이후에 간행된 국어사 자료를 확인해 보면 화자 일치소로 기능하는 선어말어미 '-오-'의 소멸을 확인할 수 있다. 근대국어 단계에 중간된 『杜詩諺解』의 자료를 바탕으로 '-오-'가 어떻게 소멸해 가는지를 다시 검토해 보자.

5.2. 『두시언해』의 초간본(1481년, 成化 17)과 중간본(1632년, 崇禎 5)을 비교하여 선어말어미 '-오-'의 소멸을 살펴보면 다음과 같다. 물론 이 자료에서도 제1단계로 소멸한 '-오-'계 어미들 역시 중간본에는 소멸한 형태로 많이 나타난다.[26] '-오-'의 1단계 소멸은 앞에서 살펴본 것처럼 16세기부터 본격적으로 일어난 변화이다. 즉 관형사형어미 앞에서 '-오-'의 소멸과 명사형어미 '-옴'이 '-음'으로 변한 모습으로 나타나는 것이 그것이다.

(29)　ㄱ. 하ᄂᆞᆳ 門에 힛 비치 黃金榜애 소앳ᄂᆞ니 봆 宮殿에 갠 비치 블근 지ᄎᆞ로 혼(ᄒᆞᆫ) 旗예 우롓도다 〈杜詩 6:6〉

　　　　[하늘 門에 햇빛이 黃金榜애 쏘아져 있는데, 봄 宮殿에 갠 빛이 붉은 깃털로 만든 旗에 어려 있구나.]

　　　ㄴ. 뷔 뷔오 사롤 ᄃᆡ 占卜호ᄆᆞᆫ 다 이 남ᄀᆞᆯ 爲ᄒᆞ얘니 五月에 엇브시 ᄎᆞ민야미 소릴 든논(든논) 둧ᄒᆞ다라 〈杜詩 6:40〉

예문 (29ㄱ)은 초간본에서 'ᄒᆞ-'의 관형사형이 'ᄒᆞᆫ'으로 되지 않고 '혼'으로 나타난 것이다. 이 현상을 이른바 대상활용이라고 한 바 있다. 즉 '블근 지ᄎᆞ로 혼 旗'를 '旗ᄅᆞᆯ 블근 지ᄎᆞ로 ᄒᆞ다'와 관련시켜 보면, 꾸밈을 받는 명사 '旗'가 이 관형 구성에서 서술어 'ᄒᆞ-'의 의미상의 목적어가 됨을 나타낸 것이다. 초간본의 '혼'에 대해 중간본의 표기가 'ᄒᆞᆫ'으로 나타난 것은 이 시기에 이미 '-오-'의 이러한 기능이 소

---

26 물론『두시언해』중간본은 자료의 성격상 초간본의 언어 현상을 그대로 간직한 것이 많다. 이런 현상은『두시언해』중간본이 가지는 문헌상의 특징이다. 그러나『두시언해』중간본은 단순한 초간본의 복각이 아니라 중간본이 간행될 당시의 언어 모습이나 중간본이 간행된 지방의 방언적인 모습도 보이는 자료이기 때문에 초간본과 중간본의 언어 현상이 차이를 보이는 것은 국어사 연구에서 귀중한 자료로 활용할 수 있다.

멸되었음을 보여준다. 예문 (29ㄴ)은 '듣논'에 대해 중간본에는 '든는'으로 되어 있는바, '-오-'의 통시적인 소멸양상을 보인다.

명사형어미 '-옴'의 경우도 중간본에서 '-음'으로 나타나는 경우가 있다. 이 변화도 16세기부터 본격적으로 일어났던 것이다.

(30) 峽ㅅ 이페 ㅂㄹ미 샹녜 쌘ㄹ니 ㄱㄹ미(ㄱㄹ미) <u>흘루미(흘르미)</u> 氣運이 平
티 아니ㅎ도다 〈杜詩 7:12〉

[협곡의 어구에 바람이 항상 빠르니, 강의 흐름이 氣運이 평온하지 않구나.]

예문(30)의 '흘루미'와 '흘르미'는 명사형어미 '-옴'이 '-음'으로 바뀐 모습을 보여 준다.

이와 같이 '오'계 어미류에서 관형 구성에 통합한 '-오-'와 명사형어미 '-옴'은 16세기부터 본격적으로 소멸하기 시작하여 『두시언해』의 중간본(1632년)이 간행된 시기에는 거의 소멸되었기 때문이다. 김완진(1995)에서도 검토된 바 있듯이 『老乞大諺解』(1670년)에서도 '-온', '-올'과 '-옴', '-오리라', '-오니라' 등에서의 '오'는 거의 모두 소멸된 어형으로 나타난다. '-오려'와 '-오마'에서의 '오'도 소멸된 어형으로 나타난다.

『두시언해』 초·중간본의 비교를 통하여 우리가 확인할 수 있는 것은 '-오-'의 제1단계 소멸뿐만 아니라, '-오-'의 제2단계 소멸를 확인할 수 있다. 즉 화자 일치소로 기능하는 선어말어미 '-오-'의 변화를 구체적으로 확인할 수 있다는 것이다. 먼저 문장 종결어미 앞에서 '-오-'가 소멸된 경우를 보자. 화자 일치소 '-오-'의 소멸은 16세기 자료에는 잘 보이지 않았던 것이다.

(31) 困窮호물 爲ᄒ디 아니ᄒ면 엇뎨 이러호미 이시리오

오직 저허홀가 말미ᄒ야 ᄀ장(ᄀ장) 모로매 親히 ᄒ다라(ᄒ더라)

〈杜詩 7:22〉

[困窮하기 때문이 아니면 어찌 이러함이 있겠는가?)

오직 '저어할까' 하여 (내가) 모름지기 아주 친하게 대했었다(지냈었다).]

예문 (31)을 보면 초간본의 'ᄒ다라'에 대해 중간본에는 'ᄒ더라'로 되어 있는바, 근대어 단계에서 화자 일치소인 '-오-'가 소멸되어 가는 현상을 잘 보여준다. 또, 초간본에서 선어말어미 '-오-'가 접속어미 '-니'와 '-거니와', '-건마른' 등과 통합한 경우 중에서 중간본에서는 '-오'가 소멸된 형태로 나타나는 것이 있다. 다음 예문 (32)가 그것을 보여 준다.

(32)   ㄱ. ᄒ마 伶俜ᄒᆫ 열 ᄒᆡ옛 이ᄅᆞᆯ 견듸옛노니(견듸엿ᄂᆞ니)

고ᄃᆞᆯ파 올마 ᄒᆞᆫ 가지예 깃기서 便安히 잇노라 〈杜詩 6:16〉

[(나는) 이미 零落한 십 년 일을 견뎠는데,

(이제) 억지로 옮겨가 한 가지에 깃들어 便安히 있다.]

ㄴ. 巴山ㅅ 길흘 시름 아니ᄒ가니와(아니ᄒ거니와)

漢ㅅ 旌旗ᄅᆞᆯ(旌旗ᄅᆞᆯ) 일흘가 젓노라(젓노라) 〈杜詩 12:34〉

[巴山의 길을 근심하지 않거니와

한나라의 깃발을 잃을까 두려워한다.]

ㄷ. 可히 슬프도다 ᄇᆞᆯ셔 가지와 너출왜 다ᄅᆞ디 아니간마른(아니컨

마ᄂᆞᆫ)

이 거시 고아 長常 먼 ᄃᆡ셔 날ᄉᆡ니라 〈杜詩 15:21〉

[(가히) 슬프구나. 벌써 가지와 넌출이 다르지 않건만

이것이(여지가) 곱고, 항상 먼 곳에서 나기 때문이다.]

예문 (32ㄱ)의 '견듸옛노니'가 중간본에는 '견듸엿ᄂ니'로 표기되어 있는바, '-오-'가 그 동안에 소멸되었음을 보여 주는 예이다. 예문 (32ㄴ)은 초간본의 '아니ᄒ가니와'에[27] 대해 중간본에서는 선어말어미 '-오/우-'의 소멸로 '아니ᄒ거니와'로 나타났다. 예문 (32ㄷ)의 '아니간마른'은 '아니(ᄒ)-'와 선어말어미 '-오-' 그리고 어미구조체 '-거+ㄴ마른'이 통합한 구성체이다. 중간본의 '아니컨마ᄂ'에는 초간본의 어형에서 통합되었던 선어말어미 '-오-'가 나타나지 않는다. 어미구조체 '-건마른'이 존경법 선어말어미 '-시-'와 통합할 경우는 '-거+시+ㄴ마른'으로 나타난다. 어미구조체 '-건마른'이 16세기 이후부터는 '-건마ᄂ'으로 많이 나타나는 바, 중간본의 '아니컨마ᄂ'은 이 변화도 반영된 것이다.

다음 예문 (33)의 경우는 선어말어미 '-오-'의 제2단계 소멸과 관련하여 17세기 초·중엽의 문헌 자료에 집중적으로 보이는 특징적인 표현들이다.

(33) ㄱ. 巫峽 안햇 바트로 가는 나그내

　　　ᄀᆳ ᄀᆞᅀᅵ(ᄀᆞᅌᅵ) 무를 비러 **토라**(토롸) 〈杜詩 7:17〉

　　　[巫峽 안에 있는 밭으로 가는 나그네가(내가)

　　　강가에서 말을 빌려 탔다.]

---

27 '아니ᄒ가니와'의 '-가니와'는 연결어미 '-거니와'에 '-오-'가 통합된 것이다. 15세기 언해 자료에서 보면 '-거-'와 '-오-'가 통합된 것으로 추정되는 어형은 두 가지 즉 '-가'와 '-과'로 나타난다. 이 중 '-가'로 나타나는 것에는 '-가니', '-가니와', '-가니오, -가뇨' 등과 '-간마른'이 있다. '-거지라, -거지이다'에 대한 '-가지라, -가지이다'가 존재하고, '-거라'에 대한 '-가라'도 존재한다. 그런데 '-가지라, -가지이다'와 '-가라' 경우의 '-가'를 '-거+오-'로 분석할 수 있을지는 의문이다. 이 두 가지에서는 뚜렷한 의미차이가 보이지 않기 때문이다. '-거니와'는 '-시-'와 통합하면 중세국어에서는 '-거시니와' 형으로 나타나는 것이 일반적이다. 그런데 드물지만 '-시거니와'로 나타나는 경우도 있다. '如來와 聖王괘 그 相ᄋ론 곧 毫釐마도 어긔요미 업스시거니와 그 證ᄋ론 天地 므스기 멀리오(如來與聖王이 以其相則毫釐無差ㅣ어니와 以其證則何遠이리오)'(金剛金剛經三家解 4:63)

ㄴ. 閑散혼 싸해 더욱 벼개를 노피 벼요니

　　사라쇼매 조슨ᄅᆞ윈(조요ᄅᆞ윈) 늘을 <u>버서나라(버서나롸)</u>

　　〈杜詩 11:1-2〉

　　[한산한 땅에서 더욱 베개를 높게 베었는데

　　　살아 있음애 요긴한 나루를 벗어났구나.]

　　예문 (33ㄱ)의 '토라'에 대한 '퇴롸'와 예문 (33ㄴ)의 '버서나라'에 대한 '버서나롸' 등에 보이는 어미 '-롸'는 17세기 초·중엽 경에 언해되어 나온 문헌에 나타나는 특징적인 표현이다. 선행하는 용언의 어간에 통합되어 있던 선어말어미 '-오-'가 소멸되면서 그 흔적을 후행하는 종결어미 부분에 남겨 놓아 '-롸'와 같은 어미가 일시적으로 나타나게 된 것이다. '-롸' 외에 '-돠'도 근대국어 초기에 특징적으로 나타나는 바, 이것도 역시 선어말어미 '-오-'가 쇠퇴하면서 근대국어 단계에서는 종결어미 쪽에 영향을 미쳐 '-오-'의 원순성이 문장 종결어미 '-다/라'에 반영되어 '-롸'나 '-돠'로 실현된 것이다. 이런 변화는 근대국어 시기의 짧은 기간 동안 지속되다가 사라졌다.

　　'-오라〉-으롸'와 같은 변화는 '-오ᄃᆡ〉-으되'의 변화와 평행해서 나타난다. 김완진(1995)에서는 이 현상과 관련하여 주목할 만한 사실들을 설명하고 있다. 이런 현상은 선어말어미 '-오-'의 변화가 단번에 이루어진 것이 아니라는 사실을 보여주는 것이다. 특히 '-오라'와 '-오ᄃᆡ'의 경우는 제한된 환경에서 전이 형태 '-으롸'나 '-으되'를 남겨 놓고 있다. 老乞大 언해류를 비교해 보면 '-오라'와 '-오ᄃᆡ'는 두 단계의 변화 과정을 확인할 수 있다. 즉

　　-오라 ＞ ˚-오롸 ＞ -으롸

-오듸 〉 -오되 〉 -으되

　'-오라'나 '-오듸'의 첫 단계 변화는 '오'의 원순성 동화이고, 두 번째 변화는 '오'의 원순성 상실이다.[28] '-오-'의 원순성 상실은 스스로 의미 기능을 가지고 있지 않은 것이 단순한 음운론적 동요가 일어나고 있던 시기에 그것들과 함께 '-오-'의 변화도 진행된 것이라고 한 바 있다.[29]

　다음 예문 (34)는 『두시언해』 초간본의 '스랑ᄒ노라'에 대해 중간본에는 '스랑ᄒ로라'로 표기되어 있는 경우이다.

　　(34) 버드나모 션 믌 ᄀᅀᅩ로(ᄀᅌᅳ로) 디나
　　　　定昆池로 물 들여 오던 이롤 <u>스랑ᄒ노라(스랑ᄒ로라)</u>
　　　　〈杜詩 15:10 〉
　　　　[버드나무가 서 있는 물가로 지나
　　　　定昆池로 말 달려 오던 일을 생각한다.]

　'스랑ᄒ노라'에 대해 중간본에는 '스랑ᄒ로라'로 표기되는 것도 중간본의 표기상의 특징이다. 이런한 현상은 언간 자료나 근대국어 자료에 가끔 보이는 현상이다. 이런 현상도 『두시언해』의 중간본 단계에는 선어말어미 '-오-'에 대한 인식이 없어지면서 생기는 현상이다. 이 외에도

----

28 이미 김완진(1995)에서도 지적된 바 있듯이 老乞大 언해류에서는 '*-오롸' 형은 보이지 않는다. 그러나 '-오듸'의 경우는 '무로듸〉무로되〉무르뇌'나 '닐오듸〉닐오되〉니ᄅ뇌'로 나타나 두 단계의 변화 과정을 실제 용례로 확인할 수 있다. 실제로 '-오듸'는 현대국어에서도 이 변화의 흔적을 남기고 있다. 현대국어에서 '-되'는 자음계 용언 어간과 결합할 때 '으'의 개입이 없이 '먹되', '잡되', '들되' 등과 같이 어간에 '-되'가 직접 통합한다. 그런데 '있으되', '먹었으되, 잡았으되, 하였으되'의 경우에는 '-으되'로 남아 있다. '-되'의 원순성에 이 전 시기의 '오'의 흔적이 남아 있기 때문이다.
29 더 구체적인 것은 김완진(1995)을 참조할 수 있다.

'ㅂ름 부는 돌 ᄃ릿 구룸 무틴 그테 <u>ᄒ마 드로라(드노라)</u>'〈杜詩 15:46〉 등에서와 같이 초간본의 '드로라'에 대해 중간본에서 '드노라'로 바꾸어 잘못 번역한 경우가 있다. 여기서의 'ᄒ마 드로라'는 "이미 들어 왔다" 정도로 해석되어야 한다. 초간본의 'ᄒ마 드로라'를 중간본에서 'ᄒ마 드노라'로 잘못 번역한 것도 중간본의 편찬자가 선어말어미 '-오-'를 잘 이해할 수 없었던 결과가 반영된 것이다.

5.3. 중세어에서 생산적으로 쓰이던 선어말어미 '-오-'는 문헌 자료의 성격에 따라 다소 차이를 보이긴 하지만 근대어나 현대어에서는 사용되지 않는다. '-오-'계 어미류는 16세기부터 본격적으로 동요하기 시작하여 제1단계로 소멸하기 시작한다. 즉 관형 구성에서의 '-오-'의 소멸과 명사형어미 '-옴〉-음'의 변화가 그것이다. 그리고 17세기 이후 근대국어 시기에 '-오-'의 제2단계 소멸이 이루어진다. 화자 일치소로 기능하는 선어말어미 '-오-'의 소멸이 그것이다. 특히 '-오라'나 '-오디' 류의 변화에서는 '-으라'나 '-오되〉-으되'의 단계가 존재했다는 사실도 주목된다. 그리고 '오'계 어미류의 소멸 과정에서 우리가 발견할 수 있는 흥미로운 사실은 먼저 쓰이기 시작한 '오'계 어미류가 먼저 소멸되었다는 것이다. 물론 이 경우에는 소멸하는 대상 그 자체가 일정한 기능을 가지지 못하는 것이 일반적이다.

언어의 변화란 단번에 이루어지는 것은 아니다. '-오-'의 변화도 마찬가지다. 문헌 자료의 성격에 따라서는 근대국어 시기에 관행된 자료에도 '오'계 어미류들이 그대로 사용되기도 한다. 그 중에는 '-오-' 변화의 양상을 잘 반영하는 자료도 있지만 그렇지 않은 자료도 있다는 점을 유의해야 한다. 일반적으로 근대국어 단계에는 '-오-'에 대한 인식이 점점 없어지고, 의고체의 문어체 문장에서 극히 일부가 화석형으로 남아 현대국어에까지 남아 있다.

참고문헌

강길운(1972), 「한정법(삽입모음 오/우)에 대하여」, 『논문집』 1, 덕성여자대학교.

고영근(1981), 『중세국어의 시상과 서법』, 탑출판사.

고영근(1989), 『국어형태론 연구』, 서울대출판부.

고영근(1997), 「중세어 높임의 어미 '시'와 '오'계 어미의 형태론」, 『韓國語文學論考』, 태학사.

권용경(1990), 「십오세기 국어서법의 선어말어미에 대한 연구」, 『국어연구』 101.

김송룡(1985), 「16세기 국어의 인칭법에 관한 연구」, 건국대 석사학위논문.

김승곤(1974), 「'오/우' 형태소 考-노걸대와 박통사를 중심으로」, 『국어국문학』 65·66.

金完鎭(1976), 『老乞大의 諺解에 대한 比較硏究』, 한국연구원.

金完鎭(1980), 『鄕歌解讀法硏究』, 서울대학교출판부.

金完鎭(1995), 「老乞大 諺解에서의 意圖形의 崩壞 再論」, 『韓國文化』 16.

김형규(1961), 「'-(오/우)-' 삽입모음고」, 『조선학보』 21-22.

남권희(1994), 「高麗 口訣 資料 金光明經 卷三의 소개」, 구결연구회 월례 강독회 발표 요지, 1994.11.5.

남권희(1996), 「高麗 口訣資料 大方廣佛華嚴經 卷第十四의 書誌的 分析」, 『口訣硏究』 제1집, 구결학회.

남성우(1997), 「飜譯小學 卷6과 小學諺解 卷5의 飜譯」, 『口訣硏究』 제2집, 구결학회.

남풍현(1986), 「구역인왕경의 口訣에 대하여」, 『국어학신연구』 Ⅲ, 若泉김민수교수 화갑기념, 탑출판사.

남풍현(1990), 「高麗末 朝鮮初期의 口訣硏究-楞嚴經 記入吐의 表記法을 중심

으로-」, 『진단학보』 69.

남풍현(1993), 「高麗本 瑜伽師地論의 釋讀口訣에 대하여」, 『東方學志』 81집, 연세대 동방학연구소.

박형달(1968), 「15세기 국어의 관형형에 나타나는 교체 음운 '오/우'의 기능에 대하여」, 『어학연구』 4-2, 서울대 어학연구소.

백두현(1996), 「고려시대 석독구결의 선어말어미 '-ᅔ-(오)'의 분포와 문법기능」, 『어문론총』 30호, 경북어문학회.

백두현(1997), 「고려시대 석독구결의 선어말어미 '-ᅔ-(오)'에 대한 통사적 고찰」, 『진단학보』 83.

손주일(1979), 「15세기 국어의 선어말어미 '-오/우-'에 대한 통사론적 고찰」, 서강대 석사학위논문.

안병희(1967), 「문법사」, 『민족문화사대계』 V, 고려대학교 민족문화연구소.

안병희(1977), 『中世國語 口訣의 硏究』, 일지사.

안병희(1992), 『國語史 硏究』, 신구문화사.

이남덕(1971), 「15세기 국어의 정동법 연구」, 문교부 연구보고서, 『어문학계』 6.

이숭녕(1959), 「어간형성과 활용어미에서의 '-(오/우)-'의 개재에 대하여」, 『논문집』 8, 서울대.

이숭녕(1960), 「Volitive form으로서의 Prefinal ending '-(o/u)-'의 개재에 대하여」, 『진단학보』 2.

이숭녕(1964), 「'-(오/우)-' 논고」, 『국어국문학』 27, 국어국문학회.

이숭녕(1975), 「中世國語 '것'의 연구」, 『진단학보』 39.

이승욱(1973), 『국어문법체계의 사적 연구』, 일조각.

이승재(1992), 『高麗時代의 吏讀』, 태학사.

이승재(1995), 「動名詞 語尾의 歷史的 變化」, 『國語史와 借字 表記(素谷 南豊鉉先生回甲紀念論叢)』, 태학사.

이승희(1996), 「중세국어 감동법 연구」, 『국어연구』 139.

이인모(1975), 「중세국어의 서법과 시제 연구」, 고려대 박사학위논문.

이호권(1987), 「법화경언해에 대한 비교연구」, 『國語硏究』 78.

임홍빈(1981), 「선어말 '-오/우-'와 확실성」, 『한국학논총』 3, 국민대 한국학연구소.

李賢熙(1989), 「국어 문법사 연구 30년(1959-1989)」, 『國語學』 19.

李賢熙(1994), 『中世國語 構文硏究』, 신구문화사.

전정례(1991), 「중세국어 명사구 내포문에서의 '-오-'의 기능과 변천」, 서울대
　　　　　언어학과 박사학위논문.

전정례(1995), 『새로운 '-오-'의 연구』, 한국문화사.

鄭在永(1985), 「15세기 국어의 선어말어미 '-오/우-'에 대한 연구」, 한국외대
　　　　　석사학위논문.

鄭在永(1995), 「前期中世國語의 疑問法」, 『國語學』 제25집.

鄭在永(1996), 『依存名詞 'ᄃᆞ'의 文法化』, 國語學叢書 23, 태학사.

차현실(1981), 「중세국어의 응축보문: '-오/우-'의 통사기능을 중심으로」, 이
　　　　　화여대 박사학위논문.

최남희(1987), 「선어말 '-오/우-'의 통어 기능」, 『동의어문론집』 3.

한재영(1990), 「先語末語尾 '-오/우-'」, 『국어연구 어디까지 왔나』, 동아출판사.

허　웅(1958), 「삽입모음고」, 『논문집』 7, 서울대학교.

허　웅(1959), 「삽입모음재고」, 『한글』 125, 한글학회.

허　웅(1965), 「인칭어미설에 대한 다섯번째의 논고」, 『한글』 135.

허　웅(1973), 「15세기 국어의 주체-대상법 활용」, 『한글』 152.

허　웅(1975), 『우리 옛말본』, 샘문화사.

허원욱(1993), 『15세기 국어 통어론』, 샘문화사.

어말어미의 변화*

徐泰龍**

1. 서언

국어 문장이나 절의 필수요소인 용언의 어말어미는 자주 쓰이므로 쉽게 변화하지 않는다. 그러나 어말어미 앞과 뒤의 요소를 분석하지 않고 어말어미의 변화를 관찰하면 그 변화는 상당히 복잡하다. 이 글의 목적은 선어말어미나 조사, 의존명사, 보조동사가 분포에 제약을 보이면서 어말어미와 통합형을 이룬 경우라도 분석하여 어말어미의 변화를 살펴보는 것이다.

15세기 이전의 어말어미는 그 전모는 파악하기 어렵지만 신라시대 향가와 고려시대 구결 및 이두를 자료로 그 윤곽은 알 수 있다. 향가나 구결 및 이두는 차자 표기 자료이므로 어말어미의 형태를 정확히 파악하기 어렵다. 차자 표기는 물론 한글 표기 자료에서 동일한 글자가 단

* 이 글은 1996년 徐泰龍이 쓴 것을 그 이후의 연구 성과를 반영하여 자료를 중심으로 김지오(동국대 초빙교수)가 보완하고 수정한 것이다.
** 동국대학교 명예교수

일 형태소라는 증거는 아니지만 동일한 어말어미라는 것을 뒷받침할
수도 있으므로 어말어미의 분석이 단순하지는 않다.

이 글은 15세기까지의 어말어미 또는 그 통합형을 다음 순서로 도표
에 제시하고 15세기 이후의 변화는 비교적 많은 연구가 있으므로 간략
히 서술한다. 다만 그 형태가 나타나지 않으면 제시하지 않는다. 신라
와 고려의 이두 및 『계림유사』에 보이는 형태는 논의 과정에 밝힌다.

(1) 신라 향가	(2) 고려 중기의 석독구결	(3) 고려 후기 및 조선 초기의 순독구결	(4) 15세기의 한글 문헌

이 글은 어말어미를 정동사어미, 부동사어미, 동명사어미로 나누어
기술한다.[1] 문장 유형을 결정하는 정동사어미는 경어법, 시상, 화자나
청자의 존재를 나타내는 선어말어미에도 통합하는데 문장을 종결하기
때문에 '종결어미'라고도 부른다. 앞 표현에 통합하여 뒤 표현과의 다양
한 의미 관계를 나타내는 부동사어미는 앞과 뒤의 표현을 연결하므로
'연결어미' 또는 접속문을 구성하므로 '접속어미'라고도 부른다.[2] 앞 표
현이 명사구 구성을 이루도록 하는 동명사어미는 명사절을 이루는 명
사형과 관형사절을 이루는 관형사형으로 나누지만 15세기 이전에는
'-ㄴ', '-ㄹ'이 관형사형과 명사형의 기능을 보인다. 관형사형도 결국은

---

1 어말어미를 정동사어미, 부동사어미, 동명사어미로 분류하는 것은 역사적 변화나 그 형
태와 의미를 기술하는 데에 절대적이고 유일한 방법이기 때문이 아니라 다른 문법사 기술의
분류를 따르는 것일 뿐이다. 통합 위치를 기준으로 어말어미와 선어말어미는 대립하는 범주
이지만 선어말어미와 관련이 있는 어말어미도 적지 않다. 또한 정동사어미와 부동사어미 가
운데 그 형태와 기본의미가 동일한 예가 있고 동명사어미가 뒤에 조사와 통합형을 이루어
종결형이나 연결형으로 쓰이는 예가 있다. 그러한 예는 각각의 어말어미를 기술하면서 언급
하기로 한다.
2 이 글에서 단일 형태소는 '정동사어미'와 '부동사어미'로 부르고 통합형은 '종결형'과 '연
결형'으로 구별하여 부른다.

명사를 수식하는 명사구 구성을 위한 것이므로 명사형과 함께 동명사 어미로 묶는다.

2. 정동사어미

문장을 끝맺는 정동사어미는 상대경어법에 따라 분류하거나 문장 유형에 따라 분류할 수 있다. 상대경어법은 선어말어미로 구별되는 등급이 많으므로 문장 유형에 따라 정동사어미를 분류하는 것이 바람직하다. 문장 유형은 화행을 기준으로 하면 평서문, 감탄문, 의문문, 명령문, 청유문, 약속문 등으로 나눌 수 있지만 이들 정동사어미의 형태가 모두 구별되는 것은 아니다. 해라체의 문장 유형으로 정동사어미의 형태가 구별되는 것은 평서문 '-다', 의문문 '-가'와 '-고', 나머지 요구문 '-아/어' 정도이다. 요구문이란 청자에 대한 화자의 태도를 드러내는 명령문, 청유문, 약속문 등을 뜻한다. 정동사어미의 형태가 이 세 문장 유형과 반드시 일대일 대응관계를 이루는 것은 아니므로 관련이 있는 형태는 가능한 한 묶어 기술한다.

2.1. '-다'

앞 표현을 단순히 진술하여 끝맺는 '-다'는 향가부터 현대국어까지 대표적인 평서문어미로 쓰인다.

(1) -如;-多(다)	(2) -l/如(다)	(3) -l/如;-ㄱ/多(다)	(4) -다

(1)에서 '-如(다)'는 어간에 직접 연결되거나 '-是(이)-'와 '-古(고)-:-內 (ᄂ)-', '-音叱(ᄆᄉ)-' 다음에 확인되고, '-遣省(고셩)-', '-以支如支(로다)' 뒤

에 사용된 예도 보인다. '-多(다)'는 '-隱以(니)-', '-內乎(ᄂᆞ오)-', '-音叱(ㅁㅅ)-' 다음에 확인된다.

(2)에서 '-ㅣ/如(다)'는[3] '-リ/是(이)-'와 '-ソ/爲(ᄒᆞ)', '-ニ/示(시)-:-ナ/在(겨)-:-ㅌ/飛(ᄂᆞ)-:-ㅏ/臥(누)-:-ろ/五(오)-;-ㅎ/乎(오)-', '-禾/利(리)-:-ㅎ七/音叱(ㅁㅅ)-:-3七/良叱(앗)-:-ㅁ/古(고)' 다음에 확인된다. (1-2)의 이두에 쓰인 '-之'와 『계림유사』의 '寢曰作之(자다), 興曰你之(니다)'에 보이는 '-之'를 '-다'로 읽기도 한다.

(3)에서 '-ㅣ/如(다)'는 '-ㄟ/リ/是(이)-'와 '-ソ/爲(ᄒᆞ)', '-ニ/示(시)-:-厶/去(거)-:-令/於(어)-;-オ/於(어)-:-ㅌ/飛(ᄂᆞ)-:-ヒ/尼(니)-:-午/午(오)-:-ㄲ/刀(도)-;-斗/斗(두)-:-灬/以(로)-', '-禾/利(리)-:-ヌ/奴(노)-:-厶叱/去叱(것)-:-ヌ叱/奴叱(놋)-:-亠七/亦叱(엿)-:-亠舍七/亦舍叱(여샷)-:-ラ七/衣叱(옷)-:-ニㄹ/示已(시이)-:-厶リ/去是(거이)-:-ㅌリ/飛是(ᄂᆞ이)-:-入ㄹ/入已(드이)-:-ヌリ/奴是(노이)-:-禾リ/利是(리이)-:-罒ㄹ/四已;-士リ/士是(ᄉᆞ이)-' 다음에 확인되고, '-タ/多(다)'도 쓰이기 시작한다.

(4)에서 '-다'는 '-시-:-거-:-어-:-ᄂᆞ-:-도-:-로-:-으이-:-ㅅ-', '-ㅁㅅ-' 다음에 통합한다.

'-다'는 변화가 없지만 선어말어미와의 통합에서 분포의 변화를 보인다. '-다' 앞의 선어말어미로 (1-2)에 '-古(고)-', (1-4)에 '-ㅎ七/音叱-ㅁㅅ-', (2)에 '-ナ/在(겨)-', (3)에 '-リ/是;-ㄹ/已(으이)-'가 쓰인 것은 주목할 만한 변화이다. 특히 (1-2)에 분석 표기되지는 않았지만 '-쇼셔' 등에 있었을 '-으이-'가[4] (3-4)에 분석 표기되고 그 후 '-으이-'로 변화하여 현대국어 합쇼체의 '-습니다', '-습디다'에 남아 있다. (3-4)에 '-厶/去/거-:-令/於/어-'

---

3 이 글에서 구결은 '-구결자/본자(독법)'으로 제시한다.

4 이 글에서 매개모음 'ᄋᆞ/으'는 기본형에 반영하지 않는다. 다만 '-ᄋᆞ이/으이-', '-으이-', '-으이'만 '-이'와 구별하기 위하여 기본형에 '으'를 포함한다. 그 밖의 매개모음 'ᄋᆞ/으'는 기본형에 나타내지 않고 교체형도 기술하지 않는다.

다음에도 '-다'가 통합한다.

15세기에 '-도-'와 '-다'가 통합한 '-도다'는 16세기 이후에 '-ᄂᆞ-'의 중가형 '-ᄂᆞᆫ-' 뒤에 통합하여 '-ᄂᆞᆫ쏘다'로 나타나는데 현대국어에 '-도다'로 남아 있다. 현대국어의 '-렷다(리＋어＋ㅅ＋다)'도 선어말어미에 '-다'가 통합한 것이다. 16세기 이후 평서문의 동작동사에 통합한 '-ㄹ다'는 '-리로다'의 축약형으로 보기도 한다.

'-ㄹ디' 다음에 '-어다'가 통합한 '-ㄹ디어다'는 18세기까지 나타나고 구개음화로 '-ㄹ지어다'는 19세기 이후에 나타난다. 이들이 명령형으로 해석되는 것은 '-ㄹ' 때문이고 ᄒᆞ라체나 해라체로 인식되는 것은 '-어-' 때문이다.

평서문어미가 아닌 의문문어미 '-다'가 있는 것으로 보기 쉬운 '-ㄴ다'와 '-ㄹ다'가 향가부터 19세기까지 쓰인다.

(1)	(2)	(3) -ᅵᅵ/隱如(ㄴ다), -ᅵᄒ/隱等(ㄴᄃᆞ)	(4) -ㄴ다, -ㄹ다

(1-2)에서는 '-ㄹ다, -ㄴ다'가 확인되지 않는다. (3)에서 '-ᅵᅵ/隱如(ㄴ다)'와 '-ᅵᄒ/隱等(ㄴᄃᆞ)'가 'ᄒᆞ-'에 내포되어 나타난다. 16세기 이후의 구결에 '-隱多(ㄴ다)', '-乙多(ㄹ다)'가 확인된다.

(4)에서 '-ㄴ다'는 '-ᄂᆞ-:-더-:-아/어-:-ㅅ-' 다음에도 통합하고 '-ㄹ다'는 '-ᅀᆞᆸ-' 다음에도 통합한다.

15세기에 '-ㄴ다', '-ㄹ다'는 주어가 '너'인 ᄒᆞ라체에 판정의문문과 설명의문문을 구별하지 않고 쓰인다. 이들이 ᄒᆞ라체 의문형으로만 쓰인 것은 '-ㄴ', '-ㄹ' 다음의 '-다'가 평서문어미가 아니라 의존명사 'ᄃᆞ'와 ᄒᆞ라체 정동사어미 '-아'가 통합되었을 가능성을 시사한다. '-ㄴ다', '-ㄹ다'가 19세기까지 보이다가 쓰이지 않게 된 것은 의존명사 'ᄃᆞ'의 소멸에 따른 것으로 보인다.

2.2. '-라'

앞 표현은 가능성을 진술하여 끝맺고 뒤 표현을 연결하는 '-라'는 향가부터 현대국어까지 평서형으로 '-다'와 짝을 이루고 명령형으로도 쓰인다. 평서형이나 명령형의 '-라'는 어간이나 선어말어미에 따라 구별된다. 다음은 평서형으로 쓰인 '-라'이다.

(1) -羅;-良(라)	(2) -罒/羅(라)	(3) -쇼/丶/羅(라)	(4) -라

(1)에서 '-羅(라)'는 '-良羅(러라)'에, '-良(라)'는 '-內良(ᄂ라)'에 확인된다.

(2)에서 '-罒/羅(라)'는 '-ㅣㅣ/是(이)-'와 '-ㄱㅐ/隱是(니)-', '-禾/利/리-' 다음에 확인된다. '-囉(라)'는 『계림유사』의 '來日烏囉(오라), 去日匿家入囉(니거지라), 客至曰孫烏囉(손오라), 凡呼取物皆曰都囉(도라)'에 보이지만 평서형인지 명령형인지 구별하기 어렵다.

(3)에서 '-쇼/丶/羅(라)'는 '-丶ㅣㅣ/是(이)-'와 '-ㅁ/古(고)-ː-ㄹ/示(시)-ː-ᄶ/以(로)-ː-ㅉ/要(요)-ː-禾/利(리)-ː-ㄴ/尼(니)-', '-叉/奴(노)-' 다음에 확인된다.

(4)에서 '-라'는 '-이-'와 '-오-ː-과-ː-더-' 다음과 '-이-'로 끝나는 '-리-ː-니-ː-게-ː-애/에-' 다음에 통합한다.

'-라'는 변화가 없지만 선어말어미와의 통합에서 분포의 변화를 보인다. 15세기의 '-오-'나 '-과-'에 '-라'가 통합한 '-오라'나 '-과라'는 소멸하지만 '-ᄂ+오-'에 '-라'가 통합한 '-노라'는 현대국어에 남아 있다. 동사에 '-아/어-'와 '-ㅣ라'를 통합한 15세기의 감탄형 '-애라/에라'는 17세기 이후에 현대국어와 같은 상태동사의 감탄형 '-아라/어라'로 변화한다.

15세기에 선어말어미와의 통합에서 나타나는 차이를 근거로 '-다'와

'-라'는 교체형으로 기술되기도 하지만 이들의 분포가 상보적이 아니므로, '-라'는 '-ㄹ'과 '-아'의 통합형일 것이다. 이 '-라'의 '-아'는 정동사어미와 부동사어미로 가장 널리 쓰이는 어말어미이다. '-이-' 다음에 인용문에는 '-라', 주문장에는 '-다'가 쓰이는 것은 근대국어에 일어난 변화이다.

'-ㄹ디' 다음에 '-니라'가 통합한 '-ㄹ디니라'는 18세기까지 나타나고 구개음화로 '-ㄹ지니라'는 19세기 이후에 나타난다. '-ㄹ디니라'가 명령형으로 해석되는 것은 '-ㄹ' 때문이고 해라체로 기술되는 것은 '-라' 때문이다.

다음은 명령형으로 쓰인 '-라'이다.

(1) -良(라)	(2) - ㆍ/ㅁ/羅(라)	(3) -ㅅ/羅(라)	(4) -라

(1)에서 명령형 '-良(라)'는 '-去良(거라)'에도 확인되는데 '-良'은 주로 '-아/어'의 표기에 쓰인 것으로 '-라'와 '-아/어'의 관계를 시사한다.

(2)에서 '-거라'는 『계림유사』의 '坐曰阿則家囉(안ㅈ거라)'에도 보인다.

(3)에서 명령형 '-ㅅ/羅(라)'는 '-ㅆ/於羅(어라)', 'ㅑ ㆍ/良,羅(아라)', 'ㅁ ㆍ/古羅(고라)', 'ㅁ火ㅅ(ㅁ)/古火羅(고ㅸ라)'에도 확인된다.

(4)에서 명령형 '-라'는 '-거-:-나-:-아/어-' 다음에도 통합하는데 이들은 현대국어의 '-거라:-너라:-아라/어라'로 이어진다.

명령형은 15세기에 '-라', '-쇼셔', '-아쎠/어쎠'로 상대경어법의 등급을 나타낸다.

다음은 명령형으로 쓰인 '-시셔〉쇼셔'이다.

(1) -賜立(시셔)	(2) -ㅕ효/賜立(시셔), -小효/小立(쇼셔)	(3) -小효/小立; -小ㅡ/小西(쇼셔)	(4) -쇼셔

(1)에서 '-賜立(시셔)'는 대부분 어간이 아닌 '-遣(고)'나 '-遣只(곡)' 다

음에 쓰여 '賜(시)-'가 어간일 가능성이 있다.

(2)에서 '-쇼셔'는 『계림유사』의 '語話日替里受勢(드러쇼셔), 借物皆曰皮離受勢(비리쇼셔), 相別日羅戲少時(여희쇼셔)'에도 보인다.

15세기 이전의 (1-3)에서 '-라'와 '-시셔〉쇼셔'는 쉽게 확인되지만 중간 등급인 '-아쎠/어쎠'는 쉽게 확인되지 않는다. (2-3)에서 '-ㅌ/飛(ᄂ)-'와 '-ㅊ/去(거)-'에 '-ㅎ효/立(셔)'가 통합한 '-ㅌ효/飛立(ᄂ셔)'와 '-ㅊ효/去立(거셔)'의 '-셔'가 ᄒ야쎠체로 변화한 것으로 보인다. 한편 (3)에서는 'ᆢ효'와 같이 '어간'에 직접 연결된 '효'도 나타난다.

(4)에서 ᄒ쇼셔체의 '-쇼셔'와 ᄒ야쎠체의 '-아쎠/어쎠'가 나타난다.

'-쇼셔'는 현대국어에 '-소서'로 이어졌으나, '-아쎠/어쎠'는 16세기에 '-소'로 대체되면서 ᄒ야쎠체를 ᄒ소체로 바꾸게 된다. 18세기에 명령형으로 '-거-'와 '-으이'가 통합한 '-게'의 등장은 ᄒ소체와 ᄒ게체가 분리되는 발단이 된다.

2.3. '-아/어'와 통합형

앞 표현을 끝맺고 뒤 표현을 연결하는 '-아/어'는 향가부터 현대국어까지 정동사어미와 부동사어미로 널리 쓰인다. 그런데 15세기 이전에 동사 어간에 직접 통합하여 정동사어미로 쓰인 '-아/어'를 확인하기는 어렵다. 그러나 향가나 구결의 '-야/여'는 '-아/어'의 교체형이거나 '-이-'와 '-아/어'가 통합한 것일 가능성이 높다.

(1) -耶;-邪;-也(야/여)	(2) -ㄔ/亠/亦(여)	(3) -亠/亦(여)	(4) -아, -야/여
(1) -丁(뎌)	(2) -丁/丁;-彳/彼-(뎌)	(3) -丁/丁;-彳/彼; -㝉/佇(뎌)	(4) -뎌, -쎠

(1)에서 '-耶(야)'는 '-去(거)-:-置(도)-', '-叱等(ㅅᄃᆞ)-' 다음에, '-邪(야)'는 '-叱等(ㅅᄃᆞ)-' 다음에, '-也(여)'는 '-音(ㅁ)', '-尸(ㄹ)', '-賜以留(시로)-', '-而(마리)', '-隱第(ㄴᄃᆡ)' 다음에 확인된다. '-丁(뎌)'는 '-於(늘)', '-乎(온)', '-孫(손)', '-賜(신)' 다음에 확인된다. 그밖에 '-呂舌(리여), -留兮(로여)'에도 '-여'가 확인된다.

(2)에서 '-ㄔ/亠/亦(여)'는 '-ㄱ/隱(ㄴ)', '-尸/尸(ㄹ)' 다음과 '-ㄱ矢/隱知(ㄴ디)-' 다음에 확인되고, '-彳/彼(뎌)'는 '-ㄱ/隱(ㄴ)', '-ㄔ/叱(ㅅ)' 다음에, '-丁/丁(뎌)'는 '-ㄱ/隱(ㄴ)', '-尸/尸(ㄹ)' 다음에 확인된다. 그 밖에 (2)에서 '-下/下(하)'는 상대를 높이는 표현에 쓰여 15세기의 호격 '-하'와 관련을 보인다.[5] (2)의 이두에 '-兮(여)'도 쓰인다. '-어'는 『계림유사』의 '凡飮皆曰麻蛇(마셔), 洗手曰遜時蛇(손시서), 凡洗濯曰時蛇(시서)'에도 보인다.

(3)에서 '-亠/亦(여)'는 '-ㄱホ/隱等;-ㄱ月/隱月;-ㄱ入/隱入(ㄴᄃᆞ)', '-印月/印月(인ᄃᆞ)' 다음에 확인되고, '-㝉/佇(뎌)'는 '-ㄱ/隱(ㄴ)', '-乙/乙(ㄹ)' 다음에 확인된다. 16세기 이후의 구결에 '-底(뎌)'는 '-隱(ㄴ)', '-引(인)' 다음에, '-丁(뎌)'는 '-隱;-言(ㄴ)' 다음에 확인된다.

(4)에서 '-아'는 '-고나(고+ㄴ+아)'에, '-야/여'는 '-괴야, -로괴여' 등에 확인되는데 이들은 16세기에 나타나고 15세기에 관형사형과 의존명사 'ᄃᆞ'나 'ᄉᆞ'에 '-이-'와 '-어'가 통합한 '-ㄴ뎌'는 '-시-:-ᄂᆞ-:-리-:-과-:-아/어-', '-노-' 다음에도 통합하고, '-ㄹ쎠'는 '-시-' 다음에도 통합한다.

5 호격의 기능을 보이는 '-야/여'도 '-이-'와 어말어미 '-아/어'가 통합하여 발달한 것으로 설명할 수 있다.

(1)의 '-야/여'는 선어말어미나 명사에 통합하여 쓰이므로 '-아/어'의 교체형이거나 '-이-'와 '-아/어'의 통합형이다. 특히 '-ㅅ' 다음의 '드야는 '드'가 의존명사이므로 '-야/여'는 '-이-'와 '-아/어'의 통합형이다. (1)의 자립명사 다음의 '-야/여' 가운데는 호격으로 보이는 것도 있지만 '-ㄴ'이나 '-ㅅ'에 통합한 '드' 다음의 '-여'가 문장을 끝맺으면 '-이-'와 '-어'가 통합한 것이다. 이 '-야/여'의 어말어미 '-아/어'는 (1-2)에도 정동사어미로 쓰인 것이다. (1-3)에서 '-ㄴ'과 '-ㄹ'에 통합한 '뎌'도 '디여'나 '드여'와 동일하게 의존명사 '드'와 '-이-'와 어말어미 '-어'의 통합형이다.

(1-4)의 '-야/여'는 그 형태만으로 문장 유형을 판단하기 어려워 문맥을 고려한 현대국어의 직관으로 감탄 또는 의문을 나타낸 것으로 기술한다. 현대국어 반말의 정동사어미처럼 동사 어간에 직접 통합한 '-아/어'는 보이지 않지만 '-라'의 '-아'와 함께 '-이-' 뒤에 통합한 '-아/어'는 향가부터 정동사어미로 쓰인 것이다.

(4)의 '-뎌'와 '-쎠'는 '-ㄴ뎌', '-ㄹ쎠'에 나타나는 것으로 관형사형과 의존명사 '드', '스'에 '-이-'와 '-어'가 통합한 것이다. '-ㄹ쎠'는 『원각경언해』 이후에는 '-ㄹ셔'로 표기된다. 15세기 이후에 문맥에 따라 평서형, 의문형, 감탄형으로 기술되는 '-ㄴ뎌'는 19세기까지도 나타난다. 17세기와 18세기에는 '-ㄴ뎌', '-ㄹ셔'와 '-ㄹ댜', '-ㄴ셔', '-ㄹ샤' 등도 나타나 이들이 의존명사 '드', '스'에 '-이-'와 '-아/어'가 통합한 종결형인 것을 알 수 있다. 이들은 '드', '스'와 함께 소멸한다.

선어말어미 '-고/구-'의 통합형은 (2-3)부터 '-ㅁㅣ〻/-ㅁㅣㅗ/古隱亦(고녀)'로 나타나기 시작한다. 16세기초의 '-고나(고+ㄴ+아)'는 동작동사 뒤의 '-ᄂᆞ/ᄂᆞᆫ-', '-이-' 뒤의 '-로-', 그리고 '-도-' 다음에 통합하여 쓰이고 '-고야', '-괴야/괴여' 등도 쓰인다. '-고야'와 '-괴야/괴여'는 17세기와 18세기에 쓰이다가 소멸한다. 이들에서도 어말의 정동사어미 '-아/어'가 분석된다. '-고나'는 현대국어에 '-구-'의 통합형 '-구나'로 남아 있다.

근대국어의 일부 문헌에는 현대국어에 남아 있지 않아 정확한 기능은 파악하기 어렵지만 감탄형으로 기술되는 '-돠(도+아)', '-롸(로+아)' 등이 나타난다. 이들은 선어말어미 '-도-', '-로-'에 '-아'가 통합한 것으로 보인다.

현대국어의 해라체 형태는 평서문의 '-다'와 의문문의 '-가'를 제외하면 모두 정동사어미 '-아'를 분석할 수 있으며 이 '-아'는 반말의 '-아/어'와 동일한 것이다. 약속형 '-마'도 정동사어미 '-아'가 '-ㅁ' 다음에 통합한 종결형이다. 15세기에 약속형 '-마'는 명사형 '-ㅁ'처럼 항상 '-오-' 다음에 통합하여 '-마'가 명사형 '-ㅁ'과 정동사어미 '-아'로 분석된다. 17세기에는 '-오-'가 소멸하여 현대국어처럼 '-마'로만 나타나고 한 등급 높은 '-ㅁ새'도 나타난다.

2.4. '-져'와 '-다, -라, -아/어'

15세기 이전의 향가, 이두, 구결에 비교적 자주 쓰인 '-져'는 화자의 바람이라는 뜻을 나타낸다. 이 '-져'는 15세기에 '-으이다', '-라'와 짝을 이루는 통합형의 '-아/어'와 관계가 있다.

(1) -齊;-制(져)	(2) -彡/齊(져)	(3)	(4) -져
(1) -良齊(라져), -去齊(거져)	(2) -良結(아져)	(3) -良結(아져)	(4) -아져

(1)에서 '-齊;-制(져)'는 '白(숣)-' 다음에도 확인된다. (2)에서 '-彡/齊(져)'는 '口八彡ノ尸厶'에서 한번 확인된다. '-져'는 이두와 구결에서 '-哉〉齊〉制'로 표기가 변화한 것이다. (1)의 '-져'는 평서형으로 분류되고 (2)의 '-져'는 평서형의 기능과 함께 동사구 병렬의 기능도 있는 것으로 기

술된다. (1)에서 '-良齊(라져), -去齊(거져)'는 '-內(ᄂᆞ)-' 다음에 확인되는데 (2-3)의 이두에 확인되는 '-良結(아져)'와 관련이 있다. '-良結(아져)'의 '-結(져)'도 종결형으로 기술될 수 있다.

(1-3)에서 청유형으로 단정하기 어려운 '-져'는 요청, 청원, 희망, 권유, 가벼운 명령의 뜻을 나타내는 것으로 기술된다. (1-3)의 '-져'와 '-아져'의 관계를 15세기의 '-져', '-아져'와 관련을 보이는 다음을 근거로 살펴보자.

	-고-:-아/어-:-과-	지-	-고+지-:-거+아+지-:-과+지-
-으이다	-고-:-아/어-:-과 + -으이다	-지이다	-고+지-:-거+아+지-:-과+지- + -으이다
-아/어	-고-:-아/어-:-과 + -뎌/디여	-져	-고+지-:-거+아+지-:-과+지- + -어
-라	-고-:-아/어-:-과 + -라	-지라	-고+지-:-거+아+지-:-과+지- + -라

위 예들은 선어말어미 '-고-', '-아/어-', '-과(고+아)-' 바로 다음이나 '지'를 연결한 다음에 '-으이다', '-아/어', '-라'가 통합한 형태이다. (1-3)의 '-져'와 '-아져'의 '-져'는 '지'와 '-어'의 통합형이다. 문제의 '지'는 선어말어미일 가능성도 있지만 보조동사 '지-'로 보는 것이 자연스럽다. (1-3)의 '-져'는 종결형으로 쓰인 것이므로 15세기의 청유형 '-져'와도 관계는 있지만 청유형 '-져'는 내포문의 종결형으로 쓰인 '-고져', '-아져'의 '-져'에서 비롯되었을 가능성이 있다.

15세기의 청유형 '-져'는 15세기말부터 '-쟈'로 나타나다가 17세기 이후에는 '-자'가 된다. '-져〉쟈'의 모음이 '여'에서 '야'로 바뀐 것은 의문형 '-녀〉냐', '-려〉랴'와 같은 변화로 ᄒᆞ라체 정동사어미의 모음이 '-다, -라, -가'와 같은 '아'로 통일하는 데 따른 것이고 '-쟈〉자'의 '야'가 '아'가 된 것은 구개음화와 단모음화에 따른 것이다. 15세기의 ᄒᆞ쇼셔체 청유형은 '-사이다(-ㅅ+아+으이+다)'이고 현대국어의 합쇼체 청유형 '-ㅂ시다'는 '-ㅂ-'과 이 '-사이다'를 통합하여 발달한 것이다. 현대국어의 하게체 청유형 '-세'는 16세기에 '-새'로 나타나는데 '-ㅅ+아+으이'로 이루어진 것이다.

'-고라' : 15세기에 화자와 청자를 고려하면서 청자에게 요구하는 청원의 뜻으로 쓰이는 '-고라', '-고려'가 있다. 화자와 청자를 고려하는 요소는 '-고-'이다. '-고-'에 미래의 행동을 요구하는 '-라'와 '-려'가 통합한 '-고라'와 '-고려'는 동작동사 어간에 통합하는데 '-라(ㄹ+아)'와 '-려(리+어)'의 차이 때문에 '-고라'가 보다 직접적이다. '-고-' 다음에 '-으이다'가 통합한 '-고이다'도 쓰인다. '-고라'와 '-고려'는 15세기부터 18세기까지 발견된다. 17세기에는 '-구러'가 보이기도 하고, 20세기에는 '-고려'가 변화한 '-구려'가 '-구료'와 함께 쓰인다.

'-고 지-' : '-고지라', '-고져', '-고지이다'는 '-고' 다음의 '지-'에 '-라', '-어', '-으이다'가 통합한 구성이다. '지-'는 화자의 바람을 나타내는 보조동사로 분석될 수 있다. '-고져'는 15세기에 내포문의 종결형으로 쓰이다가 그 후에 연결형으로 변화한 것이다.

'-아라/어라' : 15세기에 청자를 고려하면서 청자에게 전달하는 뜻으로 쓰이는 '-아라/어라'가 있다. 청자를 고려하는 요소는 '-아/어-'이다. '-아/어-'와 가능성을 서술하거나 미래의 행동을 요구하는 '-라(ㄹ+아)'가 통합한 '-아라/어라'는 동작동사에 통합하여 명령을 나타내고 '-아/어-'와 '-ㅣ라'를 통합한 '-애라/에라'는 동작동사와 상태동사에 통합하여 감탄을 나타낸다. '-아/어-' 다음에 '-으이다'가 통합한 '-아이다/어이다'도 쓰인다.

'-아/어 지-' : '-아지라/어지라', '-아져/어져', '-아지이다/어지이다'는 15세기에 종결형으로 쓰이다가 그 후에 소멸한 것으로 청원형으로 분류되기도 한다. 이들의 '지-'는 '-고져'의 '지-'와 같다. 이들은 '-아/어' 다음의 '지-'에 '-라', '-어', '-으이다'가 통합한 구성이다. 이 '지-'도 화자의 바람을 나타내는 보조동사이다.

'-과/와-'의 통합형으로는 종결형 '-과라/와라'와 '-과이다/와이다'가 있다. '지-'가 들어 있는 '-과지라/와지라', '-과져/와져', '-과지이다/와지이다'는 보이지 않고 '-과뎌/와뎌'와 그 교체형 '-과디여/와디여'가 보인다.

(1) -及彼(와뎌)	(2) -ㅅ/果(과/와)	(3)	(4) -과뎌/와뎌

(1)에서 '-及彼(와뎌)'는 「도이장가」에 확인될 뿐이다. 신라 이두에서는 '欲爲'의 형태가 나타나 석독구결 'ㅅ(과)'와 연속성을 갖는다.

(2-3)에서 '-과뎌/와뎌'는 확인되지 않고 욕망의 뜻을 나타내는 '-ㅅ/果(과/와)'가 어말어미의 위치에 보이는데(ㅅ欲ㅅ, ㅅ爲ㅅ, ㅅ爲欲ㅅ의 형식으로 나타남) '-고/오-'나 '-과/와'에 '-아'가 통합하였을 것이다.

(4)에서 '-과/와' 다음의 '뎌', '디여'가 문제인데 '뎌'는 보조동사 '디-'와 '-어'의 통합형으로 보이지만 '디여'는 공동격으로 잘못 유추한 '-과/와' 다음에 '드'와 '-이-'와 '-어'를 통합하였을 가능성이 있다. '-과뎌/와뎌'와 '-과디여/와디여' 다음에는 'ㅂ라', '願ㅎ-', '스랑ㅎ-', 'ㅎ-' 등의 주문장 동사가 쓰이므로 이들은 내포문의 종결형이다.

18세기까지 나타난 '-과뎌'는, 16세기부터 18세기까지 '-과댜'로도 나타나 '-고져〉고쟈'의 경우처럼 마지막 모음이 '어〉아'의 변화를 보이고 16세기에 '-과드', 17세기에 '-과다'도 보인다. 18세기의 '-과져/과쟈/과즈'와 19세기의 '-과져'는 구개음화의 결과이거나 '-고쟈'와 혼태를 이룬 결과로 보인다. '-과쟈'는 '-고져'와 뚜렷한 차이가 없어 '-과-'와 함께 소멸한 것으로 보인다.

2.5. '-이'

앞 표현은 상태를 유지하여 끝맺지 못하고 뒤 표현을 연결하는 '-이'
는 주로 통합형에서 분석된다.

(1) -是;-呂;-里(리)	(2)	(3)	(4) -리, -니

(1)에서 '-呂;-里;-是(리)'는 '-下-' 다음에 통합하여 추측을 나타내는데
이 '-리'는 '-ㄹ'과 어말어미 '-이'로 분석될 수 있다. '賜(시)-' 다음에도 '-下
呂(아리)'가 확인된다.

(2-3)에서 '-이'가 확인되지 않은 것은 문법사 기술에서 이 어미를 인
식하지 못하였기 때문이다.

(4)에서 선어말어미 '-리-', '-니-' 다음에 '-으이다'가 생략된 것으로 기
술되는 '-리', '-니'는 평서문뿐만 의문문에도 쓰이고 ᄒ라체에도 쓰이므
로 '-이'를 분석할 수 있다.

15세기 이후에도 '-리'와 '-니'는 ᄒ라체뿐만 아니라 그보다 높은 등급
도 나타내는데 그 구성이 다르다. '-ㄹ', '-ㄴ' 다음에 ᄒ라체는 '-이'가 통
합한 것이고 ᄒ라체보다 높은 등급은 '-으이-'에서 변화한 '-으이'가 통합
한 것이므로 구별해야 한다.

'-거-' 다음에 '-이'가 통합한 '-게'는 현대국어에 반말의 의문형으로 쓰
이고 '-ㄹ', '-ㄴ'이나 '-느-' 다음에 '-이'가 통합한 '-리', '-니(ㄴ+이)', '-니
(느+이)'는 해라체 의문형으로 쓰인다.

2.6. '-으이'와 '-소/오'

'-으이-'에서 변화한 '-으이'가 ᄒ라체보다 높은 등급의 정동사어미로

쓰이는 것은 15세기부터 일부 보이다가 16세기 말에 다음과 같이 폭넓게 발견된다.

-으이	-늬	-뇌	-데	-리	-에	-도쇠	-로쇠	-외
-다/라	-ㄴ다	-노라	-더라	-리라	-에라	-도다	-로다	-요라

'-으이'가 선어말어미에 통합한 '-늬', '-뇌', '-데', '-도쇠', '-로쇠' 등은 15세기의 '-ㄴ이다', '-노이다', '-더이다', '-도소이다', '-로소이다' 등에서 '-다'가 탈락한 변화로 기술되기도 하지만 청자존대를 나타내는 선어말어미 '-으이-'가 어말어미 '-으이'로 변화한 것으로 기술하는 것이 자연스럽다.

'-ᅀᆞᆸ/ᅌᆞᆸ-'에서 변화한 '-소/오'가 정동사어미로 쓰이는 것은 16세기말의 ᄒᆞ소체 명령형에서 시작된다. 명령문의 '-소'와 평서문의 '-으이'가 같은 ᄒᆞ소체에 쓰이다가 이들의 쓰임이 확대되면서 '-으이'에 의한 하게체와 '-소/오'에 의한 하오체로 나뉘게 된다. 주체겸양을 나타내던 선어말어미 '-ᅀᆞᆸ/ᅌᆞᆸ-'이 화자겸양을 나타내는 어말어미 '-소/오'로 변화한 것으로 기술하는 것이 자연스럽다.

17세기와 18세기까지 '-소/오-' 뒤에 '-으이'까지 통합한 '-쇠/외'가 평서문어미로 쓰인다. 17세기에는 '-게'가 ᄒᆞ라체와 ᄒᆞ소체에 쓰이지만 '-거-' 다음에 '-이'와 '-으이'의 통합형을 구별해야 한다.

2.7. '-가'와 '-고'

청자에게 가부를 판정한 말을 연결하라는 판정의문문의 '-가/거'와 의문사에 대한 설명을 연결하라는 설명의문문의 '-고'는 향가부터 현대국어의 경상도방언까지 쓰인다. 판정의문문의 '-가/거'는 연결형 '-다가'의 '-가'에도 쓰이고 설명의문문의 '-고'는 부동사어미로도 쓰인다.

(1) -去(거)	(2) -ㅊ/去(거) -ㅣ/良(어)	(3) -ㅊ/去(거), -可/可(가) -ㅣ/良(아/어), -ㅑ/ㅁ/阿(아)	(4) -가 -아/어
(1) -古(고), -過(과)	(2) -ㅁ/古(고) -ㅎ/五(오)	(3) -ㅁ/古(고) -ᅷ/午(오)	(4) -고 -오

(1)에서 '-去(거)'는 '-遣 賜去(고시거)'에도 확인되고, '-古(고)'는 '-故;-遣(고)'와 함께 '-焉古(언고), -理古(리고), -賜里遣(시리고), -只有叱故(담+ᄋᆞ닛고), -內尼叱古(ᄂᆞ닛고)'에 확인되어 주로 '-古(고)'가 쓰인다. '-過(과)'는 설명의문문의 '-乎理叱過(오릿과)'에 보이는데 '-고'와 '-아'의 통합형일 가능성이 있다.

(2)에서 '-去/去(거)'의 교체형 '-ㅣ/良(어)'와 '-ㅁ/古(고)'의 교체형 '-ㅎ/五(오)'가 보이기 시작한다.

(3)에서 '-去/去(거)'와 '-可/可(가)'가 '-ㆍㅌ去/是叱去(으잇거)'와 '-ㆍㅌ可/ㅐㅌ可/是叱可(으잇가), -印可/印可(인가), -乙可/乙可(ㄹ가)'에 확인되고 교체형 '-ㅣ/良(아/어), -ㅑ/ㅁ/阿(아)'도 '-ㅌ/尼(니)-' 다음에 확인된다. 이두에도 '-去(거)'가 쓰인다. '-ㅁ/古(고)'는 '-ㄹㅌㅁ/ㄹㅌㅁ/已叱古;-ㅐㅌㅁ/ㆍㅌㅁ/是叱古(으잇고)'에 확인되고, 교체형 '-ᅷ/午(오)'는 '-ㅈ/利(리)-:-ㅌ/尼(니)-' 다음에 확인된다.

(4)에서 '-가'와 교체형 '-아/어'가 확인되고 '-고'와 교체형 '-오'가 확인된다. '-리-', '-니-' 다음에 '-가/거'의 교체형 '-아/어'가 통합한 '-랴/려', '-냐/녀' 그리고 '-고'의 교체형 '-오'가 통합한 '-료', '-뇨'도 확인된다.

15세기까지도 판정의문문의 '-가/거'와 설명의문문의 '-고'가 구별된다. 15세기에 ᄒᆞ쇼셔체의 판정의문문에는 '-으잇가', 설명의문문에는 '-으잇고'가 쓰인다. 그러나 ᄒᆞ야쎠체는 판정의문문과 설명의문문에 '-ㅅ가'가 함께 쓰인다. 15세기부터 두 의문문의 구별이 동요한 것이다. ᄒᆞ라체는 서술어가 명사이면 판정의문문에 '-가', 설명의문문에 '-고'가 쓰이고, 동사이면 선어말어미 '-리-' 또는 '-니-'에 '-가/거'의 교체형 '-아/어'와 '-고'의 교체형 '-오'가 통합한 '-랴/려'와 '-료' 또는 '-냐/녀'와 '-뇨'가 쓰인다. 교체형 '-어'는 (2-3)의 '-去/去(거)'에서 'ㄱ'이 탈락한 것으로 '-가'가 이전에는 (3)의 이두에도 쓰인 '-거'일 가능성이 있다.

15세기의 '-녀', '-려'가 '-냐', '-랴'로 변화하는 것은 15세기에 시작되어 17세기에 완성된다. '-가'나 '-아'와 '-고'나 '-오'가 판정의문문과 설명의문문에 대립하여 쓰인 것은 17세기까지이다. 15세기의 '-ㄴ', '-ㄹ'에 '-가', '-고'가 통합한 '-ㄴ가', '-ㄴ고', '-ㄹ가', '-ㄹ고'는 ᄒ라체로 간접 화법이나 화자의 의심을 표현하는 간접 의문을 나타낸다. 이 간접 의문은 16세기 말부터 직접 의문에 쓰이면서 ᄒ라체보다 높은 ᄒ소체에 쓰이다가 현대국어에는 하게체에 쓰인다.

모든 등급의 설명의문문에 '-가'나 '-아'가 쓰이는 것은 17세기부터 시작되지만 이 변화는 현대국어까지 계속되고 있다. 19세기에도 '-고'나 '-오'가 설명의문문에 쓰인 예가 나타나고 현재 경상도방언은 설명의문문에 '-고'나 '-오'를 여전히 쓰고 있다. 현대국어 중부방언의 의문문에는 '-가'나 '-아'가 쓰이고 문장 끝의 억양으로 판정의문문과 설명의문문을 구별한다.

3. 부동사어미

앞 표현과 뒤 표현을 연결하는 부동사어미는 앞과 뒤 표현의 관계에 따라서 대등, 종속, 보조적인 어미로 분류하거나 구체적인 의미에 따라 분류하지만 그 분류가 형태의 차이를 보이지는 않는다. 부동사어미는 대부분이 정동사어미와 형태가 일치하고 동명사어미와 조사, 의존명사, 보조동사가 통합하여 연결형으로 쓰인다. 부동사어미가 기원적으로 정동사어미에서 발달하고 동명사어미나 의존명사에 다른 요소가 통합하여 연결형의 기능을 가지게 되었기 때문이다.

동일한 형태의 어미는 의미에도 관련을 보이게 마련이므로 부동사어미와 그 통합형인 연결형은 형태를 기준으로 분류하여 기술한다. 부동사어미와 연결형은 형태를 기준으로 정동사어미와 일치하는 '-고', '-아/어', '-이' 등과 이들의 통합형, 동명사어미 '-ㄴ', '-ㄹ', '-ㅁ'의 통합형, 명사적 요소 'ᄃᆞ', 'ᄉᆞ'의 통합형 등으로 나눌 수 있다.

3.1. '-고'와 통합형

3.1.1. '-고'

앞 표현을 끝맺지 않고 뒤 표현을 연결하는 '-고'는 향가부터 현대국어까지 부동사어미로 널리 쓰인다.

(1) -遣;-古(고), -過(과)	(2) -ㅁ/古(고)	(3) -ㅁ/古(고) -午/午(오)	(4) -고 -오

(1)에서 '-遣(고)'는 '-遣省-(고셩), -遣賜-(고시), -良遣(라고), -敎遣(이시고)'에 확인되고, '-古(고)'는 어간 다음과 '-於叱古(엇고)'에 확인된다. '-過(과)'는 '-伊過(이과)'로 나타난다. (1)에서 '-遣(고)'는 뒤에 동사나 절이 연결된 구성에 쓰이고 '-古(고)'는 절이 연결된 구성에만 쓰인다. (1-4)의 부동사어미 '-ㅁ/古/고'는 설명의문문의 정동사어미 '-고'의 표기와 대부분 일치한다. (2)의 이두에도 '-遣(고)'가 쓰인다.

(3)에서 '-ㅁ/古(고)'의 교체형 '-午/午(오)'는 '-丶/是(이)-'와 '-禾/利(리)-:-ㄴ/尼(니)-', '-乙ㅈ/乙示(ㄹ시)-' 다음에 확인된다.

(4)에서 '-고'는 '-ᅀᆞᆸ-:-시-:-리-' 다음에도 통합하고 'ㄹ'과 '-이-' 다음에는

'-오'로 교체된다.

15세기의 '-고/오'는 '-리-'에 통합된 '-리오'가 쓰이고 그 뒤에 조사 '-ㄱ', '-ㄴ', '-ㅁ'이 통합한 '-곡/옥', '-곤/온', '-곰/옴'이 쓰인 것은 현대국어와 다르지만 그 의미는 큰 차이가 없다. 15세기 이후에 '-고'는 그 교체형 '-오'가 쓰이지 않게 되고 보조동사 '잇-', '싶-' 등을 연결하는 구성이 발달하는 변화를 보인다. 15세기와 16세기에도 보이는 부동사어미 '-구'는 현대국어의 구어에도 쓰이는 것으로 어말어미 '-고/구'뿐만 아니라 선어말어미 '-고/구-'의 분석에도 실마리가 된다.

3.1.2. '-고'의 통합형

'-고'에 조사 '-ㄴ', '-ㄱ', '-ㅁ'이 통합한 '-곤', '-곡', '-곰'이 향가부터 쓰이다가 15세기 이후에 소멸한다.

(1) -昆;-根(곤)	(2) -ㅁ 丨/古隱(곤)	(3) -ㅁ 丨/古隱(곤) -午 丨/午隱(온)	(4) -곤 -온
(1) -遣只(곡)	(2) -ㅁ 八/古只(곡)	(3) -ㅁ 八/古只(곡) -玉/玉(옥)	(4) -곡 -옥
(1) -爾(곰)	(2) -小/尔/朩/爾/錦(곰)	(3)	(4) -곰

'-곤' : '-고'에 '-ㄴ'이 통합한 '-곤'은 (1)에서 '-昆;-根(곤)'으로 나타나 단일어미로 보이지만 (2-3)에 '-고'와 '-ㄴ'을 결합한 표기로 나타난다. (3)에서 '-午ㄱ /午隱(온)'은 '-刂/是(이)-'와 '-禾/利(리)-' 다음에 확인된다. (4)에서 '-곤/온'은 대부분 'ᄒᆞᄆᆞ며'가 바로 연결되는 문장에 쓰여 앞 표현을 사실로 인정하고 뒤 표현도 사실로 인정하기 위한 평서문이나 의문문을 연결하여 '-거늘'과 유사한 뜻으로 해석된다. 현대국어에서 '하-'가 바로 연결되어 반복의 뜻을 나타내는 '-곤'과 차이를 보인다. '-곤'은 18세기까지 '-건'과 함께 비교법으로 분류되지만 현대국어에는 그와 같은

쓰임을 확인하기 어렵다.

'-곡' : '-고'에 '-ㄱ'이 통합한 '-곡'은 (1-3)에서 '-고'와 '-ㄱ'이 결합한 표기로 나타난다. (3)에서 '-ㅁ玉/古玉(곡)'도 보이고 교체형 '-옥'은 한 글자로 표기된다. (1)의 '-遣只賜立(곡시셔)', (2)의 '-ㅁ八ㄱ/古只示隱(곡신)'은 '賜(시)-'가 아직 선어말어미로 자리잡지 못했을 가능성을 보이고 (3)의 '-ㅅ玉/是玉(이옥)'은 '-고'처럼 '-이-' 다음의 'ㄱ'이 탈락하는 현상도 보인다. (4)의 '-곡/옥'은 '-시-:-리-' 다음에도 통합하여 동사구를 반복하거나 절을 연결한 구성에 16세기까지 쓰인다.

'-곰' : '-고'에 '-ㅁ'이 통합한 '-곰'은 주로 '-아곰/어곰'으로 15세기까지 나타나고 그 후에 소멸한다. (1)에서 '-곰'은 '咽鳴爾(늣겨곰), 不冬爾(안돌곰), 鳴良爾(울어곰)'에 확인된다. (1-2)의 이두에도 '-尒(곰), -良尒(어곰)'이 쓰인다. (4)에서 '-곰'은 동작동사 어간에 바로 통합하고 뒤에 'ㅎ-'를 연결하여 동작 반복의 뜻을 나타낸다.

'-고도' : '-고'에 조사 '-도'가 통합한 '-고도'는 (3)에 '-ㅁ刀/古刀(고도)'로 나타나고 15세기 이후 18세기까지 통합형의 분포를 보여 양보의 뜻으로 쓰인다.

'-고사' : '-고'에 조사 '-사'가 통합한 '-고사'도 (3)에 '-遣沙(고사)'로 나타나고 15세기에도 쓰인다.

'-고셔' : '-고'에 보조동사 '시-'와 어미 '-어'가 통합한 '-고셔'는 15세기에 쓰이는데 단모음화로 '-고서'가 남아 있다.

'-고져' : '-고'에 보조동사 '지-'와 어미 '-어'가 통합한 '-고져'는 앞 표현에 화자의 의도를 나타내고 뒤에 그 의도를 이루기 위한 표현을 연결한다.

(1)	(2) -ㅁ八ᅙ/古只齊(곡져)	(3)	(4) -고져/오져

(1)에서 '-고져'는 확인되지 않는다. (2)의 '-ㅁㅅㅎ/古只齊(곡져)'는 '-고'와 '-ㄱ'과 '-져'가 결합한 표기로 나타나 '-고'의 통합형인 것을 알 수 있다. 16세기의 구결에는 '-ㅁ齊(고져)'가 쓰인다. (4)에서 '-슬-' 다음에도 통합하는 '-고져'는 청유형 '-져'처럼 '-고져〉고쟈' 고자'로 변화한다. 15세기 이후에 '-고져'는 16세기부터 19세기까지 '-고쟈'로도 나타나고 19세기에는 구개음화와 단모음화로 '-고자/고져'가 나타난다. '-고져'의 교체형 '-오져'는 15세기 이후 17세기까지 보이고 17세기에는 부정회귀로 인한 '-고뎌'가 나타나기도 한다.

(4)의 '-고져'는 청원형 '-과뎌'처럼 'ㅂ라-', '願ㅎ-', 'ㅅ랑ㅎ-', 'ㅎ-' 등의 주문장 동사를 연결하거나 '-이-'를 연결하여 서술어로 쓰이거나 '-ㅅ'을 연결하여 관형어로 쓰이므로 내포문의 종결형으로 쓰인 것이다. '-고져'는 내포문의 종결형에서 15세기 이후에 연결형으로 그 기능을 확대한다.

3.2. '-아/어'와 통합형

3.2.1. '-아/어'

앞 표현을 완결하고 뒤 표현을 연결하는 '-아/어'는 향가부터 현대국어까지 부동사어미뿐만 아니라 정동사어미로도 널리 쓰인다. 다음은 부동사어미로 쓰인 '-아/어'이다.

(1) -良(아/어) -耶;-也(야/여)	(2) -ɜ/良(아/어) -ㄱ/ㅌ/也(야/여) -ɜ/亠/亦(여)	(3) -ɜ/良(아/어) -亠/亦(여)	(4) -아/어 -야/여

(1)에서 '-良(아/어)'뿐만 아니라 어간의 말음까지 반영한 '-피(ㄱ+아), -沙(ㅅ+아), -波(ㅂ+아), -呂(리+어)'도 확인된다. 이형태를 표기한 '-耶

;-也(야/여)'는 정동사어미로 쓰인 것과 일치한다.

(2-3)에서 '-ㅽ/良(아/어)'와 '-ㄱ/也/也(야/여)'도 (1)과 동일하고 또한 정동사어미로 쓰인 것과도 일치한다. (2)에서 '-ㅜ/下(하)'도 확인된다. (2-3)에서 '-ㆍ/ㅗ/亦(여)'는 열거를 나타내는 것으로 기술되는데 '-이-'와 '-어'의 통합형일 것이다.

(4)에서 '-아/어'는 '-ᅀᆞᇦ-:-시-' 다음에도 통합한다.

(1-4)의 '-아/어'는 현대국어와 크게 다르지 않다. 다만 15세기 이후 '-아/어'는 통합형 '-악/억'과 '-암/엄'이 쓰이지 않게 되고, '-아/어 잇-'이 '-앗(엇)-았/었-'이 되는 등의 변화를 보이기는 하지만 현대국어까지 그 의미에는 큰 변화가 없다.

'-라'도 '-이-' 다음에 연결형으로 쓰이면 '-아/어'와 동일한 의미를 나타내므로 부동사어미 '-아/어'와 관련을 보인다.

3.2.2. '-아/어'의 통합형

'-아/어'에 조사 '-ㄱ', '-ㅁ'이 통합된 '-악/억'은 16세기, '-암/엄'은 17세기까지 나타나고 그 후에는 소멸한다.

(1) -良只;-惡只; -惡(악/억)	(2) -ㅽ/ㆍ/良只(악/억)	(3) -ㅽ/ㆍ/良只(악/억)	(4) -악/억

'-악/억'은 (1-3)에서 '-아/어'와 '-ㄱ'이 결합한 표기로 나타나고 (4)에서 절을 연결하는 구성에 쓰인다.

'-암/엄'은 (1-3)에서 확인되지 않고 (4)에서 반복 구성에 되풀이하는 뜻으로 쓰여 '-아/어' 다음의 '-ㅁ'이 지속의 의미를 나타낸다.

'-아/어'에 조사 '-ᅀᅡ〉야가 통합된 '-아ᅀᅡ/어ᅀᅡ〉아야/어야가 향가부터 현대국어까지 이어진다.

(1) -良沙(아ᅀᅡ/어ᅀᅥ)	(2) -ㅅㅅ/良沙 (아ᅀᅡ/어ᅀᅥ)	(3) -ㅅㅅ/良沙 (아ᅀᅡ/어ᅀᅥ)	(4) -아ᅀᅡ/어ᅀᅥ

(1)에서 '-良沙(아ᅀᅡ/어ᅀᅥ)'는 '-아/어'와 '-ᅀᅡ'가 결합한 표기로 나타난다. '-아ᅀᅡ/어ᅀᅥ'는 15세기 이후 16세기까지 쓰이다가 17세기에 조사 '-ᅀᅡ'가 '-야'로 변화하면서 '-아야/어야'로 변화한다. 15세기의 '-거ᅀᅡ(거＋어＋ᅀᅡ)'는 '-거-' 뒤에 어말어미 '-어'도 있는 것으로 분석된다.

'-아도/어도' : '-아/어'에 조사 '-도'가 통합한 '-아도/어도'는 (2)의 이두에 '-良置(아도)', (3)에 '-ㅅ刀/良刀(아도)'가 확인되고 현대국어까지 쓰인다.

'-아셔/어셔' : '-아/어'에 보조동사 '시-'와 어미 '-어'가 통합한 '-아셔/어셔'는 15세기에 쓰이는데 단모음화로 '-아서/어서'가 남아 있다.

'-아다가/어다가' : '-아/어'에 보조동사 '닿-'에 다시 '-아'와 '-가'가 통합한 '-아다가/어다가'도 15세기 이후 현대국어까지 쓰인다.

3.3. '-이'와 통합형 '-게'

3.3.1. '-이'
앞 표현을 유지하여 끝맺지 못하고 뒤 표현을 연결하는 '-이'는 향가와 구결에 부동사어미로 쓰였을 가능성이 있다.

(1) -伊;-以;-爾(이), -支(히)	(2) -ㅣ/是(이), -ㅎ/ㅅㄱ(히/이)	(3) -ㅎ/ㅅㄱ(히/이)	(4) -이

(1)에서 '-이'는 'ㅅ'까지 반영한 '-史(ㅅ＋이)'에도 확인된다. (2)에서 이두에 '-亦(이)'도 쓰인다. '-이'는 15세기 이후 부사 파생접사로 분류되지만 그 이전에는 정동사어미나 부동사어미였을 가능성이 있다. 현대

국어의 어말어미 '-이'는 종결형 '-니(ㄴ+이)', '-리(ㄹ+이)'와 '-게(거+이)', '-니(느+이)'에서 분석되고 연결형 '-니(ㄴ+이)', '-게(거+이)'에서도 분석되므로 '-이'를 어말어미로 인정할 수 있다. 15세기 이후에 '-이'는 통합형어미의 구성요소와 부사 파생접사로 남아 있다. 현대국어에 통사적 파생접사로 기술되는 '-이'는 어말어미 '-이'에서 비롯된 것이다.

3.3.2. '-게'

앞 표현이 예정이나 미지각 상태를 유지하는 '-긔/긔'는 '-거-'와 '-이'의 통합형일 가능성이 있다.

(1) -皆矣(긔)	(2)	(3) -去ㅎ/去衣(긔/긔), -去ㅅ/-去ㅐ/去是(게), -去/去(거)	(4) '-긔/긔/게', '-이/의/에', '-거'

(1)에서 '-皆矣(긔/게)'는 예가 하나이지만 (3)에서 '-긔/긔/게'는 '-去/去(거)-'와 '-ㅎ/衣(이/의)'나 '-ㅅ/ㅐ/是(이)'가 결합한 표기로 나타나고 뒤에는 'ㅎ-'를 연결한다. (4)에서 '-긔/긔'는 '-게'로도 나타나는데 이들 교체형이 기능의 차이를 보이는 것이 아니라 훈민정음 초기 문헌에 주로 나타나는 '-긔/긔'는 16세기에 소멸하고 '-게'만 남게 된다. 15세기의 '-긔/긔/게'는 '-ᅀᆞᆸ-:-시-' 다음에도 통합하고 뒤에 동사 'ㅎ-, 두외-, 아니ㅎ-, 몯ㅎ-, 말-'을 연결하는 구성에도 쓰인다.

15세기에 의도법으로 분류되는 '-긧고, -겟고'가 있다. 이는 '-긔, -게'에 '잇-'(有)과 '-고'가 통합된 형태로 다음에 'ㅎ-, ᄫᅡ라-'를 연결한다. 16세기 이후에 '-긧고, -겟고'는 보이지 않고 현대국어 '-게끔'은 '-긔곰'에서 발달한 것으로 보인다.

3.4. '-오/우'

'-오/우'는 15세기 이후 부사 파생접사로 분류되지만 향가와 구결에는 '-아/어'와 같은 부동사어미의 분포를 보인다.

(1) -于;-乎(오/우)	(2) - ㅎ/五;- ㅓ/乎(오/우)	(3)	(4)

(1)에서 '-오/우'는 어간 말음까지 반영한 '-好(ㅎ+오), -刀(ㄷ+오), -寶(ㅂ+오)'에도 확인되고 '邊衣于音毛(ㄱ싀오모)'의 '-ㅁ' 뒤의 '-오'와 '餘玉只(남옥)'의 '-오' 뒤의 '-ㄱ'은 '-오'가 '-아/어'나 '-고'처럼 '-ㄱ'의 통합이 가능한 부동사어미인 것을 뒷받침한다. (2)의 이두에도 '-于;-乎(오/우)'가 쓰인다. 15세기 이후에 '-오/우'는 부사 파생접사로 남아 있다.

3.5. '-ㄴ'의 통합형

3.5.1. '-나'

대조나 양보의 뜻을 나타내는 '-나'는 동명사어미 '-ㄴ'과 부동사어미 '-아'가 통합한 것으로 향가부터 현대국어까지 쓰인다.

(1) -乃(나)	(2) -乃/那(나)	(3) -乃/那(나)	(4) -나

(1)에서 '-乃(나)'는 '-奈(나)'로도 나타나고 '-ㄴ'을 따로 표기에 반영한 '-隱乃(ㄴ+나)'로도 나타나 '-나'가 '-ㄴ'과 '-아'의 통합형일 가능성을 보여 준다. (1-2)의 이두에도 '-那;-乃(나)'가 쓰인다. (3)에서 '-乃/那(나)'는 '-丶/是(이)-'와 '-去/去(거)-;-ㅅ/於(어)-', '-去ㄷ/去示(거시)-' 다음에 확인된다. (4)에서 '-나'는 '-ㄹ-;-시-;-오-;-리-' 다음에도 통합하여 대조나 양보

의 뜻을 나타내고 '-거-'와 '-나'가 통합한 '-거나'가 반복 구성을 이루어 선택과 양보의 뜻을 나타낸다. (2-3)의 이두에도 '-去乃(거나)'가 쓰이는 데 '-거나'는 현대국어에도 남아 있다.

3.5.2. '-니'

앞 표현을 완료 상태로 유지하고 뒤 표현을 연결하는 '-니'는 동명사 어미 '-ㄴ'과 부동사어미 '-이'가 통합한 것으로 원인과 설명의 뜻으로 향 가부터 현대국어까지 쓰인다.

(1) -尼(니)	(2)	(3) -ㅌ/尼(니)	(4) -니

(1)에서 '-尼(니)'는 '-ㄴ'을 표기에 반영한 '-內乎呑尼(ㄴ오든 + 니)'로 나타나 '-ㄴ'과 '-이'의 통합형일 가능성을 보여 준다. (2)에서 '-ㅌ/尼(니)' 가 보이지 않고 '-ㄱ/隱(ㄴ)'이 '-니'의 기능으로 쓰여 '-니'는 '-ㄴ'과 '-이' 가 통합하여 발달한 것일 가능성을 보인다. (3)에서 '-ㅌ/尼(니)'는 '-ㅅ/ 是(이)-'와 '-ㅋ/示(시)-:-ㅊ/去(거)-:-ㅅ/於(어)-:-ㅅ/入;ホ/等(ᄃᆞ)-:-ㅌ/飛 (ㄴ)-:-ㅃ/要(요)-:-ㅋ/利(리)-:-ㅗ/士(ᄉᆞ)-', '-ㅊㅋ/去示(거시)-:-ㅅㅋ/於示(어 시)-', '-ㄡ/奴(노)-' 다음에도 확인되고 (4)에서 '-니'는 '-ᄉᆞᆸ-:-시-:-거-:-어- :-ᄂᆞ-:-더-:-오-' 다음에도 통합한다.

15세기 이후에 '-니'는 사용 빈도가 많을 뿐만 아니라 '-도-', '-으이-'를 제외한 대부분의 선어말어미에 통합하여 쓰인다. '-니'의 사용이 과거 문헌에 현대의 글보다 상당히 많이 나타나는데 그것은 글을 서술하는 방식의 차이 때문이다. 곧 과거 문헌은 문장을 단위로 끊지 않고 글 전 체의 흐름을 이어가는 서술 방식이라면 현대의 글은 문장을 단위로 끊 어 가면서 서술하는 방식이기 때문이다.

현대국어의 '-니까'는 19세기에 '-니ᄭᅵ'가 나타날 뿐 그 이전에는 '-니까'의 소급형이 보이지 않는다. '-니까'는 앞 표현에 대한 청자의 관심을 요구하고 뒤 표현을 연결하는 기능을 뚜렷이 하기 위하여 '-니' 다음에 '-ㅅ-'과 '-가'를 통합한 것이다.

문장 단위가 뚜렷이 구별되지 않은 문헌 자료의 '-니'는 종결형으로 파악할 수도 있다. 원인이나 설명의 뜻을 나타내는 '-니'는 연결형으로 해석되지만 시상과 의도법 선어말어미에 결합하여 상태 유지를 나타내는 '-니'는 종결형으로 해석할 수도 있다. 15세기 이후에 '-거-:-어-' 뒤에 '-니'가 통합된 '-거니', '-려니'는 현대국어까지도 내포문의 종결형으로 쓰인다.

3.5.3. '-니와'

앞 표현과 뒤 표현을 병렬하는 뜻을 나타내는 '-니와'는 내포문의 종결형 '-니'와 조사 '-와'가 통합한 것으로 15세기 이전의 구결부터 현대국어까지 쓰인다.

(1)	(2)	(3) -ㅌㅏ/尼臥(니와)	(4) -니와

(1-2)에서 '-니와'는 보이지 않고 (3)에서 '-ㅌㅏ/尼臥(니와)'는 '-ㅌ/尼(니)'와 '-ㅏ/臥(와)'가 결합한 표기로 나타난다. (3)에서 '-ㅌㅏ/尼臥(니와)'는 '-ㅊ/去(거)-:-ㅆ/於(어)-', '-ㅊㄹ/去示(거시)-' 다음에 확인된다.

(4)에서 '-니와'는 '-거-:-가-:-나-:-아/어-' 다음에 통합하므로 '-니와' 앞에는 '-거-:-ᄂ-'와 '-아/어-'가 있는 것이다. 15세기에 '-거-:-ᄂ-' 다음에 '-아니와/어니와'가 통합한 셈인데 이들은 '-ᄉᆞᆯ-:-시-:-오-:-리-' 다음에도 통합한다. 현대국어에는 '-거니와'와 '-리-' 다음의 '-어니와'가 남아 있다.

3.5.4. '-늘/늘'

앞 표현이 뒤 표현의 원인이라는 뜻을 나타내는 '-늘/늘'은 동명사어
미 '-ㄴ'과 조사 '-ㄹ'이 통합한 것으로 향가부터 현대국어까지 쓰인다.

(1) -於(늘/늘)	(2) -斤/斤(늘/늘)	(3) -斤/斤;-ㅌ/飛;-乙/乙(늘/늘)	(4) -늘/늘

(1)에서 '-於(늘/늘)'은 '-史內於(시ㄴ늘)'에 확인된다. (2)에서 이두에
도 '-乙(늘/늘), -在乙(겨늘), -去乙(거늘), -如乙(더늘)'이 쓰이고 (3)에서
'-斤/斤;-ㅌ/飛(늘/늘)'은 '-ㅁ/古(고)-ᆞ-ㅊ/去(거)-ᆞ-ᄉ/於(어)-ᆞ-ᅳ/亦(여)-ᆞ-ㅣ
/乎(오)-', '-ㅊᄀ/去示(거시)-ᆞ-ᅳᄀ/亦示(여시)-' 다음에 확인되고 '-乙/乙
(늘/늘)'은 '-ㄴㄱ/去隱(건)-'이나 '-ㅊ/去(거)-ᆞ-ᄉ/於(어)-' 다음에 확인된
다. '-ㅊㄱ乙/去隱乙(거늘)'은 그 구성요소를 그대로 결합한 표기인 셈이
다. 16세기 구결에는 '-飛乙;-刃(늘/늘)'도 확인된다.

(4)에서 '-늘/늘'은 '-거-ᆞ-가-ᆞ-나-ᆞ-아/어-' 다음에 통합하므로 '-늘/늘' 앞
에는 '-거-ᆞ-ᄂ-'와 '-아/어-'가 있는 것이다. 15세기에 '-거-ᆞ-ᄂ-' 다음에
'-아늘/어늘'이 통합한 셈이다. 17세기에는 '-거를/거를'도 보이고 19세기
에는 '-거날'도 보이지만 현대국어에는 '-거늘'이 남아 있다.

3.6. '-ㄹ'의 통합형

3.6.1. '-라〉러'

앞 표현이 이동 목적의 뜻을 나타내는 '-라〉러'는 동명사어미 '-ㄹ'과
부동사어미 '-아/어'가 통합한 것으로 향가부터 현대국어까지 이어
진다.

(1) -良(라)	(2)	(3)	(4) -라

　(1)에서 '-良(라)'는 '修叱如良來如(닷ᄀ라 오다)'에 확인되는데 '-良'은 주로 '-아/어'의 표기에 쓰인 것으로 '-라'와 '-아/어'의 관계를 시사한다.

　(2-3)에서 목적의 뜻을 나타내는 '-라'는 나타나지 않고 (4)에서 이 '-라'는 '-슬-' 다음에도 통합한다. 이 '-라'의 '-아'는 뒤에 이동동사가 연결되므로 기원적인 처격일 가능성이 있지만 '-라〉러'의 변화는 이 '-아/어'가 부동사어미일 가능성을 보인다. '-라'는 19세기까지도 쓰이지만 19세기에 등장한 '-러'가 현대국어에 남아 있다. '-ㄹ' 다음의 '-아'와 '-어'가 동일 형태소의 이형태이기 때문에 이 '-라〉러'의 변화가 가능한 것으로 '-어'는 부동사어미, '-아'는 정동사어미로 구별하려는 경향 때문에 일어난 변화로 보인다. 곧 '-라'의 모음 '아'를 '어'로 바꾸면서 종결형 '-라'와 쉽게 구별하고 연결형 '-려'와 유사한 의미도 그 형태에 반영하게 된 것이다.

　'-노라' : '-ᄂ-'와 '-오-'에 '-라'가 통합한 종결형 '-노라'가 연결형에도 쓰이는 것은 15세기부터 현대국어까지 계속된다. 이 '-노라'가 의도나 목적의 뜻으로 해석되는 것은 바로 그 구성요소로 '-ㄹ'과 '-아'가 있기 때문이다. '-노라' 다음에 '-고', '-면'을 통합한 '-노라고', '-노라면'과 '-오-'가 없는 '-느라(고)'도 19세기에 보이기 시작한다.

3.6.2. '-려'

　앞 표현이 의도나 예정의 뜻을 나타내는 '-려'는 동명사어미 '-ㄹ'의 통합형 '-리-'와 부동사어미 '-어'가 통합한 것으로 향가부터 현대국어까지 쓰인다.

(1) -將來(려)	(2)	(3)	(4) -려

(1)에서 '-將來(려)' 다음에는 '-尸(ㄹ), -呑隱(둔), -臥乎隱(누온)'이 직접 통합한 예도 보이는데 'ㅎ-'가 생략된 구성일 것이다.

(2-3)에서 '-려'는 확인되지 않고 (4)에서 '-려'는 '-오-' 다음에 통합하여 나타나지만 '-오-'의 소멸로 16세기부터 18세기까지는 '-려'나 '-랴'로만 나타난다. 15세기에 '-ㅅ-' 다음에도 통합하는 '-려'는 연결형의 기능과, 동사 'ㅎ-'를 연결하거나 '-이-'를 연결하여 서술어로 쓰이거나 '-ㅅ'을 연결하여 관형어로 쓰이므로 내포문의 종결형의 기능도 보인다. 19세기에는 '-려'나 '-랴'와 뒤에 '-고'까지 통합한 '-려고', '-랴고'가 나타나 연결형으로 쓰인다. 이 '-려'와 교체형 '-랴'가 함께 나타난 것은 '-으리-' 다음의 구성요소가 '-아/어'이기 때문이다.

3.7. '-ㅁ'의 통합형

3.7.1. '-며'

앞 표현과 뒤 표현을 동시에 병행하거나 나열하는 뜻을 나타내는 '-며'는 명사형 '-ㅁ'에 '-이-'와 어미 '-어'가 통합한 것으로 향가부터 현대 국어까지 쓰인다.

(1) -㫪(며)	(2) -ᄀ/彌(며)	(3) -ᄀ/ㅈ/彌(며)	(4) -며

(1)에서 '-㫪(며)'와 같은 기능을 보이는 '-音(ㅁ)', '-音馬(마)', '-音毛(모)'가 '年數就音(히혜나삼), 執音馬(자ᄇ마), 邊衣于音毛(ᄀ싀오모)'에 확인된다. '-音(ㅁ)'은 지속의 '-ㅁ'이 그대로 부동사어미로 쓰인 것이고 '-馬(마)', '-音毛(모)'는 지속의 '-ㅁ'과 부동사어미 '-아', '-오'가 통합한 것

으로 보인다. '-며(旀)'는 '-ㅁ'과 '-이-'와 어미 '-어'의 통합형이지만 그것을 결합한 표기는 확인되지 않는다.

(2)에서 '-{彌 구결자}/彌(며)'는 -{是 구결자}/是(이)-'와 '{爲 구결자}/爲(ᄒᆞ)-', 그리고 '-{示 구결자}/示(시)-', '{白 구결자}/白(ᄉᆞᆸ)', '{飛 구결자}/飛(ᄂᆞ)', '{利 구결자}/利(리)', '{在 구결자}/在(겨)', '{乎 구결자}/乎(오)', '-{乙 구결자}/乙(ㄹ)', '{尸 구결자}/尸(ㄹ)' 다음에 확인된다. (1-2)의 이두에 '-旀;-彌(며)'가 쓰인다.

(3)에서 '-{彌 구결자}/{久 구결자}/彌(며)'는 '-{是 구결자}/{是 구결자}/是(이)-'와 '-{示 구결자}/示(시)-:-{去 구결자}/去(거)-:-{於 구결자}/於(어)-', '-{去示 구결자}/去示(거시)-:-{於示 구결자}/於示(어시)-', '-{乙地 구결자}/乙地(ㄹ디)' 다음에 확인된다.

(4)에서 '-며'는 '-ᅀᆞᇦ-:-시-:-리-' 다음에도 통합한다. '-며'는 '-ㅁ'과 열거를 나타내는 '-여'의 통합형으로 기술되는데 이 '-여'는 '-이-'와 어미 '-어'의 통합형이다. 15세기의 '-며'는 현대국어와 달리 선어말어미 '-리-' 다음에 '-리며'가 쓰이고 통합형 '-며셔', '-명'이 쓰이지만 그 의미는 현대국어와 큰 차이가 없다.

'-며셔' : '-며'에 보조동사 '시-'와 어미 '-어'가 통합한 '-며셔'가 15세기에 쓰인다. 18세기 이후에는 '-며셔'가 '-면서'로 변화하여 쓰이기 시작한다.

'-명' : '-며'에 '-ㅇ'이 통합한 '-명'이 15세기에 반복 구성에 사용되다가 소멸한다.

한편 (3)에서는 '-며'에 '-히'가 통합한 '{爲彌兮 구결자}/爲彌兮(ᄒᆞ며히)'가 확인된다. 'ᄒᆞ며히' 뒤에는 절이 연결되고, 후기 중세국어의 '-면, -아, -ㄴ대, -ㄴ댄, -거늘' 등에 해당하는 기능을 수행한다.

3.7.2. '-면'

앞 표현이 조건의 뜻을 나타내는 '-면'은 '-며'에 조사 '-ㄴ'이 통합한 것으로 순독구결부터 현대국어까지 쓰인다.

(1)	(2)	(3) -ㅈㄱ/ㅏㄱ/彌隱(며ㄴ), -ㄱ/面(면)	(4) -면

(1-2)에서 '-면'은 보이지 않다가 (3)에서 '-ㅈ/ㅏ/彌(며)'와 '-ㄱ/隱(ㄴ)'
이 결합한 표기가 앞서 나타나고 '-ㄱ/面(면)'이 나타난다. (3)의 '-면'은
'-ㅣ/是(이)-'와 '-ㄹ/示(시)-' 다음에도 확인된다.

자료의 제약 때문일 가능성도 있지만 (1-2)에 '-든/든'이 폭넓게 쓰인
것으로 보아 '-면'이 후대에 발달하였을 가능성이 높다. (4)에서 '-면'은
'-ㅅ-:-시-' 다음과 '-ㄴ디', '-ㄹ디' 다음에도 통합하지만 현대국어와 동일
한 의미로 쓰인다.

조건형 '-든/든'과 '-면'은 첫 구성요소 '드'와 '-ㅁ'이 명사적 요소이고
마지막 구성요소가 조사 '-ㄴ'이라는 공통점이 있다.

3.7.3. '-매'와 '-므로'

앞 표현이 원인의 뜻을 나타내는 '-매'와 '-므로'는 명사형 '-ㅁ'에 조사
'-애'와 '-으로'가 통합한 것으로 향가부터 현대국어까지 쓰인다.

(1) -米(매)	(2) -ㅣ/米;-未/未(매)	(3) -未/未(매)	(4) -매

(1)에서 '-米(매)'는 '-尼(니)'보다 많이 발견되지만 '-오-' 다음에는 확인
되지 않고 어간과 '-理(리)-:-阿(아)-' 다음에 확인되어 15세기의 명사형
'-ㅁ' 앞에 '-오-'가 후에 통합된 선어말어미인 것을 보여 준다.

15세기와 16세기에는 선어말어미 '-오-'와 '-매'가 통합한 '-오매'로 나
타나던 것이 17세기 이후에는 '-오-'가 없이 '-매'로 나타난다. '-오-'가 '-매'
앞에 나타난 것은 '-매'가 명사형 '-ㅁ'과 조사 '-애'의 통합형이기 때문
이다.

3.8. '드'의 통합형

15세기의 의존명사 '드'는 그 이전에 명사형의 기능도 가진 것으로 재구하면 연결형의 변화를 보다 간결하게 기술할 수 있다.

의존명사 '드'는 뒤에 통합한 조사가 '-ㄴ'이면 '든', '-ㄹ'이면 '들', '-이'이면 '디', '-의/애'이면 '딕/대', '-ㅅ'이면 '둣', '-로'이면 '드로'로 나타난다. 관형사형 '-ㄴ', '-ㄹ' 다음의 '든', '들', '디', '딕/대', '둣', '드로'는 의존명사 '드'와 조사의 통합형이 분명한데 이들의 기능은 뒤의 조사에 따라서 결정된다.

어간이나 선어말어미에 직접 통합한 '든', '들', '디', '딕/대', '둣', '드로'도 확인되는데 이들도 '드'와 관련이 있을 가능성이 있다. 이 가운데 15세기의 '든', '들', '디'는 그 다음에 부정을 뜻하는 표현을 연결하는 공통점도 보인다. 그러나 이 '드'는 의존명사로 분석할 수 없으므로 명사형으로 분석하는 방법이 있다. 곧 기원적으로 '드'는 의존명사와 명사형의 기능을 함께 가진 '명사적 요소'로 재구하는 것이다.

ㄴ	든	ㄴ든	ㄹ든
ㄹ	들	ㄴ들	ㄹ들
이	디	ㄴ디	ㄹ디
의/의	딕/대	ㄴ딕/ㄴ대	ㄹ딕/ㄹ대
ㅅ	둣	ㄴ둣	ㄹ둣
로	드로	ㄴ드로	ㄹ드로

'드'는 15세기보다 그 이전에 폭넓게 쓰였을 가능성이 높지만 '드'가 명사형이나 의존명사의 기능을 소멸함으로써 현대국어에는 통합형의 구성요소로만 남아 있다.

3.8.1. '-둔/든'

앞 표현이 뒤 표현의 조건이라는 뜻을 나타내는 연결형은 향가와 석독구결의 '-둔/든'이 그 후에 '-면'으로 대체된 것으로 보인다. '-둔/든'과 '-면'은 첫 구성요소가 명사적 요소이고 마지막 구성요소가 대립을 전제하고 단순히 선택하는 조사 '-ㄴ'이라는 공통점이 있어 '-면' 이전에는 '-둔/든'이 조건형일 가능성이 높다. 현대국어에 '-든'은 '-거든'과 반복 구성 '-든(지) -든(지)'에 남아 있다.

(1) -等;-等隱; 　　-等焉(둔/든)	(2) -のㄱ/入隱(둔/든)	(3) -扌/等;-扌ㄱ/等隱; 　　-ㅅㄱ/入隱(둔/든)	(4) -둔/든

(1)에서 '-等;-等隱;-等焉(둔/든)'은 어간이나 '賜(시)-' 다음과 '-尸(ㄹ)' 다음에 확인된다. 이 '-든'은 명사적 요소 '두'와 조사 '-ㄴ'으로 분석된다. '-呑隱(둔)'도 '-將來(려)' 다음에 확인되고 '-ㄹ둔'은 '-內尸等/飛等(눌둔)'으로 '-ᄂ-' 다음에도 확인된다.

(2)에서 '-のㄱ/入隱(둔/든)'은 '-ㄱ/隱(ㄴ)', '-尸/尸(ㄹ)' 다음에 확인되고 이두에 '-等(둔/든)', '-去等(거든)', '-乙等(ㄹ둔)'이 쓰인다.

(3)에서 '-扌/等;-扌ㄱ/等隱;-ㅅㄱ/入隱(둔/든)'은 '-ㄱ/隱(ㄴ)', '-乙/乙(ㄹ)' 다음과 '-ㅁ/古(고)-ᆞ-㚁/去(거)-ᆞ-ᅀ/於(어)-ᆞ-ᅩ/亦(야)-', '-ㅁ=/古示(고시)-ᆞ-ㅊ=/去示(거시)-' 다음에 확인된다. 16세기 구결에는 '-月隱(둔)'도 쓰인다.

(4)에서 '-둔/든'은 '-거-ᆞ-나-ᆞ-더-ᆞ-아/어-' 다음에 통합한다.

'-둔/든'은 15세기 이후에 '-아/어-' 다음에 통합하여 분포의 제약을 받으면서 단순한 조건의 뜻은 '-면'에 넘겨주고 '-거든'으로 남아서 가상적 조건의 뜻을 나타낸다.

어간에 직접 통합하고 뒤에 부정을 뜻하는 동사를 연결하는 '-둔/든'

은 19세기까지 나타나고 현대국어의 방언에도 남아 있다. 반복 구성으로 선택과 양보적 조건을 나타내는 '-든(지) -든(지)'는 '-던(지) -던(지)'와 함께 19세기 이후에 나타나는데 이들의 '-든/던'도 '-ᄃᆞᆫ/든'에서 변화한 것이다. 19세기에는 '-거드면'도 보인다.

3.8.2. '-ᄃᆞᆯ'

앞 표현이 뒤 표현의 양보적 조건이라는 뜻을 나타내는 '-ㄴᄃᆞᆯ'은 관형사형 '-ㄴ'과 의존명사 'ᄃᆞ'와 조사 '-ㄹ'로 분석된다. 이 조사 '-ㄹ'이 '-거늘'의 '-ㄹ'과 함께 대격의 기능이 아니라 대립을 전제하고 선택하는 기능을 가졌기 때문에 '-ㄴᄃᆞᆯ'이 양보적 조건을 나타낸다. 15세기에 어간에 직접 통합한 'ᄃᆞᆯ'이 부정을 뜻하는 동사를 연결하는 것도 양보적 조건의 뜻과 무관하지는 않다.

(1)	(2) -の乙/入乙;-冬/冬; -月/月(ᄃᆞᆯ)	(3) -ホ/等;-入乙/入乙; -入/入(ᄃᆞᆯ)	(4) -ᄃᆞᆯ

어간이나 선어말어미 다음에 통합한 '-ᄃᆞᆯ'은 (1-3)에서 확인되지 않고 (4)에서 확인되지만 '-ㄴ', '-ㄹ' 다음에 통합한 'ᄃᆞᆯ'은 (2)에서부터 확인된다.

(1)에서 '-ᄃᆞᆯ'은 부정소 '不冬(안ᄃᆞᆯ)', '毛冬(모ᄃᆞᆯ)'에 확인되고 '不冬(안ᄃᆞᆯ)'은 (3)까지 확인된다.

(2)에서 '-の乙/入乙;-冬/冬;-月/月(ᄃᆞᆯ)'은 '-ㄱ/隱(ㄴ)' 다음에, '-の乙/入乙(ᄃᆞᆯ)'은 '-尸/尸(ㄹ)' 다음에 확인된다.

(3)에서 '-ホ/等;-入乙/入乙;-入/入(ᄃᆞᆯ)'은 '-ㄱ/隱(ㄴ)' 다음에 확인되지만 '-ㄹᄃᆞᆯ'이 보이지 않아 '-ㄴᄃᆞᆯ'이 재구조화되었을 가능성이 있다. 16세기 구결에는 '-月/月乙(ᄃᆞᆯ)'도 '-隱(ㄴ)' 다음에 쓰인다.

(4)에서 '-돌'은 어간 다음과 '-ㄴ' 다음에 통합한다.

'-ㄴ돌'은 'ᄋ'의 소멸로 18세기 이후에는 '-ㄴ들'이 남게 된다.

'-돌'은 15세기에 어간에 직접 통합하여 부정을 뜻하는 동사 '아니ᄒ-, 못ᄒ-'나 타동사를 연결하는데 'ᄃ'와 조사 '-ㄹ'로 분석될 수 있다. '-ᄃ란'도 뒤에 '모ᄅ-'가 연결되므로 '-돌'에 다시 조사 '-ㄴ'이 결합한 구성이다. 15세기의 '-돌'은 16세기에 '-들'로도 나타난다. 어간 다음의 '-돌/들'은 15세기 이후 18세기까지 나타나고 현대국어의 방언에도 남아 있다.

3.8.3. '-디〉지'와 통합형

앞 표현을 긍정하여 완결하고 뒤에 부정을 뜻하는 표현을 연결하는 '-디'는 어간이나 선어말어미에 직접 통합하거나 관형사형 '-ㄴ', '-ㄹ'에 통합하여 향가부터 현대국어까지 이어진다. 이 '-디'는 명사적 요소 'ᄃ'와 조사 '-이'로 분석된다. '-디'가 부정을 뜻하는 동사의 주어로 해석되는 것은 조사 '-이' 때문일 것이다.

(1) -支(디)	(2) -夫/知(디)	(3)	(4) -디
-尸知(ㄹ디)	-ㅣ夫/隱知(ㄴ디)	-ㅣ夫/隱知;-ㅣ乄/隱地(ㄴ디)	-ㄴ디
		-ㄴ乄/乙地(ㄹ디)	-ㄹ디

(1)에서 어간 다음에 '-支(디)'는 '-기'로도 읽히지만 '-디'일 가능성이 있다. (1)에서 '-디'는 부정소 '不喩(안디)'에도 확인되고 '不喩(안디)'는 (3)까지 확인된다. 16세기 구결에는 '-知(디)'가 '-尸(ㄹ)' 다음에 쓰인다.

(2)에서 '-夫/知(디)'는 어간 다음과 '-ㅣ/隱(ㄴ)' 다음에도 확인된다.

(3)에서 '-夫/知;-土/地(디)'는 '-ㅣ/隱(ㄴ)', '-ㄴ/乙(ㄹ)' 다음에 확인된다.

(4)에서 '-디'는 어간 다음과 '-ㄴ', '-ㄹ' 다음에 통합하는데 어간 다음에는 '-디'와 함께 '-디비'도 나타난다.

15세기의 '-디'는 구개음화로 '-지'로 변화한다. 다만 '어렵-', '둏-' 앞에도 '-디'가 쓰인 것은 15세기의 특징으로 이 위치의 '-디'는 '-기'로 변화한다. '-디'는 18세기까지 보이고 '-디'가 구개음화된 '-지'는 17세기부터 나타나기 시작하여 19세기에는 '-지'만 나타난다.

부정문을 구성하는 '-디', '-둘'의 위치와 관련하여 흥미로운 변화가 나타난다. 향가, 이두, 구결에서 명사를 부정하는 '不喩(안디)'의 '-디'와 동사를 부정하는 '不冬(안둘)'의 '-둘'이 15세기 이후 위치를 바꾸어 부정소 '아니-' 앞의 어미로 나타나는 것이다.

'-디'에서 형성된 것으로 보이는 15세기의 '-디비'는 'ᄫ'의 변화 때문에 일찍부터 주목을 받아 왔는데 'ᄫ'이 소멸한 후에 '-디위, -디외, -디웨'가 17세기까지 보인다. 이들은 뒤에 부정을 뜻하는 표현을 연결하는 만큼 앞 표현을 긍정한다. '-디'와 '-디비'의 관계는 '-ᄉᆞᆯ-' 다음에도 통합하는 '-디' 뒤에는 부정을 뜻하는 동사 '아니ᄒᆞ-, 몯ᄒᆞ-, 말-'이 바로 연결되고 '-ᄉᆞᆯ-ㆍ-시-' 다음에도 통합하는 '-디비' 뒤에는 부정을 뜻하는 절이 연결되는 예가 많다는 정도의 차이가 보인다. '-디비'는 함경도방언에 '-지비'로 남아 종결형으로 쓰이는데 15세기에 뒤에 절을 연결한 '-디비'의 기능과 관련이 있다.

3.8.4. '-ᄃᆡ〉되'와 '-대〉데'

앞 표현에 대한 구체적인 설명이나 내용을 뒤에 연결하는 '-ᄃᆡ'나 '-대'는 어간이나 선어말어미에 직접 통합하거나 '-ㄴ'에 통합하여 향가부터 현대국어까지 이어진다. 이 '-ᄃᆡ'나 '-대'는 명사적 요소 '드'와 조사 '-익'나 '-애'로 분석된다. '-ᄃᆡ'나 '-대'가 부사적인 기능을 보이는 것은 조사 '-익'나 '-애' 때문일 것이다.

(1) -矣(ᄃᆡ) -焉多衣(ㄴᄃᆡ)	(2) -矣(ᄃᆡ) -ㄱ/隱(ㄴ);-ㄕ/尸 (ㄹ)+厶/矣(ᄃᆡ)	(3) -厶/矣(ᄃᆡ) -ㄱ/隱(ㄴ)+大/大;-厶/ 矣(대/ᄃᆡ)	(4) -ᄃᆡ -ㄴ+대/ᄃᆡ

(1)에서 어간 다음의 '-矣(ᄃᆡ)'는 〈도이장가〉의 '-賜矣(시ᄃᆡ)'에 확인되고 '-ㄴᄃᆡ'는 '-라' 다음의 '-良焉多衣(란ᄃᆡ)'에 확인된다. (1-2)의 이두에 '-乎矣(오ᄃᆡ)'도 쓰인다. (2)에서 '-ㄱ厶/隱矣(ㄴᄃᆡ)'뿐만 아니라 '-ㄕ厶/尸矣(ㄹᄃᆡ)'도 '-ろ/五(오)-' 다음에 확인되고[6] 처격 '-十/中(ᄋᆡ)'까지 표기된 '-ノㄕ矣十/乎尸矣中(호ㄹᄃᆡᄋᆡ)', '-ㄱㅣ十/隱如中(ㄴ다ᄋᆡ)'도 확인된다. (3)에서 어간 다음의 '-厶/矣(ᄃᆡ)'가 '-ノ/乎(오)-:-西/要(요)-:-ㆍ/良(야)-', '-舍/舍(샤)-' 다음에 확인되고 '-ㄴ대/ㄴᄃᆡ'는 '-ㅅ/羅(라)', '-リㅅ/利羅(리라)' 다음이나 '-ㅁ/古(고):-午/午(오)' 다음에 확인된다. '-ㄴ대/ㄴᄃᆡ' 뒤에 조사 '-ㄴ'이 통합한 '-ㄱ大ㄱ/隱大隱(ㄴ댄), -ㄱ厶ㄱ/隱矣隱(ㄴᄃᆡᆫ)'과 '-乙上十/乙上中(ㄹ뎬), -乙ㄓ十ㄱ/乙第中隱(ㄹ뎬)'도 확인된다. (4)에서 '-ᄃᆡ'는 '-ᄉᆞᆸ-:-시-:-오-:-로-:-아-' 다음에 통합하고 '-ㄴ대/ㄴᄃᆡ'는 '-고/오:-과/와', '-라' 다음에 통합하는데 '-ㄴᄃᆡ'보다 '-ㄴ대'가 많이 나타난다. 이들 뒤에 다시 조사 '-ㄴ'이 통합한 '-오ᄃᆡᆫ', '-ㄴ댄/ㄴᄃᆡᆫ/ㄴ뎬'이 가정이나 조건의 뜻을 나타낸다.

'-ᄃᆡ'는 15세기에 '-오-' 다음에 통합하여 나타나다가 16세기 이후 '-오-'가 없이 '-ᄃᆡ'만 쓰이거나 '-되'로 나타난다. 15세기에 조사 '-ㄴ'까지 통합한 '-오ᄃᆡᆫ'도 쓰이지만 그 후에는 보이지 않는다.

'-ㄴ대/ㄴᄃᆡ'는 관형사형 '-ㄴ'과 의존명사 'ᄃᆞ'와 조사 '-애/ᄋᆡ'가 통합한 것으로 15세기부터 현대국어까지 원인이나 설명의 뜻을 나타내는 연결형으로 분류된다. 15세기에 '-ㄴ대/ㄴᄃᆡ'에 선행하는 '-ᄉᆞᆸ-'과 '-시-'는

6 이들에서 동명사어미 '-ㄴ', '-ㄹ'이 탈락하여 '-ᄃᆡ'가 어말어미로 변화하였다는 견해도(李丞宰, 1995) 있다.

쉽게 분석되지만 '-과', '-고'는 분석하지 않고 '-관딩', '-곤딩'를 기술한 경우가 많다. '-관딩', '-곤딩'의 선행절에는 의문사가 나타난 것으로 보아 이들의 첫 구성요소는 설명의문문의 '-고'이다. '-ㄹ식'가 평서문에 쓰이고 '-관딩'가 의문문에 쓰여 비교되기도 한다. '-관딩', '-곤딩'는 '-고+아', '-고' 다음에 '-ㄴ딩'가 결합한 구성으로 '-라' 다음에 '-ㄴ딩'가 결합한 '-란딩'와 같이 정동사어미나 종결형에 '-ㄴ딩'가 결합한 것이다. 15세기에는 '-온딩'가 나타나기도 하고 '-란딩'는 16세기까지, '-관딩'는 18세기까지 보인다. '딩' 다음의 처격이 '-의'로 실현된 '-ㄴ듸'도 18세기에 보인다. 현대국어에는 처격 '-에'가 통합한 '-ㄴ데'가 남아 있다.

15세기에 선어말어미 '-거-:-더-:-리-' 다음에는 '-ㄴ대'보다 '-ㄴ댄'이 많이 통합하여 나타난다. 조사 '-ㄴ'이 뒤에 통합한 '-ㄴ딘/ㄴ댄/ㄴ덴'이 조건의 뜻을 나타내는 것은 조사 '-ㄴ'이 대립을 전제하기 때문이다. 현대국어에 '-린대'는 쓰이지 않지만 '-던데'와 '-건대'가 남아 있다.

3.8.5. '-둣/듯'

앞 표현과 유사한 뜻을 나타내는 '-둣/듯'은 어간에 직접 통합하거나 '-ㄴ', '-ㄹ'에 통합하여 15세기부터 현대국어까지 쓰인다. 이 '-둣/듯'이 명사적 요소 '둣'와 조사 '-ㅅ'으로 분석된다면 이들이 관형어의 기능을 보이지 않고 부사어의 기능을 보이는 것은 '-ㅅ' 다음에 잉여적으로 나타나는 '-이' 때문일 것이다.

(1)	(2) 초ㄴ	(3) -초ㄴ/知叱; ㅑㄴ/地叱(딧)	(4) -둣/듯

(2)의 '-초ㄴ/知叱(딧)'은 'ㄹ초ㄴ丷 ϡ'에서 한 번 확인된다. (3)의 '-초ㄴ/知叱;-ㅑㄴ/地叱(딧)-'은 '-딧 ㅎ-'에 확인된다. 이 '-딧'은 (4)에서 '-둣/듯'으로 나타난다. 16세기 구결에는 '-月叱(둣)'도 쓰인다.

15세기의 '-둧/둗'은 '-숳-:-시-' 다음에도 통합하여 절이나 동사 'ᄒ-'를 연결하고 그 뒤에 어미 '-이'까지 통합한 '-ᄃ시/드시'도 쓰인다.

'-ㄴ', '-ㄹ'에 통합한 '-ㄴ둧/ㄴ둗'과 '-ㄹ둧/ㄹ둗'도 절이나 동사 'ᄒ-'를 연결하고 그 뒤에 어미 '-이'까지 통합한 '-ᄃ시/드시'도 쓰인다. '-둧'과 '-ᄃ시'도 보이지만 '익'가 소멸하면서 현대국어의 '-듯'과 '-듯이'로 이어진다.

현대국어의 '-듯'도 15세기처럼 어간과 '-ㄴ', '-ㄹ' 다음에 통합하고 그 뒤에 '-이'를 통합하거나 '하-'를 연결하여 쓰인다.

3.8.6. '-ᄃ록〉도록'

'ᄃ'와 조사 '-로'의 통합형으로는 어간 다음의 '-ᄃ록'과 '-ㄴ' 다음의 'ᄃ로'가 있다. '-ᄃ록'의 '-록'은 '-ㄹ수록'에도 들어 있다. 'ᄃ록'은 명사적 요소 'ᄃ'에 조사 '-로'와 '-ㄱ'이 통합한 것이다.

앞 표현의 한계에 과정을 거친 도달의 뜻을 나타내고 뒤에 그 조건을 연결하는 '-ᄃ록'은 향가부터 현대국어까지 이어진다.

| (1) -所只(ᄃ록) | (2) -ㄹ ハ/所只(ᄃ록) | (3) -ㄱ ㅅ〃/隱入以; | (4) -ᄃ록 |
| | -ㄱ の〃/隱入以(ㄴᄃ로) | -ㄱ ㅓ〃/隱等以(ㄴᄃ로) | |

(1-2)에서 어간 다음에 '-ᄃ록'이 확인되고 '-ᄃ로'는 보이지 않지만, (2-3)에서 관형사형 '-ㄴ' 다음에 'ᄃ로'가 확인되고 '-ㄴᄃ록'은 보이지 않는다. 16세기 구결에는 '-都彔;-月彔(ᄃ록)', '-土彔;-吐彔(토록)'이 쓰인다.

15세기에는 주로 '-ᄃ록'이 쓰이고 '-도록'도 간혹 보이지만 16세기부터 '-도록'이 함께 쓰이다가 '익'가 소멸하면서 '-도록'으로 정착한다. 이 '-ᄃ록'에 처격 '애'가 통합한 형태도 보인다.

3.8.7. '-ㄴ뎡〉ㄴ졍'

앞 표현을 긍정적으로 평가하는 뜻을 나타내고 뒤에 부정적으로 평가하는 내용을 연결하는 '-ㄴ뎡〉ㄴ졍'은 고려말의 순독구결부터 현대국어까지 이어진다.

(1)	(2)	(3) -ㄱㅜ/隱丁(ㄴ뎡)	(4) -ㄴ뎡

(1-2)에서 '-ㄴ뎡'은 확인되지 않고 (3)에서 '-ㄱㅜ/隱丁(ㄴ뎡)'은 '-ㅓ/
ᄉ/於(어)-' 다음에 확인되고 '-ᄒ丁/言丁(언뎡)'으로도 나타난다. (4)에서
'-ㄴ뎡' 앞에 다양한 요소가 나타난다. '-ㄴ뎡'은 '-ㄹ만뎡', '-ㄹ쌘뎡', '-ㄹ
쭈니언뎡', '-ㄹ쯔ᄅ미언뎡', '-ㄹ시언뎡', '-ㄹ디언뎡', '-란듸만뎡'에 확인
된다.

'-ㄴ뎡'을 공유하는 형태는 그 구성을 역사적 변화에서 짐작할 수 있
다. 15세기부터 17세기까지 '-ㄹ시언뎡'은 '-시어-'를 축약한 '-을션뎡'과
함께 나타나는데 '-ㄹ디언뎡'과 비교하면 '-ㄹ' 다음의 '시'와 '디'는 의존
명사 'ᄉ'와 '드'에 '-이-'가 통합한 것임을 알 수 있다. '-이-' 다음의 '-언뎡'
은 선어말어미 '-어-'를 분석하면 '-ㄴ뎡'이 남게 된다. '-ㄹ디언뎡'은 구개
음화로 19세기에 '-ㄹ지언뎡'과 '-ㄹ지언졍'이 쓰이다가 현대국어에 '-ㄹ
지언졍'이 남아 있다.

'-ㄹ만뎡', '-ㄹ쌘뎡', '-ㄹ쭈니언뎡', '-ㄹ쯔ᄅ미언뎡'을 비교하면 '만'과
'쌘'의 관계가 보이는데 이 시기에 '만'이 '쌘'과 유사한 의미를 가진 명
사적 요소라면 이들은 '-ㄹ'과 명사적 요소 '만', '쌘', '쯔름' 다음에 다시
'-이언뎡'이나 '-ㄴ뎡'이 통합하여 이루어졌을 가능성이 있다. 15세기의
'-ㄹ만뎡'은 17세기에는 구개음화된 '-ㄹ만졍'은 물론 '-ㄹ망졍'까지도 보
인다. '-ㄹ망졍'이 구개음화와 단모음화로 오늘날의 '-ㄹ망졍'이 된 것은
알 수 있지만 '만'이 '망'이 된 이유는 알기 어렵다. 이들 가운데 '-ㄹ쌘뎡'

은 15세기에만 보이지만 '-언뎡', '-ㄹ셔뎡'은 근대국어까지 보이고 현대
국어에는 '-ㄹ망졍'과 '-ㄹ지언졍'만 남는다.

문제는 '-ㄴ뎡'인데 '-ㄴ뎡'을 앞에 관형사형 '-ㄴ'과 의존명사 'ᄃ'를 분
석하면 그 뒤에 '-이-'와 어미 '-어' 그리고 '-ㅇ'을 분석할 수 있지만 더
검토할 필요가 있다.

마지막에 '-ㅇ'이 보이는 '-ㄴ동'과 '-ㄹ동'도 뒤에 부정을 뜻하는 동사
를 연결하거나 반복 구성을 이루어 두 번째에 대립되거나 부정을 뜻하
는 동사를 연결한다. 현대국어에는 방언에 남아 있다.

3.9. 의존명사 'ᄾ'의 통합형

의존명사 'ᄾ'는 뒤에 오는 조사가 '-ㄴ'이면 '손', '-ㄹ'이면 '술', '-이'이
면 '시', '-의/애'이면 '식/새', '-로'이면 'ᄾ로'로 나타난다. 'ᄾ'는 관형사형
'-ㄴ' 다음에는 쉽게 발견되지 않고 '-ㄹ' 다음에 대부분이 통합하는데
'손', '술', '시', '식/새', 'ᄾ로'는 의존명사 'ᄾ'와 조사의 통합형으로 이들
의 기능은 뒤의 조사에 따라서 결정된다. 'ᄃ'의 통합형과는 달리 어간
이나 선어말어미에 직접 통합한 '손', '술', '시', '식', 'ᄾ로'는 향가나 석독
구결에 쉽게 확인되지 않는다.

ㄴ	ㄹ손
ㄹ	ㄹ술
이	ㄹ시
의	ㄹ식
로	ㄹᄾ로

15세기 이전에 의존명사 'ᄾ'의 통합형으로 (1)에서 '-孫(ㄹ손)'이 어간

과 '白(숣)-' 다음에 보이고 '-孫丁(ㄹ손뎌)'가 보이는데 이들에 '-ㄹ'이 없다면 어간에 'ㅅ'가 직접 통합한 것이 되지만 확실하지 않다. (3)에서야 '-ㄴ +ㅣ/乙士隱(ㄹ손), -ㄷ +乙/乙士乙(ㄹ술), -ㄷ=/乙示(ㄹ시), -ㄴ +ㅎ/乙士衣(ㄹ싀)'가 확인되는데 의존명사 'ㅅ'가 분석되는 것이다.

'ㅅ'는 15세기 이전에 쓰이기 시작하였지만 'ㅅ'가 의존명사의 기능을 소멸함으로써 현대국어에는 통합형의 구성요소로만 남아 있다.

3.9.1. '-ㄹ싀〉ㄹ새'

앞 표현이 원인의 뜻을 나타내는 '-ㄹ싀'는 관형사형 '-ㄹ'에 의존명사 'ㅅ'와 처격 '-의'가 통합한 것으로 향가부터 현대국어까지 쓰인다.

(1) -物生(ㅁ+ㄹ싀)	(2)	(3) -ㄴ +ㅣ/乙士是;-ㄴ +ㅎ/乙士衣(ㄹ싀)	(4) -ㄹ싀

(1)에서 '所音物生(바라물싀)'에 '-ㄹ싀'가 있는 것으로 해독되고 (3)의 '-ㄴ +ㅣ/乙士是;-ㄴ +ㅎ/乙士衣(ㄹ싀)-'는 그 구성요소를 그대로 결합한 표기인 셈이다. (4)에서 '-ㄹ싀'는 '-슬-:-시-:-리-' 다음에도 통합하고 '-이-'가 통합하여 서술어로도 쓰인다. 15세기에는 '-ㄹ씩'도 나타나지만 처격은 거의 '-의'로 고정되어 나타나다가 19세기에 '-ㄹ새/ㄹ세'가 나타난다. 현대국어에 '-ㄹ새'는 문어에나 남아 있다.

3.9.2. '-ㄹㅅ록〉ㄹ수록'

앞 표현은 한계를 향한 정도가 더해지는 과정을 나타내고 뒤 표현에 그 결과를 연결하는 '-ㄹㅅ록'은 향가나 구결에 확인되지 않고 15세기에도 그 예가 드물다. '-ㄹㅅ록'은 '-ㄹ'과 'ㅅ' 다음에 조사 '-로'와 '-ㄱ'이 통합한 것으로 보인다.

15세기의 '-ㄹ亽록'은 19세기까지 보이지만 19세기에 '亽' 대신에 '사/수/스/쇼/슈'가 나타난다. 의존명사 '亽'가 소멸한 단계이므로 '亽'는 다른 형태와 연관성을 찾지 못한 반면에 '-ㄹ'과 '-록'은 다른 형태와 연관성을 찾은 것으로 보인다. 따라서 '-ㄹ亽록'은 관형사형 '-ㄹ'과 의존명사 '亽'에 '-록'이 통합한 것이다.

3.9.3. '-디옷〉디록'

앞 표현은 한계를 향한 정도가 더해지는 과정을 나타내고 뒤에 '더, 더욱'과 함께 앞 표현에 비례해서 더해지는 뜻을 연결하는 '-디옷'이 있다. (3)에서 '-ㅑㅆㄴ/地火叱(디봇)'이 나타나고 15세기에도 '-디옷'이 일반적이고 '-ㄹ亽록'이 드물다. 16세기 구결에는 '-地午叱'(디옷)이 보인다.

'-디옷'의 '옷'이 강세의 '-곳'의 교체형일 가능성이 있는데 15세기의 '-옷'과 15세기와 16세기의 '-디옷'은 그 후에 이어지는 형태가 분명하지 않다. '-디옷'은 '-드록'이나 '-ㄹ亽록'에 유추되어 '-디록'으로 변화한 것으로 보이지만 '-디록'조차 소멸한다. 16세기와 17세기의 '-디록'은 19세기에 구개음화된 '-지록'이 나타난다. '-디록〉지록'은 '-록'을 공유하는 점에서 '-드록'이나 '-ㄹ亽록'과 의미의 공통점이 있는 것으로 보인다.

3.10. '-다', '-라'의 통합형

3.10.1. '-다가'

앞 표현을 중단하고 다른 표현을 뒤에 연결하여 전환의 뜻을 나타내는 '-다가'는 향가부터 현대국어까지 쓰인다.

(1) -如可(다가)	(2)	(3) -丨可/如可;-丨去/如去(다가)	(4) -다가

(1), (3-4)에서 '-다가'는 정동사어미 '-다'와 '-가/거'를 결합한 표기로 나타난다. '-다가'에 '-다'와 '-가'가 들어 있을 가능성을 보이는 것이다. 더구나 15세기에 '-숩-:-시-' 다음에도 통합한 '-다가'와 같은 기능으로 '-리-'나 '-이-, 아니-' 다음에 쓰인 '-라가'의 존재는 '-다가', '-라가'가 정동사어미 '-다', '-라'에서 발달한 것일 가능성을 보인다.

'-다가'의 용법으로 쓰이는 '-다'는 17세기부터 보이기 시작한다. 15세기에 '-다가'와 '-며'가 직접 통합한 '-다가며'는 16세기 이후에는 쓰이지 않는다.

3.10.2. '-라', '-락'

15세기에는 앞 표현의 동작이나 상태에 뒤 표현의 동작이나 상태를 바로 연결하는 뜻으로 '-라'와 '-락'이 쓰인다. 이 '-라'는 '-라가'와 같은 기능으로 쓰여 '-라가'가 '-라'에서 발달한 것을 뒷받침한다.

앞과 뒤의 표현이 대립되는 동작일 때에도 15세기에 '-라'나 '-라'에 '-ㄱ'이 통합한 '-락'이 쓰인다. '-락'은 두 번 되풀이되기도 하여 현대국어의 '-락'이 된다. 15세기에 '-락'과 '-라'가 비슷한 용법으로 쓰이므로 '-락'은 '-라'와 '-ㄱ'의 통합형일 가능성이 있다.

3.10.3. '-ㄴ다마다', '-자마자'

15세기에는 앞 표현의 동작에 뒤 표현의 동작을 바로 연결하는 뜻을 나타내는 '-ㄴ다마다'가 있다. 앞 표현과 뒤 표현이 인과관계이면 '-ㄴ다마다'가 쓰인다. 이 '-ㄴ다마다'의 쓰임은 현대국어의 '-자마자'와 유사하고 '-마다'와 '-마자'가 동사 '말-'(勿)에 의한 반복 구성인 점이 유사하다.

행위 연속을 나타내는 '-쟈'는 15세기에는 보이지 않고 16세기에야 보이기 시작한다. 현대국어의 '-자', '-자마자'는 이 '-쟈'에서 발달한 것이다.

3.11. '-마른〉마는'의 통합형

대조나 양보적 조건의 뜻을 나타내는 조사 '-마른〉마는'의 통합형이 향가부터 현대국어까지 연결형으로 쓰인다.

(1) -馬於隱(마른)	(2)	(3) -ᠵᠣᠨ/ᠵᠨ/麻乙隱; -ᠵᠨ/麻隱(마른)	(4) -마른

(1)에서 '-馬於隱(마른)'은 '-다' 다음에 확인되고, (3)에서 '-ᠵᠣᠨ/ᠵᠨ /麻乙隱;-ᠵᠨ/麻隱(마른)'은 '-ᠵᠨ/去隱(건):-ᡐᠨ/ᠰᠨ/於隱(언)' 다음에 확인된다. (4)에서 '-마른'은 '-거-:-가-:-나-:-아/어-' 다음의 '-ㄴ'과 종결형 '-도다, -뇨, -료' 다음에 통합한다. '-안마른/언마른'이 '-슬-:-시-:-거-:-ᄂ-:-리-' 다음에 통합하여 쓰인 것이다.[7]

15세기에 종결형 다음의 '-마른'은 조사, '-ㄴ마른'은 연결형으로 분류하지만 '-마른'의 통합형은 모두 대조나 양보의 뜻을 나타내는 공통점이 있다.

15세기와 16세기에 '-거-', '-ᄂ-' 다음의 '-아/어-'에 통합하여 나타나던 '-ㄴ마른'은 17세기의 〈내훈〉 이후에는 '-ㄴ마는'으로 나타나고 이것이 현대국어의 '-ㄴ마는'으로 이어진다. 19세기에는 '-ㄴ마은'이 나타나고 이것이 현대국어의 '-ㄴ만'으로 이어진다. 19세기에는 '-지'와 '-마는/마

---

7 '-마른'과 관련지을 수 있는 형태로 고려 이두와 균여전 향가에 보이는 '-而亦(마리여)'가 있다.

은'이 통합한 '-지마는/지마은'도 나타난다. 이 '-ㄴ'과 '-지' 다음의 '-마은'과 '-마는'은 조사 '-만'과 '-만+은'으로 인식되면서 현대국어의 '-건만, -건마는', '-지만, -지마는', '-다만, -다마는'이 연결형으로 쓰인다.

4. 동명사어미

동명사어미는 동사가 명사 기능을 갖게 하는 어미로 15세기까지도 관형사형과 명사형의 기능을 함께 보이는 '-ㄴ', '-ㄹ'과 15세기 이후 명사형으로 자리를 잡는 '-ㅁ', '-기'가 있다. 명사는 명사 수식의 관형어 기능도 가지므로 역사적으로 '-ㄴ', '-ㄹ'이 명사형과 관형사형의 기능을 함께 보이는 것은 자연스러운 일이다.

4.1. '-ㄴ'과 '-ㄹ'

현대국어의 '-ㄴ'과 '-ㄹ'은 관형사형의 기능을 보이지만 15세기 이전의 '-ㄴ'과 '-ㄹ'은 명사형의 기능도 보인다. 향가와 구결은 물론 15세기까지 명사형의 기능도 보이는 '-ㄴ'과 '-ㄹ'은, '-ㅁ'과 '-기'가 명사형으로 자리를 잡으면서, 주로 관형사형의 기능으로 쓰이게 된다.

4.1.1. '-ㄴ'

앞 표현의 대립을 전제하고 완료 상태를 나타내는 '-ㄴ'은 관형사형, 명사형, 그 밖에 조사로 쓰인다. 향가와 구결에 '-ㄴ'은 기능의 차이에 관계없이 '-隱(ㄴ)'과 '-ㄱ/隱(ㄴ)' 동일한 차자로 표기되어 그 관련성을 뒷받침한다. 다음은 관형사형으로 쓰인 '-ㄴ'이다.

(1) -隱/焉(ㄴ/ㅇ)	(2) -ㄱ/隱(ㄴ)	(3) -ㄱ/隱(ㄴ)	(4) -ㄴ

(1)에서 주로 '-隱(ㄴ)'이 나타나고 일부 양성 어간 다음에는 '-焉(ㅇ)'이 나타난다. '-ㄴ'은 어간 말음까지 반영한 '-萬;-萬隱(마+ㄴ), -恨(ㅎ+ㄴ), -根(ㄱ+ㅇ), -反(바+ㄴ), -仁;-因(이+ㄴ)'에도 확인된다. '-ㄴ'은 '-시-:-오-'에 통합한 '-賜隱;-史隱;-賜仁(신), -賜乎隱;-賜烏隱(시온)'과 '-ㄴ-:-오-'에 통합한 '-奴隱;-內乎隱(논), -臥乎隱(누온)'과 '-더-'에 통합한 '-頓隱(딘), -如賜烏隱(더시온)'에도 확인된다. '-ㄴ'이 '-오-:-로-'에 통합한 '-乎隱;-烏隱(온), -乎仁(오인), -留隱;-留焉(론)'과 '-아-'에 통합한 '-邪隱(얀)'도 확인된다.

'-ㄴ'은 (1-2)의 이두에 '-卩/隱(ㄴ)'과 '-乎(온)'이 쓰이고 『계림유사』의 '小曰胡根(효ㄹ), 高曰那奔(ㄴ픈), 沈曰及欣(기픈), 老曰刃斤(늘근)'에도 보인다. (2)에서 '-ㄱ/隱(ㄴ)'은 '-ㄹ/示(시)-:-ナ/在(겨)-', '-卜/臥(누)-:-卜ㅎ/臥五(누오)-' 다음에도 확인된다. (3)에서 '-ㄱ/隱(ㄴ)'은 '-又/奴(노)' 다음에도 확인된다. (2-3)에서 '-ㄴ'의 교체형이 표기로 구별되지 않는다.

(4)에서 구별된 '-ㄴ'의 교체형은 모음조화에 따른 '-ㅇ'을 제외하면 현대국어와 동일하다. 15세기에 '-ㄴ'은 명사형의 기능도 보이지만 주로 관형사형의 기능을 보인다. 15세기의 관형사형 '-ㄴ'은 '-습-:-시-:-오-:-아/어-'와 '-거-:-ㄴ-:-더-:-리-' 다음에 통합하여 명사를 수식한다. 다만 '-거-:-ㄴ-' 다음의 '-아/어-'에 '-ㄴ'이 통합한 '-간', '-난', '-안/언'은 의존명사 '드'를 수식하는 구성에만 쓰인다. '-건', '-는', '-던', '-린' 가운데 '-는', '-던'은 근대국어에 '-는', '-던'으로 명사 수식 구성에 계속 사용되지만 '-건', '-린'은 통합형에만 남아 있다.

향가와 구결에 명사형으로 쓰인 '-ㄴ'도 관형사형으로 쓰인 '-ㄴ'과 동일한 표기로 나타난다. 명사형으로 쓰인 '-ㄴ'은 그 다음에 직접 조사를 통합하거나 동사를 연결한다. (1)에서 조사 '-焉(은)', '-乙(ㄹ)'이나 '-伊(이)-'가 직접 통합한 '-隱(ㄴ)'과 (2-3)에서 조사 '-ㄱ/隱(ㄴ)', '-乙/ㄴ/乙(ㄹ)', '-ㅋ/衣(의)', '-ㅋ十/衣中(의긔)', '-ㅆ/以(로)', '-ㄲ/刀(도)', '-ㅋ/沙(사)'가 직접 통합한 '-ㄱ/隱(ㄴ)'은 명사형의 기능으로 쓰인 것이다. (2-3)에서 조사가 통합하지 않고 동사가 연결된 '-ㄱ/隱(ㄴ)'도 명사형의 기능으로 쓰인 것인데 '-ㄱ/隱(ㄴ)' 다음에는 다른 동사보다 부정을 뜻하는 동사가 많이 연결된다. 이렇게 '-ㄴ'이 명사형으로 쓰이는 것은 15세기까지 이어진다.

4.1.2. '-ㄹ'

앞 표현의 대립을 전제하고 미완료 상태를 나타내는 '-ㄹ'은 관형사형, 명사형, 그 밖에 조사로 쓰인다. 다음은 관형사형으로 쓰인 '-ㄹ'이다.

(1) -尸(ㄹ)	(2) - ʔ/尸;-ㄴ/乙(ㄹ)	(3) - ㄴ/ㄴ乙(ㄹ)	(4) -ㄹ

(1)에서 '-尸(ㄹ)'은 '好(ㅎ오)-', '賜(시)-', '-乎/屋(오)-:-於(어)-', '-屋賜(오시)-', '-將來(려)' 다음에 확인된다. (2)에서 '-ㄹ'은 『계림유사』의 '有曰移實(이실), 有客曰孫集移室(손집이실)'에도 보인다. (1)에서 '-尸(ㄹ)'은 주로 관형사형과 명사형의 기능을 보이고 '-乙(ㄹ)'은 '-늘/늘'이나 조사의 기능을 보이지만 '-乙(ㄹ)'이 명사형의 기능을 보이는 예도 있어 '-尸(ㄹ)'과 '-乙(ㄹ)'이 뚜렷이 구별된 것은 아니다. (2)에서 대부분 관형사형과 명사형의 기능으로 '-ʔ/尸(ㄹ)'이 '-ㅂ/白(ㅅ)-:-ㄹ/示(시)-:-ナ/在(겨)-' 다음에도 쓰이지만 '-乙/乙(ㄹ)'도 일부 쓰이기 시작한다. (3)에서 관형사형과 명사형의 기능으로 '-ㄴ/ㄴ/乙(ㄹ)'이 쓰인다. (1-3)에서 '-ㄹ'의 교체형이 표기로는 구별되지 않는다.

(4)에서 구별된 '-ㄹ'의 교체형은 모음조화에 따른 '-ㅇㄹ'을 제외하면 현대국어와 동일하다. 15세기의 '-ㄹ'은 명사형의 기능도 보이지만 주로 관형사형의 기능을 보인다. 15세기의 관형사형 '-ㄹ'은 '-ㅅㅸ-:-시-:-오-:-리-:-아/어-' 다음에 통합하여 명사를 수식한다. 다만 '-아/어-'에 '-ㄹ'이 통합한 '-알/얼'은 의존명사 '두'를 수식하는 구성에만 쓰인다. 15세기의 '-릴'은 '-ㄹ'보다 강한 미래의 추측을 나타내는데 근대국어에서 볼 수 없게 된다.

향가와 구결에 명사형으로 쓰인 '-ㄹ'도 관형사형으로 쓰인 '-ㄹ'과 동일한 표기로 나타난다. 명사형으로 쓰인 '-ㄹ'은 그 다음에 직접 조사를 통합하거나 동사를 연결한다. (1)에서 조사 '-隱(은)'이 직접 통합한 '-乙(ㄹ)', (2)에서 조사 '-ㄱ/隱(ㄴ)', '-乙/ㄴ/乙(ㄹ)', '-ㅋ/衣(이)', '-ㅅ/果(과)', '-ㄲ/刀(도)'가 직접 통합한 '-ㄹ/尸(ㄹ)', (3)에서 조사 '-ㄱ/隱(ㄴ)', '-ㄴ/乙(ㄹ)', '-ㅆ/以(로)'가 직접 통합한 '-乙/ㄴ/乙(ㄹ)'은 명사형의 기능으로 쓰인 것이다. 조사가 통합하지 않고 동사를 연결한 (1)의 '-於尸(얼), -賜烏尸(시올), -屋尸(올), -好尸(홀)'의 '-尸(ㄹ)' 다음에는 동사가 제약을 보이지 않지만 (2-3)의 '-ㄹ/尸:-乙/ㄴ/乙(ㄹ)' 다음에는 다른 동사보다 부정을 뜻하는 동사가 많이 연결된다. 이렇게 '-ㄹ'이 명사형으로 쓰이는 것은 15세기까지 이어진다.

4.2. '-ㅁ'과 '-기'

'-ㅁ'과 '-기'가 명사형으로 자리를 잡은 것은 15세기 이후로 보인다. 15세기 이후 현대국어까지 명사형으로 '-ㅁ'과 '-기'는 그 쓰임에 변화가 계속되고 있다.

4.2.1. '-ㅁ'

앞 표현의 대립을 전제하고 지속 상태를 나타내는 '-ㅁ'은 향가와 구결에도 발견되지만 15세기 이후에야 주로 명사형으로 쓰인다.

(1) -音(ㅁ)	(2) -ㅎ/音(ㅁ)	(3) -ㅎ/音(ㅁ)	(4) -ㅁ

향가와 이두에 '-ㅁ'은 '-ㄴ'과 '-ㄹ'에 비하면 그 예가 많지는 않다. (1)에서 지속의 의미로 선어말 위치에 쓰인 '-音(ㅁ)'과 어말 위치에 부동사 어미로 쓰인 '-音(ㅁ)'이 보이고, 또한 '-米(매)'에 들어 있는 '-ㅁ'과 '-音也(ㅁ+여)'의 '-音(ㅁ)'이 명사형으로 쓰인 것으로 '-米(매)'는 뒤에 처격 '-애', '-音也(ㅁ+여)'는 뒤에 '-이-'와 '-어'가 통합한 것이다. (1)에서 '-ㅁ' 앞에 '-오-'는 나타나지 않는다. (2-3)에서 '맞ㅎ-, 직ㅎ-' 앞의 '-ㅎ/音(ㅁ)'과 선어말 위치에 있는 '-ㅎㄴ/音叱(ㅼ)-'는 일부만 '-ㅎ/五;-ㅎ/乎(오)-' 다음에 통합하여 향가와 15세기의 중간 단계를 보여 준다. '-ㅎㄴ/音叱(ㅼ)-'는 '-白/白(ᄉᆞᆯ)-:-ㄹ/示(시)-:-ナ/在(거)-:-ㅎ/五;-ㅎ/乎(오)-' 다음에 확인되고 뒤에는 '-ㅣ/如(다)'만 나타난다. (4)에서 명사형 '-ㅁ'은 '-오-:-로-:-아-' 다음에 통합하여 그 이전과 차이를 보인다. 이들은 어간과 '-ᄉᆞᆯ-:-시-' 다음에도 통합한다. 16세기 구결에는 '-ㅁ'이 '-乎(오)-' 다음에 '-乎未(오미), -乎米(오매), -乎物(오믈)' 등으로 '-오-' 다음에 명사형으로 자리를 잡은 표기를 보인다.

15세기에 명사형으로 쓰이는 '-ㄴ'과 '-ㄹ'은 줄어드는 반면에 '-오-' 다음의 '-ㅁ'은 명사형으로 세력을 확대한다. 16세기 이후 '-오-'가 소멸하고 명사형으로 '-기'가 발달하면서 명사형 '-ㅁ'은 그 기능을 계속 '-기'에 넘겨주고 있다.

4.2.2. '-기'

앞 표현이 미정이나 예정 상태를 나타내는 명사형 '-기'는 향가나 구결에 쉽게 발견되지 않는다.

(1) -支(디)	(2) - ㅊ/支(디), -只(기?)	(3)	(4) -기, -디

(1-2)에서 '-ㅊ/支'를 '-기'로 읽기도 하지만 '-디'로 읽힐 가능성이 더 크다. (2)의 이두에 '-只(기)'가 쓰이지만 명사형으로 단정하기는 어렵다. (2-3)에서 보이는 '-ㅅ/只(ㄱ/기)'도 명사형으로 보기는 어렵다. (1-3)에서 명사형 '-기'를 확인하기 어렵고 (4)에서도 '-기'는 동사 어간에만 통합하여 명사구를 구성하는 예가 대부분이고 명사절을 구성하는 예가 드물어 파생접사에 가까운 특징을 보인다. 15세기의 '-디'가 부정을 뜻하는 동사 앞에서 명사절을 구성한 것으로 보면 향가나 이두의 '-ㅊ/支(디)'는 'ㄷ'와 주격 '-이'의 통합형일 가능성이 있다.

15세기의 '-ㅁ'이 일부는 그 후에 '-기'로 바뀌면서 '-기'의 사용이 많아지는데 '-기'가 명사절을 구성하는 명사형의 기능을 가지면서 나타난 변화로 보인다. 15세기의 '어렵-, 슳-, 동-' 등 앞의 '-디'도 그 후 '-기'로 변화하여 명사형으로 자리를 잡는다.

15세기 이전에 '-기'의 통합형이 발견되지 않지만 '-기'의 쓰임이 많아지면서 18세기에 명사형 '-기'에 조사 '-에', '-로'가 통합한 '-기에', '-기로'가 원인의 뜻을 나타내는 연결형으로 쓰인다.

5. 결언

어말어미의 변화는 어말어미 자체의 변화보다는 어말어미 앞의 선어말어미나 뒤의 의존명사, 보조동사, 조사의 변화에 기인하는 경우가 많다. 어말어미 자체가 단순화되는 변화를 보이는 까닭은 대부분 음운변화 때문이다. 모음어미는 '♀'의 소멸로 매개모음이 '으'로 단순화되고 구개음화로 'ㄷ'가 'ㅈ'로 변화한 어말어미도 적지 않으며 단모음화로 이중모음이 어말어미에는 거의 보이지 않는다. 유추에 의한 변화로 부동사어미의 모음은 '어', 정동사어미의 모음은 '아'로 바뀌기도 하였다.

선어말어미가 어말어미로 바뀌거나, 분포의 제약 때문에 어말어미와 경계가 인식되지 않아 선어말어미, 의존명사, 보조동사, 조사가 어말어미의 일부로 인식되는 변화도 나타난다.

동사 '숣(白)-'에서 선어말어미 '-숳/숧-'을 거쳐 어말어미 '-소/오'가 된 것이며 선어말어미 '-으이-'가 어말어미 '-으이'가 된 것이다.

선어말어미가 들어 있는 '-거늘:나늘:아늘/어늘', '-거든:나든:아든/어든', '-거라:나라:아라/어라', '-고나〉구나', '-고라', '-과뎌', '-관디', '-쇼셔', '-ㅅ가', '-ㅅ고' 등은 선어말어미 '-거-', '-ᄂᆞ-', '-아/어-', '-고/구-', '-과-', '-ㅅ-'을 인식하지 못하면 단일한 어말어미로 보이기 쉽다.

보조동사가 들어 있는 '-고셔', '-아셔/어셔', '-며셔'와 '-고져', '-아져' 등은 보조동사 '시-', '자-'가 소멸하였기 때문에 단일한 어말어미로 인식된다.

의존명사가 들어 있는 '-ㄴ둘〉ㄴ들', '-ㄴ디〉ㄴ지', '-ㄴ대〉ㄴ데', '-ㄹ식〉ㄹ새', '-ㄹ수록〉ㄹ수록' 등은 의존명사 '두', '수'가 소멸하였기 때문에 단일한 어말어미로 인식된다. 그러나 의존명사 '두', '수'의 소멸로 인하여 어말어미 기능을 보이던 '두'의 통합형 '-ㄴ다', '-ㄹ다', '-ㄴ뎌', '-ㄹ뎌', '-ㄴ둔', '-ㄹ둔', '-관디' 등과 '수'의 통합형 '-ㄹ셔/ㄹ쎠', '-ㄹ시언뎡' 등은 소멸하였다.

조사 뒤에 있는 '-아도/어도', '-아야/어야', '-곤', '-면', '-늘/늘', '-다, -오, -ㄴ＋마른'은 조사의 분포 때문에 단일한 어말어미로 인식된다. 어말어미 뒤에 '-ㄱ'이 있는 '-곡/옥'과 '-악/억', '-ㅁ'이 있는 '-곰'과 '-암/엄',

'-ㅇ'이 있는 '-뎌'은 '-ㄱ', '-ㅁ', '-ㆁㅇ'의 기능을 파악하기 어려울 정도로 15세기 이후에 곧바로 소멸하였다. 다만 '-ㄱ'은 '-락', '-도록', '-ㄹ수록'에 남아 있다.

신라시대의 향가부터 현대국어까지 계속 쓰이는 어말어미로 정동사어미 '-다', '-라', '-가', '-고', '-아/어', '-이'와 동명사어미 '-ㄴ', '-ㄹ', '-ㅁ'이 있다. 부동사어미 '-고', '-아/어', '-이'는 정동사어미와 동일한 것이고 연결형 '-다가', '-다'도 정동사어미를 그 구성요소로 가지고 있다. '-나', '-니', '-늘/늘', '-라〉러', '-려', '-며' 등은 동명사어미를, '-둔/든', '-둘〉들', '-디', '-뒤/대'는 '-두'를 구성요소로 가지는 연결형인데 이들도 향가부터 현대국어까지 이어진다.

국어의 어말어미는 동명사어미 '-ㄴ', '-ㄹ', '-ㅁ'과 정동사어미 '-다', '-가', '-고', '-아/어', '-이'가 선어말어미, 의존명사, 보조동사, 조사와 통합형을 이루어 기능을 확대하면서 다양한 변화가 일어난 것이다.

참고문헌

姜信沆(1980), 『鷄林類事 '高麗方言' 研究』, 成均館大學校出版部.

高永根(1980), 「中世語의 語尾活用에 나타나는 '거/어'의 交替에 대하여」, 『國語學』 9, 國語學會.

高永根(1981), 『中世國語의 時相과 敍法』, 塔出版社.

고영근(1987), 『표준 중세국어문법론』, 탑출판사.

권인영(1992), 「18세기 국어의 형태 통어적 연구」, 연세대 박사학위논문.

金斗燦(1995), 「舊譯仁王經 口訣 機能體系」, 素谷南豊鉉先生 回甲紀念論叢 『國語史와 借字表記』, 太學社.

金完鎭(1980), 『鄕歌解讀法 硏究』, 서울大學校出版部.

김정수(1984), 『17세기 한국말의 높임법과 그 15세기로부터의 변천』, 정음사.

김지오(2012), 「균여전 향가의 해독과 문법」, 東國大 박사학위논문.

남경란(2014), 「음독 입겿 명령형의 통시적 고찰」, 『민족문화논총』 57, 영남
　　　　대학교 민족문화연구소.

南豊鉉(1976), 「國語 否定法의 發達」, 『문법연구』 3, 문법연구회.

南豊鉉(1990), 「高麗末·朝鮮初期의 口訣 硏究-楞嚴經 記入吐의 表記法을 중
　　　　심으로」, 『震檀學報』 第六十九號, 震檀學會.

南豊鉉(1993), 「高麗本 瑜伽師地論의 釋讀口訣에 대하여」, 『東方學志』 제81
　　　　집, 연세대 국학연구원.

南豊鉉(1996), 「高麗時代 釋讀口訣의 'ㄹ/ㄹ'에 대한 考察」, 『口訣研究』 第1
　　　　輯, 口訣學會.

南豊鉉(1996), 「高麗時代 釋讀口訣의 動名詞語尾 '-ㄴ/ㄴ'에 대한 考察」, 『國
　　　　語學』 28, 國語學會.

리의도(1990), 「우리말 이음씨의 통시적 연구」, 건국대 박사학위논문.

朴盛鍾(1996), 「朝鮮初期 吏讀와 그 國語學的 硏究」, 서울大 博士學位論文.

박영준(1994), 『명령문의 국어사적 연구』, 국학자료원.

박진호(1996), 「奎章閣 所藏 口訣資料 楞嚴經 2種에 대하여」, 『口訣研究』 第
　　　　1輯, 口訣學會.

박진호(1998), 「고대국어의 문법」, 『국어의 시대별 변천 연구 3-고대국어』,
　　　　국립국어연구원.

徐鍾學(1995), 『吏讀의 歷史的 硏究』, 영남대학교출판부.

徐泰龍(1985가), 「定動詞語尾의 形態論」, 『震檀學報』 第六十號, 震檀學會.

徐泰龍(1988가), 『國語 活用語尾의 形態와 意味』, 國語學叢書 13, 國語學會.

徐泰龍(1988나), 「國語 先語末語尾의 統合形에 대한 再分析」, 『聖心語文論集』

第11輯, 聖心女大.

徐泰龍(1994), 「語尾 {아/어} {고/구}의 位置와 意味」, 『省谷論叢』第25輯, 省
　　　谷學術文化財團.

徐泰龍(1995), 「국어 담화의 話者나 聽者를 위한 어미」, 『東岳語文論集』第
　　　三十輯, 東岳語文學會.

徐泰龍(1996), 「16세기 淸州 簡札의 종결어미 형태」, 『정신문화연구』제19권
　　　제3호, 정신문화연구원.

徐泰龍(2012), 「정동사어미에 의한 문장 유형」, 『震壇學報』第百十六號, 震
　　　壇學會.

安秉禧(1967), 「韓國語發達史(中) 文法史」, 『韓國文化史大系』Ⅴ, 高麗大 民
　　　族文化研究所.

安秉禧(1978), 『中世國語 口訣의 研究』, 一志社.

安秉禧(1992), 『國語史 研究』, 文學과知性社.

安秉禧·李珖鎬(1990), 『中世國語文法論』, 學研社.

梁柱東(1942/1965), 『增訂 古歌研究』, 一潮閣.

유동석(1995), 『국어의 매개변인 문법』, 신구문화사.

이 용(2003), 『연결어미의 형성에 관한 연구』, 亦樂.

이건식(2017), 「麗末鮮初 順讀口訣 吐 'ㆍㆍㅎㅎ/ㅎ며히'의 형태 구성 분석을 통
　　　해 본 어미 'ㆍㅎ(며)'와 'ㆍㅎ(히)'의 문법적 특징」, 『口訣研究』第
　　　38輯, 口訣學會.

李崇寧(1961/1981), 『中世國語文法』(改訂增補版), 乙酉文化社.

이승재(1990), 「고려본(高麗本) 범망경(梵網經)의 구결(口訣)」, 『애산학보』9,
　　　애산학회.

李丞宰(1990), 『高麗時代의 吏讀』, 國語學叢書 17, 太學社.

李丞宰(1993), 「高麗本 華嚴經의 口訣字에 대하여」, 『國語學』23, 國語學會.

李丞宰(1995), 「動名詞 語尾의 歷史的 變化」, 素谷南豊鉉先生 回甲紀念論叢 『國語史와 借字表記』, 太學社.

이승재(1998) 「고대국어의 형태」, 『국어의 시대별 변천 연구 3-고대국어』, 국립국어연구원.

이승희(2012), 「명령형 종결어미의 역사적 변화」, 『국어사연구』 제14호, 국어사학회.

李賢熙(1994), 『中世國語 構文 研究』, 新丘文化社.

李賢熙(1995), 「'-아져'와 '-良結」, 素谷南豊鉉先生 回甲紀念論叢 『國語史와 借字表記』, 太學社.

임동훈(1994), 「중세 국어 선어말 어미 {-시-}의 형태론」, 『國語學』 24, 國語學會.

任洪彬(1980), 「先語末 {-오/우-}와 確實性」, 『韓國學論叢』 3, 國民大.

張允熙(2010), 「中世國語 連結語尾 形成의 文法史-'-오딘, -은딘, -은대'를 중심으로」, 『語文研究』 146號, 韓國語文敎育研究會.

전정례(1991), 「중세국어 명사구내포문에서의 '-오-'의 기능과 변천」, 서울대 박사학위논문.

鄭在永(1995), 「前期中世國語의 疑問法」, 『國語學』 25, 國語學會.

鄭在永(1996), 「順讀口訣 資料 '梵網經菩薩戒'에 대하여」, 『口訣研究』 第1輯, 口訣學會.

鄭在永(1996), 「終結語尾 '-立'에 대하여」, 『震檀學報』 第八十一號, 震檀學會.

鄭在永(1996), 『依存名詞 '亽'의 文法化』, 國語學叢書 23, 太學社.

鄭在永(2001), 「國語 感歎文의 變化」, 『震壇學報』 第九十二號, 震檀學會.

최현배(1937/1971), 『우리말본』, 정음사.

韓相和(1994), 「祇林寺本 "楞嚴經" 口訣의 研究」, 聖心女大 碩士學位論文.

한재영(1991), 「향가의 부정 표현에 관련된 몇 문제」, 『國語學의 새로운 認識과 展開』, 民音社.

韓在永(1996), 『十六世紀 國語 構文의 研究』, 신구문화사.

허 웅(1975), 『우리옛말본』, 샘문화사.

허 웅(1989), 『16세기 우리옛말본』, 샘문화사.

洪允杓(1995), 「名詞化素 '-기'」, 素谷南豊鉉先生 回甲紀念論叢 『國語史와 借字表記』, 太學社.

황선엽(1996), 「一簑文庫本 '大方廣圓覺略疏注經'」, 『口訣研究』 第1輯, 口訣學會.

황선엽(2002), 「국어 연결어미의 통시적 연구」, 서울대 박사학위논문.

Martin, S. E.(1954), Korean Morphophonemics, Baltimore.

Ramstedt, G. J.(1939), A Korean Grammar, Helsinki.

Wierzbicka, A.(1980), Lingua Mentalis, New York.

국어 격조사의 변화*

이태영**

1. 서론

본고는 국어사의 문헌에 나타난 국어의 격조사를 주로 형태 중심으로 살펴서 격조사가 쓰이는 환경과 격조사의 변화 과정을 기술하는 것을 목적으로 한다.

격조사는 한 문장 내에서 주로 체언이나 체언상당어에 연결되어, 그 것이 참여하는 통사적인 구성에서, 다른 문장 성분들과의 문법적 관계를 표시하여 주는 기능을 가지고 있는 형태이다.

국어사에서 격조사는 음운론적 환경과 형태·통사론적으로 많은 변화를 겪어 왔다. 특히 중세국어에서 존칭 속격조사에 의한 격조사의 변화, 처격조사 및 속격조사의 다양한 쓰임, 근대국어에서 {-가}와 {-겨셔, -씌셔}의 등장 등이 주목을 받아왔다. 그리하여 격조사의 기원 문제, 평

---

* 이 글은 격조사의 변화에 대한 개론적인 성격을 띠고 작성되는 것이기 때문에 참고문헌에 대한 주석을 일일이 명기하지 않았음을 밝혀 양해를 구하고자 한다.
** 전북대학교

칭과 존칭을 나타내는 조사, 동일한 형태를 가지면서 두 가지의 격조사를 표기하는 문제 등이 논의의 초점이 되어 왔다.

이러한 과정에서 격조사의 변화는 시대에 따라서 특수조사로 보아야 하는 것과, 동사로 보아야 하는 것이 있는 등 해석하기에 매우 어려운 형태들이 있었다. 또한 격조사가 관여하는 문장의 통사적인 환경을 살펴 격조사의 기능을 파악하는 일도 쉽지 않은 일이다.

본고에서는 문헌에 나타나는 격조사를, 형태 중심으로 분류하여, 주격조사, 대격조사, 속격조사, 처격조사, 여격조사, 구격조사, 공동격조사, 호격조사 등이 쓰이는 환경과 그 형태적인 변화를 다루고자 한다.

2. 시대별 격조사의 쓰임

2.1. 주격조사

2.1.1. 향찰, 구결, 이두의 주격조사[1]

신라 향가의 주격조사로는 '是, 伊' 등이 쓰이고, 고려 향가의 주격조사로는 '亦'가 대표적이다. 고려시대 이두에서는 '亦, 敎是, 弋只, 戈只' 등이 쓰인다. '亦'은 평칭의 체언에 연결되어 쓰이는 대표적인 주격조사로, 15세기의 '-이/ㅣ'에 해당한다. '敎是'는 존칭체언에 연결되는 주격조사로서 이는 동사어간인 '敎是'가 문법화하여 격조사로 굳어진 것이다. 그러나 존칭주격조사의 형태가 17세기에 비로소 나타나기 때문에 '敎是'는 그러한 과정에 있는 형태소로 해석해야 할 것이다. '弋只(戈只)'는 대개 관청을 나타내는 명사에 연결되는 것으로 보아, 단체나 복수를 나

---

1 구결에 나타나는 격조사에 관한 사항은 주로 이건식(1966)을 참고하여 기술하고, 이두에 관한 사항은 이승재(1989), 서종학(1995)를 참고하여 기술하였다.

타내는 기능을 하는 주격조사로 보인다. 고려시대 석독구결에는 'ﾘ'로 나타난다. 이 'ﾘ'는 本字가 '是'로, '이'쯉을 표기하는 것이며, 후기중세 국어 주격조사 '-이'에 대응된다.

(1) 民是愛尸知古如 (安民歌) 脚烏伊四是良羅 (處容歌) 塵塵馬洛佛體叱刹亦
(禮敬諸佛歌)

郡百姓 光賢亦 … 石塔伍層乙 成是白乎 願表爲遣 (淨兜寺石塔記, 3-8)

本朝教是 祖聖統合三韓己後 (尙書都官貼,17)

幷以 各掌官弋只 追乎 啓授 使內良於爲教矣 (尙書都官貼,63-)

同腹族類等弋只 別爲 起云爭望 爲行 人有去等 (南氏奴婢,10-)

地氵 及八 虛空氵 ノ 乥十 大衆ﾘ 而灬 住丷 匕八二ㅣ(舊譯仁王經3, 14-15)

2.1.2. 후기 중세국어의 주격조사[2]

후기 중세국어의 주격조사는 기저형이 '이'인데, 선행체언의 음운론적인 조건에 따라 '이', 'ㅣ', '∅' 등의 이형태로 실현되었다. 선행체언의 어간 말음이 자음이면 '이'로 실현되고, 선행체언의 어간 말음이 '이'나 'ㅣ' 이외의 모음일 때는 'y'로 실현되어, 그 모음과 결합하여 하향이중모음을 이룬다.

(2) 싯미 기픈 므른 (용,2) 나랏 말쏘미 中國에 달아 (訓諺序,1a)

海東 六龍이 ᄂᆞᄅᆞ샤 (용,1) 王의 블러다가 (석3,18b)

부톄 이 나모 미틔 안ᄌᆞ샤 (석3,41b) 프른 뵈 하니 (杜초7,36b)

니르고져 홇배 이셔도 (訓諺序,2b)

---

2 후기 중세국어의 격조사에 대한 논의는 주로 안병희·이광호(1990)을 참고하여 기술하였다.

선행체언의 말음이 모음 '이'나 하향이중모음인 'ㅣ'(y)로 끝날 때에는
주격조사가 표면구조에서 생략되었는데, 성조에서는 변화가 있었다.
즉 주어의 어간말음절이 平聲(無點)일 때는 어간말음절의 성조가 上聲
(二點)으로 나타나며, 어간말음절이 去聲(一點)이거나 또는 上聲(二點)
일 때는 변동이 없었다.

(3) 모맷 무딀(상성) 굳고 (月2,56a) 너희(상성) 부텻 무를 고디 드르라 (석
   13,47b)
   불휘(거성) 기픈 남근 (용,2) 밧깃 그르메(거성) 瑠璃 곧더시니 (月2,17b)
   妖怪ᄅᆞ빈 새(상성) 오거나 (석9,24a)

선행체언이 漢字로 표기될 때는 위의 경우와 약간 다른 예가 있다.
선행체언의 말음이 자음일 경우에는 주격조사가 '이'로 표기되었다. 그
러나 모음일 때는 하향이중모음을 표기하지 못하는 관계로 'ㅣ'로 표기
되었다. 또한 주어의 끝음절이 모음 'ㅣ'를 가지고 있는 경우에도 격조
사를 생략하지 않고 'ㅣ'로 표기하였다. 16세기에는 'ㅣ'가 i계모음으로
끝난 한자어에도 연결되었고, 비i계모음에 연결되어서 하향이중모음을
형성한다. 그러나 '-ㅣ'를 독립시켜 표기하기도 하였다.

(4) 世尊이 象頭山애 가샤 (석6,1a)
   太子ㅣ 聰明ᄒᆞ야 (석3,12b) 地理ㅣ 雄壯ᄒᆞ고 (杜초14,33b)
   연고ㅣ 잇거든 (小언2,26a) 부뫼 시름 아니ᄒᆞ며 (번小9,99a)

2.1.3. 근대국어의 주격조사[3]

근대국어의 주격조사로는 '-이, -ㅣ, ∅'가 쓰이고, 새로운 형태 '-가'가 나타나게 되었다.[4]

'-이'는 다음과 같은 환경에서 쓰였다. 첫째, 중세국어와 마찬가지로 선행체언이 고유어이든 한자어이든, 말음이 자음으로 끝난 체언 아래에 쓰였다. 둘째, 비i계모음에 연결되지만, 하향이중모음을 이루지 않고 있다. 이런 용법은 17, 18세기에는 다양한 명사 아래에서 보이지만, 19세기에는 대부분 '자(者), 나라(國)' 등에 국한되어 나타나고 있다.

(5) 몸이 손이 되연난디라 (家언,19a) 王孫이 님군을 조찻다가 (女四 4,12b)
    쟈이 ᄀᆞᆯ오ᄃᆡ (勸念,21a) 제나라이 크게 흉년이 드럿ᄂᆞᆫᄃᆡ (明聖經, 30a)

'-ㅣ'는 매우 다양하게 분포하고 있다. 첫째, 비i계모음으로 끝난 한자 밑에 연결된다. 둘째, 비i계모음에 연결되어서 하향이중모음을 형성한다. 그러나 '-ㅣ'를 독립시켜 표기하기도 하였다. 셋째, 자음으로 끝나는 한자 밑에서도 사용되었다. 17세기에는 주로『杜詩諺解重刊本』에 많이 나타난다. 18세기에도 보이고 있다. 넷째, i계모음으로 끝난 한자에 연결되었는데, 이것은 15세기에도 간혹 보이는 것이었다. 이 현상은 15세기에 보이다가 17세기에는 일반화하게 되며, 18세기에는 극히 일부분에만 쓰이다가 그 이후에는 나타나지 않는다. 이러한 현상은 16세기에 '-가'가 나타나서 17세기에 많이 쓰이다가 18세기에 일반화되는 현상과 관련이 된다. 즉 i계모음 아래에서 '-ㅣ' 대신에 '-가'가 연결되어 '-ㅣ'의

---

3 근대국어의 격조사에 대한 기술은 주로 홍윤표(1994)를 참고하였다.

4 '-다히셔'는 '쪽에서'로 번역되는 것이어서 주격조사로 처리하기가 어렵다.
또 送使다히셔ᄂᆞᆫ 엇디 녀길디 ᄆᆞᄋᆞᆷ의 걸리오니 〈捷解初1,5a〉
어와 ᄌᆞ로 우다히 오로ᄂᆞ리기 御大儀ᄒᆞᆫ 일이ᄋᆞᆸ도쇠 〈捷解初3,14a〉

기능이 약화되었기 때문으로 해석된다. 19세기 자료의 '-ㅣ'는 보수적 특성을 보이는 성경자료나 교과서에만 주로 나타난다.

(6) 易이 聖인의 <u>道</u>ㅣ 四ㅣ 이시니 (周언5,23a) <u>天下</u>ㅣ 車ㅣ 軌ㅣ 同ㅎ며 (中 언44a)

<u>산묘</u> 혜 거므면 (胎要,24a) <u>부모</u>ㅣ ㅈ식을 나ㅎ샤ㄷ (警民重,36a)

<u>氣運</u>ㅣ 蕭瑟ㅎ니 (杜重25,30a) <u>父母</u>ㅣ 疾ㅣ 겨시거든 (女四2,14b) 易이 體 ㅣ 업스니라 (周언5,8b) <u>我</u>ㅣ 罪ㅣ 므스거신고 (經釋,13b)

<u>公覆</u>ㅣ 밤의 온 거시 (三譯5,9b) <u>公孫丑</u>ㅣ 굴오ㄷ (孟언2,46b)

인ㅈㅎ신 <u>텬쥬</u>ㅣ 셩ㅅ의 례롤 셰워 명ㅎ심은 (셩교결요,1a) 外國에는 다 其 國 <u>文字</u>ㅣ 有ㅎ되 (國民小學,6b)

'-가'는 鄭松江 慈堂의 諺簡(1572년)에서 처음 보이며 다음과 같이 쓰였다. 첫째, 16, 17세기에 나타나는 '-가'는 선행체언의 말음이 i계모음 아래에서만 쓰이고 있다. 이 시기가 '-가' 출현의 초기로 보인다. 둘째, 18세기에 와서는 i계모음뿐만 아니라 비i계모음 아래에서도 나타나기 시작한다. 18세기 중반에 모음 아래에서 '-이, -ㅣ'가 '-가'로 대치되어 가는데, 이 시기에 '-가'가 주격조사로 굳어지는 것을 알 수 있다.

(7) 츤 구드레 자니 <u>빗가</u> 세니러셔 ㅈ로 ㄷ니니 (鄭澈慈堂安氏諺簡) 그 <u>내가</u> 병 긔운을 헤티ㄴ니 (其香能散疫氣) (辟新,15b) 多分 <u>빗가</u> 올 거시니 (原 刊新語1,8b) 나의 <u>실소가</u> 나타나지 아닐 양으로 미덧습ㄴㅣ (新語改1,7a) <u>경고가</u> 거의 이경이 넘엇더라 (警民音,10b)

근대국어의 존칭 주격조사로는 '-쯰셔, -겨셔, -쯰로셔' 등이 나타나는

데, 이 형태들은 『捷解新語』(1676)년에서부터 나타난다.

'-씌셔'는 중세국어에서도 쓰이던 것이었는데, 이 때는 '-에게서, -로부터'의 뜻으로 이탈의 의미를 가지는 소위 '奪格'의 기능을 하던 것이었다. 이 '-씌셔'는 17세기 초기 문헌인 『捷解新語』에서도 탈격의 기능을 갖고 쓰였다. 이런 기능은 19세기 자료인 『성경직히』 등에서도 나타난다.

(8) 부텨씌셔 十二部經이 나시고 (法회5,155a) 南印은 惟忠禪師ㅣ니 神會ㅅ
弟子 法如의 印을 傳ㅎ니 南宗六祖씌셔 날시 南印이라 ㅎ니라 (出南能宗
下故曰) (圓序,7b)
혼가지로 曾祖쎄셔 나시면 (家언1,17b) 大馬島主끠셔 使ㅣ 즉시 와셔 (新
語重5,20a) 나ㅣ 임의 셩부끠셔 나와 셰샹에 들어왓더니 (셩경직히5,69a)

중세국어의 '-씌셔'는 선행체언이 존칭체언일 때 '-씌'를 존칭 여격표지로 붙이고 그 뒤에 '출발점'을 나타내는 '-셔(동사 '시다'의 부동사형 '-셔'가 문법화한 것)'가 연결되어 객어성분에 연결되어 자동사문으로 쓰이던 것이다.

이 '-씌셔'는 17세기 초기 문헌인 『捷解新語』에서는 주어 성분에도 연결되어 쓰이고 있다. 그러나 비록 주어성분에 연결되어 쓰여 마치 주격조사처럼 보이지만, 사실은 중세국어의 예와 같은 기능을 수행하고 있을 뿐이다. 다만 '-씌셔'가 관여하는 중세국어의 문장이 자동사문임에 비하여, 근대국어의 문장은 타동사문으로 바뀌었다. 18세기에는 '쎄셔'가, 19세기에는 '끠셔'가 보인다.

'씌로셔'도 역시 17세기에 『捷解新語』에서부터 나타나기 시작한다.

(9) 信使끠셔도 최촉ᄒ셔 (原刊新語5,16b) 三使껴셔도 催促ᄒ셔 (新語改5,24a)
奉行끠셔 이 樣子를 슬오라코 닐러왓던듸 (原刊新語8,5a) 션대왕끠셔 문
싱좌쥐라 ᄒ신 하교로 보아도 (明義2,32a) 셰종조끠셔 죠션말을 한문으로
쓰려 ᄒ신 (국문졍리,1) 對馬島主끠로셔 슬오믄 (原刊新語5,17a) 信使끠로
셔 웨여 니르믄 (原刊新語8,30a)

'-겨셔'는 중세국어에서는 '이시다'의 존칭어인 동사 '겨시다'의 활용
형으로 쓰였으나, 17세기에 들어와서 주어에 연결되어 선행체언이 존
칭일 경우에 연결되는 특수조사로 쓰이고 있다.

(10) 東萊겨셔도 어제ᄂ 일긔 사오나온듸 (原刊新語1,21b) 언머 슈고로이 건
너시도다 넘녀ᄒ시고 問安ᄒ옵시데 (原刊新語1,22a) 샹뎨계셔 착ᄒ 이를
샹 쥬시게 ᄒ란 말슴 (明聖經,9a) 두유산 실영계셔 부인쎡으로 지시ᄒ기
로 왓사오니 (열여춘향슈졀가上,2b),

이 '-겨셔'가 주어 성분에 연결되는 것은 '-셔'의 존칭으로 사용되었기
때문이다. 다음 예는 '-셔'가 평칭의 조사로 쓰이고 있는 예이다.

(11) 그러커니와 게셔 힘뼈 (原刊新語1,32a) 게셔 멀니 슈고ᄒ여 계시니 (新
語改8,37a) 아모리커나 게셔 됴흘 대로 ᄒ쇼셔 (新語重6,31b)

(12) 게겨셔ᄂ 무ᄉ히 ᄂ려오시니 아름다와 ᄒ옵닌 (新語改10上,3b) 게계셔도
멀니 슈고ᄒ여시니 (新語重8,21b) (cf. 자네도 멀리 슈고ᄒ야 겨시니 (原
刊新語8,25a))

'게셔'는 '2인칭 대명사 '게'('거기'의 축약형)+특수조사 '셔'로 분석된다. '게'는 2인칭 대명사로서 '당신(자네)'의 뜻을 갖는다. 이 '게셔'는 『捷解新語』개수1차본에서는 '게겨셔'로, 중간본에서는 '게계셔'로 나타난다. 이것은 '게셔'의 '셔'가 '겨셔'로 교체되었음을 말하는 것인데, 결국 '셔'가 단독으로 기능하는 형태소임을 입증하고 있다. 여기서 '셔'가 주어에 연결되어 쓰이기 때문에 마치 주격조사인 것으로 생각할 수 있으나 '셔'가 '겨셔'로 교체될 수 있다는 점에서 '셔'는 '존재를 전제'하는 의미를 가진 특수조사로 보아야 한다. 19세기에는 '게셔'의 형태도 보인다.

(13) <u>샹뎨게셔</u> (明聖經,25a) <u>공즈게셔</u> (明聖經,30b) <u>世宗大王게셔</u> (國民小學6a)

'-겨셔'와 동일한 기능을 하는 조사로는 '-겨오셔, -겨읍셔'가 있다. 이것은 동사 '겨시다'에 겸양의 선어말어미 '-오-, -읍-'이 연결된 '겨오시다, 겨읍시다'의 활용형 '겨오셔, 겨읍셔'가 문법화하여 특수조사로 쓰이는 것이다. 17세기에는 '겨오셔'와 '겨읍셔'류가 존칭의 주격조사로 쓰이는 예가 전혀 보이지 않고 18세기에 나타나는데, '계오셔'가 보인다. 조사 '-겨오셔(-으로 겨오셔), -겨읍셔'는 극존칭의 인물에만 쓰이고 있음이 특징적이다. 19세기에는 '겨오샤/계오샤, 게오셔, 계읍셔/게옵셔, 끠읍셔, 께옵셔'도 보인다.

(14) 녯젹의 <u>경묘겨오셔</u> 션대왕을 명ㅎ샤 (明義2,21b) <u>즈셩겨오셔</u> 하교ㅎ오신 배니 (闡義1,13a) <u>우흐로 겨오셔</u> 단연이 결졍ㅎ샤 (加髢,5a) <u>一代官계오 셔</u> 買賣를 主掌ㅎ여 (隣語7,16b)

우리 <u>렬셩죠겨오샤</u> (綸音24,1a) 우리 <u>셩죠계오샤</u> (中外斥邪綸, 2a) <u>뎨군</u>
<u>계오셔</u> (南宮,10b) <u>셩현네겨옵셔</u> (宋時烈諺簡) <u>샹뎨계옵셔</u> (竈君,12a) 공
<u>자임계옵셔</u> (열녀춘향슈절가上,15a) 大君主 <u>陛下계옵셔</u> (尋常小學3,1a)
<u>옥뎨계셔</u> (明聖經,24a) 大君主 <u>陛下계옵셔</u> (小言讀本,4b) <u>英祖朝계오셔</u>
(尋常小學3,목록1b) <u>英祖朝계옵셔</u> (尋常小學3,13b) <u>셰죵조끠옵셔</u> (국문
정리셔문) 大君主 <u>陛下께옵셔</u> (尋常小學1,23a)

동사 '겨시다'에서 문법화한 '-겨셔, -겨오셔, -겨옵셔' 등은 19세기 후
기까지는 그 변화의 양상이 대체로 규칙적이었다. 그러나 '-씌셔'는 18
세기에 와서 형태상으로 '-끠셔, -껴셔, -긔셔, -꼐셔' 등으로 변화를 일으
키고 있다. 한편 19세기 말에서 20세기 초 사이에 '-겨옵셔'도 '-쎄옵셔,
-씌옵셔' 등으로 혼태되어 나타나고 있다. 이러한 '-씌셔'가 '쎄셔'의 형
태로 일반화되는 것은 19세기 중엽 이후이다. 이것은 '겨셔'와 '씌셔'가
혼태를 일으켜서 하나로 단일화되는 것을 의미하며, 현대국어의 주격
조사의 기능을 갖게 된 것이다.

(15) <u>三使끠셔</u> 거스려 니ᄅ셔도 (新語重8,7a) <u>三使껴셔도</u> 최촉ᄒ셔 (新語重
5,16b) <u>-긔셔, -쎄셔-</u> 샹감긔셔 (한불ᄌ뎐,162) <u>代宮너꼐셔</u> 目睹ᄒ시ᄂ 일
이오니 (隣語7,15b)
<u>샹뎨쎄옵셔</u> 긍측히 역이ᄉ (竈君,20a) 郡守 <u>령감씌옵셔</u> (백조1,22)
<u>아버님쎄셔</u> 돌아가시고 (무정,29) <u>羅馬皇帝쎄셔</u> (백조2,84)

2.2. 대격조사

2.2.1. 향찰, 구결, 이두의 대격조사

신라 향가나 고려 향가 모두 'ㅎ'종성체언 아래서는 '肹'이 쓰이고, 그 밖에는 '乙'로 쓰이고 있다. 고려시대 이두에서는 대격조사로 '乙'이 쓰인다. 이 '乙'은 15세기의 '-올/을'에 대응한다. 여격의 기능에도 '乙'이 쓰이고 있다. 고려시대 석독구결에서 대격조사는 'ㄴ'로 표기되는데, 이것은 本字가 '乙'이어서 '을'로 독음된다.

(16) 此地肹捨遣只於冬是去於丁 爲尸知 (安民歌) 薯童房乙 夜矣夘乙抱遣去如 (薯童謠) 右官文乙 成給爲臥乎 事叱段(尙書都官貼,3-) 跏趺坐ㄴ (大方廣佛華嚴經4,3)

2.2.2. 후기 중세국어의 대격조사

후기 중세국어 대격조사의 기본형은 'ㄹ'이다. 이 대격조사 'ㄹ'은 몇 가지 이형태를 갖는데, 선행체언의 말음이 자음일 경우에는 '올/을'이 되고, 말음이 모음일 때는 '롤/를'이 된다. 선행체언의 말모음이 양성모음이면 '올/롤'을 쓰고, 음성모음이면 '을/를'이 쓰인다. 15세기 중엽이후부터는 모음조화 현상이 깨져서 '올'의 경우에는 한자어에서 음성모음 아래서도 쓰이고 있고, '을'의 경우도 양성모음 아래에서 쓰이는 예가 많이 발견된다. '롤'과 '를'은 15세기 전반과 같이 쓰인다. 17세기부터는 대격조사 'ㄹ'이 독립되어 쓰이는 예는 보이지 않는다.

(17) 님금 位ㄹ 브리샤 (月1,2a) 브야미 가칠 므러 (용,7)
    建國之功을 일우시리잇가 (용,93) 香을 퓌우면 (석9,35a) 明哲을 기들우

노니 (永嘉序,16b) 爛熳히 <u>經術</u>을 스뭇알오 (杜초8,26b)

흔 <u>點뎜</u>을 더으면 (訓諺,13b) <u>法</u>을 모롤씨 (석6,6b) <u>六合</u>을 쯰리시고 (永嘉序,8b) 몬져 <u>조각</u>을 시울와 거플 앗고 (救간一,2b)

<u>精숨</u>롤 디나아 가니 (曲上,2a) 셴 <u>할미</u>롤 하늘히 보내시니 (용,19)

<u>男女</u>를 내슷봇니 (曲上,2a) 업턴 <u>번게</u>를 하늘히 불기시니 (용,30)

대격조사도 15세기 중엽부터 모음조화가 혼란을 일으키어 16세기에는 혼란을 일으킨 예가 다수 보이고 있다.

(18) 業을 (蒙山六道,9a) 얼운을 (小언2,031a) 돈을 (飜老上,12a) 밥을 (飜老上,20b) 너를 (飜老下,20a) 긔후를 (正俗,24a) 황호를 (飜老下,59b) 天下를 (번小8,19b)

2.2.3. 근대국어의 대격조사

근대국어에서 대격조사는 '올, 을, 롤, 를'이 쓰였다. '올'은 15세기 중엽부터 '을'과 혼란되어 쓰이다가 18세기에는 '올'의 사용빈도가 현저하게 줄어들어 18세기 후반에는 쓰인 예가 극히 적었다. 근대국어 시기에 와서 '을'로 통일되어 가는 경향을 보인다. 19세기에 와서는 특정한 체언말음(곧 ㅅ, ㅈ, ㅊ)을 제외하고는 대체로 '을'로 통일되었다. 19세기에서는 선행체언의 말음절이 양성모음이든, 음성모음이든 간에 치찰음 하에서 주로 사용되고 있음이 특징적이다. 19세기 말 문헌인『救荒撮要(萬曆本)』에서는 '사름올(1a), 죽올(1b)'과 같은 예가 쓰이고 있다. 이는 잔존형으로 보인다.

(19) 부뫼 <u>주검</u>을 믄지며 (신속孝6,44b) 오슬 지을시 (太上5,11b) <u>낫츨</u> 범호야

(五倫經,5b) 강도 드셔슬 잡으니 (太上2,16a) 그 무어슬 니릭민고
(五倫經,4b)

　17세기에는 '을'이 양성모음 아래에서 쓰이는 현상이 일반화된다. 18
세기의 '을'은 체언말음이 자음일 때에 쓰이는데, 양모음 아래에서도 쓰
이고 있어, '올'이 '을'로 교체되고 있음을 보이고 있다. 쓰임의 빈도가
'올'에 비해 아주 많다. 모음으로 끝난 체언 아래에서도 쓰이고 있으나
특정 문헌에 한정되는 듯하다. 18세기 후반에는 거의 '을'로 교체되고
있다. 19세기에는 체언말음이 자음일 때에 쓰이고 있다. 그러나 체언말
음이 모음일 때에도 쓰이고 있는데, 이러한 현상은 일부 문헌에만 나타
나는 현상으로 표기법의 혼란에 기인하는 표기자의 오류로 보인다. 특
히 독본류에서는 자음 아래에서만 쓰이는 것으로 보아 정착된 것으로
해석된다.

　(20) 눈망올을 옴기지 아니코 (三譯1,9a) 군스을 보니 (三譯7,17a) 세 사룸을
　　　　다가 다 疎放ㅎ라 (伍倫全2,4a)
　　　　감초 다슷 돈 반을 싱ㅎ고 (胎要,35b) 두 사룸을 뽀아 주기니 (신속孝
　　　　1,50b) 아들을 보닉어 (太上五,8b) 쌍친을 효ㅎ며 (過存,4b)
　　　　흙덩이을 치고 (十九1,12b) 묘우을 챵건ㅎ고 (過存,5a) 쇼와 긔고기을 경
　　　　계ㅎ야 (竈君,7a) 可히 生命을 죵홀 거시오 (小學讀本,21b)

　'룰'은 근대국어에 와서는 양성모음뿐만 아니라 음성모음과 체언말
자음 아래에서도 쓰였다. 17세기에는 대체로 모음조화를 지키고 있으
나, 자음 'ㄴ, ㄹ' 아래서도 쓰이는 예가 보인다. 18세기에서 '룰'은 양성
모음, 음성모음 아래에서도 많이 쓰이고 있으며, 자음 'ㄹ'로 끝난 체언

에서 주로 쓰이고 있다. 그러나 19세기 국어에서는 체언말자음 아래에서는 쓰이지 않고 모음 아래에서만 쓰이다가, 19세기 중엽 이후에는 '롤'도 쓰이지만 대체로 '를'로 통일되었다.

(21) 신우롤 (신속孝1,62b) 감초 흔 돈 반롤 (痘要上,62a) 술롤 (敬信錄,5b)
　　동산롤 (敬信錄,18b)
　　너롤 (三譯1,2a) 나롤 (三譯1,8a) 술롤 (伍倫全3,34b)
　　쳐롤 (太上1,2b) 싀어미롤 (太上5,4b) 잡기롤 (國民小學,30b)
　　後世롤 (小學讀本,27b)

'를'은 근대국어에서는 음성모음과 양성모음 아래에서 다 쓰였다. 또한 체언말음이 'ㄴ, ㄹ, ㅁ, ㄱ'인 경우에 쓰이고 있다. 17세기의 '를'은 대체로 모음조화를 따르고 있으나, 체언말음이 'ㅁ, ㄹ'인 경우에도 쓰이고 있다. 여기서 'ㄱ'과 'ㅁ' 아래에서의 '를'의 사용은 중세국어 이래 어느 시기에도 볼 수 없는 예이며, 특정한 문헌에만 나타난 유일한 예이므로 표기자의 오류로 보인다. 18세기의 '를'은 음모음과 양모음 아래에서 다 쓰이고, 체언 말음이 자음일 경우에도 쓰이고 있다. 사용빈도는 오히려 '롤'이 많다. 그러나 18세기 후반에는 '를'로 통일되어 간다. 19세기의 대격조사는 자음 아래에서는 '을', 모음 아래에서는 '를'로 통일되었다고 볼 수 있다.

(22) 여성고를 (胎要,25a) 무숨를 (신속孝6,27b) 말를 (신속忠1,56b)
　　만믈스를 (미타참략초, 5b) 너를 (伍倫全1,44b) 허믈를 (內重 2,84b)
　　법녜를 (太上2,43b) 죠셕슈를 (明聖經,15a) 졍亽를 (明聖經,14b)
　　존호를 (南宮,1a)

짐물를 (過存,5a) 군을 (過存,17b) 말슴를 (三聖,20a) 싱각를 (三聖,19b)

2.3. 속격조사

2.3.1. 향찰, 구결, 이두의 속격조사

신라향가는 '矣'로 쓰이고, 고려 향가는 '衣'로 쓰이고 있다. 고려시대 이두의 속격조사로는 '矣, 叱'이 쓰인다. '矣'는 15세기의 '-익/의'에 대응하는 형태로 평칭의 유정체언에 연결된다. 반면에 '叱'은 무정명사나 존칭의 유정체언에 연결된다. 이것은 후기중세국어의 '-ㅅ'에 대응한다. 고려시대 석독구결에서 속격조사로 쓰이는 구결자는 'ㅋ, ㄴ'이다. 'ㅋ'의 本字는 '衣'이고, 'ㄴ'의 本字는 '叱'로서 고려시대의 향찰자료와 이두자료에서도 속격을 표시한다. 'ㅋ'는 후기중세국어에서 속격조사 '-익/의'와 대응되고, 'ㄴ'은 속격조사 '-ㅅ'에 대응된다. '명사(구)+속격+명사(구)'의 구성에 나타나는 속격조사는 대체적으로 선행체언이 평칭의 유정체언일 경우 'ㅋ'가 통합되고, 존칭의 유정체언일 경우 'ㄴ'이나 'ㄹ'이 통합되며, 무정체언일 경우에는 'ㄴ'이 연결된다.

> (23) 直等隱心音矣命叱使以惡只 (兜率歌) 吾衣身不喩仁人音有叱下呂 (隨喜功
> 德歌)
>
> 婢教丹矣 所生順安(高麗戶籍文書1,9) 州應天寺 南禪院 化林寺叱 不多田
> 地乙 (清州牧官文書,2-)
>
> 迦陵頻伽ㄹ 美妙ㅅㄴㅣ (大方廣佛華嚴經18,6-7) 佛ㄴ 國土 ㅋ + (舊譯仁王
> 經2,13-14) 加行ㄴ 中 ㅋ + (瑜伽師地論23,12-15)

2.3.2. 중세국어의 속격조사

중세국어의 속격조사는 '익/의'와 'ㅅ'이 있다. '익/의'는 선행체언의
조건에 따라서 'ㅣ'로 나타나는 경우가 있고, 'ㅅ'은 훈민정음 창제 초기
의 문헌에는 선행체언의 음절말 자음에 따라 'ㅂ, ㅸ, ㄷ, ㅿ, ㆆ, ㄱ' 등
이 쓰였으나, 뒤에 'ㅅ'만이 쓰이게 되었다. 속격조사 '익/의'는 선행체언
의 모음이 양성모음이면 '익', 음성모음이면 '의'로 쓰이는데 유정물 지
칭의 평칭체언에 연결된다. 'ㅅ'은 무정물 지칭 체언이나 유정물 지칭의
존칭체언에 연결된다. 속격조사 'ㅣ'는 대체로 모음으로 끝난 유정체언
이나 한자어 아래에서 쓰이고 있다. 16세기에 'ㅅ'이 중화된 'ㄷ'이 쓰이
고 있다.

(24) 象익 香 모릭 香 (석19,17b) 거부븨 터리와 톳긔 쓸 (능1,74a) 鼠香 (석
19,17b) 獅子ㅣ 삿길식 (金삼2,21)

누믹 나랏 그를 제나랏 글로 고텨 쓸시라 (月序,6a) 부텻 功德을 듣줍고
(석6,40b) 覃ㅂ 字, 斗ㅸ字, 呑ㄷ 字, 慈ㆆ 字, 洪ㄱ 字(訓諺) 나랑 일훔
(용,84) 영주ㅿ알픽 (용,16)

아랜 子ㄷ 즈는 (小언1,1b) 周ㄷ 적 (小언1,10b) 隋ㄷ 적 (小언5, 63a)

2.3.3. 근대국어의 속격조사

근대국어의 속격조사에는 '익, 의, ㅣ, 에, ㅅ, ㄷ' 등이 있다.

첫째, '익'는 15세기와 대체로 동일하나, 음성모음 아래에서도 쓰이고
있다. '익'는 17세기 중엽까지 많이 쓰이고, 그 이후에는 용례가 매우 적
다. 17세기 초에도 '익'에 비해 '의'가 훨씬 우세한 빈도를 보이며 사용되
고 있다.

(25) 도틱 기름을 (痘要下,11a) 광안닉 겨집이 (二倫重,18a) 저희 무리로더브러 (신속烈3,71b)

둘째, '의'는 근대국어의 속격조사의 대표형으로 양성모음이나 음성모음 아래에서, 또 거의 모든 경우에서 '의'가 쓰이고 있다. 이는 현대국어에까지 지속되고 있다.

(26) 도치를 알 안는 둙의 둥주리 아래 두라 두면 (胎要,11b)
　　　이 멸의 마으나믄 줍이 그 토란을 먹고 사라나니 (救補,15b)

셋째, 15세기 국어에서 쓰이던 속격조사 'ㅣ'는 유정체언의 어휘나 人稱代名詞(나, 너, 누, 저 등) 아래에서만 쓰인다.

(27) 정월의 쇠고기 먹든 날이 홀노 야회 아니냐 (闡義4,22b)
　　　은수로 입수흔 수전 머리옛 섭등지오 (朴초上,28b)
　　　老身이 미양 人家ㅣ 師儒를 마자 딕졉호야 (伍倫全1,18b)
　　　내 신이 뎌긔 이시니 (신속烈7,64b)

넷째, '에'는 원래 처격형이지만 '의'가 통사론적 중화를 일으켜 '에'가 됨으로써 표기된 것으로 17세기 초 문헌에서 나타난다. '에'는 '의'와 동일한 환경에서 사용되었다. 처격형 '에'가 'ㅣ'모음 아래에서 '예'가 되지만, 속격형 '에'는 'ㅣ'모음 아래에서도 '예'가 되지 않는다.

(28) 둙에 털과 즘싱에 뼈를 살오지 말며 (竈君,7a)
　　　둙의 털과 즘싱의 뼈를 부엌의 드리며 (敬信錄,24a)

귀신이 가로딕 <u>금셰에</u> 원슈는 안니요 <u>젼싱에</u> 원슈로다 (竈君,10a)

다섯째, 'ㅅ'은 중세국어에서는 격기능을 하는 표지로 사용되다가, 17
세기 초에 와서 그 기능이 약화되어 17세기 중엽에 와서는 그 격기능이
거의 상실되고 대개 복합어 표지의 기능으로만 사용되었고, 18세기 중
엽에 와서는 몇몇 복합어 표지에 화석화되어 남아 있고 모두 '의'로 대
치되었다. 'ㅅ'은 한자 아래에서는 독립적으로, 정음표기 아래에서는 음
절의 말음으로 표기되었다.

  (29) <u>핏 마시</u> 쓴모로 (痘要下,11b)

    <u>三年ㅅ</u> 喪을 定ㅎ야 (孟언5,5a)

여섯째, 'ㄷ'은 'ㅅ'의 중화현상에 의한 표기이다. 중세국어에서는 속
격형 'ㄷ'은 체언말음이 'ㄴ'인 경우에만 쓰였지만, 근대국어에서는 모
음하에서만 사용되고 있다. 따라서 'ㅅ'과 혼용되는 경우가 대부분이
며, 이때는 복합어 표지로서만 기능한다. 주로 17세기 문헌 이후에 나
타난다.

  (30) 庚으로 <u>後ㄷ</u> 三日을 ㅎ면 吉ㅎ리라 (周언4,43b)

    <u>周ㄷ</u> 業이 隆ㅎ믈 (女四3,63b)

2.4. 처격조사

2.4.1. 향찰, 구결, 이두의 처격조사
향가의 처격조사로는 일반적으로 '矣, 希, 良, 乃' 등이 쓰이고 있다.

고려시대 이두의 처격조사로는 '中, 良中' 등이 쓰인다. '中'은 신라의 이두에서도 사용된 것으로 선행명사가 시간 및 공간 표시어에 두루 쓰이었고, 유정체언 중 특히 사람 표시어에는 쓰이지 않았다. '良中'은 시간 및 공간 표시어에 두루 쓰였는데, 주로 무정물에 연결되며, 구체적인 보통명사에 연결되는 특징을 보인다.

고려시대 석독구결에서 처격조사는 여러 유형이 쓰이고 있다. 'ラ'는 本字가 '衣'로 '익/의'를 표음한다. 'ラ'는 후기 중세국어 특이처격 '-익/의'에 대응된다. '之'는 '之'의 訓讀字로 후기중세국어의 '예'에 대응된다. '3 ナ'는 本字가 '良中'이다. 향찰자료와 이두자료에 나타나며 후기 중세국어의 '-애/에/예'에 대응된다. 'ミナ/ㅗナ'는 本字가 '亦中'이다. 이 형태도 이두자료에서 처격의 표지로 쓰여왔다. 'ラナ/(ラ)ナ'는 本字가 '衣中'이다. 이두자료에도 보인다. 'ナ'는 本字가 '中'이다. '3'는 본자가 '良'으로, '-아'로 표음될 것으로 추정된다.

(31) 夜矣夗乙抱遣去如 (薯童謠)

紫布岩乎邊希 (獻花歌)

東京明期月良 (處容歌)

無量壽佛前乃 (願往生歌)

三月中 太王敎造 合杅 (瑞鳳塚銀合杅,2)

光宗朝良中 堂祭乙段 (慶州戶長1,16)

大覺世尊ㄱ 前ラ 已ㅅ 我チ 等ソㄱ 大衆ラ 爲ㅅ 示 二十九年3ナソニ下

(舊譯仁王經2,20-21)

二諦理し 窮3 一切之七 盡3ニㄱ 灬リろ丨 (舊譯仁王經11,2)

家3ナ (瑜伽師地論16,22-17,2)

能 衆ラ 爲ㅅ 說法ソ令七 時ミナ 音聲リ 類し 隨ホノ尸ム 難ㅅ 思議ノ矛

ヒ禾ゕ (大方廣佛華嚴經13,13-14)

彼刂 正法行乚 修習丷今七 時亠十 卽ㇰ 是丁 法爾灬八 大師乚 供養丷白

3丁丁ノ禾罒 (瑜伽師地論6,4-7)

大小師ㅋ十 詣厶丁丨十丁 (大方廣佛華嚴經3,8)

佛十 白3 言ニ尸 (舊譯仁王經15,20)

皆七 是刂丁 假誑丷丁矢 空中3七 花 如丨丷ナ丁刂罒 (舊譯仁王經14,12-13)

2.4.2. 후기 중세국어의 처격조사

중세국어의 처격조사로는 '애/에, 예, ᄋᆡ/의'가 있다. '-예'는 선행체언의 말모음이 '이'(i) 또는 'ㅣ'(y)일 때 나타나고, 선행체언의 모음이 양성모음이면 '-애'가, 음성모음이면 '에'가 나타난다. '-ᄋᆡ/의'는 속격조사와 같은 형태이나 특수한 환경에서만 나타나는 '특이처격'이라 부르는 처격조사이다. 일반적으로 선행체언이 사람이나 동물과 같은 유정체언이면 속격조사로 쓰이고, 무정체언이면 처격조사로 쓰인다. '-셔'가 연결된 형태인 '의셔, 에셔, 애셔'가 쓰이고 있다. 한편 처격조사에 속격조사 'ㅅ'이 연결되어 복합격의 형태로 '엣, 앳, 옛, ᄋᆡᆺ, 읫' 등이 쓰인다.

15세기 중엽 이후의 문헌에서는 약간 다르게 나타난다. '애'는 대부분 양성모음 아래서 쓰이나, 음성모음 아래서 쓰이는 예도 드물게 발견된다.

(32) 방하애 디허 주기더니 (석24,15b)

世尊이 象頭山애 가샤 (석6,1a)

이리 小臣의 주구매 갓갑도다 (杜초24,29b)

녀름애 더위 먹어 주그니 (救간目錄,1a)

몸앳 필 뫼화 <u>그르세</u> 담아 (月1,2b)

우리 始祖ㅣ 慶興에 사른샤 王業을 여르시니 (용,3)

狄人ㅅ <u>서리예</u> 가샤 (용,4)

<u>귀예</u> 됴호 소리 듣고져 (석3,22b)

精進은 精誠으로 부텻 <u>道理예</u> 나사갈 씨오 (月2,25a)

새벼리 <u>나직</u> 도두니 (용,101)

이본 <u>남기</u> 새 닢 나니이다 (용,84)

믈 <u>우희</u> 차 두퍼 잇느니라 (月1,23b)

<u>東녀긔셔</u> 수므면 西ㅅ녀긔 내둗고 (석6,33b)

그저긔 閻婆摩羅ㅣ 座애셔 니러나아 부텨씌 술보디 (석11,24a)

오나시든 行者ㅣ 드로디 空中에셔 讚嘆ㅎ야 니른샤디 (月8,57b)

새 出家호 사른미니 <u>世間앳</u> 뜨들 그치고 (석6,2a)

부텨 니른샨 <u>經엣</u> 기픈 뜨들 아디 몯호며 (석9,13b)

구슬 서른 帳이며 <u>보비옛</u> 바오리 溫和히 울며 (석13,24b)

그쁴 이웃 <u>모술힛</u> 사름들히 羅卜이 오느다 듣고 (月23,74b)

도즈기 媒ㅣ 두외야 <u>지빗</u> 보비를 제 劫ㅎ나니 (능4,93a)

그러나 15세기 후반부터 16세기에 걸쳐 모음조화가 깨지면서 '-애'와 '-에'의 쓰임에 혼란이 보인다. 16세기에도 여전히 처격과 속격이 복합된 복합격조사 '-앳, -엣, -옛, -잇, -윗'이 쓰이고 있다.

(33) <u>춤기름애</u> 프러 이베 븟고 (牛方,13b)

　　<u>죽음애</u> 니르러도 오직 네 곧느니라 (小언5,3a)

　　오늘 <u>아춤에</u> 굿 죽 먹으니 져기 됴해라 (飜老下,37a)

　　中은 <u>天下에</u> 큰 本이오 (中언,2a)

텬하앳 경박훈 거시 두외리니 (번小6,15a)

天下엣 法이 되며 (中언,47a)

훈갓 보빗엣 거시 요괴로은 주룰 알오 (번小10,18b)

더딘 냇굿잇 솔은 (小언5,26a)

댱샹읫 사름이 일 업시셔 (呂約,20a)

2.4.3. 근대국어의 처격조사

근대국어의 처격조사로는 중세국어와 마찬가지로 '애/에, 예, 이/의'
등이 쓰이고 있다.

'애'는 중세국어에서는 모음조화에 따라 '에'와 짝을 이루어 쓰이던
조사로, 17세기에도 여전히 많이 쓰이고 있으나 양성모음 아래의 환경
에서 '에'가 많이 쓰여 '에'로 일반화됨을 보여준다. 18세기에는 많이 쓰
이던 것이 19세기에는 체언 뒤에 연결된 예를 찾기 어렵고, 주로 동명
사에 연결되는 예만이 극히 일부가 발견된다.

(34) 군시 샹쥐 싸애 지나다가 (過存,17b)

  後에 그 父ㅣ 죽음애 기틴 (伍倫全1,1b)

  혀엇 밋는 바애 귀신을 노쵹ᄒ이ᄂ지라 (敬信錄,36a)

  미양 아춤애 졍셩으로 비런지 수년에 (敬信錄,48a)

  하늘은 놉고 ᄯᆞ은 나즈매 (五倫經,5b)

  명을 바다 변방의 나아가매 (五倫經,6b)

  찬숑ᄒ기룰 못츠시매 (쥬년쳠례,17a)

  도으심을 근구ᄒ매 (쥬년쳠례,21a)

  동싱 마디아와 흔가지로 잡히매 (치명,863)

17세기에 '에'는 혼란을 보인다. 특히 양성모음 아래에서도 많이 쓰여 '에'로 일반화되는 것을 보여준다. 18세기에는 17세기와 같은 모습을 보이다가, 19세기에는 대체로 '에'로 통일이 되었다.

(35) 제스에 정성을 다ᄒ고 (신속孝8,47b)

　　이제 반 돌에 다ᄃᆞ라쩌든 (老上,1a)

　　ᄆᆞ음에 의심ᄒᆞ여 (三譯1,19a)

　　강보에 잇셔 텬지를 아지 못ᄒᆞ되 (南宮,3a)

　　졀머셔 산즁에 들어 공부ᄒᆞ더니 (太上1,21b)

　　이곳의셔 즉지에 긔록ᄒᆞ엿ᄂᆞ니 (太上2,22b)

17세기의 '-예'는 i모음이나 i계모음 아래에서 쓰이고 있고, 비i계모음 아래에서도 쓰인다. 18세기에도 마찬가지다. 17·8세기에 자음 아래에서 쓰이는 예도 보인다. 19세기에도 i계모음 아래와 비i계모음 아래, 또 자음 아래서 쓰이는 예가 보이나 많지 않다.

(36) 활시울 ᄒᆞ나흘 허리예 가마 두고 (胎要,12a)

　　슈양버들 닷 근을 봄과 겨을예란 가지 쓰고 (痘要下,44b)

　　유궁 임금예 그 아ᄋᆞ 듕강을 셰오고 (十九1,24b)

　　머리예 누른 관 쓰고 (三譯2,16a)

　　보복ᄒᆞ기예 ᄆᆞ음이 없고 (三聖, 21a)

　　각각 다른 글읏세 두운 거시 무방ᄒᆞ난니라 (蠶桑,10a)

'의'는 17세기에는 양성모음 아래에서만 쓰인다. 18세기에는 '의'의 사용빈도가 크게 줄었다. 이는 '에'로 통일되는 과정을 보여준다. 19세기

국어에서 동명사형 어미와 ㅎ종성체언 아래에서 쓰이고, 체언말음이 치찰음인 경우에 사용된다.

(37) 깊ㄱ의 주거 (杜重25,7a)

악도의 써러디디 (地藏上,7b)

급히 왕한을 불너 드러오믹 그 글을 뵈이시니 (太上2,30b)

뫼힉 올나 싀를 그믈치지 말며 (南宮,8a)

뉴근의 오싀 써러지니 (太上3,3a)

'의'는 17세기에는 자음과 양성모음 및 음성모음 아래서 활발히 쓰이고 있다. 18세기에도 활발하게 쓰이다가 19세기에도 쓰이긴 하지만 '에'로 교체되고 있다.

(38) 힝역 독이 비장의 들면 즈칙며 붓고 (痘要上,42a)

단계부록의 글오딕 (痘要下,26b)

승샹 마을의 정히 뵈려 호되 (三譯2,11b)

뎌의 아비룰 地下의 가 보리오 (伍倫全1,14b)

즈는 방의 큰 평상을 노하 (太上4,19a)

즁국의 갓다가 뎨묘의 빅알ㅎ옵고 (南宮,2a)

나라의 덧덧흔 형벌이 잇셔 (綸音24,2a)

악흔 나라희 무솜 극락흔 일이 잇관딕 (쥬교요지,22b)

17세기에도 복합격의 용례가 쓰이고 있으나, '-잇, 읫'의 용례는 매우 적다. 18세기에는 '잇'의 용례가 보이지 않는다. 18세기 후반에는 '앳'의 용례가 거의 보이지 않는다. 19세기에는 복합격의 용례 중 '앳'의 용례가 한두 개 보일 뿐, 거의 보이지 않는다.

(39) <u>거믄고앳</u> 烏曲소리 애와쳐 ᄒᆞ니 (杜重3,8b)

　　　<u>좌우엣</u> 사ᄅᆞ미 권ᄒᆞ여 피ᄒᆞ라 ᄒᆞ거늘 (신속忠1,38b)

　　　허리 <u>젼대옛</u> 거시 (老上,25a)

　　　하ᄂᆞᆯ <u>ᄀᆞᆺ</u> 늘근 사ᄅᆞ미 (杜重4,31a)

　　　창딘은 <u>오쟝잇</u> 독긔어니와 (痘要上,2a)

　　　지극ᄒᆞᆫ <u>효도앳</u> ᄒᆡᆼ실은 (内重2,45a)

　　　<u>天上엣</u> 거시오 (伍倫全4,19b)

　　　제 生覺에 허리에 씐 <u>纏帶옛</u> 거시 됴ᄒᆞᆫ 財物인가 (蒙老2,12a)

　　　네 <u>興王잇</u> 님군을 샹고ᄒᆞ건대 (女四4,7b)

　　　<u>함경도앳</u> 셔투리ᄂᆞᆷ믈와 강원도앳 속샛ᄀᆞᄅᆞ와 (救荒,12b)

2.5. 여격조사

2.5.1. 향찰, 구결, 이두의 여격조사

향가의 여격조사로는 '良'이 보인다. 고려시대 이두의 여격조사로는
'亦中'이 쓰인다. 이것은 처격조사로 쓰이던 것이 유정체언에 연결되어
여격을 표시하게 된 것이다.

(40) 阿邪也 吾<u>良</u>遣知支賜尸等焉 (禱千手觀音歌)

　　　丹鶴<u>亦中</u> 奴婢許與成文良中 訂筆使内 (尹氏奴婢4,3)

2.5.2. 중세국어의 여격조사

중세국어의 여격조사는 속격 '이/의, ㅅ'과 '그에/게, 거긔'의 결합형

과 '손딕'의 결합형이다. '익/의'와의 결합형은 평칭, 'ㅅ'과의 결합형은
존칭의 여격조사가 된다. '드리다(奉)'의 부사형이 문법화한 여격조사로
는 '드려'가 있다. '-드려'에 후행하는 동사는 '니르다, 묻다' 등과 같은 동
사가 쓰이고 있다. '-셔'가 연결된 '의게셔'와 'ㅅ긔셔, 끠셔'가 쓰이고 있
다. 이 형태는 '-셔'의 기능 때문에 중세국어에서 '탈격'이라고 불리워 왔
다. 15세기 중엽 이후에 '께'의 형태가 보인다.

(41) 남지늬게 다드라 또 쏘아 주기니 (月10,24a)

부텻긔와 줌의게 布施ᄒ리도 보며 (月11,2b)

여러 龍익게 能히 쏠ᄒᄂ니라 (月10,106a)

내 ᄒ마 衆生익그에 즐거톤 거슬 布施호딕 (석19,36)

王ㅅ그엔 가리라 (月7,26)

부텨와 줌괏그에 布施하며 (석13,22b)

婆羅門이 글왈ᄒᆞ야 須達익손딕 보내야늘 (석6,15b)

그 사ᄅᆞ믹손딕 오샤 (月8,55b)

王이 ᄀ장 두리여 沙門의손딕 사ᄅᆞᆷ 브려 니른대 (석24,22a)

太子ㅅ 어마니미 그 그려긔손딕 가샤 니ᄅᆞ샤ᄃᆡ (月22,61a)

無學손딕 빈호ᄂᆞᆫ 사ᄅᆞ미라 (석13,3a)

阿闍世王ㄱ 손딕 가니 (석24,6a)

長者ㅣ손딕 닐어늘 長者ㅣ 怒ᄒᆞ야 (月8,98b)

그 ᄯᆞᆯ드려 무로딕 (석6,14b)

王이 大愛道드려 니ᄅᆞ샤 (석3,3b)

쇠게셔 졋 나미 ᄀᆞᆮᄒᆞ야 부텻긔셔 十二部經에셔 九部修多羅ㅣ (月14,64b)

닐그며 외와 大衆의거긔 ᄂᆞᆷ 위ᄒᆞ야 ᄀᆞᆯᄒᆡ내 니르며 (석19,8a)

엇뎨 世尊이 阿羅漢의거긔 새옴 ᄆᆞᅀᆞᄆᆞᆯ 내시ᄂᆞ니잇고 (月9,35-2a)

그저긔 雲雷音王佛ㅅ긔긔 妙音菩薩이 풍류로 供養ㅎ슨 (석20,46b)

우리를 노ㅎ샤 뎌 부텻긔긔 出家ㅎ야 道理 닷게 ㅎ쇼셔 (석21, 39a)

婆羅門長者居士種이 如來ㅅ긔긔 머리 갓가 (月9,35-1a)

도라옳 軍士ㅣ 즈갯긔 黃袍 니피슨 봇니 (용,25)

부텻긔 슬븡시니 (月23,88a)

羅ㅣ 座애셔 니러나아 부텨씌 슬봉되 (석11,24a)

ㅎ 臣下ㅣ 王씌 슬봉되 (석3,3a)

無量千萬佛쎄 한 善根을 심거 (金강,33a)

16세기에는 '-읫/ㅅ긔에'가 전혀 보이지 않고, '의/읫거긔'만 쓰이고 있다. 'ㅅ긔'가 '씌'로 굳어지고 '쎄'의 예도 나타난다. '손되' 형은 주로 '-의손되'만 쓰이고 있다.

(42) 네 가 쥬읫드려 무러 (飜老上,69a)

모든 아들드려 告ㅎ야 글오되 (小언5,079a)

父母ㅅ씌 올여든 (번小9,51b)

텽의 올아 부못씌 문안ㅎ니 부뫼 시름 아니ㅎ며 (번小9,99a)

병이 다 됴커든 太醫쎄 만히 은혜 갑파 샤례호리라 (飜老下,37b)

ㅎ마 孟氏의거긔 期約ㅎ니 (속三下,2a)

곧 그 어버싀거긔도 ㅎ마 느미며 내라 ㅎ는 (번小6,03a)

튼 거슬 아슨믹거긔 골오 주며 (번小7,49b)

2.5.3. 근대국어의 여격조사

여격조사는 17세기 초에 '-의게, -씌/게, -드려'만 남게 되었다. 17세기에는 '익게'보다는 '의게'가 훨씬 많이 쓰인다. 19세기에는 '의게'로 통일되나, 다시 '의게'는 '에게'로 변화된다. '-의그에/ㅅ그에, -의거긔/ㅅ거긔' 등의 소멸은 여격 자체의 변화에 따른 것이 아니라, 경어법과 연관된 속격의 변화에 따른 것으로 해석된다.[5] 근대국어에서는 '의손딕'는 17세기에 조금 쓰이다가 18세기 문헌인 『伍倫全備諺解』에 마지막으로 나타난다.[6]

'-의게'는 중세국어에서는 '의＋그＋에'의 구성으로 이루어진 통합형이었다. 이때 '-의'는 유정물의 평칭에 사용되고, 'ㅅ'은 유정물의 존칭에 사용되었다. 근대국어에서는 이 통합체가 굳어져 평칭에는 '의게'가, 존칭에는 '씌'가 사용되었다. '-씌'는 존칭표시의 여격조사인데, 17세기에 '쎄'로 변하는 예가 보이고, 18·9세기에 '쎄'의 빈도가 많아진다. 대체로 방언자료나 구어자료에서 보이는 특징이 있다. 근대국어에서는 존칭체언에 '-게'가 연결되기도 하며, '말(馬)'에는 '게'가 연결되는 특징을 보인다.

'드려'는 19세기까지 쓰이고 있다.

(43) 사룸민게 흥마 分이 업스니 (杜重11,28b)

쳐녀 주식이 <u>도적의게</u> 더러이디 아니흥야 (신속孝6,74b)

흉흔 무음을 뉘여 <u>사룸의게</u> 지덕흥랴 (太上3,44b)

열장을 기록흥야 <u>스룸의게</u> 젼흥는 주는 (過存,13b)

사룸의 거술 덜어 <u>졔게</u> 보틱오며 (太上1,5a)

---

5 'ㅅ거긔, 의거긔' 등이 17세기 문헌인 『두시언해 중간본』에 나타나는데, 이것은 문헌의 보수적인 표기 특징에 기인하는 것이다.

宮闕엔 여러 帝ㅅ거긔 수무차 가리로소니 〈杜重9,41a〉

百姓은 逆節의거긔 困흥고 〈杜重14,4a〉

6 '의손딕'는 '-의＋손(手)＋딕(處所)'의 구성으로 '-의 앞에'라는 의미를 가지고 쓰이고 있었다. 漢語 번역에 많이 사용되어 주로 『朴通事諺解』, 『老乞大諺解』, 『伍倫全備諺解』 등에 사용되었다.

혜퇴이 <u>후손에게</u> 맛당이 흔 쳐녀를 구ᄒᆞ여 (感應1,27b)

<u>國人에게</u> 論告ᄒᆞ야 印紙를 쓰지 말ᄂᆞ (國民小學51a)

부모의 슈를 하ᄂᆞᆯ씌 츅원ᄒᆞ더니 (太上1,1b)

<u>시왕쎄</u> 가셔 보인대 (미타참략초,17b)

<u>老夫人쎄</u> 拜賀禮를 行홀 거시니이다 (伍倫全3,24b)

<u>僉官들쎄</u> 니ᄅᆞ고 읻습ᄂᆡ (新語改2,25a)

맛당이 <u>죠신게</u> 졔ᄉᆞᄒᆞ고 (竈君,1b)

힝ᄒᆞ는 일을 다 <u>신명게</u> 질졍ᄒᆞ여 (竈君,24a)

슌이 그 <u>안해ᄃᆞ려</u> 닐러 ᄀᆞ로ᄃᆡ (신속孝1,1b)

내 漢ㅅ <u>사ᄅᆞᆷ의손ᄃᆡ</u> 글 빈호니 (老上,2a)

도적이 니느러 <u>조모쎄</u> 늘흘 더어고져 ᄒᆞ거늘 (신속孝6,30b)

반ᄃᆞ시 <u>家長쎄</u> 뭇ᄌᆞ와 (家언2,2b)

<u>太醫쎄</u> 만히 은혜 갑파 샤례호리라 (老下,37b)

마병이 <u>몰게</u> 오ᄅᆞ고 (練兵,33b)

ᄆᆞᆯ을 두루혀 <u>子龍ᄃᆞ려</u> 무로되 (三譯10,25b)

2.6. 구격조사

2.6.1. 향찰, 구결, 이두의 구격조사

향가의 구격조사로는 '(乙)留'가 쓰인다. 고려시대 이두의 구격조사
로는 '以'가 쓰이고 있다. 15세기의 구격조사처럼 '以'도 도구, 수단, 자
격, 방향, 원인 등을 나타낸다. 고려시대 석독구결에서 구격조사는 'ㅆ'
와 'ㄴㅆ'로 표기되는데, 'ㅆ'는 本字가 '以'이므로 '로'로 독음된다. 'ㄴㅆ'
는 '-으로'를 표기하는 구성이다.

(44) 心未筆留 (禮敬諸佛歌)

　　南山新城 作節 如法以 作 (南山新城碑,1)

　　輕安亠 (瑜伽師地論29,17-19)

　　[於]佛乚 歸ソㄱしﾑ 自ノソㄱ 當願衆生 佛種乚 紹隆ソʒﾍ 無上意乚 發
　　ソヒ효 (大方廣佛華嚴經3,14)

2.6.2. 후기 중세국어의 구격조사

　후기 중세국어의 구격조사는 도구나 수단을 표시하는데, '-(으/으)로'로 나타난다. 체언의 말음이 'ㄹ'이나 모음이면 '로'가, 자음이면 '으/으'가 개입되어 양성모음인 경우에는 'ᄋ로', 음성모음인 경우에는 '으로'가 연결된다. 15세기 중엽부터 모음조화가 깨져서 'ᄋ로'는 음성모음 아래에서도 쓰이고, '으로'는 양성모음 아래에서도 쓰이고 있다. 15세기 중엽 이후에 '오로'로 쓰인 예가 보인다. 16세기에는 '-으로'가 양성모음 아래에 연결된 예가 다수 보이고, '-오로/우로'의 형태가 다수 보인다.

(45) 五年을 改過 몯ᄒ야 虐政이 날로 더을ᄊᆡ (용,12)

　　여듧 가짓 일로 도바 일울ᄊᆡ (석9,18a)

　　畜生ᄋᆞᆯ 慈悲로 化ᄒ오미오 (金삼4,1)

　　부텻 道理로 衆生濟度ᄒ시ᄂᆞᆫ 사ᄅᆞ믈 菩薩이시다 ᄒᆞᄂᆞ니라 (月1,5a)

　　술위와 보ᄇᆡ로 ᄭᅮ뮨 (석13,19a)

　　믈 우횟 대버믈 ᄒᆞᆫ 소ᄂᆞ로 티시며 (용,87)

　　義旗를 기드리ᅀᆞᄫᅡ 簞食壺漿ᄋᆞ로 길헤 ᄇᆞ라ᅀᆞᄫᆞ니 (용,10)

　　慈悲心ᄋᆞ로 몸 닷가 (석13,4b)

　　그듸ᄂᆞᆫ 이대 스승ᄋᆞ로 셤겨 (杜초22,48b)

프른 눈으로 노푼 놀애 블러 (杜초25,53b)

내 實로 누느로 보며 (능1,98b)

神通力으로 樓 우희 ᄂᆞ라 올아 (석6,3a)

나는 늘거 ᄒᆞ마 無想天으로 가리니 (석3,2a)

숟가락으로 혀 (救간2,90b)

제 ᄆᆞᅀᆞᆷ으로 제 性을 歸依ᄒᆞ면 (六祖中,40b)

ᄒᆞ녀고로 小乘에 나ᅀᅡ가 글히요리라 (永嘉上,79b)

사름으로 ᄒᆡ여 (飜老下,28b)

안직 뵈옷 쟈락으로 딥 가져가라 (飜老上,33a)

두 아히 종이 地黃오로 비즌 수리라 ᄒᆞ고 (번小10,17b)

두 손오로 얼운의 손을 받들고 (小언2,59a)

이 ᄒᆞᆫ 등엣 ᄆᆞ른 열 량 우후로 폴리라 ᄒᆞ더라 (飜老上,9a)

모로매 지부로 오고라 (飜老上,44b)

2.6.3. 근대국어의 구격조사

근대국어의 구격조사 '-로'는 '-로/-노, -으로/-ᄋᆞ로, -오로/-우로' 등의 이형태가 있다. 이들은 대체로 자음 아래에서는 '-으로', 'ㄹ'과 모음 아래에서는 '-로'로 통일되어 현대국어에 이르고 있다. 17세기의 '으로'는 'ᄋᆞ로'가 담당하던 양성모음 아래에서도 일반화될 정도로 쓰였고, '노, 오로'의 형태가 보인다. 18세기에는 '으로'로 일반화되어 쓰이고 있다. '노'는 'ㄹ'말음 아래에서 쓰이는데, 19세기에도 마찬가지이다. '오로/우로'형태도 쓰이고 있다. 19세기에도 '으로'로 통일되어 쓰이고 있다.

(46) 심ᄒᆞ 니란 이공산으로 구완ᄒᆞ라 (痘要上,35a)

隣里는 날노 더브러 ᄒᆞᆫ가지로 (警民重,8a)

손ㄱ락오로 곳구무 위ᄂ니ᄂ 죽ᄂ니라 (痘要上,49b)

中神機筒 열혜ᄂ 表紙 두 張 半오로 열 조각의 ᄒ라 (火砲,23b)

이제 닉 형샹을 흙으로 민들고 (明聖經,14a)

도적이 칼로 표ᄅ 치니 (三강重 孝,20a)

내 너ᄅ 호걸노 ᄃ접ᄒᄋᆞᆺ더니 (敬信錄,27b)

權이 즉시 ㅊ 짓고 니러셔 후당으로 드러가니 (三譯3,14a)

박찬신을 훈국으로 ᄒ여곰 (闡義4,41a)

하ᄂᆞᆯ이 맛당이 널노 하여곰 그 性命을 길게 ᄒᆞ야 (女四3,10b)

말노 ㄱ릇침이라 이ᄅ지 말아 (自省編首序,05a)

아ᄎᆞᆷ에 ᄆᆞᆫ 것 먹음으로 져기 목ᄆᆞᆯ다 (蒙老4,9b)

人을 善오로 뻐 敎호믈 (孟언3,28b)

망량오로 괴롱ᄒᄋᆞ야 (地藏中,8b)

네 이 저울이 세무로 열 斤이 ᄭᅵ시니라 (蒙老8,5a)

너희 遼東으로셔 ㄳ 와시무로 (蒙老8,7b)

　　17세기에서 'ᄋᆞ로'는 대체로 모음조화를 지키고 있으나, 그 쓰임이 현
저히 줄어들었다. '-ᄋᆞ로'는 '-으로'에 비해 거의 쓰이지 않았고, 한정된
문헌에 몇 예가 보이다가 18세기 말에 마지막으로 보인다. 18세기 후반
에 'ᄋᆞ로'는 'ㅊ, ㅅ' 아래에서만 쓰인다. 19세기에 'ᄋᆞ로'는 거의 쓰이지
않고 '으로'로 통일된다.

　(47) 그ᄃᆡᄂ 이대 스승으로 셤겨 (杜重22,48b)

　　　ᄂᆞᄎ로 (痘要下,29b, 警民音,6b, 戒酒編,21a), 빗ᄎ로 (胎要,33b), 고ᄎ로
　　　(念佛,4b), 타ᄉ로 (隣語4,18b), 거ᄉ로 (敬信錄,3a)

　　　술의와 믈이 검박ᄒᄋᆞ야 金銀으로 ᄭᅮ민 거시 업거ᄂᆞᆯ (內重2,46b)

일을 시기시고 <u>사롬으로</u> 代ᄒ거시든 (內重1,41b)

모므로 君子를 行호믄 내 得호미 잇디 (論栗2,27b)

‘-오로/우로’는 순자음 아래에서 원순모음화한 것으로 대부분이 명사형 어미 ‘ㅁ’ 아래에서 쓰이고 있다. 19세기에도 마찬가지의 유형이 보이는데 거의 쓰이지 않는 듯하다.

(48) 아니모로 (痘要下,5a), 몯ᄒ모로 (痘要下,9a), 이러무로 (敬信錄,1a), 손오로 져허 (閨閣,15a), 잇스무로쎠 (竈君,24a), 이소모로 (救荒,7b), 거시모로 (救荒,12b)

근대국어의 구격조사는 중세국어처럼 ‘도구, 재료, 방향, 원인, 자격, 변위’ 등의 기능을 나타내고 있다.[7]

(49) 나구 사름을 ᄎ가든 사룸도 나귀룰 ᄒᆞᆫ <u>발로</u> 춤이 맛당티 아니ᄒ니 (伍倫全1,12a)

이제 늬 형샹을 <u>흙으로</u> 민들고 (明聖經,14a)

위 도라보디 아니코 즈러 어믜 <u>지브로</u> ᄃ라가 업고 도망ᄒ여 (신속孝1,55b)

<u>지앙으로</u> 벼가 그릇되단 말숨이라 (京畿綸,3b)

내 너룰 <u>호걸노</u> 딕졉ᄒ얏더니 (敬信錄,27b)

잠간 ᄉ이예 극낙셰계 가셔 틸보못 가온대 년화 <u>곳츠로</u> 몸이 되어 잇다가 (念佛,6a)

---

7 홍윤표(1994:507)에서는 ‘-로’가 심층에서 보이는 여러 가지 기능을 바탕으로 구격의 하위격으로 ‘器具格, 材料格, 器官格, 力格’ 등을 설정하고 있다.

2.7. 공동격조사

2.7.1. 향찰, 구결, 이두의 공동격조사

향가에서는 공동격조사가 보이지 않는다. 고려시대 이두의 공동격조사로는 '果'가 쓰인다. '果'는 15세기 국어의 '-과/와'에 대응되는데, 고려말에 보이기 시작한다. 고려시대 석독구결에서 공동격조사는 'ㅅ'로 표기된다. 'ㅅ'는 本字가 '果'로, '과/와'를 표음한다.

(50) 國史及公及官文 載錄者果 衆所共知 祖上乙良 幷以 載錄爲遣 (高麗戶籍文書2,19)

空法ㅅ 四大法ㅅ 心法ㅅ 色法ㅅ 如ㅣ ㄴ ㄱ ㅣ 亽 (舊譯仁王經14,6-7)

2.7.2. 중세국어의 공동격조사

공동격은 '-와 함께', '-와 더불어' 등의 의미를 가지는 격으로 중세국어에서는 격조사 '-와/과'로 나타난다. '와'는 체언의 말음이 모음이거나 'ㄹ'일 경우에 쓰이고, '과'는 체언의 말음이 자음일 경우에 쓰인다. 명사구에서 마지막에 쓰인 공동격조사에 속격조사 'ㅅ'이 연결되어 '-괏, -왓'이 쓰인다. 그러나 16세기부터는 'ㄹ'아래에서 '과'가 쓰이는 것이 일반화되고, '-왓, -괏'의 구성은 보이지 않는다.

(51) 諸根ᄋᆞᆫ 여러 불휘니 눈과 귀와 고과 혀와 몸과 ᄠᅳᆮ괘라 (석6,28b)

나모와 곳과 果實와ᄂᆞᆫ (석6,40a)

입시울와 혀와 니왜 다 됴ᄒᆞ며 (석19,7b)

車匿이 ᄆᆞᆯ와 ᄒᆞᆫᄢᅴ 울오 도라오니라 (석3,32a)

입과 눈과 (용,88)

龍과 鬼神과 위ᄒ야 說法ᄒ더시다 (석6,1a)

뎌와 나왓 相이 업스샤ᄆ (능5,69b)

衆生과 부텨왓 性이 本來 달오미 업건마ᄅᆞᆫ (金강,21a)

須達이 부텨와 즁괏 마ᄅᆞᆯ 듣고 (석6,16b)

봄과 녀름괏 ᄉᆞᅀᅵ나 녀름과 ᄀᆞᅀᆞᆯ왓 ᄉᆞᅀᅵ예 (救간1,102a)

뎍댱아ᄃᆞᆯ과 모ᄃᆞᆫ 아ᄃᆞᆯ이 (小언2,20b)

반ᄃᆞ시 술과 고기ᄅᆞᆯ 두더시니 (小언4,15a)

2.7.3. 근대국어의 공동격조사

근대국어의 공동격조사로는 '와, 과, ᄒ고, 로ᄃᆞ려, 로더브러' 등이 있
다. '와'는 중세국어와 마찬가지로 그 기능은 17세기까지 지속되었다.
18·9세기에서는 체언말음이 모음일 경우에만 쓰이게 되었다. '과'는 17
세기에는 모음 아래와 자음 'ㄹ' 아래서 쓰이는 것이 일반화되었다. 18
세기에는 모음 아래에서도 '과'가 쓰이는 예가 많이 발견된다. 19세기에
는 체언말음이 자음일 경우에만 쓰이게 되었다. 'ᄒ다'의 활용형이 문법
화한 'ᄒ고'는 구어체에서 쓰이는 공동격조사로 문헌상에서 출현 빈도
는 그리 많지 않았다. 17세기에는 '왓, 괏'의 복합격이 쓰이고 있다. 18
세기 이후에는 '왓, 괏'이 보이지 않는다.

'로ᄃᆞ려, 로더브러'는 근대국어에서 자주 쓰이던 공동격의 기능을 하
는 구성이다.

(52) 어미와 아ᄃᆞᆯ이 다 사니라 (신속孝3,39b)

노피 벼개 볘여쇼매 별와 ᄃᆞ리 두위잇고 (杜重3,20a)

블에 머리와 니마 그슬려셔 (三譯9,1a)

천지와 군친과 ᄉᆞ우와 의식쥬ᄂᆞᆫ ᄉᆞ롬이라 (三聖,11b)

아비과 <u>어미과</u> 다르니 (痘要上,6a)

내 <u>너과</u> 흔가지로 가 뎌를 보리라 (伍倫全2,32a)

텬명과 딕인과 성인의 <u>말슴과</u> 이 셰가지를 두려워ᄒ미라 (過存,4a)

믈을 ᄇ리ᄃ가 <u>믈과</u> 흠씌 ᄇ렷더니 (太上3,20a)

그 후에 한나라이 <u>흉노ᄒ고</u> 화친ᄒ여 (明聖經,33b)

님금과 <u>臣下</u>왓 議論애 隔絶ᄒ니 (杜重3,2a)

ᄇ름과 <u>구룸과</u> 샷 흔 모히로다 (杜重2,29b)

원컨대 늘근 <u>어미로더브러</u> 주근 아븨 곁틔셔 흠씌 (신속孝3,39b)

朝뎡의셔 <u>下大夫로더브러</u> 말슴ᄒ시매 (內重1,16a)

내 인ᄒ여 <u>널로ᄃ려</u> 흔가지로 가 (伍倫全6,35a)

2.8. 호격조사

2.8.1. 향찰, 구결, 이두의 호격조사

향가에서 호격조사로는 존칭으로 '下'가 쓰이고, 평칭으로는 '良'이 쓰인다.

고려시대 석독구결에서 호격조사는 존칭체언에는 'ㅏ', 평칭체언에는 'ㅣ'가 쓰이고, 중간적인 성격을 가진 것으로 'ㅣ'가 쓰이고 있다.

(53) 月<u>下</u>伊底亦 (願往生歌)

巴寶白乎隱花<u>良</u> (兜率歌)

大王<u>下</u> 若ᄂ 菩薩 上ㅓ 見ㅎ尸 所ㅏ 如ㅣㄱ 衆生ㄱ 幻化ㅔ罒 (舊譯仁王經14,11-12)

善男子 其 說 所 十四般若波羅蜜ㅔㄱ 三忍ㅎ (舊譯仁王經11,24)

善?口ㄱ [哉]ㅓ 仁者ㅎ 諦ㅔ 聽?ㅎ [應ㅅㄴㅏㅣ (大方廣佛華嚴經9,2-3)

2.8.2. 중세국어의 호격조사

중세국어의 호격조사로는 '아, 야/여, 하'가 있다. '하'는 화자가 윗사람을 부를 때 나타나는 존칭의 호격조사다. 화자가 같은 신분이나 아랫사람을 상대하여 부를 경우에는 '아'를 쓴다. '아'는 모음 뒤에서는 '야'나 '여'로 나타난다.

(54) 大王하 내 이제 부텻긔 도로 가 供養ᄒᅀᆸ바지이다 (月18,34b)

世尊하 내 이 念을 호디 (金강,54b)

佛者文殊아 모든 疑心을 決ᄒᆞ고라 (석13,25a)

舍利弗아 뎌 싸ᄒᆞᆯ 엇던 견ᄎᆞ로 (阿彌,6a)

得大勢야 네 ᄠᅳ데 엇더뇨 (月17,90a)

須菩提여 ᄠᅳ데 엇더뇨 ᄒᆞ다가 (金강,44b)

2.8.3. 근대국어의 호격조사

존칭의 호격조사 '하'는 근대국어에 와서 그 기능을 잃고, '아'와 뒤섞여 쓰이다가, 17세기 중엽 이후에는 형태마저 사라진다. 일부 자료(지장경언해)에서는 18세기에도 나타난다. 중세국어 후기부터 존칭의 접미사 '님'이 존칭체언에 사용되다가 근대국어에서는 매우 많은 빈도를 가지게 되었다. 평칭이나 비칭일 때는 체언에 '아'를 연결하였는데, 체언말음이 자음일 때는 '아'를, 모음일 때는 '야'를 사용하였다.

(55) 하늘하 아ᄅᆞ시거든 비최여 보쇼셔 (신속烈,11b)

셰존하 이 경을 므어시라 일홈ᄒᆞ며 (地藏中,14a)

거졍아 드ᄅᆞ라 (練兵,17b)

우리 녜쟈 아히야 네 사발 덥시 탕권 가져 (老上,41b)

쥬신 형님 허믈 마ᄅ쇼셔 (飜朴上,38b)

선생아 내 니롤 열어 니름을 기ᄃ리쇼셔 (伍倫全1,27a)

랑아 자ᄂ야 아니 자ᄂ야 (勸念,1b)

爺爺야 엇던 見得으로 (伍倫全1,36a)

소ᄌ야 엇지 가쟝 무례ᄒ요 (竈君,17a)

敎師 曰 蘭嬉야 萬一 네가 싀 될진ᄃᆡ (尋常小學3,18b)

3. 결어

본고는 국어의 격조사를 음운론적인 환경의 변화와 형태의 변화를 중심으로 개괄적으로 다루었다. 지면 관계상 보다 많은 사항을 기술할 수 없어서, 해당 항목의 설명에 빠진 내용이 많다. 또한 통사적인 기능과 환경은 살펴보지 못하였다. 그러나 가능한 한 많은 문헌 자료를 참고하여 변화의 내용을 기술하려고 노력하였다.

위에서 살펴본 격조사의 변화 중 특징적인 현상을 요약하면 다음과 같다.

첫째, 새로 생성된 격조사가 나타난다. 근대국어에서 새로운 주격표지인 '-가'가 처음으로 나타나고, 존칭주격조사인 '-겨셔, -겨오셔', '-ᄭᅴ셔, -ᄭᅴ로셔' 등이 나타난다.

둘째, 동사에서 전성된 형태가 조사로 쓰이게 되었다. 예를 들면, 중세국어의 '-ᄃ려'는 여격을, 근대국어의 '-로ᄃ려, -로더브려'는 공동격을, '-겨셔, -겨오셔'는 존칭주격조사를 나타내는 조사로 쓰이게 되었다.

셋째, 평칭과 존칭의 격조사가 대칭을 이루다가 소멸되고, 또 생성되었다. 예를 들면, 존칭의 속격조사 '-ㅅ'과 존칭의 호격조사 '-하'가 그 기능이 바뀌거나 사라지게 되었다. '-ㅅ'의 영향으로 존칭의 여격조사 '-ᄭᅴ'

가 생성되었다.

넷째, 'ㆍ'음의 소실로 말미암아 격조사가 단순화되었다. 그리하여 '-을/를, -ᄋ로, -의' 등의 조사가 소실되었다.

다섯째, 격조사의 형태가 형태론적으로 재구성되는 예가 많다. 이런 유형은 특히 중세국어에서 많이 나타난다. 예를 들면 '-익그에, -ㅅ그에, -ᄭᅴ' 등이 그 예이다.

여섯째, 경어법과 관련되어 생성된 조사가 많았다. 예를 들면, 존칭 주격조사, 여격조사, 호격조사 등이다.

참고문헌

고영근(1997), 『개정판 표준 중세국어문법론』, 집문당.

김완진(1970), 「구접속의 '와'와 문접속의 '와」, 『어학연구』 6-2.

김승곤(1978), 『한국어 조사의 통시적 연구』, 대제각.

김종명(1985), 「19세기 국어의 격연구」, 단국대 석사학위논문.

서정목(1977), 「15세기국어 속격의 연구」, 『국어연구』 36.

서종학(1995), 『이두의 역사적 연구』, 영남대학교출판부.

안병희(1968), 「중세국어의 속격어미 'ㅅ'에 대하여」, 『이숭녕박사송수기념논총』.

안병희·이광호(1990), 『중세국어문법론』, 학연사.

이건식(1996), 「고려시대 석독구결의 조사에 대한 연구」, 단국대 박사학위논문.

이광호(1972), 「중세국어의 대격 연구」, 『국어연구』 29.

이기문(1972), 『개정 국어사개설』, 민중서관.

이숭녕(1981), 『중세국어문법』, 을유문화사.

이승욱(1981), 「부동사의 허사화 -주격접미사 {가}의 발달에 대하여」, 『진단학보』 51.

이승재(1989), 「고려시대의 이두에 대한 연구」, 서울대 박사학위논문.

이익섭·임홍빈(1983), 『국어문법론』, 학연사.

이태영(1985), 「주격조사 {가}의 변화기제에 대하여」, 『국어문학』 25.

이태영(1991), 「근대국어 {-씌셔}, {-겨셔}의 변천과정 재론」, 『주시경학보』 8.

홍윤표(1969), 「15세기 국어의 격연구」, 『국어연구』 21.

홍윤표(1975), 「주격어미 {-가}에 대하여」, 『국어학』 3.

홍윤표(1976a), 「19세기 국어의 격현상」, 『국어국문학』 72·73.

홍윤표(1976b), 「비교구문에서의 격어미와 후치사」, 『학술원논문집』 15.

홍윤표(1978), 「방향성 표시의 격」, 『국어학』 6.

홍윤표(1980a), 「근대국어의 격연구(一) -주격-」, 『일산김준영선생화갑기념
　　　　　　논총』, 형설출판사.

홍윤표(1980b), 「근대국어의 격연구(二) -속격-」, 『연암현평효박사회갑기념
　　　　　　논총』, 형설출판사.

홍윤표(1981a), 「근대국어의 처소표시와 방향표시의 격」, 『동양학』 11.

홍윤표(1981b), 「근대국어의 {-로}와 도구격」, 『국문학논집』(단국대) 10.

홍윤표(1983), 「근대국어의 '-로드려'와 '-로더브러'에 대하여」, 『백영정병욱선
　　　　　　생환갑기념논총』.

홍윤표(1985), 「조사에 의한 경어법 표시의 변천」, 『국어학』 14.

홍윤표(1994), 『근대국어연구(Ⅰ)』, 태학사.

후치사의 변화

서종학*

1. 서론

언어를 형태상으로 분류할 때에 우리 국어는 첨가어에 속한다고 흔히 말한다. 어근이나 어간에 문법적 기능을 하는 접사가 첨가되는 언어를 첨가어라 함은 주지의 사실이다. 국어에서 문법적 기능은 주로 접미사에 의해 이루어지는데 대체로 체언의 어근에 굴절 접미사가 첨가되는 곡용과 용언의 어간에 굴절 접미사가 첨가되는 활용으로 크게 나뉜다. 후자의 접미사를 활용어미라 하는 데 대해 전자의 그것을 곡용어미(격어미 또는 조사)라 한다.

그런데 일반적으로 체언에 연결되는 곡용어미 중에는 용언이나 부사 등에 연결되기도 하는 形態가 있다. 예를 들면 '까지, 나마, 마저, 부터, 조차, 는, 도, 만, 야' 등이 그것이다. 이런 형태들을 문법적으로 다른 형태들과 구별하여 기술하는 몇 가지 방법이 있다. 이들을 後置詞나 添

---

* 영남대학교 명예교수

辭로 분류하는 방법과 조사의 하위범주인 보조사나 특수조사로 또는 한정조사나 양태조사로 분류하는 방법이 그것이다.

後置詞(postposition)란 인도·유럽어의 전치사(preposition)에 대비되는 것으로서, 實辭와 虛辭의 중간적인 성격을 띤 이 형태들이 자립성을 지니는 것으로 파악하여 부르는 명칭이다. 그래서 어원적인 형태의 재구가 가능하다고 보는 후치사는 체언에 후속하여 선행 체언의 격을 지배하거나 용언, 부사 등에 연결되어 뜻을 더해 주는 역할을 한다. 添辭(particle)는 대체로 1음소 또는 1음절로 이루어졌는데 선행하는 명사나 동사, 부사 등에 직접 연결되는 형태를 가리킨다. 이들은 비자립적인 면에서는 일반 어미와 같으나 활용이나 곡용의 형식을 따르지 않음이 일반 어미와 다른 점이다. 이들은 의미나 통사상의 특수한 기능을 가지고 첨가되는 요소인 것이다.

이에 대해 이들을 보조사나 특수조사로 분류하는 이유는 이들이 자립적이지 못하고 여러 격에 두루 쓰이며 다른 성분에 뜻을 더하는 것이기 때문이다. 한편, 이들이 격관계를 나타내지 않고 어휘적 의미와 문맥적 의미를 내포하는 등의 성격에서 이들을 한정조사라 부르기도 한다. 또 이들이 화용론적 상황에 따라 선택되는 점에 유의하여 양태조사로 분류하기도 한다.

여기에서는 언어의 역사성을 중시하여 후치사란 용어를 사용하기로 하되 후치사와 첨사는 구별하지 않고 이들의 형태, 분포, 의미의 변화에 대해 기술하기로 한다. 후치사라 하든 보조사라 하든(의미가 완전히 일치하지는 않지만), 그것은 시대에 따라 그리고 논자에 따라 목록에 차이가 있으므로, 여기서는 각 시대별로 기술하는 자리에서 그 목록을 들어 논하기로 한다. 그리고 후치사는 그것의 문법적 성격이나 관례를 따르지 않고 앞 단어에 붙여 쓰기로 한다.

2. 본론

〈고대국어〉

주지하는 바와 같이 고대국어는 차자 표기 자료를 대상으로 연구할 수밖에 없다. 후치사의 경우도 그러하다. 이두와 향찰 자료에서 중세후기국어의 'ᄀ장, 브터, 은, 란, 도, 여, 곰, 사, 고' 등에 대응하는, 고대국어의 후치사를 찾을 수 있다.

중세후기국어 'ᄀ장'에 대응하는 형태를 표기한 것으로 보이는 한자(이하 대응한자라 줄여 부르기로 한다)로 念丁이 지적되었는데 그 의미는 [도달점]의 '까지'이다. 月下伊底亦 西方念丁 去賜里遣(願往生歌). 중세후기국어의 '브터'에 대응하는 형태는 自로 표기된 것으로 보이는데 중세국어나 현대국어와 같이 [시발점]의 '부터'란 의미를 가진다. 天前誓 今自 三年以後(壬申誓記石).

중세후기국어 '은'의 대응한자는 隱, 焉이다. 고대국어의 '은'은 중세후기국어의 그것과 같이 [주제화]의 의미를 가지지만 주어 명사구에만 연결되어 있음이 주목된다. 焉은 선행하는 체언이 양성모음일 때에만 표기되었다. 君隱 父也 臣隱 愛賜尸 母史也(安民歌), 善化公主主隱 他密只 嫁良置古(薯童謠), 生死路隱 此矣 有阿米 次肹伊遣 吾隱 去內如辭叱都 毛如 云遣 去內尼叱古(祭亡妹歌), 二肹隱 吾下於叱古 二肹隱 誰支下焉古(處容歌), 民焉 狂尸恨阿孩古(安民歌), 手焉 法界毛叱色只爲旀(廣修供養歌). 이두 자료에서는 隱, 焉이 표기될 자리에 이두 자료에서는 者가 표기되었다. 此成在節人者 都唯那寶藏阿尺干(戊戌塢作碑), 成在願旨者 一切衆生 苦離樂得(无盡寺鐘), 成內法者 楮根中 香水散尓(花嚴經寫經), 娚者 零妙寺言寂法師在旀(葛項寺石塔). 중세후기국어 '란'의 대응한자로 肹良을 들 수 있다. 대격의 자리에서 선행 명사구를 [주제

화하는 것으로 보이나 자료의 결핍으로 인하여 이를 일반화할 수 없다. 乾達婆矣 遊烏隱 城叱肹良 望良古(彗星歌). 중세후기국어의 '도'의 대응한자는 置와 都인데 명사구에 통합되어 [동일, 역시]의 의미를 나타내었다. 倭理叱軍置 來叱多(彗星歌), 月置 八切爾數於將來尸波衣(彗星歌), 吾隱 去內如 辭叱都 毛如 云遣 去內尼叱古(祭亡妹歌), 世理都 之叱 逸烏隱第也(怨歌).

중세후기국어에서 [나열]의 '여'에 대응하는 한자는 耶이다. 大人耶 小人耶(赤城碑). 중세후기국어 '곰'의 대응한자는 ㅊ인데 '씌'과 '-고'의 의미로 쓰인 듯하다. 經心內中 一枚舍利ㅊ 入內如(花嚴經寫經), 香水散 ㅊ 生長令內彌(花嚴經寫經). 중세후기국어 'ㅅ'의 대응한자로는 沙가 있는데 이는 명사나 동사에 연결되어 [강세]의 의미를 나타내었다. 去 隱春 皆理米 毛冬 居叱沙 哭屋尸以憂音(慕竹旨郎歌), 入良沙 寢矣 見昆 (處容歌), 一等沙 隱賜以古只內乎叱等邪(禱千手觀音歌), 皃史沙叱望阿 乃(怨歌), 此兵物叱沙 過乎好尸日沙也內乎呑是(遇賊歌). 의문의 '고'에 대응하는 한자는 古였다. 二肹隱 誰支下焉古(處容歌), 吾隱 去內如 辭 叱都 毛如 云遣 去內尼叱古(祭亡妹歌).

그리고 '나(乃, 那)', *든(呑, ㅊ者)' 등을 후치사로 다루기도 한다. '나' 는 명사나 동사에 후행하여 [나열]의 의미로 사용되는데 이를 활용어미로 보거나 아니면 따로 분류하기도 한다. *든'은 '은'이나 '란'의 의미와 흡사한 것으로 보인다. 願爲內ㅊ者 種~施賜人乃 見聞隨喜爲賜人乃(竅 興寺鐘), 紙作伯士那 經寫筆師那 經心匠那 佛菩薩像筆寫走使人那(花嚴 經寫經), 若見內人那 向ㅊ 頂禮爲那(蠟石製壺), 今呑 藪未 去遣省如(遇 賊歌).

〈중세전기국어〉

중세후기국어의 'ᄀᆞ장, ᄋᆞᆫ, 란, 도, 분, ᅀᅡ, 곰, 다히, ᄯᅳ녀'에 대응하는 형태들의 표기를 이 시대의 이두 자료에서 찾을 수 있다.

중세후기국어 'ᄀᆞ장'의 대응한자는 己只와 念丁인 것으로 보인다. 並以 石乙良 第二年春節己只 了兮(淨兜寺石塔記), 同年 春秋冬念丁 今冬 石練己畢爲內弥(淨兜寺石塔記). 念丁에 대해서는 [과정]의 의미를 지니는 것으로 보는 경우도 있다. 그러나 고대국어의 경우와 관련하여 [도달점]으로 해석하는 것이 일반적이다.

중세후기국어 'ᄋᆞᆫ'의 대응한자는 隱인데 고대국어에서와 마찬가지로 주어 명사구에 연결되어 [주제화]의 기능을 하였다. 年老致仕爲在等 官隱 現任以 同(大明律 1;14), 袈裟道服隱 不在禁限(大明律 12;6). 乙良은 중세후기국어 '란'의 대응한자인데 대격 위치에 주로 나타나서 대조적 [주제화]의 의미를 나타낸다. 並以 石乙良 第二年春節己只 了兮(淨兜寺石塔記), 別將金仁俊直子一名乙良 東西班勿論 參職超授(尙書都官貼), 造排緣由乙良 仔細亦 問備申省爲乎(監務官貼文), 男女乙良 不坐罪齊(大明律 6;10). '란'과 의미가 흡사한 것으로 보이는 '*ᄃᆞᆫ'의 대응한자는 段이다. 이는 속격을 지배하는데 후기중세국어 속격의 통사 현상과 같은 모습을 보인다. '段'은 후기중세국어의 '잇ᄃᆞᆫ'과 관련이 있을 것이다. 柴地段 山谷是良㫆(修禪寺現況記), 向前寺段 殘爲甚 接人 不得是如爲去乙(監務官貼文), 崔忠獻矣段 去丙辰年分 謀作大事爲遣(尙書都官貼), 鑄成爲乎 事叱段 前排鍾亦 水金沙 余良(安水寺鐘). 중세후기국어 '도'의 대응한자는 置, 投인데 이것은 명사구에 연결되면 [동일]의 의미를, 동사구에 연결되면 [양보]의 의미를 가진다. 兩班矣 世系置 推尋難便爲齊(高麗戶籍文書), 廟庭配享乙良置 除去於爲敎矣(尙書都官貼), 外民乙 用良 耕作令是置 自利爲先爲齊(尙書都官貼), 兩班乙良 受職爲良置 不許

出謝齊(高麗戶籍文書), 占定令是乎 味投(淨兜寺石塔記).

중세후기국어 '곰'의 대응한자는 고대국어의 㳄에서 式으로 바뀌었던 것으로 보인다. 그 의미는 '씩'이지만 형태는 '곰'에 가까웠을 것이다. 현대국어 '씩'은 16세기에 와서야 '식'으로 나타나는데 이것은 대응한자 式을 음독한 결과로 보인다. 奴婢 并十口式以 賜給爲良於爲敎是齊(尙書都官貼). 중세후기국어 '분'의 대응한자는 分인데 속격을 지배하는 예가 보이지 않음이 중세후기국어의 '분'과 다른 점이다. 그러나 分이 '만'의 의미와 '分 不喩'의 구성으로 '뿐 아니라'의 의미를 가지는 점에서 중세후기국어의 '분'과 동일하다. 山枝五結分 入田處是如在乙(監務官貼文), 員將等乙良 己身分 不喩 子孫良中(尙書都官貼). '사'의 대응한자는 고대국어와 마찬가지로 沙이다. 沙는 중세후기국어의 '사'와 마찬가지로 명사와 동사에 연결되어 [강세]의 의미를 나타낸다. 그리고 '沙 餘良/余良'의 형식으로 '뿐만 아니라'의 의미를 나타내기도 한다. 當身戶主矣 祖上沙余良 同居子息……記錄爲齊(高麗戶籍文書), 壁上圖畵 并以 削除令是敎是沙 餘良 廟庭配享乙良置 除去於爲敎矣(尙書都官貼), 參外員沙 爲在乃(尙書都官貼).

如는 중세후기국어 '다비' 또는 '다히'의 대응 형태를 표기한 것으로 본다. 그 의미는 '로' 또는 '같이'로 해석된다. 輕罪乙 重罪如 爲旀 重罪乙 輕罪如 爲在乙良(大明律 28;10). 如를 중세후기국어의 'ᄃᆞᆫ'으로 해석할 수도 있을 듯하다. 중세후기국어 'ᄯᆞ녀'의 대응한자는 耳亦인 듯하다. [한정]의 의미를 나타내는 耳亦은 주어나 목적어와 같은 명사구에 연결되는 것이 서술어와 같은 동사구에 연결되는 중세후기국어의 'ᄯᆞ녀'와 다른 점이다. 妾妻等矣 所生耳亦 禁錮敎是齊(尙書都官貼), 生存人耳亦 邊長除良 初亦 貸下爲乎 本色以 本項耳亦 捧上爲旀(尙書都官貼). 그리고 '의문'을 나타내는 후치사 '고'도 확인된다. 問你汝誰何曰饋

箇(鷄林類事).

<중세후기국어>

　중세후기국어의 후치사로 'ᄀ장, ᄀ티, 거긔, 게, 그에, 긔, 은, 다가, 다비, 다히, 드려, 더브러, 도, 두고, 라와, 란, 분, 브터, 뼈, 셔, 손ᄃᆡ, 자히, 조차, 조쳐, 조초, ᄒ고' 등과 'ㄱ, ㅇ, ㅁ, 가/고, 곳, 곰, 만, 붓, 사, 식, 여, 잇ᄃᆞᆫ, ᄯ녀, 라셔' 등을 들 수 있다.

　명사 'ᄀᆶ'에서 기원한 'ᄀ장'은 속격 'ㅅ'을 지배하며 [도달점]의 '까지'의 의미와 [한도]의 '껏'의 의미로 쓰였다. 후자의 경우 선행하는 명사는 주로 '목숨, ᄆᆞᆷ, 힘'에 편중되어 있다. 無煩天브터 잇ᄀ장을 不還天이라 ᄒᆞ니(月 1;34), 無明滅로셔 苦腦滅ㅅᄀ장은 滅道諦라(月 2;22), 福을 닷ᄀ면 제 목숨ᄭᆞ장 사라(석 9;35).

　후치사 '거긔, 그에, 게, 긔'는 공간 표시의 명사에서 기원한 것으로 보이는데 이들이 속격에 연결되는 사실에서 이를 짐작할 수 있다. '거긔, 그에, 게'는 속격 '익/의'와 'ㅅ'에 연결되는 데 비해 '긔'는 속격 'ㅅ'에 연결되는 예만 보인다. 이는 선행명사가 존칭체언이나 무정물 체언일 경우 속격 'ㅅ'이 나타나고 그 외의 경우에는 속격 '익/의'가 나타나는 현상과 관련된다. 소위 여격의 자리에 사용되는 이들의 의미는 [도달점]이라고 할 수 있다. 大衆의거긔 닙 위ᄒᆞ야 굴희내 니르며(석 19;8), 如來ㅅ거긔 머리 갓가(月 9;35), 나라히 ᄂᆞ민그에 가리이다(月 2;6), 부텨와 즁괏그에 布施ᄒᆞ며(석 13;22), 衆生의게 一切 즐거본 것만 주어도(月 17;48), 法 드른 사ᄅᆞ미 各各 諸佛ㅅ게 이셔(法화 3;191), ᄌᆞ걋긔 黃袍 니피ᅀᆞᄇᆞ니(용 25), 阿難이 부텻긔 술보ᄃᆡ(석 23;30). '긔'는 비교구문에 사용되어 '와'의 의미로 사용되기도 한다. ᄒᆞᆯ 아ᄎᆞᆷ민 諸佛쯰 ᄀᆮᄒᆞ리니(永嘉 跋;2).

명사에서 기원한 것으로 보이는 후치사로 '손ᄃᆡ, 분, 자히'를 더 들 수 있다. 이들이 모두 속격을 지배하기 때문이다. '손ᄃᆡ'는 명사에 직접 연결되거나 속격에 후행하여 [도달점]인 여격이나 '로부터'의 의미를 가지는데 주로 비존칭체언에 연결된다. 和尙손ᄃᆡ 本文을 請ᄒᆞ야(觀音 13), 沙門의손ᄃᆡ 사ᄅᆞᆷ 브려 니른대(석 24;22), 아ᄌᆞ미손ᄃᆡ 드로니(內 2;27), 無學손ᄃᆡ 빈호ᄂᆞᆫ 사ᄅᆞ미라(석 13;3). '분'은 속격 'ㅅ'을 지배하며 [단독]의 의미를 나타낸다. 나쁜 尊호라(月 2;38), 오ᄂᆞᆯ분니 아니라(月 7;14), 菊花ㅅ분 잇도소니(杜초 9;10). '자히'는 '차히, 짜히, 재, 채, 차' 등의 변이형을 가지는데 수사에 연결되거나 속격을 지배하여 서수를 나타내는 기능을 한다. 두서힛자히 나ᄃᆡ(月 1;6), 十住이 둘차히오(능 7;20), 여듧번짜히ᅀᅡ(月 1;49), 세번재 니르러(觀音 10), 둘챗 쎠아랫(救간 3;48), 여슷찻 ᄒᆡ 乙酉ㅣ라(석 6;1).

동사에 기원을 둔 후치사로는 'ᄃᆞ려, 더브러, 브터, 조차, 조쳐, 셔, 다가, 나마, 두고, ᄒᆞ고'를 들 수 있다. 동사 'ᄃᆞ리-'에 기원을 둔 'ᄃᆞ려'는 비존칭의 명사에만 통합되는데 대격을 지배하거나 명사에 바로 연결되어 [도달점]인 '에게'의 의미를 가진다. 대개 동사 '닐오-'와 통합되는 'ᄃᆞ려'는 현대국어 '더러'로 이어진다. 師ㅅ아비ᄃᆞ려 닐오ᄃᆡ(六祖 上序;10), 婆羅門ᄋᆞᆯᄃᆞ려 닐오ᄃᆡ(석 6;13), 너ᄃᆞ려 ᄀᆞᄅᆞ쵸마(朴초 上;10). '더브러'는 동사 '더블-'에서 기원한 것으로서 대격을 지배하거나 명사에 직접 연결되는데 그 의미는 'ᄃᆞ려'와 같다. 눌더브러 무르려뇨(석 13;15), 主守ᄒᆞ얏ᄂᆞᆫ 家臣더브러 무로니(杜초 7;37). 동사 '븥-'에 기원을 둔 '브터'는 명사에 바로 연결되거나 대격이나 조격을 지배하여 [원인]이나 [시발점]을 나타낸다. 아래브터 ᄆᆞᅀᆞ매 아ᅀᆞᄫᅩᄃᆡ(曲 109), 녀름브터 겨ᅀᅳ레 가니(능 1;17), 空ᄋᆞᆯ브터 오디 아니ᄒᆞ며(능 2;110), 西ㅅ國으로브터 빋타오ᄃᆡ(六祖 上序;13). 동사 '좇-'에서 기원한 '조차'는 대격에 연결되거나 명사에 직접 연결되어 '까지, 마저'의 의미를 나타낸다. ᄂᆞᄆᆞᆯ조차 기르시며(月 2;59), 初禪이조차 고텨ᄃᆞ월씨(月 1;38), 가지조차 업ᄂᆞ니라(小언 3;1). 동사 '조치-'에서 기원한 '조쳐'는 대격에 연결되거나 명사에 직접 연결되어 '까지, 조차'의 의미를 나타낸다. 나ᄂᆞᆫ 神力으로 大山ᄋᆞᆯ조쳐 가져가니(석 24;45), 날조쳐 사ᄅᆞᆷ 무더늘(月 10;25), 이 아기조쳐 다 내야(석 24;47). 명사, 부사, 후치사, 부동사 뒤에 광범위하게 분포하는 '셔'는 상태동사 '이시-' 또는 '시-'에서 기원한 것이다. 명사에 연결될 때는 주로 처격이나 조격을 지배하여 [처소]나 [시발점]을 나타낸다. 셔울셔 당당이 보면(杜초 15;21), 諸天이 虛空애셔 高聲으로 닐오ᄃᆡ(석 19;40), 五千 사ᄅᆞ미 座로셔 니러(석 13;46), 無明滅로셔 苦腦滅ᄉ ᄀᆞ장ᄋᆞᆫ(月 2;22). 한편 '셔'는 처격에 연결되어 [비교]의 의미를 더욱 분명히 하는 뜻으로 쓰이기도 한다. 福이 바ᄅᆞ래셔 깁도다(金삼 3;53), 불고미 日月에셔 더 으고(蒙 6). 부사와 후치사 뒤의 '셔'도 [처소]의 의미를 지니는 듯하다. 더러본 거긔셔(석 13;33), 福이 쥬의그에셔 남과(석 6;19), 評事를 對接ᄒᆞ야셔 술 마시노니(杜초 7;13). 동사 '다ᄀᆞ-'에 기원을 둔 '다가'는 명사에 후행하여 [처소]나 [방향]을 뜻하고 부사나 부동사에 후행하여 상태가 계속 유지됨을 보이는데 명사에 연결될 때는 주로 처격을 지배한다. 밧긔다가 더뎌(석 23;57), 熊耳山이다가 묻ᄌᆞ오니(南明 상;52), 아기를다가 둘고지예 옛ᄂᆞ니라(번박 상;56), 도로다가 두어라(月 7;8), 가다가 도라올 軍士ㅣ(용 25), 그 겨지비 밥 가져다가 머기고(月 1;44). 동사 '쓰-'에 기원을 둔 '뼈'는 조격에 연결되어 [수단]의 의미를 가진다. 點으로뼈 법을 삼을디니(小언 凡;2), 智로뼈 얼굴 삼고(金삼 2;15). 동사 '남-'에서 기원한 '나마'는 '이상, 초과'의 의미로 사용되었다. 一千 디위나마 절ᄒᆞ고(月 23;82).

동사 '두-'에서 기원한 '두고'는 명사에 바로 연결되어 [비교]의 의미를 가진다. 이것은 16세기에 '두곤'으로 나타나기도 한다. 웃사룸두고 더은 양ㅎ야(석 9;14), 바룰두고 기프며(月 21;78). 눔두곤 더으니눈(번小 8;37), 平原에 사힌 뼈눈 뫼두곤 노파 잇고(盧溪;태평사). 동사 'ㅎ-'에서 기원한 'ㅎ고'는 명사에 직접 연결되어 [추가]의 의미를 가진다. 열둘ㅎ 고 닐웨 기터 겨샷다(月 2;13).

상태동사 'ᄀᆞᇀ-'에서 기원한 'ᄀᆞ티'는 명사에 후행하여 [비교]나 [비유]의 기능을 한다. ᄀᆞ룺비ᄀᆞ티 ᄂᆞ리다 혼(月 1;36). '닿-'에서 기원한 '다ᄫᅵ'와 '다ㅎ-'에서 기원한 '다히, 다이'는 명사에 후행하여 현대국어의 '답게, 대로'의 의미를 가졌다. '다ᄫᅵ'는 16세기부터 '대로'로 대체되기 시작했다. 法다ᄫᅵ(月 17;22), 願다히 ᄒᆞ야라(석 24;14), 實다이 니ᄅᆞ쇼셔(法화 1;165), 性대로 ᄒᆞ시ᄂᆞᆫ(小언 6;58). '조초'는 동사 '좇-'에서 기원하였는데 대격을 지배할 때에는 '따라'의 의미를 가지고 그 외에는 '대로'의 의미를 가진다. 구룺 氣運이 ᄂᆞᆫ 龍을조초 잇도다(杜초 16;31), 十方에 ᄆᆞ 슴조초 變化를 뵈야(月 8;20), ᄆᆞ슴조초 이를 ᄒᆞ긔 호리라(석 9;5).

'은'은 3인칭 대명사의 속격형에 기원을 두고 있는데 명사, 동사, 부사, 다른 후치사, 구 등에 연결되는 광범위한 분포를 가졌다. 그 의미는 대조적 성격을 띤 [주제화]로 보인다. 文은 글와리라(訓諺), 싀미 기픈 므른 ᄀᆞᄆᆞ래 아니 그츨ᄊᆡ(용 2), 머리 이션 보ᅀᆞᆸ고 가까ᄫᅵ 완 몯 보ᅀᆞᄫᅥ 리러라(月 7;55), 아ᄎᆞ미ᄂᆞᆫ 虛空애 나아 노다가 나조힌 ᄆᆞ레 가 자ᄂᆞ니 (석 13;10), 秘書롤 보디 몯ᄒᆞ얀 ᄆᆞᅀᆞ매 일흔 ᄃᆞᆺᄒᆞ더니 秘書 보매 미천 ᄆᆞᅀᆞ맷 病을 일호라(杜초 7;29). 주로 대격의 위치에 나타나는 '란'은 '은'보다 강조된 의미를 나타내는 것으로 또는 화자와 청자의 상관적 장면에 사용되는 것으로 보인다. 제 ᄲᅳᆯ란 ᄀᆞ초고(月 1;45), 사오나온 일란 고티고(번小 8;15). 그리고 처격의 위치에서도 사용되었다. 겨른 저그란 안ᄌᆞᆨ ᄆᆞ슴신장 노다가(석 6;11). '도'는 '은'과 같이 광범위한 분포를 가졌는데 대개 명사 아래에서는 [동일]의 의미를, 동사 아래에서는 [양보]의 의미를 지니었다. 乃終ㄱ소리도 흔가지라(訓諺), 東山이 짜토 平ᄒ며 나모도 盛ᄒ더니(석 6;46), 四衆을 머리셔 보고도 쏘 부러 가 절ᄒ고(석 19;30), 보도 몯ᄒ며 듣도 몯거니(석 24;28), 소리 놉도 ᄂᆞᆺ갑도 아니ᄒ샤(月 2;58). 그리고 구 단위에 연결되는 경우도 있다. 燃燈佛이시다도 ᄒᄂᆞ니(月 1;8). '도'는 '두'로 나타나기도 한다. 벼슬 이셔두(呂約 47). '만'은 주로 명사에 연결되는데 비교 구문에서 [정도]나 [단독]을 표시하는 데 쓰였다. 양직 摩耶夫人만 몯ᄒ실씨(석 6;1), 터럭만 글우미 이시면(金삼 2;43), 엇뎨 절 아니홈만 곧ᄒ리오(六祖 중;54). '만뎡'은 '만이라도'의 의미로 사용되었다. 밥 머굼 덛만뎡 長常 이 이를 싱각ᄒ라(月 8;8). '(이)라와'는 차등의 비교에 쓰이는데 후행하는 요소가 '더으-, 넘-, 돟-' 등과 부사 '셜리'가 와서 우세의 관계를 표시하여 준다. 근대국어에서 '두곤'으로 합류한다. 日月라와 느러(석 9;4), ᄇᆞᄅᆞᆷ라와 셜리 고선산애 가니라(月 7;32), 재미라와 더으고(杜초 20;9).

후치사 'ㄱ, ㅇ, ᅀᅡ, 곳/옷, 붓/봇, 곰, 식' 등은 강세의 의미를 나타내고 '여'는 '열거'의 의미로, '가, 고'는 '의문'의 의미로 사용되었다. 이들은 대체로 첨사라 불리던 것들이다. 'ㄱ'은 조사 '로'나 어미 '-고, -아'에 연결된다. 조격 '로'에 연결된 경우에는 '부터'의 의미 또는 비교의 의미를 강조하는 듯하다. '록'은 중세국어에서 근대국어 초기까지 사용되었다. 어미 '-고, -아'에 연결된 경우에는 [강세]의 의미를 가진다. 어딘 버든 녜록 서르 사괴노라(杜초 20;44), 아히록 몬져가(杜초 18;9), 날록 몬졔로다(杜초 10;6), 날 ᄇᆞ리곡 머리 가디 말라(석 11;37), 공부를 ᄒᆞ야 므슦몰 뻐(蒙;4). 'ㅇ'은 어미 뒤에 연결되어 '반복'의 의미를 강조한다. ᄌᆞ조 오명가명 호미(野雲 80), 더으명 더러(救간 상;70). 'ᅀᅡ'는 명사에 연결되거나 선어말어미 '-거-'나 어미 '-아, -고, -게, -늘'에 연결되는데 '야'의 의미를 나타낸다. 오늘사 佛子ㅣ라(法화 2;8), 어느 저긔사 ᄆᆞᄎᆞ미 이시려뇨(杜초 9;16), 나거사 즈ᄆᆞ니이다(용 67), 시름으로 사니거늘ᄉᆞ(月 8;86), 두 글을 빙화사 알씨(曲35), 이 말 듣고사 아라(月 21;118). 한편 '조건'의 뜻으로 사용되기도 하였다. 내 무로ᄆᆞᆯ 對答ᄒᆞ야사 ᄒᆞ리라(능 1;44). 대개 명사 아래에 연결되는 '곳'은 모음이나 'ㄹ' 아래에서는 '옷'으로 나타난다. 눈곳 ᄀᆞᆺ디 몯ᄒᆞ면(蒙 56), 우리옷 계우면(月 2;72), 아니옷 머그면(月 10;25). 명사 아래에 나타나는 '봇/봇'도 강세의 첨사인데 때로 '뭇'으로 나타나기도 한다. 쑴봇 아니면(月 8;95), ᄆᆞᅀᆞᆷ앳 벋봇 아니면(永嘉하;128), 쑴뭇 아니면(月 8;82). '봇, 뭇'은 15세기까지 쓰였고 그 후는 '곳'이나 '곰'에 합류된다. '곰'은 부사나 부동사 아래에서는 [강세]의 의미를 가지는데 이 때에는 '옴'의 변이형을 갖지 않는 것이 특징이다. 다시곰 슬바도(석 6;6), 돍과 가히를 시러곰 가져오라(杜초 7;22), 곱기곰 사라(月 1;47). 그러나 명사 아래에서는 '씩'의 의미를 가지며 '옴'의 변이형이 나타나는데 16세기에는 '식'이 등장하여 이 기능을 대신한다. 銀돈 ᄒᆞ낟곰 받ᄌᆞᆸ니라(月 1;9), 세번곰 ᄒᆞ더시니(內 1;39), 各各 ᄒᆞᆫ 아돌옴 내야(석 6;9), ᄒᆞᄅᆞ옴 혜여(月 1;37), ᄒᆞᆫ 숫식 수릐 프러(分온 9), ᄒᆞ녀긔 다숫식 분ᄒᆞ여셔(朴초 상;54), 혹세번식 돌이며(번小 10;32). [열거]의 후치사 '여/야/이여'는 명사의 열거에 사용되었다. 나져 바며 머므디 말오(朴초 상;13), 나쟈 바먀 셔긔 나ᄂᆞ니(朴초 상;68). [의문]의 후치사 '가/아'는 판정의문에, '고/오'는 설명의문에 사용되었다. 이ᄂᆞᆫ 賞가 罰아(蒙 53), 이 엇던 光明고(月 10;7), 엇던 젼ᄎᆞ오(金삼 3;52).

그 밖에 '(이)라셔, 잇ᄃᆞᆫ, ᄯᆞ녀, 마다' 등의 후치사가 있다. '(이)라셔'는 [시발점]의 의미를 가졌다. 夫人이 좌시고 아모ᄃᆞ라셔 온동 모ᄅᆞ더시니(月 2;23). 반어법의 주어에 연결되거나 '은'을 강조하기 위해 대신 쓰이는 '잇ᄃᆞᆫ'은 '이야, 까지야'의 의미를 나타내었다. ᄆᆞᅀᆞᆷ잇ᄃᆞᆫ 뮈우시리여

(曲 상;62). '(이)쏜녀'는 중세전기국어의 '쏜녀'와 달리 서술어에만 연결되는데 반어법에 사용되었다. 이슈미쏜녀(月 21;16), 文字ㅣ쏜녀(圓서;11). '마다'는 고대국어에서부터 현대국어까지 의미의 변화 없이 [각자]의 의미로 사용되었다. 일마다 天福이시니(용 1), 두 즘겟 길마다(曲상;56).

《근대국어》

근대국어의 후치사로는 중세국어의 후치사를 이은 것('쎄, 쯰, 의게, 신장, 손딕, 다가, 더브러, 드려, 브터, 조차, 두고, 라와' 등)과, 이 때에 새롭게 등장한 것('쯰셔, 겨오셔, 보다가(보다), 테로, ᄆᆞᄌᆞ' 등)이 있다. 그런가 하면 중세국어까지만 사용되고 사라진 것('조쳐, 조초, 두고, 라셔, 쏜녀, 잇둔, 여, 붓' 등)이 있다.

'신장'은 근대국어 초기에도 사용되었으나 근대국어 초기에 들면서 '신지'가 등장하여 이 둘이 함께 사용되다가 점차 '신지'로 대체된다. 이 '신지'는 '신장'보다 선행어와의 결합이 더 자유로워졌다. [시발점] 표시를 전제로 하여 최종의 목표지점을 표시하는 [도달점]의 의미와 [한정]의 의미를 지닌다. 百年前신지란 醉코(靑 92), 문신지 왓습닉(新語 1;1), ᄆᆞ음신지 홈을(小언 3;4), 비복ᄀᆞ지(痘經 70), 슬ᄏᆞ장 펴뎌시니(松江 1;7).

'쎄, 의게, 쯰'는 중세국어에서와 마찬가지로 소위 여격의 위치에 사용되어 [도달점]을 나타낸다. 父母쯰 드리 하직ᄒᆞ고(八兒;4), 사름의게 잇도다(杜重 5;17), 죄를 제게 닙히단 말이라(警民 21). 이 가운데 '쯰'는 존칭 명사에 후행하고 '쎄, 의게'는 비존칭 명사에 연결되는 것이 다르다. 스승님쯰 글 빅호고(중老 상;4) 이 믈쎄 실은 져근 모시뵈도(중老 상;14), 믈쎄 쒸여 오르다(漢 4;90), 쇠게 메오는 술위채(漢 2;49). 그런데 '의게'는 [비교]의 기능을 수행하기도 한다. ᄂᆞ믹게 다ᄅᆞ니(杜重 8;19).

'손디'는 중세국어에서와 마찬가지로 여격의 위치에 사용되어 '에게'의 의미를 가진다. 얼우늬손디 고ᄒ야(呂約 71), 날 ᄉ랑ᄒ던 졍을 뉘손디 옴기신고(靑 71), 너손디 디워 ᄑ라 주마(老 하;21), 네 뉘손디 글 빗혼다(老 상;2), 관원손디 맛뎌(번박 상;3), 즁의손디(번박 상;74).

'겨셔, 겨오셔, 계셔, 계오셔'는 동사 *'겨-, *'계-'에 그 기원을 둔 것으로 보이는데 17세기 말부터 존칭 체언의 주격 자리에 나타난다. 주격조사 와는 달리 뒤에 다른 후치사 또는 조사 '는, 도, 와' 등이 통합된다. 동래 겨셔도……녑녀ᄒ시고(新語 1;21), 님계셔 보오신 後에(靑大 16), 선인 겨오셔 경계ᄒ오시디(閑中 1), 됴부계오셔 이상이 ᄉ랑ᄒ오ᄉ(閑中 4). 그리고 중세국어에서 탈격의 기능이던 '쁴셔'는 17세기 말부터 존칭 명 사의 주격 자리에 나타난다. 大君쯰셔 닐러(新語 8;10), 우리 부모긔셔 (閑中 6).

중세국어에서 대체로 대격에 후행하던 'ᄃ려'는 근대국어에 와서 조 격 뒤에 연결되는 경우가 많아졌는데 차츰 '로'도 나타나지 않게 된다. 선행체언이 언제나 [+사람]의 의미자질인 '로ᄃ려'는 18세기 중반까지 사용되었는데 의미는 여격과 [동반]의 의미를 아울러 가지게 되었다. 날ᄃ려 닐온 말이(松江 1;9), 쥬인ᄃ려 니로디(痘經 23), 그 어미로ᄃ려 도적을 피ᄒ더니(신속열 7;40). 대격을 지배하던 것이 조격을 지배하게 되는 위의 현상은 '더브러, 브터, 뻐, 조차' 등에서도 보인다. '더브러'도 근대국어에 와서 '올더브러'에서 '로더브러'로 바뀌고 그 뒤에 '와더브러' 로 다시 바뀌게 되는데 [동반]이나 [비교]의 의미로 사용되었다. '로더브 러'는 19세기 말까지 사용되었는데 18세기 중반 이후에 '와'에 흡수되기 시작한다. 금슈로더브러 엇지 다라리오(敬信 13), 사름과더브러 싸옴이 해로오미 잇고(警民重 9). [시발점]의 '브터'도 중세국어에서는 대개 대 격에 연결되었으나 근대국어에서는 '로'에 연결되고 다음에는 '로'가 나타나지 않게 된다. 머리로브터 가슴애 니르러(痘經 상;34), 처엄붓터(痘經 4), 어려셔브터(太平 1;24), 그 아릭부터니(종덕 7), 시절부터(痘經 3). '셔'는 처격과 조격 그리고 동사에 연결되어 [시발점], [비교], [처소], 단체 주격의 의미로 사용되었다. 東萊로셔 앗가 도라와습늬(新語 1;21), 달혀 먹고셔 씀내라(胎要 102), 늡의셔 달나(종덕 상;9), 아기 빅 소개셔 울거든(胎要 105), 됴뎡의셔 여러번 브르시되(오전 1;21). '쓰-'에서 기원한 '뻐'는 '로'에 연결되어 '수단, 방법'의 의미로 사용되거나 쳐격에 연결되어 [처소]를 나타나는 경우도 있다. 도적이 칼로뻐 그 폴을 버히되(三綱重烈 25), 익경을 숭상호모로뻐 본을 삼고(家언서;4), 후편의뻐 쥬션ᄒ며(家言 1;7). '조차'는 대개 명사에 바로 연결되어 [동일]이나 '까지, 마저'의 의미를 지닌다. 믈조차 녀허(胎要 158), 너조차 날을 긔이니(閑中 186), 속조차 거믈소냐(靑 418). '다가'는 [처소]와 상태가 계속 유지됨을 보이는 데 사용되었다. 눈으로다가 보디 아니ᄒ니(오전 3;11), 가묘를 셔경의다가 셰오고(家언 1;8). 가져다가(痘要 하;74).

　　[비교]를 나타낸 중세국어의 '두고'는 '두곤'을 거쳐 근대국어에서 '도곤'으로 모습을 바꾼다. 늡두군 달이 주샤(杜重 5;46), 봄도곤 나으리이다(朴重 하;12), 곡셕도곤 나으니라(救荒 6). 그러다가 18세기에 동사 '보-'에서 기원한 '보다가'에 그 자리를 물려주고 자취를 감춘다. 쇼민보다가 비록 근졀홈이 이시나(계주윤 21), 병든 것보다가 더욱 긴급ᄒ니(字恤 2), 범인보다가 더 쉬오니라(敬信 84). 그리고 19세기에 와서는 '보다'가 사용되었다. 유보다 가율ᄒ오셔(閑中 576), 범증보다 낫고(명성 15). '다히/다이'는 중세국어와 마찬가지로 '대로'의 의미로 쓰였으나 곧 '대로'에 그 자리를 물려 주게 된다. 법다이 밍글기롤(老 상;24). 중세국어의 '자히'가 축약된 형태인 '재'는 주로 서수를 나타내었다. ᄒ낫재라(소학 1;1), 두을재는 ᄀ론(呂約 1), 셋재는 ᄀ론(呂約 1).

동작 및 상태의 정도를 비교하거나 비유하는 '톄로/텨로/쳐로'는 17세기 초에서 19세기 말까지 사용되었다. 그 후 19세기 말에 등장한 '쳐럼'에 이들은 밀려나고 말았다. 이샹 곡읍을 젼톄로 ᄒᆞ읍시면(숙종언간), 안즘을 키톄로 말며(小언 3;11), 앋가텨로 니ᄅᆞ시고(新語 4;12), 즌썩텨로 믄ᄃᆞ라(두창 29), 쳐 모시쳐로 니으리라(靑 111), 플쳐로 반ᄃᆞ시 누올 거시니(字恤 4), 구름쳐로 모듸리니(敬信 10), 네 잇쳐럼 쇼요치 못홀 거시니(조군 12). 'ᄀᆞ티/ᄀᆞ치'도 중세국어의 그것과 다르지 않았다. 거상ᄀᆞ티 ᄒᆞ더라(신속건 15), 썩ᄀᆞ티 ᄒᆞ야(痘經 45), 쥬옥ᄀᆞ치 ᄉᆞ랑ᄒᆞ여(三譯;30), 구슬ᄀᆞ치 엉긴 그으름(漢 10;103). 'ᄒᆞ고'는 이미 중세국어에서 [추가]의 의미로 사용되었는데 17, 8세기에는 보이지 않다가 19세기에 다시 등장하여 [접속]의 '와'의 의미로 사용되었다. 숙안에게ᄒᆞ고 네게ᄒᆞ고 ᄂᆞ호니(인선왕후언간), 죠션 국문ᄒᆞ고 한문ᄒᆞ고 비교ᄒᆞ면(독립 1;1).

근대국어의 '은'과 '란'은 중세국어의 그것과 별 차이가 없다. '란'은 근대국어에서 '랑'으로 나타나기도 하여 현대국어 'ᄅᆞ랑'으로 이어진다. 볏갑슨(老 重;15), 프르닌 이 烽火ㅅ니오(杜 重;4-8), 새 거슬 어더ᄂᆞᆫ(신속 건;238), 이번은(숙종언간), 고즌 더온 날 마자(百聯 5), 별궁 드리오셔ᄂᆞᆫ(閑中 34). 내 아비란 주기디 말라 ᄒᆞ니(신속 건;287), 셤길 일란 다 하여라(警民 39), 만히란 쓰디 말라(痘經 5), ᄀᆞ난 아기랑(痘要 상;10). '도'는 [동일]과 [양보]의 의미로 사용되었고 비교의 구문에도 사용되었다. 우리 밥도 머거다(老重 102), 약 아녀도 됸ᄂᆞ니라(痘要 상;94), 죠고매도(신속 건;28), 싸홈 가온대도(三譯 2;43), 쇠도 ᄀᆞ디 몯ᄒᆞ고(杜重 4;12). '만'은 [정도]나 [단독]의 의미로 사용되었는데 비교 구문에 사용되기도 하였다. 밤듕만 니러ᄂᆞ니(관동별곡), 沙石만 잇ᄂᆞᆫ 곳(漢1;91), 죽음만 ᄀᆞ디 못하다(五倫 2;8). '쑨'도 중세국어의 '분'과 다른 점이 발견되지 않는다. 오직 새싼 가고(杜重 5;32), 잇싼인가 ᄒ노라(警民 3;9).

중세국어의 후치사 'ᄀ, ᄋ, 야, 곳, 곰, 가/고'도 근대국어에 계속 사용되었다. 구격 '로'와 후치사 'ᄀ'으로 이루어진 '록'은 중세부터 근대국어 초기까지 사용되어 [강세]의 의미를 가진다. 아히록 몬져 가(杜重 18;9), 녜록브터 오매(杜重 19;5). 'ᄋ'은 중세국어와 같은 의미로 사용되었으나 생산적이지 못하고 '-명'에 남아 그 흔적을 유지하였다. 중세국어의 'ᅀᅡ'에서 변화한 '야/아'도 [강세]의 의미로 사용되었다. 오늘이야(太平 1;27), 져믈게야(漢 1;53), 엇뎨 ᄒ야아(杜重 4;29). 중세의 '곳/옷'과 '봇/봇'은 근대에 와서 모두 '곳'으로 통합되었는데, [단독]의 의미를 가지거나 현대국어에서와 같이 부정어와 함께 사용되어 의미를 강조하였다. '곳'도 18세기 이후에는 사라지고 '만'에 합류된다. 셜샤곳 ᄒ면(痘經 87), 이것곳 바드시면(靑大 33), 아니곳 가면(太平 1;51), 나곳 업ᄉ면(閑中 90), 홍정승곳 아니면(閑中 534). 부사나 부동사 아래의 '곰'은 근대 국어 초기까지만 사용되었고 18세기에는 제한된 어휘에서만 사용되었다. 명사 아래의 '곰'은 근대국어 초기까지만 나타나고 그 이후는 보이지 않는데 그 기능은 '식'이 맡게 된 것으로 보이지만 '식'의 예가 많이 발견되지 않는다. 그리곰 너기디 마라쇼셔(新語 3;19), 다시곰 욱이듸(癸丑 77), 다시금 소기기를(御小 6;32), 두 번곰 절ᄒ니(杜重 17;3), ᄒ나식(同文 하;21). '의문'의 '고/가'도 근대국어에 계속 이어졌다. 어늬 나라 신하고(신속 건;5), 大將은 누고(杜重 5;61), 님자의 것가(老重 155).

'라와, 마다, 나마, ᄆᆞᆺ' 등의 후치사도 있다. '라와'는 중세국어에서와 같이 비교 구문에 쓰여 '보다'의 의미를 지녔다. '라와'는 18세기 이후에는 사라졌고 '도곤'은 19세기까지 사용되었다. 서근 션빗라와 느도다(杜重 6;40), 누나라와 더으더니(杜重 1;5), 쓴ᄂᆞ믈 데은 물이 고기도곤 마시 이세(松江 2;5). '마다'는 명사구에만 후행하여 '각자'의 의미를 더

보탠다. 식후마다 머기고(胎要 157), 밤마다(老重 20). 동사 '남-'에서 기원한 '나마'는 '불만'의 뜻을 가졌다. 셕은 나라ᄂᆞ마 셕은 ᄃᆡ로도 견딜슈 업슬 터이니(독립 1;21). 18세기에 등장한 'ᄆᆞ즌'는 현대국어 '마저'에 이어지는 것이다. 매 몸을 내ᄆᆞ자 니즈니(靑 37).

3. 결론

지금까지 후치사 또는 보조사 등으로 분류되어 오던 것을 여기서는 후치사로 명명하고 그 형태와 의미기능의 변화에 대해 살펴 보았다. 각 시대별로 확인되는 후치사의 목록을 보이면 다음과 같다.

고대국어 : ᄀᆞ장, 브터, 은, 란, 도, 여, 곰, 사, 가/고, ˚ᄃᆞᆫ

중세전기국어 : ᄀᆞ장, (브터), 은, 란, 도, (여), 곰, 사, 가/고, 분, 다비, ᄯᆞ녀, ˚ᄃᆞᆫ

중세후기국어 : ᄀᆞ장, 브터, 은, 란, 도, 여, 곰, 사, 가/고, 분, 다비, 다히, ᄯᆞ녀, 거긔, 그에, 게, 긔, 손ᄃᆡ, 자히, ᄃᆞ려, 더브러, 조차, 조쳐, 셔, 다가, 뻐, 두고, ᄒᆞ고, ᄀᆞ티, 조초, ᄀ, ᄋ, ᄆ, 곳, 붓, 만, 라셔, 라와, 잇ᄃᆞᆫ, 마다, 식

근대국어 : ᄭᆞ지, 브터, 은, 란, 도, 식, 야, 가/고, ᄲᆞᆫ, 겨오셔, ᄭᅴ셔, 쎄, ᄭᅴ, 의게, 손ᄃᆡ, 자히, ᄃᆞ려, 더브러, 조차, 셔, 다가, 뻐, ᄒᆞ고, ᄀᆞ티, 곳, 만, 라와, 마다, 톄로, 도곤, 보다가, 나마, ᄆᆞ즌

고대국어와 중세전기국어의 후치사는 자료가 상대적으로 빈곤하여 구체적인 기술에 어려움이 있었다. 중세후기국어와 근대국어에서는 비교적 풍부한 자료가 있음에도 불구하고 각 후치사의 통사 현상이나 의미를 충분히 기술하지 못한 듯하다. 특히 후치사와 선행 조사와의 통사 관계, 후치사와 후행 동사와의 통사 관계 등을 구체적으로 밝히지 못했

다. 현대국어의 경우는 보충 논의로 처리한 점도 아쉽다. 각 시대의 후치사의 목록도 정확하게 제시하지 못하였고, 각 후치사의 형태와 기능의 변화에 대해서도 명확하게 밝히지 못한 아쉬움이 있다.

4. 보충논의

〈서론〉

후치사의 개념과 속성, 기능에 대한 외국의 논저로는 Ramstedt(1939) 외에 다음을 참조할 수 있다.

Poppe, N.(1951), Kualkha-Mongolische Grammatik, Wiesbaden.

Gabain, A. von(1950), Alttürkische Grammatik, Leipzig.

Buck, F. H.(1955), Comparative Study of Postposition in Mongolian Dialects and the Written Language, Cambridge, Massachusetts.

* 후치사의 설정 기준과 문법적 성격에 대해서는 이승욱(1957), 이숭녕(1981), 홍윤표(1969, 1994), 홍사만(1985), 김진형(1995) 등을 참조. 후치사의 형성에 대해서는 서종학(1983)을 참조.

* 보조사 또는 특수조사에 대해서는 최현배(1946), 이희승(1949), 채완(1977, 1993), 김진형(1995) 등을 참조. 한정조사에 대해서는 김영희(1974), 성광수(1979) 등을, 양태조사에 대해서는 유동석(1984) 등을 참조.

* 첨사의 성격과 분류 등에 대한 간단한 소개는 이승욱(1963), Ramstedt (1939)와 다음을 참조할 수 있다.

Benzing, J.(1955), Lamutische Grammatik, Wiesbaden.

Gabain, A. von(1950), Alttürkische Grammatik, Leipzig.

Poppe, N.(1954), Grammar of Written Mongolian, Wiesbaden.

Marouzeau, J.(1951), Lexique de la Terminologie Linguistique, Paris.

〈중세후기국어〉

* 동명사형에 연결되는 'ᄀ장'도 후치사로 보기도 한다. ᄆᆞᅀᆞᆷ다ᄫᅵ물 닐윓 ᄀ
장 그지ᄒᆞ야(月 서;20), 열히 ᄃᆞᅀᆞᆳ ᄀ장 조료물 減이라 ᄒᆞ고(月 1;47).

또 동명사형 뒤에 연결된 '게, 거긔' 등을 후치사로 보기도 한다. 저프디 아니
ᄒᆞᆫ 거긔(月 7;48). '게, 긔'의 어원에 대해서는 유창돈(1980: 202-3)을 참조.

* 동명사형에 연결되는 '자히, 다ᄫᅵ, 조초'를 후치사로 보기도 한다. 이 때에는
동작이나 상태가 지속됨을 보여 '대로'의 의미로 해석된다. ᄆᆞᆯ톤 자히 ᄂᆞ리시
니이다(용 34), ᄃᆞ론 다ᄫᅵ 부모 위ᄒᆞ야(月 17;32), 곳니플 잇ᄂᆞᆫ 조초 노코(능
7;12).

그리고 동명사형에 연결된 '만, 분'도 마찬가지이다. 제 몸 닷골 ᄲᅮᆫᄒᆞ고(석
13;36), 다ᄆᆞᆫ 쓸 만ᄒᆞ야도(석 21;57).

* 중세 및 근대국어의 '만, 마, 맛감, 마곰' 류와 비교 구문에 대해서는 허웅
(1975, 1989), 김진형(1995), 홍윤표(1994) 등을 참조할 것.

* 중세국어에서 조격 '로'와 속격 'ㅅ'으로 구성된 '롯'은 체언이 후행하는 것이
일반적이지만 가끔 부사가 후행하기도 하였다. 하ᄂᆞᆯ롯 몬져 나니(月 2;70), 님
그미 臣下롯 몬져 호미(내 1;77), 하ᄂᆞᆯ롯 몬졔며 ᄶᅡᄒᆞ롯 後ㅣ라(金삼 3;63).

* 중세국어 보조사의 목록과 그 설정 기준에 대한 최근의 논의는 김진형
(1995)을 참조.

〈근대국어〉

* '겨셔'류와 '쯰셔'에 대해서는 홍윤표(1994)를 참조할 것. '올ᄃᆞ려, 로ᄃᆞ려'와
'올더브러, 로더브러, 와더브러'에 대해서도 홍윤표(1994)를 참조.

* 그 외에 '보고, ᄯᅥ녀, 마곰, 맛감, 만지, 남즉, 도록, 롯, 이라, 이라셔, ᄂᆞᆮ니
와' 등을 후치사로 다루기도 한다.

* 중세국어에서 동명사형 뒤에 나타난 '자히'는 근대국어에서 '채'로 되었는데

이것이 현대국어까지 이어진다.

〈현대국어〉

* 현대국어의 후치사는 근대국어의 그것과 큰 차이는 없는 듯하다. 논자에 따라 다소 다르긴 하지만, 현대국어 후치사로 대체로 '까지, 마저, 조차, 부터, 서, 써, 다가, 나마, 보다, 는, 도, 만, 만큼, 처럼, 야, 뿐, 씩, ㄹ랑, 마다'와 '밖에, 커녕, 야말로, 끼리, 나, 든지' 등을 들 수 있다.
* 현대국어 후치사의 목록과 의미에 대해서는 최현배(1946), 양인석(1973), 고영근(1976), 채완(1977, 1993), 성광수(1979), 홍사만(1983) 등을 참조할 것.
* 보조사 간의 의미 관계에 대해서는 고영근(1976), 채완(1977) 등을 참조할 것.
* 활용어미와 후치사의 관련성에 대해서는 서태룡(1989)를 참조.
* 후치사에 대한 담화분석적 연구는 윤재원(1988) 등을 참조.

참고문헌

고영근(1976), 「특수조사의 의미 분석」, 『문법연구』 3.

고영근(1987), 『표준중세국어문법론』, 탑출판사.

김규하(1992), 「'신지'의 변천에 대하여」, 『배달말』 17.

김규하(1993), 「'만'의 변천에 대하여」, 『배달말』 18.

김문웅(1982), 「'-다가'류의 문법적 범주」, 『한글』 176호.

김성규(1994), 「중세국어의 성조 변화에 대한 연구」, 서울대 박사학위논문.

김승곤(1989), 『우리말 토씨 연구』, 건국대출판부.

김영희(1974), 「한국어 조사류어의 연구」, 『문법연구』 1.

김진형(1995), 「중세국어 보조사에 대한 연구」, 『국어연구』 136.

류구상(1983), 「국어 후치사에 대한 재론」, 『경희어문학』 6.

서종학(1983), 「15세기 국어의 後置詞 연구」, 『국어연구』 53.

서종학(1995), 『吏讀의 역사적 연구』, 영남대출판부.

서태룡(1989), 「국어 활용어미의 체계화 방법」, 『애산학보』 8.

성광수(1979), 『국어 助辭의 연구』, 형설출판사.

안명철(1985), 「보조조사 '-서'의 의미」, 『국어학』 14.

안병희(1967), 「한국어발달사 中(문법사)」, 『한국문화사대계 V』, 고려대학교
　　　　　　민족문화연구소.

안병희 · 이광호(1990), 『중세국어문법론』, 학연사.

양인석(1973), 「Semantics of delimiters in Korean」, 『어학연구』 9-2.

유동석(1984), 「양태조사의 통보기능에 대한 연구」, 『국어연구』 60.

유창돈(1980), 『李朝國語史硏究』, 이우출판사.

윤재원(1988), 「국어 보조조사의 담화분석적 연구」, 영남대 박사학위논문.

이기문(1972), 『개정 국어사개설』, 민중서관.

이기문(1978), 『16세기 국어의 연구』, 탑출판사.

이숭녕(1981), 『중세국어문법』(개정증보판), 을유문화사.

이승욱(1957), 「국어의 Postposition에 대하여」, 『일석 이희승선생 송수기념논총』.

이승욱(1963), 「의문첨사고」, 『국어국문학』 26호.

이춘숙(1991), 「영역 개념으로서의 도움 토씨」, 『한글』 212호.

이환묵(1982). 「국어 형성 토씨 -도」, 『한글』 176호.

이희승(1949), 『초급 국어 문법』, 박문출판사.

채　완(1977), 「현대국어 특수조사의 연구」, 『국어연구』 39.

채　완(1990), 「특수조사」, 『국어연구 어디까지 왔나』, 동아출판사.

채　완(1993), 「특수조사 목록의 재검토」, 『국어학』 23.

최현배(1946), 『우리말본』(재판), 정음사.

허 웅(1975), 『우리 옛말본』, 샘문화사.

허 웅(1989), 『16세기 우리 옛말본』, 샘문화사.

홍사만(1985), 『국어 특수조사론』, 학문사.

홍윤표(1969), 「15세기 국어의 격연구」, 『국어연구』 21.

홍윤표(1994), 『근대국어연구(1)』, 태학사.

Ramstedt, G. J.(1939), A Korean Grammar, Oostehout N.B, Netherlands, Anthropological Publications(1968).

어휘의 변화

국어 어휘의 구조와 특징

심재기*

1.

우리말은 우리 민족의 문화재산이다. 그것은 민족의 역사와 문화전통을 담고 있는 유산(遺産)이며, 민족의 정신과 정서와 생활을 반영하는 자산(資産)이기도 하다. 한편으로는 유산이고 다른 한편으로는 자산이라는 점에서, 우리말은 우리 민족의 문화재산이라고 하는 것이다. 이러한 문화재산으로서의 우리말은 보이지 않는 규칙들로 짜여진 하나의 구조체라고 하는 측면과 어휘라고 하는 낱말들의 집합체라고 하는 두가지 측면으로 구성되어 있다. 규칙의 구조는 음운구조(音韻構造)와 통사구조(統辭構造)로 나뉜다. 그리고 낱말의 집합은 흔히 사전이라고 하는 어휘집(語彙集)으로 정리되어 구체적인 자산으로 실체를 드러낸다. 우리는 그 어휘집(또는 사전)을 보면서 우리가 그 언어를 소유하고 있다는 느낌을 갖는다.

---

* 서울대학교 명예교수

음운구조는 일정한 수(數)의 음운이 우리말에만 적용되는 음운규칙에 의하여 말소리가 되어 음성언어로서의 구체성을 띠게 되며, 통사구조는 우리말에만 적용되는 통사규칙('문법규칙'이라고도 함)에 의하여 우리말 문장을 구성하면서 구체성을 띤다. 구체성을 띤다는 말은 곧 살아 있는 언어의 실체를 드러낸다는 것인데 음운규칙이나 통사규칙이 무엇을 재료로 삼느냐 하면 그것은 바로 사전에 들어있는 낱말들이다. 다시 말하여 개별 낱말들이 음운규칙에 따라 말소리로 나타나고, 통사규칙에 따라 나란히 배열되면서, 문장이 되어 비로소 그것이 살아 있는 한국어 노릇을 하는 것이다.

그러므로 우리말을 연구한다는 것은 크게 나누어 세 가지가 되는데, 그 첫째는 음운규칙에 관한 탐구이고, 그 둘째는 통사규칙에 관한 탐구이며, 그 셋째는 위의 두 가지 규칙에 동원되는 실질적인 언어자산, 곧 낱말에 관한 탐구이다. 낱말들의 묶음, 낱말들의 모임을 어휘(語彙)라고 한다. 음운론과 통사론이 규칙에 관심을 갖는 것이라면 어휘론은 그 규칙의 적용을 받는 언어실체(言語實體)로서의 낱말에 관심을 쏟는 것이다. 우리는 이제 이 글에서 우리말 낱말들, 곧 국어 어휘에 대하여 생각해 보기로 하겠다.

2.

국어 어휘를 이해하기 위한 접근 방법은 크게 두 가지로 나뉜다. 하나는 민족사의 흐름에 따르는 통시적(通時的) 접근이고 다른 하나는 현재 간행된 어휘집('사전'을 뜻함)을 기본 대상으로 하는 공시적(共時的) 접근이다. 우리는 이해의 편의를 위하여 공시적 접근과 통시적 접근을 적절히 섞어가며 살펴보기로 한다.

우선 국어 어휘는 크게 두 가지 종류로 나누어 볼 수 있다. 하나는 고유어(固有語)이고 또 하나는 차용어(借用語)다. 고유어는 조상 대대로 사용해 온 순수한 우리말 낱말을 가리키는 것이고, 차용어는 우리 민족이 살아오는 동안 불가피하게 다른 민족으로부터 빌어다가 우리말 어휘체계 속에 섞어서 쓰게 된 낱말을 가리킨다. 그러나 이렇게 구분하는 것은 어휘를 이해하기 위한 일차적인 방편에 불과하다. 고유어는 '사람', '하늘', '땅', '눈', '코', '입', '귀', '아버지', '어머니' 같은 낱말로서 수천년 동안 대물림을 해온 것들을 가리키는 것이지만, 그러한 낱말 가운데에는 비교적 이른 시기에 다른 언어에서 빌려다가 썼기 때문에 일반 언어대중들은 고유어인 줄로 알고 있지만 근원을 거슬러 올라가면 차용어인 경우가 있다.

가령 "김치"라는 낱말을 놓고 생각해 보자. 이 "김치"는 우리 민족이 개발한 고유음식이요, 현재로서는 한국인의 정체성(正體性)을 증명하는 방편으로도 심심치 않게 활용되고 있다. 그런데 실상은 조금 복잡하다. "김치"는 한자어 沈菜에 뿌리를 두고 있기 때문이다. 김치문화가 우리 민족 생활 안에서 뿌리를 내리기 시작한 것이 정확하게 언제인지를 밝힐 수는 없으나 적어도 "김치"라는 낱말이 우리 언어사에 자리를 잡은 것은 17세기 이후로 보아야 한다. "沈菜"는 최세진(崔世珍)이 지은 『훈몽자회』(訓蒙字會)(A.D. 1527 간행)에 "딤치 조(葅)"로 나타나고 그 뒤로도 한참동안 "딤치"로 불리어지다가 17세기를 넘긴 뒤부터 오늘날의 "김치"로 자리를 잡았다. 그러므로 현재의 시점에서 "김치"가 고유어인 것은 사실이지만 그 기원을 거슬러 올라가면 그것은 한자어 "딤치(沈菜)"에 소급한다. 따라서 고유어라고 하는 것은 한글로 표기할 수밖에 없으며 일반 언어대중들이 순수한 우리말이라고 믿고 있는 어휘를 가리키는 것이라고 잠정적으로 규정해 두는 수밖에 없다.

이렇듯 어원(語源) 탐구의 관점에서 보면 고유어니 차용어니 하는 분류가 얼마나 불분명한 개념인가를 깨달을 수 있다. 그러나 어휘를 계통적으로 이해하기 위해서는 고유어와 차용어로 나눈다. 그리고 차용어를 또다시 한자어와 외래어로 가르는 것이 관례가 되어 있다. 한자어는 한자로 적히는 모든 어휘로서 오랜 세월 중국과의 문화적 접촉으로 말미암아 우리말 속에 들어온 것이다. 그리고 한자어 이외의 차용어를 외래어라고 뭉뚱그려 부른다. 그러므로 외래어는 본디 어느 나라 말인가에 따라, 다시 분류해야만 한다. 현대국어에서 외래어라고 하면 대체로 영어를 중심으로 하는 서양 외래어를 가리키는 것이 보통이지만, 그러나 일본어나 서양의 여러 나라에서 들어온 외래어도 상당수 있음을 잊어서는 안된다.

차용어의 실상을 살피기 위해서는 민족사와 병행하는 통시적 접근방법이 이해하기에 좋을 것이다. 민족의 역사와 더불어 어떤 민족의 언어가 국어 어휘 속에 녹아 들었는가를 관찰할 수 있기 때문이다. 물론 중국과의 관계는 특별한 것이므로 별도로 논의하는 것이 보통이다.

3.

우리 민족사에서 외세의 침략을 받아 굴욕적인 피지배의 쓰라린 경험을 한 적이 두 번 있었다. 한 번은 13세기에서 14세기 초반에 걸치는 백여년 동안 몽고(元나라)의 간섭을 받은 것이요, 또 한 번은 20세기 초반 36년간 일본의 식민지 지배를 받은 것이다. 당연히 이 기간 중에 몽고어 차용어와 일본어 차용어가 국어어휘 속에 스며들었다.

오늘날 남아 있는 몽고차용어는 일반 언어대중들이 고유어로 잘못 알고 있는 한 두 개의 낱말에 불과하다. 색채 이름의 하나인 "보라

(색)"과 임금의 진지를 일컫는 "수라"가 그것인데, 현재 문헌조사를 통하여 확인된 몽고차용어는 말[馬], 매[鷹]에 관한 낱말과 그 당시의 군사용어등을 합하여 40여 개에 이르고 있다. 그러나 칠팔백년 전 원(元)나라 영향 하의 고려사회에 유행했던 몽고외래어는 훨씬 많았을 것이다.

일본차용어는 우리나라가 근대산업사회로 들어오는 기간과 일본 식민지 기간이 겹치기 때문에 여러 종류의 기술분야에 광범위한 자리를 잡게 되었다. 20세기 전반기는 일본어 차용어의 마구잡이 유입시기이고, 후반기는 그것을 정리하여 순화작업을 하는 일에 정력을 쏟아 붓는 퇴치시기였다고 할 수 있다.

몽고어와 일본어 외에 국어 어휘 속에 끼어든 차용어에 여진어와 만주어가 있다. 여진어는 고려말과 조선왕조 건립 초기에 걸쳐 인연을 맺었고, 만주어는 그보다 조금 뒤인 15세기 후반과 16세기에 걸쳐 국어와의 접촉이 있었다. 그러나 현대국어에까지 남아 있는 어휘는 변변치 않다. 여진어는 땅이름과 관련된 낱말 몇 개가 문헌에 전해지고 있으며 만주어는 땅이름, 함경도 방언, 그리고 심마니(산삼 채취인) 말 속에 약 30개 정도의 낱말을 남기고 있다. 만주어는 뒤에 청(淸)나라를 세운 민족의 언어이지만 청나라가 정치적으로 안정을 얻은 뒤로는 중국어를 일반 공용어로 사용하였기 때문에 17세기 이후로 우리나라가 청나라의 영향을 받으면서도 만주어보다는 중국어의 수입이 증대되는 결과를 가져왔다. 물론 중국과의 접촉은 청(淸)에 앞선 명(明)나라와의 관계를 먼저 생각하여야 하겠으나, 생활문화의 빈번한 접촉은 청나라가 자리잡은 17세기 이후라고 보아야 한다. 이 시기에 국어는 근세중국어로부터 진보(珍寶) 복식(服飾) 포백(布帛) 기용(器用) 식물(食物) 상고(商賈) 화곡(禾穀) 채소(菜蔬) 등에 걸쳐 70여 개의 낱말을 차용어로 받아들였다. 그러나 이 낱말들도 문물의 변화와 함께 대부분 옛말로 사라지고 지금

은 "보배, 비단, 무명, 다홍(색), 자주(색), 사탕, 수수, 배추"정도의 낱말
이 현대 국어에 생명을 유지하고 있다.

4.

국어의 어휘자산이 얼마나 되느냐 하는 물음은 국어사전에 등재된
어휘수가 얼마나 되느냐 하는 물음과 같을 수 있다. 그러나 이 물음에
명쾌하게 대답할 수 있는 국어사전은 아직 존재하지 않는다. 어떠한 우
리말 큰사전도 우리말 어휘를 빠짐없이 망라하였다고는 말할 수 없기
때문이다. 어림잡아 국어의 어휘 수를 40만 안팎이라고 할 수 있겠는데
이 가운데 가장 많은 수를 차지한 것이 한자어다. 이 한자어는 세월이
갈수록 늘었다. 따라서 국어 어휘의 역사는 한자어의 증대의 역사라고
말해도 과언이 아니다. 이들 한자어를 계보별로 간략하게 살펴 보기로
하자.

한자어는 크게 세 가지 줄기를 손꼽을 수 있다. 첫째는 중국이고 둘
째는 일본이고 셋째는 우리나라다. 중국으로부터 들어온 한자어는 다
시 세 가지 가는 줄기로 나뉜다. 그 첫 번째는 유학사상을 중심으로 하
는 고전(古典)문헌에 유래하는 것이고, 두 번째는 한문으로 번역한 불
교경전에 유래하는 것이며 세번째는 중국어 백화문(白話文)에 근거하
는 것이다. 이중에서 중국 고전에서 유래한 한자어가 가장 큰 세력을
형성하고 있음은 두말할 필요도 없다. 고구려는 일찍부터『오경(五經)』
『사기(史記)』『한서(漢書)』『삼국지(三國志)』『문선(文選)』을 즐겨 읽
었으며, 신라는 신문왕(神文王) 2년(A.D. 682)에 국학(國學)을 설립하였
을 때에『논어(論語)』『효경(孝經)』『예기(禮記)』『주역(周易)』『좌전
(左傳)』『모시(毛詩)』『상서(尙書)』『문선(文選)』이 교수되었다 하였으

니 이러한 책 속에 나오는 한자어는 그 시기 지식인들의 첨단 외래어 구실을 하였을 것이다. 우리나라에서 가장 오래된 역사책『삼국사기(三國史記)』와『삼국유사(三國遺事)』그리고 15세기 초엽의 한문 문헌인『고려사(高麗史)』『훈민정음(訓民正音)』『석보상절(釋譜詳節)』등에 쓰인 한자어는 2500개를 넘는데 그 대부분이 오늘날에도 쓰이고 있다. 다음에 몇 개를 예로 보인다.

가구(家口) 가령(假令) 가정(家庭) 가혹(苛酷)
간섭(干涉) 감격(感激) 감동(感動) 강력(强力)
개간(開墾) 개설(開設) 개조(改造) 개척(開拓)
검소(儉素) 격려(激勵) 결혼(結婚) 경멸(輕蔑)
고독(孤獨) 고립(孤立) 고향(故鄕) 공부(功夫)
구원(救援) 기억(記憶) 기회(機會)

이러한 예를 보면 짐작할 수 있거니와 한자어는 상당히 이른 시기부터 우리 조상들의 관념과 사유(思惟)의 세계를 지배하였고 동시에 그러한 한자어들이 우리나라 언어·문자생활에 뿌리깊게 정착하였음을 알 수 있다.

불교 경전에 유래하는 한자어는 조선왕조 말엽까지(그리고 지금도 민간신앙의 뿌리를 유지하고 있으므로) 일상어에 빈번하게 사용되었다. 신라시대 향가(鄕歌)에 나타난 불교 관계 한자어를 뽑아보면 다음과 같다.

건달파(乾達婆) 공덕(功德) 서방(西方)
무량수불(無量壽佛) 미륵좌주(彌勒座主)

생사(生死) 미타찰(彌陀刹)

천수관음(千手觀音) 자비(慈悲) 파계(破戒)

이러한 예를 통하여 우리가 확인할 수 있는 것은 한자어가 국어 어휘
자산 안에서 무시할 수 없는 존재요, 더 나아가 귀중한 존재라고 하는
점이다. 그런데 원천적으로는 외래의 요소이기 때문에 이들 한자어가
국어 어휘체계 안에서 반고유어(半固有語)의 성격을 유지하기 위하여
서는 고유어와의 놀라운 친화력(親和力)을 발휘하지 않으면 아니되었
다. 이것을 바꾸어 말하면 우리 조상들이 한자어를 고유어처럼 대접하
기 위한 놀라운 포용력을 발휘하였다는 말로 표현할 수도 있다. 그러면
그 포용력은 구체적으로 어떤 현상으로 나타나는가?

첫째로 한자 또는 한자어를 고유어와 대등한 자격의 어휘 형태소로
인정하여 자연스런 복합어를 만든다.

밥상(밥床) 문설주(門설柱) 걸상(걸床)

약밥(藥밥) 양담배(洋담배) 색종이(色종이)

둘째로 한자어구(漢字語句)를 국어 어휘체계 안에서는 하나의 낱말
로 취급할 수 있게 함으로써 한문이 지니고 있는 통사적 특성을 무효화
시킨다. 여기에는 각기 성격을 달리하는 한자어의 무리가 있다. 첫번째
무리는 "어차피(於此彼) 급기야(及其也) 심지어(甚至於)" 등 국어에서
하나의 부사로 취급되는 어구들이고, 두번째 무리는 "동분서주(東奔西
走) 금의환향(錦衣還鄕) 죽마고우(竹馬故友)"와 같이 고사성어(古事成
語)나 사자성구(四字成句)로 만들어진 어구들이며 세번째 무리는 한자
의 원뜻대로 풀이하면 우리말 어순과는 달리 뒤바뀐 것으로 보이는 낱

말들, 예컨대 "관광(觀光 : 경치를 구경함), 피침(彼侵 : 침략을 당함), 비리(非理 : 이치에 맞지 않음), 망명(亡命 : 逃亡而救命, 도망하여 목숨을 보존함)" 같은 것들이다.

셋째로 한자어가 고유어 대접을 받는 궁극적인 방법은 한자어가 지닌 본래의 한자음을 포기하고 국어의 음운현상에 순응할 때이다. 다음 낱말을 살펴보자.

성냥(石硫黃 석류황) 대롱(竹筒[대통)
숭늉(熟冷 숙냉) 배웅(陪行 배행)
누비(衲衣 납의) 방죽(防築 방축)
흐지브지(諱之秘之)

이들 낱말은 본래는 한자어이지만 한자의 원음을 포기함으로써 완벽하게 고유어로 자리를 옮긴 낱말들이다.

넷째로 한자가 고유어와 동의중복(同義重複)의 형식으로 어울리어 새로운 고유어를 만들어내는 자원(資源)의 구실을 하는 경우이다. 다음 낱말들의 결합상을 주의해 보자.

굳건하다(굳健하다) 튼실하다(튼實하다)
익숙하다(익熟하다) 마땅하다(맞當하다)
온전하다(온全하다) 말짱하다/멀쩡하다(맑淨하다)
얄팍하다(얇薄하다) 도독하다/두둑하다(돈篤하다)
쌀랑하다/썰렁하다(서늘凉하다) 스산하다(싀酸하다)
묵중하다(묵重하다) 각근하다(각近하다)
수월하다(쉬歇하다) 짧단하다(짧短하다)

기장차다(길長차다) 적바르다(適바르다)

강마르다(乾마르다) 부접하다(附接하다)

농익다(濃익다) 회돌다(回돌다)

이러한 낱말들은 우리 조상들이 한자를 얼마나 유용하게, 그리고 친
숙하게 어휘자산 늘리기에 사용해 왔는가를 보여주는 좋은 예들이다.

5.

그러나 국어 어휘의 핵심은 어디까지나 고유어에 있다. 고유어가 지
닌 어휘적 특성이 국어 어휘의 특성의 중심이 되어야 함은 두말할 필요
가 없다. 그러면 이러한 고유어의 어휘적 특성은 무엇인가를 간략히 정
리해 보자.

첫째, 국어 어휘는 음절단위로 파악된다. 이것을 국어 어휘의 음절성
(音節性)이라고 바꾸어 말할 수 있다. 가령 영어의 "Spring"이나 "Strike"
같은 낱말은 영어의 음운체계 안에서 논의할 때에는 분명히 1음절단어
로 취급된다. "spr" "str" 같은 복자음(複子音)이 인정되는 음운체계를 영
어는 가지고 있기 때문이다. 그러나 그런 음운체계를 가지고 있지 않은
우리말에서는 "스프링" "스트라이크" 등으로 바꾸어 적히고 또 그렇게
발음함으로써 3음절단어 또는 5음절단어로 계산된다. 이러한 음절성은
한자의 중국음을 한자의 한국음으로 바꿀 때에는 이중모음을 단모음으
로 바꾸기도 한다. 가령 중국의 정치가 장개석(蔣介石)이나 등소평(鄧
小平)의 중국어 원음은 "챵카이시" "떵샤오핑"과 가까운 발음을 갖지만
우리말 한자음에 따르면 한 글자가 한 음절로만 읽혀져서 "장개석" "등
소평"이 되어버린다. 이러한 현상들을 뭉뚱그려서 우리는 국어 어휘의

음절성이라고 부른다.

국어 어휘의 음절성을 논의할 때에 우리말 기초어휘 가운데 상당수가 단음절로 되어 있다는 사실도 주목하여야 한다. "눈, 코, 입, 귀, 손, 발, 등, 배, 살, 피, 뼈, 애"같은 신체어휘나 "물, 불, 뭍, 땅, 앞, 뒤, 나, 너"같은 일반어휘가 모두 단음절로 되어 있다는 것은 원시국어 이래 어휘의 생성 발달이 1음절을 기초단위로 하여 전개되었음을 암시하는 것이라고 이해할 수도 있다.

둘째, 국어 어휘는 배의성(配意性) 또는 유연성(有緣性)이 강하다. 낱말의 형태분석을 통하여 의미분석이 가능한 경우를 낱말의 유연성(또는 배의성)이라 하는데 우리말이 바로 그러한 특성이 강하게 드러나는 것으로 지적되어 왔다. 이 유연성은 음운론적 유연성과 형태론적 유연성으로 나누어 살펴 볼 수 있다.

음운론적 유연성은 음운교체성(音韻交替性)으로 바꾸어 말할 수도 있는데, 하나의 어휘형태소에서 음운론적으로 대립이 되는 음운들이 서로 교체되어 쓰임으로써 크게는 그 낱말의 의미분화를 초래하고 작게는 어감의 차이가 생기는 현상을 가리킨다. 이러한 음운교체에는 모음교체와 자음교체의 두 가지가 있다.

다음의 예를 보자.

맛(味):멋(風) 살(歲):설(元旦) 나(我):너(汝)

곧다(直):굳다(堅) 곱다(曲):굽다(屈) 녹다(鎔):눅다(緩)

다ᄋᆞ다(盡):더으다(增) 노르다(黃):누르다(黃)

붉다(明):붉다(赤) 슬다(燒):슬다(消)

팔랑팔랑:펄렁펄렁, 꼬물꼬물:꾸물꾸물

감감하다:캄캄하다:깜깜하다, 발발거리다:팔팔거리다:빨빨거리다

위의 예에서 볼 수 있는 바와 같이 어간모음의 교체는 때로는 독립된 낱말을 만들기도 하였고, 때로는 "노르다(黃)"와 "누르다(黃)"의 경우처럼 기본의미는 고정된 채 말하는 이의 느낌이나, 대상물 본성의 아주 작은 차이를 표현해 내는 장치로 작용하였다. 가령 "염치(廉恥)"라는 한자어는 그 낱말이 지닌 기본의미의 중후성(重厚性)에도 불구하고 "얌체"라는 어간 모음 교체에 의한 변이형을 만들어, 본래의 낱말 "염치"와는 개념상 정반대의 뜻을 나타내는 경우까지 생기게 되었다.

국어 어휘의 형태론적 유연성은 형태첨가성(形態添加性)이라는 명칭으로도 설명될 수 있는 현상으로, 하나의 기본어간 형태소에 다른 형태소가 그 앞이나 뒤에 결합하여 새로운 낱말을 만들어내는 것을 가리킨다. 이러한 형태 첨가의 방법은 형태소들의 의미가 대등한 자격으로 결합하느냐, 하나가 다른 것의 종속(從屬)형식으로 결합하느냐에 따라 복합법(複合法)이니 파생법(派生法)이니 하는 명칭으로 구분하여 논의되었다.

먼저 복합법에 의한 형태첨가성을 살펴보기로 하자. 국어 어휘가 형태론적 유연성을 강하게 반영하는 것이라고 말할 때에 우리는 복합법에 의한 단어형성을 제일 먼저 연상한다. 다음의 예들을 살펴 보자.

거즛말(僞+言) 목숨(頸+息)
한숨(大+息) ᄀᆞ르비(粉+雨)
눉믈(眼+水) 믌결(水+理)
빗복(腹+核) ᄡᆞ눈(ᄡᆞᆯ눈 米+眼)
목무구(頸+穴) 입시울(口+弦)

위의 낱말들은 그것에 대응하는 영어단어와 비교해 보면 우리말 어휘가 얼마나 쉽게 분석될 수 있는가가 즉시 판명된다. "거즛＋말"을 영어 단어 "lie"와 대비시키거나 "목＋숨"을 영어 단어 "life"와 대비시켜 보면 국어 어휘가 얼마나 분명하게 형태론적 유연성을 확보하고 있는지를 깨닫게 된다.

중세국어에서는 현대국어에서보다 복합어의 생성이 훨씬 활발하였다. 다음 예를 들어보자.

> 길잡다 녀름짓다 맛보다 본받다
> 눈멀다 믈들다 빗나다
> 믈잠다 앞서다 뒤돌다
> 나사가다, 도라오다, 니러서다
> 스라디다 붓어디다 뻐러디다
> 업시너기다 갓고로디다 아니ᄒᆞ다 몯ᄒᆞ다
> 듣보다 오ᄅᆞᄂᆞ리다 나들다
> 뛰놀다 딕먹다 빌먹다 잡쥐다

위의 복합어들은 이미 존재하는 두 개의 낱말을 통사론의 질서에 맞추어 결합하면서 부차적인 요소라고 생각되는 문법적 형태를 과감하게 생략하기도 하고 때로는 받아들이기도 하면서 하나의 낱말로 만든 것들이다. "길잡다"는 "길(을)잡다"에서 "-을"을 뺀 것이고 "눈멀다"는 "눈(이)멀다"에서 "-이"를 뺀 것이며 "믈잠다"는 "믈(에)잠다"에서 "-에"가 빠진 것이다. "나사가다" "스라디다"는 {-아/어-} 형태소가 동사어간 다음에 붙어 있는 것인데 그 결과 앞의 동사가 뒤의 동사를 꾸미는 부사의 기능을 하고 있어서 구조상으로는 "업시너기다" "아니ᄒᆞ다"와 비슷한 형태를 갖게 되었다. "듣보다" "뛰놀다"는 "듣(고)보다"(廳視) "뛰(어)놀다"(踊遊)와 같이 생략된 어미가 있기 때문에 흔히 비통사적(非統辭的) 복합어라고 말해 왔으나 그것이 통사규칙을 어긴 것이라고는 할 수 없다.

"흐룻밤, 밮바당, 나막신, 아랑곳, 쇠고기"같은 낱말의 경우에는 앞의 낱말과 뒤의 낱말 사이에 두 낱말의 결합을 분명하게 하는 형태소가 들어 있다. "흐룻밤"에는 사이시옷이 들어 있고 "나막신"에는 "나모＋신" 사이에 (-악/억-)이라는 형태소가 들어 있고, "달걀"과 "쇠고기"에도 소유격 조사 (-의)가 들어 있음을 알 수 있다. 이처럼 복합어로 구성된 국어 어휘는 형태론적 분석이 가능하고, 그것들은 예외없이 국어의 통사규칙을 철저하게 지키고 있다. 이것이 곧 고유어 어휘의 형태론적 유연성이요, 형태첨가성이다.

이러한 형태첨가성이 더욱 명료하게 드러나는 것은 파생법에 의한 파생어의 경우이다. 다음의 낱말을 주의해 보자.

잠, 꿈, 놀음, 웃음, 앎, 삶, 슬픔, 기쁨

내기(勝否), 보기(例), 더하기(加算), 빼기(減算)

날개, 덮개, 집게, 지게

노래, 마개

놀이, 다듬이, 미닫이, 깊이, 높이

꾸중, 마중, 노랑, 빨강

터럭, 주먹, 가죽

잎사귀, 목아지, 망아지

위의 낱말들은 모두 접미사를 낱말 끝에 거느리고 있다. 즉 (-ㅁ/음) (-기) (-개) (-애) (-이) (-ㅇ) (-억/-욱) (-아지) 등을 분리해 낼 수 있다. 이러한 접미파생법에 의해 새로운 낱말을 만들어내는 방법이야말로 국어가 새로운 낱말을 생성하는 가장 중요한 방법이다. 명사로부터 동사 또는 형용사를 만드는 접미파생법도 광범하게 나타나고 있다. 다음에 대표적인 예를 몇 개 보기로 하자.

밥하다, 떡하다, 나무하다
복되다, 참되다, 헛되다
일시키다, 공부시키다, 말시키다
그늘지다, 기름지다, 값지다
겹치다, 감치다, 몰아치다
멋적다, 열적다, 괴이적다
촌스럽다, 상스럽다, 사랑스럽다
아름답다, 사람답다, 지도자답다

위의 예에서는 {-하-} {-되} {-시키-} {-지-} {-치-} {-적-} {-스럽-} {-답-}과 같은 접미형태소들이 그 앞에 놓인 형태소와 결합하여 새로운 의미의 동사 또는 형용사를 만들어 내고 있다. 이러한 접미형태소들의 통사론적 기능이 무엇인가를 밝히고 또 그것들의 차이를 구별해 내려는 노력이 지난 반세기에 걸쳐 국어 문법연구의 가장 핵심적인 부분이었다.
파생법의 또 다른 갈래는 접두파생법이다. 중심이 되는 낱말의 앞에 접두사를 덧붙여서 새 낱말을 만드는 방법이다. 이 방법은 국어에서 새 낱말을 만드는 중요한 장치이기는 하지만 접미파생법만큼 생산적이라고는 할 수 없다. 다음에 몇 예를 보기로 하자.

개떡, 날고기, 맨손, 한겨울
들볶다, 빗나가다, 새빨갛다, 얄밉다

위의 예에서 "개-, 날-, 맨-, 한-"이나, "들-, 빗-, 새-, 얄-" 등이 접두형태
소들이다. 이것들은 원래는 독립적으로도 쓰이던 것이었으나 독립성을
상실하고 뒤에 오는 낱말과 결합하여 새로운 낱말을 만들어내는 데에
만 이용되고 있다.

6.

끝으로 우리는 국어 어휘의 세 번째 무리를 이루고 있는 서양 외래어
에 대해 간략하게나마 살펴보아야 하겠다. 이들 외래어의 상당수는 영
어로서 현대의 첨단 과학분야의 전문용어들이다. 그러나 이들 외래어
는 일본 식민지 기간 중에 일본어로 정착된 뒤에 국어의 어휘체계 안에
들어왔기 때문에 지난 반세기 동안은 일본식 잔재가 남아 있었다. 예컨
대 '컵'(cup)은 한때 '고뿌'라고 발음하였고, '드럼'(drum)은 '도라무', '캔'
(can)은 "깡"이라는 발음이 통용되었었다. 그러다가 1950년대 이후에 원
음에 가까운 발음으로 교정하는 과정을 거쳐, 현재는 원어와 국어의 음
운체계가 조화를 이룬 새로운 외래어 발음이 정착되었다. 이렇게 서양
을 기원으로 하는 외래어는 국어의 어휘체계 안에서 두 번에 걸친 발음
의 정착과정을 거쳤다는 점이 주목된다. 언어현상이 정치·사회의 영
향을 입는 단적인 예이다. 이들 서양 기원의 외래어는 대체로 특정 분
야를 특정 언어가 담당하고 있다. 예컨대 음악용어는 이태리어가 담당
하였고 의약분야는 독일어를 기원으로 하였으며 미술분야는 프랑스어
를 기원으로 하였다. 그러나 근래에는 외래어를 늘려가는 창구가 영어
일변도로 흐르는 경향을 보인다. 더구나 식견이 모자라는 일부 인사들
이 아직 외래어로 정착했다고 볼 수 없는 생소한 외국어(주로 영어)를
일상 회화나 문자생활에서 필요 이상으로 사용하는 풍조가 나타나고

있다. 이것이 외래어의 증가요소로 작용한다면 앞으로 이러한 외래어는 점점 더 그 숫자를 늘려갈 것이다. 그러나 이들 외래어가 국어의 모자라는 어휘를 보충해 주는 차원에서 수용될 경우에는 너그러운 태도로 받아들여야 할 것이다.

외래어는 국어 어휘체계 안에 수용될 때에는 그것이 원래의 말에서 어떤 문법적 기능을 가진 것이건 명사(名詞)로 받아들인다는 점이 특히 주목되어야 한다. 가량 "카무플라주(camouflage)"는 영어에서 명사와 동사의 두 가지 기능을 하지만 국어에서는 '카무플라주-하다'(겉보기 좋게 위장하다)와 같은 형태로 쓰인다. 한편 이들 외래어가 2음절 이상의 낱말일 경우에도 2음절 낱말로 줄여서 사용하는 경향이 있다는 것도 지적되어야 한다. "데몬스트레이션(demonstration)"이 "데모"로 줄고, "포토그라피(Photography)"가 "포토"로 줄며 "애드버타이싱(advertising)"이 "애드"로 준다. 물론 이러한 줄임말의 전통은 일본어에서 자리잡은 것인데, 국어가 요즈음에도 그러한 일본의 영향을 완전히 벗어나지 못하고 있는 점도 눈여겨보아야 할 부분이다. 앞으로 외래어의 증가는 예측할 수 없을 만큼 빠른 속도로 확산될 전망이다. 현대 문명의 변화와 발전은 고유어와 한자어만으로는 소화할 수 없는 시대로 진입하였다는 증거라고 할 수 있다. 그렇다고 하여 무비판적이고 무방비적인 자세로 외래어를 받아들이는 것은 민족문화를 육성시키고 우리의 고유한 언어문화를 국제화하는 올바른 자세라고는 할 수 없다.

어간교체형의 변화

한재영*

1. 들어가며

　국어에는 체언이나 용언의 어간 형태가 어디에, 무엇과 함께 나타나
느냐에 따라 그 모습을 달리하는 경우가 있다. 이를 테면, '없다'가 경우
에 따라 '없으니[업스니], 없고[업꼬], 없는데[엄는데]'에서와 같이 '없',
'업' 또는 '엄' 등으로 실현되는 것이라든가 '흙'이 '흙이나[흘기나], 흙도
[흑또], 흙만[흥만]'에서와 같이 '흙', '흑' 또는 '흥' 등으로 실현되는 것들
이 그것이다. 하나의 형태가 나타나는 환경에 따라 이와 같이 모습을
달리하는 현상을 교체라 하고, 여러 가지 교체형들 하나하나를 일러 이
형태라 하거니와 여기서는 어간의 교체양상 전반을 살펴보는 데에 일
차적인 목적을 두기로 한다. 어간의 교체 양상 전반이라는 표현을 취한
것은 통시적인 것으로 개별 형태들의 공시적인 교체 양상이 아니라 개
별 형태들의 공시적인 교체 양상들로 구성된 그들의 변화 양상을 나타

---

* 한신대학교

내기 위함이다. 다시 말하자면 현대국어에 보이는 어간 형태의 교체 양상이 있기까지 어떠한 과정이 있었고, 현대에는 보이지 않는 이전 단계의 교체 양상은 어떠한 과정을 거쳐 사라지게 되었으며, 그러한 과정들을 통하여 찾아볼 수 있는 변화 양상의 방향이라든가 공통적인 특징들에는 어떠한 것들이 있는지와 같은 문제들에 대하여 관심을 가지려는 것이다.

그를 위하여 교체의 종류에 대하여 알아보고 갈 필요가 있다. 우리가 살피게 될 어간의 교체 양상을 그 성격에 따라 정리하기 위해서도 유용할 것이기 때문이다. 교체는 그가 이루어지는 조건에 따라 자동적 교체와 비자동적 교체라든가 규칙적인 교체와 불규칙적인 교체, 음운론적으로 조건된 교체와 형태론적으로 조건된 교체 또는 조건교체와 자유교체 등으로 구분한다.

먼저 자동적 교체는 그러한 교체가 일어나지 않는다면 그 언어의 음운 패턴을 어기게 되는 교체를 말한다. 위에서 본 '없고, 흙도'와 같은 예에서 'ㅅ'과 'ㄹ'이 탈락하지 않으면 모음과 모음 사이에서 자음에 셋 이상 발음될 수 없다는 음운 규칙에서 벗어나게 되는 것이다. 또한 '없는데', '흙만'의 경우에는 'ㅅ'과 'ㄹ'이 탈락하여 '업는데'와 '흑만'이 되나 국어의 음운규칙에 따르면 'ㄱ'이나 'ㅂ'과 같은 폐쇄음이 'ㄴ'이나 'ㅁ'과 같은 순음 앞에 올 수 없으므로 순음으로 동화되어 '엄는데'와 '흥만'으로 된다. 자동적인 교체의 예가 되는 것이다. 그러나 국어의 교체 현상들 가운데에는 이렇듯 음운 현상만으로 설명되지는 않는 예들이 있음을 보게 된다. 이를 테면 동사 '듣다'의 경우에 '듣더라'와 '들어라'에서 보듯이 어간 말음 'ㄷ'이 모음 앞에서 '듣'과 '들'로 모습을 바꾸어 나타남을 볼 수 있는데 이러한 현상이 '들어라'와 같은 형태의 성립이 불가능하기 때문은 아닌 것이다. '굳다'나 '얻다'와 같은 예들이 아무런 무리 없이 '굳어라', '얻어라'로 실현되는 것에 비추어 '듣다'의 '들어라'는 비자동적인 교체의 예가 되는 것이다. '듣다'의 '듣-' 이외에도 이러한 비자동적인 교체의 예들로는 '걷-, 묻-, 긷-, 깨닫-, 내닫-, 일컫-, 치닫-'과 같은 경우를 들 수 있다.

　교체를 달리 규칙적인 교체와 불규칙적인 교체로 분류하기도 한다. 동일한 환경에서라면 언제나 동일한 방식의 교체가 일어난다면 규칙적인 교체이며, 동일한 환경인데도 불구하고 다른 방식의 교체가 일어난다면 불규칙적인 교체이다. 앞서 살핀 자동적인 교체는 규칙적인 교체라 할 수 있지만, 비자동적 교체라 하여 모두 불규칙적인 교체인 것은 아니다. 비자동적인 교체 가운데에는 선행 어간 말음이 자음이냐 모음이냐에 의해 선택이 결정되는 조사나 어미처럼 규칙적인 교체도 있지만, '듣다, 짓다'의 '듣-, 짓-'처럼 불규칙적인 교체도 있다. 국어의 불규칙 활용은 이 불규칙 교체의 전형적인 예라 할 수 있다. 이렇듯 교체의 양상이 불규칙하여 그 교체가 음운론적으로는 설명이 되지 않는 교체를 달리 형태적으로 조건된 교체라 부르기도 한다. 형태론적으로 조건된 교체는 모두 비자동적 교체이다. 그와는 대조적으로 자동적인 교체에서와 같이 이형태의 선택 조건이 음운론적으로 설명되는 경우에는 음운론적으로 조건된 교체라 한다. 형태론적으로 조건된 교체가 모두 비자동적 교체인 것과는 달리, 음운론적으로 조건된 교체 중에는 자동적 교체도 있지만 비자동적 교체도 있음에 대해서는 앞서 살핀 바 있다. 하지만, 자동적 교체는 모두 음운적으로 조건된 교체이다. 자동적 교체는 그 언어의 음운 구조와 그 규칙에 의하여 일어나는 교체이기 때문이다.

　지금까지 이야기한 교체의 양상이 모종의 조건에 의한 조건 교체라면, 그와는 달리 특정한 조건없이 화자의 임의로운 선택에 의하여 결정되는 교체 양상도 있다. 자유 교체라고 이름지을 수 있는 것이 그것이다. 목적격 조사 '을'과 '를'의 선택은 선행체언의 말음이 자음이냐 모음이냐에 따른 조건 교체에 의한 것이라 하겠으나, 선행체언의 말음이 모음일 때 나타날 수 있는 또다른 이형태인 'ㄹ'의 선택은 온전히 화자의 선택 여부에 따른 것이라는 점에서 'ㄹ'과 '를'의 교체는 자유 교체라 할 수 있는 것이다. 이제 이들 여러 가지 교체의 역사적인 양상을 구체적인 예들을 통하여 차례로 살펴보기로 하자.

2. 살피고, 펴며

교체의 여러 가지 양상을 살피기 위해서는 그들을 성격에 따라 몇 가지로 나누어 보는 것이 효율적일 수 있다. 그를 위하여 여기서는 먼저 용언과 체언의 교체 양상으로 나누고 그들은 다시 규칙적인 교체와 불규칙적인 교체로 구분하기로 한다. 이들은 다시 어간의 말음이 자음 혹은 모음인지의 여부라든가 해당 어간이 가지고 있는 형태적인 정보와 같은 개별 특성에 따라 가르기로 한다.

2.1. 용언의 규칙적인 교체

1) 자음어간

자음을 말음으로 가지고 있는 용언 어간의 규칙적인 교체 양상은 크게 두 가지 원칙으로 정리할 수 있다. 그 하나는 모음 사이에 올 수 있는 자음 수효의 제약에 의한 것이고, 다른 하나는 음절말 자음의 중화에 의한 것이다. 이들 가운데 모음 사이에 올 수 있는 자음의 수효 제약이라는 원칙은 역사적으로 볼 때 변함이 거의 없었다고 할 수 있지만,[1]

음절말 자음의 중화라는 원칙은 각 시기별로 음절말 자음의 수에 차이가 있다는 점에서 어간 교체형의 변화 양상에 영향을 주었다고 할 수 있다. 음절말에 8개의 자음을 가지는 중세국어와 7개를 가지는 현대국어 사이를 보더라도 'ㅅ'이 'ㄷ'으로 중화된 변화를 찾아볼 수 있는 것이다. 다시 말하자면 중세국어에서 'ㅅ'이 어간 말음으로 오는 경우에, 중세국어의 'ㅅ'은 'ㅅ'을 유지하나 현대국어의 'ㅅ'은 'ㄷ'으로 중화된다는 것이다. 그와 같은 내용이 단지 표면적인 'ㅅ'에만 국한되는 것이 아님은 물론이다. 뒤의 (4)와 (4')에서 구체적인 예들을 보게 될 것이다. 먼저 현대국어에 이르기까지 교체 양상이 동일한 경우를 살피기로 하자.

(1)　가. 셜본 잀 中에도 離別 ᄀ틈니 업스니 일로 혜여보건덴 므슴 慈悲 겨시거뇨 〈석보 6:6ㄱ〉

　　　나. 나ᄂᆞᆫ 어버시 여희오 ᄂᆞ미 그에 브터 사로딕 우리 어시 아ᄃᆞ리 외룝고 입게 ᄃᆞ외야 〈석보 6:5ㄱ〉

　　　다. 耶輸ㅣ 그 긔별 드르시고 羅睺羅 더브러 노ᄑᆞᆫ 樓 우희 오ᄅᆞ시고 〈석보 6:2ㄴ〉

(1')　가. 우리 어시 아ᄃᆞ리 외룝고 입게 ᄃᆞ외야 人生 즐거본 ᄠᅳ디 업고 주구믈 기드리노니 〈석보 6:5ㄱ〉

　　　나. 비느레 혀근 벌에 잇ᄂᆞᆫ 苦와 더본 몰애 모매 붇ᄂᆞᆫ 苦왜라 〈석보 13:8ㄱ〉

　　　다. 舍衛國 中에 뭇 벼슬 놉고 가ᅀᅡ며루미 이 나라해 그듸 ᄀᆞ틈니 〈석보 6:15ㄱ〉

_____

1 역사적으로 볼 때의 어두자음군의 존재 여부에 관한 우리의 태도 표명은 유보하기로 한다.

위의 예 (1가, 나, 다)는 '없다, 븥다, 높다'가 모음이나 매개 모음 앞에서 어간의 말음이 실현된 경우를 보인 것이고, (1'가, 나, 다)는 어간의 말음 'ᄡ'에서 'ㅅ'이 탈락된 경우와 어간 말음 'ㅌ'과 'ㅍ'이 각각 'ㄷ'과 'ㅂ'으로 중화된 경우의 교체 양상을 보인 것이다. 구체적인 어휘 목록에서는 다소 차이를 보이지만, 이러한 경우의 교체 양상 자체는 현대국어의 그것과 다르지 않다.[2] 다음의 (2)는 중세국어에서 찾아볼 수 있는 'ㅌ→ㄷ, ㅍ→ㅂ'의 예들의 몇몇을 보인 것이다.

<blockquote>

(2) 가. 긷-(遺), 낱-(現), 녙-(淺), 밭-(唾), 부룥-(胝), 비밭-(吐), 흩-(散), 흗-(散)

나. 갚-(報), 깊-(深), 둪-(覆), 딮-(杖)

</blockquote>

다음에 살필 (3)과 (3'), (4)와 (4')은 규칙적인 교체 양상을 보이나 현대국어에서는 찾아볼 수 없는 예들을 소개한 것이다.

<blockquote>

(3) 네 겨지비 고ᄫᆞ니여 對答ᄒᆞᅀᆞᄫᅩ디 고ᄫᆞ니이다 〈월석 7:10ㄴ〉

(3') 흔 婬女ㅣ 잇거늘 迦尸國王이 곱다 듣고 惑心을 내야 〈월석 7:14ㄴ〉

(4) 가. ᄒᆞ녀ᄀᆞ론 깃거 니러 절ᄒᆞ시고 안ᄌᆞ쇼셔 ᄒᆞ시고 〈석보 6:3ㄱ〉

나. 곧 이젯 늘그니ᄂᆞᆫ 새 말ᄉᆞ미 업스니 들굸 그텟 목 움츤 鯿魚를 쇽졀 업시 낫가 먹놋다 〈두언 16:14ㄱ〉

다. 諸佛도 出家ᄒᆞ샤ᅀᅡ 道理를 닷ᄀᆞ시ᄂᆞ니 나도 그리 호리라 ᄒᆞ고 〈석보 6:12ㄱ〉

</blockquote>

---

2 표기형과 음성실현형 사이의 차이에 유의할 것. 중세국어 자료의 대부분이 취하고 있는 표기법은 음소적 원리에 근거한 것인 반면에, 현대의 '한글 맞춤법'이 취하고 있는 원리는 형태음소적인 것임을 기억할 필요가 있다.

라. 麗運이 衰ᄒ거든 나라홀 맛ᄃ시릴ᄊ 東海ㅅ ᄀᆡ 져재 ᄀᆞᇀᄒ니 〈용가 6〉

마. 座애셔 니러 부텻 알ᄑᆡ 나ᅀᅡ 드르샤 禮數ᄒᅌᆞᆸ고 合掌ᄒᆞ야 ᄉᆞᆲᄫᅧ샤ᄃᆡ
〈석보 11:17ㄱ〉

바. 이 命終ᄒᆞᆫ 사ᄅᆞ미 殃孽에 버므러 對ᄒᆞ야 마초 뼈 됴ᄒᆞᆫ 싸해 느지 나
게 ᄒᆞ리니 〈월석 21:106ㄱ〉

사. 萬物로셔 도ᄅᆞᅘᅧ 비취샤 아니 ᄉᆞᄆᆞ촌 ᄃᆡ 업스샤믈 圓通이시다 ᄒᆞᄂ
니 〈석보 21:19ㄱ〉

(4') 가. 올ᄒᆞᆫ 녀그로 세 ᄫᅵᆯ 값도ᅀᆞᆸ고 ᄒᆞ녀긔 <u>앉거늘</u> 그제ᅀᅡ 須達이 설우ᅀᅡᄫᅡ
〈석보 6:21ㄱ〉

나. 입시우리 드리디 아니ᄒᆞ며 웁디 아니ᄒᆞ며 디드디 아니ᄒᆞ며 헐믓디
아니ᄒᆞ며 〈석보 19:7ㄱ〉

다. 夫人과 두 아ᄃᆞᆯ와 眷屬들콰로 佛法 中에 出家ᄒᆞ야 道理 닷더라 〈석
보 21:43ㄴ〉

라. 佛子ㅣ ᄃᆞ외야 부텻 이ᄅᆞᆯ 맛ᄂᆞ니 이 十住始終ㅅ 次第라 〈능엄 8:28ㄴ〉

마. 百足ᄋᆞᆫ 일후미 蚿이니 蚨의 類니 발 하ᄃᆡ 녀믈 낫디 몯ᄒᆞ고 〈법화
2:109ㄱ〉

바. ᄯᅩ ᄲᆞᄅᆞ도 아니ᄒᆞ며 늣도 아니ᄒᆞ야 話頭ᄅᆞᆯ 擧하야 〈몽산 7ㄱ〉

사. 螺ᄂᆞᆫ 흔 소리로 다 ᄉᆞᆺ고 부픈 한 사ᄅᆞᆷ 出令ᄒᆞ고 〈석보 13 :26ㄴ〉

위의 (3)은 어간 말음으로 'ᄫ'을 가지고 있는 예를 보인 것이며, (4)는
음절말 위치에서 'ㅅ'을 가지고 있는 예들을 보인 것들로 현대국어에서
는 그와 같은 양상을 찾아볼 수 없는 예들이다. 예 (3)의 'ᄀᆞᆲ-'은 'ᄫ'을
어간 말음으로 가지고 있어, 'ᄫ'이 'β 〉 ω'로의 변화 과정을 거치는 것
과 함께 교체의 양상도 달라지게 된 것이다.[3] 그와 같은 교체의 범주에
는 현대국어에서 어간말음이 'ㄼ'으로 바뀐 '엷다(薄), 밟다(踏)'와 같은

예들도 속한다. 예 (4)도 현대국어에 와서는 그 교체 양상을 달리하게 된 예들을 보인 것이다. 음절말에 실현되던 'ㅅ'이 'ㄷ'으로 중화됨에 따라 교체의 양상도 달라지게 된 예들을 같은 자리에 모은 것이다. 중세국어에서의 어간 말음 'ㄵ, ㅁㅊ, ㅺ, ㅼ, ㅿ, ㅈ, ㅊ'이 각각 'ㄳ, ㅁㅅ, ㅅ' 등으로 교체됨을 알 수 있다. 그러나 그와 같은 관찰은 피상적인 것임에 유의할 필요가 있다. (4)와 (4')에 보인 예들은 그 내용을 조금씩 달리하고 있기 때문이다. 먼저 (4가)의 '앉다'는 다음의 (4가')과 같은 예를 가지고 있음을 기억해야 한다.

(4) 가'. 쥬의 坊의 가 안써나 셔거나 아니 한 ᄉᆞᅀᅵ를 드러도 〈석보 19:5ㄴ〉

이는 'ㄳ'이 (4가)와 같이 표기되었다고 하더라도 그 경우의 'ㅅ'은 된소리표기를 위한 것으로 이해하는 것이 온당한 것임을 보인다. 'ㅁㅊ'이 'ㅁㅅ'으로 되어진 것도 같은 맥락 속에서 이해되어야 한다. (4다, 라)에 보인 '돍다, 맜다'의 경우는 'ㅺ, ㅼ'이 'ㅅ'으로 교체된 것이기는 하나, 교체의 조건이 중화가 아니라 모음 사이의 자음 제약이라는 점에서 차이가 있는 것이다. 그 밖의 예들은 음절말 위치에 'ㅅ'으로 중화된 예들이다. 현대국어에서라면 모두 'ㄷ'으로 중화되어야 할 예들인 것이다. 참고로 (4)와 (4')의 교체 양상을 보이는 용언의 예들 가운데 몇몇을 다음의 (5)에 소개한다.

---

3 'ㅸ'의 'β > ω'로의 변화 과정에 대해서는 김완진(1972)를 참조할 것. 물론 다른 해석가능성도 있다. 어간 말음을 'ㅸ'이 아니라 'ㅂ'으로 보고, 'ㅂ → ㅸ'으로 교체된다고 보는 것이다. 우리의 논의가 취하는 태도와는 상반된 접근 방식이기는 하지만, 이러한 예들에 대하여 교체형이 아니라 별개의 어휘로 다루는 태도로 있을 수 있다.

(5) 가. 엿-(揚)

　　나. 쟈-(削), 져-(折), 겨-(經), 좌-(喜), 쿄-(勞), 뮸-(束), 봈-(焦煎), 빗-
　　　　(斜), 셔-(混), 여-(編)

　　다. 닛-(繼), 둧-(愛), 븟-(注), 앗-(奪), 웃-(笑), 좃-(稽), 줏-(拾), 짓-(作)

　　라. 궂-(備), 닞-(忘), 맞-(逢), 몟-(惡), 뜿-(裂), 슿-(洗), 젖-(濕), 좇-(頻),
　　　　촞-(尋)

　　마. 그릋-(違), 궂-(定), 뉘읓-(悔), 미좇-(尾終), 및-(及), 못-(終), 붗-(扇),
　　　　좇-(隨)

　다음으로 ‘ㄹ’을 어간 말음으로 가지고 있는 예들을 살피기로 하자. 현대국어에서 ‘ㄹ’을 어간 말음으로 가지는 예들은 매개 모음으로 시작되는 어미 앞에 올 때 어간 말음 ‘ㄹ’이 탈락된다. 이해를 돕기 위하여 ‘한글 맞춤법’ 제18항의 일부를 (6)에 가져오기로 한다.

(6) 다음과 같은 용언들은 어미가 바뀔 경우, 그 어간이나 어미가 원칙에 벗어나면 벗어나는 대로 적는다.

　　어간의 끝 ‘ㄹ’이 줄어질 적

　　갈다 :　가니　　간　　갑니다　　가시다　　가오

　　놀다 :　노니　　논　　놉니다　　노시다　　노오

　　불다 :　부니　　분　　붑니다　　부시다　　부오

　　둥글다 : 둥그니　둥근　　둥급니다　둥그시다　둥그오

　　어질다 : 어지니　어진　　둥급니다　어지시다　어지오

　　[붙임] 다음과 같은 말에서도 ‘ㄹ’이 준 대로 적는다.

　　마지못하다　　마지않다　　(하)다마다　　(하)자마자

　　(하)지 마라　　(하)지 마(아)

큰 흐름 속에서 본다면, 용언의 어간 말음 'ㄹ'의 교체 양상은 중세국
어 이래로 크게 다른 점은 없다고 할 수 있겠으나 다음과 같은 두 가지
점의 차이는 지적되어야 할 것이다. 먼저 중세국어의 예들을 보기로
하자.

(7) 가. 므를 조차셔 <u>노르시다가</u> 뎌레 가 향 퓌우시고 구경ᄒ신 후에 〈번박
　　　상:70ㄴ〉

　　나. 世尊이 須達이 올 똘 아르시고 밧긔 나아 걷니더시니 〈석보 6:17ㄴ〉

(8) 가. 이제 져믄 저그란 안즉 ᄆᆞᅀᆞᆷ신장 노다가 ᄌᆞ라면 〈석보 6:11ㄱ〉

　　나. 그 王 夫人도 諸佛集 三昧를 得ᄒ야 諸佛秘密ᄒᆞᆫ 藏을 아더라 〈석보
　　　21:41ㄱ〉

위의 (7)에 보인 예는 존경법의 '-시-' 앞에서 '가시다, 노시다, 부시다,
둥그시다, 어지시다'와 같이 'ㄹ'이 탈락되는 것과는 달리 'ㄹ'이 유지되
고 있어 차이가 있음을 보여주고, (8)의 예는 'ㄷ'이나 'ㅈ' 앞에서 언제
나 'ㄹ'이 탈락된다는 점에서 현대국어와 차이를 보이고 있다. 현대국어
에서도 어간 말음 'ㄹ'이 'ㄷ'이나 'ㅈ' 앞에서 탈락하는 경우가 있기는
하지만 예 (6)의 [붙임]에 든 '말다' 정도에 한한다.

2) 모음어간

어간 말음으로 모음을 가지는 용언 어간의 규칙적인 교체 가운데
모음으로 시작되는 어미와의 결합 양상은 대개 모음의 연접규칙에
따른다. 이를 테면 '가-(去)+아서→가서'나 '쓰-(用)+어→뻐'와 같은
경우를 들 수 있다. 모음 체계의 변화를 고려한다면, 중세국어에서의
어간 말음으로 모음을 가지는 용언 어간의 규칙적인 교체 양상은 현

대국어의 그것과 크게 다르지 않다. 다음의 (9)는 그를 정리한 것이다.

(9) 가. ㅏ + ㅏ → ㅏ

나. ㅓ + ㅓ → ㅓ

다. ㅡ + ㅓ → ㅓ

라. ㅡ + ㅜ → ㅜ

마. ㆍ + ㅏ → ㅏ

바. ㆍ + ㅗ → ㅗ

위의 (9)에 보인 내용이 자음 어간의 규칙적인 교체 양상처럼 음운론적인 제약에 따른 것은 아니나, 위와 같은 조건 아래에서는 일정하게 일어난다는 점에서 불규칙적인 교체라 하기는 어렵다 할 것이다. (9가, 나, 다)의 경우는 현대국어에서도 그 예를 쉽게 찾아볼 수 있는 것이나, (9라, 마, 사)는 중세국어에서의 경우라는 점에서 구체적인 예들을 (9')에서 보기로 하자.

(9') 가. 聲聞辟支佛이 즐겨 춤을 츠며 十方衆生이 孝養을 아ᅀᆞᄫᅵ니 〈월석 21:190ㄴ〉

나. 못 몬져 瞻婆城을 ᄊᆞ니 城 싸 사리를 始作ᄒᆞ니라 〈월석 1:44ㄱ〉

다. 書冊앳 사슬와 藥 ᄡᅵᆫ 딘 거믜줄이 얼것고 뫼햇 집과 뫼햇 ᄃᆞ리ᄂᆞ 믈 바를 보내ᄂᆞ니라 〈두언 21:4ㄴ〉

(9')의 예는 '츠-(舞), ᄊᆞ-(築), ᄡᅳ-(包)'에 어미가 결합되어 활용한 경우를 보인 것이다.

지금까지 살핀 어간 말음으로 모음을 가지는 용언 어간의 예들이 모음의 연접 규칙에 따른 것인 반면에 다음에 살필 중세국어의 예들은 그 성격을 달리한다. 이른바 특수어간교체라 불리는 것으로 음운론적으로 조건된 교체는 아니나, 일정한 조건을 갖추어 일어나는 교체라는 점에서 불규칙적인 교체라 할 수는 없는 예들이다. 이들 특수어간교체의 예들은 몇 가지 다른 유형을 보이고 있다. 먼저 해당 용례들을 통하여 교체의 양상과 그 조건들을 살피기로 하자.

(10) ㅎ마 千萬 부텨긔 믈읫 됴흔 根源을 <u>시므시니라</u> 〈석보 13:30ㄴ〉

(11) 곳과 여름괘 가지마다 <u>다르더니</u> 舍利弗이 神力으로 旋嵐風을 내니 〈석보 6:30ㄴ〉

(12) 모딘 길헤 뻐러디면 恩愛를 머리 여희여 어즐코 아득ㅎ야 어미도 아ᄃ를 <u>모르며</u> 아들도 어미를 <u>모르리니</u> 〈석보 6:3ㄴ〉

(13) 四天王이 술위 <u>그스ᅀᆞᆸ고</u> 梵天이 길 자바 無憂樹 미틔 가시니 〈월석 2:35ㄴ,36ㄱ〉

위에 보인 (10-13)은 각각 '시므-(植), 다르-(異), 모르-(不知), 그스-(牽)'의 예들을 보인 것이다. 현대국어로는 각각 '심다, 다르다, 모르다, 끌다'의 의미를 가지는 이들 어간들은 모음어미 앞에서는 어간말 모음이 탈락하여 각기 다른 자음어간으로 교체가 된다. '시므- → 심-, 다르- → 달ㅇ-, 모르- → 몰르-, 그스- → 긂ㅇ-' 등이 그것이다. 다음에 볼 예 (10'-13')이 그것이다.

(10') 아마도 福이 조ᅀᆞᆯ볓이 아니 <u>심거</u> 몯홀 꺼시라 〈석보 6:37ㄴ, 38ㄱ〉

(11') 諸佛 니르시논 마른 乃終 내 <u>달옳</u> 주리 업스시니이다 〈석보 9:27ㄱ〉

(12') 부텨 뵈ᄉᆞᆸᄂᆞᆫ 禮數를 몰라 바ᄅᆞ드러 묻ᄌᆞᆸ오ᄃᆡ 瞿曇安否ㅣ 便安ᄒᆞ시니잇

가 ᄒᆞ더니 〈석보 6:20ㄴ〉

(13') 楊子ㅣ 閣애셔 ᄂᆞ려려 머믈오 鄒生은 옷기슭 ᄀᆞᆺ우믈 앗기니라 〈두언

20:34ㄴ〉

예 (10-13)과 (10'-13')에 보인 교체의 양상이 음운론적인 제약에 의하
여 생긴 것은 아니지만, 일정한 조건을 갖춘 어간에 나타난다는 점에서
불규칙적인 것이라고는 할 수 없다. 이와 같은 교체 양상을 보이는 어
간들에서는 표면적인 공통점들을 찾아볼 수 있다. 다음의 (14)가 그것
이다.

(14) 가. 어간이 두 음절로 구성되어 있다.

나. 어간말음절의 구성이 'ㄴ, ㄹ, ㅁ, ㅿ' + 'ᄋᆞ, 으'로 구성되어 있다.

다. 어간 두 음절의 성조가 모두 평성이다.

현재로서는 위의 (14)에 보인 내용들이 특수어간교체와 가지는 직접
적인 관계를 밝히는 것이 그리 간단해 보이지는 않는다. 하지만 이들
어간의 기원적인 모습을 알아본다든가, 교체의 조건에 대한 보다 정밀
한 이해를 위한 바탕에 (14)의 내용들이 있어야 하리라는 것은 분명하
다 하겠다. 어간말 음절을 구성하는 음소가 유성자음이라는 점이라든
가 어간의 성조형이 모두 평성이라는 점 등은 중요한 단서를 가지고 있
는 것으로 보이기 때문이다. 특히 성조형을 보이고 있는 중세국어에 대
한 올바른 이해를 위해서는 성조에 대한 고려가 반드시 필요한 것이라
할 것이다. 참고로 특수어간교체를 보이는 중세국어 용언 어간의 예들
을 유형별로 나누어 소개하기로 한다.

(10") 주므-(鎖)

(11") 고르-(均), 그르-(誤), 기르-(養), 니르-(謂), 두르-(圍), 무르-(裁), 바르-
(直), 오르-(上)

(12") 므르-(退), 샌르-(速), 부르-(演), 브르-(呼), 흐르-(流)

(13") 브슥-(碎), 비스-(扮)

이와 같은 교체 양상은 현대국어에 이르면서 그 모습을 달리하게 된
다. 현대국어에 이르는 과정에서 경험하게 되는 변화에 관해서는 2.5에
서 살피기로 한다.

2.2. 용언의 불규칙적인 교체

지금까지 우리는 용언 어간의 규칙적인 교체 양상에 대하여 살폈다.
음운론적인 조건에 의하여 발생하는 자동적인 교체는 물론 음운론적인
조건에 의한 것은 아니나 일정한 조건을 갖추어 일어나 규칙적인 양상
을 보이는 예들도 그 대상이었다. 여기서는 앞서 살핀 경우와는 달리
일정한 규칙을 세우기 어려운 불규칙적인 교체를 보이는 용언 어간들
에 대하여 살피기로 한다. 이들은 교체가 일어나는 규칙을 세우기 어렵
다는 점에서 불규칙적인 교체일 뿐만 아니라 비자동적인 교체이기도
한 예들이다. 이해를 돕기 위하여 앞서와 마찬가지로 자음어간과 모음
어간으로 갈라 보았다.

1) 자음어간

현대국어에서 찾아볼 수 있는 불규칙교체의 예들은 '한글 맞춤법' 제
18항에 소개되어 있다. 특정 위치에서 어간의 말음 'ㄷ'이 'ㄹ'로 교체되

는 'ㄷ'변칙 용언을 보이고 있는 다음의 예 (15)가 그 예이다.

(15) 걷다[步] : 걸어, 걸으니, 걸었다

　　 듣다[聽] : 들어, 들으니, 들었다

　　 묻다[問] : 물어, 물으니, 물었다

　　 싣다[載] : 실어, 실으니, 실었다

위의 예 (15)에서 보듯이 어간 말음 'ㄷ'이 'ㄹ'로 변하는 것인데, 이러한 교체가 동일한 환경에서 늘 일어나는 것은 아니라는 점에서 불규칙적이며, 비자동적인 교체라 할 수 있는 것이다. 'ㄷ'을 어간 말음으로 가지면서도 규칙적인 교체를 보이는 다음의 예 (15')과 비교해 볼 필요가 있다.

(15') 곧다[直] : 곧아, 곧으니, 곧았다

　　 얻다[得] : 얻어, 얻으니, 얻었다

예 (15)와 같은 불규칙적인 교체 양상은 중세국어에서도 그 존재를 확인할 수 있다. 다음에 살필 (16)과 (16')으로 그와 같은 양상을 보기로 하거니와, 현대국어에서 살필 수 있는 예들의 소개는 피하기로 한다.

(16) 가. 比丘 드려 닐오딕 녀 죵아 닐웨 ᄒ마 다 <u>돋거다</u> 〈석보 24:15ㄴ〉

　　 나. 兵家ㅣ 閒諜ᄒ리를 아쳗ᄂ니 이 무리 ᄆ샹 자최 니셋더라 〈두언 7:27ㄱ〉

　　 다. 고죽혼 ᄆᄉᄆ로 녀 如來ㅅ 일후믈 일코ᄌᄫ라 讚嘆ᄒ야 恭敬 供養ᄒ

　　　　 ᄉᄫ면 〈석보 9:25ㄴ〉

(16)의 예들은 동사 '돋-(走), 아쳗-(嫌), 일쿋-(謂)'이 자음으로 시작되는 어미 '-거-, -ᄂ-, -줍-' 앞에 쓰인 경우를 보인 것이다. 이들 동사는 모음으로 시작되는 어미 앞에 올 경우 어간말 자음 'ㄷ'이 'ㄹ'로 교체된다. 다음의 예 (16')이 그것이다.

(16') 가. 모든 사ᄅᆞ미 막다히며 디새며 돌ᄒᆞ로 텨든 조치여 ᄃᆞ라 머리 가셔
⟨석보 19:30ㄴ, 31ㄱ⟩

나. 滅디 아니커든 보면 곧 憍慢ᄒᆞ며 밨대훈 ᄆᆞᅀᆞᆷ 니ᄅᆞ와다 아쳐러 게
으른 ᄠᅳ들 머거 ⟨월석 17:14ㄱ⟩

다. 샹녜 諸佛이 일ᄏᆞ라 讚嘆ᄒᆞ시며 慈悲心ᄋᆞ로 몸 닷가 부텻 智慧예 잘
드르샤 ⟨석보 13:4ㄴ⟩

참고로 이와 같이 어간말 자음 'ㄷ'이 불규칙하게 교체되는 그밖의 예들 가운데 몇몇을 (16")에 들어두기로 한다.

(16") 겯-(編), 긷-(汲), 내돋-(走), 다돋-(到), ᄠᅳᆮ듣-(滴), ᄭᆡ돋-(覺), 업듣-(伏),
티돋-(走)

이와 같은 유형에 속하는 또다른 동사로 '흗다'(散)를 들 수 있으나, 동사 '흗다'에 대해서는 현대국어와 관련하여 다소의 설명이 필요하다고 하겠다. 현대국어와는 달리 중세국어에는 '흗다'(散)와 '흩다'(散) 두 형태가 모두 존재하기 때문이다. 다음의 예 (17)과 (18)이 그것이다.

(17) 가. 不斷ᄋᆞᆫ 긏디 아니홀 씨오 不散ᄋᆞᆫ 흗디 아니홀 씨라 ⟨월석 10:63ㄴ⟩
나. ᄒᆡ 기울어늘 고기 쏘 나 먹고 소니 흗거늘 새 도로 오놋다 ⟨두언

15:17ㄴ〉

(18) 散壞非時電雲은 時節 아닌 쩻 번게 구르믈 흐터 ᄒᆞ야 ᄇᆞ릴 씨라 〈월석
10:81ㄱ〉

위의 예 (17)에서 보듯이 중세국어의 '흗다'와 '흘다' 사이에는 의미·
기능상의 차이가 있음을 알 수 있다. '흗다'가 주로 자동사로 쓰인 반면
에, '흘다'는 주로 타동사로 쓰이고 있다는 점이 그것이다.4 그러한 의
미·기능상의 차이는 교체의 양상에도 차이를 보인다. '흘다'의 교체가
규칙적인 양상을 보이는 것과는 달리 '흗다'는 (17')과 같이 불규칙적인
양상을 보이는 것이다.

(17') 가. 能히 星火ㅣ 흐러 쁘려 空界예 盛히 부츄믈 내ᄂᆞ니라 〈능엄 8:97ㄱ〉

　　　나. 블근 히 빗옛 軍師ᄅᆞᆯ 비취옛ᄂᆞ니 블근 旗ᄂᆞᆫ 너븐 내해 흐럿도다 〈두
언 22:23ㄴ〉

의미·기능상의 차이를 보이는 '흗다'와 '흘다'와는 달리 의미나 기능
상의 차이가 없이 쓰이는 용언들이 있다. 이른바 '쌍형어간'이라고 불리
는 '버믈-/범글-(繞), 여믈-/염글-(實), 져믈-/졈글-(暮), ᄆᆞ니-/만지-(摩)'와
같은 용언들이 그것으로, 현대국어에서는 '버물다, 여물다, 저물다, 만
지다' 등만이 표준어로 인정되어 다른 형태들은 일부 방언에 남아 있거

---

4 다음의 예에서처럼 타동사구문에 나타나는 '흗다'에는 주의를 필요로 한다.

　구루믄 灌壇앳 비를 흗고 보믄 彭澤ㅅ 바티 프르렛도다 〈두언 7:32ㄱ〉

　이러한 경우의 '흗다'는 '흘다'가 팔종성가족용법(八終聲可足用法)의 적용을 받은 결과로
이해해야 할 것이기 때문이다.

나 소멸되었다. 그러나 현대국어에서의 이러한 양상과는 달리 중세국
어에서는 쌍형 어간 모두가 동일한 자격으로 쓰였다는 점은 기억할 필
요가 있다. 다음의 예들이 그것이다.

(19) 가. 흰 瑠璃 구루미 곧ᄒᆞ야 부텻긔 닐굽 볼 버므러 金盖 ᄃᆞ외오 〈월석
7:30ㄱ〉

나. 빗과 소리와 香과 맛과 모매 범그는 것과 法과이 됴ᄒᆞ며 〈석보 13:38ㄴ〉

(20) 가. 잢간도 즐어듀미 업서 곳 ᄃᆞ외리로 프며 여름 ᄃᆞ외리로 여믈에 ᄒᆞ야
各各 제 일에 ᄒᆞᄂᆞ니 〈법화 3:12ㄴ〉

나. 엇게와 목과 손과 발왜 두루 염그러 됴ᄒᆞ시며 샹녜 光明이 面마다
여듧 자히시며 〈월석 2:41ㄱ〉

(21) 가. 하ᄂᆞᆯ히 칩고 프른 ᄉᆞ매 열우니 ᄒᆡ 져믈어ᄂᆞᆯ 긴 대를 지여 샛도다
〈두언 8:66ㄴ〉

나. 빗돗 글어 가매 歲月이 졈그ᄂᆞ니 어루 春風과 다ᄆᆞᆺ 가리로다 〈두언
22:42ㄴ〉5

(22) 가. 化身 地藏菩薩 摩訶薩ㅅ 머리를 ᄆᆞ니시며 니ᄅᆞ샤ᄃᆡ 〈석보 11:5ㄴ〉

나. 그 샐로미 구브며 울월 ᄡᅴ예 四海 밧글 다시 ᄆᆞ지ᄂᆞ니 賢智를 비디
아니라 〈법화 6:31ㄱ〉

위의 예들은 '버믈-/범글-, 여믈-/염글-, 져믈-/졈글-, ᄆᆞ니-/만지-'가 나
타나는 문장을 대비시켜 보인 것이다. 이들 사이의 출현 조건을 찾기는
어려워 보인다. 자료의 성격으로나 출현 환경으로나 그들 사이에 어떠
한 차이가 있는 것으로는 보이지 않기 때문이다. 이들의 이러한 교체

---

5 '졈글-'과 '졈그-' 사이의 규칙적인 교체는 별개의 문제이다.

양상은 자유교체라 할 수 있는 것이다.[6] 이러한 자유교체 현상이 일어나게 되는 원인에 대해서는 구체적인 경우에 따라 달리 설명이 될 수 있을 것이나 크게 보면 기존 형태에 대한 새로운 형태의 출현으로 이해할 수 있을 것이다. 기존 형태와 새로운 형태 사이의 경쟁 과정이 자유교체라는 현상으로 나타난다는 것이다. 그렇지만 형태들 사이의 경쟁 과정의 확인이 그리 간단한 것만은 아니다. 경우에 따라 다르기는 하지만 일반적으로는 상당한 기간의 관찰과 그에 따른 많은 노력을 필요로 하기 때문이다. 그러한 측면에서 본다면 다음에 볼 예 (23)과 (24)의 '앉-/앚-(坐), 엱-/옂-(置上)'의 경우는 오히려 특별한 경우에 속하는 것이라 하겠다.

(23) 가. 舍利弗이 虛空애 올아 거르며 셔며 안ᄌ며 누ᄫ며 ᄒ고 몸 우희 믈 내오 몸 아래 블내오 〈석보 6:33ㄴ〉

　　나. 제 座ᄅᆞᆯ ᄂᆞ호아 안치면 이 사ᄅᆞ미 功德이 後生애 帝釋 앛ᄂᆞᆫ 짜히어나 梵王 앛ᄂᆞᆫ 짜히어나 轉輪聖王 앛ᄂᆞᆫ 짜ᄒᆞᆯ 得ᄒᆞ리라 〈석보 19:6ㄱ〉

(24) 가. 노ᄑᆞᆫ 座 밍글오 便安히 연ᄌ면 그 ᄢᅴ 四天王이 眷屬과 無量百千天衆 ᄃᆞ리고 〈석보 9:21ㄱ,ㄴ〉

　　나. 典은 尊ᄒᆞ야 여저 둘 씨니 經을 尊ᄒᆞ야 여저 뒷ᄂᆞᆫ 거실ᄊᆡ 經典이라 ᄒᆞᄂᆞ니라 〈석보 13:17ㄱ,ㄴ〉

위의 예 (23가, 나)와 (24가, 나)는 의도적으로 동일한 자료인 '석보상절'에서 취하였다. 이들 예만으로 본다면 '앉-/엱-'과 '앚-/옂-' 사이에 쓰

---

6 '버믈-/범글-, 여믈-/염글-, 져믈-/졈글-'의 두 형태가 현대국어에 표준어로든 아니면 방언으로든 남아 있는 것과는 달리 'ᄆᆞ니-/ᄆᆞ지-'의 경우에는 'ᄆᆞ지-'만이 '만지-'의 형태로 남아 있다는 점에서 차이가 있다. 하지만 그것이 공시적인 교체 현상에 대한 이해에 직접적인 관계를 가지는 것은 아니다.

임의 차이는 없는 듯이도 보인다. 하지만 눈을 조금만 돌려보면 이들 사이의 사용 빈도와 그에 따른 출현 양상에는 엄청난 차이가 있음을 알게 된다. 16세기 자료에서도 간혹 용례가 보이기는 하나 '앞-/옆-'의 쓰임새는 극히 제한된 것이었기 때문이다. 현대국어에서도 여전히 생명력을 가지고 있는, 새로운 형태 '앉-/옆-'과의 경쟁에서 밀린 결과라 할 것이다.[7]

2) 모음어간

어간 말음으로 모음을 가지는 용언어간의 불규칙적인 교체 양상은 그 경우가 그리 많은 편은 아니다. 한글 맞춤법 제18항에 규정된 현대국어의 예로는 어간 말음 'ㅜ'가 줄어지는 경우와 'ㅡ'가 줄어지는 경우가 있다. 다음의 예 (25)와 (26)이 그것이다.

(25) 푸다 : 퍼, 펐다

(26) 가. 끄다 : 꺼, 껐다

　　　　뜨다 : 떠, 떴다

　　　　크다 : 커, 컸다

　　　　고프다 : 고파, 고팠다

　　　　담그다 : 담가, 담갔다

　　　　따르다 : 따라, 따랐다

　　　　바쁘다 : 바빠, 바빴다

　　나. 가르다 : 갈라, 갈랐다　　　부르다 : 불러, 불렀다

　　　　거르다 : 걸러, 걸렀다　　　오르다 : 올라, 올랐다

---

7 '앉-/옆-'과 '앞-/옆-'에 관한 보다 구체적인 내용에 관해서는 이기문(1964)를 참조할 것.

구르다 : 굴러, 굴렀다   이르다 : 일러, 일렀다

벼르다 : 별러, 별렀다   지르다 : 질러, 질렀다

어간의 끝 'ㅜ'가 줄어지는 예는 (25)에 든 '푸다'에 한하지만, 'ㅡ'가
줄어지는 '으' 불규칙 용언의 경우는 (26가)와 같이 단순히 줄어드는 경
우와, (26나)와 같이 어간의 끝음절 '르'의 'ㅡ'가 줄고 그 뒤에 오는 어미
'-아/-어'가 '-라/-러'로 바뀌는 경우가 있어 차이를 보인다. (25)와 같은
양상을 보이는 중세국어의 예는 보이지 않는다. 현대국어의 '푸다'는 중
세국어에서 '프다'로 존재하여 (26가)와 같은 모습의 교체를 보이는 것
이다. 그를 제외한다면 어간 말음 'ㅡ'와 관련된 불규칙적인 교체의 내
용은 중세국어에서도 (26가, 나)와 같은 모습을 가진다고 하겠다. 하지
만 예 (27)과 같은 현대국어의 '러' 불규칙 용언인 경우에는 중세국어와
교체 양상에서 차이를 보인다. 예 (28), (29)에 보이는 중세국어 '니를-'
의 예들과 비교해 보자.

(27) 이르다[至] : 이르러, 이르렀다

     누르다[黃] : 누르러, 누르렀다

     푸르다[靑] : 푸르러, 푸르렀다

(28) 가. 一萬 八千 世界롤 비취샤티 아래로 阿鼻地獄애 니를오 우흐로 阿迦
        膩吒天에 니르니 〈석보 13:13ㄴ〉

     나. 期ᄂ 긔지오 致ᄂ 니를에 홀씨라 〈월석 서:19ㄴ〉

     다. 이 功德이 ᄀ조몰 홀리어나 닐웨예 니를어나 ᄒ면 즉자히 가아 나리
        니 〈월석 8:47ㄴ〉

     라. 여러 德을 ᄀ초 디내야 邪롤 혀 正에 드료매 니를면 一乘의 體 ᄀᄌ
        며 〈월석 11:24ㄱ〉

(29) 가. 아래로 阿鼻地獄애 <u>니르며</u> 우흐로 有頂에 니르리 보며 〈석보 19:13ㄴ〉

나. 우흐로 梵世예 <u>니르게</u> ᄒ시고 一切 터럭 구무마다 그지 업스며 〈석보 19:38ㄴ〉

다. 廣長舌 내샤 우흐로 梵世예 <u>니르샤ᄆ</u> 辯說ᄒ시ᄂ 神力을 나토시니라 無量光을 펴샤 〈월석 18:4ㄴ〉

라. 果德을 일워 灌頂位ᄅ 受ᄒ매 <u>니르면</u> 一切 畢竟 堅固ᄒ 이리 다 내게 ᄀᄌ리라 〈능엄 1:9ㄴ〉

위의 예 (28)과 (29)는 현대국어 '러' 불규칙 용언들의 교체 양상과 다소 차이를 보인다. 모음어미와 결합할 때에는 '니를-'이 선택되고, 그 밖의 경우에는 (28라)와 (29라)의 예에서처럼 '니를-'과 '니르-'가 자유롭게 선택되는 것이다. 중세국어에서는 대체로 '니를-'형이 우세하나, 근대국어 이후로는 '니르-'형이 우세하여지고 '니를-'은 모음어미 '-어' 앞에서만 나타난다. 예 (27)에서 본 '누르다, 푸르다'의 소급형 '누를-/누르-, 프를-/프르-' 등도 이와 같은 유형의 용언들에 속한다.

다음에 살필 예들도 현대국어에서는 그 교체 양상을 찾아볼 수 없는 특별한 경우를 보이고 있다.

(30) 가. 가ᄌᆯ비건댄 사ᄅ미 바ᄆ 녀<u>다가</u> 机ᄅ 보고 도ᄌ긴가 너겨며 모딘 귀ᄴᅥ신가 너겨 〈석보 11:34ㄴ〉

나. 須達이 護彌 지븨 <u>니거늘</u> 護彌 깃거 나아 迎逢ᄒ야 〈석보 6:15ㄴ〉

(31) 가. 나도 그리 호리라 ᄒ고 손소 머리 갓고 묏고래 <u>이셔</u> 道理 ᄉ랑ᄒ더니 〈석보 6:12ㄱ〉

나. 婆羅門을 ᄃ려 닐오ᄃ 어듸ᅀᅡ 됴ᄒ ᄯ리 양ᄌ ᄀᄌ니 <u>잇거뇨</u> 〈석보 6:13ㄴ〉

다. ᄒᆞ마 想元을 다아 生理예 다시 흐르며 ᄀᆞ마니 <u>시며</u> 뮈여 〈능엄
10:14ㄴ〉

(32)　가. 일로 혜여보건덴 므슴 慈悲 <u>겨시거뇨</u> ᄒᆞ고 〈석보 6:6ㄱ〉

　　　나. 多寶佛은 도로 아직 네ᄀᆞ티 <u>겨쇼셔</u> ᄒᆞ시니 〈석보 20:44ㄴ〉

위의 예 (30)은 동사 '녀다'의 교체를 보인 것이고, (31)은 '이시다'의
경우를 든 것이며, (32)는 '겨시다'의 교체 양상을 보인 것이다. (30)의
동사 어간 '녀-'(行)는 선어말 어미 '-거-'앞에서는 '니-'로 교체되고,[8] (31
가)의 용언어간 '이시-'(有)는 모음 및 유성자음으로 시작된 어미 앞에
나타나지만,[9] 그밖의 어미 앞에서는 (31나)에서처럼 '잇-'으로 교체되었
다. 이러한 용언 어간 '이시-'는 경우에 따라 i로 끝난 단어 뒤에서 '시-'
로 나타나기도 한다. (31다)의 예가 그것이다.[10] (32가)의 '겨시-'는 (32
나)에 보인 어미 '-쇼셔' 앞에서는 '겨-'로 나타난다.[11]

2.3. 체언의 자동적인 교체

지금까지 우리는 용언 어간의 교체 양상에 대하여 규칙적인 교체와
불규칙적인 교체로 나누어 살펴보았다. 체언과 조사가 통합될 때에도
용언의 어간처럼 교체를 보인다. 그러나 앞서 용언 어간의 교체를 살피
던 것과는 달리 여기서는 자동적인 교체와 비자동적인 교체로 갈라 그

---

8 동일한 한문 원전에 대하여 '녀다'로 번역하였느냐 아니면 '가다'로 번역하였느냐 하는
문제는 교체와는 다른 성격의 문제이다. 어휘 선택의 차원에서 다루어야 할 문제인 것이다.
9 선어말 어미 '-ᄂᆞ-'는 제외된다.
10 부사형 어미 '-아'와 '이시-'가 결합될 때에 '이시-'가 '시-'로 나타나기도 한다. 譽ᄂᆞᆫ 무ᅀᆞ
매 연저 <u>가져실씨라</u> 〈몽산 2ㄴ〉
11 '겨시-'의 '-시-'가 본래 존경법의 선어말 어미이며, '-쇼셔'도 존경법과 모종의 관련이
있기 때문인 것으로 생각된다.

내용을 살피기로 한다. 이야기가 진행됨에 따라 자연 드러나게 되겠지만, 비자동적인 교체를 보이는 체언들은 그들 자체만으로는 어느 정도 규칙을 세워볼 수도 있으나 동일한 조건의 체언들이 동일한 교체 양상을 가지는 것은 아니라는 점에서 용언의 경우와는 다소 다른 성격을 보이기 때문이고, 불규칙적인 용언 어간은 현대국어에서도 여전히 존재하는 반면에 체언의 경우에는 그와 같은 양상의 교체 현상이 남아 있지 않기 때문이기도 하다.[12]

체언이 조사와 통합하여 이루는 자동적인 교체의 내용은 음절말과 자음에 관한 규칙에 의한다. 그와 같은 체언의 자동적인 교체는 앞서 살핀 용언 어간의 교체와 크게 다르지 않으며, 현대국어의 그것과 중세국어의 그것들 사이에도 큰 차이를 보이지는 않는다. 구체적인 내용을 예들을 통하여 살펴보기로 하자.

(33) 가. 일훔난 鳥頭 흔 오시 갑시 千萬이 쓰며 시혹 갑 업슨 오ᄉᆞ로 부텨ᄭᅴ 와 즁의게 布施ᄒᆞ리도 보며 〈월석 11:2ㄴ〉

나. 賣花女俱夷善慧ㅅ 뜯 아ᅀᆞ바 夫妻願으로 고즐 받ᄌᆞᄫᆡ시니 다숫 곳 두 고지 空中에 머믈어늘 〈월석 1:3ㄴ,4ㄱ〉

다. 十一 面은 열흔 ᄂᆞ치니 열흔 ᄂᆞ칫 觀自在菩薩ㅅ 相ᄋᆞᆯ 밍ᄀᆞ라 供養ᄒᆞ ᅀᆞᄫᆞᆯ 일 니ᄅᆞ샨 經이라 〈석보 6:44ㄱ〉

라. 千葉은 곳동앳 니피 즈므니라 〈석보 11:2ㄱ〉

마. 흔 ᄉᆞ랑ᄒᆞᄂᆞᆫ 아기 아ᄃᆞ리 양ᄌᆡ며 지죄흔 그티니 그딋 ᄯᆞ를 맞고져 ᄒᆞ더이다 〈석보 6:15ㄱ〉

---

12 이것이 중세국어와 현대국어 사이의 자동적인 교체 현상 자체가 일치한다는 의미는 물론 아니다.

(33') 가. 닉년희 믈어디거든 삼년을 맛다셔 갑 받디 말오 쏘리라 ᄒ야 〈번박
상:10ㄴ〉

나. 善慧 드르시고 츠기 너겨 곳 잇ᄂᆫ 짜ᄒᆯ 곧가 가시다가 俱夷ᄅᆯ 맛나시
니 〈월석 1:9ㄴ〉

다. 고히 푸코 엷디 아니ᄒ며 뷔트디 아니ᄒ며 ᄂ 비치 검디 아니ᄒ며
〈석보 19:7ㄴ〉

라. 그 고지 五百 니피오 닙 아래마다 ᄒᆫ 童男이 이쇼ᄃᆡ 양ᄌᆡ 端正ᄒ더라
〈석보 11:32ㄱ〉

마. 有와 無왜 다 ᄉᄆᆞ차 正ᄒᆫ 性을 ᄀᆞ장 비취여 믿과 귿과ᄅᆞᆯ 술피실 씨
觀이라 〈월석 8:16ㄱ〉

위에 보인 (33)의 예들은 각각 체언의 말음이 'ㅄ, ㅈ, ㅊ, ㅌ, ㅍ'인
예들을 보인 것으로, 조사의 두음이 모음일 경우에는 체언의 말음이 그
대로 실현되지만 조사의 두음이 자음이거나 체언이 단독으로 쓰일 경
우에는 (33')에 보이는 예에서처럼 각각 'ㅂ, ㅅ, ㄷ' 등으로 교체된다.
이러한 교체는 음운론적으로 조건된 교체로, 음절말에서의 자음 제약
과 모음 사이의 자음에 관한 규칙에 의한 것이다. 현대국어에서 음절
말의 'ㅅ'이 'ㄷ'으로 중화되어 (33'나, 다)와 같은 경우는 'ㄷ'으로 실현
된다는 점을 제외한다면 현대국어의 교체 양상과 다르지 않다고 할 수
있다.

역시 자동적인 교체이기는 하나 다음에 살필 말음 'ㅺ, ㅿ'의 'ㅅ'으로
의 교체는 현대국어에서는 찾아볼 수 없는 경우의 예들이다.

(34) 가. 萬里外ᄂᆫ 萬里 밧기라 〈월석 1:1ㄴ〉

나. 이 부톄 나싫 저긔 몺 ᄀᆞ쇄 光이 燈 ᄀᆞᇀ실 씨 燃燈佛이시다도 ᄒ

느니 〈월석 1:8ㄴ〉

(34') 가. 外道ᄂᆞᆫ 밧 道理니 부텻 道理예 몯 든 거시라 〈월석 1:9ㄱ〉

　　　나. 이 藥王菩薩ㅅ 本事品을 드르면 ᄯᅩ 그지 업스며 ᄀᆞᆺ 업슨 功德을 得ᄒᆞ

　　　　며 〈석보 20:26ㄱ,ㄴ〉

　(34)에 보인 'ㅅㄱ, ㅿ'의 'ㅅ'으로의 교체도 (33)의 예들과 마찬가지로 자
동적인 교체의 예에 속한다.[13] 이와 같이 자동적인 교체를 보이는 또
다른 체언의 예들로는 'ㆆ'을 말음으로 가지는 명사들을 들 수 있다. 다
음의 예 (35)를 보기로 하자.

　(35) 가. 笛은 뎌히라 箜篌ᄂᆞᆫ 모기 구븓ᄒᆞ고 鳳이 머리 밍ᄀᆞᆯ오 시울 한 거시라

　　　　　鏡ᄂᆞᆫ 쥐엽쇠라 〈석보 13:53ㄱ〉

　　　나. ᄂᆞᆷ 브려 풍류ᄒᆞ디 붑티며 角貝 불며 簫와 뎌콰 琴과 箜篌와 琵琶와

　　　　　鐃와 銅鈸와 〈법화 1:221ㄴ〉

　　　다. 블근 히ᄂᆞᆫ 놀애 브르ᄂᆞᆫ ᄉᆞ매예 옮고 프른 하ᄂᆞᆯ흔 뎌 부ᄂᆞᆫ 平床애 갓

　　　　　갑도다 〈두언 15:29ㄴ〉

　예 (35)에서 보듯이 'ㆆ' 말음을 가지는 체언의 'ㆆ'은 모음 앞에서는
그대로 'ㆆ'으로 실현되고, 'ㄱ, ㄷ'이 연결이 되면 'ㅋ, ㅌ'으로 나타나나
'ㅅ' 앞이나 단독으로 쓰일 경우에는 나타나지 않는다. 그와 같은 교체
양상을 보이는 'ㆆ' 말음의 체언들을 예 (35')에 들어두기로 한다.[14]

---

13 사실은 예 (34나)의 'ㅈ'에 대해서는 보다 많은 관찰이 필요하다 하겠다. 다음과 같은
동일한 환경의 예를 통하여 'ㅈ'의 존재를 확인할 수 있기 때문이다.
　　어미 地獄애 이션 디 오랄 씨 더브러 恒河水ㅅ ᄀᆞ새 가 믈 머거 빈 안홀 싯겨지이다
〈월석 23:90ㄱ〉
14 중복된 단어가 있기는 하나 이조어사전의 표제항에는 140개 정도가 등재되어 있다.

(35') 갈(刀), 겨슬(冬), 고(鼻), 긴(紐), 길(道), ᄀᄂᆞᆯ(陰), ᄀᆞᄉᆞᆯ(秋), ᄀᆞ올(州), 나
(年), 나라(國), 나조(暮), 내(川), 네(四), 노(繩), 니마(頂), 님자(主), ᄂᆞ믈
(菜), ᄂᆞᆯ(刀, 經), 뎌(笛), 돌(石, 梁), 둘(二), 뒤(後), 드르(野), 들(等), 마
(薯), 말(欌), 모(方), 뫼(山), 밀(小麥), ᄆᆞᄉᆞᆯ(村), 믜(野), 바다(海), 별(崖),
불(臂), ᄠᅳᆯ(庭), 세(三), 셔울(京), 소(潭), 쇼(俗), 수(藪), 수(雄), 스믈(二
十), 시내(溪), 술(肉), ᄯᅡ(地), ᄭᅥᆯ(源), 안(內), 알(卵), 암(雌), 언(堤), 여
러(諸), 열(十, 麻), 올(今年), 우(上), 울(籠), 움(窟), 자(尺), 조(粟), 츌
(源), 터(基), 하ᄂᆞᆯ(天), ᄒᆞ나(一)

2.4. 체언의 비자동적 교체

앞서 우리는 용언 어간의 교체를 살피면서 특수어간교체라 불리는
경우의 예들에 대하여 살핀 바 있다. 예 (10)에서 (13)에 이르는 중세국
어의 예들이 그것이다. 그와 같은 성격의 교체 양상을 보이는 예들이
중세국어의 체언에도 있음을 알 수 있다. 용언 어간의 경우와 마찬가지
로 음운론적으로 조건된 교체라 할 수는 없어 비자동적인 교체 양상을
보이는 예들이다. 다음의 예 (36-39)를 먼저 보기로 하자.

(36) 오직 太子祇陁이 東山이 ᄯᅡ토 平ᄒᆞ며 나모도 盛ᄒᆞ더니 〈석보 6:23ㄴ〉
(37) 獐 노ᄅᆞ 쟝 〈훈몽-예 상:10ㄱ〉

(38) 여스슨 髻珠喩ㅣ니 中道實相이 極果이 ᄆᆞᆯ 사모ᄆᆞᆯ 가ᄌᆞᆯ비시니 〈법화
1:6ㄴ〉
(39) 그 王이 즉자히 나라ᄒᆞᆯ 아ᅀᆞ 맛디고 夫人과 두 아ᄃᆞᆯ와 眷屬ᄃᆞᆯ콰로 佛法
中에 出家ᄒᆞ야 〈석보 21:43ㄴ〉

위의 예 (36-39)는 각각 '나모(木), 노ᄅ(獐), 므ᄅ(棟), 아ᅀ(弟)'를 보인 것으로, 단독형으로 쓰이거나 자음으로 시작되는[15] 조사 앞에 쓰인 경우의 예들이다. 이들 체언이 모음으로 시작되는 조사 앞에 쓰일 때에는 각각 그 모습을 달리하게 된다. 다음 (36'-39')의 예들이 그것이다.

(36') 내 므스 거시 不足ᄒ료 젼혀 이 東山ᄋᆞᆫ <u>남기</u> 됴홀ᄊᆡ 노니논 ᄯᅡ히라 〈석보 6:24ㄱ〉

(37') 졸애 山 두 <u>놀이</u> ᄒᆞᆫ 사래 ᄢᅦ니 天縱之才ᄅᆞᆯ 그려ᅀᅡ 아ᅀᆞᆸ복까 〈용가 43〉

(38') 이ᄅᆞᆯ 브터 너비 디니게 ᄒᆞ샤ᅀᅡ <u>몰ᄅᆞᆯ</u> 일티 아니ᄒᆞ야 妙法에 두려이 마ᄌᆞ시리라 〈법화 1:16ㄱ〉

(39') 내 다ᄆᆞᆫ ᄒᆞᆫ <u>앗ᅌᅵ</u> 뎌런 모딘 ᄠᅳ들 머그니 아므례나 고티게 호리라 〈석보 24:27ㄱ〉

예 (36-39)와 (36'-39')을 비교하여 보면 교체의 양상에 차이가 있음을 알게 된다. 즉 '나모~낡, 노ᄅ~놀ㅇ, 므ᄅ~몰ㄹ, 아ᅀ~앗ㅇ'이 그것이다. 이와 같은 교체 양상을 보이는 체언들의 표면적인 공통점은 용언 어간의 공통점을 정리해 본 (14)와 크게 다르지 않다.[16] 이들과 같은 유형을 보이는 몇몇 체언들을 유형에 따라 다음 (36"-39")에 들어두기로 한다.

(36") 구무/굼(窟), 녀느/년(餘), 불무/붊(冶)

---

15 여기서의 '자음'에는 반모음도 포함한다.

16 여기서 '크게 다르지 않다'라는 표현을 취한 까닭은 '나모, 구무'에 있다. 말음의 구성이 'ㅗ, ㅜ'로 다른 예들과는 차이가 잇기 때문이다. '나모'와 유사한 조건을 가지고 있으면서도 자동적인 교체를 보이는 '아모'(某)는 RL 즉 상거형을 보이고, '녀느'와 유사한 조건을 가지면서 자동적인 교체를 보이는 '어느'(何)가 LH 즉 평거형의 성조를 취하여 성조가 특수어간교체의 중요한 변수가 됨을 시사하고 있다. 성조 언어가 아닌 현대국어에서는 특수어간교체라는 현상 자체가 보이지 않는 것이다.

(37") 느ᄅ/늘ㅇ(津), 시르/실ㅇ(甑), 쟈ᄅ/쟐ㅇ(袋), ᄌᄅ/줄ㅇ(柄)

(38") ᄒᄅ/홀르(一日)

(39") 여스/영ㅇ(狐)

(36-39)의 경우와 비슷한 교체를 보이는 다른 예로 의문대명사 '므스' 를 들 수 있다. 예들을 통하여 다른 점을 찾아보기로 하자.

(40) 太子ㅣ 우스며 닐오딕 내 <u>므스</u> 거시 不足ᄒ료 〈석보 6:24ㄱ〉

(41) 가. 阿難이 묻ᄌᆞ보딕 아홉 橫死ᄂᆞᆫ <u>므스기</u>잇고 〈석보 9:35ㄴ〉

나. 오직 아바닚 病이 됴ᄒ실씨언뎡 모믈 百千 디위 ᄇᆞ료민ᄃᆞᆯ <u>므스기</u> 어려ᄫᅳ료 〈석보 11:20ㄱ〉

위에 보인 바와 같이 의문 대명사 '므스/므슥'(何)은 단독형으로 나타 나거나 자음 앞에 나타날 때에 '므스'형을 취하여 예 (36-39)의 경우와 같지만, 모음 앞에서도 둘째 음절의 모음을 그대로 가지고 있다는 점에 서 차이를 보인다. 성조형에서도 '므스/므슥'(何)은 LH 즉 평거형을 보 이고 있어 이들을 특수어간교체를 보이는 부류로 함께 다루기는 어렵 다 하겠다.

말음으로 모음 'ㅣ'를 가지고 있는 중세국어의 체언들 가운데 몇몇은 속격조사 및 호격조사와 통합될 때 그 말음을 탈락시키는 경우가 있다. 다음의 예 (40)과 (40')은 서로 비교하여 보기 위하여 제시한 것이고, (40")은 같은 유형의 교체를 보이는 예들을 소개한 것이다.[17]

---

17 말음 'ㅣ'가 조사와 통합하면서 말음을 탈락시키는 경우로 다음의 예를 들기도 한다(이 기문 1972:155).

ᄇᆞ야미 가칠 므러 즘겟 <u>가재</u> 연ᄌᆞ니 聖孫將興에 嘉祥이 몬졔시니 〈용가 7〉

(40) 가. 그 아비는 仙人을 니르니라 〈석보 11:26ㄱ〉

나. 모딘 즁싱이 흔 쁴 慈心을 가지며 아기 나ᄒ리다 〈월석 2:33ㄴ〉

(40') 가. 블 가져오라 ᄒ야ᄂᆞᆯ 그 ᄯᄂᆞ미 아빅 말 드르샤 北堀로 가시니

〈석보 11:26ㄱ〉

나. 아가 大慈悲 우니ᄂᆞ 鴛鴦鳥와 功德修行ᄒᄂᆞᆫ 이 내 몸과 成等正覺 나

래사 반ᄃᆞ기 마조 보리여다 〈월석 8:101ㄱ,ㄴ〉

(40") 어미, 늘그니, 병ᄒ니

하지만 'ㅣ' 모음을 말음으로 가지는 체언이 속격조사와 통합되면서
언제나 (40')과 같은 교체형을 취하는 것은 아니라는 사실에 유의할 필
요가 있다. 다음의 예 (41)과 (41')을 비교해 보자.

(41) 가. 그 쁴 諸子ㅣ 아비의 便安히 안존 둘 알오 다 아빅게 가 아빅게 닐오
딘 〈법화 2:138ㄴ〉

나. 窮子ㅣ 아비의 큰 力勢 이슈믈 보고 즉재 두리요믈 머거 〈법화 2:194ㄴ〉

다. 窮子ㅣ 아비의 豪貴尊嚴호믈 보고 너교딘 〈법화 2:239ㄱ〉

(41') 가. 그 쁴 諸子ㅣ 아비 니ᄅ논 珍玩앳 거시 제 願에 마존 둘 드를써 〈법
화 2:69ㄱ〉

나. 그제 貧窮혼 아ᄃᆞ리 ᄆᆞᄋᆞᆯ둘해 노녀 國邑을 디나 제 아빅 잇논 城에
다ᄃᆞ르니 〈법화 2:188ㄱ〉

위의 예 (41)과 (41')을 잘 살펴보면 그들 사이에 중요한 차이가 있음

'가지'(枝)에 처격 조사 '-애가 통합된 형태이다. 그러나 '가지'를 예 (40)과 같은 유형
의 교체로 다루는 것에 대한 우리의 태도 표명을 유보하기로 한다. '용비어천가'가 가지는
자료상의 성격 즉 운문자료라는 사실에 영향을 받았을 가능성을 열어두려는 것이다.

을 알게 된다. (41')은 '아비'가 각각 '것, 城과의 관계를 갖는 속격 구성
을 보임에 반해, (41)은 '아비'가 각각 '앉다, 잇다, 富貴尊嚴ᄒ다'의 주어
로서 동명사 구문을 구성하고 있어 속격조사의 통사적인 기능에서 차
이를 보이는 것이다.

  현대국어에서는 완전히 소실되어 쓰이지 않는 중세국어의 형식명사
'ᄃ'와 'ᄉ'도 여기에 들어둘 필요가 있다. 동명사어미 '-ㄴ'과 '-ㅭ' 뒤에
나타나는 'ᄃ'와 동명사어미 '-ㄴ' 위에 나타나는 'ᄉ'는 주격조사 '-이'와
계사 '이-' 앞에서 모음 "를 탈락시켜 비자동적인 교체를 보이는 예에
속하기 때문이다. 다음의 예 (42)와 (43)은 'ᄃ'와 'ᄉ'를 보인 것이고,
(42')과 (43')은 그들의 교체형을 보인 것이다.

  (42) 가. 내 이 고즐 나ᄉ오리니 願ᄒᆫ ᄃᆫ 내 生生애 그딋 가시 ᄃᆞ외아지라 〈월석
         1:11ㄴ〉

      나. 부톄 이 震旦國 衆生이 因緣이 니근 둘 아ᄅ시고 〈월석 2:49ㄴ, 50ㄱ〉

      다. 아득ᄒᆫ 後世예 釋迦佛 ᄃᆞ외싫 둘 普光佛이 니ᄅᆞ시니이다 〈월석 1:3ㄱ〉

  (42') 가. 더러본 거슬 ᄇᆞ리고 다ᄅᆞᆫ ᄃᆡ 가 微妙ᄒᆫ 이ᄅᆞᆯ 얻논 디 아니라 〈석보
         13:33ㄴ〉

      나. 沙門과 婆羅門과ᄅᆞᆯ 恭敬ᄒᆫ 디면 내 처섬 모ᄃᆞᆫᄃᆡ 드러 니거든 한 사ᄅᆞ
         미 날 위ᄒᆞ야 禮數ᄒ리라 〈석보 6:29ㄱ〉

      다. 다 阿羅漢이니 筭數이 能히 아롧 디 아니며 諸菩薩衆도 ᄯᅩ 이 ᄀᆞᆮᄒ니
         〈아미 14ㄱ,ㄴ〉

      라. 이 무른 다 增上慢人 이론 고들 아롧 디니 엇뎨어뇨 〈석보 13:61ㄴ〉

  (43) 가. 부톄 法 ᄀᆞᄅ치샤 煩惱 바ᄅᆞ래 걷내야 내실 쑬 濟渡ㅣ라 ᄒᄂ니라
         〈월석 1:11ㄱ〉

      나. 네 이제 見과 塵과ᄅᆞᆯ 보아 種種히 發明홇 슬 일후미 妄想이니 〈능엄

2:61ㄱ〉

(43') 가. 므슴 조홀 씨 信이오 … 제 사오나보믈 붓그려 어디로믈 위와돌 씨
慚이오 … 부텻 ㄱ로치샤믈 만히 들ㅈ볼 씨 聞이오 내 거슬 내야 늠
줄 씨 施오 〈석보 11:43ㄱ〉

나. 命終은 목숨 므츨 씨라 〈석보 6:3ㄴ〉

표면상으로는 차이가 없는 듯이 보여 자동적인 교체로 인식될 수 있
는 인칭대명사와 재귀대명사의 교체도 여기서 살피고 갈 필요가 있다.
표면성조형에서 차이를 보이는 주격형과 속격형 사이의 차이가 성조
규칙에 비추어 설명 가능한 형태가 있는가 하면, 그렇지 못한 형태도
있기 때문이다. 성조의 관점에서 볼 때 설명이 불가능한 형태는 비자동
적인 교체로 이해할 수밖에 없을 것이다. 구체적인 예들을 살펴보기로
하자.

(44) 가. :네 이·대 드르·라 너 :위·ㅎ·야 닐·오리·라 〈석보 13:47ㄱ〉

나. :됴·타 :네 阿僧祇劫·을 :디·나·가 부:톄두외·야 號·를 釋迦牟
尼·라 ㅎ·리·라 〈월석 1:15ㄴ〉

다. 善慧 니르·샤·딕 그·러·면 네 願·을 從·호리·니 〈월석 1:12ㄴ〉

(45) 가. ·우리 비·록 佛法 寶藏·올 니르·나 저·는 ·뜯 願 :업수·미 ·
쏘 ·이 ·근·다이·다 〈법화 2:248ㄱ〉

나. :졔 너·교·딕 바·미 ·가다·가 귓 것·과 모딘 즁싱·이 므·의
엽·도소·니 므·스므·라 바·미 ·나·오나·뇨 ·ㅎ·야 〈석보
6:19ㄴ〉

다. 가·슥며·러 布施·도 :만·히 ·ㅎ더·니 제 :겨집·도 :됴흔 相·
이 ᄀᆞᆺ·고 世間·앳 情欲·이 :업더·라 〈석보 6:12ㄱ〉

위에 든 예 (44)와 (45)는 이인칭 대명사 '너'와 재귀대명사 '저'의 예들이다. 이해를 돕기 위하여 이들의 성조형을 정리하여 보면 다음의 (46)과 같다.

(46) 대명사   주격   속격
       너   :네   네
       저   :제   제

위의 (46)은 대명사 '너'와 '저'가 가지는 주격과 관형격의 성조형이 규칙적이고 그래서 자동적임을 보이고 있다. 체언 어간의 성조가 각각 평성이고, 주격 조사 'ㅣ'의 성조는 거성이며, 속격 조사 'ㅣ'의 성조가 평성이라고 볼 때[18] 통합과정이나 결과에 대한 이해에 아무런 문제가 없다. 물론 이와 같은 태도를 취하는 데에는 상성을 평성과 거성의 결합으로 본다는 전제가 깔려 있다. 따라서 이중모음 'ㅔ'로 구성된 '너'와 '저'의 주격형이 상성으로 나타나는 것은 평거형에 다름이 아닌 것이라 할 수 있으며, 평성으로 나타나는 속격형은 실상 평평형으로 이해해야 할 것이다.

그러나 주격과 속격 자리에 오는 일인칭 대명사 '나'와 의문대명사 '누'의 성조형은 (44)의 '너'나 (45)의 '저'에서 살핀 내용과는 상당한 거리를 보인다. 다음의 예 (47)과 (48)이 그것이다.

(47) 가. ·나·는 어버·싀 여·희·오 ᄂᆞ·민 그에 브·터 사·로·ᄃᆡ〈석
보 6:5ㄱ〉

_____

18 대명사와의 통합 이외의 자리에서도 'ㅣ'가 속격 조사로 실현되는 경우가 있다.
臣下ㅣ 말 아니 드러 正統애 有心홀 씨〈용가 98〉

나. ·내 太子·롤 셤·기슨·보·딕 하·늘 셤·기·숩 ·둣·ᄒ·야 ᄒᆞᆫ 번·도 디·만흔 :일 :업수·니 〈석보 6:4ㄱ〉

다. ·이제 ·ᄯ 내 아·ᄃᆞᆯ·롤 ᄃᆞ·려 :가·려 ·ᄒ·시ᄂᆞ·니 眷屬 ᄃᆞ외ᄉᆞ·바·셔 :셜ᄫᆞᆫ :일·도 ·이·러홀쎠 〈석보 6:5ㄴ〉

(48) 가. 百姓·ᄃᆞᆯ·히 시·름·ᄒᆞ·야 王·씌 ·와 술·ᄫᅩ·딕 王·곳 :업스시·면 ·누·를 믿ᄌᆞ·ᄫᆞ·리잇·고 〈월석 7:54-2ㄱ,ㄴ〉[19]

나. 四那身·이 :뵈·샤 :보·빅·옷 니브·샤 頓敎·롤 ·뉘 아·라 듣ᄌᆞ·ᄫᆞ·리 〈월곡 97〉

다. 善友ㅣ 닐·오·딕 그·듸 :뉘 짓 ·ᄯᆞ·리완딕 내 :겨지비 ᄃᆞ외·요·려 ·ᄒᆞᄂᆞᆫ·다 〈월석 22:56ㄱ〉

위의 (47)과 (48)을 통하여 알 수 있는 일인칭 대명사 '나'와 의문대명사 '저'가 주격과 속격으로 쓰일 경우의 성조형을 (46)에서와 같이 정리하여 보면 다음의 (49)와 같다.

(49) 대명사   주격   속격

대명사	주격	속격
·나	·내	내
·누	·뉘	:뉘

앞서 우리는 (44)와 (45)의 예를 살피면서 주격 조사 'ㅣ'의 성조는 거

---

[19] 월인천강지곡에서는 '누'의 성조가 상성으로 실현되고 있다. 월인천강지곡이 운문자료라는 자료상의 성격에 영향을 받았을 가능성을 기억하여 월인석보의 예를 취하기로 한다. 다른 자료에서 찾아보기가 어려운 경우가 아니라면 자료가 가지고 있는 성격을 반영하는 것이 온당한 태도라 여기기 때문이다.
  :죵·과 ᄆᆞᆯ·와를 ·현맨·ᄃᆞᆯ :알리·오 어·느 <u>누</u>·를 더·브르시·려·뇨 〈월곡 52〉

성이며, 속격 조사 'ㅣ'의 성조가 평성이라는 사실을 기억한 바 있다. 그러한 사실이 여전히 유효한 것이라고 할 때 거성의 '나'와 '누'에 거성의 주격조사가 결합된 '내'와 '뉘'가 거성을 보이는 것은 규칙적인 것이라 할 수 있으나,[20] (47다)와 (48다)의 '나'와 '누'의 속격형 '내'와 '뉘'가 보이는 성조형은 규칙적인 것이라고 하기 어렵다고 하겠다. 즉 속격 조사 'ㅣ'가 평성이라면 '나'와 '누'의 거성어간이 각각 평성과 상성으로 바뀐 것이어서 비자동적인 교체를 보이는 것으로 이해해야 할 것이다. 이와 같이 표면 성조형을 달리하여 비자동적인 교체를 보이는 체언의 예로는 '갈ㅎ'과 '고ㅎ'를 들 수 있다. 다음의 예들이 그것이다.

(50) 가. 觀世音菩薩ㅅ 일·후·믈 일ᄏᆞᆯ·면 ·뎌·의 자·본 ·갈·콰 막
　　　　다·히·왜 동도·이 버·허·디·여 버·서나·리어·며 〈석보
　　　　21:4ㄱ〉

　　나. 마·순:둘차·힌 ·귀 ·눈 ·입 ·고·히 :됴ᄒᆞᆫ 相·이 :다 ᄀᆞᄌᆞ·
　　　　시·며 〈월석 2:57ㄴ〉

(50') 가. 諸天·돌·히 阿修羅·와 싸·홇 저·긔 갈·해 :헌 ·짜·흘 旃檀香
　　　　ᄇᆞᄅᆞ·면 ·즉자·히 암·ᄀᆞᄂᆞ·니·라 〈월석 1:26ㄴ,27ㄱ〉

　　나. 귀·예 :됴ᄒᆞᆫ 소·리 듣·고져 ᄒᆞ·며 고·해 :됴ᄒᆞᆫ ·내 맏·고져
　　　　ᄒᆞ·며 이·베 :됴ᄒᆞᆫ ·차반 먹·고져 ᄒᆞ·며 〈월석 1:32ㄱ〉

　　그러나, 이와 같은 표면성조형의 변화를 보이는 경우가 모두 같은 성격을 가지는 것은 아니라는 점에는 유의해야 할 것이다. 율동규칙, 이

---

[20] 그 경우의 거성이 '나'와 '누'의 거성과 성격을 달리하는 것이라는 점은 기억할 필요가 있다. 중세국어의 'ㅐ'와 'ㅟ'는 이중모음이므로 그 때의 거성은 상성과 같은 길이를 가지는 것으로 보아야 할 것이기 때문이다. 굳이 따지자면 거거형으로 보아야 한다는 것이다.

를 테면 '셋 이상의 거성이 연속으로 오지는 못한다'와 같은 규칙의 적용에 의하여 표면형이 바뀌는 경우의 성조 변화는 비자동적인 교체와는 다른 성격의 문제이기 때문이다.

2.5. 변화의 양상

어간 형태가 나타나는 자리에 따라 그 모습을 달리하는 교체 현상이 형태론적인 문제이기는 하나, 그 변화의 원인은 형태론의 범주 밖에서 찾아야 할 경우가 많다. 이미 내용을 살피면서 일부 지적한 바 있으나 여기서는 현대국어와 중세국어 사이에 차이를 보이는 경우에 주로 주목하여 정리하기로 한다.

어간 형태의 교체 양상에 변화를 가져온 주된 원인은 음운 변화에서 찾아야 할 것이다. 중세국어에서 근대국어를 거쳐 현대국어에 이르는 국어의 변화 과정에 존재하는 음운 체계와 음운 규칙의 변화에 그 주된 원인이 있다는 것이다.

먼저 어간을 구성하던 음소가 소멸됨에 따라 나타나게 된 변화를 들 수 있다. 앞서 살핀 (3)과 (4나, 마) 그리고 (9')과 같은 예에서 찾아볼 수 있는 'ㅁㅊ→ㅁㅅ, ㅸ→ㅂ, ㅿ→ㅅ'의 교체라든가 'ㆍ→ㅏ, ㆍ→ㅗ'와 같은 교체 현상은 'ㅁㅊ, ㅸ, ㅿ, ㆍ'과 같은 음소의 소멸과 운명을 같이 하였다. 예 (4다, 라)에서 본 'ㅅㄱ→ㅅ, ㅺ→ㅅ'의 교체는 어간을 구성하던 음소 'ㅅㄱ'과 'ㅺ'이 각각 근대국어시기에 'ㄲ'과 'ㄸ'으로 변화하여 현대국어에서는 찾아볼 수 없는 교체 현상이 되었다. 음절말의 'ㅅ'이 'ㄷ'으로 중화된 현상도 어간 교체 유형의 변화와 무관하지 않다. (4바, 사)의 'ㅈ→ㅅ, ㅊ→ㅅ'으로의 교체 예들은 현대국어에서 각각 'ㅈ→ㄷ, ㅊ→ㄷ'의 모습으로 바뀌었다. 하지만 (4가)의 'ㄴㅈ→ㄴㅅ'에서 볼 수

있는 'ㅅ'은 '앉거내안꺼내, 앉다개안따개'에서와 같이 된소리 실현의
기능을 유지하고 있어 'ㄷ'으로의 중화와는 거리를 두고 있다.

중세국어에서 특수어간교체를 보이던 예들의 교체 양상은 각각 그
변화의 내용과 시기에서 차이를 보인다. 용언의 예를 보인 (10-13)과 체
언의 예를 보인 (36-39)은 교체 유형의 변화에서 각각 공통점을 가지고
있다. 이해를 돕기 위하여 그들을 (51)에서 비교하여 보기로 하자.

(51)　　　용언　　　　　체언

가.　시므~싦-　　나모~낢

나.　다른~달ㅇ-　　노른~놀ㅇ

다.　모른~몰ㄹ-　　므른~믈ㄹ

라.　그스~긎ㅇ-　　아ᅀ~앗ㅇ

위의 (51)은 체언과 용언이라는 차이는 있지만, 어간 형태가 교체하
는 모습이 동일한 경우를 각각 묶은 것이다. 이들은 현대국어로의 변화
과정도 함께 경험하게 된다. (51가)와 같은 유형은 근대국어까지 유지
된다. 현대국어의 일부 방언에서 그 존재를 찾아볼 수 있다는 점도 공
통점으로 지적되어야 할 것이다. 어간말 음절이 '른/르'인 경우는 (51나)
와 (51다)와 같이 두 유형의 교체를 보여 준다. 근대국어 시기에 이르면
서 (51나)의 교체 유형은 (51다)에 합류가 되지만, 현대국어로 오면서
(51다)의 체언과 용언은 각기 다른 길을 걷게 된다. 용언은 현대국어의
'르' 불규칙용언을 구성하게 되고, 체언은 음절말의 '른/르'가 18세기에
이르러 '로'로 변한 뒤 현대국어와 같은 모습에 이르게 된다. (51라)와
같은 유형의 교체는 15세기 후반에서 16세기 전반에 걸쳐 일어난 'ㅿ'의
소실 과정과 무관하지 않다. 어형이 바뀌어 교체의 유형마저 소멸되고

만 것이다.

예 (35)와 (35')에서 살핀 'ㅎ' 말음의 체언들은 근대국어에 들어와서 말음 'ㅎ'이 소실됨에 따라 점차 현대국어의 모습을 가지게 되었다. '수탉(← 수ㅎ닭), 조팝(← 조ㅎ밥)' 등의 예에서 겨우 그 흔적을 찾아볼 수 있을 뿐이다. 예 (47)과 (48)에서 살핀 어간 성조형의 변화 방식에 의한 교체 유형도 성조의 소멸과 운명을 같이한다.[21]

그렇지만 예 (31)에서 살핀 여러 가지 교체형을 가지는 어간 '이시-, 잇-, 시-'가 어느 시기에, 어떤 이유로 현대국어의 '있-'으로 변하였는지에 대한 분명한 답을 구하기는 어려운 형편이다. 시기에 관한 한 근대국어의 어느 시기에 변한 것으로 짐작해 수는 있으나, 그 변화의 원인을 음운체계의 변화와 같은 어휘 외적인 조건에서 찾을 수는 없기 때문이다.

3. 나가며

지금까지 우리는 중세국어와 현대국어를 중심으로 체언과 용언의 어간 형태가 나타나는 환경에 따라 모습을 달리하는 교체와 그 교체 유형의 변화 양상에 대하여 살펴보았다. 교체의 유형을 가르는 기준은 여러 가지를 들 수 있겠으나, 여기서는 규칙적인 교체와 불규칙적인 교체, 자동적인 교체와 비자동적인 교체의 관점에서 살폈다. 아울러 중세국어의 교체 유형이 현대국어에서 어떻게 반영되고 있는지, 그 변화의 과정에 작용한 힘은 무엇인지에 대하여서도 생각해 보았다. 특히 음운론적인 측면의 원인들, 이를 테면 개별음소의 소멸이라든가 변화

---

21 좀 더 엄밀한 검토 과정이 있어야 할 것이나 성조 변화의 시기에 따라서 이들 성조 변화에 따른 교체 양상이 다른 양상을 보일 가능성은 충분히 있다고 할 것이다.

는 물론 성조의 소실도 교체 유형의 변화에 영향을 미치는 요소로 이해하였다. 중세국어가 방점을 취하여 성조를 반영하고 있다는 점에서 성조형에 대한 적극적인 이해 태도는 중세국어와 관련된 문제에 대한 올바른 접근을 위하여 필요한 것으로 생각한 것이다. 아직 그에 대한 선명한 답을 구할 수 있는 형편과는 상당한 거리가 있으나, 특수어간 교체를 보이는 예들의 성조형이 일치한다는 점도 간과해서는 안될 것으로 보았다.

여기서 앞서 살핀 내용을 새삼 정리하는 번거로움은 피하여 하거니와 앞으로의 과제 몇 가지는 들어 두기로 한다. 먼저 쌍형 어간과 특수어간교체에 대한 이해의 문제이다. 이들의 기저를 어떻게 보느냐 하는 문제는 그러한 교체 유형의 존재 이유와도 관계가 되는 것이다. 현대국어에서의 방언에 대한 면밀한 검토 작업도 또다른 과제의 하나이다. 방언을 통하여 이전의 교체 유형을 만날 수 있을 뿐만 아니라 그들이 가지고 있는 문제에 대한 답을 구할 수도 있으리라 생각되기 때문이다. 마찬가지 이유로 중세국어 이전 시기의 자료에 대하여 교체와 관련된 시각을 가지고 이해할 필요가 있다. 표기 방식 자체가 거칠어 교체와 같은 섬세한 내용을 모두 반영하는 데에는 무리가 있었을 것임은 분명하다 하겠으나, 그러한 선입견으로 검토 작업 자체를 포기하는 것은 온당한 태도라 하기 어렵다.[22] 검토의 결과가 기대하는 내용과 거리를 두게 된다고 하더라도, 거리를 두는 결과는 향가나 계림유사와 같은 자료에 대한 기존의 이해에 대한 새로운 문제 제기의 계기가 될 수도 있다는 점에서 의미가 있는 작업이 될 것이다. 참고로 향가에서 찾아볼 수 있는 '이시-, 잇-'의 경우를 소개해 두기로 한다.[23] 일차적으로는 '叱' 자

---

22 이기문(1962: 147)에서는 특수어간교체가 이루어진 시기가 대략 12세기 이전부터 16세기 이후까지 걸치는 것이라고 지적한 바 있다.

의 용법에 관심을 가질 수 있겠으나, 역으로 해독의 결과를 바탕으로
'이시-'와 '잇-'의 관계를 추궁해 볼 수도 있을 것이다.

(52) 가. 蓬次叱巷中宿尸夜音<u>有叱下是</u> / 다보짓 굴형히 잘 밤 <u>이샤리</u> 〈1.8〉

　　 나. 吾衣身不喩仁人音<u>有叱下呂</u> / 내익 모마 안딘 사룸 <u>이샤리</u> 〈19.4〉

　　 다. 吾衣身伊波人<u>有叱下呂</u> / 내익 모마 뎌버 사룸 <u>이샤리</u> 〈24.10〉

　　 라. 此矣<u>有阿</u>米次肹伊遣 / 이에 <u>이샤</u>매 머믓그리고 〈11.2〉

　　 마. 慕人<u>有如</u>白遣賜立 / 그리리 <u>잇다</u> 슯고쇼셔 〈9.8〉

　　 바. 彗星也白反也人是<u>有叱如</u> / 彗星이여 솔바녀 사ᄅ미 <u>잇다</u> 〈12.8〉

참고문헌

김완진(1972), 「다시 β > w를 찾아서」, 『어학연구』 8.1.

김완진(1977), 『중세국어성조의 연구』, 탑출판사.

김완진(1980), 『향가해독법연구』, 서울대학교출판부.

안병희(1968), 「문법사」, 『한국문화사대계 5』, 고려대학교 민족문화연구소.

안병희·이광호(1990), 『중세국어문법론』, 학연사.

유창돈(1964), 『이조어사전』, 연세대학교출판부.

이기문(1962), 「중세국어의 특수어간 교체에 대하여」, 『진단학보』 23.

이기문(1964), 「동사어간 '앉-, 엱-'의 사적 고찰」, 『조윤제선생회갑기념논총』.

이기문(1972), 『개정국어사개설』, 탑출판사.

이숭녕(1961), 『중세국어문법』, 을유문화사.

---

　23 김완진(1980)의 해독을 취한 것이다. 출전을 나타내기 위한 번호는 삼국유사에 실린
순서와 향가에서의 행수를 나타낸다.

최명옥(1985), 「변칙동사의 음운현상에 대하여: p-, s-, t-변칙동사를 중심으로」, 『국어학』 14.

최명옥(1988), 「변칙동사의 음운현상에 대하여: lɨ-, lə-, ɛ(jə)-, h-변칙동사를 중심으로」, 『어학연구』 24:1.

한재영(1990), 「방점의 성격 구명을 위하여」, 『강신항교수 회갑기념 국어학 논문집』, 태학사.

허　웅(1975), 『우리옛말본』, 샘문화사.

합성법의 변화*

김창섭**

1. 머리말

어떤 단어에서 굴절접사(어미와 조사)를 제외하고 남은 부분의 직접 구성요소(IC)가 모두 어근, 어간, 단어, 혹은 그보다 큰 형식일 때,1 그 단어를 합성어라고 한다. '보슬비'(어근 + 단어), '늦가을'(어간 + 단어), '들국화'(단어 + 단어), '꿇어앉-'(단어 + 어간), '높푸르-'(어간 + 어간), '돗단배'(단어보다 큰 형식 + 단어)와 같은 것들이 합성어의 예이다. 합성어는 그 구성 방식이 통사적 구성에서도 볼 수 있는 것인가 그렇지 않은가에 따라 통

---

* 이 글은 《國語史 硏究》(국어사 연구회 편, 태학사, 1997, 815-840면)에 처음 발표되었으며, 그 후 《한국어 형태론 연구》(김창섭 저, 태학사, 2008, 93-117면)에 전재되었던 것이다.)
** 서울대학교

1 이 글에서는 가능한 한 현행 학교문법의 술어체계를 따르기로 한다. 따라서 합성법 (compounding)과 파생법(derivation)을 동렬에 두고 그 위에 복합법을 둔다. 또, '어간(語幹. stem)'은 굴절접사가 연결될 수 있는 형식으로서 용언류의 그것만을 가리키고, 체언류는 그 냥 명사, 대명사 등으로 부르기로 한다. 단, '어근(語根, root)'은 단어의 중심부이면서, 굴절 접사와 직접 결합될 수 없으며 자립형식도 아닌 형식(이익섭, 1975)이란 뜻으로 쓰기로 한 다. 또 학교 문법의 '단일어'는 단순어라고 부르기로 한다.

사적 합성어와 비통사적 합성어로 나뉜다. 위의 예에서 '들국화', '꿇어앉-', '돗단배'는 통사적 합성어이고, '보슬비', '늦가을', '높푸르-'는 비통사적 합성어이다.

'합성법'은 물론 이러한 합성어를 형성하는 규칙들 혹은 이러한 합성어들이 탄생하는 방식들을 가리킨다. 그런데 통사적 합성어들이 흔히 믿어지는 것처럼 통사부의 句나 연속하는 단어들이 재분석되어 이루어지는 것이라면, 통사적 합성어를 형성하는 규칙이란 실체가 없는 것이 되기 때문에 당연히 그 규칙의 변화라는 개념도 있을 수 없게 된다. 따라서 합성법의 역사를 기술하려는 이 글은 통사적 합성법이 규칙으로서 형태부에 존재하는 것임을 밝히는 논의로부터 시작하고자 한다. 그리고 그 바탕 위에서 국어의 주요한 몇 가지 합성법의 사적인 변화를 기술해 볼 것이다.

그러나 필자의 제한된 능력 탓에 이 글에서는 고대국어에 관한 것은 거의 언급하지 못함을 밝혀 둔다. 이 글은 주로 중세국어와 현대국어를 비교하는 방식을 택하여, 합성동사 형성법 가운데서는 'V₁+V₂' 형 합성동사의 형성법과 'V₁-어+V₂' 형 합성동사 형성법의 변화를 보기로 하고, 합성명사 형성법 가운데서는 'N₁(-ㅅ)+N₂' 형 합성명사 형성법의 변화를 중심으로 살펴보기로 한다. 이 글에서는 또 합성법은 합성어를 통해서만 존재가 드러나는 것이지만, 어느 특정한 시대에 존재하는 합성어들의 많은 수는 그 이전 어느 시기에 만들어진 국어 어휘사의 유산이라는 점에 유의한다. 그리하여 어떤 단어는 통사부 규칙의 변화 때문에, 생성될 때는 통사적 합성어이었으나 현재 분석될 때는 비통사적 합성어로 신분이 바뀌어 있을 수도 있고, 과거에 생성될 때는 합성어이었으나 지금 분석될 때는 파생어가 되거나 단순어가 되어있는 것도 있게 된다.[2] 그러나 합성어들의 개별적인 통시적 변화는 '합성법의 변화'라는 우리의 주제에 드는 것이 아니므로, 글의 전개에 필요할 때에 한해 언급하기로 한다.

2. 통사적 합성어 형성 규칙의 존재

2.1. 통사적 합성어는 구 또는 연속하는 두 단어가 한 단어로 재분석됨으로써 생길 수 있다. 현대국어에서 명사로도 부사로도 쓰이는 '접때'는 중세국어 이전의 명사구 '뎌 ⓦ'가 통시적으로 단어화한 것이고, 현대국어의 '쇠고기'는 중세국어 이전의 명사구 '쇠 고기'가 단어화한 것이다. 이러한 단어화는 화자가 실제로 문장을 말하고 청자가 이를 듣는 언어 수행의 장면에서 개별적으로 이루어진다. 우리는 그것을 '접때'가 부사가 된 데서 알 수 있다. 부사라는 성격은 '뎌 ⓦ'가 실제의 문장 속에서 처격 조사를 붙이지 않고도 부사어로 쓰였던 데서 말미암았을 것이기 때문이다(졸저 1996: 25-7).[3]

그러나 모든 통사적 합성어를 다 구 또는 연속하는 단어들이 재분석되어 성립하는 것으로 해석해야만 하는 것은 아니다. '들국화'와 같은 합성명사는 '명사(구)+명사(구)→명사구'로 만들어진 구로서의[4] '들 국화'가 단어화하여 된 것일 수도 있다. 그러나 어휘부에도 '명사+명사 → 명사'의 합성명사 형성 규칙이 설정될 수 있으므로 '들국화'는 어휘부의 합성명사 형성 규칙에 의해 만들어졌다고 할 수도 있다.

---

2 순서대로 '나뭇잎', '밀치-', '달걀'을 예로 들 수 있다.

3 동사의 활용형인 '있다가'가 문장 속에서 부사어로 쓰였기 때문에 그것이 단어화한 '이따가'도 부사가 되었다는 등의 사실들도 마찬가지 방식으로 이해된다.

4 예를 들어 '[[우리 나라] 국화]', '[[앞 마당] [노란 국화]]'도 그러한 명사구이다.

어떤 합성어의 기원을 구나 연속하는 단어들의 단어화로도 볼 수 있고 합성어 형성 규칙의 적용으로도 볼 수 있을 때, 특별한 사정이 없는 한 합성어 형성 규칙의 적용으로 보는 쪽이 합리적일 것이다. 이러한 견해는 다음과 같은 사실로써 지지될 수 있다. 예를 들어 국어에는 제1 요소가 제2요소의 재료가 되거나, 제1요소가 제2요소의 형상(形象)이 되는 의미 관계는 명사구로 표현될 수 없다는 제약이 있다. 합성명사 '쌀 밥'에서 제1요소는 제2요소의 재료를 나타내는데, 이러한 의미관계는 명사구로는 만들어질 수 없는 것이다. 만일 *'쌀 밥'이라는 명사구가 가능하다면, 제1요소가 확대된 *'[쌀의] 밥'이나 *'[새로 수확한 쌀](의) 밥', 또 제2요소가 확대된 *'쌀 [진 밥]' 등이 가능해야 할 텐데 그 어느 것도 가능하지 못하다. 이러한 사정은 제1요소가 제2요소의 형상을 나타내는, '고추잠자리'와 같은 경우에도 마찬가지여서, 합성명사 '고추잠자리' 는 존재하나 명사구 *'고추 잠자리'는 존재하지 않는다(*'[붉게 익은 고추] (의) 잠자리', *'고추 [새끼 잠자리]'). 이러한 의미관계의 합성명사는 합성명사 형성 규칙에 의해서만 만들어질 수 있는 것이다. 그러므로, 어휘부의 '명사+명사→명사'라는 규칙이 통사부의 '명사(구)+명사(구)→명사구'라 는 규칙보다 더 일반성이 있는 규칙이라고 할 수 있다. 또, 구의 단어화 는 개별적이며 우연적인 사실이지만, 합성명사 형성 규칙의 적용은 일 반적이며 규칙적인 사실이라는 점도 역시 중시되어야 한다(졸저 1996: 24-29 참고).

이러한 관점은 'V1-어+V2' 형의 합성동사, 즉 '-어' 형 합성동사의 설명에서도 똑 같이 성립할 수 있다. 현대에 어떤 개념이 새로 생김과 거의 동시에 그것을 표현할 '-어' 형 합성동사가 생긴다면, 구로부터의 잦은 사용에 의한 단어화라는 설명은 성립할 수 없을 것이다. '(컴퓨터에 원고를) 쳐넣-'과 같은 합성동사의 형성이 바로 그러한 예이다. 또, 결코 사용 빈도가 높지 않은 개념이 임시어로서의 '-어' 형 합성동사를 가질 수 있다는 사실도 '-어' 형 합성동사 형성 규칙의 존재를 인정하게 할 것인데, '우리 나라 대패는 밀어깎는 대패였다'의 '밀어깎-'과 같은 예가 그에 해당한다(졸저 1996: 84-89 참고).

'N_1+N_2' 형의 합성명사와 'V_1-어+V_2' 형의 합성동사는 국어에서 가장 대표적인 통사적 합성어들이다. 앞에서 부인되었지만, 만일 모든 통사적 합성어가 구의 단어화로 생기는 것이라면 통사적 합성법이라는 것은 일반성 있는 규칙으로서 존재하는 것이 아니라 개별적이고 우연적인 사실들로서만 존재하게 될 것이다. 이렇게 될 때 통사적 합성법의 사적 변화라는 관념은 고유한 내용을 가질 수 없게 된다. 그러나, 우리는 앞에서 그들에 대해 단어형성 규칙의 존재를 인정하였으므로 이제 그 규칙의 사적 변화를 추적할 근거를 얻게 되었다고 할 수 있다.

2.2. 지금까지 말한 합성어 형성의 규칙은 그 입력(어기)이나 출력(합성어)이 '$[X]_N$', '$[Y]_V$' 등의 변수로 표시되는 일반적인 것이다. 이 외에도 입력인 두 어기 가운데 어느 하나가 특정한 단어 즉 상수(常數)로 주어지는 개별적인 합성어 형성 규칙도 생각할 수 있다. 예를 들어 '분비선(分泌腺)'의 뜻으로 쓰이는 '샘'은 언제나 합성명사의 후행요소로만 쓰이고('가슴샘, 눈물샘, 땀샘, 소화샘, 위샘, 창자샘, 피샘, 목밑샘, 귀밑샘, ……'), 독립된 명사로는 쓰이지 못한다('*가슴에 있는 샘의 기능은 무엇인가?'). 따라서 이 '샘'은 '$[X]_N$, $[Y]_N$ → $[[X]_N + [Y]_N]$'와 같은 일반적인 합성명사 형성 규칙의 Y 자리에 들어 갈 수 없으므로, '샘'이 이미 상수로 주어진 '$[X]_N$, $[샘]_N$ → $[[X]_N+[샘]_N]$'과 같은 개별적 합성명사 형성 규칙에 의해 만들어진다고 하여야 한다(졸저 1996: 38-9). 합성동사 쪽에서는 '들-'을 예로 들 수 있다. '들-'은 현대국어에서는 독립된 동사로서의 용법을 '들어오-/들어가-'에

거의 다 넘겨 주고(이 집에 l*든, 들어온, 들어간 사람), '날아들-, 달려들-, 모여들-, 밀려들-, 스며들-, 찾아들-, ……'과 같은 합성동사에서만 쓰이므로, 이 합성동사들은 'IX]ᵥ, [Y]ᵥ → [[X]ᵥ-어+[Y]ᵥ]ᵥ'와 같은 일반적인 '-어' 형 합성동사 형성 규칙이 아니라 'IX]ᵥ, [들]ᵥ → [[X]ᵥ-어+[들]ᵥ]ᵥ'과 같은 개별적인 '-어' 형 합성동사 형성 규칙에 의해 만들어진다고 보아야 할 것이다(졸저 1996: 92-102).

위 예에서 '샘'은 외국어로부터의 번역차용어로서 현대국어에 들어와 아직 독립된 명사로서의 용법을 획득하지 못한 채 개별적인 합성명사 형성 규칙에 의해 운용되는 경우인 것으로 보이며, '들-'은 중세국어 시기 이후에 점차 독립성을 상실하여 지금은 개별적인 합성동사 형성 규칙에 의해 운용되는 경우인 것으로 보인다. 이러한 사실들은 파생접사의 성립, 변화, 소멸과 비슷한 성격을 가지고 있으므로 그 기술은 파생법의 변화에 대한 기술과 비슷한 의의를 가질 것이다. 그러나 그 동안 개별적 합성어 형성 규칙들을 찾는 연구는 거의 이루어진 바가 없어서, 이 방면에 대한 언급은 현대국어의 자료에 국한될 수밖에 없다.

2.3. 논증되지는 않았지만, 이 글에서는 통사적 합성어 형성 규칙들은 통사규칙으로부터 파생된다고 가정한다. 통사 규칙의 출력인 구나 기타 연속된 단어들의 재분석에 의한 통사적 합성어들이 성립하고, 그들의 분석에 의해 역으로 재구성된 규칙이 바로 합성어 형성 규칙이 된다고 보는 것이다. 그리고 이 합성어 형성 규칙들의 하위에 다시 특정한 어기가 상수로 주어지는 개별 규칙들이 성립될 수 있다. 그러므로 예를 들어 'V₁-어+V₂' 형 합성동사나 'N₁(-ㅅ)+N₂' 형 합성명사에는 句나 연속되는 단어들의 재분석으로 성립한 것들과, 합성어 형성 규칙에 의해 만들어진 것들(개별 규칙에 의한 것 포함)이 있게 되는 것이다.

3. 합성동사

3.1. 중세국어와 현대국어에서 합성동사의[5] 주요 유형으로는 다음의 것들을 들 수 있다. 사선의 앞에 든 것은 후기중세국어의 것이고 뒤에 든 것은 그 현대국어 어형이다.

(1) N+V

빗나-/빛나-, 힘쓰-/힘쓰-, 뒤돌-/뒤돌-, 나틀-[6]/나이들-, ……

(2) V_1+V_2

오르ᄂ리-/오르내리-, 뛰놀-/뛰놀-, 검프르-/검푸르-, 빌먹-(乞食)/(현대국어에 없음), (중세국어에 없음)/오가-, ……

(3) V_1-어+V_2

도라가-/돌아가-, 도라보-/돌아보-, 니러셔-/일어셔-, 져버보-(恕)/(현대국어에 없음), (중세국어에 없음)/쳐넣-[7], ……

(1)의 'N+V' 형 합성동사는 주어+동사('빗나-'), 목적어+동사('힘쓰-'), 부사어+동사('뒤돌-') 등의 통사적 구성과 같은 방식으로 결합되어 있으므로 통사적 합성어의 예이다. 이들의 형성이 발화상에서 통사적 구성의 재분석에 의해 된 것인지 아니면 어떤 합성동사 형성 규칙이 있어 그 적용으로 형성된 것인지는 아직 밝혀져 있지 않다. 어느 쪽이든 국어사

---

5 이 글에서는 형용사는 동사의 일종(상태동사)인 것으로 본다. 또 동사 어간을 기호로 표시할 때는 'V'를 쓰기로 한다.

6 '낳+들-'의 구성이다. '낳'은 현대국어의 '나이'이다. 현대국어의 '맛있다', '멋있다'는 [마디때], [머디때]뿐만 아니라 [마시때], [머시때]로 발음될 수 있는데, 후자의 발음은 어말의 ㅅ이 발음되던 시절의 화석일 것이다.

7 자판의 키를 쳐서 컴퓨터에 자료를 넣는다는 뜻.

상에서 이 유형의 합성법에 어떤 변화가 있었던 것 같지 않으므로 이 글에서는 이에 대해서 더 언급하지 않기로 한다. (2)의 합성법은 현대 국어에서는 생산성을 가지지 못하게 되었다. 이 합성법이 사라진 것은 국어 동사어간이 자립성을 잃는 문법적 변화와 관련된 것으로, 국어 문 법사에서 특별히 주목되는 중요한 문제가 된다. (3)의 유형에는 부분적 인 변화가 있었는데, 그것은 '-어'의 의미 축소라는 통시적 변화와 관련 되어 있다. 이 곳에서는 (2)와 (3)의 합성법에 대해 좀 더 자세히 알아보 기로 한다.

3.2. 알타이 제어(諸語)에서 동사 어간만으로 명령형이 되는 것과 관 련하여 국어의 동사 어간도 본래 어미와 유리될 수 있었을 것으로 짐작 되고 있다(이기문 1972: 15/145와 이승욱 1997: 제1장/제8장 참고).

(4) 雪下 曰 嫩耻(눈 디)

　　射 曰 活索(활 소)

　　讀書 曰 乞鋪(글 보)

(5) 尊者ㅣ 엇뎨 期約애 <u>그르</u> 호시ᄂ니잇고 〈월인석보 4:35〉

　　또 性에 <u>마초</u> 니르시니라 〈월인석보 18:35〉

(6) 킈 <u>젹도</u> 크도 아니호고 〈월인석보 1:26〉

(7) 辭ᄂᆫ 하딕이라 호<u>ᄃᆺ</u> 혼 마리라 〈석보상절 6:22〉

　　(비교: 어제 본 <u>ᄃᆺ</u> 하야 〈석보상절 6:9〉)

위에서 밑줄친 부분은 모두 동사의 어간들이다. (4)의 예들은 《계림유 사》의 것으로, 문장('눈 디')과 동사구('활 소', '글 보')의 층위에서 모두 어 미 없이 동사어간만으로 끝을 맺었다. (5)의 '期約애 그르'나 '性에 마초'

는 어미 없이 부사적으로 쓰였으며,[8] (6)의 동사구 '젹'과 '크'는 조사('도)를 가졌다는 점에서 명사적으로 쓰인 것이고,[9] (7)의 '하딕이라 ᄒᆞ'는 비교 문장의 '어제 본'과 같이 명사 '둣'을 수식한다고 볼 수 있으므로 관형사적으로 쓰인 것이라고도 할 수 있다.[10]

(4)의 동사어간들은 내향적으로 서술어의 기능을 수행할 뿐이며, 기타 그 '논항+동사어간(서술어)'이 가져야 할 외향적 기능이 없으므로[11] 어미는 애초에 불필요한 것이라고 할 수 있다. 현대국어에서는 이러한 경우에도 동사어간이 어말어미를 가져야만 하나의 활용형이 되는데 12세기 초의 전기중세국어에서는 어말어미 없이도 활용형이 될 수 있었던 것이다. (5), (6), (7)의 밑줄 친 동사들은 역시 내향적으로는 서술어이지만, 외향적으로는 각각 부사적 용법, 명사적 용법, 관형사적 용법으로 쓰이고 있으므로 그 기능을 표시할 어미가 기대되는데도 실제로는 아무런 어미도 가지고 있지 않다. 이것은 현대국어의 명사가 외향적 기능을 표시하는 조사 없이 자립형식으로 쓰여서 문장을 끝맺기도 하고, 부사어나 관형어가 되는 것과 같다 하겠다.[12] 그러므로 이 無語尾

---

8 이현희(1996)에서는 (5)의 '그르'와 '마초'를 '그르다', '마초다'의 어간이 부사로 영파생된 채 각각 '期約애'와 '性에'를 지배하는 것으로 해석하였다.

9 현대국어에도 '오도 가도 못한다'와 같은 관용적 표현에 동사 어간의 이러한 용법이 남아 있다. 이때의 '도'는 학교문법에서는 어미로 처리될 것이다.

10 물론 학교문법으로는 (6)의 '-도'는 조사가 아니라 어말어미이며 (7)의 '둣'도 명사가 아니라 어말어미이다.
〈處容歌〉의 '明期月良'에서 '明期'는 이승욱(1997: 24-5)에서 동사 어간 '붉ᄀᆞ'로 재구되었는데, 이를 따른다면, 이것은 동사 어간만으로 관형어가 되는 고대국어의 예가 된다.

11 'X [⋯⋯ V_{si}]-E Y'에서 동사 어간 V_{si}는 논항들을 지배하는 내향적 기능을 수행하고, 어미 E는 [⋯⋯ V_{si}]를 외부의 'X, Y'와 관련시켜 주는 외향적 기능을 수행한다고 할 수 있다.

12 이승욱(1973: 273) 이하에서는 (4)의 예로써 국어의 용언 어간이 원래 체언류의 언어형식과 실질적으로 계(系)를 같이 했을 것이라고 해석하였다. 그러나 이들의 내향적인 통사행위는 현대국어에서와 마찬가지로 중세국어 이전에도 달랐을 것이기 때문에 동사, 명사, 부사가 기원적으로 미분화된 하나의 어군 범주(품사)였다고 할 수 없을 것이다.
명사가 조사(서술격 조사 포함) 없이 문장을 끝맺고, 부사어나 관형어가 되는 예로는 다

活用은 기능적으로 무표(無標) 활용 즉 부정법(不定法)이라 할 수 있을 것이다.13

(4), (5)와 같은 무어미 활용은 중세국어까지로 끝나고 (6)의 무어미 활용은 현대국어의 일부 방언에서는 아직도 일반적으로 유지되고 있으나 중앙어에서는 '오도 가도 못한다'와 같은 일부 관용구에서만 볼 수 있는 화석적 용법이 되었고, (7)의 무어미 활용은 현대국어에서도 쓰이고 있다. 무어미 활용은 후기 중세국어 때에 이미 제한적으로만 생산성을 가지고 있었고, 현대국어에서는 '도'와 '듯'을 어미로 해석하는 것이 오히려 더 일반성 있는 기술이 될 것이기 때문에 완전히 생산성을 잃었다 하겠다.

'V₁+V₂'의 합성 동사들은 '[X]ᵥ, [Y]ᵥ → [[X]ᵥ+[Y]ᵥ]ᵥ'의 단어형성 규칙에 의한 것인데, 'V₁'이 부사적으로 'V₂'를 수식하는 경우와(아래의 ㄱ들), 대등하게 병렬되는 경우(아래의 ㄴ들)가 있다. 아래의 (8), (9), (10), (11)은 각각 고대국어, 중세국어, 근대국어, 현대국어의 예들이다.

(8) 遊行如可 (노니다가) 〈處容歌〉

(9) ㄱ. 걷나-, 나솟(날아서 솟다), 늘뮈-(飛動), 나돈-, 넘삐-(溢), 닐뮈-(起動), 둗나-(行/走/馳), 뛰놀-, 사나-(活), 옮돈니-, 흐르니-, 딕먹-(啄), 맛보-(逢/會), 빌먹-(乞食), 뻬듧-(貫穿), 사르묻-(生埋葬), 섯버믈-(交涉), 쎨먹-, 엿보-(窺), 얽미-, 잡쥐-, 걷나뛰-(超), 글희듣-(풀어져 떨

음을 들 수 있다.
　ㄱ. 우리의 소원은 통일.
　ㄴ. 첫눈이 내리는 날 만나자.
　ㄷ. 우리 동네 아이들은 축구를 잘 한다.
13 이승욱(1997: 24)에서는 이러한 동사어간을 "영통사(零統辭)의 자율적인 의미체"라고 한 바 있다.

어지다), 드리듣-, 뜯듣-(落), 좃니-(좇아 다니다), 느리니ㄹ-, 느리누르-(내리누르-), 믈헐-(頰), 가ᄉᆞ며살-(부유하게 살다), 너르듣-(널리 흐트러지다), ······

ㄴ. 나들-(出入), 죽살-, 여위ᄆᆞᄅ-(枯渴), 들보-, 나소믈라-(進退), 됴쿶-, 비리누라-, 질긔궂-, ······14

(10) ㄱ. 곫셔-(나란히 서다), 거지-((해가) 걸치면서 지다), 뻬딯-, ᄭᅳ들-(ᄭᅳ어들다), 내밀-, 도셔-(도서다), 돌보-, 막즈ᄅ-(막아 자르다), 븨틀-(비틀다), 업누르-(엎어 누르다), ······

ㄴ. 듯보-(듣보다), 얽머흘-(얽혀 험하다), 희조츨ᄒ-(희고 조촐하다), ······15

(11) ㄱ. 감돌-, 감싸-, 돌보-, 듣보-, 뛰놀-, 보살피-, 쓰다듬-, 얕보-, 얽매-, ······

ㄴ. 오가-, 오르내리-, 길둥글-, 검붉-, 검푸르-, 높푸르-, 굳세-, 재빠르-, ······

고대국어의 예로는 (8)의 '노니-'의 가능성밖에 제시하지 못하지만, 무어미 활용이 고대국어에서 활발히 이루어졌던 것이라는 앞의 가정이 맞다면, 동사어간끼리의 합성은 고대국어에서 통사적 합성어로서 출발하였을 것이다. 이때 통사적 구성과 형태론적 구성에서 모두 선행 어간이 후행 어간을 부사적으로 수식하는 경우와 두 어간이 대등하게 접속된 경우가 있었을 것이다.16 그러나 동사 어간만으로 통사부의 활용형

---

14 후기 중세국어의 'V1+V2' 형 합성동사의 예는 안병희(1959), 허웅(1975: 116-133)과 이선영(1992: 제3장)을 참고.

15 (10)의 예는 《方言集釋》(1778)에서 모은 것으로, 이진환(1985)에서 인용해 왔다.

16 이선영(1992: 15)에서 지적한 바와 같이 우리는 대등적 구성의 존재로 해서 'V₁+V₂'의 합성동사가 'V₁'의 부사화 영파생에 의해 만들어진 것이 아님을 알 수 있다.

을 만드는 규칙은 이미 후기 중세국어가 되면 위의 (5), (6), (7)의 경우에 한정될 정도로 아주 제한된 생산성만을 보이므로, 중세국어의 'V₁+V₂' 합성동사들은 비통사적 합성동사로 성격이 바뀌었다고 하여야 한다. 이 합성법은 근대국어를 거치면서 생산성을 잃어 현대국어에서는 생산성이 전혀 인정될 수 없게 되었다. 현대국어에서 시어(詩語)로 새로 만들어진 '오가-'와 같은 예는[17] '[X]ᵥ, [Y]ᵥ → [[X]ᵥ+[Y]ᵥ]ᵥ'의 단어형성 규칙이 적용되어 만들어진 것이 아니라 '오르내리-' 등 기존의 이러한 합성동사들에 유추되어 만들어진 것이다.

이들의 'V₂'는 의미변화를 입으며 강세접미사로 변하기도 하였다. 대개 강렬한 동작을 나타내던 '받-'(拍), '혀-'(引), '티-'(打), '잊-'(矗), '뜨-'(壓) 등이 'V₁+V₂'의 'V₂'로 쓰이면서 문법화하여 이미 후기 중세국어 시기에 강세접미사로 바뀐 것이다.[18]

(12) ㄱ. -받- 〉-밭- 〉-완-, -왇- : 갓ᄀ로완-(倒), 거스리왇-(逆/違), 그우리완-
      (倒), ᄀ리완-(蔽), 내완-(出), 니르받-(起/激/昂), ᄂ리완-(下), ……

    ㄴ. -혀- : 그우리혀-(傾), 내혀-(出), 두르혀-(反), 뼤혀-(開折), 빼혀-(裂),
      ᄲ혀-(拔), 혜혀-(披/坦), 횟도로혀-(回), ……

    ㄷ. -티- : 거두티-(捲), 걸티-(拖/搭), 내티-(出), 믈리티-(退/排), 밀티-
      (推/搎), 브스티-(碎), 뻐ᄅ티-(弔/滴), 뼤티-(折), 빼티-(破), 쩌티-(劃
      /裂), ……

    ㄹ. -잊- : 다잊-(擊/搏), 두르잊-(揮), 드위잊-(翻/反覆), 브드잊-(撲/撞),
      뻘잊-(拂), 씨잊-(撒水), 헤잊-(排), 횟두르잊-(揮), ……

---

17 이기문(1972: 234)에 '오가'가 현대국어에서 시어(詩語)로서 만들어진 것이라고 지적되었다. '오가'는 《조선어사전》(문세영, 1938)에도, 《큰사전》(한글학회, 1947: 57)에도 실려 있지 않다.

18 이 부분의 기술과 (12)의 예들은 이현희(1997)에서 가져온 것이다.

ㅁ. -뜯-/-쁘-: 거슬뜯-(逆/違), 견주쁘-(度), 그르쁘-(違/乖), 골히뜯-(分/別), 너기쁘-(擬), 버리쁘-(安排), 자히뜯-(候), ……

3.3. 합성법 '[X]ᵥ, [Y]ᵥ → [[X]ᵥ-어+[Y]ᵥ]ᵥ'에 의해 만들어지는 'V₁-어+V₂' 형 합성동사는 중세국어에서나 현대국어에서나 통사적 합성어에 든다.

(13) ㄱ. 가져가-, 가져오-, 거러가-, 거러미-(拘繫), 건너오-, ᄂ라가-, ᄂ려오-, 나아가-, 니러나-(起/作/興), ᄃ라가-, ᄃ라나-(奔走), ᄃ려가-, ᄃ려오-, 도라가-(歸/返), 도라보-(顧), 도라오-, 드러오-, 디나가-, 디나ᄃ니-, ᄲ라먹-, ᄲ더ᄃ니-(漂), ᄲ러디-(落/墮), 믈러나-(退), 슬펴보-(參), 소사오ᄅ-(湧), 어더먹-, 올마가-(轉/遷), 올아가-(上/登), 자바먹-, 조차가-(隨往), 조차ᄃ니-(隨), ᄎ자가-, 파문-, ……

ㄴ. ① 기러나-, ᄲ라보-(注目), 살아잡-, 여ᅀᅥ들-, 여ᅀᅥ보-, 흐러나-(分散), ……

② 구버보-, 나타나-(露/顯), 나ᅀᅡ가-(詣/進/就), 버서나-, 비러먹-, 져ᄇ리-(負), ……

ㄷ. 비러먹-(비교: 빌먹-), ᄲ러디-(墜/後)(비교: ᄲ더디-), 뛰놀-/뛰어놀-, 살아잡-(비교: 사ᄅ잡-), 소사나-(비교: 솟나-), 여ᅀᅥ보-(비교: 엿보-) ……

(14) ㄱ. 걸어가-, 날아가-, 돌아가-, 잡아가-, 찾아가-, 받아가-, ᄲ배먹-, 잡아먹-, 집어먹-, 퍼먹-, 매어달-, 적어넣-, 뛰어넘-, 잡아당기-, 살펴보-, 돌아보-, ……

ㄴ. ① 걸려들-, 기어들-, 끼어들-, 날아들-, 달려들-, 덤벼들-, 돌아들-, 말려들-, 모여들-, 몰려들-, 밀려들-, -새어들-, 숨어들-, 스며들-, ……

② 꼬부라들-, 누그러들-, 수그러들-, 오그라들-, 오므라들-, 움츠

러들-, 쪼그라들-, ……

ㄷ. 기울어지-/기울어뜨리-, 꺼지-/꺼뜨리-, 끊어지-/끊어뜨리-, 뚫어지-/뚫어뜨리-, 엎어지-/엎어뜨리-, 터지-/터뜨리-, 허물어지-/허물어뜨리-, 헝클어지-/헝클어뜨리-, 흩어지-/흩어뜨리-, 넘어지-/넘어뜨리-, 늘어지-/늘어뜨리-, 무너지-/무너뜨리-, 떨어지-/떨어뜨리-, ……

(13)은 후기 중세국어의 '-어' 형 합성동사들이고,[19] (14)는 현대국어의 '-어' 형 합성동사들이다.[20] (13ㄱ)은 중세국어 이후 현대까지 쓰이는 것들이고, (13ㄴ)은 현대국어에 이르는 사이에 소극화하거나 폐어화한 어기를 가지는 것들이다. 이들의 합성어는 (13ㄴ ①)처럼 어기의 소극화나 폐어화에 따라 합성어도 같이 폐어화하는 경우가 있는가 하면, (13ㄴ ②)처럼 어기와 무관하게 현대국어에서까지 계속 쓰이기는 경우도 있다. 예를 들어 '기러나-'는 '길-'의 자동사적 용법의 소극화로 현대국어에 이르기 전에 폐어화한 경우이고,[21] '구버보-'는 자동사로서의 '굽-'이 소극화하였으나 합성동사로는 그대로 쓰이고 있는 경우이다. (13ㄷ)은

19 후기 중세국어의 '-어' 형 합성동사들의 예는 안병희(1959), 이선영(1992: 56-66)과 허웅(1975: 106-9)에서 가져왔다.
20 근대국어(18세기)의 '-어' 형 합성동사 예들로는 다음의 것들이 있다(이진환, 1985: 38).

> 거스러지-(毛倒搶: 털 거스러지다), 쩌지-(炕場: 구돌 쩌지다), 쩌믜-(挾棒: 술위ㅅ 쩌믜는 나모), 쩌호-(壓縫), 꾸러안ㅅ-, 나아들-(挨近前: ㅊㅊ 나아드다), 느러지-, 떠들-(墊車: 술위 걸닌디 떠드다), 쩌러지-, 둘러안ㅅ-, 뽈어지-, 드러나-, 버서나-, 버서지-, 뽀아가-(流星: 뽀아가는 별), 여어보-(엿보다), 이즈러지-(虧), 쥐어지르-, 터지-, 퍼붓-, 훗터지-, ……

21 중세국어의 '길-'은 현대국어의 '크-'가 형용사 용법뿐만 아니라 동사 용법도 가지고 있는 것처럼 형용사적 용법("廣長舌은 넙고 기르신 혜라"⟨석보상절 19:38⟩)과 동사적 용법("富貴예 나 기런(生長富貴ᄒᆞ얀)"⟨내훈-초 2하:51⟩)을 다 가지고 있었는데, 현대국어에서의 '길-'의 동사적 용법은 소극화되어 제한된 주어에 주로 '-었'과 결합한 채로 쓰이고 있다("손톱이 많이 길었구나").

동일한 'V₁'과 'V₂'로 된 'V₁+V₂' 형 합성동사가 존재하는데도 또 'V₁-어+V₂' 형 합성동사가 쓰이는 경우이다.[22] 일반적으로 생산성이 높은 단어형성 규칙의 출력은 어휘부에 등재되지 않는 것으로, 즉 기억의 대상이 아닌 것으로 말해진다. 그들은 필요한 경우에 그때그때 만들어진다는 점에서 통사 규칙의 출력과 같은 것이다. (13ㄴ ①)과 같이 어기의 소극화나 폐어화에 따라 합성동사도 같이 폐어화하는 것이나, (13ㄷ)과 같이 동일한 어기의 'V₁+V₂' 형 합성동사에 의해 'V₁-어+V₂' 형 합성동사의 생성이 저지되지 않는 것은 이 '-어' 형 합성동사 형성 규칙이 생산성이 높아 어휘부에 등재되지 않기 때문일 것이다. 그러나 (13ㄴ ②)는 합성어가 의미론적 어휘화나 잦은 사용 등의 어떤 요인 때문에 어기의 폐어화 이전에 어휘부에 등재되었기 때문에 살아남았던 것이라고 할 수 있다.

(14ㄱ)의 예들은 현대국어의 일반적인 '-어' 형 합성동사들이고, (14ㄴ)의 예들은 소극화한 어기 '들-'을 가진 경우이다. (14ㄴ ②)는 'V₁'도 폐어화한 경우인데, 합성동사가 형성되어 화석화한 채 지금까지 쓰이는 것들일 것이다. 그런데 '들-'은 '-어' 형 합성동사의 'V₂'로서 독자성을 확보하였던 것으로 보인다. (14ㄴ ①)과 같은 모양의 임시어가 현대국어에서 계속 만들어질 수 있는 것은(예: '비쳐들-', '이울어들-' 등) '들-'이 상수로 주어진 개별적 규칙이 현대국어에 존재하기 때문일 것이다(졸저 1996:101-2).

(14ㄷ)의 예들은 'V₂'인 '지-', '뜨리-'가 상당한 정도까지 문법화된 것이므로 의미기능 상으로는 접미사화하였다고 할 수도 있다. 그러나 아직 개재된 요소 '-어'의 가치가 분명히 의식되고 있어서 맞춤법 상으로도 'V₁'의 어간과 '-어'가 밝혀져 표기된다든가, '-어'의 뒤에 '-는', '-도', '-들'

---

22 이 예들은 이선영(1992: 93)에서 가져왔다.

등의 일부 특수조사들이 개입할 수 있다는(예: '기울어는 졌지만) 데서도 알 수 있듯이[23] 아직 '[[X]ᵥ-어+[Y]ₘᵥ'의 내부구조가 마멸된 것이 아니기 때문에 'V₂'('들-')가 주어진 개별규칙으로 만들어진 것으로 보는 것이 좋을 것이다.

우리는 지금까지 후기 중세국어 이후 '-어' 형 합성동사 형성 규칙 자체가 어떤 변화를 겪었을 가능성에 대해서는 말하지 않았다. 후기 중세국어 이후 현대국어에 이르기까지 '-어' 형 합성동사 형성 규칙 자체에 큰 변화는 없는 듯하다. 그러나, 통사부에서 운용되는 어미 '-어'의 통사론과 의미론이 중세국어에서 현대국어에 이르는 사이에 사용 범위의 축소를 겪은 것처럼,[24] '-어'형 합성어 형성 규칙도 그러한 변화를 겪었을 가능성이 있다.

(15) ㄱ. ① 畦丁이 籠을 <u>지여</u> 오ᄂᆞ놀 〈두시언해 16:69〉

② 鹿皮 옷 <u>니브샤</u> 미친 사ᄅᆞᆷ ᄀᆞ티 묏고래 수머 겨샤 〈석보상절 6:4〉

③ 비구ㅣ 누비 닙고 錫杖 <u>디퍼</u> 竹林國 디나아 沙羅樹王宮의 가 월인석보 8:92〉

ㄴ. 우리 가아 推尋ᄒᆞᅀᆞᆸ보리이다 ᄒᆞ고 모다 <u>推尋ᄒᆞᅀᆞᆸ바</u> 가니 〈석보상절 3:34-35〉

(15ㄱ)의 밑줄친 부분에 들어 있는 '-아'는 '지속'의 의미를 가지고 있으

---

23 맞춤법에서 '구부러지-/뜨리-', '부서지-/부서뜨리-'처럼 'V₁'과 '-어'를 밝혀 표기하지 않는 경우들은 'V₁' 쪽에서 형태론적 또는 음운론적 변화가 일어나 합성어 전체로서는 어휘화가 일어난 경우들이다. 그러나 '구부러는 졌어도'처럼 합성어 내부에 일부 조사의 개입이 허용되는 것은 이 경우에도 마찬가지이다.

24 이 문제는 이기갑(1981), 박진호(1995)에서 다루어지고 있다.

므로 현대국어에서라면 '-고'로 바뀌었을 것들이며, (ㄴ)의 '-아'는 '목적'
을 나타내므로 현대국어에서라면 '-러'로 쓰였을 것들이다.[25]

다음 (16)의 예들은 합성동사의 '-어'도 그와 유사한 종류의 사용 범위
축소를 겪은 것일 가능성이 큼을 말해 준다.

(16) ㄱ. 몰라듣-, 몰라보-, 아라듣-, 아라보-, 니르러가-[26] ……

　　ㄴ. 몰라보-, 알아듣-, 새겨듣-, 알아보-, (시간에)대어가-, 깨어물-, 건
　　　　너뛰-, 달아매- ……

(16ㄱ)은 중세국어의 예이고 (ㄴ)은 현대국어의 예들인데, 모두 실제 동
작의 순서와 어순이 일치하지 않는다. 이 합성동사의 '-어'는 '결과적 방
법'을 나타내는 것으로 보인다.[27] 그러나 중세국어의 '몰라듣-'과 '니르
러가-'는 폐어화하였으며, 또 현대에 새로 이 의미의 '-어'를 가지는 *알
아읽-', *몰라읽-' 등을 만드는 것도 불가능하다. 그러므로 (16)의 합성동
사들은 '-어' 형 합성동사 형성 규칙이 '결과적 방법'의 의미관계도 표현

---

25 (15ㄱ ①)은 이기갑 1981에서 어미 '-아 〉-고'의 통시적 변화 예로 든 것이며, (15ㄱ
②)와 ③, 그리고 (15ㄴ)은 최동주 1996에서 현대국어에서라면 '-고'와 '-러'가 쓰일 자리에
중세국어에서는 '-야'가 쓰인 예로 들어진 것이다.
26 '니르러가-'는 다음의 예문에서 '到'를 번역하여 쓰인 것이다(이 예들은 박진호 선생이
알려준 것임).
　ㄱ. 엇뎨 仙人의 아홉 ᄆᆞ딧 막대ᄅᆞᆯ 어더 디퍼 玉女의 머리 싯ᄂᆞᆫ 盆에 니르러가려뇨
　　(安得仙人九節杖拄到玉女洗頭盆) 〈두시언해·초 13:4〉
　ㄴ. 하ᄂᆞᆯ 소개 니르러가ᄆᆞ로브터 셴 머리 나ᄆᆞᆯ 보디 마롤디니라 (自到靑冥裏休看白
　　髮生) 〈두시언해·초 21:14〉
27 '결과적 방법'의 '-어'는 'V₂'의 결과로서 앞으로 존재할 'V₁'이 'V₂'의 방법이 됨을 나타내
고, '수단적 방법'의 '-어'는 'V₁'의 행위 결과가 이미 존재하여 그것이 'V₂'의 수단이 됨을 나타
낸다. 전자는 가령 '책상을 만들다'에서 책상이 만듦이라는 행위의 결과로 존재하게 되는 것
과 비교되고, 후자는 '책상을 부수다'에서 이미 존재하는 책상이 부숨의 대상이 되는 것과
비교될 것이다.

하던 시기에 만들어진 것인데, 이제는 이 규칙이 이러한 의미관계를 표현하지 못하게 변화하였다고 할 수 있을 것이다.[28]

4. 합성명사

4.1. 국어의 합성명사들은 그 구성 방식에 따라 크게 병렬구성과 관형구성으로 나눌 수 있다. 병렬구성은 'N1+N2'의 형이며, 관형적 구성에는 'XV-은/을+N' 형, 'N₁(-의/익)+N₂' 형, 그리고 'N(-ㅅ)+N' 형이 있다.[29] 다음은 'N₁+N₂'의 형과 'XV-은/을+N' 형의 예이다.

(17) N₁+N₂

ㄱ. 밤낮, 손발, 어싀아돌 (母子), 옷밥 (衣食), 날달/나달 (日月), 므쇼,
   아라웋, 안팠, ……

ㄴ. 밤낮, 손발, 마소, 아래위, 안팎, 논밭, 물불, 바지저고리, 총칼,
   ……

(18) XV-은/을+N

ㄱ. 거믄춤뻬, 높중싱, 올흔손, ᄌ물쇠/ᄌ묲쇠, 한믈, 한숨/한숨, ……

ㄴ. 날짐승, 오른손, 자물쇠, 건널목, 큰손, 꼬리긴닭/긴꼬리닭, 단무
   지, 등푸른생선, ……

---

28 이 외에 박진호(1995)에서는 목적어와 주어의 공유 현상이 중세국어 시기에 가능했다고 하고, '두들겨맞다'와 같은 합성동사에 대해, 목적어와 주어의 공유를 허용하던 문법에 의해 만들어진 구성('철수가 강아지를 두들기다, 강아지가 맞다 → 강아지가 두들겨 맞다')이 단어화한 것일 가능성을 제시한 바 있다.

29 이 외에 '척척박사', '손수운전'처럼 '부사+명사'로 된 유형도 있으며, '보슬비', '넓적다리', '괘씸죄'처럼 '어근+명사'로 된 유형이 있으나 이들에 대해서는 언급하지 못한다.

이들은 모두 통사적 합성어에 든다. (17)의 경우, (ㄱ)의 중세국어에 존재하던 예와 (ㄴ)의 현대국어 예 사이에 음운규칙과 형태의 변화에 따른 변화 외에 그 형성 규칙의 변화는 찾을 수 없다. 중세국어에서나 현대국어에서나 두 어기 사이에 조사나 사이시옷 등의 어떤 요소도 개재시키지 않는다. (18)에서 (ㄱ)은 후기 중세국어의 것이고,[30] (ㄴ)은 현대국어의 것인데, 그 형성법은 중세국어로부터 지금까지 변화가 없는 것으로 보인다.

4.2. 다음으로 관형적 구성 가운데 'N$_1$(-의/익)+N$_2$' 형과 'N$_1$(-ㅅ)+N$_2$' 형 합성명사들에 대해 살펴 보자.[31] 고대국어 이래 국어의 속격 구성은 존칭체언과 무정체언은 '-ㅅ'으로, 유정체언은 '-의/익'로 만들어졌으며, 또 무형의 '-∅'로 만들어질 수도 있었는데,[32] 근대국어 이후 '-ㅅ'이 속격 조사로서의 기능을 잃자 그 자리를 '-의' 또는 '-∅'가 맡게 되었다. 통사적 합성어 형성 규칙들은 통사규칙으로부터 파생된다고 가정하면 중세국어까지에 형성된 합성명사에는 N$_1$이 유정체언일 때 'N$_1$(-의/익)+N$_2$', N$_1$이 무정체언일 때 'N$_1$(-ㅅ)+N$_2$'의 유형이 있게 되며, 근대국어 이후에 형성된 합성명사에는 N$_1$의 유무정성에 관계없이 'N$_1$(-의/익)+N$_2$' 형만이 있어야 한다(이들을 두 명사 사이에 개재하는 요소에 따라 '-의' 형, '-ㅅ' 형, '-∅'

---

30 전기 중세국어(《향약구급방》)의 'XV-은/을+N' 형 합성명사로는 다음을 들 수 있다.

　ˇ숩서근플('所邑朽斤草'. 精朽草), ˇ힌느릅('힌느릅삐'('白楡實'. 蕪荑)에서), …… [남풍현(1981)의 재구(再構)임.]

31 이 문제에 대해서는 졸저(1996: 제2장)을 참고했다.

32 이에 대해서는 안병희(1968)을 참고.
　다음은 향가에 보이는 속격 구성들이다[해독은 김완진(1980)의 것임].

　　-의/익 : 耆郎矣皃史是史(耆郎익 즈싀올시) 〈讚耆婆郎歌〉
　　-ㅅ : 栢史叱枝次(자싯 가지) 〈讚耆婆郎歌〉
　　-∅ : 岩乎辺希(바회 ᄀ새) 〈獻花歌〉

형 합성명사라고 부르기로 한다). 그러나 합성규칙이 기존의 합성어들의 재분석에 의하여 별도로 성립되는 것이기 때문에 통사부에서 속격 조사 '-ㅅ'이 사라졌다고 해서 합성명사 형성 규칙의 '-ㅅ'도 함께 사라져야 할 이유는 없다. 무정체언을 N_1으로 하는 '-ㅅ' 형 합성명사는 합성명사 형성 규칙의 출력으로서 근대국어 이후 지금까지 계속 만들어지고 있는 것이다(그리고 이제 그들은 통사적 합성명사가 아니라 비통사적 합성명사로 분류될 수 있다). 그러나 평칭의 유정체언인 N_1이 '-ㅅ'을 가지는 일은 별도의 개별 규칙에 의하지 않는 한 일반적으로는 불가능하리라고 예측할 수 있다.

(19) N_1(-의/ᄋᆡ)+N_2

ㄱ. ᄃᆞᆯᄀᆡ앓, ᄃᆞᆯᄀᆡᄯᅩᆼ, 쇠고기, 쇠무릅(牛膝), 머구릐밥('개구리밥'), 버릐집(蜂房), ᄆᆞᆯ구ᅀᅵ(馬槽), ᄆᆞᆯ굽(馬蹄), ᄆᆞᆯ졎, 쥐구무/쥐굶, 쥐며느리, ……

ㄴ. 도둑놈의갈고리, 닭의장(-欌), 범의귀, 스승의 날, 솔의 눈(商品名), 두꺼비집, 노루발, 돼지기름, 어린이날, ……

(20) N_1(-ㅅ)+N_2

ㄱ. 눈믈/눉믈, 눈ᄌᆞᅀᆞ/눉ᄌᆞᅀᆞ, ᄃᆞᇇᄢᅢ, 손금/솏금, 솏바당, 묏기슭, 엿쇗날, 나못닢, 등잔블, 귓구무, 귓ᄀᆞᇫ(耳畔), 믌고기/믓고기, 믌ᄃᆞᆰ/믓ᄃᆞᆰ, 믓올히('鳧'), 므수리(鵜), 집앉사ᄅᆞᆷ 므쇼(犀), 고깃ᄇᆡ, 숢자리, 거우룻집, 믈동히('물동이'), 찻믈, 찻술(茶匙), 봆ᄇᆞᄅᆞᆷ, 훗겨집, 훗몸(後身), ……

ㄴ. 나뭇잎, 제댓날, 군횟발, 담뱃진, 세숫비누, 봄비, 동지죽, 들국화, 콩기름, 화장비누, ……

(19ㄱ)과 (20ㄱ)은 중세국어의 합성명사들이며,[33] (19ㄴ)과 (20ㄴ)은 현대국어의 합성명사들이다. (19)의 경우 중세국어에서 N_1은 모두 유정명사, 또는 유정화된 명사이나[34] 현대국어에서는 위에서 말한 바와 같이 '솔의 눈'처럼 무정명사도 허용된다는 변화를 지적할 수 있다. 또, '-의'의 문체적 가치가 변화하여, 구어체에서도 쓰이던 '-의/이'가 문어체적 성격을 짙게 가지게 됨에 따라 동물명을 'N_1'으로 하는 경우에는 '닭의장'은 '닭장'으로, '닭의똥'은 '닭똥'으로 대체되어 가고 있으며, '버릐집'은 '벌집'으로 대체되었다는 것도 지적되어야 한다.

또, 우리는 2.1.에서 선행명사가 후행명사에 대해 '재료'나 '형상'의 의미 관계에 섬을 나타내는 속격 구성의 명사구는 국어 문법에서 허용되지 못한다고 말한 바 있다(*새로 수확한 쌀(의) 밥, *붉게 익은 고추(의) 잠자리). 그러나 이러한 의미관계도 비속격적 구성의 'N_1+N_2' 형 합성명사 형성 규칙에 따라 관형 구성의 합성명사로 표현될 수 있다.[35] 또, 이들이 기원적으로 속격 구성이 아니기 때문에 그 형성 규칙에 '-의/이'나 '-ㅅ' 같은 속격 표지를 가질 수 없으리라는 것도 예상할 수 있다.

(21) 〈N_1이 N_2의 재료〉

　　ㄱ. 중세국어: 나모그릇, 나모뎝시, 나모신, 나모잔(杯), 나모쥭('나무주

---

33 다음의 (ㄱ)과 (ㄴ)을 전기중세국어의 'N_1(-의/이)+N_2' 형과 'N_1(-ㅅ)+N_2' 형으로 추가할 수 있다(남풍현(1981) 참고.

　　ㄱ. *고기이밥('魚矣食'. 浮萍), *돍이밤('猪矣栗'. 橡實), *범의부체('虎矣扇'. 射干), *옷이어싀('漆矣母'. 漆姑) ……

　　ㄴ. *묏믈나리('山叱水乃立'. 柴胡), *묏이수랏('山叱伊賜羅次'. 郁李), *즐불휘('叱乙根'. 葛根), *귤불휘('葺乙根'. 蘆根), *널삼('板麻'. 苦蔘) ……

34 '옷이어싀'에서 '어싀'의 요구에 따라 '옷'이 유정화한 것으로 보인다.

35 이 글에서는 두 명사로 된 관형구성의 합성명사에 속격적 구성의 것과 비속격적 구성의 것이 있다고 본다(졸저 1996: 57 참고).

걱'), 대그릇(邊), 구리돈(銅錢), 금빈혀('금비녀'), 쇠붚, 쇠빈(鐵船),

보리밥, 쌀밥, 은가락지, 돌고(石杵), 돌구싀(石槽), 돌드리, 돌숫

(煤) ……

ㄴ. 현대국어: 유리구슬, 양은그릇, 양철지붕, 통나무집, 고무신, 비닐

봉지 ……

(22) ⟨N₁이 N₂의 형상⟩

ㄱ. 중세국어: 비얌댱어, 어룽쇼('얼룩소'), 층집 ……

ㄴ. 현대국어: 줄담배, 눈깔사탕, 비행기대패, 폭탄선언(爆彈宣言) ……

이러한 사실들로써 우리는 현대국어의 관형구성의 합성명사에서 개재
요소 '-의', '-ㅅ', '-∅'의 결정은 첫째로는 그것이 속격적 구성인가 비속
격적 구성인가에 따르며, 둘째로는 중세국어에서 '-의/익'와 '-ㅅ'의 선택
을 결정하던 문법에 직접적으로 관련되어 있는 것을 알 수 있다.

명사들 가운데는 '-ㅅ' 형 합성명사와 '-∅'형 합성명사에 오랫동안 참
여해 오면서 합성명사의 N₁이 된다든가 N₂가 될 때 사이시옷을 개재시
키거나 개재시키지 않는 성격을 고착화한 것들이 있는 것으로 보인다.
(다음 (23), (24ㄴ)의 예들은 표기법 상 사이시옷을 드러내지 않은 경우에도 실제로
는 모두 사이시옷을 가지고 있다.)

(23) 고갯길, 들길, 밤길, 뱃길, 벼슬길, 출셋길, 지름길, 자갈길, 아스팔트
길, ……

(24) ㄱ. 밤(栗)색, 재색, 진달래색, 장미색, 홍차색, 오렌지색, 커피색, 카키
(khaki)색, ……

ㄴ. 물색, 불색, 살색, 풀색, 하늘색, ……

'길'은 사이시옷을 전치시키는 대표적인 예이다. (23)의 예들은 모두 사이시옷을 발음하는 것들인데, '길'의 사이시옷 전치 성향이 매우 강하여 N₁이 재료를 나타낼 때조차도 '-ㅅ'을 개재시킨다('자갈길', '아스팔트길').[36] 이와 달리 '색'은 ㄹ말음 뒤에서만 ㅅ을 전치하고 그 외에는 ㅅ을 가지지 않는다. (24ㄱ)은 모두 사이시옷을 개재시키지 않은 것들이고 (ㄴ)은 사이시옷을 개재시킨 것들이다.[37]

이제 합성명사 형성 규칙의 '개별규칙'이 성립되는 과정을 '방'의 예로써 보이기로 한다. '房'은 그 多義 중의 하나로 조선시대에 '시전(市廛)보다는 작고 가가(假家)보다는 큰 가게'라는 뜻을 가지고 있었다. 현대국어에서 독립된 명사로서의 '방'은 이 뜻을 가지지 못하고 언제나 합성명사의 N₂로 쓰일 때만 이 의미를 가질 수 있다. 따라서 그 뜻의 '방'을 가지는 합성명사는 '방'이 상수로 주어지는 개별규칙에 의해 만들어져야 한다(25ㄱ)]. 한편 이 '방'과 달리 1970년대 말부터 등장하기 시작한 업소이름으로서의 많은 '방' 명사들이 있다(25ㄴ)].

(25) ㄱ. 책방, 구둣방, 농방(籠房), 만화방(漫畵房), 안경방(眼鏡房), 대서방(代書房) …… (모두 사이시옷이 개재되어 있음.)

ㄴ. 아씨방, 날개방, 머리방, 놀이방, 빨래방, 맵시방, 노래방, 비디오방, 산소방(酸素房)[38] …… (모두 사이시옷이 없음)

---

36 '길'의 이 성격은 중세국어 이전부터 고착화된 것일 가능성이 있다. 중세국어의 예로는 '니슶길', '즈룷길ㅎ'이 있다. ('길'이 경음화되는데도 '아스팔틋길'이 아니라 '아스팔트길'로 표기된 이유는 N₁이 외래어이면 사이시옷을 적지 않는 관례가 있기 때문임.)

37 '색'의 사이시옷 전치가 음운론적 현상이기만 한 것이 아니라 일차적으로 관형적 구성이라는 형태론적 사실과 관련되어 있다는 사실에 대해서는 졸저(1996: 66-7)을 참고할 것.

38 이들 중에서는 '산소방'이 가장 최근에 등장한 예이다. 산소방은 청정지역의 공기를 압축하여 도시로 가져와 산소만을 액화시켰다가 산소발생기로 뿜어 주는 휴게실이다.

(25ㄴ)의 예로 처음 등장한 것은 구로 만들어져 상호(商號)로서의 고유
명사로 쓰인 '아가 방'(유아용품점)이었다. 이 상호는 이어 '아씨 방'(혼수
용품점)과 같은 유사한 상호를 탄생시키게 되었고 이어 아직 고유명사
적 성격을 가지는 '날개방'(옷가게) 들이 만들어지자 언중들은 이들을 구
가 아닌 합성명사로 재분석하게 되고 '방'에 '새로운 형태의 영업소'라는
정도의 뜻을 인정하게 된 것으로 보인다. 그런데 이 뜻도 (ㄱ)의 '방'과
마찬가지로 독립된 명사로서의 '방'에는 없는 뜻이다. 따라서 (25ㄴ)도
'방'이 N$_2$의 자리에 상수로 주어지는 또 다른 개별규칙에 의해 만들어진
다고 하여야 한다. (25ㄱ)의 '방'과 (25ㄴ)의 '방'이 별개의 것임은 뜻에서
의 차이뿐만 아니라, (25ㄱ)의 '방'은 고정적으로 사이시옷을 전치시키
는 데 반해 (25ㄴ)의 '방'은 고정적으로 사이시옷을 배제한다는 사실에
서도 볼 수 있다(졸저 1996: 36-8).

　이러한 성격의 개별적 합성명사 형성 규칙들의 성립은, 사실은 고대
국어 시기로부터 지금까지 늘 있는 것으로 보아야 한다. 그것은 외래
명사가 국어 어휘체계에 정착하는 한 방식으로서 검토될 수도 있다. 예
를 들어 한자어들 중에도 애초에 국어에 들어올 때는 번역차용어의 후
행요소로 들어와 합성어 형성에만 쓰이던 것이 있었으리라고 생각해
볼 수 있다. 현대국어에서 '천(川)'은 '安養川', '全州川' 등에서 어근으로
쓰이고 있지만, '강(江)'은 합성어의 후행요소로는 물론이고('漢江', '洛東
江), 독립된 단어로도 쓰인다는 차이가 있다. 고대국어의 시기에 '江'도
합성어의 요소로만 쓰이던 때가 있었으리라고 추측하는 것이 전혀 근
거 없는 일은 아닐 것이다. 오늘날 영어로부터의 차용어인 '센터(center)'
는 '점포'의 뜻으로는 '통닭센터, 오토바이센터, 자전거센터, 애견센터,
회(膾)센터, ……'에서처럼 합성명사의 후행요소로 쓰일 뿐 독립된 단
어로 쓰이지 못하므로, '통닭센터' 등도 '센터'가 상수로 주어지는 개별

적인 합성명사 형성 규칙에 의해 형성되어야 할 것이다. 이러한 용법의 '川'이나 '센터'의 성립에 대해서는 특정한 파생접사의 성립과 같은 방식으로 그 사적 기술이 이루어질 수 있을 것이다.

이러한 개별 규칙들은 더 진전되면 상수항이 하나의 파생접사가 되도록 문법화하여 드디어는 파생어 형성 규칙으로 귀결될 수 있다. 예를 들어 '개'는 '개떡, 개나발, 개살구, 개나리[1], 개나리[2], 개꽃, 개느삼, 개다래나무, 개들쭉, 개떡갈나무, ……' 등에서 파생접두사화하였다고 할 수 있고, '속'은 '잇속, 실속, 셈속, 길속, 기곗속, 장삿속 ……' 등에서 파생접미사화하였다고 할 수 있을 것이다.

4.3. 우리는 앞의 3.2에서 동사어간이 그 자체만으로 명사적, 부사적, 관형사적 용법으로 쓰였던 것을 본 바 있다. 여기에서는 마지막으로 (26)과 같이 동사어간만의 선행요소가 관형사적으로 후행명사를 수식함으로써 이루어진 합성명사를 보기로 하자.

(26) ㄱ. 붉쥐, 두디쥐, 밧돓 ……
　　 ㄴ. ① 넓다듬이, 붉감펭, 붉나무, 붉돔, 붉바리, 접칼, 접자 ……
　　　　 ② 늦봄, 늦여름, 늦가을, 늦겨울, 늦감자, 늦거름, 늦더위, 늦모, 늦바람, 늦밤, 늦배, 늦벼, 늦복, 늦부지런, 늦사리, 늦새끼, 늦서리, 늦싸리, 늦잠, 늦장마, 늦추위, 늦콩, 늦팥, 늦작물, 늦고추잠자리 ……

(26ㄱ)은 중세국어의 예이고, (ㄴ)은 현대국어의 예이다. 이들 가운데 동사 어간의 무어미(無語尾) 활용형이 관형사적 용법을 가지고 있을 때 형성된 것이 있다면 그것들은 형성 당시에는 통사적 합성어였겠지만,

무어미 활용이 사라진 후기 중세국어 이후에 이들은 모두 비통사적 합성어로 분석될 뿐이다. 이들을 만드는 'V+N'의 합성명사 형성 규칙은 일반적으로 생산성을 잃었으나, 특별히 (26ㄴ ②) 유형의 합성명사들은 아직도 만들어지고 있는 것으로 여겨진다. 현대국어에서 '[늦]ᵥ'이 상수로 주어지는 개별규칙으로서의 '[[늦]ᵥ+[Y]ₙ]ₙ' 합성어 형성 규칙을 인정하든지 '늦-'을 접두사로 인정하는 방안이 있을 것이다.

5. 마무리

지금까지 국어의 주요한 합성법들의 변화를 주로 중세국어와 현대국어의 합성어들을 비교하면서 기술하여 보았다. 먼저 이러한 작업에서 전제되는 합성어형성 규칙들이 문법 규칙으로서 실재한다는 관점을 세우고, 'V₁+V₂', 'V₁-어+V₂', 'N₁(-ㅅ)+N₂', 'V+N'과 같은 각 합성어 형성 규칙들의 성립과 변화에 대해 살펴보았다. 그럼으로써 2.3에서 구체적 논증 없이 받아들인, 통사적 합성어 형성 규칙은 통사 규칙으로부터 파생된다는 가정에 구체적인 합성어 형성 규칙들에 대한 기술로부터 상당한 지지 증거를 대어 줄 수 있었다고 생각한다. 또 어떤 합성어 형성 규칙에서 그 어기 중의 하나가 고정됨으로써 여러 개별 규칙들이 성립한다고 봄으로써, 파생규칙이 성립하는 사적 변화를 기술할 수 있고, 외래어가 국어 어휘체계 내에 정착하는 한 가지 흥미로운 방식도 잘 기술될 수 있었다고 생각한다.

그러나 이 글은 부사 합성법이나 어근과 어근의 합성법[예: '시원섭섭(하-)'], 어근과 명사의 합성법(예: '볼록렌즈') 등을 다루지 못하였고, 한자어 합성법도 다루지 못하였다. 'V₁+V₂' 합성어 형성 규칙과 'V₁-어+V₂' 합성어 형성 규칙의 史的 관계는 국어 합성법사의 중요 문제일 것이나,

이 글에서는 이에 대해서도 언급하지 못하였다. 또, 고대국어나 전기 중세국어의 자료를 거의 다루지 못하였다. 앞으로 이러한 주제들과 함께, 이 글에서 다룬 합성법들에 대해서도 시대별로 그 일반 규칙의 하위에 어떤 개별규칙들이 성립하여 왔는가가 더 많이, 더 구체적으로 다루어져야 할 것이다. 일반 규칙들의 시대적 변화상이 국어 합성법사의 큰 줄기가 된다면, 시대별로 어떤 개별규칙들이 성립되어 왔는가 하는 것은 국어 합성법사의 가지와 잎이 되어 국어 합성법사의 전체적이고 세부적인 모습들을 드러내 보여 줄 것이다.

참고문헌

김완진(1973), 국어 어휘마멸의 연구, 《진단학보》 35.

김완진(1980), 《향가 해독법 연구》, 서울대학교출판부.

김창섭(1996), 《국어의 단어형성과 단어구조 연구》, 태학사.

남풍현(1981), 《차자표기법 연구》, 단국대학교출판부.

박진호(1995), 논항 공유 현상의 유형론과 통사론, 국어학회 공동연구회 (1995년 12월) 발표 논문.

안병희(1959/1978), 《15세기 국어의 활용어간에 대한 형태론적 연구》, 탑출판사.

안병희(1968), 중세국어의 속격어미 '-ㅅ'에 대하여, 《이숭녕 박사 송수 기념 논총》, 을유문화사[안병희(1992)에 재수록].

안병희(1992), 《국어사 연구》, 문학과지성사.

유창돈(1980), 《어휘사 연구》, 이우출판사.

이기갑(1981), 씨끝 '-아'와 '-고'의 역사적 교체, 《어학연구》 17.2, 서울대학교

어학연구소.

이기문(1972), 《국어사 개설(개정판)》, 민중서관.

이선영(1992), 십오세기 국어 복합동사 연구, 《국어연구》 110, 국어연구회.

이승욱(1973), 《국어 문법체계의 사적 연구》, 일조각.

이승욱(1974), 동사어간형태소의 발달에 대하여, 《진단학보》 38[이승욱(1997)
    에 재수록].

이승욱(1977), 문법사의 몇 문제, 《국어학》 4[이승욱(1997)에 재수록].

이승욱(1997), 《국어 형태사 연구》, 태학사.

이익섭(1975), 국어 조어론의 몇 문제, 《동양학》 5, 단국대학교.

이진환(1985), 《십팔세기 국어의 조어법 연구》, 단국대 석사학위논문.

이현희(1996), 중세국어 부사 '도로'와 '너무'의 내적 구조, 《이기문 교수 정년
    퇴임 논총》, 신구문화사.

이현희(1997), 중세국어의 강세접미사에 대한 일 고찰, 최태영 외 1997, 《한
    국어문학논고》, 태학사.

최동주(1996), 중세국어 문법, 《국어의 시대별 변천·실태 연구 1》, 국립국
    어연구원.

허 웅(1975), 《우리 옛말본》, 샘문화사.

파생법의 변화

송철의*

1. 도입

훈민정음 창제 이전의 국어에 대해서는 派生法을 논의하기가 거의
불가능하다. 자료가 절대적으로 부족하기도 하려니와 전해지고 있는
자료마저도 漢字에 의한 借字表記로 이루어져 있어서 그러한 자료들에
서는 파생어를 분석해 내기가 매우 어렵기 때문이다. 잘 알려져 있는
바와 같이 차자표기에서 어간 부분은 대개 釋讀表記로 되어 있고 조사
나 어미 부분만이 音讀表記로 되어 있어서 어간의 일부를 구성하는 파
생접사는 표기상으로 그 형태가 잘 드러나지 않는다. 파생접사 중 접미
사는 그래도 '末音添記' 등에 의해서 간혹 그 형태의 일부가 표기상으로
드러날 수 있는 가능성이 있으나 접두사는 그런 가능성조차도 거의 없
다. 차자표기 자료에 대한 연구가 최근 활발히 진행되고 있음에도 불구
하고 차자표기 자료를 대상으로 한 파생법 논의가 거의 없는 것은, 물

* 서울대학교 명예교수

론 자료가 부족한 데에도 이유가 있겠지만 다른 한편으로는 앞에서 지적한 바와 같은 사정이 있기 때문일 것이다.

한자로 기록된 자료 중 『鷄林類事』와 『朝鮮館譯語』는 비록 중국에서 편찬된 것이기는 하지만 단어 전체의 음상을 보여주는 표기가 있어서 몇 개의 파생어를 확인할 수 있다. 이들 중국측 자료와 차자표기된 국내 자료들에서 파생어로 보이는 예들을 열거해 보면 다음과 같다.[1]

『鷄林類事』

行　　　欺臨　　　거름

剪刀曰割子蓋　　ᄀᆞ개(이기문 1972b) 또는 ᄀᆞᅀᆞ개(이기문 1991)

『朝鮮館譯語』

氷	我稜	어름	象	課吉立	고키리
鷹	吉勒吉	기러기	馬駒	墨埋亞直	몰미아지
鸚鵡	果果立賽	곳고리새	竪柱	吉董捨以大	기둥셔이다
肥	色尺大	슬지다	袍	得盖	덮게

『鄕藥救急方』

冬乙沙伊(麥門冬)　　겨을사리　　　　豆等良只　　　　　두드러기

『吏讀資料』

並以　　　아오로

---

1 『계림유사』의 예는 강신항(1980)을, 『조선관역어』의 예는 강신항(1995)를, 『향약구급방』의 예는 남풍현(1981)을, 이두자료의 예는 이승재(1992)를 각각 참조하였다.

위의 예들을 통해서 명사파생 접미사 '-음, -이, -개/게', 사동파생 접미사 '-이-', 형용사파생 접미사 '-지-', 부사파생 접미사 '-오/우' 등을 확인할 수 있는바, 이들은 그 연원이 매우 오래 된 것임을 알 수 있다. 그러나 예가 많지 않아서 생산성의 정도라든가 어기에 대한 제약 등은 논의할 수가 없다.

따라서 국어의 파생법에 대한 본격적인 논의는 훈민정음으로 표기된 자료들이 전해지는 후기 중세국어에서부터 시작될 수밖에 없다. 국어사의 시대구분은 이기문(1972a)를 따른다.

2. 후기 중세국어

후기 중세국어의[2] 경우에도 접두사에 의한 파생을 논의하기는 쉽지 않다. 일반적으로 접두사는 생산성이 낮기 때문에 동일한 접두사에 의한 파생어가 많이 나타나지 않는다. 유일예인 경우가 대부분이다. 따라서 그런 경우에는 그것이 과연 접두사에 의한 파생어인지를 판별하기가 쉽지 않은 것이다.

비교적 분명하게 접두사로 파악되는 예들로서는 다음과 같은 것들이 있다.

(1) 들- : 들기름, 들뻬
   싀- : 싀아비, 싀어미, 싀아비어미, 싀어버싀
   춤- : 춤기름, 춤뻬
   출-/츳- : 출콩, 출기장, 츳뿔, 츳쩍
   티- : 티츳다, 티소다, 티디르다, 티받다

---

2 이하에서는 편의상 '후기 중세국어'를 '중세국어'로 지칭하기로 한다.

이밖에 '즌넓다'의 '즌-'이나 '엇막다'의 '엇-'도 이 시기에는 이미 접두사로 기능했을 것으로 추정되나 관련된 예가 많지 않아서 단정적으로 말하기는 어렵다. 특히 '엇'은 '橫'에 대응되고 있어서(엇마기(橫防) : 龍 40) 과연 접두사라고 할 수 있을는지 의심스러운 바가 없지 않다.

접미사에 의한 파생은 접두사에 의한 파생보다 훨씬 다양하며 생산성이 높은 예도 많다. 접미사에 의한 파생은 명사파생, 동사파생, 형용사파생, 부사파생으로 나누어 살펴 보는 것이 좋을 듯하다.

명사를 파생시키는 대표적인 접미사로서는 우선 '-이'와 '-(ᄋ/으)ㅁ'을 들 수 있다.

명사파생 접미사 '-이'는 동사어간으로부터 명사를 파생시키기도 하고 명사나 의성·의태어로부터 명사를 파생시키기도 한다.

(2) -이 : ㄱ) 노리(놀-遊), 사리(살-居), 하리(할-讒), 이바디(이받-宴), 마지(맞-逢), 겿기(겿-給), 마쯩비(맞쯩-迎)

ㄴ) 나드리(나들-出入), 쁘서리(쁘설-掃), 죽사리(죽살-死生)

ㄷ) ᄀᆞᆺ불기(ᄀᆞᆺ붉- 平明), 히도디(히돋-)

ㄹ) 글지싀(글짓-), 녀름지싀(녀름짓-), 밥머기(밥먹-), 집 지싀(집짓-), 아기나히(아기낳-), 연노히(연놓-), 거름거리(거름걷-), 우숨우싀(우숨웃-)

ㅁ) 옷거리(椸枷, 옷걸-)

ㅂ) ᄒᆞᆯ사리(ᄒᆞᆯ살-), 겨ᄉᆞ사리(겨ᄉᆞᆯ살-), 믈쫑구우리(믈쫑구울-)

(3) -이 : 부헝이, 그려기, 개고리, 굇고리, 듬브기, 굇구리

'-이'는 일반적으로 동사어간으로부터 행위명사 또는 추상명사를 파생시키는 것이 기본적인 기능이었던 것으로 여겨진다. 물론 '옷거리'와

같은 사물명사(혹은 도구명사)를 파생시킨다거나 (2ㅂ)과 같은 유정명
사를 파생시키는 경우도 있기는 하였으나 수적으로 많지는 않다. '-이'
의 어기는 단순어간인 경우도 있고(2ㄱ) 복합어간인 경우도 있으나(2
ㄴ, ㄷ, ㄹ, ㅁ, ㅂ) 복합어간인 경우가 수적으로 훨씬 우세하다. 同族目
的語를 갖는 어간으로부터 명사를 파생시킬 때에는 '-이'가 선택되는데
(거름거리, 우숨우ᅀᅵ), 동족목적어로는 '-(ᄋ/으)ㅁ'에 의한 파생명사만
이 가능했던 것으로 보인다. 따라서 '거름거름'이나 '거리거름, 우ᅀᅵ우
숨'과 같은 파생어는 나타나지 않는다. 'ᄀᆞᆺ불기'의 어기 'ᄀᆞᆺ붉-'은 동사라
고 보는 것이 온당할 듯하다. 접두사 'ᄀᆞᆺ-'이 형용사와 결합하는 경우는
없다는 점에서도 그러하고 'ᄀᆞᆺ불기'가 '날이 막 밝을 무렵'을 뜻한다는
점에서도 그러하다. 'ᄀᆞᆺ불기'와 '히도디'는 '때'(시간)를 뜻하는 파생명
사들이다. 근대국어 문헌에서 나타나는 'ᄃᆞᆰ우리'(鷄鳴: 첫닭이 울 때)도
같은 부류의 것이다.³ 현대국어에서는 '-이'가 '때'를 뜻하는 명사를 파
생시키는 경우를 볼 수 없다. '-이'에 의한 파생명사 중 '마ᄍᆞᄫᅵ'는 매우
특이한 예에 속한다. 선어말어미 '-ᄌᆞᆸ-'이 파생접미사에 선행한다는 점
에서 그러하다. 이러한 예는 이것 이외에 달리 찾아보기 어렵다.

'-이'가 형용사 어간과 결합하는 경우는 많지 않다. '놉ᄂᆞ갑ᄫᅵ, 고키리,
됴쿠지, 가슴알피' 정도가 있을 뿐이다. 예외적인 것으로 척도명사 '기
릐'와 공존했던 '기리'가 있다. 중세국어에서 '-이'가 척도명사를 파생시
킨 것은 이 한 예뿐이다. '-이'가 형용사 어간과 결합하는 일은 별로 생
산적이지 못했던 것으로 믿어진다.

(3)의 예들은 대체로 의성·의태어로부터 파생된 명사들인데, '부헝
이, 그려기'는 『훈민정음』 '용자례'에서 '부헝, 그력'이던 것이 '-이'가 덧

---

3 『17세기국어사전』에서는 'ᄃᆞᆰ우리'가 '닭우리. 닭집'으로 잘못 풀이되어 있다.

붙은 것이다. 이 경우의 '-이'는 유정명사에 덧붙었다. 이런 점에서 본다면 '아비, 어미, 어싀' 등도 '압, 엄, 엇'에 '-이'가 결합된 것일 가능성이 많다(이기문 1972a: 146).

'-(ᄋ/ᄋ)ㅁ'은 동사 어간으로부터 명사를 파생시키는 대표적인 접미사였다.

   (4) 거름(걷- 步), 그림(그리- 畵), 기슴(蒡草, 깊-), 사름(人, 살- 生), 어름(氷,

      얼- 凍), 여름(열- 實), 꿈(ᄭᅮ- 夢), 짐(지- 負), ᄯᅳᆷ(ᄯᅳ- 炎)

'-(ᄋ/ᄋ)ㅁ'명사파생과 관련해서 특기해야 할 사항은 다음의 세 가지이다. 첫째는 중세국어에서 명사형(동명사)은 언제나 선어말어미 '-오/우-'를 가져서 파생명사와 구별되었다는 점이다. '됴흔 여름 여루미 ……'(月釋一12)의 일절이 그러한 사실을 극명하게 보여 준다. 명사형 '여룸'은 '열-+-오/우+-ㅁ'의 구성인데 파생명사 '여름'은 '열-+-음'의 구성이다. 물론 여기에 예외가 없지는 않았다. 명사형이 그대로 명사로 굳어진 예들이 있었다. 우룸(울- 泣), 우숨(웃- 笑), 춤(츠- 舞) 등. 이들에서는 결국 명사형이 파생명사의 기능까지 하게 된 셈이다. 그러나 이와 반대로 파생접미사 '-(ᄋ/ᄋ)ㅁ'이 결합된 어형이 명사형으로 쓰이는 경우는 없었다. 둘째는 중세국어에서는 이 명사파생 접미사가 형용사 어간과 결합한 예를 찾아볼 수 없다는 점이다(조일규 1997). 이것이 우연한 공백일 가능성도 없지는 않으나 이 접미사의 기원적인 성격과 관련하여 주목해야 할 점이 아닌가 생각된다. 명사형 어미 '-옴/움'은 이러한 분포상의 제약을 보이지 않는다. 치봄과 더봄과(月釋七 53), 내…두리부미 업소니(月釋七 6), ᄒᆞᄂᆞᆫ 일 업수미(月釋八 31). 셋째는 활용어미의 頭音 'ᄋ/ᄋ'와는 달리 이 접미사의 두음 'ᄋ/ᄋ'는 어간 말음 'ㄹ' 다음에서 탈락하지 않는 다는 점이다. '미드며(믿-), 미드니(믿-)/울며, 우니'와 '사름(살-), 어름(얼-), 여름(열-)'을 비교해 보면 그러한 차이를 확인할 수 있다.

동사어간으로부터 명사를 파생시키는 접미사로서는 '-암/엄'도 있었는데(무덤(墓, 묻- 埋), 주검(屍, 죽- 死) 등), 이 접미사에 의한 파생어가 많지 않아서 그 성격을 분명하게 밝힐 수 없다. 나타나는 예로만 본다면 동사어간으로부터 구체명사를 파생시켰던 것으로 보이는데, '-(으/으)ㅁ'과는 전혀 별개의 접미사였는지 아니면 상호 밀접한 관련이 있었는지 하는 것이 의문으로 남는다.

'-기'는 아직 파생접미사로서의 기능이 확고하게 정립되어 있지 않았던 듯하다. '믈보기(用便, 믈보-), 댱치기(댱치-), 태티기(태티-)' 등의 몇몇 예들이 발견될 뿐이다. '-기'도 역시 중세국어에서는 형용사 어간과 결합하는 경우를 찾아볼 수 없다.

동사 어간으로부터 도구명사를 파생시키는 '-개/게'는 이미 『계림유사』에서도 확인된 바 있는데 중세국어에서도 이 접미사에 의한 파생어가 몇몇 확인된다.

(5) 글게(鉋, 긁-), 놀개/놀애(翼, 날- 飛), 벼개(베- 枕), 집게(鉗, 집-), 받개(泥鏝, 받-), ᄀᆞ애/ᄀᆞ새(剪, ᄀᆞ-), 서흐레(杷, 서흘-), 자새(桔, 잣-)

위 예들에서 '-애/에'는 '-개/게'가 'ㄹ, ㅿ, 반모음 ㅣ' 다음에서 'ㄱ'의 약화・탈락을 경험한 것들이다. 여기서 'ㄱ'의 약화・탈락은 그 환경이 매우 한정되어 있음을 유의할 필요가 있다. 'ㄱ'이 탈락할 환경이 아닌데도 '-애/에'로 나타나는 경우가 있다면 그것은 '-개/게'의 이형태가 아닐 가능성이 높다. '부채/부체'(扇, 붗-)에 대하여 이것이 '붗-+-애/에' 구성의 파생어가 아니라 '뷫-＋채(鞭)' 구성의 복합어일 가능성이 제시된 것은(이기문 1991: 98) 이러한 인식에 말미암은 것이다. (이렇게 볼 경우 복합어가 형성된 이후에 동음생략에 의하여 'ㅊ' 하나가 탈락되었다고 보아야 한다.)

'-질'은 대체로 도구명사에 결합하여 그 도구를 가지고 하는 어떤 행위를 뜻하는 행위명사를 형성하였다. 따라서 '-질' 파생명사는 'ᄒ다'와 결합하여 쓰이는 것이 일반적이었다. 글게질(ᄒ다), 불무질(ᄒ다), 슈질 (ᄒ다), 부체질(ᄒ다).

형용사 어간으로부터 명사를 파생시키는 접미사로서는 '-익/의'가 있었다. 이 접미사에 의한 파생어는 척도명사로 기능하는 것이 일반적이었다.

(6) 굴긔(굵- 大), 기릐(길- 長), 기픠(깊- 深), 너븨(넙- 廣), 노픠(높- 高), 킈 (크- 大, 丈), 구븨/고븨(굽-/곱- 曲)

이들 이외에 『釋譜詳節』(九 9)에 나타나는 '치뮈, 더뮈'도 이 접미사에 의한 파생어일 것으로 여겨지며(최세화 1977) '므긔'(重)도 역시 이 접미사에 의한 파생어일 것으로 믿어진다. 다만 '므긔'의 경우에는 어기 '믁-'이 문증되지 않는다는 문제점이 있고, 그런 어기가 존재했다 하더라도 그것이 형용사 어간이었을까 하는 의문점이 있다. 중세국어에서는 '므겁-'만 나타나는데 이것으로부터는 '므긔'가 파생될 수 없다. 한편, 중세국어에서의 '킈'는 '身長'이라는 의미뿐만 아니라 '크기'라는 의미도 가졌었다. 모샛 蓮花ㅣ 킈 술윗 바회만 호딕(月釋七 64). '기릐'는 '기리'로도 나타나는데 이에 대해서는 앞에서 언급한 바 있다.

명사(주로 사람을 지칭하는 명사)에 결합되어 존칭의 뜻을 나타내주는 접미사로서 '-님'이 있었다. 이것은 명사 '님'(主)으로부터 문법화한 접미사일 것으로 추정된다. 아바님, 어마님, 兄님, 아두님, 스승님, ᄯ님, 아ᄌᆞ마님 등.

數詞와 관련한 조어법상의 문제도 자못 흥미있는데, 아직 조어상의 관계가 밝히 해명되지는 못하였다. 중세국어의 基數詞는 'ᄒᆞ낳(1), 둟(2), 셓(3), 넿(4), 다ᄉᆞᆺ(5), 여슷(6), 닐굽(7), 여듧(8), 아홉(9), 엻(10), 스믏(20), 셜흔(30), 마ᅀᆞᆫ(40), 쉰(50), 여쉰(60), 닐흔(70), 여든(80), 아흔(90), 온(100), 즈믄(1000)'이었는데, '여쉰, 닐흔, 여든, 아흔'은 말음으로 '-(ᄋᆞ/으)ㄴ'을 가지고 있다는 공통성이 있고, '여슷, 닐굽, 여듧, 아홉'과 첫음절이 같다는 형태상의 공통성도 있어서 조어상으로 관계가 있을 가능성이 농후하나 현재로서는 그 관계를 분명하게 해명할 수가 없다. 이들 기수사가 관형수사로 쓰일 때는 다음과 같은 특수한 형태로 나타났다. 흔(1), 두(2), 서,석(3), 너,넉(4), 대,닷(5), 예,엿(6). 日數를 나타내는 단어들은 'ᄒᆞᄅᆞ(1일), 이틀(2일), 사ᄋᆞᆯ(3일), 나ᄋᆞᆯ(4일), 다쐐(5일), 여쐐(6일), 닐웨(7일), 여드래(8일), 아흐래(9일), 열흘(10일)'이었는데 'ᄒᆞᄅᆞ(〈ᄒᆞᄅᆞᆯ), 이틀, 사ᄋᆞᆯ, 나ᄋᆞᆯ, 열흘'은 접미사 '-ᄋᆞᆯ/을'에 의해 형성된 것이다(이기문 1972a). '이틀'의 '잍'은 '이듬해'의 '이듬', 또는 방언에서 '(논을) 이듬 매다, (방아를) 이듬 찧다'라고 할 때의 '이듬'(두 번째)과 관련이 있을 듯하다. '서,너'가 이들에서 '사,나'로 바뀐 것도 매우 특이한 일이다.

동사 파생으로서는 사·피동사 파생이 대표적이다. 사동사를 파생시키는 접미사로는 '-이-'系와 '-오/우-'系, 그리고 '-ᄋᆞ-'가 있었다. 이들이 형용사 어간에 결합되면 타동사가 파생되는데, 넓게 보면 이것도 사동사 파생의 일부라고 할 수 있을 것이다. '-이-'계 접미사의 경우 어간말음이 ① 'ㅂ, ㄷ, ㅈ'이면 '-히-', ② 'ㅁ, ㅅ'이면 '-기-', ③ 그밖의 자음이면

'-이-', ④ 모음이면 '-ㅣ-'(반모음)으로 나타났다. 그런데 ③의 경우에는 다시 분철표기되는 경우와 연철표기되는 경우가 있다. 즉 어간 말음이 'ᅀ, ㄷ(불규칙), ㄹ'이면 분철표기되고, 'ㄱ, ㄹ(일부의 경우), ㅊ, ㅌ, ㅍ, ㅎ, ㅸ' 등이면 연철표기되었다.

(7) -히- : 자피-(잡- 把), 너피-(넙- 廣), 무티-(묻- 染), 구티- (굳- 堅), 안치- (앉- 坐), 느치-(늦- 晚)

-기- : 숨기-(숨- 隱), 옮기-(옮- 移), 밧기-(밧- 脫), 빗기- (빗- 梳)

-이- : 웅이-(웃- 笑), 짓이-(짓- 造), 길이-(긷- 汲), 들이- (듣- 聞), 말이-(말- 勿), 살이-(살- 居), 그우리-(그울- 轉), 드리-(들- 入), 머기-(먹- 食), 그치-(궂- 止), 부티-(븥- 附), 기피-(깊- 深), 다히-(닿- 接), 더러비- (더럽- 汚)

-ㅣ- : 셰-(셔- 立), 재-(자- 眠), 건네-(건너- 渡), 히-(ᄒᆞ- 爲)

'ᅀ, ㄹ' 다음에서 분철표기되는 경우의 '-이-'는 단순한 모음이 아니라 '-기-'에서 'ㄱ'이 탈락된 형태로 해석될 수 있다. 어간말 음절이 '르/르' 인 경우에는 두 가지 양상으로 나타난다. '흐르-(流), 므르-(退)'의 경우 에는 '흘리-, 믈리-'로 나타고, '오ᄅᆞ-(登), 어르-(嫁)'의 경우에는 '올이-, 얼이-'로 나타난다. 동사어간 '디-(落)'(평성)에 대한 사동어간은 ':디-'(상 성)으로 나타난다. 이들은 성조에서 차이가 날 뿐만 아니라, 어미 '-고' 와 결합할 때 전자는 '디고'가 되지만 후자는 '디오'가 된다는 차이도 보 여 준다(허웅1965). 이는 사동어간 ':디-'가 동사어간 '디-'(ti-)에 사동파생 접미사 '-이-'가 결합되어 형성된 'tij'였음을 암시하는 것이다(이기문 1972b). 'ㄱ, 러' 말음을 가진 어간 중 일부는 16세기 후반에 오면 '-히-'와 결합하는 경향을 보인다. 니키-(닉- 熟), 불키-(붉- 明), 물키-(묽- 澄) 등.

'-이-'계 접미사에 의한 사동파생과 관련하여 한 가지 주목해야 할 것은 '거스리-(거슬- 逆), 다스리-(다슬- 理)' 등은 사동파생으로 보기 어렵다는 점이다(이현희 1987). 흔히 이들도 사동파생의 일부로 다루어 왔으나 이들에서는 사동의 의미가 전혀 인지되지 않으며 파생에 따른 의미변화나 통사범주상의 변화가 나타나지 않는다. 따라서 이들에 결합되는 '-이-'는 사동파생 접미사와는 다른 것이었을 가능성이 높다.

'-오/우-'와 같은 계열의 이형태로는 '-호/후-', '-고/구-'가 있다. 이들은 그 분포가 음운론적으로 설명되지 않으므로 형태론적으로 조건된 이형태들이다(모음조화에 의한 교체는 제외하고). 어간 말음이 'ㄹ'일 때는 '-오/우-'가 분철표기되는 것이 일반적이다.

(8) 모도-(몯- 集), 도도-(돋- 昇), 녀토-(녙- 淺), 얼우-(얼- 凍), 일우-(일- 成), 뮈우-(뮈- 動), 흐리우-(흐리- 濁), 나토-(낟- 現), ᄀ초-(ᄀ초- 備), 솟고-(솟- 湧)

'-이-'와 '-오/우-'가 겹쳐서 나타나는 경우도 적지 않다. 업시우-(없- 無), 치오-(ᄎ- 滿), 틔오-(ᄐ- 燒), 띄우-(ᄠ- 浮), 알외-(알- 知), 닝위-(닝- 繼).

사동파생 접미사 '-오/우-'는 어간말음 'ㄹ' 다음에서 분철되며 하향이중모음 다음에서도 '-요/유-'로 되지 않는 점이 특이하다. 선어말어미 '-오/우-'와 다른 점이다. 이는 사동파생 접미사 '-오/우-'가 기원적으로는 '-고/구-'이었음을 암시하는 것이다.

'-ᄋ/으-'는 일부의 'ㄹ'말음 어간에 결합되던 중세국어 특유의 사동접미사인데, 이 접미사에 의해 형성되는 사동사는 '-이-'나 '-오/우-'에 의해 형성되는 사동사와는 의미의 차이가 있었다. 예컨대 어기가 '살-(生, 居)'일 경우 '살이-'는 '어떤 곳에 거주하게 하다'라는 뜻을 가졌는데 '사른-'는 '목숨을 살리다'라는 뜻을 가졌으며 어기가 '일-(成)'일 경우 '일우-'는 '어떤 일을 성취하다'라는 뜻을 가졌는데 '-이르(른)-'는 '탑이나 건물을 세우다'라는 뜻을 가졌다(이기문 1972a).

(9) 집 주어 <u>살이고</u> (杜諺二十四 27)

　　 주그닐 도로 <u>사르느니</u> (法華二 203)

(10) 須達이 精舍 <u>이르숩고</u> (釋詳六 38)

　　 큰 功을 <u>일우숩보니</u> (龍 57)

피동사 파생은 사동사 파생에 비하면 그리 생산적이지는 못한 편이었다. 피동사 파생에는 대체로 사동사 파생의 '-이-'계 접미사와 동일한 접미사들이 사용되었다. 다만 '먹-(食)'의 경우에는 '머키-'로 나타나서 사동어간 '머기-'와는 차이를 보이었다.

(11) 자피-(잡- 執), 다티-(닫- 閉), 마키-(막- 防), 미치-(및- 結),
　　 담기-(담- 貯), 즘기-(줌- 浸), 솖기-(솖- 烹), 걸이-(걸- 掛),
　　 열이-(열- 開), 들이-(들- 聞), 눌이-(누르- 壓), 두피-(둪- 覆),
　　 뭇기-(뭋- 束), 볼이-(넓- 踏), 조치-(좇- 逐), 뵈-(보- 見),
　　 쓰-(쓰- 用), 빳이-(빳- 包), 논호이-(논호- 分)

어기가 하향이중모음으로 끝날 때는 피동어간의 표기에 'ᅌᅵ'이 사용되었다.[4] '괴ᅇᅧ(訓民 合字解), 얽미ᅇᅵ다(釋詳十三 9), 쥐ᅇᅧ(月釋二 11),

---

[4] 이는 피동파생 접미사 '-이-'가 하향이중모음 다음에서도 음성적으로 어떻게든 실현되었음을 의미하는 것이 아닌가 생각된다. 이에 비해 주격의 '-이'는 하향이중모음 다음에서 음성적으로 실현되지 않았다.

믜옌(蒙山19)' 등.

중세국어에서는 피동사가 많지 않은 대신에 능격동사가 많이 있었다(고영근 1997). 능격동사란 타동사로도 기능하고 자동사로도 기능하는 동사인데, 능격동사가 자동사로 쓰일 때에는 그 의미가 피동사와 거의 동일하였다. 중세국어에서 피동사 파생이 생산적이지 못했던 것은 바로 이런 능격동사의 존재와 관련이 있지 않을까 추측된다. 물론 '박-'이나 '닫-'(閉)과 같이 능격동사임에도 불구하고 그에 대한 피동형 '바키-', '다티-'가 공존하는 경우도 있었다.

(12) ㄱ. 뫼헤 살이 박거늘 (曲 41)

ㄴ. 밠바당ㅅ 그미 짜해 반드기 바키시며 (月釋二 57)

(13) ㄱ. 나가다가 門이 다닷거늘 (小諺四 42)

ㄴ. 東門이 도로 다티고 …… 北門이 도로 다텨 (月釋二十三 80)

현대국어에서라면 당연히 (12ㄱ)의 '박거늘'은 '박히거늘'로, (13ㄱ)의 '다닷거늘'은 '닫혔거늘'로 대치되어야 한다.

그밖에 동작성 어근으로부터 동사를 파생시키는 접미사가 있었다. '-이-'와 '-거리-'가 그것이다. '곰즈기-/금즈기-, 어즈리-, 움즈기-' 등은 각각 어근 '곰죽/금즉, 어즐, 움즉'에 접미사 '-이-'가 결합되어 형성된 것이고 '구믈어리-'는 어근 '구믈'에 '-거리-'가 결합된 다음 'ㄹ' 다음에서 'ㄱ'이 탈락된 것이다. 이 시기에는 '-거리-'에 의한 파생이 생산적이지 못하였던 듯하다. 위의 예가 거의 유일한 예이다.

형용사를 파생시키는 접미사에는 크게 두 가지 종류가 있었다. 하나는 명사어간에 결합되는 것이고, 다른 하나는 동사어간에 결합되는 것이다. 명사어간에 결합되는 것으로는 '-둟-, -닿-, -젓-' 등이 있었고, 동사

어간에 결합되는 것으로는 '-ᄫ-, -ᄇ/브-, -알/얼-' 등이 있었다.

'-ᄃᆞᆸ-'은 상당히 복잡한 교체의 양상을 보이었다. 우선 어기의 말음이 자음이면('ㄹ'은 제외) '-ᄃᆞᆸ-', 모음이거나 'ㄹ'이면 '-ᄅᆞᆸ-'으로 교체되었다.[5] 단, 이때 어기의 말음 'ㄹ'은 탈락하였다(겨를+-ᄅᆞᆸ-> 겨르ᄅᆞᆸ-). 이들 '-ᄃᆞᆸ/ᄅᆞᆸ-'은 다시 뒤에 자음으로 시작되는 어미가 오면 '-ᄃᆞᆸ/ᄅᆞᆸ-'으로, 모음으로 시작되는 어미가 오면 '-ᄃᆞᄫᅵ/ᄅᆞᄫᅵ-'로 교체되었으며 부사파생 접미사 '-이-'와 결합할 때는 '-ᄃᆞᆯ/ᄅᆞᆯ-'으로 실현되었다.

(14) -ᄃᆞᆯ/ᄅᆞᆯ- : 病ᄃᆞᄫᅵ / 受苦ᄅᆞᄫᅵ

  -ᄃᆞᆸ/ᄅᆞᆸ- : 疑心ᄃᆞᆸ거신마른, 쥬변ᄃᆞᆸ고 / 새롭도다, 受苦롭다, 常例롭디

  -ᄃᆞᄫᅵ/ᄅᆞᄫᅵ- : 疑心ᄃᆞᄫᅵᆫ, 疑心ᄃᆞᄫᅵ니 / 受苦ᄅᆞᄫᅵ요미, 受苦ᄅᆞᄫᅵ니라

그런데 이러한 교체 중 '-ᄃᆞᆸ-'과 '-ᄃᆞᄫᅵ-', '-ᄅᆞᆸ-'과 '-ᄅᆞᄫᅵ-'의 교체는 음운론적으로 설명되지 않으며 그 교체에 있어서도 약간의 혼란이 있었다. 『杜詩諺解』에 오면 혼란이 좀 더 심해진다(정정임 1997). 妄量ᄃᆞᄫᅵ오 (← 妄量ᄃᆞᄫᅵ고, 月釋二 11), 시름ᄃᆞ외도다(杜諺十五 30), 상녜ᄅᆞ외디(杜諺六 26), 苦ᄅᆞ외더니(杜諺二十三 7) ; 녜로오매(杜諺十六 49-50), 새로오몰(杜諺十九 2) 등. 혼란은 대체로 자음어미 앞에 '-ᄃᆞᆸ/ᄅᆞᆸ-'이 오지 않고 '-ᄃᆞᄫᅵ(외)/ᄅᆞᄫᅵ(외)-'가 옴으로써 야기되었다. '-ᄃᆞᆯ-'계 이형태들은 16세기 후반에서 17세기 초반에 걸쳐 '-되-'로 통일되었고, '-ᄅᆞᆯ-'계 이형태들은 16세기 후반에 '-롭-'으로 통일되었다. '-ᄃᆞᆯ/ᄅᆞᆯ-'은 명사어간에 결합되는 접미사이었으므로 '새ᄅᆞᆯ-'의 '새'는 명사라고 보아야 한다. 중세 국어에서 '새'가 명사로도 기능하였음은 잘 알려진 사실이다. 헌옷도 새

---

5 '-ᄃᆞᆸ-~-ᄅᆞᆸ-'에서의 'ㄷ~ㄹ' 교체는 'ㄷ'불규칙 용언의 'ㄷ~ㄹ' 교체와 유사한 점이 있어 흥미롭다.

근ᄒ리니(月釋八 100). 이로 미루어 본다면 '외롤-'의 '외'도 기원적으로
는 명사이었을 것으로 추정된다.

'-돌-'과 유사한 접미사로서 '-닽-'이 있었다. 이 둘은 의미기능상으로
는 유사한 점이 있었으나 형태상으로 'ᄋ'와 '아'의 차이가 있고, 교체의
양상도 전혀 달랐으므로 별개의 접미사라고 보아야 할 것이다. '-닽-'은
'-랃-'이나 '-다ᄫᅵ-'로 교체되는 일이 없었다. 곳답도다, 禮다온, 法다오디
등.

명사로부터 형용사를 파생시키는 접미사로서 '-졓-'과 '-지-'도 있었다.
이들은 그리 생산적이지는 못하였다. '-졓-'은 현대국어의 '미안쩍-, 의심
쩍-'의 '-쩍-'과 비슷한 의미를 가지고 있었다(안병희·이광호 1990).

(15) 힘졓-, 利益졓-, 香氣졓-

    기름지-, ᄠᅴ지-

동사어간으로부터 형용사를 파생시키는 접미사 '-ᄫ-, -ᄇ/브-'는 음운
론적으로 조건된 이형태들이었는바, 어기의 말음이 모음이면 '-ᄫ-', 자
음이면 '-ᄇ/브-'로 나타났다.[6]

(16) 그립-(그리- 慕), 놀랍-(놀라- 驚), 두립-(두리- 恐), 믭-(믜- 憎)

    믿브-(믿- 信), 잇브-(잋- 困), 밧브-(밫- 忙), 저프-(젛- 畏)

    깃브-(깃- 喜), ᄀᆺ브-(ᄀᆺ- 勞), 골프-(곯- 飢), 알프-(앓- 痛)

중세국어에서 이 접미사는 매우 생산적이었다. 특히 '-ᄒ-'형 동사에

---

6 어기의 말음이 'ㅿ'이면 '-브-'로 교체되었다. 웃브-(웃-笑)

생산적으로 접미되었다. 感動ᄒ-, 恭敬ᄒ-, 怒ᄒ-, ᄉᆞ랑ᄒ- 등. 그런데 '-ᄫ-, -ᄇ/브'파생과 관련하여 한 가지 흥미있는 것은 상당수의 경우에 어기인 동사는 死語化하고 파생어만 남게 되었다는 점이다. '두리-, 믜-, 잋-, 밫-, 졓-, 젓-, ᄶ-' 등이 이에 해당한다. 이들 동사들이 死語化하게 된 것은 '그리워하-, 미워하-, 기뻐하-'와 같은 복합동사가 새로이 등장한 것과 관련이 있지 않을까 추측된다.

'-아/어-'은 주로 말음이 '이'인 동사어간에 결합되었는데, 이 접미사가 결합되면 어간말음 '이'는 탈락되었다. 닶갑-(닶기- 悶), 반갑-(반기-), 붓그립-(붓그리- 羞), 앗갑-(앗기- 惜), 즐겁-(즐기- 樂), 므싀엽-(므싀- 畏).

'-갑-'은 형용사어간에 결합되어 다시 형용사를 파생시키는 접미사이었는데 그리 생산적이지는 못하였다. 널갑-(녙- 淺), 맛갑-(맞- 適). '갓갑-, 놋갑-'은 '갓(近), 놋-(低)'이 중세국어에서는 문증되지 않기 때문에 '-갑-'에 의한 파생어라고 보는 데에 의문의 여지가 남아 있다. 또한 이 '-갑-'은 의미기능이 무엇인지 분명치 않다는 문제점도 가지고 있다.

그밖에 어근에 '-ᄒ-'가 결합되어 형용사가 형성되는 파생법은 이 시기에도 매우 생산적이었다. ᄀᆞ득ᄒ-, 기웃ᄒ-, 번득ᄒ-, 믯믯ᄒ- ……. '-ᄒ-'가 관련된 형용사로서 '이러ᄒ-, 그러ᄒ-, 뎌러ᄒ-'는 지시대명사 '이, 그, 뎌'가 포함되어 있다는 점에서 무척 흥미로운 예들인데 이들의 내적구조에 대해서는 아직 해명된 바 없다. '이러ᄒ-'는 '이(지시대명사)+ㄹ+어(부사형어미)+ᄒ-' 정도로 분석될 수 있겠는데, 'ㄹ'의 정체가 무엇인지를 설명할 길이 없다.

부사파생 접미사로서는 '-이'와 '-오/우'가 대표적이다. 이들은 모두 용언어간에 결합되어 부사를 파생시는 접미사들이었는데, '-이'는 형용사어간에 결합되는 것이 일반적이었고 동사어간에 결합되는 경우는 드물었다. 이에 비해 '-오/우'는 동사어간에 더 잘 결합되는 경향을 보이었다.

(17) '-이'

ㄱ) 고디(곧-直), 구디(굳-固), 기리(길-長), 기피(깊-深), 너비(넙-廣), 노
피(높-高), 느지(늦-晚), 됴히(둏-好), 물기(묽-淸), 볼기(붉-明), 오래
(오라-久), 키(크-大), 해(하-多) ······

ㄴ) 거스리(거슬-逆), 니기(닉-熟), 니르리(니를-至), 드리(들-擧)

ㄷ) ᄀᆞ득히(ᄀᆞ득ᄒᆞ-滿), 만히(만ᄒᆞ-多), 슬히(슬ᄒᆞ-悲), 이러히(이러ᄒᆞ-如
此), 하야히(하야ᄒᆞ-白)

(17ㄱ)은 형용사어간에 '-이'가 결합된 경우들인데, 어간이 'ᄋᆞ/으'로
끝날 때는 어간말 모음이 탈락하였고(크-+-이→키), 그외의 모음일 때
는 접미사 '이'가 반모음화하였다(오라-+-이→오래). 'ᄒᆞ-'계 형용사에 '-이'
가 결합될 때도 어간말 모음 'ᄋᆞ'가 탈락하였다(17ㄷ). (17ㄴ)은 동사어
간에 '-이'가 결합된 경우인데, 그런 예가 많지는 않다. 'ㅂ'계 접미사(-ᄫ-,
-압/업-, -ᄇ/브-, -들/를- 등)에 의해 형성된 형용사로부터의 부사파생이
특히 생산적이었다.

(18) 놀라이(놀랍-驚), 반가ᄫᅵ(반갑-), 부드러이(부드럽-柔), 깃비(깃브-喜), ᄀᆞᆺ
비(ᄀᆞᆺᄇ-急), 믿비(믿브-信), 슬피(슬프-悲), 웃비(웃브-笑), 새로이(새롭-
新), 겨르로ᄫᅵ(겨르롭-暇), 苦로이(苦롭-)

'-오/우'에 의한 파생어로는 다음과 같은 예들이 있다.

(19) 갓고로(갓ᄀᆞᆯ-倒), 골오(고ᄅᆞ-均), 기우루(기울-傾), 나소(낫-進), 닛우(닛-
連), 너무(넘-餘), 도로(돌-廻), 마조(맞-對), 비르소(비릇-始), 오ᄋᆞ로(오
ᄋᆞᆯ-全), 세우(세-強), 조초(좇-隨), 횟도로(횟돌-反廻)

이 접미사는 중세국어에서 매우 생산적이었으나 근대국어 시기에 오면 비생산적이 된다.

그런데 부사파생 접미사 '-이'와 '-오/우'는 부사형 어미처럼 기능하는 경우가 있다.

(20) 欲界六天 <u>니르리</u> 다 뷔여(月釋一 48)

楞嚴이 唐부터 宋애 <u>니르리</u> 科ᄒ며(楞嚴一 16)

구룺氣運이 龍ᄋᆞᆯ <u>조초</u> 잇도다(杜諺十六 31)

이런 예들은 '-이'와 '-오/우'가 기원적으로는 부사형 어미가 아니었을까 하는 추측을 낳게 한다. 물론 이와 같이 기능하는 경우가 그렇게 많지는 않다. '-이'는 현대국어에서까지 위와 같은 기능의 일부를 가지고 있다.

명사로부터 부사를 파생시키는 접미사로서는 '-소'가 있었다. 몸소, 손소. 그러나 이 접미사는 그리 생산적이지는 못하였던 듯하다. '몸소, 손소'는 'ㅿ 〉 ㅈ'의 변화를 입어 '몸조, 손조'로도 나타나다가 현대국어에서는 '몸소, 손수'로 남아있다.

한편 중세국어에서는 명사와 동사의 어간이 일치하는 경우와 동사 및 형용사의 어간과 부사가 일치하는 경우가 상당수 있었다. 흔히 영변화파생 또는 영접사파생이라고 불리어 온 것들이다. 그러나 이들의 경우 성조상의 차이를 보여 주는 예들이 있음은 주의를 요한다.

(21) 명사 - 동사

ᄀᆞ믈(去去) / ᄀᆞ믈-(去去)   긋(平) / 긋-(平)   되(去) / 되-(去)

너출(平去) / 너출-(平去) 빗(平) / 빗-(平)

띄(去) / 띄-(平)   빅(去) / 빅-(平) 신(去) / 신-(上)

품(平) / 품-(去)

(22) 동사 및 형용사 - 부사

그르- / 그르(誤)   바르- / 바르(直)   느외- / 느외(更)

브르- / 브르(飽)   밋- / 밋(及)   일- / 일(早)

하- / 하(多)

예가 많지는 않으나 형용사어간이 영변화 파생에 의해 동사 어간화 하는 예들도 있다. '굳-(固), 길-(長)' 같은 예들이 이에 해당한다.

(23) ㄱ. 구든 城을 모르샤(不識堅城) (龍 19)

ㄴ. 大勳이 이르시릴씨 人心이 몯줍더니 禮士溫言ᄒ샤 人心이 굳ᄌᆞᄫᆞ니
(大勳將成 人心斯聚 禮士溫言 人心斯固) (龍 66)

(24) ㄱ. 長廣舌은 넙고 기르신 혜라(釋詳十九 38)

ㄴ. ᄀᆞᆺ난 벌에를 죽이디 아니ᄒᆞ며 보야흐로 기는 거슬 것디 아니ᄒᆞ더니
(啓蟄不殺 方長不折) (小諺四 42)

위에서 (23ㄱ), (24ㄱ)의 '굳-, 길-'은 형용사로, (23ㄴ), (24ㄴ)의 '굳-, 길-' 은 동사로 기능하고 있음을 볼 수 있다.

중세국어에서는 모음교체에 의한 대립짝들도 많이 존재하였다. 이들 은 양성모음과 음성모음의 대립을 기본으로 하는 것이었기 때문에 흔 히 음성상징과 관련하여 논의되기도 하였으나 형태론적 관점에서 보면

내적변화에 의한 파생이라 할 수 있다. 정도성을 나타내는 형용사에서 이런 현상이 현저하였다.

>   (25) 감-/검- 노ᄅ-/누ᄅ- 붉-/븕- 프ᄅ-/프ᄅ- 히-/희-
>   곱-/굽- 도탑-/두텁- 보ᄃ랍-/부드럽- 얇-/엷- 얕-/옅-
>   쟉-/젹- ᄇᅀ-/브ᅀ- ᄀᄂᆶ/그늫

이들은 대체로 양성모음과 음성모음의 대립에 의한 어감상의 차이를 보여주는 것들이다. 이에 비해 '남-/넘-, 늙-/늙-, 마리/머리, 묽-/믉-' 등은 어감상의 차이 이상의 의미차이를 보여준다는 점에서 (25)의 예들과는 구별된다. 이들도 기원적으로는 동일한 성격의 것이었으나 의미의 분화를 일으킨 것이 아닌가 여겨진다. ('남-/넘-'은 다 같이 '過, 越'의 의미로, '마리/머리'는 다 같이 '首, 頭'의 의미로 쓰이기도 하였다.)

3. 근대국어

근대국어 시기의 문헌들에서는 중세국어 시기의 문헌들에서보다 좀 더 많은 수의 접두사들이 확인된다. 그러나 이들 중 대부분은 근대국어에 와서 새로이 등장한 것인지, 그 이전부터 있었던 것인지, 그 이전부터 있었다면 근대국어에 와서 어떤 변화를 입었는지 하는 것을 밝히기가 어렵다. 중세국어 자료가 그것을 밝힐 수 있을 만큼 풍부하지 못하기 때문이다. 이 시기의 대표적인 접두사로서는 다음과 같은 것들이 있다(기주연 1994).

(26) 명사파생

　　군- : 군ᄆᆞ음, 군말, 군쁜, 군옷

　　늘- : 늘고기, 늘듥긔알, 늘파

　　들- : 들삐, 들기름

　　민- : 민기름, 민발, 민밥, 민믈, 민손, 민술, 민흙

　　뫼- : 뫼벼

　　믠- : 믠머리, 믠비단, 믠소

　　민- : 민며느리, 민사회

　　싀-(媤) : 싀결레, 싀누의, 싀딜녀, 싀부모, 싀아비, 싀아쟈비, 싀어미, 싀
　　　　　　조부모, 싀집

　　싱-(生) : 싱고기, 싱과일, 싱쑬, 싱무우, 싱삼(生麻), 싱콩, 싱흙

　　얼(孼)- : 얼쏠, 얼손녀, 얼아자비

　　츨/츠- : 츨기장, 츨쩍, 츨쁠(츨쏠, 츠쁠, 츱쁠, 츱쏠), 츨우캐, 츠돌, 츠조,
　　　　　　츠조기

　　춤- : 춤기름, 춤나믈, 춤먹, 춤버슷, 춤빗, 춤외, 춤죠개

　　헛-/헷- : 헛간, 헷구역(乾嘔), 헷사름(偶人), 헷우음(陪笑)

　　이들 중 '들-:춤-', '뫼-:츨-(츠-)'은 각각 반의관계에 있는 접두사들이
다. '싀-'는 가족 지칭어에 결합되는 접두사인데, 매우 생산적이다. 이들
'들-, 춤-, 츨-, 싀-'는 중세국어에서도 확인되었던 접두사들이다. 그밖에
명사에 결합하는 접두사로서 '돌-, 민-, 올-, 홀-, 풋-' 등도 확인된다. 돌
미나리, 민밥, 올벼, 홀어미, 풋ᄂᆞ믈.

　　'암ㅎ, 수ㅎ', '믈' 등은 근대국어 전반기까지는 명사로서 기능했던 것
으로 보인다. 이들이 자립성을 잃고 접두사처럼 인식되게 된 것은 후기
근대국어에 와서의 일이거나 현대국어에 들어와서의 일이 아닌가 여겨

진다. '암컷, 수컷, 묻이' 등의 단어가 등장하는 시기가 대체로 '암, 수, 묻'이 자립성을 잃는 시기일 것이다.

(27) 동사파생

　　엇- : 엇견-, 엇무르-, 엇찌-

　　줏(즏)-/짓- : 줏긔타-, 줏닉아-, 줏두드리-, 줏디르-, 줏딯-, 줏모ᄋᆞ-, 줏뷺-,

　　　　　　줏서흘-(즏서흘), 줏십-, 줏타-(즏타-), 짓달히-

　　차- : 치돋-, 치쒸-, 치치-

　　타- : 티디르-(티지르-), 티완-

　　휘- : 휘감기-, 휘녀-, 휘돌-, 휘두드리-, 휘두르-, 휘듣-, 휘젓-, 휘좇-

　동사와 결합하는 접두사로서 생산적이라고 할 만한 것은 그리 많지 않다. '줏-, 휘-' 정도가 비교적 생산적인 편이다. '치-'는 '티-'의 구개음화 된 형태이다. 구개음화가 근대국어에 와서 나타났기 때문에 근대국어에서는 구개음화를 입기 이전의 형태와 구개음화를 입은 형태가 공존하였다. 여기서 유의할 것은 중세국어에서도 '치-'가 있었다는 사실이다. 치잡-, 치혀- 등. 이들에서의 '치-'는 '티-'의 구개음화형과는 구별하여야 하므로 주의를 요한다.

　형용사와 결합하는 접두사는 쉽게 발견되지 않는다. 색채어 형용사에 결합하는 '싀-'가 등장한다는 것이 특기할 만하다. 싀노란 읫곳 ᄀᆞ튼 (청구102)

　접미사에 의한 파생은 중세국어에서와 같이 명사파생, 동사파생, 형용사파생, 부사파생으로 나누어 살펴보기로 하겠다.

　명사파생에 있어서는 '-이'와 '-음'이 여전히 생산적인 가운데 '-기'의 세력이 크게 확대되었다. 이들 세 접미사와 관련하여서는 다음과 같은 몇 가지 변화가 눈에 띈다. '-음'의 경우, 선어말어미 '-오/우-'의 소멸로 인하여 명사형 어미 '-옴/움'이 '-음'으로 변화됨으로써 명사형과 파생명사의 형태상 구별이 없어지게 되었다. 그 결과 명사형이 그대로 파생명사로도 쓰였던 '우룸, 우숨' 등이 '우름, 우음'으로 변하였다. 그리고 중세국어에서와는 달리 '-음'이 형용사 어간과 결합하는 예들이 나타난다.

(28) 게으름(게으르-), 고로옴(고롭-), 깃븜(깃브-), 됴쿠즘(됴쿳-, cf. 됴쿠지), 셜음(셟-), 슬품(슬프-), 어디름(어딜-).

그러나 이 근대국어에서도 '-음'이 '명사+동사', '부사+동사'와 같은 복합어간에 결합되는 경우는 발견되지 않는다. 그러다가 19세기 말엽의 『國漢會語』(1896)에 와서야 '눈가림, 발뺌' 등의 파생어가 나타나기 시작한다. 이 점이 '-이'나 '-기'와는 다른 점이다.

'-이'의 경우, 단일 동사어간으로부터의 파생은 비생산적이게 되었으나 복합어간으로부터의 파생은 여전히 생산적이었다. 물론 일부의 '-이' 파생명사가 '-기'파생명사로 대치되는 경우가 있기는 하나(글지싀 〉 글지이 〉 글짓기, 녀름지싀 〉 녀름지이 〉 녀름짓기 등),[7] 이로 인해 '-이'의 생산성이 급격히 저하되거나 하지는 않았던 것으로 보인다.

(29) ㄱ) 간막이(간막-), 갓걸이(갓걸-), 등긁이(등긁-), 밋마기(밑막-), 가로다디(가로닫-), 여다지(여닫-), 손잡이(손잡-), 재떠리(재떨-), 길자비(길

---

7 이들에서 '-이'가 '-기'로 대치되는 것은 18세기 후반에 들어서의 일인 듯하다. '글짓기'는 1779년 간행의 『漢淸文鑑』(四 12)에서, '녀름짓기'는 1772년 간행의 『十九史略諺解』(一 43) 에서 나타나기 시작한다.

잡-引[路]),

ㄴ) 듥우리(듥울-鷄鳴), 봄마지(봄맞-), 손시시(손싯-), 가슴아리(가슴앓-),
빈아리(빈앓-), 녀막사리(녀막살-), 사롬사리(사롬살-), 더부살이(더부
살-), 살림살이(살림살-), 노롬놀이(노롬놀-), 것고지(것곶-), 나드리
(나들-)

유정명사에 '-이'가 결합되는 현상도 계속되어서 『훈민정음』 '용자례'
에 '두텁, 폴, 부헝, 그력, 남샹, 굼벙, 올창'으로 나타났던 것들이 모두
'두터비,[8] 프리, 부헝이, 그려기/기려기, 남싱이/남셩이, 굼벙이, 올창이'
로 바뀌었다. '납(袁)'은 '진나비'(方集四 13)로 바뀌었다. 그러나 모든
유정명사에 -이'가 결합된 것은 아니다. '범(虎), 벌(蜂), 사슴(鹿)' 등에
는 '-이'가 결합되지 않았다. 대체로 긍정적인 평가를 받는 유정명사에
는 '-이'가 결합되지 않는 경향이 있다. 의성·의태어로부터의 파생도
여전히 매우 생산적이었다. 개고리, 굇고리, 귓도리, 듬부기, 벅구기 등.
형용사 어간으로부터의 '-이'파생은 중세국어에서와 마찬가지로 극히
비생산적이었다. 근대국어에 와서 새로이 추가된 예가 발견되지 않는
다. 이 점이 '-음'과는 다른 점이다.

'-기'는 근대국어에 와서 생산성이 급격히 높아졌다. 특히 행위명사
파생에 있어서 생산적이다. 다음의 예들이 이를 말해 준다.

(30) 나기(賭), 니기기(習), 둣기(走), 외오기
굳푸기, 널뒤기, 줄다릐기, 대물타기, 댱방올티기, 뎌기츠기, 셔품쓰기,
쌍블잡기, 뒤보기, 글짓기, 녀름짓기

---

8 '두터비'를 형용사 어간 '두텁-'에 명사파생 접미사 '-이'가 결합되어 형성된 것으로 기술
하는 경우가 있으나 이는 잘못된 것이다.

위에서 볼 수 있듯이 '-기'는 단일 동사어간뿐만 아니라 복합동사어간에도 생산적으로 결합된다. 그리고 '-기'는 위에서와 같이 행위명사를 파생시킬 뿐만 아니라 다음과 같은 구체명사를 파생시키기도 하며 형용사어간에 결합하여 척도명사를 파생시키기도 한다(굵기, 크기).

(31) 귀밋빗기, 니믈리기(後婚女), 天上ᄇᆞ라기(仰子), 흙밧기(泥托), 히ᄇᆞ라기
     (向日蓮)
(32) 굵기 : 오라면 灰와 모래 서ᄅᆞ 乳入ᄒᆞ여 그 굵기 돌 ᄀᆞ트리라(家禮 七 14)
     크기 : 뎌 진쥬ㅣ 크기 언메나 ᄒᆞ뇨(朴通上 19)
     이는 父母 은더기 하늘로 더브러 크기 ᄀᆞᄐᆞ믈 닐ᄋᆞ미니(警民重 22)

근대국어에 오면 '킈'는 '身長'의 의미로만 쓰이고 '큰 정도'를 의미할 때는 '크기'가 쓰이게 되었다. 척도명사를 파생시키던 '-익/의'가 생산성을 잃으면서 그 기능을 '-기'가 대신하게 된 듯하다. 그러나 중세국어에서 '-익/의'에 의해 이미 파생되었던 척도명사들은 그대로 사용되었다. 다만 'ᅴ〉ㅣ'의 변화가 일어나면서 '킈, 기픠, 너븨, 노픠(〈노픽), 기릐' 등이 '키, 기피, 너비, 노피, 기리'로 되어 '-이'에 의한 파생어인 것처럼 보이게 되었다. 그리하여 재구조화된 형용사어간 '넓-'으로부터 '넓이/널비'(한영ᄌᆞ뎐二 287)와 같은 척도명사가 파생되기도 하였다. 그러나 '-이'에 의해 척도명사가 새로이 파생된 것은 이것 이외에 달리 찾아볼 수 없다. '-기'가 형용사어간과 결합하는 것은 척도명사를 파생시킬 때뿐이라는 점도 주목할 필요가 있다.[9]
한편, '-음'파생어가 척도명사로 기능하는 경우가 있어 흥미롭다.

---

9 하나의 예외가 있기는 하다. 알히기(痛) (痘瘡下 52).

(33) 곳지 … 크믹 수릿박 ᄀ호매 니르고(勸念 24)

숨에 하ᄂ리 약을 크믹 대츄여름 ᄀᄐ니를 ᄂ리오니(東新烈二 33)

腰経은 크믹 다ᄉ 치 남죽ᄒ고(家禮六 15)

등에서의 '큼(크-)'이 그것인데, 이는 비록 잠시 동안이긴 하였으나 '-의/의'를 대치할 접미사로서 '-음'과 '-기'가 경쟁관계에 있었음을 의미하는 것이 아닌가 생각된다.[10] 그러다가 결국 '-음'은 형용사어간으로부터 일반명사를 파생시키고 '-기'는 척도명사를 파생시키는 쪽으로 역할 분담이 이루어진 것이 아닌가 추정된다.

행위명사를 파생시키는 '-질'도 생산성이 높아졌다. 도구명사에 결합되는 경우 이외에 다음과 같이 행위명사에 결합되는 예들도 나타난다.

(34) 글게질, 도리채질, 매질, 바ᄂ질, 부체질, 불무질, 송곳질, 쓰레질, 체질, 칼질, 톱질,

(35) 댱ᄉ질/쟝ᄉ질, 도젹질, 븩졍질, 노략질, 손가락질, 겻눈질, 군것질, ᄃᄅ질/다름질, 두드림질, 씀질, 박음질, 양지질, 우김질, ᄡᄒ홈질, 픽이질, 근두질, 숨박질, 딩딩이질, 와와이질,

행위명사에 '-질'이 결합되면 대체로 어기와 관련된 행위를 비하하는 의미의 파생어가 된다.

'-개/게'의 경우는 특별한 변화를 겪지 않은 듯하다. 다만 '니쑤시기, 발ᄡ개/발쓰게'와 같은 복합어간으로부터의 파생어가 등장하였다는 점

---

10 '치위'에 대하여 '치움'이 나타나기도 하는바, 이 '치움'도 '큼과 유사한 성격의 것이라 할 수 있다. 치움 더외 變移ᄒᄂ 즈음을 當ᄒ야(家禮十 48).

이 주목된다. 형용사어간으로부터 척도명사를 파생시키던 '-의/의'는 앞에서 언급한 바와 같이 생산성을 거의 상실하였다.

근대국어에서는 사람을 뜻하는 명사파생 접미사로서 '-바치, -장이(쟝이), -직이(> -지기), -군(쑨)' 등이 새로이 등장한다. '-장이'는 한자어 접미사 '匠'에 '-이'가 결합된 것으로서 원래는 어기와 관련된 분야의 기술자를 의미하였으나 의미가 다양화하면서 그 분포가 확대되었다. 19세기에 오면 '거즛말쟝이, 무식쟝이, 오입쟝이'와 같은 파생어들도 등장한다. '-직이'(> -지기)는 한자어 '直'('日直, 宿直'에서의 '直')에 '-이'가 결합된 것으로서 '…을 지키는 사람'을 의미한다. '-군'은 한자어 '軍'에서 발달한 것이 아닌가 여겨진다. 『練兵指南』에서 '馬兵, 車兵'이 각각 '물군/물쑨, 수릐군/수릿군'으로 번역되는바, 이때의 '군/쑨'은 '軍士'를 의미하는 것이었다. 같은 책에서 '馬兵'이 '물튼 군ㅅ'로도 번역된다는 사실이 이를 뒷받침한다. 이 '軍'이 의미의 변화를 겪으면서 접미사화한 것이라 할 수 있다. '-군'이 '-꾼'으로 발달하게 된 것은 사이시옷의 개재 때문일텐데, 이는 '-군'이 기원적으로는 단순한 접미사가 아니라 어휘적 요소이었음을 말해 주는 것이다. 의미의 변화를 겪었다는 점에서는 '-장이'와, 어휘적 요소로부터 발달한 것이라는 점에서는 '-님'과 유사한 측면이 있다.

(36) -바치 : 갓바치, 노룻바치/노릇바치, 셩녕바치, 활바치, 흥정바치
  -장이(쟝이) : 니쟝이(泥匠), 씌쟝이(帶匠), 쇄장이, 거즛말쟝이, 겁쟝이,
    무식쟝이, 오입쟝이, 욕쟁이
  -직이 : 묘직이, 동산직이, 문직이, 화원직이
  -군 : 거간군, 나모군/나무군, 노름군, 농ㅅ군, 막버리군, 일군, 짐군

그밖에 19세기에 오면 '-쑤럭이', '-보' 등의 접미사도 등장한다. 빗쑤럭이, 잠쑤럭이; 먹보, 곰보, 쩌보. '-님'도 생산성이 확대된 것으로 보인다. 각시님, 번님(벗님), 선다님(〈 선달님), 안해님

동사파생에 있어서는 큰 변화가 일어나지는 않았다. 다음과 같은 부분적인 변화가 보일 뿐이다. 우선 사·피동파생 접미사의 이형태로서 '-리-'가 새로이 나타난다.[11] 이 '-리-'는 대체로 'ㄷ'불규칙 어간나 1음절의 'ㄹ'말음어간에서 나타난다.

(37) 놀라-(놀- 飛), 놀라-(놀- 遊), 돌라-(돌-廻), 살라-(살-活, 居), 들라-(듣-聞), 븓들라-

위의 예들은 중세국어에서는 모두 '놀이-, 돌이-, 살이-, 들이-' 등과 같이 분철표기되던 것들이다.

이형태 '-이-'가 '-히-'로 교체되는 예로서는 '녹-'(溶)의 사동형 '노키-'와 '븗-'의 피동형 '블피-'가 추가된다(17세기에). '노키-, 블피-'는 '노기-, 블이-(〈븗븨-)'로 나타나던 것들이다. '블피-'의 경우는 어기인 '븗-'이 아직 '븗-'으로 재구조화되지 않은 상태에서 그와 같이 나타난다는 점이 주목할 만하다. 17세기에서의 '븗-'의 활용형들은 다음과 같이 나타난다. 븗다, 븗느, 블와, 블오면.

사동파생의 경우 중세국어에서도 이미 비생산적이었던 '-ㅇ/으-'가 완전히 사라진다. 17세기에 오면 '이릭-'는 사라지고 '일우/일오-'가 '이릭-'의 의미까지 대신하게 된다. 흙글 져셔 무덤을 일우고(東新孝四 59), 흙을 져 무덤을 일오고(東新烈三43). 그러다가 근대국어 후기에 이르르면

---

11 '-라'는 16세기 말부터 등장하기 시작한다(기주연 1994: 198).
  받과 집을 사셔 살리고(買田宅居之)(小諺六 32)

이 '이루-(〈 일우-)'는 '이르-'가 가졌었던 의미(건물 등을 세우다)는 잃어버리고 자신이 본래 가지고 있던 의미(어떤 일을 성취하다)만 가지게 된다. 『國漢會語』(1896)에서는 '이루다'를 '成就'로만 뜻풀이하였다. '사르-'는 '살오/살우-'의 형태로 쓰이다가(날 주기고 어미란 <u>살오라</u> 혼대(東新孝六 7)) 결국은 사라지고 '살리-'(중세국어 '살이-'의 발달형)가 그 의미를 대신하게 된다. 그런데 재미있는 것은 이 '살리-'의 경우에는 자신이 본래 가지고 있던 의미(…에 살게 하다)는 잃어버리고 '살오/살우-'(〈 사르-)가 가지고 있던 의미(목숨을 살리다)만 가지게 되었다는 점이다. 『國漢會語』(1896)에서는 '살리다'에 대하여 '活命, 救人'으로만 뜻풀이를 하였다.

15세기에 '히-'로 나타나던 'ᄒ-'(爲)의 사동형이 17세기에는 '히이-, ᄒ이-' 등으로 나타난다. 물론 'ᄒ이-'가 우세하다. 두 번 <u>벼슬히이샤딕</u>(東新續孝 9), 그 아ᄃᄅᆯ <u>벼슬ᄒ이시고</u>(東新三忠 5), 罪를 다 <u>면ᄒ이고</u>(八歲兒 11). 이 'ᄒ이-'가 근대국어 후기에는 '식이-' (시기-)로 대체된다. 일 식이다(漢淸二 61), 排班식이다(漢淸三 15). '시기-'는 다시 '시키-'로 발달한다. <u>톱질시켜</u> 三淸大殿을 지으니(朴通下 18). '셔-(立), 딥-(溫)'의 사동형 '셰-, 더이-'는 '-우-'가 덧붙어 '셰우-, 데우-'로 변하였다.

피동파생의 경우는 어기가 '이'나 하향이중모음으로 끝나더라도 접미사 '-이-'가 결합된다는 점이 특이하다.

(38) <i>ᄭ이이-(ᄭ-), 내티이-, 미이-(미-), 쩌이-, 티이-(티-), 후리이-(후리-)</i>

'주기이-(죽-)'의 경우에는 '-이-'가 두 개씩 중첩되어 있는데, 단순히 '-이-'가 두 번 중첩된 것인지, 사동형 '주기-'로부터 피동형이 형성되어서 그런 것인지 하는 것은 분명하지 않다. 도적긔 <u>주기인</u> 배 되다(爲賊

所殺)(東新烈七 90). 17세기에서도 능격동사가 피동사처럼 쓰인 예가 발견된다. 사룸의게 <u>자본 배</u> 되거늘(東新忠一 8).

어근에 '-이-'나 '-거리-'가 결합되어 동사가 파생되는 파생법은 중세국어에 비하여 훨씬 더 생산적이다.

(39) 굼죽이-/씸쟈가-, 구버가-, 그덕아-, 금져가-/씀젹아-, 덜넝아-, 덤벙아-, 뒤져가-, 미져가-, 번드가-, 비빗져가-

(40) 기웃거라-, 머믓거라-, 벙웃거라-, 지근거라-

형용사 파생법은 적지않은 변화가 있었다. 앞의 2장에서 언급한 바와 같이 '-둫-'의 이형태들은 '-되-'와 '-롭-'으로 통일되었다. 즉 '-둡/드뷩-'는 '-두외-'를 거쳐 '-되-'로 통일되고 '-룹/르뷩-'는 '-롭-'으로 통일되었다.12

(41) 그릇되-, 망녕되-, 의심되-, 새암되-, 졍셩되-

(42) 可笑롭-, 간새롭-(奸詐), 공교롭-, 寶비롭-, 슈고롭-, 신긔롭-, 스스롭-, 위태롭-, 종요롭-, 폐롭-

한 형태소의 이형태들이 이와 같이 서로 다른 변화의 길을 걸었다는 것은 쉽게 납득되지 않는 일인데, 아직은 이에 대한 명확한 해명이 이루어지지 않았다. 정상적으로라면 '-되-'와 '-뢰-'로 변하든가, '-돕-'과 '-롭-'으로 변했어야 할 것이다. 물론 '-둡/드뷩- 〉-되-'의 변화에 대하여 설

---

12 근대국어에서는 'ㅸ'이 음운으로 존재하지 않으므로 표기상에 'ㅸ'을 사용하지 않는다. 물론 이럴 경우 'ㅂ'불규칙 활용을 하는 것과 'ㅂ'규칙 활용을 하는 것을 표기상으로 구별할 수 없다는 문제는 있다.

명할 길이 전혀 없는 것은 아니다. 동사 '드빅-'(化)의 '되-'로의 변화에 유추되었을 가능성이 있는 것이다. 그러나 이에 대해서는 좀 더 면밀히 검토를 해 보아야 할 것이다. '-되-'와 '-롭-'은 형태상으로 분화가 되면서 의미상으로도 별개의 형태소처럼 분화되는 것이 아닌가 여겨진다. 다만 '-되-'는 자음으로 끝나는 어기에, '-롭-'은 모음으로 끝나는 어기에 결합된다는 분포상의 제약은 그대로 남게 되었다.

'-답-'은 그리 생산적이지는 못하였지만 그대로 유지되었다. '-되-'나 '-롭-'과 의미상으로 차이가 있음이 인지되기는 하나 그런 차이가 확연하게 드러나지는 않았다. 곳답-, 얼운답-, 아름답-. 正답-. '-답-'이 현대국어에서처럼 명사구에 결합되었다고 볼 수 있는 예는 아직 찾아지지 않는다.

'-ㅂ-'과 '-박/브-'는 더 이상 생산력을 갖지 못하게 되었다. 중세국어에서 이들에 의해 형성되었던 파생어들이 그대로 쓰이는 정도였다. '웃브-'는 사라지고 그 대신 '웁-/우습-'이 등장하였다. '-압/업-'도 밋그럽-, 부드럽-, 서느럽-' 등 어근에 결합되는 예들이 몇 개 더 추가된 것을 제외하면 생산성이 거의 없는 편이었다.

형용사 파생법과 관련하여 근대국어에서 특기할 만한 것은 '-스럽-'의 출현이다. 원슈스럽-(譯語補 21, 方集三 13)), 어룬스럽-(譯語補 56, 方集四 32), 촌스럽-(漢淸八 50). '-스럽-'의 출현은 18세기 후반의 일이다. '-스럽-'의 의미는 부분적으로 '-롭-'이나 '-답-'의 의미와 유사한 일면이 있었던 것으로 보인다.

부사파생에 있어서는 '-이'가 여전히 생산적이었고 '-오/우-'는 생산성이 점차 약화되는 경향을 보이었다. '-이'에 의한 부사파생은 '-롭-, -답-, 되-'에 의해 형성된 형용사어간으로부터의 파생이 특히 생산적이었다.

(43) 새로이(새롭-), 슈고로이(슈고롭-), 신고로이(신고롭-), 영화로이(영화롭-),
    의고로이(의고롭-), 의로이(의롭-), 폐로이(폐롭-)

(44) 녜다이(녜답-), 법다이(법답-), 이름다이(아름답-), 얼운다이(얼운답-), 正다
    이(正답-)

(45) 망녕도이/망녕되이(망녕되-), 病되이(病되-), 욕되이(욕되-), 일편도이/일
    편되이(일편되-), 졍셩도이/졍셩되이(졍셩되-)

명사가 반복되어 부사화하거나 명사의 반복형에 다시 '-이'가 결합되
어 부사화하는 경우도 드물지 않게 나타나며 '-업시'형 부사도 나타난다.

(46) 가지가지, 고븨고븨, 낟낟, 무듸무듸, ᄆ듸ᄆ듸, ᄉ이ᄉ이, 色色

(47) 곧고디/곳곳이, 굿굿티, 낟낟치/낫낫치, 色色이, 참참이, 촌촌이

(48) 부질업시, 쇽졀업시, 수업시

국어에는 동사나 형용사의 어간에 결합하여 어근을 형성하는 접미사
도 매우 다양하게 존재한다. 이들 접미사에 의해 형성된 어근에 '-ᄒ-'
가 결합되면 형용사가 되고 '-이'가 결합되거나 반복되면 부사가 된다.

(49) -읏/웃 : 구븓ᄒ(굽-曲), 기웃ᄒ-/기웃기웃(기울-), 머믓ᄒ-/머믓거리-(머
    믈-), 믈ᄌ믈ᄌ(믉-)

    -즉 : 길즉ᄒ-/길즈기(길- 長), 깁즈기(깊-), 남즉ᄒ-/남즈기(남- 餘), 놉즈
    기(높-)

    -살 : 쉽살ᄒ-/쉽사리(쉽-), 어렵살ᄒ-/어렵사리(어렵-)

영변화 파생은 그 목록상으로는 중세국어와 별 차이가 없어 보이나

실제의 내용에 있어서는 변화가 있었다. 우선 동사어간과 명사, 동사 및 형용사의 어간과 부사 사이의 영변화 파생은 사실상 생산력이 없어 졌다. 이는 동사어간 및 형용사어간의 遊離的 성격이 근대국어에 와서 없어진 것과 관련이 있을 것으로 추정된다. 물론 중세국어 시기에 존재 했던 파생어 목록들이 대부분 그대로 유지되긴 하였다. 한편, 명사와 부사 사이의 영변화 파생과 형용사어간이 동사어간화하는 영변화 파생 은 생산성이 증대되는 추세를 보였다. 이와 관련하여 명사와 부사는 다 같이 자립형식이고 동사어간과 형용사어간은 다 같이 비자립형식이라 는 사실이 흥미롭다. 형용사어간이 동사어간화한 예로서는 '바르-(正), 잇-(有)' 등을 들 수 있다.

(50) 엇디 능히 그 집을 <u>바르디</u> 못ᄒᄂ뇨(奈何不能正其家乎)(五倫四 12)

더 줍아 게 <u>잇거라</u> (松江下 16)

4. 현대국어

파생법의 변화는 그렇게 급격히 일어나는 것이 아니기 때문에 근대 국어, 특히 후기 근대국어와 현대국어 사이의 파생법의 차이(변화)를 밝혀 내기란 그리 쉽지가 않다. 따라서 다음에 언급될 내용 중의 상당 부분은 이미 19세기 쯤에는 그 변화의 단초가 나타나기 시작했을 것으 로 짐작된다. 19세기 자료가 아직 제대로 정리되어 있지 않아서 확인되 지 않을 뿐일 수도 있는 것이다.

접두파생에 있어서의 변화로서는 먼저 '맏, 암, 수' 등이 자립성을 상 실하고 접두사화한 점을 들 수 있다. 맏아들, 맏형, 암소, 수소. 그러나 '맏이, 암탉, 수탉' 등은 '맏, 암ᄒ, 수ᄒ' 등이 명사로 기능하던 시기에 형성되어 어휘화(혹은 화석화)한 것으로서 공시적인 접두파생어로 볼 수 없다는 점은 주의를 요한다. 형용사 어간과 결합하는 접두사 '새/시-'(샛/싯-)이 매우 생산적이게 되었다는 점도 현대국어에서 나타나는 변화 중의 하나일 것이다. 이 접두사는 색채어 형용사와만 결합한다는 특징을 갖는다. 새까맣-/시꺼멓-, 새파랗-/시퍼렇-, 새하얗-/시허옇-, 샛노랗-/싯누렇- 등. '늦더위, 늦봄'에서의 '늦-'도 근대국어에서는 확인되지 않던 접두사이다. 이 접두사는 형용사어간으로부터 변화한 것이다.

한편, '얼쑬, 얼손녀' 등에서 보이던 접두사 '얼-'은 현대국어에 와서 사라졌다. 이 접두사가 사라지게 된 것은 사회제도 등의 변화로 '얼딸, 얼손녀' 등과 같은 단어가 거의 쓰이지 않게 된 데에 그 요인이 있을 것이다. 그렇다면 이는 파생법의 변화가 언어 외적인 요인에 의해 영향 받을 수도 있음을 보여주는 한 예가 되는 셈이다.

접미파생에 있어 명사파생의 경우는 다음과 같은 몇 가지 사실을 지적할 수 있다. '-음'은 형용사어간과의 결합이 더 생산적이게 되었고(즐거움, 반가움, 미움, 두려움, ⋯⋯), '-기'는 생산성이 전반적으로 더 확대되는 가운데, 척도명사 파생 접미사로서의 기능이 확립되었다. 크기, 밝기, 굵기, 세기, ⋯⋯ 등.

'-개'는 원래 도구를 지칭하는 명사를 파생시키는 접미사인데, 사람을 지칭하는 명사를 파생시키기도 한다는 점이 특이하다. 똥싸개, 코흘리개. 이형태 '-개/게'가 '-개'로 통일되어가는 경향도 보인다. 덮개, 지우개, 손톱깎개. '-지기'는 여러 가지 사회적인 요인으로 인해서 잘 쓰이지 않는 접미사가 되었다. '산지기, 능지기'는 그런 일을 하는 사람이 없어졌으므로 쓰이지 않게 되었고, 파생어가 사람을 지칭하는 경우 대개는 그 대상을 비하하는 듯한 인상을 주기 때문에 '문을 지키는 사람'을 '수

위'라 하지 '문지기'라고는 하지 않게 되었다. 물론 현대에 와서도 '등대지기' 같은 새로운 파생어가 형성되기도 했고, '운동장지기' 같은 신조어가 만들어지긴 했으나(조남호 1988) 앞에서 지적한 이유들 때문에 '-지기'는 생산력을 거의 잃어가고 있다고 해도 과언은 아닐 것이다. '-장이'와 '-질'은 생산성이 더욱 증대되면서 의미도 다양화하였다. 월급장이, 영감장이……/ 선생질, 욕질, 계집질, 서방질……. '-장이'도 기술자를 뜻하는 의미로는 잘 쓰이지 않게 된 듯하다. 기술자를 '-장이'라고 하면 그 기술자를 낮추 보는 듯한 느낌을 주기 때문이다.

동사파생에 있어서는 '-거리-'가 가장 생산적인 접미사로 발달한 가운데 '-거리-'와 의미 및 생산성이 거의 유사한 '-대-'가 등장하였다. '-거리-'와 '-대-'는 미세한 부분에 있어서 약간의 차이는 있으나 일반적으로는 차이를 인식하기가 어렵다. 덜렁거리-/덜렁대-, 빌빌거리-/빌빌대-. cf. 미끈거리-/*미끈대-, *으스거리-/으스대-. 동작성 어근으로부터 동사를 파생시키는 '-이-'도 계속 생산성이 증대되었다. 속삭이-, 지껄이-, 들먹이-, 울먹이-. 이에 비해 사·피동사 파생은 생산성이 점차 약화되어 가고 있다. 사·피동사들이 점점 소멸되어 가면서 사동의 경우는 '-게 하-'에 의해, 피동의 경우는 '-어 지-'에 의해 대치되어 가는 경향이 있다. 사동사 중 '저지-(젖-), 짆이-(짉-), 믈기-(믊-), 느치-(늦-), 녀토-(녙-), 열우-(結實, 열-), 쉬우-(쉬-)' 등과 피동사 중 '조치-(좇-), 브리이-(브리-), 마초이-(마초-), 슊기-(슊-)' 등은 현대국어에서는 쓰이지 않게 되었다. 사동사와 피동사가 각각 '-게 하-'와 '-어 지-'에 의해 대치되는 현상과 관련하여 동사 '젓-, 두리-, 믜-'등이 소멸하면서 이들로부터 형성된 형용사에 '-어 하-'가 결합되어 타동사화하는 합성법이 일반화한다는 것도 흥미있다. 물론 이런 현상은 근대국어에서부터 활성화하기 시작한 것이지만, 현대국어에 와서 더욱더 생산적이게 되었다. 현대국어에서는 파생형용사가 아닌 경우에도 소위 감정형용사이면 '-어 하-'와의 결합이 자유롭다. 기뻐하-(기쁘-), 슬퍼하-(슬프-), 미워하-(밉-), 즐거워하-(즐겁-), 좋아하-(좋-), 싫어하-(싫-).

형용사 파생에 있어서는 '-스럽-'이 가장 생산적인 접미사가 되었다. '-롭-'도 생산성이 유지되고는 있으나 부분적으로는 '-롭-'이 '-스럽-'으로 대치되는 경향도 있는 듯하다. 예컨대 '수고롭-'과 '수고스럽-'의 경우, '수고스럽-'이 더 자연스럽게 느껴지고 쓰이는 빈도도 많아지고 있다. 현대국어에서의 '-답-'은 '-답₁'과 '-답₂'로 나누어서 다루는 것이 일반적이다(김창섭 1984). '정답-, 아름답-, 참답-'에서의 '-답-'이 전자에 해당하고 '국화는 가을에 피는 꽃답다'에서의 '-답-' 후자에 해당한다. 전자는 명사에만 결합되므로 파생접미사로 보아도 문제가 없으나 후자는 명사구에도 자유롭게 결합하기 때문에 단순한 파생접미사로 볼 수 없다는 문제가 있다. 현재로서는 '-답₁'과 '-답₂'의 발달과정이 명쾌하게 밝혀져 있지 않다. '-답₁'은 '-롭-'과 의미가 유사하고 상보적 분포를 보인다는 점에서('-답₁'은 자음으로 끝나는 어기에만 결합하고, '-롭-'은 모음으로 끝나는 어기에만 결합한다) '-듷/륳-'의 '-듷-'으로부터 발달한 것일 가능성이 많고 '-답₂'는 '-롭-'과 의미상으로도 차이가 있고 분포도 자유롭다는 점에서 '-닿-'으로부터 발달한 것일 가능성이 많다. 그러나 이렇게 볼 경우 '-듯ᄫᅵ-'로부터 발달한 '-되-'와 '-답₁'은 어떻게 되는 것인지가 의문으로 남는다. 그밖에 형용사 파생 접미사로서 '-맞-'(궁상맞-, 방정맞-), '-쩍-'(겸연쩍-, 미심쩍-), '-다랗-'(높다랗-, 기다랗-, 좁다랗-) 등도 등장하는데, '-다랗-'은 '-다라 ᄒ-'로부터 발달한 것이다. '-아/어 ᄒ-'로부터 발달한 '-앟/엏-'도 '-다랗-'과 동일한 성격의 것이라 할 수 있다. 거멓-(검-), 동그랗-(동글-), 누렇-(누르-).

현대국어에서의 부사파생 접미사로서는 '-이'(-히)가 거의 유일하다.

생산성도 그대로 유지하고 있다. 그러나 세부적인 면에 있어서는 약간의 변화가 없지도 않았다. 먼저 '-이'가 동사어간과 결합하는 예는 없어졌다. 형용사어간과 결합하는 경우에도 단순어간과 결합하는 예는 많이 줄어들었다. 단순어간으로부터의 '-이'파생부사였던 'ㄱㄴ리, 거츠리, 느지, 드므리, 모디리, 어디리, 올히, 조비' 등은 현대국어에서는 쓰이지 않게 되었다. 이들은 모두 '-게'부사형이 그 의미기능을 대신하게 되었다. '고이, 굳이, 곧이, 길이' 등은 의미가 변하여 공시적인 파생어라고 보기는 어려운 단계에 이르렀다. 의미상으로 어휘화한 파생어가 된 셈이다. '-이'가 어미처럼 기능하는 경우가 현대국어에서도 약간은 남아 있다. <u>아무 계획도 없이</u> 그런 큰 일을 벌렸느냐 영변화 파생과 내적변화에 의한 파생에 있어서는 별다른 변화가 없는 듯하다.

파생법의 변화를 논의함에 있어 한자어 및 한자어계 접사들도 당연히 포함시켰어야 할 것이나 이 역시 자료가 제대로 정리된 것이 없어서 다루지 못하였다.

참고문헌

姜信沆(1980), 『鷄林類事'高麗方言' 研究』, 成均館大出版部.

_____(1995), 『朝鮮館譯語硏究』, 成均館大出版部.

高永根(1989), 『國語 形態論硏究』, 서울대출판부.

_____(1997), 『표준 중세국어 문법론』(개정판), 집문당.

高正儀(1980), 「十五世紀 國語의 副詞硏究」, 단국대 석사학위논문.

권재일(1994), 『한국어의 문법 연구(제9장)』, 도서출판 박이정.

奇周衍(1994), 『近代國語 造語論 硏究(Ⅰ)(派生法 篇)』, 太學社.

金星奎(1987), 「語彙素 設定과 音韻現象」, 『國語研究』 77.

金拮東(1993), 「十五世紀 國語의 派生語 研究」, 단국대 석사학위논문.

金倉燮(1984), 「形容詞派生 接尾辭들의 機能과 意味」, 『震檀學報』 58.

_____(1996), 『국어의 단어형성과 단어구조 연구』, 太學社.

김철남(1992), 「근대국어 이름씨의 접미파생법 연구」, 동아대 석사학위논문.

김형배(1997), 『국어의 사동사 연구』, 도서출판 박이정.

南豊鉉(1981), 『借字表記法研究』, 檀國大出版部.

박성현(1989), 「국어의 부사화소 {-이}와 {-게}에 대한 사적 고찰」, 서울대 석
        사학위논문.

邊玟周(1995), 「二十世紀初 國語의 派生語 研究」, 단국대 석사학위논문.

석주연(1995), 「근대국어 파생형용사의 형태론적 연구」, 『國語研究』 132.

宋昌善(1993), 「국어 {-이-}계 접미사의 타동화 기능 연구」, 경북대 박사학위
        논문.

宋喆儀(1977), 「派生語 形成과 音韻現象」, 『國語研究』 38.

_____(1983), 「派生語 形成과 通時性의 問題」, 『國語學』 12.

_____(1992), 『國語의 派生語形成 研究』, 太學社.

시정곤(1994), 『국어의 단어형성 원리』, 국학자료원.

沈在箕(1981), 『國語語彙論』, 集文堂.

安秉禧(1959), 「十五世紀 國語의 活用語幹에 대한 形態論的 研究」, 『國語研
        究』 7(1978, 塔出版社).

_____(1967), 「韓國語發達史 中: 文法史」, 『韓國文化史大系 Ⅴ』(言語·文學
        史) 上, 高麗大民族文化研究所.

安秉禧·李珖鎬(1990), 『中世國語文法論』, 學研社.

양정호(1991), 「중세국어 파생 접미사 연구」, 『國語研究』 105.

尹東遠(1986), 「형용사 파생 접미사 '-스럽-', '-롭-', '-답-'의 연구」, 『國語國文

學論文集』(서울대 사범대) 23.

李光政(1983), 「15世紀 國語의 副詞形語尾 '-게'와 '-이'에 對하여」, 『국어교육』
44 · 45.

李基文(1972a), 『國語史槪說』(改訂版), 民衆書館.

_____(1972b), 『國語音韻史硏究』, 韓國文化硏究所(1978, 탑출판사 再刊).

_____(1991), 『國語語彙史硏究』, 東亞出版社.

이남순(1988), 「명사화소 '-ㅁ'과 '-기'의 교체」, 『홍익어문』 7.

李相億(1970), 「國語의 使動·被動構文 硏究」, 『國語硏究』 26.

李崇寧(1961), 『國語造語論考』, 乙酉文化社.

_____(1981), 『中世國語文法』(개정증보판), 乙酉文化社.

李承旭(1984), 「中世語의 '이'副詞化와 一部의 廢語現象」, 『東洋學』(檀國大) 14.

李承旭(1997), 『國語形態史硏究』, 太學社.

李丞宰(1992), 『高麗時代의 吏讀』, 太學社.

李翊燮(1975), 「國語 造語論의 몇 問題」, 『東洋學』(단국대) 5.

李鎭煥(1985), 「十八世紀 國語의 造語法 硏究: '方言集釋'을 중심으로」, 단국
대 석사학위논문.

이현규(1981), 「國語轉用法의 史的 硏究」, 『韓國語文論集』(韓社大) 1.

_____(1982), 「접미사 '답다'의 형태·구조·의미 변화」, 『國語學論叢』(肯浦
趙奎卨敎授華甲紀念), 螢雪出版社.

_____(1995), 『국어 형태 변화의 원리』, 영남대출판부.

이현희(1987), 「중세국어 '둔겁-'의 형태론」, 『진단학보』 63.

任洪彬(1989), 「統辭的 派生에 대하여」, 『語學硏究』 25-1.

鄭秀惠(1992), 「譯語類解의 造語法 硏究」, 덕성여대 석사학위논문.

鄭正任(1997), 「답다'류 파생접사의 연구」, 영남대 석사학위논문.

鄭虎聲(1988), 「17世紀 國語의 接尾派生語에 대하여」, 성균관대 석사학위논문.

趙南浩(1988),「現代國語의 派生接尾辭 硏究」,『國語硏究』85.

조일규(1997),『파생법의 변천Ⅰ』, 도서출판 박이정.

허 웅(1965),『國語音韻學』, 正音社.

_____(1975),『우리 옛말본』, 샘문화사.

語彙 意味의 變化

南星祐*

1. 序言

言語는 生物體와 같아서 生滅한다. 『龍飛御天歌』(1447) 제2장의 '불휘 기픈 남ᄀᆞᆫ ᄇᆞᄅᆞ매 아니 뮐씨'와 그것의 現代語譯 '뿌리가 깊은 나무는 바람에 아니 움직이므로'의 비교에서 500여 년 간의 언어의 변화를 쉽게 간파할 수 있다. 여기서 음운, 형태 및 어휘의 변화를 찾을 수 있다. 음소 /ᄋᆞ/가 /아/로 변하였고 형태 '불휘'가 '뿌리'로 변하였으며 [動]의 뜻을 가진 동사 '뮈다'가 소실되었다.

여러 언어 요소들 즉 음운, 형태 및 어휘 중에서 가장 변하기 쉬운 것이 어휘이다. 어휘의 변화는 크게 둘로 나누어지는데 하나는 形式의 변화이고 다른 하나는 內容 즉 의미의 변화이다.

15세기 국어에 [妻]의 뜻을 가진 동의어로 '각시, 갓, 겨집'이 있고 16세기 국어에 [妻]를 뜻하는 '겨집, 안해'가 있는데 [妻]의 뜻을 가진 15세

---

* 한국외국어대학교 명예교수

기 국어의 '각시, 갓'은 없어졌다. 또 15세기 국어의 'ᄀᆞᄅ치다'는 [敎]와 [指]의 뜻으로 사용되었는데 현대국어에 와서는 意味의 分化가 생겨 '가르치다'는 [敎]의 뜻으로 남아 있고 '가리키다'라는 새로운 형식이 [指]의 뜻을 가진다. 이 두 경우는 형식의 변화이다.

내용 즉 의미의 변화의 예로 '어리다'를 들 수 있다.『訓民正音諺解』의 '愚는 어릴 씨라'에서 [愚]의 뜻을 가진 '어리다'가 500여 년이 지난 오늘에는 형식의 변화는 없이 [幼]의 뜻을 가진다.

제2장 同義語의 通時的 考察과 제3장 意味의 分化는 형식의 변화에 대한 것이고 제4장 意味變化는 내용의 변화에 대한 것이다.

2. 同義語의 通時的 考察

共時的으로 동의 관계를 가지고 있던 語彙가 通時的으로 어떻게 변화하는지를 名詞, 動詞 및 副詞에서 考察해 보고자 한다.

1. 名詞의 同義語

共時的으로 동의 관계에 있던 명사들이 시간의 흐름 속에서 어떤 변화를 겪게 되는지를 고찰해 보고자 한다.

(1) [妻]를 뜻하는 명사

15세기 국어의 '각시, 갓, 겨집'은 [女]의 뜻을 가지는 경우에도 동의 관계가 성립되고 [妻]의 뜻을 가지는 경우에도 동의 관계가 성립된다. [女]가 原義이고 [妻]는 특수화된 뜻이다.

첫째로 [女]의 뜻을 가지는 경우에 성립되는 '각시, 갓, 겨집'의 동의 관계부터 고찰해 보자. 예문들 (1)과 (2)에서 '각시, 겨집'이 [女]의 뜻을 가진 동의어라는 것이 명백히 확인된다. 예문들 (3)과 (4)에서 '갓, 겨집'이 동작동사 '얼이다'와 共起하고 서로 교체가 가능하므로 두 어사의 동의 관계는 잘 입증된다.

세 명사는 의미 범위에 있어서 큰 차이가 있다. '겨집'은 [女子 일반을 가리키는데 '각시'는 [美女]를 가리킨다. 『월인천강지곡』70의 '각시또 비옌 큰 벌에 骨髓엔 효근 벌에 미틔ᄂᆞᆫ 얼읜 벌에러니'에서 '각시'는 釋迦太子의 正覺을 막으려는 '魔王의 예쁘게 꾸민 딸'이다. '갓, 겨집'은 (3)과 (4)에서 '처가 될 수 있는 여자'를 뜻한다. 따라서 '각시, 갓, 겨집'의 동의 관계는 그것들이 [女]의 뜻을 가지는 경우에만 부분적으로 성립된다. '겨집'은 '각시, 갓'을 包攝하고 따라서 '겨집'이 후자의 上位語이다.

세 명사의 출현 빈도수를 비교해 보면 '겨집'이 가장 우세하고 '갓'이 가장 劣勢에 있다.

(1) 媄女ᄂᆞᆫ 수믌 각시라 〈月二 28b〉

(2) 童女ᄂᆞᆫ 아히 겨지비니 〈月二 28a〉

(3) 給孤獨 長者ㅣ 닐굽 아ᄃᆞ리러니 여슷 아ᄃᆞᆯ란 ᄒᆞ마 갓 얼이고 〈釋六 13b〉

(4) 겨집 남진 얼며 남진 겨집 얼이노라(嫁女婚男) 〈觀音 3a〉

둘째로 '각시, 갓, 겨집'이 [妻]의 뜻을 가지는 경우에도 동의 관계가 성립된다. 예문 (7)은 『월인천강지곡』 부분이고 예문 (8)은 (7)에 상당하는 『석보상절』 부분이다. [妻]를 뜻하는 명사가 『월인천강지곡』에서는 '갓'인데 『석보상절』에서는 '겨집'이다. 따라서 '갓, 겨집'이 동의어라는 데는 의심의 여지가 없다. 예문 (6)에서 '각시'는 [妻]의 뜻을 가진다.

세 명사의 출현 빈도수를 비교해 보면 '갓, 겨집'의 빈도수는 대등하나 '각시'는 아주 드물게 나타난다.

(5) 妻는 가시라 〈月一 12a〉

(6) 舍衛國 須達이 婆羅門을 브려 아기아들이 각시를 求ᄒᆞ더니 〈月曲 148〉

(7) 가시 樣 무르시고 눈먼 납 무러시늘 〈月曲 179〉

(8) 부톄 쏘 무루샤ᄃᆡ 네 겨지븨 양ᄌᆡ 이 獼猴와 엇더뇨 〈月七 10b〉

세 명사 '각시, 갓, 겨집'이 [妻]의 뜻을 가지고 동의 관계에 있다는 것은 『삼강행실도』의 다음 예문들에서 잘 확인된다.

(9) 그 각시 하늘 울워러 한숨 디코(妻仰天而歎) 〈三강烈 9b〉

(10) 이우집 張叔의 가시(後隣人張叔妻) 〈三강孝 10a〉

(11) 兪士淵의 겨집 童氏ᄂᆞᆫ(兪士淵妻童氏) 〈三강烈 25a〉

16세기 국어에서 [女]와 [妻]를 뜻하는 동의어들의 양상은 달라진다. [女]를 뜻하는 명사로 '겨집, 간나히'가 있다는 것은 『소학언해』의 예문들에서 잘 확인되고 [妻]의 뜻을 가진 명사로 '겨집, 안해'가 있다는 것은 『번역소학』의 예문들에서 잘 확인된다.

(12) ᄉᆞ나히ᄂᆞᆫ ᄲᅡᆯ리 ᄃᆡ답ᄒᆞ고 겨집은 느즈기 ᄃᆡ답게 ᄒᆞ며(男唯女兪ᄒᆞ며)
     〈小언一 3b〉

(13) ᄉᆞ나히며 간나히(男女ㅣ) 〈小언五 2b〉

(14) 唐鄭義宗의 겨집 盧氏(唐鄭義宗의 妻盧氏ㅣ) 〈번小九 64a〉

(15) 公綽의 안해 韓氏ᄂᆫ(公綽의 妻韓氏ᄂᆫ)〈번小九 106b〉

17세기 국어에서 [女]와 [妻]를 뜻하는 동의어들의 양상은 16세기 국어와 거의 같다. 17세기 국어에 [女]를 뜻하는 명사들 '겨집, 간나희'가 [男]을 뜻하는 'ᄉ나희'와 對立 관계를 이루면서 동의 관계에 있다는 것은 『경민편언해』의 다음 예문들에서 잘 확인된다. 그리고 [妻]를 뜻하는 명사로 '겨집, 안해'가 있다는 것은 『동국신속삼강행실도』의 다음 예문들에서 잘 확인된다. 동일 원문 중 '妻'가 '겨집'과 '안해'로 번역된다.

(16) ᄉ나희와 간나희 굴희요미 이시며(男女有別)〈警民 19〉
(17) ᄉ나희와 겨집의 욕심이(男女情欲)〈警民 15〉

(18) 겨지비 닐오듸(妻曰)〈東國續三孝 23〉
(19) 안해 닐오듸(妻曰)〈東國신속三孝一 1〉

15세기 국어에서 고유어 '갓'이 한자어 '妻'와 [妻]의 뜻을 가지고 동의 관계에 있다는 것은 다음 예문들에서 잘 확인된다.

(20) 臣下ᄋᆡ 갓ᄃᆞᆯ히 다 모다 夫人 侍衛ᄒᆞᅀᆞᄫᅡ〈月二 28b〉
(21) 傅相 長者의 妻 靑提夫人이 姓은 劉ㅣ오 第四ㅣ라〈月卄三 85a〉
(22) 妻는 가시라〈月一 12a〉

17세기 국어에서 고유어 '겨집, 안해'가 한자어 '妻'와 [妻]의 뜻을 가지고 동의 관계에 있다는 것은 다음 예문들에서 잘 확인된다.

(23) 댱명의 겨집이라(張命之妻也) 〈東國신속三孝八 74〉

(24) 김필의 안해라(金瑾之妻也) 〈同 13〉

(25) 뎡삼셩의 쳬라(鄭三省之妻也) 〈同 7〉

(2) [時]를 뜻하는 명사

15세기 국어의 '쁴, 삐니, 빼, 적'은 [時]의 뜻을 가진 동의어들이다. 예문 (1)에서 '쁴'는 '쁴'에 처격 '-의'가 연결된 것이고 '쁴'는 한자 '時'에 상당하는 고유어이다. 예문들 (2)와 (3)에서 '삐니, 빼'가 한자 '時'에 상당하는 고유어임을 알 수 있다. 예문 (4)는 '未出家時예'의 번역이므로 '적'은 [時]를 뜻하는 고유어이다.

(1) 그 쁴 브린 사ᄅ미(爾時使者 ㅣ) 〈法華二 200b〉

(2) 삐니며 고디며 볼가 낟디 아니ᄒ 듼 업스니(無時無處而不明顯世ᄒ니) 〈金삼三 19a〉

(3) 돍쌔 爲酉時 〈解例 合字解〉

(4) 出家 아니ᄒ야 겨싏 저긔 〈月十一 45a〉

(5) 밤낫 여슷 쁴로(晝夜六時로) 〈月一 47a〉

(6) 밤낫 여슷 쁴로 : 여슷 삐니ᄂ 낫 세 밤 세히라 〈月七 65a〉

그런데 '쁴, 삐니'는 특수화되어 제한된 뜻을 가진다. 예문 (5)에서 '쁴'는 하루 중 '정해진 시간'을 가리킨다. (6)에서 '여슷 삐니'는 '여슷 쁴'에 대한 細注인데 여기서 '삐니'도 '쁴'와 마찬가지로 '정해진 시간'을 뜻한다.

15세기 국어에서 [時]를 뜻하는 한자어로 '時, 時節'이 있다는 것은 동일 원문의 번역인 다음 예문들에서 잘 확인된다.

(7) 뎌 時節에 根性이 一定티 몯ᄒᆞ야 〈月十三 31a〉

(8) 뎌 時예 根性이 一定 몯ᄒᆞ야(蓋彼時예 根性이 未定ᄒᆞ야) 〈法華二 225a〉

16세기 국어에 [時]를 뜻하는 고유어로 다섯 개의 명사 즉 'ᄢᅴ, ᄣᅢ, 적, 제, 쟉'이 있다는 사실은 다음 예문들에서 잘 확인된다. 다섯 중 'ᄣᅢ'만 실질명사이고 나머지는 의존명사이다. (11)과 (12)에서 '來時'가 '올 저긔'와 '올 제'로 번역된다.

(9) 어느 ᄢᅴ 婚書 보낼고(幾時下紅定) 〈번朴上 46a〉

(10) 네 난 히 들 날 ᄣᅢ 니ᄅᆞ라(你說將年月日時來) 〈번老下 71a〉

(11) 네 올 저긔(你來時) 〈번老下 3b〉

(12) 나 올 제 다 됴ᄒᆞ야 암그럿더라(我來時都完痊痾了) 〈번老下 4b〉

(13) 내 말 좃디 몯홀 쟈기면 내 아니 ᄑᆞ로리라(依不得我時 我不買) 〈번老下 61a〉

16세기 국어에 [時節]과 [時]의 뜻을 가진 한자어로 '시졀(時節)'과 '시졀'(時節)이 있다는 것은 다음 예문들에서 잘 확인된다.

(14) 힝혀 유여히 갈 시겨리면(若能勾去時節) 〈번老上 45a〉

(15) 나히 시졀와 다못 ᄃᆞᄅᆞ며(年與時馳ᄒᆞ며) 〈번小六 17a〉

(16) 그 시졀 사ᄅᆞᆷ이(時人이) 〈번小九 72a〉

17세기 국어에 [時]의 뜻을 가진 고유어로 'ᄢᅴ, ᄢᅳ, ᄭᅴ', 'ᄣᅢ, ᄠᅢ, ᄠᅴ, ᄧᅢ' 그리고 '적, 젹, 제'가 있고 [時]를 뜻하는 한자어로 '時, 時節'이 있다.

(17) 섯둘 납향 쁴 온 눈 노근 믈(臘雪水) 〈東醫 1:15a〉

(18) 어느 쁴 예롤 떠나올고 〈捷解初 6:3b〉

(19) 셔울은 어늬 쁴 쩌나셔 〈捷解初 5:11a〉

(20) 이 빼곳 디나면 틱긔 되디 몯ᄒᆞᄂᆞ니라 〈胎産 7b〉

(21) 그 빼에(時) 〈東國신속三孝一 34〉

(22) 도적ᄒᆞ여 갈 쁴예 졍히 뎌의 남진을 만나 보니 〈朴通上 32b〉

(23) 朝夕의 哭奠ᄒᆞ며 밥 쌔예 上食ᄒᆞ라 〈家禮 8:10a〉

(24) 그 저긔(時) 〈東國三忠 3〉

(25) 或 역ᄉ명침홀 젹이라도 〈焰焇 5a〉

(26) 거상 니버실 제 너무 셜워ᄒᆞ다가 주그니라(居憂過哀而死) 〈東國신속三孝
    五 14b〉

(27) 家禮애ᄂᆞᆫ 婦人 成服홀 時에도 〈家禮 9:20b〉

(28) 大제 時節을 만나 〈家禮 1:21b〉

(3) [夫]를 뜻하는 명사

15세기 국어에 [夫]의 뜻을 가진 동의어로 '남진, 샤님, 샤옹, 셔방'이
있다. '남진'은 그 原義가 '男子ᄂᆞᆫ 남지니라 〈月一 8a〉, 善男子ᄂᆞᆫ 이든
남지니오 〈月七 71a〉'에서 [男子]이나 예문(1)에서 특수화되어 [夫]의 뜻
을 가진다. 예문 (2)는 '其婦小事出行 不白其夫'의 번역이므로 '샤님'은
'夫'에 상당하는 고유어이다.

(1) 寡婦ᄂᆞᆫ 남진 업슨 겨지비니 〈楞六 111a〉

(2) 그 ᄯᆞ리 죠고맛 일로 샤님ᄃᆞ려 아니 니르고 〈月卄二 56〉

(3) 夫는 샤오이오 〈月一 12a〉

(4) 댱가 들며 셔방 마조물 다 婚姻ᄒ다 ᄒᄂ니라 〈釋六 16b〉

16세기 국어에 [夫]의 뜻을 가진 고유어로 '남진'을 비롯하여 '스나히, 셔방, 지아비'가 있고 [夫]를 뜻하는 한자어로 '남편'(男便)이 있다는 것은 다음 예문들에서 잘 확인된다.

(5) ᄯᅩ 남진의 가문이 쓰러 죽어 이믜 盡ᄒ여시니(且夫家ㅣ 夷滅已盡ᄒ니) 〈小언六 58a〉

(6) 스나히 거상 닙어 이실 듸롤 ᄒ고(爲丈夫喪次ᄒ고) 〈小언五 52b〉

(7) 孝婦ㅣ 나히 열여스신 제 셔방 마자(孝婦ㅣ 年이 十六而嫁ᄒ야) 〈小언六 50b〉

(8) 그 지아비롤 가비야이 너기며(輕其夫) 〈小언六 65a〉

(9) 모든 아ᄌ미며 넛 할믜 남편으란(諸姑尊姑之夫란) 〈小언五 74b〉

17세기 국어에 [夫]의 뜻을 가진 동의어로 '남진'과 '지아비'가 있는데 그것들의 동의 관계는 다음 예문들에서 잘 확인된다. 동일 원문 중 '夫'가 '남진'과 '지아비'로 번역되고 두 명사는 동작동사 '죽다'의 주어 구실을 한다.

(10) 남진니 죽거늘(夫歿) 〈東國續三烈 13〉

(11) 지아비 죽거늘(夫歿) 〈東國신속三孝三 64〉

(4) [胡]를 뜻하는 명사

15세기 국어에서 '다대'와 '되'가 [胡] 즉 '오랑캐'의 뜻을 가진 동의어라는 사실은 다음 예문들에서 잘 확인된다. 예문 (1)과 (2)에서 두 명사가 한자 '胡'에 상당하는 고유어이고 (3)에서 '되 다대'는 동의어 반복으로 해석할 수 있다.

(1) 請 드른 다대와 노니샤(受賂之胡 與之遊行) 〈龍 52〉

(2) 胡는 되니 中國이 西域 사ᄅᆞᆯ 胡ㅣ라 ᄒᆞᄂᆞ니라 〈月二 69a〉

(3) 쳔량 議論호ᄆᆞᆫ 되 다대의 道ㅣ니(論財ᄂᆞᆫ 夷虜之道也ㅣ니) 〈內訓一 79a〉

15세기 국어에서 '되 다대'로 번역되는 '夷虜'가 1510년대 국어에서 '되'로 번역된다. 『내훈』과 『번역소학』의 원문은 동일하다.

(4) 쳔량 ᄒᆞ며 져고믈 의론호ᄆᆞᆫ 되의 이리니(論財ᄂᆞᆫ 夷虜之道也ㅣ니) 〈번小七 31a〉

1580년대 국어에서 '되'와 '오랑캐'가 [夷狄], [蠻貊] 및 [夷虜]의 뜻을 가지고 동의 관계에 있다. 예문 (7)은 위의 (3)과 (4)와 원문이 같다.

(5) 비록 되게 가도(雖之夷狄이라두) 〈小언三 4b〉

(6) 비록 되 나라히라도(雖蠻貊之邦이라두) 〈小언三 5a〉

(7) 지믈 의론ᄒᆞ기ᄂᆞᆫ 오랑캐의 道ㅣ라(論財ᄂᆞᆫ 夷虜之道也ㅣ라) 〈小언五 63a〉

17세기 국어에서 두 명사 '되, 오랑캐'가 [胡]의 뜻을 가진 동의어라는 것은 다음 예문들에서 잘 확인된다.

(8) 되 강(羌) 〈七千 4b〉 되 융(戎) 〈七千 4b〉

(9) 계미년 오랑캐 난의(於癸未胡亂)〈東國신속三孝五 45〉

(5) [宗族]을 뜻하는 명사

15세기 국어에서 고유어 '아ᅀᆞᆷ'이 한자어 '宗族, 族屬'과 [族], [宗族] 및 [戚] 즉 '종족, 친척'의 뜻을 가지고 동의 관계에 있다는 사실은 다음 예문들에서 잘 확인된다.

(1) 釋種 아ᅀᆞᆷ들히 모다 議論ᄒᆞ디〈月二 2b〉

(2) 族ᄋᆞᆫ 아ᅀᆞᆷ이라〈楞三 75a〉

(3) 戚ᄋᆞᆫ 아ᅀᆞᆷ이오〈月序 24a〉

(4) 父母 宗族이 正티 몯ᄒᆞ고〈月二 11a〉

(5) 宗族ᄋᆞᆫ 아ᅀᆞᆷ이라〈月二 11a〉

(6) 큰 族屬도 性命이 외ᄅᆞ외며 시드럽도다(大族命單羸)〈杜卄五 36b〉

(7) 族屬애 갓가온 淮王이 왯고(近屬淮王至)〈杜十四 36a〉

1510년대 국어에서 고유어 '아ᅀᆞᆷ'이 한자어 '宗族' 및 '권당'(眷黨)과 [宗族]의 뜻을 가지고 동의 관계에 있다.

(8) 아ᅀᆞ미 ᄀᆞ장 만ᄒᆞ니(宗族이 甚衆ᄒᆞ니)〈번小七 49a〉

(9) 크면 宗族을 업더리텨 조샹 니수믈 긋게 ᄒᆞᄂᆞ니(大則覆宗絶嗣ㅣ니)
〈번小六 31a〉

(10) 江州ᄯᅡ 陳氏 권당이 칠빅기러니(江州陳氏宗族이 七百口ㅣ러니)〈번小九
107a〉

1510년대 국어에서 고유어 '아ᅀᆞᆷ'이 '親戚'과 '親眷'의 번역이라는 사실은 다음 예문들에서 명백히 확인된다.

(11) ᄆᆞᅀᆞᆯ 아ᅀᆞᆷ들히(鄕中親戚) 〈속三孝 34a〉

(12) 이 네 아ᅀᆞᆷ가(是你親眷那) 〈번老上 15b〉

1510년대 국어에서 한자어 명사들 '족쇽'(族屬)과 '족친'(族親)이 [族]의 뜻을 가지고 동의 관계에 있다는 것은 다음 예문들에서 잘 확인된다.

(13) 일홈난 가문과 노픈 족쇽이(名門右族이) 〈번小六 20b〉

(14) 남진 겨지븨 족친이(男女之族이) 〈번小七 31a〉

1580년대 국어에서 고유어 '겨레/결에'가 한자어 '족뉴'(族類)와 [族]의 뜻을 가지고 동의 관계에 있다는 것은 다음 예문들에서 잘 확인된다.

(15) 그 시절 녯 가문과 오란 겨레들히(當時故家舊族이) 〈小언六 75a〉

(16) 일홈난 가문과 놉픈 결에(名門右族이) 〈小언五 19a〉

(17) 남진 겨집의 족뉴(男女之族이) 〈小언五 63b〉

1580년대 국어에 [宗族]과 [宗]을 뜻하는 한자어로 '宗族'과 '권당'(眷黨)이 있다는 것은 다음 예문들에서 잘 확인된다. (19)는 (10)과 原文이 같다.

(18) 父兄과 宗族의게 더으디 몯홀 거시니라(不…加於父兄宗族이니라) 〈小언二 21a〉

(19) 江州 陳氏 권당이 七百 사롬이러니(江州陳氏ㅣ 宗族이 七百口ㅣ러니)
〈小언六 99b〉

17세기 국어에서 고유어들 '아ᅀᆞᆷ'과 '겨레/결에/결레'가 [戚], [黨], [屬]
및 [族] 즉 '親族'의 뜻을 가지고 동의 관계에 있다. '겨레'는 연철형이고
'결에'는 분철형이며 '결레'는 중철형이다.

(20) 도라가아 사ᄒᆞ롤 업데엿거늘 아ᅀᆞᆷ들히 효도롤 감동ᄒᆞ야(還歸伏塚下三日
不起戚感孝誠)〈東國三孝 2b〉

(21) 겨지븨녁 아ᄋᆞ미(妻黨)〈東國三孝 2b〉

(22) 도라가 지아븨 겨레ᄃᆞ려 고ᄒᆞ야(歸告夫黨)〈東國신속三烈八 52b〉

(23) 내 결에 다 죽고(我屬死盡)〈東國신속三烈七 26b〉

(24) 지아븨 결레롤 사셔(雇倩夫族)〈東國신속三烈二 55b〉

17세기 국어에서 한자어들 '가쇽'(家屬), '族쇽'(族屬), '족친'(族親), '宗
族' 및 '親戚'이 [家屬], [宗族] 및 [親戚]의 뜻을 가지고 동의 관계에 있다.

(25) 도적이 만히 니르러 그 가쇽을 다 주기고(賊大至盡殺其家屬)〈東國신속
三烈八 62b〉

(26) 夫ㅣ 만일 族쇽곳 업스면〈家禮 5:4a〉

(27) 녯 사롬이 족친 ᄉᆞ이 은졍에 百世라도 긏디 아니ᄒᆞ니(古人이 於宗族之恩
에 百世不絶ᄒᆞ니)〈警民 24b〉

(28) 宗族이 만ᄒᆞ니 만일 사롬마다 졀ᄒᆞ면〈家禮 2:19a〉

(29) 親戚이 ᄒᆞᆫ가지로 守衛ᄒᆞ라〈家禮 8:10a〉

(30) 마을 사롬과 친척이 탄복디 아니리 업더라(閭里親戚莫不歎服)〈東國신속

〈三烈二 45b〉

(6) [獸]를 뜻하는 명사

15세기 국어에 [獸] 즉 '짐승'의 뜻을 가진 명사로 '즁싱, 즘싱, 즘승'이 있는데 그것들의 동의 관계는 다음 예문들에서 잘 확인된다. '즘싱'은 '즁싱'의 改新形이다. 『杜詩諺解』에서의 예문들 (2)와 (3)에서 '즘싱, 즘승'이 공존함을 알 수 있다.

(1) 뒤헤는 모딘 즁싱(後有猛獸) 〈龍 30〉

(2) 새와 즘싱이 굿브렛느니(鳥獸伏) 〈杜八 59〉

(3) 즘승 向ᄒᆞ욤 샐리 호믈 말라(莫…向禽急) 〈杜卄二 51b〉

1510년대 국어에서 '즁싱', '즘싱' 및 '즘승'이 [畜]과 [禽獸] 즉 '짐승'의 뜻을 가진 동의어라는 사실은 다음 예문들에서 잘 확인된다.

(4) 사탕오로 즁싱의 얼굴 밍ᄀᆞ로니 노커나(放象生纏糖) 〈번朴上 4b〉

(5) 짐 즘싱 치ᄃᆞ시 ᄒᆞ더라(如養家畜) 〈속三孝 10a〉

(6) 즘승의 힝뎍을 내 엇디 ᄒᆞ리오(禽獸之行을 吾豈爲乎ㅣ리오) 〈번小九 63b〉

17세기 국어에서 [獸]와 [禽獸]의 뜻을 가진 '즁싱, 즘싱, 즘승'을 발견할 수 있다. 그것들의 동의 관계는 다음 예문들에서 잘 확인된다.

(7) 즁싱을 잡음(取獸) 〈警民序 2〉

(8) 즘싱의게서 다ᄅᆞ기는(異乎禽獸者) 〈警民 21〉

(9) 즘승이 이셔(有物) 〈東國신속三孝一 12〉

(7) [千]을 뜻하는 名詞

15세기 국어에서 고유어 '즈믄'이 漢字語 '千'과 [千]의 뜻을 가지고 동의 관계에 있다는 것은 다음 예문들에서 잘 확인된다. '즈믄'과 '千'의 출현 빈도수를 비교해 보면 한자어 '千'이 압도적 우세를 보여 준다.

(1) ᄒᆞ나 드르시고 즈믄늘 아르샤(一聞千悟ᄒᆞ샤) 〈法華五 172b〉

(2) 이 後로 千年이면 〈月二 49a〉

(3) 千年은 즈믄 ᄒᆡ라 〈月二 49a〉

1510년대 국어에서 고유어 '즈믄'이 한자어 '千'과 [千]의 뜻을 가지고 동의 관계에 있다.

(4) 즈믄 ᄣᆞᆫ 거시 ᄒᆞᆫ 무들기만 굳디 몯ᄒᆞ니(千零不如一頓) 〈번老下 8a〉

(5) 千里예 룽히 쉬디 몯ᄒᆞ거든(千里不能休ㅣ어든) 〈번小九 98a〉

17세기 국어에서 고유어 '즈믄'은 보이지 않고 한자어 '千'만 발견된다.

(6) 千年이나 가도록 〈捷解初 3:14b〉

(7) 니시 스스로 쳔 댱이나 ᄒᆞᆫ 바회 아래 ᄂᆞ려뎌(李氏自墮千丈巖下) 〈東國신
    속三烈三 49b〉

2. 動詞의 同義語

共時的으로 동의 관계에 있던 동사들이 通時的으로 어떤 변화를 경험하는지를 고찰해 보고자 한다.

(1) [愛]를 뜻하는 동작동사

15세기 국어에서 '괴다, 둣다, ᄉ랑ᄒ다'는 [愛]의 뜻을 가진 동의어이다. 그것들은 [＋人間을 목적어로 취하는 경우에 동의 관계에 있다. 예문 (1)에서 '괴다'는 [＋인간인 '人'을 목적어로 가지고 (2)에서 '둣다'는 [＋인간인 '션비'를 목적어로 하고 (3)에서 'ᄉ랑ᄒ다'는 [＋인간인 '子息'을 목적어로 취한다.

(1) 괴여 (爲我愛人) 〈解例 合字解〉

(2) 션비를 ᄃᄉ실ᄊᆡ(且愛儒士) 〈龍 80〉

(3) 어버ᅀᅵ 子息 ᄉ랑호ᄆᆞᆫ 아니 한 ᄉᆡ어니와 〈釋六 3b〉

세 동작동사의 의미 범위는 그것들의 통사적 선택 제약을 고찰함으로써 밝혀질 수 있다.

첫째로 '괴다'는 [＋人間만을 목적어로 가진다. '아소 님하 도람 드르샤 괴오쇼셔 〈樂軌 鄭瓜亭〉'에서 '괴다'의 목적어는 생략되어 있지만 작자인 '鄭叙'이고 '괴시란ᄃᆡ 우러곰 좃니노이다 〈樂章 西京別曲〉'에서 '괴다'의 목적어는 생략되어 있지만 작자인 '자기'이다. '괴다'는 〈鄭瓜亭〉에서는 君臣의 사랑을 표현하고 男女相悅之詞인 〈西京別曲〉에서는 이성간의 戀情을 나타낸다. '아소 님하 어마님ᄀᆞ티 괴시리 업세라 〈樂章 思母曲〉'에서는 어머니의 사랑을 뜻한다. 요컨대 '괴다'는 상하의 사랑을 말할 때 즉 신분이 높은 사람이 낮은 신분의 사람을 사랑할 때 사용된다.

둘째로 '둣다'는 (2)에서 [＋인간인 '션비'를 목적어로 하고 생략되어 있지만 주어로 '李太祖'를 가진다. 이 경우 '둣다'는 군신의 정을 나타낸다. '子息을 ᄃᄉ샤 正法 모ᄅᆞ실ᄊᆡ 〈月曲 125〉'에서 '둣다'의 목적어는

[+인간]인 '子息'이고 주어는 생략되어 있지만 '淨飯王'이다. 이 경우 '둣다'는 상하의 사랑을 나타낸다. '둣다'는 [+인간]을 목적어로 가질 뿐만 아니라 구체물과 추상물도 목적어로 취할 수 있다.

셋째로 '수랑ᄒ다'는 (3)에서 부모와 자식의 사랑을 나타낸다. '獼猴王이 닐오ᄃᆡ…八萬四千 夫人이 이쇼ᄃᆡ 글란 수랑티 아니코 〈月七 17〉'에서 [+인간]인 '八萬四千 夫人'을 목적어로 하고 생략된 주어 '迦尸王'을 주어로 하는 '수랑ᄒ다'는 남녀간의 사랑을 나타낸다. 요컨대 '수랑ᄒ다'는 상하의 사랑을 나타내는 데 사용된다. '수랑ᄒ다'는 [+인간]뿐만 아니라 구체물과 추상물을 목적어로 가질 수 있다.

1570년대 국어에서 '수랑ᄒ다'와 '둣다'가 [愛]의 뜻을 가지고 동의 관계에 있다는 것은 다음 예문들에서 잘 확인된다. '수랑ᄒ다'가 '둣다'보다 빈도상 절대 우세하다.

(4) 셰쇽을 수랑ᄒ야 스렴호ᄆᆞᆫ(愛戀世俗은) 〈誡初 69b〉

(5) 둔 거슬 머겨 수랑ᄒ야 쳐도(喫甘愛養ᄒ야도) 〈誡初 26b〉

(6) 덧덧디 아닌 데 뜬 목수ᄆᆞᆫ 수랑ᄒ(32b)야 앗겨도 안보티 몯ᄒ리니(無常浮命은 愛惜不保이니라) 〈誡初 33a〉

(7) 삼도의 나 ᄃᆞ로ᄆᆞᆫ 믜며 ᄃᆞ오ᄆᆡ 미인 배오(三途出沒은 憎愛所纏이오) 〈誡初 76a〉

17세기 국어에 [愛]의 뜻을 가진 동작 동사로 '괴다, 수랑ᄒ다'가 있는데 그것들의 동의 관계는 [+인간]이 목적어인 경우에 성립된다.

'괴다'의 용례는 松江의 작품에서 찾을 수 있다. 예컨대, 님ᄒᄂ나 날 괴시니 〈思美人曲 54〉, 눕 괴려 ᄒ고 〈短歌篇 129〉.

'수랑ᄒ다'가 [+인간]을 목적어로 취하는 경우 목적어가 되는 것은

다음과 같다 : 녀계(妓) 〈東國續三忠 2〉, 어버이(親) 〈東國신속三孝三 87〉, 아ᅀᆞ(弟) 〈警民 4〉.

둘의 빈도수를 비교해 보면 'ᄉᆞ랑ᄒᆞ다'가 '괴다'보다 절대적으로 우세하다. 또 통사상의 통합 관계를 조사해 보아도 'ᄉᆞ랑ᄒᆞ다'가 훨씬 다양하다.

(2) [懼, 畏]를 뜻하는 동작동사

15세기 국어에서 [懼, 畏]의 뜻을 가진 '두리다', [畏]의 뜻을 가진 'ᄆᆞ싀다' 및 [畏, 恐]을 뜻하는 '젛다'가 동의 관계에 있다. 예문 (1)에서 '두리다'의 목적어는 생략되어 있지만 전후의 문맥으로 보아 [+有情物]인 '羅刹과 毒龍'이다. (2)에서 'ᄆᆞ싀다'의 목적어는 [+유정물]인 '범'이고 (3)에서 '젛다'의 목적어는 [+유정물]인 '龍王'이다. 요컨대 세 동작동사는 [+유정물]을 목적어로 취한다.

(1) 그 나랏 王이 두리여 神靈씌 비다가 몯ᄒᆞ야 〈月七 28a〉

(2) 범 ᄆᆞ싀여 시러 말 몯ᄒᆞ요라(畏虎不得語) 〈杜卄一 39a〉

(3) 고지 드라 金翅 ᄃᆞ외야 龍王ᄋᆞᆯ 저킈 ᄒᆞ니 〈月曲 192〉

1510년대 국어에서 [懼]와 [畏]를 뜻하는 동사로 '두리다, 젛다'가 있다는 것은 다음 예문들에서 잘 확인된다.

(4) ᄆᆞ레 드러 주구려 ᄒᆞ대 어버이 두려 아니 얼이니라(欲投江 父母懼而止) 〈속三烈 20a〉

(5) 太子ㅣ 두려 닐오ᄃᆡ(太子ㅣ 懼曰) 〈번小九 46a〉

(6) 鄕吏며 百姓이 저코 ᄉᆞ랑ᄒᆞ더니(吏民畏愛) 〈속三孝 26b〉

(7) 놀라이 붓그리며 저허(惕然慙懼ᄒ야)〈번小八 25b〉

1580년대 국어에서 '두리다, 젛다'가 [恐]과 [畏] 즉 '두려워하다'의 뜻을 가지고 동의 관계에 있다는 것은 다음 예문들에서 잘 확인된다.

(8) 기픈 못과 다ᄆᆞᆺ 열운 어름을 불옴애 오직 ᄢᅥ러딜가 두려ᄒ노니(深淵與薄冰을 蹈之唯恐墜ᄒ노니)〈小彦五 25a〉
(9) 사오나오니를 避호ᄃᆡ 빗얌과 전갈 저홈 ᄀᆞ티 ᄒᄂᆞ니(避惡如畏蛇蠍ᄒᄂᆞ니)〈小彦五 28a〉

17세기 국어에서 '두리다, 젛다'는 [懼, 怖, 畏, 恐]의 뜻을 가진 동작동사로 동의 관계에 있다. 예를 들면, 우리도 죽을 일을 두려〈癸 17b〉 ; 주그믈 저허(畏死)〈東國신속三忠一 9〉.

(3) [惡]을 뜻하는 상태동사

15세기 국어에서 '궂다, 멎다, 모딜다, 사오납다'는 [惡]의 뜻을 가진 동의어들이다. 다음 예문들에서 '궂다, 멎다, 모딜다'가 [惡]을 뜻하는 상태동사라는 것이 잘 확인된다.

(1) 三惡道ᄂ 세 구즌 길히니 〈月七 67a〉
(2) 惡趣는 머즌 길히니 〈釋九 10b〉
(3) 惡ᄋᆞᆫ 모딜 씨라 〈月一 16b〉

同義의 분석법인 代置法과 反義語 사용법에 의해 네 상태동사의 동의성을 확인할 수 있다. 다음 예문들에서 네 상태동사는 '둏다'의 반의

어로 [-구체물]인 '일'과 共起하고 서로 대치될 수 있다. (5)와 (7)에서 '멎
다, 사오납다'는 '둏다'의 반의어로 [+구체물]인 '몸'과 共起하고 서로 대
치될 수 있다.

(4) 믈읫 衆生이 됴ᄒᆞ며 구즌 이를 모ᄅᆞ고 〈釋九 11b〉

(5) 됴ᄒᆞᆫ 일 지슨 因緣으로 後生애 됴ᄒᆞᆫ 몸 ᄃᆞ외오 머즌 일 지슨 因緣으로 後
生애 머즌 몸 ᄃᆞ외야 〈月二 16a〉

(6) 모딘 일 보고 됴ᄒᆞᆫ 일 닷ᄀᆞ니ᄂᆞᆫ 〈月一 46b〉

(7) 業은 이리니 됴ᄒᆞᆫ 일 지스면 됴ᄒᆞᆫ 몸 ᄃᆞ외오 사오나ᄫᆞᆯ 일 지스면 사오나ᄫᆞᆯ
몸 ᄃᆞ외요미 業果ㅣ라 〈月一 37〉

1510년대 국어에서 [惡]을 뜻하는 상태동사로 '궂다, 모딜다, 몹ᄡᅳ다,
사오납다, 아니완ᄒᆞ다, 아니완츨ᄒᆞ다'가 있다는 것은 다음 예문들에서
잘 확인된다.

(8) ᄒᆞ다가 ᄆᆞ리 됴홈 구주ᄆᆞ란(如馬好歹) 〈번老下 17a〉

(9) 모딘 ᄆᆞᅀᆞᆷ 내여(生起歹心來) 〈번老上 28a〉

(10) 어딘 이레 향ᄒᆞ고 몹쁠 일란 ᄇᆞ려(向善背惡ᄒᆞ야) 〈번小六 8b〉

(11) 이 됴ᄒᆞ니 사오나오니 다 흔ᄃᆡ 혜아리져(這好的歹的都一發商量) 〈번老下 8a〉

(12) 엇디 됴ᄒᆞᆫ 사ᄅᆞᆷ 아니완ᄒᆞᆫ 사ᄅᆞᆷ 알리오(怎知是好人歹人) 〈번老上 48a〉

(13) ᄒᆞ마 이리 아니완츨ᄒᆞ거든(既這般歹時) 〈번老上 45b〉

1570년대 국어에서 [惡]을 뜻하는 상태동사로 '궂다, 모딜다, 사오납
다'가 있다는 것은 다음 예문들에서 잘 확인된다.

(14) 비록 됴ᄒᆞ며 구즌 말을 드러도(雖聞善惡이나) 〈誡初 72a〉

(15) 모로매 모딘 버드란 머리 여희고(須遠離惡友ᄒᆞ고) 〈誡初 1a〉

(16) ᄒᆞ다가 사ᄅᆞ미 제 사오나온 젼ᄎᆞ로(若以人惡故로) 〈誡初 17a〉

17세기 국어에 [惡]의 뜻을 가진 상태동사로 '모딜다, 사오납다'가 있는데 그것들의 동의 관계는 다음 예문들에서 잘 확인된다. 동일 원문 중 '惡'이 '모딜다'와 '사오납다'로 번역된다.

(17) 아비 모딘 병 ᄒᆞ야(父得惡疾) 〈東國三孝 3〉

(18) 아비 사오나온 병 어더ᄂᆞᆯ(父得惡疾) 〈東國續三孝 14〉

(4) [多, 衆]을 뜻하는 상태동사

15세기 국어에서 '하다'와 '만ᄒᆞ다'는 [多, 衆]의 뜻을 가진 동의어이다. 그것들의 동의 관계는 다음 예문들에서 잘 확인된다. 동일 원문의 번역인 (1)과 (2)에서 두 상태동사는 [衆多]의 뜻으로 [-구체물]인 '일'을 공유하고 서로 대치될 수 있으므로 그것들의 동의성은 명백하다. (3)과 (4)에서 두 상태 동사는 [+인간]인 '百姓'을 주어와 피수식어로 공유한다. (5)와 (6)에서 두 상태동사는 [-구체물]인 '受苦'를 주어로 공유한다. '하다'가 '만ᄒᆞ다'보다 출현 빈도수에 있어서 압도적으로 우세하다.

(1) 千億 이리 이리 하니 〈釋十三 18b〉

(2) 千億 이리 이기티 만ᄒᆞ니(千億事ㅣ 如是衆多ᄒᆞ니) 〈法華一 73b-74a〉

(3) 梵王ㅅ한 百姓 사ᄂᆞᆫ 하ᄂᆞᆯ히라 〈月一 32b〉

(4) 百姓도 만ᄒᆞ며 〈月二 11b〉

(5) 獼猴王이 닐오딕…受苦ㅣ 하느니 〈月七 17a-18a〉

(6) 華色比丘ㅣ 닐오딕…내 지븨 이싫 저긔 受苦ㅣ 만타라 〈月十 23a〉

1510년대 국어에서 '하다'와 '만ㅎ다'가 [多] 즉 '많다'의 뜻을 가지고 동의 관계에 있다는 것은 다음 예문들에서 잘 확인된다.

(7) 샐리 두르면 업드로미 하느니라(趨走多顚躓니라) 〈번小六 28a〉

(8) 사르미 즐어 주그리 만ㅎ니라(民多夭ㅎ느니라) 〈번小七 30b〉

1580년대 국어에서 '하다'와 '만ㅎ다'가 [衆]과 [多]의 뜻을 가지고 동의 관계에 있다는 것은 다음 예문들에서 잘 확인된다. 예문들 (11)과 (12)에서 두 상태동사는 '일'(事)을 주어로 공유한다. 두 상태동사의 빈도수를 비교해 보면 '하다'가 '만ㅎ다'보다 아주 우세하다.

(9) 겨집 죵이 하니(僕妾이 多矣니) 〈小언六 73a〉

(10) 권당이 フ장 만ㅎ니(宗族이 甚衆ㅎ니) 〈小언五 80a〉

(11) 浩는 거늘인 밧 일이 한디라(浩는 所領事ㅣ라) 〈小언六 42a〉

(12) 일이(107b) 만홈이(多事ㅣ) 〈小언六 108a〉

17세기 국어에서는 두 상태동사 '많다, 하다'가 [多]의 뜻을 가진 동의어이다. 그것들의 동의 관계는 다음 예문들에서 잘 확인된다. 원문 중 '甚多'의 '多'가 '많다'와 '하다'로 번역된다. 두 상태동사의 출현 빈도수를 비교해 보면 '많다'가 '하다'보다 우세하다.

(9) 버힌 거시 マ장 많더라(斬甚多) 〈東國신속三忠一 43〉

(10) 베디ᄅ고 자븐 거시 심히 하더라(斬獲甚多) 〈東國신속三忠一 48〉

(5) [小]를 뜻하는 狀態動詞

15세기 國語에서 '쟉다'를 비롯하여 '젹다, 횩다, 혁다'는 [小]의 뜻을
가진 同義語이다. 그것들의 동의 관계는 다음 예문들에서 명백히 확인
된다.

(1) 뎔 님자히…곧 흔 쟈근 沙彌를 브려(寺主…卽差一小沙彌) 〈觀音 12b〉

(2) 小ᄂᆞᆫ 져글 씨라 〈月一 6a〉

(3) 어르누근 돌흔 효가 돈 ᄀᆞ도다(錦石小如錢) 〈杜卄 2b〉

(4) 小王ᄋᆞᆫ 혀근 王이니 〈月一 20b〉

첫 음절의 '아~어' 교체에 의한 '쟉다, 젹다'는 '킈 쟈ᄀᆞᆯ씨 〈釋卄四 8a〉'
와 '킈 젹도 크도 아니ᄒ고 〈月一 26b〉'에서 主語로 '킈'(身長)를 共有하
고 서로 대치될 수 있으므로 그것들의 同義性은 아주 명백해진다.

첫 음절의 '오~어' 교체에 의한 '횩다, 혁다'는 예문 (3)과 '礫은 혀근
돌히오 〈月十 117b〉'에서 [+구체물]인 '돌ㅎ'과 共起하고 서로 대치될
수 있다. 그러므로 두 상태동사의 同義性은 명백히 확인된다.

1510년대 국어에서 '햑다, 혁다, 횩다, 쟉다, 젹다'가 [小]의 뜻을 가지
고 동의 관계에 있다는 것은 다음 예문들에서 잘 확인된다.

(5) 샹해 マ장 햐근 이리라도(居常애 至微細事히) 〈번小九 6a〉

(6) 혀근 아히를 マᄅᆞ쵸ᄃᆡ(敎小兒호ᄃᆡ) 〈번小六 2b〉

(7) 쏘 무숤히 효근 사ᄅᆞ미 흔 바블 어드면(且如閭閻小人이 得一食ᄒ면) 〈번小

七 43a〉

(8) 쟈근 술의롤 글와 싀어(共挽鹿車ᄒ야)〈번小九 59b〉

(9) 져근 별실이 이시니(有小齋ᄒ니)〈번小九 102a〉

1580년대 국어에서 '쟉다, 젹다, 쟉다'가 [小] 즉 '작다'의 뜻을 가지고 동의 관계에 있다는 것은 다음 예문들에서 잘 확인된다. (10)과 (11)의 원문 중 '小兒'가 '효근 아히'와 '젹은 아히'로 번역된다.

(10) 효근 아히 우룸을 ᄒ며(爲小兒啼ᄒ며)〈小언四 16b〉

(11) 젹은 아히룰 글ᄋ치되(敎小兒호되)〈小언五 2a〉

(12) 쟈근 집이 잇더니(有小齋러니)〈小언六 94b〉

17세기 國語에서는 '쟉다, 젹다'가 [小]의 뜻을 가지고 同義關係에 있는데 그것들의 동의 관계는 다음 예문들에서 잘 확인된다. 두 상태동사는 '쏠'을 被修飾語로 共有한다.

(13) 듕민의 쟈근 쏠을 안고(抱仲民小女)〈東國신속三孝三 7〉

(14) 양강왕의 져근 ᄯ리(陽岡王少女)〈東國신속三忠一 13〉

3. 副詞의 同義語

共時的으로 동의 관계를 가지고 있던 부사들이 通時的으로 어떤 변화를 경험하는지를 고찰해 보고자 한다.

(1) [必]을 뜻하는 부사

15세기 국어에서 '모디, 모로매, 반디기'는 [必]의 뜻을 가진 동의어로 그것들의 동의 관계는 다음 예문들에서 명백히 확인된다.

(1) 굿븐 쇠을 모디 놀이시니(維伏之雉 必令驚飛)〈龍 88〉

(2) 必은 모로매 ᄒᆞᄂᆞᆫ 뜨디라〈正音 13a〉

(3) 그듸 반디기 剖析호ᄆᆞᆯ 삼가니라(君必愼剖析)〈杜七 27〉

1510년대 국어에서 '모로매, 반디시, 의식, 굿드리'가 [必]의 뜻을 가지고 동의 관계에 있다는 것은 다음 예문들에서 잘 확인된다.

(4) 만믈이 셩ᄒᆞ면 모로매 쇠ᄒᆞ고(物盛則必衰ᄒᆞ고)〈번小六 27b〉

(5) 반디시 비호(7a)ᄆᆞᆯ 즐기디 아니ᄒᆞ리니(必不無學이니)〈번小六 7b〉

(6) 의식 그롤 닐거(必讀書ᄒᆞ야)〈번小十 13b〉

(7) ᄀᆞ장 져믄 사ᄅᆞ미어든 굿드리 ᄆᆞᆯ 브리디 아니ᄒᆞ야두 므던ᄒᆞ니라(於幼者則不必下可也)〈呂約 23b〉

1570년대 국어에서 '모로매, 반디기, 반디시'가 [必]의 뜻을 가지고 동의 관계에 있다는 것은 다음 예문들에서 잘 확인된다.

(8) 모로매 더옥 싁싀기 디킈며(必加嚴守ᄒᆞ며)〈誡初 56a〉

(9) 반디기 진긔 발홀 시져리 이시리라(必有機發之時ᄒᆞ리라)〈誡初 14b〉

(10) 션신이(67a) 반디시 호디ᄒᆞ고(善神이 必護ᄒᆞ고)〈誡初 67b〉

17세기 국어에 [必]의 뜻을 가진 부사로 '모로매, 반디시, 의식'이 있다. 그것들의 동의 관계는 다음 예문들에서 잘 확인된다. 원문 중 '必告'의 '必'이 '반ᄃᆞ시'로도 번역되고 '의식'으로도 번역된다.

(11) 모로매 만난 거시 잇게 ᄒᆞ더니(必有甘旨) 〈東國續三孝 24〉

(12) 이리 이시면 반ᄃᆞ시 고ᄒᆞ더라(有事必告) 〈東國續三孝 3〉

(13) 의식 고ᄒᆞ고(必告) 〈東國續三烈 6〉

『九雲夢』에서 [必]의 뜻을 가진 '벅벅이'를 발견할 수 있다. 예를 들면, 벅벅이 이 놉흔 사ᄅᆞᆷ이 잇ᄂᆞᆫ 줄 알고 〈九 40〉.

(2) [旣, 已]를 뜻하는 부사

15세기 국어에 [旣, 已]의 뜻을 가진 부사로 'ᄒᆞ마, 블쎠, 이믜셔'가 있다. 같은 원문의 번역인 (1)과 (2)에서 두 부사는 동작동사 '셰다'를 被限定語로 공유하고 서로 대치될 수 있다. '이믜셔'는 『杜詩諺解』에 처음으로 등장한다. 세 부사의 출현 빈도수를 비교해 보면 'ᄒᆞ마'가 압도적으로 우세하다.

(1) ᄒᆞ마 塔 셰며 〈月十七 37a〉

(2) 블쎠 塔 셰며(爲已起塔ᄒᆞ며) 〈法華五 201a〉

(3) 이믜셔 빅브르 먹고(旣飽) 〈杜十六 62a〉

1510년대 국어에서 'ᄒᆞ마, 이믜, 블셔'가 [旣]와 [已]의 뜻을 가지고 동의 관계에 있다는 것은 다음 예문들에서 잘 확인된다.

(4) ᄒᆞ마 이러ᄒᆞ면(旣這般的時) 〈번老上 52a〉

(5) 이믜 이러면(旣這般時) 〈번老上 23b〉

(6) 도로혀 제 몸과 ᄆᆞᅀᆞ미 볼셔 스스로 몬져 사오나왯ᄂᆞᆫ 주를 아디 몯ᄒᆞ니라
(却不知道自家身與心이 已自先不好了也ㅣ니라) 〈번小八 7b〉

1580년대 국어에서 'ᄒᆞ마, 이믜, 이밋'이 [旣]의 뜻을 가지고 동의 관계에 있다는 것은 다음 예문들에서 잘 확인된다.

(7) ᄒᆞ마 능히 익심을 긋고 인셰를 둘워 ᄇᆞ려니(旣能割愛揮人世이니) 〈誡初 69b〉

(8) 이믜 能히 禮로뻐 스스로 쳐신티 몯ᄒᆞ고(旣不能以禮自處ᄒᆞ고) 〈小언五 43b〉

(9) 이밋 빙소ᄒᆞ고(旣殯ᄒᆞ고) 〈小언五 43b〉

17세기 국어에 [旣, 已]의 뜻을 가진 부사로 'ᄒᆞ마, 볼셔, 이믜'가 있다. 그것들의 동의 관계는 다음 예문들에서 잘 확인된다. 세 부사의 출현 빈도수를 비교해 보면 '이믜'가 '볼셔, ᄒᆞ마'보다 우세하고 'ᄒᆞ마'가 가장 열세에 있다.

(10) 긔운이 ᄒᆞ마 진ᄒᆞ니(氣力已盡) 〈東國續三烈 19〉

(11) 네 볼셔 내 싀어미를 죽여시니(汝旣殺吾姑) 〈東國신속三孝八 23〉

(12) 이믜 내 어미를 주겨시니(旣殺吾母) 〈東國신속三孝八 21〉

(3) [獨]을 뜻하는 부사

15세기 국어에서 'ᄒᆞ오사, ᄒᆞ올로'는 [獨]의 뜻을 가지고 다시 말하면 [獨力으로]와 [아무도 없이 혼자]라는 뜻을 가지고 동의 관계에 있다. 두 부사는 (1)과 (2)에서는 [獨力으로]라는 뜻을 가지고 동작동사 '알다'를 한정하고 서로 대치 가능하다. 또 (3)과 (4)에서는 두 부사는 [아무도 없

이라는 뜻을 가지고 [行]을 뜻하는 동의어인 '가다, 녀다'와 共起한다. 따라서 두 부사가 동의어라는 것은 아주 명백히 확인된다. 두 부사의 의미 범위에는 차이가 있다. 'ᄒᆞ오ᅀᅡ'가 주로 [아무도 없이]라는 뜻으로 사용되고 'ᄒᆞ올로'는 주로 [獨力으로]라는 뜻으로 사용된다.

(1) 獨覺은 ᄒᆞ오ᅀᅡ 알 씨니 〈月二 20a〉

(2) 내 ᄒᆞ올로 그딋 精神의 充實호믈 아노라(我獨覺子神充實) 〈杜七 29b〉

(3) 畢鉢羅樹에 ᄒᆞ오ᅀᅡ 가싫 제 〈月曲 65〉

(4) 이 길헤ᄂᆞᆫ ᄒᆞ올로 녀시니 〈月曲 459〉

1510년대 국어에서 'ᄒᆞᅀᅡ'를 비롯하여 'ᄒᆞ은자, 혼자, 홀로'가 [獨]의 뜻을 가지고 동의 관계에 있다는 것은 다음 예문들에서 잘 확인된다.

(5) 有文이 ᄒᆞᅀᅡ 거상을 禮로 ᄀᆞ장 삼가ᄒᆞ더니(有文獨守喪執禮謹) 〈속三孝 34a〉

(6) 내 ᄒᆞ은자 ᄡᅩ아도 이긔요리라(我獨自箇射時也贏的) 〈번朴上 55a〉

(7) 엇디 혼자 사라시리료(豈宜獨生이리오) 〈번小九 65a〉

(8) ᄯᅩ 홀로 엇던 ᄆᆞᅀᆞᆷ고(亦獨何心고) 〈번小九 100b〉

1580년대 국어에서 '혼자'와 '홀로'가 [獨]의 뜻을 가지고 동의 관계에 있다는 것은 다음 예문들에서 잘 확인된다.

(9) 孔子ㅣ 일즉 혼자 셧거시ᄂᆞᆯ(孔子ㅣ 嘗獨立이어시ᄂᆞᆯ) 〈小언四 5b〉

(10) 容이 홀로 ᄭᅮ러 안자 더옥 공슌ᄒᆞ거ᄂᆞᆯ(容이 獨危坐愈恭이어늘) 〈小언六 106a〉

17세기 국어에 [獨]의 뜻을 가진 부사로 '혼자, 홀로'가 있는데 그것들의 동의 관계는 예문들 (11)과 (12)에서 잘 확인된다. 또 [獨]의 뜻으로 '호올로'가 있는데 '혼자, 호올로'의 동의 관계는 (13)과 (14)에서 잘 확인된다 세 부사 즉 '혼자, 홀로, 호올로'의 출현 빈도수를 비교해 보면 '혼자'가 제일 많고 '호올로'가 제일 적다.

(11) 혼자 삼년을 녀묘ᄒᆞ다(獨廬墓三年) 〈東國신속三孝一 60〉

(12) 홀로 녀묘ᄒᆞ야(獨廬墓) 〈東國신속三孝四 22〉

(13) 내 엇디 호올로 살리오(我何獨生) 〈東國신속三忠一 36〉

(14) 내 엇디 ᄎᆞ마 혼자 살리오(我何忍獨生) 〈東國신속三忠一 36〉

3. 意味의 分化

意味의 分化는 두 개의 뜻을 가졌던 단어들이 시간의 흐름 속에서 하나의 뜻만을 나타내고 또 하나의 뜻은 새로운 형식이 떠맡게 되는 경우이다.

중세국어의 'ᄀᆞᄅᆞ치다'는 ① [敎]와 ② [指]의 뜻으로 사용되었다. ①의 예를 들면, 訓은 ᄀᆞᄅᆞ칠 씨오 〈正音〉, ②의 예를 들면, 右手左手로 天地 ᄀᆞᄅᆞ치샤 〈月曲 20〉. 근대국어의 'ᄀᆞᄅᆞ치다'도 ① [敎]와 ② [指]의 뜻을 가졌다(南星祐 1985:162). 예를 들면, 빅셩 ᄀᆞᄅᆞ치기ᄅᆞᆯ(敎民) 〈警民 21〉 ; 막대로 흰 구롬 ᄀᆞᄅᆞ치고 〈松江 p.163〉. 현대국어에서 '가르치다'는 [敎]의 뜻으로 남아 있고 [指]를 뜻하는 '가리키다'가 생겼다.

15세기 국어에서 'ᄀᆞ초다'는 ① [備]와 ② [藏]의 뜻을 가지고 있었다. 예를 들면, 되 征伐호ᄆᆞᆯ ᄀᆞ초아 ᄒᆞ놋다(備征狄) 〈杜七 25〉, 제 모ᄆᆞᆯ ᄀᆞ

초노니(藏其身) 〈杜七 24〉. 그런데 17세기 국어에는 [備]의 뜻을 가진 'ㄱ초다' 또는 'ᄀᆞ초다'가 있고 [藏]을 뜻하는 'ᄀᆞᆷ초다'가 있었다. 예를 들면, 술과 안쥬 ᄀᆞ초와(備酒饌) 〈東國 신속三孝八 65〉, 만난 거슬 ᄀᆞᆯ초더니(供甘) 〈東國신속三孝四 29〉, 아모 짜히 ᄀᆞᆷ초앗다(藏某地) 〈東國신속三孝八 57〉. 현대국어에는 [備]의 뜻을 가진 '갖추다'와 [隱]의 뜻을 가진 '감추다'가 있다.

15세기 국어의 '젹다'는 ① [小]와 ② [少]의 뜻으로 쓰였다. ①의 예를 들면, 小는 져글 씨라 〈月一 6a〉, 혼 모미 크락 져그락 ᄒᆞ야 〈月一 14b〉. ②의 예를 들면, 量은 하며 져구믈 되는 거시라 〈月九 7〉. 15세기 국어에서 '젹다'는 '쟉다'와 [小]의 뜻을 가지고 동의 관계에 있다. 16세기 국어에서도 '젹다'와 '쟉다'는 [小]의 뜻을 가진 同義語이다. 17세기 국어에서도 '젹다'는 [小]와 [少]의 뜻을 가지는데 [小]의 뜻을 가진 '젹다'는 '쟉다'와 동의 관계에 있다. 현대국어에서는 [小]의 뜻을 가진 '작다'와 [少]의 뜻하는 '적다'가 있어 맞춤법상 확연히 구별된다.

15세기 국어의 '마리'는 ① [頭, 首] ② [髮] 및 ③ [首](작품 세는 단위)의 뜻으로 쓰였다(南星祐 1985: 61). 예를 들면, 首相은 마릿 양직라 〈月八 46a〉, 마리를 갓ᄀᆞ시고 누비옷 니브샤 〈月曲 120〉, 섈리 짓는 그른 즈믄 마리오(敏捷詩千首) 〈杜卄一 42〉. 17세기 국어에서 [頭, 髮]의 뜻은 '머리'가 맡게 되었다. '마리, 머리'는 둘다 15세기 국어에서는 [頭, 髮]의 뜻을 가지고 있었다. 현대국어에서 '마리'는 짐승이나 물고기의 수효를 셀 때에 쓰인다.

4. 意味 變化

국어의 의미 변화는 크게 둘로 나누어 설명할 수 있다. 하나는 의미 변화의 성질이고 다른 하나는 의미 변화의 결과이다.

1. 의미 변화의 성질

의미 변화가 일어날 때 옛 의미와 새 의미 사이에 어떤 聯想 (association)이 있게 마련이다. 연상은 의미 변화의 필요조건이 된다 (Ullmann: 211-212).

의미 변화를 그것의 기초가 되는 연상에 의해 분류할 수 있다. 분석 주의적 입장에서 의미(meaning)는 '이름(name)과 뜻(sense) 사이의 相互 的이고 可逆的인 관계'라고 정의될 수 있는데, 이 정의가 작업 가설로 서 작용한다면 의미 변화는 자연히 두 범주로 나누어질 수 있다. 하나 는 뜻들간의 연상에 바탕을 둔 변화이고 다른 하나는 이름들 간의 연상 을 포함하는 변화이다.

이 두 범주의 각각은 두 종류의 연상 즉 類似(similarity)와 隣接 (contiguity)을 추가하여 하위 구분할 수 있다. 두 쌍의 기준에서 생기는 네 개의 의미 변화 유형은 다음과 같다. : ① 뜻들의 유사 즉 隱喩, ② 뜻들의 인접 즉 換喩, ③ 이름들의 유사 즉 民間語源, ④ 이름들의 인접 즉 省略.

(1) 隱喩

隱喩의 기본 구조는 아주 간단하다. 언제나 두 개의 항이 존재한다. 우리가 말하고 있는 것과 우리가 비유의 대상으로 하고 있는 것이 그것 이다. 전자는 元觀念(tenor)이고 후자는 補助觀念(vehicle)인데 그것들 이 공유하는 특징들이 은유의 근거가 된다(Ullmann: 213). 예를 들면, '곰'은 원뜻이 [熊]인데 비유적으로 사용되어 [미련한 사람]을 뜻할 수 있다. 이 경우에 [미련한 사람]은 원관념이고, [熊]은 보조관념이다. 둘의 유사는 전이의 기초가 되는 공통의 요소이다.

이제 은유가 국어의 의미 변화에서 어떻게 작용하고 있는지를 구체적 예들에서 고찰해 보기로 한다.

16세기 국어의 '감토'는 [帽子]의 뜻으로 사용된다. 예를 들면, 옷 고의 감토 휙돌ᄒᆞ란(衣裳帽子靴子)〈번朴上 52b〉, 감토 모(帽)〈類合上 31〉, 17세기 국어의 '감토'도 [모자]의 뜻을 가진다. 예컨대, 감토(小帽子)〈譯上 43a〉. 현대국어의 '감투'는 ① 衣冠의 하나를 뜻하지만 추상화되어 ②[벼슬]의 뜻으로도 쓰인다. 예컨대, 감투 싸움.

15세기 국어에서 '빈ᄉᆞᆯㅎ'은 [內臟, 腸]의 뜻으로 사용되었다. 예컨대, 關隔府臟은 빈ᄉᆞᆯ들홀 니르니라〈法華二 105b〉, 긴 모두로 모매 박고 빈ᄉᆞᆯ홀 지지더라〈月二十三 87〉. 18세기 국어의 '빈알'도 [內臟, 腸]의 뜻을 가졌다. 예를 들면, 제 빈알 푸러ᄂᆡ여 망양 ᄀᆞ믈 너러 두고〈靑大 p.92〉. 현대국어에서 '배알'은 [腸]의 뜻뿐만 아니라 [心思, 감정]이라는 추상화된 뜻도 가지고 있다(沈在箕: 158).

15세기 국어에서 '보람'은 구체적인 [表迹]을 뜻하였다. 예를 들면, 幟ᄂᆞᆫ 보라미니〈月卄一 217〉, 넷 聖人앳 보라믈 보미 맛당컨뎡(宜觀先聖標格)〈蒙 20〉. 16세기 국어에서 '보람'은 [表迹, 符籍]의 뜻을 가졌다. 예를 들면, 보람 부(符)〈訓蒙上 18b〉. 17세기 국어에서 '보람'은 구체적인 [표징, 증거]의 뜻을 가졌다. 예를 들면, 그 하인ᄃᆞ려 닐오ᄃᆡ 내 쎄를 이룰 보아 보람을 삼므라 ᄒᆞ더라(屬其下人曰吾骨視此爲驗)〈東國신속三忠一 57〉, 비록 주검 사힌 가온대 이실디라도 일로써 보람을 삼으라(雖在積屍中以此爲驗)〈東國신속三烈七 47〉. 현대국어에서 '보람'은 구체적인 [표적]을 뜻할 뿐만 아니라 추상화되어 [效力]을 뜻하기도 한다. 예를 들면, 약을 먹은 보람이 있어 병이 완치되었다(沈在箕: 159).

15세기 국어에서 '스랑'은 [思]와 [愛]의 뜻을 가진다. 예를 들면, 어즈러운 스랑을 닐오딕 想이오(亂思룰 日想이오) 〈楞四 28b〉, 스랑을 민잣던 딕 흐오사 가시 남기 잇도다(結愛獨荊榛) 〈杜卄 29b〉. '스랑'의 원뜻은 [思]이고 [愛]는 응용 의미이다. 17세기 국어에서 '스랑'은 [愛]의 뜻으로만 사용된다. 예를 들면, 어마님 스랑을 보리미(棄母慈) 〈東國三忠 2b〉, 溺愛ᄂᆞᆫ 스랑에 너모 쌔다단 마리라 〈女訓下 18b〉. 현대국어에서 '사랑'은 [사랑](愛)의 뜻으로만 사용된다.

15세기와 16세기 국어에서 '이바디'는 [宴] 즉 '잔치'의 뜻을 가졌다. 예를 들면, 이바디예 머리를 좃ᄉᆞᆸ니(當宴敬禮) 〈龍 95〉, 이바디 연(宴) 〈訓蒙下 5b〉. 17세기 국어에서도 '이바디'는 [宴]의 뜻으로 쓰였다. 예를 들면, 이바디 몯ᄀᆞ지예 가디 아니터라(不赴宴會) 〈東國신속三孝五 80b〉. 현대국어에서 '이바지'는 [보내주는 음식]의 뜻뿐만 아니라 [貢獻]이라는 추상적 뜻도 가진다(沈在箕: 162).

15세기 국어에서 '힘'은 원뜻이 [筋] 즉 '힘줄'인데 추상화되어 [力]이란 뜻도 가진다(南星祐 1985: 87-88). 예를 들면, 힘 爲筋 〈解例 用字〉, 力은 히미라 〈楞一 3〉. 16세기 국어에서 '힘'은 [筋]의 뜻을 가졌다. 예를 들면, 힘 근(筋) 〈訓蒙下 5a〉. 17세기 국어에서 '힘'은 추상적인 뜻 [力]을 가진다. 예를 들면, 힘이 진ᄒᆞ야(力盡) 〈東國신속三孝七 7b〉. 현대국어에서 '힘'은 추상적으로 사용되어 [力]을 뜻한다.

중세국어의 '어엿브다'는 [불쌍하다(憐)]라는 뜻을 가진다. 예를 들면, 어엿브신 命終에 甘蔗氏 니ᅀᅳ샤믈 大瞿曇이 일우니이다 〈月曲 5〉. 그런데 근대국어에 와서 '어엿브다'는 두 개의 뜻을 갖게 되었다 : ①[불쌍하다, 가엾다], ②[예쁘다, 사랑스럽다(南星祐 1985: 164-165). ①의 예를 들면, 어엿븐 그림재 날 조촐 ᄲᅮᆫ이로다 〈續美人曲〉, 대군이 이연이 불샹ᄒᆞ고 어엿브리오마ᄂᆞᆫ 〈癸 p.24〉. ②의 예를 들면, 하 영민하니

어엿브이다 〈癸 p.34〉. 현대국어에서 그 형식은 '어여쁘다. 예쁘다'가 되었고 그 의미는 [美麗]이다.

(2) 換喩

換喩는 본질적으로 은유만큼 관심거리가 못 된다. 왜냐하면 환유는 새로운 관계를 발견하지 않고 서로 이미 관련있는 단어들 사이에서 생기기 때문이다. 환유가 은유만큼 중요하지 않다 해도 의미 변화에 있어서 중요한 요인이다(Ullmann: 218).

환유는 그것의 기초가 되는 연상에 따라 분류될 수 있다. 첫째는 空間的 관계에 바탕을 둔 換喩的 轉移이고, 둘째는 時間的 관계에 바탕을 둔 환유적 전이이다.

공간적 관계에 바탕을 둔 환유적 전이의 예로 16세기 국어의 '가개'를 들 수 있다. 16세기 국어에서 '가개'는 [시렁(棚)], [차양 또는 차일(凉棚)]을 뜻한다. 예컨대, 가개(凉棚) 〈四解下 59〉, 가개 붕(棚) 〈訓蒙中 3b〉. 17세기 국어에서도 '가개'는 같은 뜻으로 사용된다. 예컨대, 가개(凉棚) 〈譯上 17〉. 그런데 차양 또는 차일 밑에서 노점 비슷한 것을 내었기 때문에 현대국어 '가게'는 길가에서 물건을 파는 집이 되었다(許雄 1963: 290, 沈在箕: 171).

시간적 관계에 바탕을 둔 환유적 전이로 15세기 국어의 '岘'가 있다. '岘'는 [時, 時間]의 뜻을 가진 '뼈'의 주격형이었다. 예를 들면, 이 岘 ᄀ 슬와 겨을왓 쇠로소니(是時秋冬交) 〈杜八 59〉. 17세기 국어의 '끼'는 ① [時]와 ② [食時]의 뜻을 가진다. 예컨대, ᄒᆞᆫ 끼로다(同時) 〈杜重十一 27b〉; ᄒᆞᆫ 끼 밥쏠과(一頓飯的米) 〈老上 47〉. 현대국어의 '끼'는 15세기 국어의 의미를 상실하고 특수화되어 [食事, 食事時間]의 뜻으로만 사용된다(沈在箕: 171).

(3) 民間語源

民間語源은 한 단어를 그것과 음성상 유사한 또 다른 단어와 잘못 결부시킴으로써 그 단어의 형식과 의미를 둘 다 변화시킬 수 있다(Ullmann : 220).

16세기 국어의 '힝ᄌ쵸마'는 민간어원에 의해 '행주치마'가 되었다. 言衆은 그 어원을 알지 못하게 된 '힝ᄌ'를 이미 그들이 알고 있는 지명 '幸州'에 결부시키고 임진왜란 때의 史實을 결부시켜 '힝ᄌ쵸마'를 [幸州 싸움에 사용된 치마라는 뜻으로 풀이하였다(許雄 1965: 522). '힝ᄌ'와 '힝ᄌ쵸마'는 『訓蒙字會』에 나타난다 : 俗稱 힝ᄌ曰抹布 〈訓蒙下 9a, '抹' 註〉, 힝ᄌ쵸마 帉(帉) 〈訓蒙中 7b〉.

16세기 국어의 '아츤설'과 17세기 국어의 '아츤설'은 [섣달 그믐]을 뜻한다. 여기서 '아츤'은 [작은]이란 뜻이다. 예컨대, 아츤설날(歲暮) 〈分온〉, 아츤설(暮歲) 〈譯上 4〉. 현대국어 '까치설'은 '아츤'이 '까치'로 변하여 생긴 것이다. '아츤'의 원뜻이 不分明하고 그 발음이 不分明해진 결과 *아츠, *아즈, *아치'와 같은 발음이 흔히 나타나게 되었는데, '*아치'와 같은 발음은 七月七夕의 전설로나 좋은 소식을 전한다고 하여 우리에게 매우 친근한 '까치'와 그 음이 매우 가까워졌으므로 드디어 이에 견인되어 '까치설'이 생긴 것이다(許雄 1965: 523-524).

(4) 省略

나란히 나타나는 단어들은 서로 意味的 영향을 미치기 쉽다. 이 경우 흔히 일어나는 것이 省略(ellipsis)이다. 두 단어로 구성된 숙어에서 이것들 중의 하나가 생략되고 그것의 의미가 그 짝에게 전이된다 (Ullmann: 222).

중세국어의 '귀밑'은 [鬢]와 [鬢]의 뜻으로 쓰였다. 예컨대, 구름 ᄀᄐᆫ

귀미튼(雲鬢) 〈杜十五 29〉, 귀민 빙(鬢) 〈訓蒙上 25〉. 그런데 중세국어에는 [鬚]의 뜻을 가진 '귀민터리' 또는 '귀민틸'이란 형식이 있다. 예컨대, 귀민터리의 衰殘ᄒᆞᄆᆞᆫ(鬚毛衰) 〈杜卄二 18〉, 귀민틸 슈(鬚) 〈類合上 21〉. 중세국어의 '귀밑'은 '귀민터리'나 '귀민틸'의 '터리'나 '틸'의 省略으로 말미암아 '귀밑'에 [틸(毛)]의 뜻이 集中된 것이다(許雄 1963: 294-295).

현대국어의 '저기 교통이 서 있다'라는 문장에서 '교통'은 '교통 순경'의 생략으로 [交通巡警]을 뜻한다.

2. 意味 變化의 結果

意味 變化에서 생길 수 있는 무수한 결과 중 특별히 주목할 만한 문제가 둘이 있다. 하나는 範圍의 變化이고 다른 하나는 評價의 變化이다.

(1) 範圍의 變化

여러 가지 이유로 단어들의 의미가 좁아지는, 즉 特殊化되는 경우와 넓어지는, 즉 一般化되는 경우가 있다.

이 과정은 上位槪念과 下位槪念으로도 설명할 수 있다. 상위 개념에서 하위 개념으로 이동하는 것이 特殊化이다. 예를 들면, [사람의 평칭]을 뜻하는 중세국어의 '놈'은 현대국어에서 [남자의 비칭]을 뜻하는데, [사람의 평칭]은 상위 개념이고 [남자의 비칭]은 하위 개념이다. 한편 하위 개념에서 상위 개념으로 이동하는 것이 一般化이다. 예를 들면, [宗族, 親戚]을 뜻하는 16세기 국어의 '겨레'가 현대국어에서 [民族]을 뜻하는데, [宗族]은 하위 개념이고 [民族]은 상위 개념이다.

단어의 의미의 특수화와 일반화는 사회에서의 단어의 이동과 밀접한 관계가 있다. 사회에서 널리 일반적으로 사용되던 단어가 특정 집단에 채용되어 특별한 의미로 사용될 수도 있고, 반대로 특정 집단에서 사용되던 단어가 그 집단의 영역을 넘어 더 널리 사용될 수도 있다.

1) 意味의 縮小

한 단어가 가지고 있던 內包(connotation)가 더 풍부해지면서, 그 단어의 적용 범위 즉 外延(denotation)이 좁아지는 것을 의미의 축소라고 한다.

축소의 가장 흔한 원인은 특정 사회 집단에 있어서의 의미의 特殊化이다. 그것은 단어의 범위 전체를 영구히 줄일 수도 있다. 축소의 또 하나의 원인은 禁忌에 의해서보다는 오히려 反語에 의해서 촉진되는 변종을 포함하는 婉曲法이다. 의미의 축소는 생략에서, 어휘에서의 간극을 메울 필요에서 그리고 여러 다른 원인에서 생길 수도 있다(Ullmann: 228-229).

국어에서 의미의 축소가 어떻게 일어나고 있는지를 구체적 예들에서 고찰해 보자.

15세기 국어의 '삐'는 [時, 時間]을 뜻하였고, 17세기 국어에서 '끼'는 ① [時]와 ② [食時]를 뜻하였고, 현대국어 '끼'는 [食事, 食事時間]을 뜻한다. 여기서 '時→食事時間'으로 特殊化되어 의미의 축소가 일어난다.

15세기 국어의 '놈'은 [사람의 平稱]이었다. 예컨대, 者는 노미라 〈正音〉, 펴디 몯홇 노미 하니라〈正音〉. 그런데 17세기 국어의 '놈'은 多義的으로 사용되어 ①[사람의 平稱]과 ②[男子의 卑稱]이었다(南星祐 1985: 169). ①의 예를 들면, 온 놈이 온 말을 ᄒ여도 〈松江 142〉, 어린 놈 응벽이를 극형ᄒ야 〈癸 p.83〉. ②의 예를 들면, 모든 놈들히 샹궁을 쎠셔 드러미러 보고 〈癸 p.175〉. 현대국어의 '놈'은 [男子의 卑稱]이다. 15세기 국어에서 [사람의 平稱]을 뜻하던 '놈'이 현대국어에 와서는 [男子의

卑稱]으로 特殊化되었다.

15세기와 16세기 국어에서 '뫼'는 [밥, 진지]의 뜻을 가졌다. 예컨대,
산것 주겨 眷屬 뫼홀씨 〈月甘一 125〉, 文王이 ᄒᆞᆫ번 뫼 자셔든(文王一飯
이어시든) 〈小언四 12b〉. 『月印釋譜』의 용례 '뫼홀씨'의 '뫼ᄒᆞ다'는 [밥
먹이다]라는 아주 일반적인 뜻으로 쓰였고 명사 '뫼'는 [윗사람의 밥]을
지시했다. 현대국어에서 '메'는 그 적용 범위가 좁아져서 [제사 때 神位
앞에 올리는 진지]에 국한해서 사용된다(許雄 1963: 281, 沈在箕: 174).

16세기 국어와 17세기 국어의 '빈혀'는 머리가 흐트러지지 않게 男女
의 머리에 꽂는 것을 가리킨다. 예컨대, 빈혀 줌(簪) 〈訓蒙中 12a〉, 玉빈
혀 〈譯上 44〉. 그런데 현대국어의 '비녀'는 [婦人의 쪽진 머리가 풀어지
지 않도록 꽂는 제구]가 되었다(許雄 1963: 288).

15세기 국어의 '셔ᄫᅳᆯ'은 『龍飛御天歌』에서 [首都]의 뜻으로 쓰였다.
예컨대, 셔ᄫᅳᆯ 使者를 ᄭᅥ리샤(憚京使者). '셔ᄫᅳᆯ'의 後身形인 '셔울'도 15세
기 국어와 17세기 국어에서 [首都]의 뜻이었다. 15세기 국어의 예를 들
면, 두 셔욼 셜흔 사ᄅᆞ미(兩京三十口) 〈杜八 36〉, 西京이 셔울히마르는
〈樂章 西京〉. 17세기 국어의 예를 들면, 셔울 샹게 삼십 니라(去京都三
十里) 〈東國신속三孝一 63〉. 여기서 '셔울'은 구체적으로 [高麗의 首都]
를 가리킨다. 현대국어의 '서울'은 ① [首都]와 ② [우리 나라의 國都]를
뜻한다. [首都]가 [우리 나라의 國都]로 特殊化된다. 다시 말하면 普通名
詞가 固有名詞로 된 것이다.

중세국어의 '얼굴'은 [形體]의 뜻을 가졌다. 예컨대, 相은 얼구리라
〈月序 1〉, 形體ᄂᆞᆫ 얼구리라 〈月二 70a〉, 얼굴 형(形) 〈訓蒙上 13a〉. 근
대국어에서 '얼굴'은 [形體]의 뜻뿐만 아니라 [顔]의 뜻도 가졌다. [形體]
의 뜻으로 쓰인 예를 들면, 어믜 얼굴이 ᄀᆞᆮ거늘(似母形) 〈東國신속三孝
一 6〉. [顔]의 뜻으로 쓰인 예를 들면, 얼굴(容顔) 〈同文上 18〉. 현대국

어의 '얼굴'은 特殊化되어 [顔面]의 뜻으로 쓰인다.

15세기 국어에서 [顔面]을 뜻하는 단어로 '늧'이 있었는데, 15세기 국어에서 [形體]를 뜻하던 '얼굴'이 현대국어에 와서 [顔面]을 뜻하게 되자 현대국어 '낯'은 卑俗語로 되었다(沈在箕: 175).

『訓民正音諺解』의 '愚는 어릴 씨라'에서 알 수 있듯이 15세기 국어의 '어리다'는 [愚]의 뜻이었는데 17세기 국어에 와서는 多義的으로 사용되어 ① [愚]와 ② [幼]를 뜻했다(南星祐 1985: 170). ①의 예를 들면, 어린 빅셩이(愚之民) 〈警民序 2〉. ②의 예를 들면, 열 두 솔로셔 아리로 어린 겨집을 通奸ᄒ면 (十二歲以下幼女通奸則) 〈警民 15〉. 현대국어의 '어리다'는 特殊化되고 축소된 의미 [幼]로만 쓰인다.

2) 意味의 擴大

의미의 확대가 의미의 축소보다는 덜 흔한 과정이라는 것이 여러 언어학자들의 주장이다. 순수히 논리적 관점에서 확대는 축소의 정반대이다. 여기서 단어가 아주 다양한 사물에 적용되므로 외연은 증가하고 그 내포는 감소할 것이다(Ullmann: 229-230).

국어에서 의미의 확대가 어떻게 일어나고 있는지를 구체적 예들에서 고찰해 보자.

15세기 국어의 '갓나히'는 [童女]의 뜻을 가진다. 이것은 '童子聲 童女聲'의 번역인 '싸히 소리 갓나히 소리 〈釋十九 14〉'에서 잘 확인된다. 1520년대 국어에서 '갓나히'의 後身形인 '간나히'는 [女孩兒] 즉 '계집 아이'를 뜻하였다. 예를 들면, 俗呼兒孩兒 스나히 女孩兒 간나히 〈訓蒙上 17a, '孩' 註〉. 1580년대 국어에서 '간나히'는 [女] 즉 '女子'를 뜻하였다. 예를 들면, 스나히며 간나히(男女ㅣ) 〈小언五 2b〉. 17세기 국어에서 '간나히'는 [女子]를 뜻하였다. 예를 들면, 스나히와 간나히 굴히요미 이시며(男女有別) 〈警民 19〉. 여기서 [童女]에서 [女子]로의 의미의 확대가 생긴다.

16세기 국어에서 '겨레'는 [宗族, 親戚]의 뜻을 가졌다. 예를 들면, 녯 가문과 오란 겨레둘히(故家舊族이) 〈小言六 75a〉. 17세기 국어에서도 '겨레'는 [宗族, 親戚]을 뜻하였다. 예컨대, 겨레 권당으로서 서르 통간ᄒ 면(親屬相奸) 〈警民 15〉, 겨레 사랑ᄒ기를 숭샹ᄒ며(崇宗族之愛) 〈警民 25〉. 그런데 현대국어의 '겨레'는 [民族, 同族]의 뜻으로 확대되었다.

17세기 국어에서 '마노라'는 [貴人의 경칭]으로 문맥에 따라 여러 가 지 뜻을 가졌다. 『癸丑日記』에서는 [宣祖], [仁穆大妃] 및 [光海君]을 뜻 한다(南星祐 1985: 160). 현대국어의 '마누라'는 [妻]의 뜻으로 쓰인다. 결국 [貴人의 경칭]이 [妻]의 뜻으로 확대된 것이다.

15세기 국어의 '亽회'가 [童子]의 뜻을 가진다는 것은 '童子聲 童子聲' 의 번역인 '亽회 소리 갓나희 소리 〈釋十九 14〉'에서 잘 확인된다. 1520 년대 국어에서 '亽'은 [丁] 즉 '젊은 남자'를 뜻하고 '亽나희'는 [兒孩兒] 즉 '사내 아이'를 뜻한다. 예를 들면 亽 뎡(丁) 〈訓蒙中 1b〉, 俗呼兒孩兒 亽 나희 女孩兒 간나희 〈訓蒙上 17a, '孩' 註〉. 1580년대 국어에서 '亽나희' 는 [男] 즉 '男子'의 뜻을 가진다. 예를 들면, 亽나희ᄂᆞᆫ 셜리 딕답ᄒ고 겨 집은 느즈기 딕답게 ᄒ며(男唯女俞ᄒ며) 〈小言一 3b〉, 亽나희며 간나희 (男女ㅣ) 〈小言五 3b〉. 17세기 국어의 '亽나희'는 [男子]의 뜻을 가진다. 예컨데, 亽나희와 간나희 굴히요미 이시며(男女有別) 〈警民 19〉. '亽나 희'의 後身形인 현대국어의 '사나이'는 [男子, 壯丁]을 뜻한다.

15세기 국어의 '오랑캐'는 '我國之俗 通稱幹東等處 兀良哈 오랑캐 兀 狄哈 우디거 〈龍一 7〉'에서 '幹東等處'를 가리킨다. 이것은 麗末 鮮初에 지금 만주에 있던 한 종족의 명칭이었다(許雄 1963: 282). 그러나 '오랑 캐'는 16세기 국어에서 [夷虜] 즉 '오랑캐'의 뜻으로 사용되어 의미가 확 대되었다. 예를 들면, 오랑캐의 道ㅣ라(夷虜之道也ㅣ라) 〈小언五 63a〉.

17세기 국어에서도 '오랑캐'는 [胡]의 뜻을 가진다. 예를 들면, 계미년 오랑캐 난의(於癸未胡亂) 〈東國신속三孝五 45〉. 현대국어에서 '오랑캐'는 [胡]의 뜻으로 사용된다.

중세국어의 '온'은 [百]의 뜻을 가졌고 漢字語 '百'과 同義 관계에 있었다. 예컨대, 온 사룸 드리샤 (遂率百人) 〈龍 58〉, 온 빅(百) 〈訓蒙下 14b〉. 18세기 국어에서 '온'은 ① [百]과 ② [全]의 뜻으로 쓰였다. ①의 예를 들면, 온갖 고은 틱되 (百態) 〈九雲夢 p.96〉. ②의 예를 들면, 온 궁듕이 새로이 요란ᄒ여 〈癸 p.144〉, 온 몸이 프ᄅ고(遍身皆靑) 〈九雲夢 p.214〉 (南星祐 1985: 171). 현대국어의 '온'은 [全]의 뜻으로 쓰인다. 예컨대 온 세상.

15세기 국어에서 '졈다'는 [少]와 [幼]의 뜻을 가졌다. 예컨대, 羅雲이 져머셔 노ᄅᆞᆺ술 즐겨 〈釋六 10〉, 아빈 졈고 아드른 늘거(父少而子老ᄒ야) 〈法華五 120b〉. 1580년대 문헌인 『小學諺解』(1587)에서 '少者'와 '幼者'는 모두 '졈은이'로 번역되는데 1510년대 국어에서는 명백히 구별된다. 1510년대의 문헌인 『呂氏鄕約諺解』(1518)에서는 '少者'는 '謂少於己十歲以下者'〈10b〉라고 규정되어 '져기 져믄 사룸' 〈19a〉으로 번역되고 '幼者'는 '謂少於己二十歲以下者'〈10b〉라고 규정되어 'ᄀ장 져믄 사룸' 〈19a〉으로 번역된다(南星祐 1997: 20). 17세기 국어에서 '졈다'는 ① [少]와 ② [幼]의 뜻을 가졌다. ①의 예를 들면, 최시 나히 졈고 즈식이 읻더니(崔年少有姿色) 〈東國三烈 2.〉, 져머서 남진 죽거늘(早喪父) 〈東國續三烈 12〉. ②의 예를 들면, 나히 져머셔 아비 죽거늘(幼年喪父) 〈東國續三孝 21〉. 현대국어의 '졂다'는 [20세 전후의 年少]의 뜻으로 쓰이고 있다.

15세기 국어에서 [愚]의 뜻을 가졌던 '어리다'와 [幼]의 뜻을 가졌던 '졈다'는 17세기 국어에 와서 둘다 [幼]의 뜻을 가진 동의어가 된다. 현대국어에서는 '어리다'는 [幼]의 뜻으로 남고 '젊다'는 [20세 전후의 年少] 란 뜻을 가진다.

(2) 評價의 變化

평가의 변화에는 墮落的 發達과 改善的 發達이 있다.

1) 墮落的 發達

墮落的(pejorative) 발달은 언어에서 아주 흔하기 때문에 초기의 몇몇 의미론자들은 그것을 기본적 경향이라고 즉 인간 심리의 '悲觀的 경향' 의 징후라고 생각했다. 이런 생각에 반대 입장을 취한 학자는 브레알 (Bréal)이다. 그는 "소위 타락적 경향은 우리로 하여금 난처하고, 失禮 되거나 불쾌한 생각들을 감추고 숨기게 하는 매우 인간적 태도의 결과 이다"라고 말했다.

타락적 발달을 일으키는 첫째 요인으로 婉曲法을 들 수 있다. 만일 완곡적 代用이 이런 것으로 느껴지지 않게 되면, 만일 그것이 감추려고 한 생각과 직접 연상되면, 의미의 永久的 下落이 생길 수 있다. 타락적 뜻변화를 일으키는 제2의 요인은 어떤 연상들의 영향이다. 타락의 발 달의 제3의 요인은 여러 가지 형의 인간의 偏見이다. 넷째로 어떤 계급 과 직업에 대한 社會的 偏見도 타락적 발달의 원인이다(Ullmann: 231-233).

중세국어의 '겨집'은 원뜻이 ① [女子]인데 特殊化되어 ② [妻]의 뜻으 로 쓰인다(南星祐 1985: 79-80). ①의 예를 들면, 女子는 겨지비라 〈月一 8〉, 겨집 녀(女) 〈訓蒙上 16a〉. ②의 예를 들면, 如來 太子ㅅ時節에 나 롤 겨집 사무시니 〈釋六 4〉, 겨집 쳐(妻) 〈訓蒙上 16a〉. 17세기 국어의 '겨집' 또는 '계집'도 ① [女子]와 ② [妻]의 뜻을 가졌다(南星祐 1985: 169). ①의 예를 들면, ᄉ나희와 겨집의 욕심이(男女情慾) 〈警民 15〉, 남

진 인는 계집을 和奸ᄒ면(有夫女和奸則) 〈警民 15〉. ②의 예를 들면, 남
진과 겨집이 은혜 이시면(夫婦有恩) 〈警民 19〉, 계집은 모로미 지아비
를 순종하야(妻須順夫) 〈警民 2〉. 현대국어의 '계집'은 그 의미가 下落
되어 경멸적으로 쓰이고 있다. 卑語로 '계집년'도 있다.

15세기 국어의 '᠌ᄎ'은 [顔面을 뜻했고 17세기 국어에서도 같은 뜻으로
쓰였다. 예컨대, 菩薩ᄉᄂᄎᄎ 金色이오 〈月八 35〉, ᄂᄎ 화희 ᄒ야(和顔)
〈東國신속三孝六 42〉. 그런데 현대국어의 '낯'은 卑俗語로 떨어졌다.

의미의 축소에서 보았듯이 15세기 국어의 '놈'은 [사람의 平稱이었는
데, 근대국어를 거쳐 현대국어에 와서는 [男子의 卑稱]으로서 경멸적으
로 쓰이고 있다. 이것은 타락적 발달의 適例이다.

의미의 확대에서 보았듯이 17세기 국어의 '마노라'는 [貴人의 敬稱이
었는데, 현대국어의 '마누라'는 [妻]의 卑稱쯤으로 쓰인다. 이것은 의미
의 하락이다.

역사적 존칭어가 일반화되고 경멸적 뜻으로 쓰이는 경우가 있다. 조
선 시대에 존칭으로 쓰인 公主, 兩班, 令監, 主事 등은 본래의 뜻을 상
실하였을 뿐만 아니라 조롱과 욕설로까지 발달되었다(沈在箕: 270).

전문 용어가 일반화되어 그 의미가 下落할 수 있다. '外道'는 불교 용
어로 [佛敎 이외의 다른 敎를 뜻하였는데 현재는 [外淫의 뜻으로 하락
하였다(沈在箕: 207).

2) 改善的 發達

타락적 발달의 정반대가 개선적 발달이다. 개선적 발달은 타락적 발
달보다 덜 주목을 받았고, 대체로 그것은 흔하지 않은 것처럼 생각된다.

개선적 발달에는 두 종류가 있다. 첫째는 향상이 순수히 소극적인 경
우이다. 점진적 약화의 과정에 의해 불쾌한 뜻을 가진 단어가 그 汚名
의 많은 것을 잃게 된다. 의미가 적극적으로 향상될 수도 있다. 둘째로

개선적 발달은 社會的 要因에서 생길 수 있다. 겸손하거나 심지어 천한 관직이 점차 위신이 향상될 수 있고 결국 계층의 頂上이 될 수도 있다 (Ullmann: 233-234).

개선적 발달의 예로 '匠人'을 들 수 있다. 이것은 비천한 계급을 나타내는 단어였다. 뒤에 接尾辭로 '장이'는 비천한 신분을 나타내었다. 예컨대, 대장장이, 땜장이, 미장이, 석수장이. 그러나 현재는 이것은 그 의미가 격상되어 쓰이고 있다. 예컨대, 멋쟁이, 안경쟁이(千時權·金宗澤: 248-249).

5. 結語

지금까지 語彙 意味의 變化를 크게 셋으로 나누어 고찰해 왔다. 첫째는 同義語의 通時的 考察이고 둘째는 意味의 分化이며 셋째는 意味變化이었다.

제2장에서는 同義語의 通時的 考察이 논의되었다. 제2장은 共時的으로 동의 관계를 가지고 있던 어휘가 通時的으로 어떤 변화를 경험하는지를 고찰하였다.

名詞의 통시적 고찰에서 [妻]를 뜻하는 명사를 비롯하여 [時]를 뜻하는 명사, [夫]를 뜻하는 명사, [胡]를 뜻하는 명사, [宗族]을 뜻하는 명사, [獸]를 뜻하는 명사 그리고 [千]을 뜻하는 명사가 논의되었다.

動詞의 통시적 고찰에서 [愛]를 뜻하는 동작동사를 비롯하여 [懼, 畏]를 뜻하는 동작동사, [惡]을 뜻하는 상태동사, [多, 衆]을 뜻하는 상태동사 그리고 [小]를 뜻하는 상태동사가 논의되었다.

副詞의 통시적 고찰에서 [必]을 뜻하는 부사, [旣, 已]를 뜻하는 부사 그리고 [獨]을 뜻하는 부사가 논의되었다.

제3장에서는 意味의 分化가 논의되었다. 의미의 분화는 두 개의 뜻을 가졌던 단어들이 시간의 흐름 속에서 하나의 뜻만을 나타내고 또 하나의 뜻을 새로운 형식이 떠맡게 되는 경우이었다.

제4장에서는 意味變化가 논의되었다. 의미 변화는 크게 둘로 나누어 설명할 수 있었다. 하나는 의미 변화의 성질이고 다른 하나는 의미 변화의 결과이다.

의미 변화의 성질에는 隱喻, 換喻, 民間語源 및 省略이 있다. 은유의 예로 '감토'를 비롯하여 '빗슬ㅎ', '보람', '亽랑', '이바디', '힘' 그리고 '어엿브다'를 들 수 있고 환유의 예로 '가개'와 '께'를 들 수 있다. 그리고 민간어원의 예로 '힝ᄌ쵸마'와 '아츤셜'이 있고 생략의 예로 '귀밑'이 있다.

의미 변화의 결과에는 範圍의 變化와 評價의 변화가 있다. 범위의 변화는 意味의 縮小와 擴大로 나누어지는데 의미의 축소의 예로 '께'를 비롯하여 '놈', '뫼', '빈혀', '셔볼(셔울)', '얼굴' 그리고 '어리다'가 있다. 의미의 확대의 예를 들면, '간나히'를 비롯하여 '겨레', '마노라', '싸히', '오랑캐', '온' 그리고 '졈다'가 있다.

평가의 변화에는 墮落的 發達과 改善的 발달이 있다. 타락적 발달의 예로 '겨집'을 비롯하여 '놋', '놈' 그리고 '마노라' 등이 있고 개선적 발달의 예로 '匠人'이 있다.

國語 引用 資料 目錄

略號

〈解例〉 解例本 訓民正音(1446)

〈正音〉 諺解本 訓民正音(144?)

〈 龍 〉 龍飛御天歌(1447)

〈 釋 〉 釋譜詳節(1447)

〈月曲〉 月印千江之曲(1449)

〈 月 〉 月印釋譜(1459)

〈 蒙 〉 蒙山和尙法語略錄(世祖朝刊)

〈 棱 〉 楞嚴經諺解(1462)

〈法華〉 法華經諺解(1463)

〈金剛〉 金剛經諺解(1464)

〈阿彌〉 阿彌陀經諺解(1464)

〈內訓〉 內訓(1475)

〈 杜 〉 杜詩諺解(1481)

〈三강〉 三綱行實圖(1481)

〈金삼〉 金剛經三家解(1482)

〈觀音〉 觀音經諺解(1485)

〈樂軌〉 樂學軌範(1493)

〈樂章〉 樂章歌詞(中宗朝刊)

〈속三〉 續三綱行實圖(1514)

〈四解〉 四聲通解(1517)

〈번小〉 飜譯小學(1518)

〈번老〉 飜譯老乞大(1510年代)

〈번朴〉 飜譯朴通事(1510年代)

〈訓蒙〉訓蒙字會 叡山本(1527)

〈分온〉分門瘟疫易解方(1542)

〈類合〉新增類合(1576)

〈誡初〉誡初心學人文(1577)

〈小언〉小學諺解(1587)

朴晟義 註解(1973), 增補 松江歌辭, 正音社

〈胎産〉諺解胎産集要(1608)

〈東醫〉東醫寶鑑(1613)

〈女訓〉女訓諺解(17世紀初)

〈東國〉東國新續三綱行實圖(1617)

〈家禮〉家禮諺解(1632)

〈杜重〉杜詩諺解 重刊本(1632)

〈警民〉警民編諺解(1656)

〈七千〉千字文(七長寺版)(1661)

〈 老 〉老乞大諺解(1670)

〈捷解初〉捷解新語初刊本(1676)

〈 譯 〉譯語類解(1690)

〈焰焇〉新傳煮取焰焇方諺解(1698)

〈 癸 〉姜漢永 校註(1960), 癸丑日記, 新古典社

〈 靑 〉靑丘永言(1728)

〈同文〉同文類解(1748)

〈 九 〉鄭炳昱・李承旭 校註(1972), 九雲夢, 民衆書館

참고문헌

具亨書(1997), 「17世紀 國語 同義語 研究」, 韓國外國語大學校 大學院 博士學位論文.

南廣祐(1997), 『敎學 古語辭典』, 교학사.

南星祐(1985), 『國語意味論』, 영언문화사.

_____(1986), 『十五世紀 國語의 同義語 研究』, 탑출판사.

_____(1996), 「1510年代 國語의 同義語 研究」, 『언어와 언어학』 21집, 한국외국어대학교 언어연구소.

_____(1997), 「1580年代 國語의 同義語 研究」, 『동양학』 27집, 단국대학교 동양학연구소.

沈在箕(1982), 『國語語彙論』, 집문당.

劉昌惇(1964), 『李朝語辭典』, 연대출판부.

_____(1971), 『語彙史 研究』, 선명문화사.

이광호(1995), 『類義語 通時論』, 이회문화사.

李乙煥・李庸周(1964), 『國語意味論』, 수도출판사.

全在昊(1987), 『國語 語彙史 研究』, 경북대학교출판부.

趙恒範(1996), 『國語 親族語彙의 通時的 研究』, 태학사.

千時權・金宗澤(1971), 『國語意味論』, 형설출판사.

許 雄(1963), 『言語學槪論』, 정음사.

_____(1965), 『國語音韻學』, 정음사.

홍윤표・송기중・정광・송철의(1995), 『17세기 국어사전』, 太學社.

Ullmann, S. (1962), *Semantics: An Introduction to the Secience of Meaning*, Oxford: Basil Blackwell.

외래어의 차용과 변용

민현식*

1. 언어 차용의 양상

한 언어의 음운, 어휘, 통사 요소가 다른 언어에 수용되는 현상을 차용이라 한다. 이런 차용 현상은 전세계 어느 언어든지 차용어가 없는 언어가 없다고 할 만큼 보편적이다. 이러한 언어 차용이 생기는 수동적, 소극적 원인으로는 민족 이동, 외침, 식민 지배 등을 들 수 있다. 우리나라가 원치 않은 일제 식민 지배를 거치면서 많은 고유어를 잃어버리고 일본어나 일제 외래어를 받아들인 것도 이에 속한다. 반면에 차용의 능동적, 적극적 원인으로는 선진 문물의 수용에 따른 필요적 동기(need motive)와 모방적(imitative motive), 과시적 동기(prestige motive)라든가 진취적 국민성, 국제화에 따른 교류 증대, 유행 심리 등을 들 수 있다.

이런 차용의 양상은 음운, 형태, 어휘, 통사론적 차원으로 나타난다.

---

* 서울대학교

먼저 어떤 음운이 차용된다면 음운 차용이 된다. 그러나 음운의 차용은 언어 사이에서 찾아보기 어렵다. 단지 억양, 고저, 장단, 강세 등의 운소 차원에서 무의식적 영향을 받는 경우가 이민 계층과 같은 이중언어 사용자라든가, 이중방언 사용자간에 나타날 수 있다. 가령 오랫동안 외국에 살다 온 교포가 영어식 억양의 한국어를 사용한다든가, 서울 사람이 지방에 오래 살면서 그 지방 억양의 영향을 받는다든가 하는 따위가 그것이다. 그러나 이런 경우를 음운 차용으로 보지는 않는다.

다음으로 형태의 차용도 가능하다. 가령 '-tic'의 대응 형태로 일본어에서 쓰이던 '-的'이 일본 유학 세대들의 영향으로 개화기 우리 한자어에서 '社會的, 國家的'처럼 쓰이기 시작하여 생산적 접미사로 쓰이더니 요즘은 '해바라기的 성향, 마음的으로'처럼 고유어에서도 쓰여 형태 차용의 예로 볼 수 있으며 이와 별도로 '-tic'의 경우는 유행어에서 '바보틱하다'처럼 쓰이기도 하여 비록 유행어 차원이지만 접사 형태의 차용으로 볼 수 있다. 또한 한 때 유행어로 '왔다리갔다리'란 말이 있었는데 이 말은 일본어 'いったりきたり'에 유추되어 일본어 어미 '-たり-たり'에서 차용한 것으로 보인다.

그러나 이런 접사 형태의 차용은 매우 드물고 일반적인 형태 차용은 어휘 형태의 차용으로 나타나므로 대부분 언어의 차용이라 하면 어휘 차용을 가리킨다. 이러한 차용 어휘를 차용어 또는 외래어, 들온말 (exotic, loan word, borrowing) 등으로 부른다. 우리는 이 중에 '외래어'라는 용어를 쓰도록 한다. 국어의 외래어는 고대부터 근대까지 주로 중국어였고 일부 고려 시기에 몽고어 차용이 있었다. 그 후 근대말 소위 개화기 이래로는 일본어와 서구 외래어의 차용이 활발히 이루어졌다. 이러한 어휘 차용은 국어의 구조에 영향을 주기도 한다. 가령 국어의 고유어에서는 어두 ㄹ을 꺼려 왔는데 radio, ribon과 같은 서구 외래어의 차용으로 '라디오, 리본'처럼 어두 ㄹ이 쓰이게 되어 이러한 두음법칙에 예외가 생겼다.

어휘 차용은 외래어를 직접 차용하는 것이 흔하지만 수용 언어로 번역하여 차용하는 것도 가능하여 이 경우는 번역 차용이라고도 한다. 오늘날 국어 순화 차원에서 외래어를 우리말 순화어로 고쳐쓰기를 권장하는 것도 그러한 예다. 그런데 번역 차용은 외래어가 굳어진 후에 이루어지면 늦으므로 번역 차용을 하려면 외래어가 들어온 초기에 하여야 한다. 물론 번역 차용어가 모두 성공적으로 자리잡는 것도 아니다. 가령 과거에 김동인 등의 소설가들이 국어에는 3인칭 남녀 대명사 구별이 없어 기존의 '그'와 새로 만든 '그녀'를 영어의 he, she의 번역 차용어로 썼는데 '그, 그녀'는 오늘날도 구어에서는 쓰이지 않고 소설 따위의 문어에서나 일부 쓰이고 있고 특히 '그녀'는 '그'보다도 덜 쓰여 아직 자리잡히지 못하고 있다.

다음으로 차용에는 통사적 차용도 드물게 나타난다. 국어의 경우는 서구어나 일본어로 된 문학 작품을 우리말로 직역하는 과정에서 외래 통사 구조가 차용되는 것을 들 수 있다. 가령 영어나 일어의 수동태(be +p.p. 또는 -に なる)나 It~that~ 가주어 구문, 관계대명사 구문을 직역하는 과정에서 나타난 이상한 어법들을 들 수 있다. 다음 예문처럼 국어에 '-에 의해, 되다, -아지다'와 같은 수동태 구문의 범람은 영어나 일어의 수동태를 직역한 문체가 범람하면서 나타난 버릇으로서 능동 구문으로 바꿔 씀이 더 자연스럽다.

ㄱ. 중소기업들은 경제사정이 금리인하로 인해 좋아질 것으로 기대되고 있다.
　　→ 중소기업들은 경제사정이 금리인하 때문에 좋아질 것으로 기대하고
　　　있다.

ㄴ. 자물쇠에 의해 채워진 문에는… → 자물쇠로 채운 문에는…

ㄷ. 천원에 팔려진 배추가 소매상에 오면 이천원이 된다.→천원에 팔린 배추
가 소매상에 오면 이천원이다.

그 밖에 차용에는 문자 차용도 있다. 고대 이래로 우리가 중국의 한
자를 차용해 수많은 국한문학 자료를 남긴 것이라든가 이두, 구결, 향
찰법을 고안한 것이 그러한 예다. 그리하여 이런 한자 표기의 사용은
오늘날 국한 혼용체 속에 아직 남아 있는데 이제는 한자의 자리를 영문
자가 차지해 전문 서적에는 영한 혼용체가 흔하게 나타나며 길거리 간
판에도 영문자가 차용되고 있다.

이상의 여러 차용 중에 우리가 주로 다룰 것은 전술하였듯이 차용의
중심 현상인 어휘 차용이다. 이러한 어휘 차용의 양상은 그 귀화의 정
도에서 차이를 보인다. 즉 아주 오랜 고대에 차용된 것일수록 외래어
의식이 없어지고 고유어 처럼 느껴지는 것이 많아 귀화어라고 부르기
도 한다. 반면 근대 이래 현대에 차용된 어휘일수록 외래어 의식이 강
하게 느껴진다. 김민수(1974: 107)에서는 외래어의 분류를 고유어와 대
비하여 다음과 같이 나누기도 하는데 이런 각 단계의 변별은 쉽지 않아
상대적이다.

ㄱ. 고유어(본래어)단계-고대 단계 이전부터 형성된 고유어

ㄴ. 귀화어(융합어)단계-이른 시기에 차용되었지만 차용어 의식이 없어진 경우

ㄷ. 차용어(조화어)단계-고유어와 다르다는 차용어 의식이 남아 있는 경우

ㄹ. 외국어(미조화어)단계-차용어의 발음, 뜻이 외국어 원어 모습 그대로인 단계

그런데 대체로 공시적으로는 외래어라 하면 한자어를 뺀 (ㄷ, ㄹ) 범

주만 가리키는 편이나 역사적으로는 (ㄴ) 단계의 한자어도 포함하면 (ㄴ)까지 외래어로 다룰 수 있다. 그러면 한자어를 외래어로 볼 것인가? 한자어란 고대 이래 우리가 한문을 쓰면서 우리 식 발음으로 읽히게 된 한문 문어 어휘가 국어 어휘부에 차용된 것이므로 후대에 차용된 외래 어들과는 성격상 구별할 필요가 있다. 가령 '노트, 카메라, 도어'와 '공책(空冊), 사진기(寫眞機), 문(門)'은 역사적으로 모두 외래어이지만 오늘날 '공책, 사진기, 문' 따위의 한자어를 외래어로 보지는 않는다. 단지 우리는 국어사적 관점에서 한자어 차용 문제도 다루므로 이들 한자어 들도 넓은 의미의 역사적 외래어 범주 안에 다루도록 한다.

무엇보다도 외래어와 고유어의 판별은 쉽지 않다. 가령 우리말 '말' (馬)을 몽고어 morin의 차용으로 보는 주장이 있다. 그러나 이는 우리 말 '아비, 어미'가 몽고어 'aba, eme'에서 차용한 것으로 보는 주장과 같은 것으로 '말, 아비, 어미'는 몽고어의 차용으로 보기보다는 이들 모두 가 공통조어에서 동일하게 갈라져 나온 동일 어원어로서 우리에게는 공통조어 시절부터 전해온 고유어로 봄이 타당하다. 또한 영어의 silk는 국어의 '실'(絲), 중국어의 '絲'(중국 상고음 sieg) 따위가 문화 교류상 서 방으로 흘러간 외래어로 보기도 하는데 이들 사이의 구체적인 차용 관계를 설명하기란 쉽지 않다. 반면에 15세기 초 문헌인 『조선관역어(朝鮮館譯語)』에서 '燒酒曰 阿浪氣'라고 한 것은 아라비아어 araq가 중앙아 시아를 거쳐 우리나라에까지 들어온 것으로 추정할 수 있어 어느 정도 설명이 가능하다. 국어 방언형에는 '소주'를 뜻하는 '아랑주, 아래기, 아랭이' 따위가 남아 있다(이기문 1991: 45, 247).

고유어인지 외래어인지의 판단이 어려운 예는 국어 어휘에 허다하다. 가령 '가게'는 '시렁, 선반'의 뜻인 중세 고유어 '가개'(棚)가 의미와 형태가 변하면서 '가게'로 되었다고 보기도 하고 임시로 가설한 점포라는 뜻의 한자어 '假家'가 변한 것이라고 보기도 하여 그 판단이 어렵다. 또한 고유어로 믿었던 것이 뜻밖에 외래어일 경우가 있으므로 고유어로 단정하기도 쉽지 않다. '핑계'란 단어도 고유어로 보기 쉽지만 '憑藉(pingjie)가 차용되어 역구개음화했을 가능성도 있어 고유어로 단정하기 어렵다.

蒼山入百里崖斷如杵臼…

(푸른 뫼ㅎ로 百里를 드러오니 비레 그츠니 방핫고와 호왁과 곧도다…)

〈두시언해 권 6:2, 九成宮〉

'절구'도 고유어로 보기 쉽지만 위처럼『두시언해』권6의 '九成宮' 원문에 나오는 '杵臼(저구)'가 현대어 '절구'의 한자 표기로 보여 '절구'도 한자어로 추정케 한다. 이 구절의 언해 부분에는 '杵臼'를 고유어 '방핫고, 호왁'으로 언해하여 '절구'가 당시에는 아직 쓰이지 않았음을 보여주며 현대어 '절구'는 중세 이후 '杵臼'가 차용된 것이 아닌가 한다.

역사적으로 우리나라에서도 외래어에 대한 관심이 있어 왔다.『삼국유사』,『균여전』등에서는 중국에서 쓰던 차용어 표기를 그대로 수용해 사용해 왔으나『훈민정음』이 창제된 후에는 한글이 외래어 표기 수단으로 쓰이게 되어『東國正韻』(세종 29, 1449)에서는 소위 동국정운식 한자음 표기를 보여 준다. 특히『훈민정음』의 ㆆ 창제와 같은 것도 이와 밀접한 것이다. 또한『훈민정음』언해본 끝에서는 齒音 표기에 중국어에서 구별하던 齒頭音과 正齒音 표기를 ᄼ, ᄍ, ᅔ과 ᄾ, ᄶ, ᅕ으로 구별하는 방안을 제시하기도 하였다. 그 후 개화기 때부터는 외래어의 표기 문제가 본격적으로 대두되어 해방 후에만도 여러 차례의 외래어 표기법 개정이 있었다.

그러면 외래어는 어떠한 양상으로 수용되는가. 외래어의 수용 양상은 크게 음역어와 의역어로 나눈다. 음역어는 새로운 외래 사물이나 개념의 차용시 발음을 외래어 그대로 차용하는 것이며 의역어는 번역해서 차용하는 것으로 흔히 신조어라고 불리게 된다. 음역어와 의역어는 다시 차용의 주체가 직접 차용하면 직접 차용어라 하고, 제3국에서 차용한 것을 간접적으로 차용하면 간접 차용어라 하여 직접성과 간접성에 따라 나눌 수 있다.

가령 불교 어휘는 불교를 수용한 중국에서 梵語를 한자로 직접 음역한 음역어와 직접 의역한 의역어의 두 종류로 나타나는데 음역어는 초기의 불교 용어가 대부분 이에 속하여 '袈裟, 羅漢(阿羅漢), 閻羅, 閻魔, 菩薩, 塔, 舍利, 彌勒, 和尙, 夜叉, 僧' 등이 있다. 의역어로는 '結果, 魔鬼, 方便, 煩惱, 世界, 圓滿, 因緣, 因果, 慈悲, 地獄, 話頭, 疑心, 無名, 參禪, 衆生, 無心, 雜念, 神通, 解脫, 三昧' 등 상당하다(채완 1996). 이러한 중국어의 음역어와 의역어를 우리는 대체로 그대로 차용하였는데 이들이 중국에서 조어되었으므로 모두 간접 음역어와 간접 의역어가 된다. 그런데 중국어의 음역어들은 음역 과정에서 가급적 선택되는 한자 표기가 의역어의 뜻에 가깝도록 선택하는 면도 있어 부분적으로 음역과 의역을 동시에 배려하기도 한다. 가령 '袈裟'가 범어의 음역어이지만 쓰인 한자어는 부수 衣가 들어 있어 의역어의 성격도 띤다.

이제 이상의 경우를 개화기 외래어를 중심으로 살펴보면 다음과 같다(김형철 1997: 162-206).

ㄱ. 직접 음역어 : 외래어의 발음을 직접 우리말 표기로 적어 수용하는 경우
이다. English → 인그리스. bread → 브레드. lamp → 람포, 남포.
Russia → 러시아. Jesus → 예수. coffee → 고피, 커피.

ㄴ. 간접 음역어 : 중국이나 일본 등 제3국에서 한자나 가나 표기 등의 제3국 문자로 음역한 것을 우리 음으로 읽어 차용한 경우이다. English → 英吉利 → '영길리. Russia → 俄羅斯(중국어계), 露西亞(일본어계) → 아라사, 노서아. opium → 雅片, 阿片 → 아편. Jesus → 耶蘇 → 야소. coffee → 茄菲 → 가배. kabas → かばん → 가방

ㄷ. 직접 의역어 : 외래어를 직접 국어의 고유어나 한자어로 의역하여 신조하거나 번역 차용한 경우다. 가령 'Heavenly Kingdom'을 중국에서 '天國'으로 의역한 것을 그대로 차용해 쓰면 간접 의역어가 되지만 '하늘나라'로 번역해 신조어로 쓰면 직접 의역어가 된다. apostle(使徒) → 몸데자. cross(十字架) → 십자틀. Heavenly Kingdom(天國) → 하늘나라. lamp → 洋燈.

ㄹ. 간접 의역어 : 외래어를 중국이나 일본 등 제3국에서 의역한 것을 그대로 국어에서 빌려 쓰는 경우다. apostle(使徒) → 사도. cross(十字架) → 십자가. Heavenly Kingdom(天國) → 천국.

특히 (ㄷ)의 apostle, cross의 경우 초기에는 (ㄷ)처럼 직접 의역어들이 나타나기도 했지만 오늘날에는 (ㄹ)처럼 간접 의역어들이 자리잡은 경우가 많으며 'Heavenly Kingdom'처럼 직접 의역어 '하늘나라'와 간접 의역어 '천국'이 공존하는 경우도 있다. 또한 외래어 중에는 음역과 의역의 요소가 한 외래어 안에 공존하는 경우도 있으니 일본계 음역어인 '영길리'는 순수한 직역 음역어이지만 중국계 외래어인 '영국'은 '영('Eng-'의 음역어)+국(의역어)'이 혼합된 것으로 볼 수 있다.

다음으로 우리는 국어의 외래어를 중국어, 몽골어, 일본어, 영어 등 차용 어종별로 나누어 살펴보도록 하겠다.

2. 중국어의 차용

중국어와 국어는 계통상으로 다른 언어이지만 우리는 중국 문물을 도입하면서 (1) 중국 어휘를 중국식 발음 그대로 차용하거나 (2) 중국 문어의 어휘를 우리식의 전통 한자음으로 읽으면서 광범위하게 차용하였다. 전자를 구어를 통한 차용이란 점에서 구어 차용이라 부르고, 후자를 문어를 통한 차용이란 점에서 문어 차용으로 부르도록 한다. 논자에 따라서는 전자를 직접 차용, 후자를 간접 차용으로 부르기도 하는데 이는 앞서 우리가 차용 경로에 따라 구별한 직접 차용, 간접 차용의 개념과 구별해야 한다.

중국어의 직접 차용은 고대로부터 이루어진 것으로 보는데 그런 대표적 예로 '붇, 먹'이 있다. 즉 '筆'이란 중국어가 우리 식 발음인 '필'로 차용되는 한편으로 중국어 발음 그대로 직접 차용되어 중세 때는 '붇'(현대 표기로는 '붓')으로 남았다. '墨'도 한자어 '묵'과 별도로 '먹'이 현재도 남아 있다. '尺'가 '척'과 '자'로 남아 있는 것도 같은 현상이다. 일찍이 김완진(1970)에서는 고대 이른 시기에 한, 중 언어 접촉의 결과 중국어에서 구어로 직접 차용한 것으로 30여 개의 어사를 제시한 바 있다. 다음은 그 일부이다.

> 적다志, 誌 스다書 부텨-佛陀 적, 제-時 쇼-俗 뎌-笛 살-矢
> 자-尺 톳기-兎 거붑-龜 요-褥 붇-筆 먹-墨 뎔-邸

위 예들이 사실이라면 위 예들은 귀화어 단계를 거쳐 이미 고유어화한 것이다. 심재기(1982: 53)에서도 이런 예로 '그-其, 게-蟹, 대-竹, 무늬-紋 …' 등 20여 개 어사를 추가 하고 있다. '글'이 '契'에서 온 것이란 이기문(1980)의 가설도 같은 예라 하겠다.

고대 이래로 이러한 중국어의 직접 차용은 문헌 및 표기법 제약으로 판단이 쉽지 않지만 한글 표기가 가능해진 중세 이래 근대에 이르는 문헌에서 본격적으로 확인된다. 이는 문물 수용의 증대를 통해 꾸준히 이어진 것으로 주로 다음과 같은 의식주 생활 용어에 많은데 이는 오늘날도 의식주 용어에 영미계 차용어가 많은 것과 같은 현상이다.

ㄱ. 珍寶 관련 語彙 : 보비(寶貝)　버리, 보리(玻璃)　미라(蜜蠟)　퉁(銅)

ㄴ. 服飾 관련 語彙 : 비갸, 비게(比甲)　흉븨, 흉빙(胸背)　탕건(唐巾)　딩ᄌᆞ(頂子, 頂兒)　후시(護膝)　투구(頭盔)　망긴, 망근(網巾)　샹투(上頭)　푼ᄌᆞ(粉子)　토슈(套袖)　셔피(斜皮)

ㄷ. 布帛 관련 語彙 : 노, 로(羅)　비단(匹段)　무명(木錦)　다홍(大紅)　ᄌᆞ디(紫的)　야청(鴉靑)　야투로, 야토록(鴨頭綠)

ㄹ. 器皿 관련 語彙 : 산판(算盤)　푼ᄌᆞ(盆子)　죠릐(笊籬)　피리(觱篥)　갸ᄌᆞ(架子)　갸스, 갸ᄉᆞ(家事)

ㅁ. 飮食 관련 語彙: 빙져, 빙쟈(餠餷)　변시(扁食)　슈판(水飯)　사탕(砂糖)

ㅂ. 商賈 관련 語彙: 천량(錢粮)　쳔(錢)　갸디(假的)　진디(眞的)

ㅅ. 官公 관련 語彙: 투슈, 투셔(圖書)　당지(當直)　간계(甘結)

ㅇ. 禾穀. 菜蔬 관련 語彙: 슈슈(蜀黍)　빈ᄎᆡ(白菜)

이러한 근대 중국어 차용어에 대한 연구는 황윤석(黃胤錫)의 『이수신편』(理藪新編), 정약용(丁若鏞)의 『아언각비』(雅言覺非, 1819)에서도 풍부한 자료를 보여준다.

다음으로 중국어로부터의 언어 차용은 중국 문헌에 나타난 문어를 우리 한자음으로 읽으면서 간접 차용한 수많은 한자어의 차용을 들 수 있는데 개화기 때는 일본 한자어의 한자 표기를 우리 발음으로 읽으면서 수용된 한자어도 대거 나타나 외래 한자어는 크게 중국계, 일본계 한자어로 나뉘며 여기에 우리가 만든 전통 한자어도 있어 한자어는 다음과 같이 나눌 수 있다.

(1) 한국 전통 한자어

ㄱ. 문물 한자어 : 중국에서 들여 온 것이 아니라 우리나라 문물 및 생활 속에서 고유하게 만들어진 한자어다. 白日場, 居間, 食口, 感氣, 寒心, 道令, 同氣, 四柱八字, 福德房, 人君, 査頓, 閣氏 등.

ㄴ. 이두 한자어 : 우리의 이두문에 나오는 한자어 중에서 일상화한 것이다. 辭緣, 節次, 行次, 斗落, 發明, 放送 등. 이 중에 '發明, 放送'은 오늘날 다른 뜻으로 쓰인다.

(2) 중국계 한자어

ㄱ. 고전 문어계 한자어 : 유, 불, 도교 등의 고전과 기타 중국 문헌의 문어에서 차용한 것이다. 博學, 不義, 君子, 小人, 弟子, 篤志, 緣木求魚, 殺身成仁, 道, 出入, 無常, 衆生, 煩惱, 法性, 無我, 虛無 등

ㄴ. 중세, 근대 문물 한자어 : 중국에서 造語한 중세 및 근대 시기의 문물어를 우리 한자음으로 읽은 것이다. 耶蘇, 天主, 幾何, 英國, 歐羅巴, 千里鏡, 自鳴鍾, 火輪船, 火輪車, 阿片, 瓦斯 등.

(3) 일본계 한자어

ㄱ. 중국 기원 일본 한자어 : 중국 한자어를 일본이 새로 의미를 부여해 쓰는
    한자어다. 自主, 文明, 自由, 文學 등.

ㄴ. 일본 조어 한자어 : 일본이 독자적으로 또는 번역 차용어로 만든 한자
    다. 특히 이들을 일본에서는 음독 또는 훈독을 하는데 우리는 우리 한자
    음으로 읽어 들여 오는 경우가 많고 이는 오늘날도 계속 차용되고 있다.
    演繹, 歸納, 哲學, 論理學, 日曜日, 酸素, 宇宙, 蒸汽船, 汽車, 大統領, 圖書
    館, 國會, 思想, 民權, 市場, 入口, 賣上, 立場, 葉書, 品切, 落書, 割引, 核家
    族, 團地, 低開發國, 消費革命, 不快指數, 準準決勝, 民主化, 冷戰(←cold
    war), 壓力團體(← pressure group), 聖火(← Olymopic torch) 등.

위에서 개화기 초에는 중국에서 온 '火輪船, 火輪車'이 쓰이다가 일본
의 국권 침탈이 강화된 갑오경장기 이후로는 일제 한자어 '汽船, 汽車'
가 쓰여 외래어는 외세의 힘에 좌우됨을 단적으로 보여 준다. 그런데
우리가 중국어로부터 차용만 한 것은 아니며 우리말이 중국에 차용되
는 경우도 극소수 있었으니 중국어에서 '모시'를 '毛施'로, '심'(人蔘)을
'蔘'으로 표기한 것을 들 수 있다(이기문 1991: 239).

고전 문헌을 통한 한자어는 한문을 구사할 수 있는 식자층이 늘어나
면서 자연히 국어 어휘부에 차용되기 시작했을 것인데 다음 (ㄱ)과 같
은 유, 불, 도교 등의 경서류나 史書, 문집 등의 각종 중국 문헌 학습을
통해서 더욱 확장되어 갔을 것이다. 그러나 고대 국가 시기에는 오늘날
의 한자어 비율에 비하면 아직 그리 높은 편은 아니었으니 신라 시대만
해도 현전하는 향가 원문 표기를 보면 현용 한자어 표기들이 원문의
5%쯤 보여 아직 한자어의 빈도가 크지 않았다. 다음 (ㄴ)의 향가, (ㄷ)

의 고려 별곡체에 보이는 현용 한자어가 그런 예다.

ㄱ. 論語：君子, 好學, 父母, 朋友, 博學, 篤志, 弟子, 餘力, 學者, 道, 賢者, 文
武, 損益, 不義 …
舊譯仁王經：一切衆生, 國土, 菩薩, 集會, 釋迦牟尼, 德行, 音樂, 大衆, 大
會, 神通, 歡喜 覺悟, 虛空, 因緣, 相續 …

ㄴ. 公主(薯童謠), 功德(風謠), 往生, 西方, 兩手, 無量壽佛(願往生歌), 彌勒(兜率
歌), 生死, 道(祭亡妹歌), 彗星, 城, 將來(彗星歌), 供養, 衆生, 法界, 嫉妬, 無
明, 煩惱, 將來, 佛道, 苦行, 同生同死, 病(普賢十願歌), 魂, 功臣(悼二將歌)

ㄷ. 翰林別曲：黃金酒, 竹葉酒, 五加皮酒, 牧丹, 冬柏, 醉ᄒ다

우리나라의 한문 사용 수준이 높았음은 여러 가지 사실에서 드러난
다. 비교적 보수적이었던 신라만 해도 지증왕 이래 '王'이란 호칭을 사
용하기 시작했고 진흥왕대에 국사를 편찬하였으며, 중국 고전 교육이
이루어진 國學을 설치하였다(신문왕 2년, 682). 또한 경덕왕 16년(757)
에는 인위적으로 중국식 지명으로 개정하고 동왕 17년에는 중국식 문
무 관직명으로 개정하였으며, 독서삼품과를 실시한 사실(원성왕 4년,
788) 등으로 미루어 한문 사용이 지배층을 중심으로는 널리 행해졌음
을 알 수 있다. 지리적으로 중국 문물의 수용에 유리했던 고구려, 백제
도 교육 제도, 역사서 편찬 등의 기록으로 미루어 한문 문화가 더욱 융
성했을 것이다.

고려 때에도 과거제도를 실시하고, 고려 시대 학자들이 신라의 설총을
경서의 대가로 존숭하고 많은 한문 문헌을 남긴 점은 삼국 및 통일 신라
시기의 한문학이 고려 시대에도 계속 발달했음을 보여 준다. 고려 시대
에 편찬된 현전 『삼국사기』, 『삼국유사』, 조선초에 편찬된 『고려사』의

한문을 보면 오늘날 사용되는 대다수 생활 한자어가 이미 고려 시기 한문 문헌 기록에 보이는 점 등으로 미루어 삼국 시대 이래 중국의 제도 문물 생활 어휘가 한문이라는 문어를 통해 우리에게 광범위하게 침투하였음을 알 수 있다. 가령 다음 한문 문헌의 어느 부분의 문장을 보든지 밑줄친 예처럼 오늘날 쓰이는 한자어의 예를 쉽게 찾을 수 있다.

魏書云 乃往二千載有壇君王儉 立都阿斯達 開國號朝鮮 與高同時 古記云 昔有桓因庶子桓雄 數意天下 貪求人世 父知子意 下視三危太白可以弘益人間…
(삼국유사, 紀異 卷 第一)
臣富軾言 古之列國 亦各置史官 以記事 故孟子曰 晉之乘 楚之檮杌 魯之春秋 一也惟此海東三國 歷年長久 宜其事實 著在方策 乃命老臣 俾之編集 自顧缺爾 不知所爲中謝 伏惟聖上陛下 性唐堯之文思 體夏禹之勤儉 … (삼국사기, 進三國史記表)

한자어의 증대는『훈민정음』창제 이후 여러 문헌의 언해 과정에서 언해자의 주관이나 한문 문화의 영향으로 더욱 증대하였다. 훈민정음 언해본의 언해문에 나오는 '중국, 문자, 백성, 위ᄒ다, 편안킈' 등의 여러 한자어가 그 증거이다.

나랏말ᄊᆞ미 中國에 달아 文字와로 서르 ᄉᆞᆺ디 아니ᄒᆞᆯᄊᆡ 이런 젼ᄎᆞ로 어린 百姓이 니르고져 ᄒᆞᇙ배 이셔도 … 내 이ᄅᆞᆯ 爲ᄒᆞ야 …날로 ᄡᅮ메 便安킈ᄒᆞ고져 ᄒᆞᇙᄯᆞᄅᆞ미니라

또한 한자어의 증대는 한글 창제 후 자연스레 국한 혼용체를 낳아 15세기에는 한자어가 주요 지적 개념어에 다음과 같이 자리잡고 있음을 보여 준다.

海東 六龍이 ᄂᆞᄅᆞ샤 일마다 天福이시니(용비어천가 1장)

五年을 改過 몯ᄒᆞ야 虐政이 날로 더을ᄊᆡ(용비어천가 12장)

이처럼 주요 문화적, 추상적, 지적 개념어가 한자어로 쓰이면서 고유
어는 지적 개념어가 발달하지 못하게 되어 국어의 어휘 구조가 불균형
한 발달을 보이게 되었다. 더욱이 고유어를 천시하면서 '늙은이-老人,
계집-女人'와 같은 '비어-경어'의 대립 구조로까지 변하게 되었다.

그리고 다음 예처럼 『석보상절』(1447)과 십여년 뒤에 나온 『월인석
보』(1459)의 동일 내용에 대한 언해문을 비교하면 언해자의 주관에 따
라 월인석보에서 한자어 빈도가 커진 것이 주목된다(유창돈 1980: 77).

이 經 듣고 隨喜ᄒᆞ야 法會로셔 나아 녀느 고대 가 쥬의 坊이어나 뷘 겨르ᄅᆞ뷘
싸히어나 자시어나 ᄀᆞ올히어나 巷陌이어나 ᄆᆞ슐히어나 제 드론 야ᅌᆞ로 어버
ᅀᅵ며 아ᅀᆞ미며 이든 벋ᄃᆞ려 힚ᄀᆞ장 불어 닐어든… (석보상절 19:1)

이 經 듣고 隨喜ᄒᆞ야 法會로셔 나 녀나ᄆᆞᆫ 고대 가 僧坊애 잇거나 空閑ᄒᆞᆫ 싸히
어나 城邑과 巷陌과 聚落과 田里예 드룬 다빈 父母 宗親 善友知識 爲ᄒᆞ야 히
믈조차 불어 닐어든… (월인석보 17:45)

이런 한자어의 증대는 번역본간에 시간적 차이가 있는 16세기의 번
역 『소학』(1518)과 『소학언해』(1587)의 대비, 16세기의 『번역노걸대』
(1517 이전)와 17세기의 『노걸대언해』(1670)의 대비에서도 꾸준히 나타
난다. 특히 조선 후기에는 유교 문화의 발달로 사대부층의 한문 사용은
곧 한자어의 증대로 이어지게 되어 많은 시조, 가사, 소설에 한자어가
급증하였다. 그 결과 오늘날 한자어는 국어 어휘부의 60% 안팎을 차지
하는 것으로 본다.

한자어의 증대는 고유어와의 동의 경쟁을 일으켜 이 경쟁에서 때로는 다음 (ㄱ)처럼 고유어가 소멸되거나 (ㄴ)처럼 아직 고유어가 유지되기도 하고 (ㄷ)처럼 동의 경쟁이 아직도 진행 중인 것도 있다.

고유어의 소멸 : 뫼-山, ᄀᆞ름-江, 잣-城, 온-百, 즈믄-千, 져근덧-暫間(잠깐), 미르-龍

고유어의 유지 : 손-手, 입-口, 다리-脚, 하늘-天, 땅-地, 바다-海, 집-家, 숨

고유어-한자어 동의 경쟁어 : 나라-國家, 겨레-民族, 아우-同生, 달걀-鷄卵

중세 문헌에서는 차용된 한자어가 그 표기 유형에 따라 세 유형으로 나뉜다. 첫째는 '편안-便安, 만일-萬一, 미혹ᄒᆞ다-迷惑ᄒᆞ다, 위ᄒᆞ다-爲ᄒᆞ다'처럼 문헌에 따라 정음 표기나 한자 표기가 모두 나타나는 것이 있다. 이는 귀화어와 외래어 의식이 비슷하게 남아 있는 어휘들이라 할 수 있다. 둘째는 '始祖, 天下, 四海, 忠臣, 君子'처럼 외래어 의식이 남아 있는 한자어로 이들은 대개 한자로 표기되었다. 셋째는 정음으로 표기된 한자어로 이들은 외래어 의식이 희박해져 귀화어 단계에 이른 것으로 보인다. 이 셋째 유형은 다시 '부텨, 뎔, 즁, 보리'와 같은 불교어처럼 일찍이 귀화되어 원 한자음이 변화한 채 표기된 것, '구경(求景), 롱담(弄談), 분별(分別), 사탕(砂糖), 고함(高喊), 조심(操心), 차(茶), 차반(茶飯), 양(樣), 위두(爲頭), 귓것(鬼)'처럼 현재의 한자음과 같은 표기를 보이는 것, '긔별(寄別), 남진(男人), 미샹(每常), 힝뎍(行蹟), 츠례(次第), 모란(牧丹)'처럼 당시 통용음으로 적힌 것, '쵸(燭), 쇼(褥), 쇼(俗), 뎌(笛), 퉁(銅), 훠(靴), 노(羅), 갸ᄉᆞ(家事), 진디(眞的)'처럼 중국 차용어음 그대로 표기된 것 등 여러 유형이 있다.

이상에 살핀 한자어들은 직접 차용어든 간접 차용어든 오늘날 옛 의

미 그대로 쓰이는 것도 있지만 뜻이 변한 것도 많다. 처음에는 한자 표기로만 쓰이던 '艱難'은 원뜻 '艱難'이 '貧困'의 뜻으로 변하면서 성종 때의 『杜詩諺解』부터는 형태도 한글 표기인 '가난'으로 바뀌었다. '분별'(分別)은 원뜻이 '걱정'의 뜻으로 변하였다. '즁싱'(衆生)은 불교적 의미의 원뜻 외에 '獸'의 뜻으로 바뀌면서 형태도 '즁싱 〉즘싱 〉즘승 〉짐승'으로 변하였다. 훈민정음 언해본에 쓰인 '文字와로 서르 ᄉᆞᄆᆞᆺ디 아니홀씨'의 '文字'는 중국의 '한자'를 가리키지만 현재는 일반적 문자 개념으로 쓰인다.

특히 불교어들 중에서 '點心'은 중국에서는 원래 '間食'을 뜻하였고 우리나라에서는 '禪宗'에서 '夜食' 전의 '小食'을 뜻하였다. '奇特'은 '매우 드물고 특이하다'는 뜻으로 부처가 이 세상에 온 일을 가리키는데 현재는 어린이의 행동을 칭찬하는데 쓰이고 성인에게는 쓰이지 않아 변화를 입었다. '上士, 中士, 下士'도 원래 '上士'는 자기의 깨달음을 구하며 남의 이로움도 추구하는 '보살'을 가리키며, '中士'는 자신의 해탈만 추구하는 이를, '下士'는 자신을 위한 수행도 안 하고 남을 위해서도 행동하지 않는 이를 가리키는데 오늘날은 군대 용어로 변하였다. '動鈴'도 승려들이 수행과 보시를 하러 다니면서 搖鈴을 흔드는 데서 유래하는데 오늘날은 구걸 행위의 뜻으로 바뀌고 형태도 '동냥'으로 변하였다. '野壇法席'도 야외에 차려 놓은 說法壇을 말하는데 오늘날은 소란스러움을 뜻한다(채완 1996).

한자어들 중에는 국어 어휘 체계내에 동화되면서 음운, 형태, 의미상의 변화를 입기도 한다. 다음 예들은 그런 변화 어형들의 예이다. 이런 변화가 심하면 한자어로서의 자격을 잃고 귀화어로 인식되기에 이른다.

성냥(石硫黃)   사냥(山行)   짐승(衆生)   사랑(思量)   숭늉(熱冷)

영계(軟鷄)	귀양(歸鄕)	얌전(儼全)	새앙(生薑)	자주(紫的)
억울(抑鬱)	천둥(天動)	장난(作亂)	챙(遮陽)	수육(熟肉)
방죽(防築)	채신(處身)	지루하다(支離-)		조용하다(從容-)
내숭스럽다(內凶-)		흐지부지(諱之秘之)		어차피(於此彼)
별안간(瞥眼間)		심지어(甚至於)		

이들은 차용 후에 대중들에게 한자어 어원 의식이 약화되면서 거의 고유어처럼 보이게 된 것이다. 이 과정에서 음운, 형태, 의미상의 변화가 나타나기도 한다.

한자어는 고유어와 결합하여 '册꽂이, 밥床, 門설柱, 窓살, 運動하다…'처럼 다양한 어휘를 만들어 내기도 한다. 이 과정에서 전혀 다른 어형도 나타나는데 가령 '디새'는 '질그릇'을 뜻하는 '딜'에 '지붕을 이는 데 쓰는 풀'을 뜻하는 '새'가 결합한 '딜새'가 '딜새 > 디새 > 지새 > 지야 > 지와 > 기와'로 변하는 과정에서 '지야'는 '기와'의 '와(瓦)'로 유추되어 '지야 > 지와 > 기와'로 부정회귀 현상에 이른 것이다. 이 경우는 고유어와 차용 한자어간의 혼태의 결과로 볼 수 있다.

3. 몽고어의 차용

몽고의 고려 침략기인 13세기에 고려에는 몽고 차용어가 쓰이게 되었다. 현재 남아 있는 것으로는 매, 말 관련 용어가 많고 관직, 군사 용어 일부에도 보인다(이하 이기문 1972: 100, 101. 1991: 9-12장 참고).

말 용어 : 아질게말(兒馬 ← 중세몽고어aʒirɣa), 악대(犍, 去勢畜 ← 중세몽고어aɣta 騸馬), 절다몰(赤馬 ← 중세몽고어ʒe'erde), 간쟈몰(線臉馬 ← 몽고문

어qalȝan), 가라몰(黑馬 ← 중세몽고어qara黑), 고라몰(土黃馬 ← 중세몽고어 qula黃馬), 구렁몰(栗色馬 ← 몽고문어küreng), 고들개(鞦 ← 몽고문어qudur ɣa), 오랑(肚帶 ← 중세몽고어olang)

매 용어 : 갈지게(黃鷹 ← 중세몽고어qarciɣai), 궉진(白角鷹 ← 몽고문어 kögsin), 나친(鴉鶻 ← 몽고문어način), 보라매(秋鷹 ← 몽고문어boro < *bora), 숑골(海靑 ← 몽고문어šingqor), 도롱태(弄翻兒 ← 중세몽고어turimtai, turumtai), 튀곤(白黃鷹 ← 몽고문어tuiɣun), 버렁(새잡는 매를 앉힐 때 끼는 두꺼운 장갑 ← 몽고문어begelei),

군사 용어 : 고도리(髇頭 ← 중세몽고어ɣodoli), 오노, 오뇌(筈 ← 몽고문어 onu,oni), 바오달(營 ← 몽고문어baɣudal), 사오리(凳 ← 중세몽고어sa'uri, 몽고문어saɣuri), 텰릭(帖裏.무관의 옷 ← 중세몽고어terlig), 솔(的, 帳 ← 몽 고문어 sur)

음식 용어 : 타락(酡酪 ← 몽고문어taraɣ), 슈라(水刺 ← 중세몽고어šülen湯)

관직 용어 : 必闍赤, 必者赤(← 몽고문어bičiyeči書記), 達魯花赤(← 중세몽고 어daruɣačin鎭守官名), 火尼赤(← 중세몽고어qoniči(n) 牧羊人), 時波赤(← 몽고문어šibaɣuči鷹匠), 站赤(← 중세몽고어ȝamčin 站戶)

용비어천가 52장에는 이성계가 전남 운봉에서 왜구를 물리칠 때 소 년 적장을 '아기바톨'(阿其拔都)이라 불렀다는 기록이 보이는데 그 주석 에서 '바톨'을 '拔都或作拔突蒙古語勇敢無敵之名也'라고 풀이하고 있어 당시 '바톨'이란 몽고어가 쓰였음을 증언하고 있다. 오늘날 몽골의 수도 '울란바토르'(붉은 영웅이란 뜻)에도 이 '바톨'은 남아 있다.

몽고어 중에 '슈라'는 '湯'에서 '御膳'의 뜻으로 의미 변화가 있었음도 특이하다. 국어의 '가탈'의 경우는 '① 불편한 걸음 걸이, ② 순조로운 진 행을 방해하는 조건'의 두 뜻이 있어 고유어로 보이기도 하지만 몽고어

qatar(말의 빠른 걸음)을 차용하면서 이 몽고어 '가탈'이 의미 변화를 일으켜 '가탈①②'로 변한 것일 가능성이 큰데 이런 추정을 확정하기란 쉽지 않다.

4. 여진어와 만주어의 차용

우리의 북방 국경 지역을 중심으로는 만주 퉁구스 제어, 특히 여진어와 만주어가 자연스레 일부 어휘로 통용하였다(이하 이기문 1972: 102, 221, 222. 1991: 14, 15장 참고). 가령 『조선왕조실록』에는 여진어에 대한 언급이 십여 개 보이는데 이들이 모두 외래어는 아니며 그 중에 일부가 외래어로 보인다. 우선 함경도 지명에 남아 있는 예로 '두만강'의 '두만'을 들 수 있다. 『용비어천가』(1.8)의 '豆漫투먼江'의 註에 '女眞俗語謂萬爲豆漫 以衆水至此合流故名之也'라고 하였듯이 두만강의 이름은 여진어 土滿(tümen 萬)에서 유래했다. 또한 鍾城의 옛 이름 '童巾퉁건'은 『世宗實錄 地理志』에 '胡人謂鍾爲童巾 府有童巾山 故名之'라고 하여 여진어에 'tungken(鼓, 鍾)'이 있었음을 보여 준다.

만주어의 경우도 평안, 함경 방언에 흔적이 보인다. 두만강의 물고기 이름인 '야래'는 만주어 yaru와 대응하며, 나룻배와 같은 작은배를 가리키는 '재비'도 만주어 jaha와 대응하고, 가죽신을 가리키는 '오로시'는 만주어 ološon과 대응한다. 또한 평안, 함경도 지역의 심마니말 중에도 만주어가 일부 보이는데 평북 산골의 심마니어로 곰을 뜻하는 '너패'는 만주어 lefu와, 함남 심마니어로 소금을 뜻하는 '답승'은 만주어 dabsun과 관련된다.

더욱이 중앙 지역에까지 외래어로 쓰인 만주 퉁구스계 어휘도 있었으니 『동문유해』나 『한청문감』에 전하는 단어로 비옷의 일종인 '널쿠'

(遮雨雪之衣)는 만주어 nereku와 대응하고, '소부리'(鞍座兒)는 만주어 soforo와 대응하며 함북, 평북 방언에 '마우래, 마우래기'로 남아 있는 '마흐래'(冠)는 만주어 mahala, 여진어 mahila와 대응한다. 또한 겨울용 외투인 '쿠리매'(掛子)는 만주어 kurume와 대응한다. 특히 '쿠리매'는 '후루마기, 후루매, 후리매, 후리매' 등의 방언형이 남부 방언에도 나타 난다.

어휘 중에는 상호 선후간의 차용 관계가 불확실하지만 중국어, 몽고, 만주어, 여진어 등에 서로 나타나는 수도 있으니 '감토(〉감투, 帽)'는 중국어 '韂頭', 만주어 kamtu와, '슈슈'(高粱)는 중국어 '蜀黍'와 만주어 šušu와, '미시'(〉미수)는 여진어 mušin, 몽고어 musi와, '시라손'(土豹) 은 몽고어 šilü'üsün, 여진어 šilasun과 각각 대응한다.

5. 일본어의 차용

일본어의 차용은 개화기 이래 본격적으로 이루어지고 일제 시대를 거치면서 급증하였다. 비록 영조 때 조엄(趙嚴)에 의해 일본에서 전래 되었다는 '고구마'가 일본어 '孝行藷'(코우코우이모, こうこういも)에서 유래되었다는 견해처럼 개화기 이전에도 극소수의 차용은 있었을 것으 로 추정되지만 본격적인 차용은 개화기 때부터였다. 그동안 일본계 외 래어는 국어 순화의 측면에서 비중있게 다루어 왔는데 일본계 외래어 의 유형은 자못 복잡하여 다음과 같이 다양하다.

　(1) 固有 日本語 : 일본 고유어로 읽히는 단어들이다. ( )에는 순화어를 대비
　　　하였다.
　　　오뎅(おでん;꼬치, 꼬치안주), 유도리(ゆとり;여유), 앗사리(あっさり;깨

곳이, 산뜻이, 깔끔히)

(2) 음독 및 훈독 한자어: 어원이 되는 한자 표기가 있으면서 음독되거나 훈독되는 것으로 그 음독음이나 훈독음이 그대로 간접 차용된 것으로 이때 부분적인 변용이 나타나는 경우도 있다.

① 원음 차용 한자어: 구두(靴;くつ), 뎅깡(癲癇/てんかん;투정), 와리바시(割り箸/わりばし;나무젓가락), 사시미(刺身;생선회), 와사비(山葵;고추냉이), 노가다(土方;노동자, 인부, 흙일꾼), 단도리(段取り/だんどり;채비), 쿠사리(腐り/くさり;면박, 꾸중), 우라(裏/うら;안감), 가다마이(片前/かたまえ;양복), 우와기(上着/うわぎ;웃저고리, 윗옷, 상의), 오시이레(押し入れ/おしいれ;벽장, 옷장), 기지(生地/きじ;옷감, 천), 곤색(紺色/こんいろ;검남색), 도끼다시(研ぎ出し/とぎだし;갈기, 갈아닦기, 윤내기), 지라시(散らし/ちらし;선전지, 낱장 광고)

② 東音 음독 한자어: 한자어들 중에서 특히 해당 한자 표기를 한국 한자음, 즉 東音으로 읽으면서 차용된 일본식 한자어를 말한다. 이들은 개화기 이래의 문물어들에 매우 많으며 우리 한자음으로 읽히다 보니 일본계 한자어인 줄조차 모르는 경우가 많다. 이들을 전통 한자어로 바꿔 쓰자거나 고유어로 순화하자는 노력도 있는데 순화 가능한 것도 있지만 이미 우리 한자음으로 굳어져서 순화하기 어려운 新文明語, 專門語들이 많다. 이러한 차용은 오늘날도 전문어 분야를 중심으로 계속 이루어지고 있다. 다음 (ㄴ)의 ( )에 쓰인 단어는 우리나라에서 써 온 傳統 漢字語이거나 권장 순화어다.

ㄱ. 순화 불능어 : 哲學, 科學, 鉛筆, 內閣, 鐵絲, 病院, 牛乳, 開化…

ㄴ. 순화 가능어 : 明渡(내줌, 넘겨줌), 保合勢(멈춤세), 割引(에누리), 綺羅星같다(뛰어나다, 쟁쟁하다), 十八番(長技, 特技, 애창곡), 割增料(웃돈), 船着場(나루터), 融通(變通), 滿開(滿發), 用意(準備), 年末(年

終), 始終(恒常), 左側(左便), 案內狀(請牒), 相互(互相), 場所(位置), 災難(災殃), 寢臺(寢床), 兵士(軍士), 見聞(聞見)…

(3) 日本語 熟語: 우리의 관용구 중에는 일본어 숙어가 다음 ( ) 안의 표현처럼 직역 차용된 것들도 상당히 많다.

呼び起こす(불러일으키다)　　虛勢を張る(허세를 부리다)

性格を帶びる(성격을 띠다)　　想像にかたくない(상상하기 어렵지 않다)

馬脚を現わす(마각을 드러내다) 烙印を押す(낙인을 찍다)

(4) 日本式 외래어: 이는 일본에 들어온 각국 외래어가 발음, 형태, 의미상으로 변조되어 쓰이는 것이 우리에게 재차용되면서 변용된 것으로 다음과 같은 유형이 있다. ( )는 순화어이거나 바른 표기어다.

① 발음 또는 형태 변화형: 의미는 유지한 채 발음이나 음절 형태가 변화하는 경우다.

muffler(머플러) 〉 マフラ 〉 마후라(목도리/消音器)

rail 〉レール〉레루(철로)　　　drum 〉 ドラム 〉 도라무(통)

television 〉 テレビ 〉 테레비(텔레비젼)

sewing-machine 〉 ミシン 〉 미싱

extract 〉 エキス 〉 에키스(精髓, 진액)

demonstration 〉 デモ 〉 데모　memorandom 〉 メモ 〉 메모

apartment 〉 アパート 〉 아파트 varnish 〉 ニス 〉 니스

millimeter 〉 ミリ 〉 미리(밀리)

civil cloths 〉 せびろ 〉 세비로(신사복)

stainless steel 〉 スデンレス 〉 스덴레스, 스덴(스테인리스)

puncture 〉 パンク 〉 빵꾸(구멍나기)

training pants 〉 トレ-ニング パンツ 〉추리닝(운동복)

프 cosmétique 〉 テック 〉 지꾸(머리크림)

네 gom 〉 ゴム 〉 고무

프 jupon(속치마) 〉 ズボ 〉 스봉(바지)

② 의미 변화형: 원어의 의미가 새로 획득, 축소, 확대되는 경우로 발음
이나 형태 변화가 동시에 나타나기도 한다.

cider(사과주) 〉 サイダ- 〉 사이다(탄산수)

cunning(교활함) 〉 カンニング 〉 커닝(부정행위)

handle(일반 손잡이) 〉 ハンドル 〉 핸들(운전대)

glass(유리, 유리잔) 〉 ガラス 〉 글라스(유리잔)

jug(물병, 맥주잔) 〉 テヨッキ 〉 조끼(맥주잔)

walker(보행자) 〉 ウォ-カ- 〉 워카(군화)

③ 일본 신어형: 일본인들이 독창적으로 조어한 경우다.

백미러(バックミラ-), 올드미스(オ-ルドミス), 오토바이(オ-トバイ), 팬
티스타킹(パンティストッキング), 나이타(ナイタ)는 영어에 없는 말
로 영어에서는 각각 'driver's mirror[또는 rear-view mirror], old maid,
motorcycle[또는 autobike], pantyhose(pantihose), night game'으로
쓴다. '리어카[rear-car](손수레), 오무라이스[omelet rice], 하이카라
[high collar](신사)'도 영여에 없는 말로 일본인의 독창적 조어인데
우리에게 재 차용된 것이다.

이런 변화 유형은 복합적으로 나타날 수도 있으니 'fluke(당구공의 요
행맞기, 요행) 〉 フロウ 〉 후로쿠(요행, 엉터리)'처럼 원어의 발음과 의미
가 같이 변화를 입은 예도 많다. 또한 이들 일본식 외래어는 영어계 외
에도 그 밖의 여러 나라별로 나눌 수 있다(송민 1979, 1989 참고).

중국어계 : 우동(饂飩, 가락국수), 라면(拉麵), 요깡(羊羹, 단팥묵)

포르투갈어계 : 카스테라(castella), 담배(tabaco), 덴뿌라(tempora, 튀김), 빵
(pao), 나사(raxa, 羅紗), 비로드(veludo, 서양직물 일종), 조로(jorro, 물뿌리개)

스페인어계 : 메리야쓰(medias, 서양 속옷)

화란어계 : 잉끼(ink, 잉크), 고무(gom), 뻰끼(pek, 페인트), 마도로스(matroos,
선원), 레테르(letter, 商標)

불어계 : 쎄무(chamois, 새미), 스봉(jupon, 바지), 낭만(roman, 浪漫), 바리캉
(bariquant, 이발기)

독어계 : 코펠(Kocher, 휴대용 취사도구), 깁스(Gips, 석고붕대)

특히 일본 한자어의 침투는 우리나라에서 전통적으로 써 온 전통 한
자어들의 퇴장도 초래하였다. 다음 예에서 ( )는 전통 한자어로 오늘날
잘 쓰이지 않는다.

美人(一色), 自白(吐說), 小賣(散賣), 取締(團束), 取調(問招), 職業(生涯), 請負
(都給), 約束(言約), 利益(利文), 見本(看色), 費用(浮費)

6. 서구어의 차용

서구 외래어는 개화기부터 일제시대를 거치면서 일본을 통해 직접
또는 간접 차용이 이루어졌는데 전술하였듯이 이 과정에서 일본어식
발음의 간섭을 받은 것이 많았다. 해방후에는 미군정기를 시작으로 미
국 유학 세대가 미국 문화를 수용하고 정치, 경제, 문화적으로 대미 의
존이 깊어지면서 영미 외래어가 급증하게 되었고 그밖에 예술, 의학 등
의 분야에 따라 프랑스, 독일어, 이탈리아어 등의 차용이 지금까지 계

속되고 있다.

다음은 주요 구미 차용어의 예들이다. 이러한 차용어들을 언중들이
사용할 때는 음운, 형태, 의미가 그대로 유지되는 경우도 있지만 대개
는 국어의 음운, 형태, 의미 구조에 따라 변화하는 것이 현실이다. 특히
자음, 모음의 변형과 형태의 절단이 흔하다. 그 유형은 다음과 같다.

(1) 음운, 형태 변화 유형 : 스테인리스 스틸(stainless steel) > 스텐, 프로그램,
    프로페셔널 > 프로, 드라이크리닝, 헤어드라이어 > 드라이, 캐머러 > 카메라,
    배터리 > 밧데리, 로켓 > 로케트, 부르주아지 > 부르조아

(2) 의미 변화 유형(의미의 획득, 축소, 확대, 타락) : 서비스(봉사 > 공짜로 주
    는 덤), 마담(귀부인 > 유흥업 여주인), 레슨(학과 > 개인지도), 센터(중심 >
    영업소), 타이탄(희랍신, 대륙간탄도탄 > 소형트럭), 세일(판매 > 염가판매),
    프리미엄(할당금, 장려금 > 불법 웃돈)

(3) 음운, 형태, 의미 혼합 변화 유형 : white shirts(흰 셔츠) > 와이셔쓰(양복
    밑에 입는 셔츠), puncture(구멍) > 펑크, 빵꾸(바퀴 구멍, 약속 불이행, 손
    해), bill(계산서, 지폐, 광고지) > 삐라(선전지)

(4) 고유어나 한자어와의 혼합형 : 깡통, 데모대, 암달러, 가스총, 연탄가스,
    나비넥타이, 릴낚시, 아베크족, 골문, 만루홈런

한자어가 고유어와 동의 경쟁 끝에 고유어를 축출하는 경우가 있듯
이 일본 및 서구 외래어들도 고유어와 부분적인 동의 경쟁을 벌이는 경
우가 있다.

가라-가짜 다라이-대야 버튼-단추 부케-꽃다발 히프-엉덩이
카바-덮개 센스-감각 고무-지우개 리사이틀-독주회 카메라-사진기

빌딩-건물　브로커-중개인　바캉스-피서　스타일-문체, 양식

　또한 다음과 같이 동의어 관계인 외래어 차용어들끼리 동의 경쟁을
벌이기도 한다.

　　가제(독, gaze)-거즈(gause)　　　　　벨(bell)-부자(buzzer)

　　세일(sale)-덤핑(dumping)　　　　　슬리퍼(slipper)-샌달(sandal)

　　코미디(comedy)-개그(gag)　　　　　스토브(stove)-히터(heater)

　　라벨(label)-레텔(네, 영 letter 일レッテル)-브랜드(brand)

　　모토(motto)-슬로건(slogan)-캐치프레이즈(catch phrase)

　　발코니(balcony)-베란다(프, 영 veranda)-테라스(프 terrasse)

　이들 중에는 '리사이틀(대중음악 공연)-독주회(고전 음악 공연)'의 예
나 '가제(화장용)-거즈(의료용)'처럼 동의 경쟁하면서 서로 의미 영역을
분화하여 공존하는 경우도 있다. '커트(머리털 잘라내기, 운동에서 잡
아채기나 깎아치기)-컷(촬영 장면, 삽화)'의 공존도 그런 예다. 또한 자
동차의 부속인 '섀시'(chassis)와 건축재인 '알루미늄 섀시'의 '섀시'(sash)
처럼 발음을 혼동하기 쉬운 단어도 있다. 때로는 '휴대폰'처럼 고유어와
결합한 신조어가 나타나기도 하는데 '휴대폰'을 영어에서는 'cellular
phone'이라 하여 차이가 있다.

　외래어들은 차용 초기에는 표기에 혼용이 나타난다. 근대 국어 시기
에도 '家事'가 '갸亽, 갸亽'로, '石硫黃'이 '셕류황, 셕뉴황'으로 혼용되었
듯이 오늘날도 대중 사이에는 '보트-보우트, 아틀리에-아뜰리에, 뉴욕-
뉴우요오크, 워싱턴-와싱톤, 비전-비젼, 알콜-알코홀, 초콜릿-초콜렛' 따
위의 혼란이 있다.

현대 서구 외래어는 남북한간에도 차이를 보이기도 한다. 다음은 남북한 외래어 규정 표기의 차이를 대비하여 보인 것이다.

갱(gang), 게임(game),골(goal)	깽, 껨, 꼴
디자인(design), 라디오(radio), 로켓(rocket)	데자인, 라지오, 로케트
마르크스(Marx), 유머(humour)	맑스, 유모아
탱크(tank)	땅크(군용~)/탕크(물~, 가스~)
터널(tunnel), 포플러(poplar), 필름(film)	턴넬, 뽀뿌라, 필림

남한에서는 '탱크'로 단일하게 쓰이지만 북한에서는 '땅끄'와 '탕크'로 구별하는 것도 특이한 현상이다. 앞으로 통일 후에는 이런 외래어 통일도 이루어져야 할 것이다.

〈보충 논의〉

외래어 연구에서 처음 제기되는 것이 외래어, 외국어, 차용어 등의 용어 문제다. 이 중에 외국어와 외래어는 엄밀하게 구별되어야 하지만 외래어와 차용어는 구별이 어려워 동의적으로 보는 편이다. 그러나 '차용어'라는 말에는 수용자의 관점에서 빌어 왔다는 능동적, 적극적 의미가 담겨 있고 '외래어'라는 말에는 능동적이든 수동적이든 결과적으로 외국에서 흘러온 말을 총칭하는 뜻이 있다고 구별할 수도 있다. 우리는 후자의 관점에서 외래어라는 용어를 쓰도록 하였다. 한편 김민수(1974)에서는 외래어의 하위 개념에 차용어, 귀화어를 두고 있다. 또한 한자어를 외래어로 보느냐의 문제도 있다.

외래어 연구는 (1) 어종별 연구, (2) 외래어의 변용 양상 연구로 나눌 수 있다. 먼저 어종별 연구는 중국어, 몽고어, 만주어, 일본어, 영어, 불어 등 우리에게 외래어를 공급한 어종별로 연구하는 것이다. 중국어의 고대, 중세, 근대 국어 시기의 직접 차용은 김완진(1970), 남풍현(1968), 이기문(1965), 고전 문헌 한자어의 간접 차용은 심재기(1982, 1989), 박영섭(1995), 한자어 차용 과정에서의 음운, 형태, 의미상의 변용 양상은 최범훈(1973), 조세용(1991)을 참고할 수 있다. 특히 불교 차용어의 변용에 대해서는 채완(1996)이 있다. 중국어 직접 차용에 대해서는 황윤석의 『이수신편』, 정약용의 『아언각비』 등에서도 논의가 있었다. 고유어와 한자어의 동의 경쟁은 성환갑(1983), 남성우(1986), 김광해(1989)를 참고할 수 있다.

몽고어, 만주어, 여진어에서의 차용은 이기문(1958, 1964, 1966, 1985, 1991)에서 거의 독보적으로 이루어졌고 본서의 용례도 전적으로 이에 의존하였다.

일본어에서의 차용은 일본식 한자어와 일본식 외래어의 차용이 개화기 이래 본격적으로 이루어졌는데 이는 송민(1979, 1988, 1989, 1990, 1994), 강신항(1995), 서정수, 우인혜(1995), 이한섭(1987)을 참고할 수 있다.

역사적으로 개화기에는 여러 외래어들이 나타나는데 이러한 개화기 외래어의 다양한 실상은 정귀생(1983), 김형철(1987, 1997)에서 깊이 있게 논의하였다. 현대 서구 외래어의 수용 양상은 강신항(1991)에서 정리된 바 있다. 남한의 외래어 실태와 남북한의 외래어 차이에 대한 연구는 국립 국어연구원(1991, 1992, 1993, 1995)에서 이루어진 것이 있다. 그외에 현대 외래어의 문제는 주로 국어 순화의 관점에서 다루어지는 경향이고 언어 접촉의 관점에서 순수 언어학적 논의가 적은 편이라 앞으로 이에 대한 관심이 요구된다.

참고문헌

강신항(1991), 『현대 국어 어휘 사용의 양상』, 태학사.

_____(1995), 「일본 한자어」, 『새국어생활』 5-2, 국어연구원.

국립국어연구원(1991), 『외래어 사용 실태 조사』, 국립국어연구원.

_____(1992), 『한자·외래어 사용 실태 조사』, 국립국어연구원.

_____(1993), 『북한의 한자어·외래어 사용 실태 조사』, 국립국어
연구원.

_____(1995), 『남북한 외래어의 비교 연구』, 국립국어연구원.

권영주(1995), 「외래어의 규정 표기와 관용 표기의 차이 연구」, 숙명여대 석
사학위논문.

김광해(1989), 『고유어와 한자어의 대응 현상』, 탑출판사.

_____(1994), 『국어 어휘론 개설』, 집문당.

_____(1995), 「조망-국어에 대한 일본어의 간섭」, 『새국어생활』 5-2, 국어연
구원.

김규선(1973), 「한국 외래어 연구」, 『대구교대 논문집』 8, 대구교육대학.

김민수(1974), 『국어정책론』, 고려대출판부, 탑출판사.

_____(1979), 「외래어 표기에 대한 반성과 문제점」, 『국어의 순화와 교육』,
한국정신문화연구원.

김민수(1988), 「국어 순화의 현실과 전망」, 『국어생활』 14, 국어연구원.

김병기(1984), 「한국 외래어 연구」, 동아대 석사학위논문.

김병렬(1987), 「한자어의 음운 변화 연구」, 영남대 교육 석사학위논문.

김완진(1957), 「제주도 방언의 일본어 어사 차용에 대하여」, 『국어국문학』
18, 국어국문학회.

_____(1970), 「이른 시기에 있어서의 한중 언어 접촉의 一斑에 대하여」, 『어

　　　　　　학연구』 6-1, 서울대 어학연구소.

김종훈(1983), 『한국 고유 한자 연구』, 집문당.

김현창(1975), 「외국어 침투의 문제점 및 외래어 연구」,『논문집』 8, 한국외
　　　　　　국어대학교.

김형철(1987), 「19세기말 국어의 문체, 구문, 어휘의 연구」, 경북대 박사학위
　　　　　　논문(⇒김형철 1997).

_____(1990), 「개화기 문헌의 어휘 연구-서유견문을 중심으로」,『경남어문』
　　　　　　23, 경남대.

_____(1997), 『개화기 국어 연구』, 경남대출판부.

남성우(1986), 『15세기 국어의 동의어 연구』, 탑출판사.

남풍현(1968), 「15세기 언해 문헌에 나타난 정음 표기의 중국계 차용 어사
　　　　　　고찰」,『국어국문학』 39, 40.

_____(1968), 「중국어 차용에 있어 직접 차용과 간접 차용의 문제에 대하여」,
　　　　　　『이숭녕 박사 송수 기념 논총』.

_____(1972), 「중세 국어의 중국어 차용 연구」,『한양대 논문집』 6.

문화체육부(1995), 『일본어투 생활용어 순화집』, 문화체육부.

민현식(1986), 「개화기 국어의 어휘(1)」,『약천 김민수 교수 화갑기념논총』,
　　　　　　탑출판사.

민현식(1986), 「개화기 국어의 어휘(2)」,『국어교육』 53, 54, 한국국어교육연
　　　　　　구회.

_____(1994), 「개화기 국어 문체 연구」,『국어국문학』 111, 국어국문학회.

박영섭(1994), 『개화기 국어 어휘 자료집-증보 신소설 편』, 박이정.

_____(1995), 『국어 한자 어휘론』, 박이정.

_____(1996), 『개화기 국어 어휘 자료집-교과서, 신문 편』, 박이정.

박은용(1968), 「중국어가 한국어에 미친 영향(국어 음소 체계의 변천)」,『동

서문화』 2, 계명대.

배양서(1970), 『한국 외래어 사전』, 선명문화사(⇒1976, 탑출판사).

_____(1970), 「한국 외래어에 관한 서설」, 『한글』 146, 한글학회.

_____(1975), 「한국 외래어의 원어 판정과 표기」, 『응용언어학』 7-2, 서울대
　　　어학연구소.

서재극(1970), 「개화기 외래어와 신용어」, 『동서문화』 4, 계명대 동서문화연
　　　구소.

서정수 · 우인혜(1995), 「일본을 거쳐서 들어온 외래어휘」, 『새국어생활』 5-2,
　　　국어연구원.

성원경(1977), 「한중 양국에서 현용하는 한자 어휘 비교 연구」, 『성곡논총』
　　　8, 성곡 학술재단.

성환갑(1983), 「고유어의 한자어 대체에 관한 연구」, 중앙대 박사학위논문.

송　민(1979), 「언어의 접촉과 간섭 유형에 대하여」, 『성심여대 논문집』 10.

_____(1985), 「조선 통신사의 일본어 접촉」, 『어문학논총』 5, 국민대 어문학
　　　연구소.

_____(1986), 「조선 통신사의 모국어 체험」, 『어문학논총』 6, 국민대 어문학
　　　연구소.

_____(1988), 「국어에 대한 일본어의 간섭」, 『국어생활』 14, 국어연구원.

_____(1988), 「일본 수신사의 신문명 어휘 접촉」, 『어문학논총』 7, 국민대
　　　어문학연구소.

송　민(1989), 「개화기 신문명 어휘의 성립 과정」, 『어문학논총』 8, 국민대
　　　어문학연구소.

_____(1990), 「어휘 변화의 양상과 그 배경」, 『국어생활』 22, 국어연구원.

송　민(1992), 「개화기의 언어 개신에 대하여」, 『어문학논총』 11, 국민대 어
　　　문학연구소.

_____(1994), 「갑오경장기의 어휘」, 『새국어생활』 4-4, 국어연구원.

심재기(1971), 「한자어의 전래와 그 기원적 계보」, 『김형규 박사 송수 기념 논총』, 일조각.

_____(1982), 『국어 어휘론』, 집문당.

_____(1989), 「한자어 수용에 관한 통시적 연구」, 『국어학』 18, 국어학회.

_____(1990), 「국어 어휘의 특성에 대하여」, 『국어생활』 22, 국어연구원.

안병희(1971), 「15세기의 한자음 한글 표기에 대하여」, 『김형규 박사 송수 기념 논총』, 일조각.

유구상(1970), 「외래어에 대하여」, 『한글』 146, 한글학회.

유만근(1980), 「외래어의 수용 방식에 대한 고찰」, 『어학연구』 16-1, 서울대 어학연구소.

유창돈(1980), 『어휘사 연구』, 이우출판사.

이강로(1987), 「한자어의 기원적 계보」, 『국어생활』 8, 국어연구소.

이기문(1958), 「여진어 지명고」, 『문리대학보』 6-1, 서울대.

_____(1964), Mongolian Loan-words in Middle Korean, Ural-Altaische Jahrbücher 35.

_____(1965), 「근세 중국어 차용어에 대하여」, 『아세아연구』 8-2, 고려대.

_____(1966), 「鷹鶻名의 기원적 고찰」, 『이병기 박사 송수논문집』.

_____(1973), 「18세기 만주어 방언 자료」, 『진단학보』 36, 진단학회.

_____(1978), 「어휘 차용에 대한 일고찰」, 『언어』 3-1, 한국언어학회.

_____(1980), 「글에 관한 단상」, 『지헌영 선생 고희 기념논문집』.

_____(1985), 「몽고어 차용어에 대한 연구」, 『어학연구』 21-1, 서울대 어학연구소.

이기문(1985), 「祿大와 加達에 대하여」, 『국어학』 14, 국어학회.

_____(1986), 「차용어 연구의 방법」, 『김민수 교수 화갑기념논총』, 탑출판사.

이기문(1991), 『국어 어휘사 연구』, 동아출판사.

이덕호(1980), 「언어 차용에 관한 연구」, 『한글』 169, 한글학회.

이숭녕(1967), 「한국어발달사(어휘사)」, 『한국문화사대계』 9, 고려대학교 민
　　　　　족문화연구소.

이승명(1982), 「외래어 수용 양태에 대한 어휘의미론적 연구」, 『수련어문논
　　　　　집』 9, 부산여대.

이용주(1964), 「한국 외래어의 특징과 고유어와의 상호 작용」, 『국어교육』 9,
　　　　　한국국어교육연구회.

_____(1966), 「한국어에 있어서의 외래어의 영향」, 『이하윤 화갑 기념논총』,
　　　　　진수사.

_____(1974), 『한국한자어에 관한 연구』, 삼영사.

이종극(1937), 『모던 조선외래어 사전』, 한성도서주식회사.

_____(1983), 『최신 외래어 사전』, 심운당.

이찬규(1988), 「외래어 연구-수용 과정의 의미 변화를 중심으로」, 중앙대 석
　　　　　사학위논문.

이한섭(1987), 「'서유견문'에 받아들여진 일본의 한자어에 대하여」, 『일본학』
　　　　　6, 동국대 일본학연구소.

정귀생(1983), 「개화기 차용어의 연구」, 단국대 석사학위논문.

정승의(1987), 「한중 한자어의 변천에 관한 비교 연구」, 『국어연구』 80, 서울
　　　　　대 석사학위논문.

정재도(1995), 「생활 속에 남은 일본말」, 『새국어생활』 5-2, 국어연구원.

조남호(1996), 「중세 국어 어휘」, 『국어의 시대별 변천 실태 연구 1』, 국어연
　　　　　구원.

조세용(1986), 「한자어에서 개주된 귀화어 연구」, 한양대 박사학위논문(⇒조
　　　　　세용 1991).

_____(1991), 『한자어계 귀화어 연구』, 고려대학교 민족문화연구소.

채연강(1978), 「한국 한자어에 대하여」, 성균관대 석사학위논문.

채 완(1996), 「불교 용어의 일상어화에 대한 고찰」, 『이기문 교수 정년 퇴임 논총』, 신구문화사.

최범훈(1973), 「국어의 한자계 귀화어에 대하여」, 『무애 양주동 박사 고희 기념논문집』, 동국대, 탐구당.

최영집(1971), 「한국 외래어의 연구」, 『강릉교대 논문집』 3, 강릉교육대.

홍철기(1988), 「불교 어휘 연구-차용상의 유형을 중심으로」, 중앙대 석사학위논문.

황백현(1985), 「한국어 어휘에 미친 영어의 영향」, 영남대 교육 석사학위논문.

황찬호(1988), 「외국어식 구문」, 『국어생활』 14, 국어연구원.

황희영(1974), 「차용어 의미 논고」, 『한국학』 3, 중앙대 한국학연구소.